汉语研究方法导引

周 红 主编

上海教育出版社

顾　问：黄锦章　刘大为

主　编：周　红

编写者（按姓氏音序排列）：

付冬冬　郭曙纶　黄　友　金耀华　刘承峰

刘　辉　刘娅琼　刘　焱　卢惠惠　亓海峰

盛益民　王连盛　吴春相　谢心阳　周　红

序　言

　　语言学是一门极其讲求研究方法的学科。这正如莱布尼茨所言,数学的本质不在于它的对象,而在于它的方法。语言学恐怕也是如此,自进入现代语言学的历史阶段以来,各种理论流派的发展演变,究其实质也就是不同研究方法的嬗变更替。方法说到底,不外乎研究对象的某种性质或内部关系的一种呈现程序,已有的方法指向预料中的结果,要揭示未曾发现的性质或关系,就需要有新的方法,没有方法,我们就只能处在笼统、肤浅、整体直观和猜测的状态中。

　　对一个初入此门的学者来说,找不到方法固然是举目茫然、手足无措;面对众多可选择的方法,也会让人目迷五色、莫衷一是。周红在自己的学术经历中以及后来指导研究生撰写学位论文的工作中,深切地体会到这一点,所以在申报研究生课程时,毫不犹豫地选择了以此为题,却不顾这一课题将会带来的艰辛——若不是对现代语言学的发展了然于胸,若不是对语言学方法的运用游刃有余,以及善于将这一切化为深入浅出的表述,这一任务是难以完成的。十几年前我曾经开过一门叫作"语言分析与研究方法"的课,只是把研究方法的运用局限在对语言现象的分析上,就已经感到左支右绌力难胜任了。由于深知其中的不易,最初听到周红的这一课题获准立项时,其实是很为她担心的。但周红是一个意志坚定,做事脚踏实地的人,眼见着她就这么一步步地走过来,两年多的时间过去,居然七易其稿的厚厚一本教材就已经完成,而且还经过了教材试用阶段并录制了教学视频。当然,离开了上海一群青年学者的齐心参与,鼎力支持,周红大约也是寸步难行的。下面还要谈到,能有这么多的青年学者集聚起来共同完成一个项目,这对上海的语言学界有着特殊的意义。

　　面对这部已经完成的教材,感到有两个方面是有必要特别提出来说说的。一个方面是关于教材本身。整部教材的定位不在知识性而在学术探究的过程,不是论证语言学有哪些方法,这些方法的学术价值如何,而是针对一个初学者如何通过这些方法去发展在学科领域内发现问题、解决问题的能力,以至于从整体上提升自己的问题意识和研究水平——即使将来没有从事语言学研究方面的工作,也能从中得益而将所获迁移到其他研究领域或实践领域中去。着眼于能力这一总体思路,贯穿教材始终,可以看出,编写者对此是煞费苦心的。首先就在于全书在三个层面上认识语言学研究中使用的方法:一个是适应于所有领域的一般性研究方法(第一章第二节),第二个是适应于语言学所有领域的研究方法(第二章),再一个就是语言学各分支各流派所特有的研究方法(全书主要章节)。虽然前两个层面所占篇幅并不多,但有了它们,对初学者的能力就有了一种既能深入其中又能高屋建瓴的要求,指向的也就不仅仅是具体的语言研究能力,而且是以之为基础,希望能扩展到人进行思维、分析和研究时所需要的整体素质上。难能可贵的是，即使在第一层面上谈到一般性的科学方法时，也能扣住语言现象进行分析。从这一事实可以看到，本教材的直接目的当然是发展初学者的语言研究能力，着眼的是各种语言现象的探究，但最终的目的是希望他们能通过这一过程，提升自己的整体思维能力和研究素养。反过来，也只有前两个层面的能力提高了，视野开阔了，具体的语言研究才能左右逢源，棋高一着。

为了切实提高研究者的研究能力，本教材尤其用心于语言学各分支流派的研究方法。用心就在于，每一分支流派研究方法的表述都由三部分组成：理论介绍、研究方法和案例剖析，然后配上思考题和进一步阅读的书目。这里的案例剖析自不必说，对于初学者来说，这是入门的捷径，问题是哪些案例才真正有助于对研究方法的领悟和把握。对比历次修改稿可以看到，这里的案例都经过了反复甄选，目标只有一个，那就是初学者在对相应的理论观点和具体的研究方法有了一定了解之后，知道怎样的研究课题更有利于消化这些理论和方法，更有利于为自己模拟一个研究的实际情境，让自己像一个真正的语言学家一样在这个情境中发现问题、分析问题以至于选择一定的方法来解决问题。这对编者的学术功底是一个巨大的考验，相比理论介绍和研究方法来说，这一部分要难写得多，因为要将某一分支流派的理论方法落实到对一种语言现象的具体分析上，本身就需要一种融会贯通的能力，更需要变换思路，站在一个尚在懵懂之中的初学者的立场上去观察问题，而不是简单重复原作者的论证过程，更何况还要用清晰简洁而明白易懂的语言去引导。就成稿来看，这一部分有待提高的空间还很大，但也可以看出，编者们都努力朝这个方向去做了。这一部分可以说是教材的亮点之一。

这里还想重点谈谈自己的认识，这部教材为什么采取了理论介绍和研究方法两个部分齐头并进的表述方式？在人们的通常理解中，研究方法很容易被想象为就是一些可以完全程序化的操作规则，只要按照这些程序对一定的语言材料进行处理，就可以得到理想中的结果。如此理解研究方法，一是窄化，二是机械化了。严格地说，在理论和方法之间，并不存在清晰的界限，一种理论只要确实能够帮助我们发现并解释一定的语言现象，它就已经具有了方法论的价值，就作为一种方法原则指导我们的研究，从中就可以派生出种种具体的研究方法来。我在一篇文章中就曾经这样提出过，理论只要是合理、充分并具有效解释力的，合适的方法也就蕴含于其中了。就现在语言学各种分支流派而言，明确概括为操作程序的研究方法其实并不多，更多的方法其实蕴含在理论原则的表述甚至分析的实例中，正有待我们去提取。所以，只抓住这些可以拿来就用的方法，往往是无法适应多彩多姿千变万化的语言现象的。初学者在学习了一些研究方法后，却经常会觉得无所适用，而遇见了有研究价值的语言事实，又会觉得找不到合适的方法，原因正在于此。所以，方法的学习与理论的学习是相辅相成的。从方法出发去回溯它背后的理论，从理论出发去发现它蕴含着的方法，是无法分开的两翼。这部教材如此强调理论介绍和研究方法的齐头并进，以至于形成了本教材的一条主线，原因正在于此吧。这是将来这部教材的使用者——无论是教师还是学生都不能不重视的。此外，正因为在理论和方法之间并不存在清晰的界限，语言学的研究方法内部同样也不可能是单一的。我们看到教材中一些专门介绍方法的章节，根据不同分支或流派的具体情况分出了研究原则、研究程序、分析方法、研究手段、技术概念甚至研究范式等概念，来对研究方法进行多层次多角度的分析和表述。这种不拘一格的做法也正是适应了研究方法的多样性。

　　值得特别提出来说说的另一方面是这部教材对上海语言学界的特殊意义。地域是形成学术共同体学术风格和流派的一个重要因素，上海虽然是一个兼容并蓄、海纳百川的文化高地，也有着语言学研究的深厚传统，可是，长期以来并没有呈现出语言学研究应有的地域特色，更不要说形成风格或流派了，连上海的语言学人集体亮相共同完成一个项目的机会都很少。但是，历史上其实是有过几次机遇的。首先就是当年复旦大学的胡裕树、华东师大的林祥楣、上海师大的张斌三位教授的跨学校合作，已经形成了某种特色，若不是封闭的学术环境和迭出的政治运动，他们很可能在此基础上进一步发展并带动上海的学人，至少形成语法研究中的一种上海风格。第二次机遇则在"文化大革命"之后，上海领风气之先而成立的上海现代语言学会（XY）。据笔者了解，XY有两次高潮，第一次在20世纪80年代，可惜的是，虽一时风起云涌，却没有什么有影响的成果留世；第二次是在20世纪90年代中期，XY的成员有了更为明确的启流立派的意识，力图在功能和解释这两种学术目标上形成上海的语言学追求。但是由于种种原因，除了合作写成一篇纲领性的论文《功能与解释的交会》，发表在1996年的《语言文字应用》上，不久也就风流云散了。

　　时间一下子就来到了21世纪头十年的中期。2015年11月我参加这部教材编写的第一次会议时，看到这么多来自上海各个高校不同院系，有着不同学术背景和学术旨趣的年轻学者们，在完全没有行政意见也没有学术大腕召唤的情况下，仅仅是因为对语言学研究方法的学术兴趣和出于教师的责任感而坐在了一起，心里一则是喜，一则为忧。当时真是为周红担心：这支队伍能坚持下去吗？研究方法并非轻而易举的课题，一旦出现问题，靠什么将他们凝聚起来？看来我真是低估了现在年轻学者相互之间的包容心和责任感了。2016年3月第二次会议上，大家都已经做了充分的准备在谈编写的具体思路了，很快，8月就拿出了初稿。特别是下半年，教材进入上海财经大学研究生班的试用阶段，编写者们轮流到上海财经大学去讲授自己编写的部分并录制了教学视频，这在上海恐怕还是头一回吧。在此基础上，教材又经过了修改和最后定稿，邮件频繁来回，意见反复切磋，要在各个学有专长的学者之间取得统一。这一过程在我看来是很复杂很困难的，而在现在的年轻学者之间却变得非常谐和寻常。在周红的眼里，这是一个"大家共同努力，热烈探讨，积极合作，建立了很好的友谊"的过程。虽然这次合作并没有涉及深层次学术观点的碰撞和交融，但是它开了一个很好的先例，更重要的是出了成果，表明上海的年轻学者们是合作的、包容的、进取的，可以期待，他们中间将会出现一个体现了上海风格的学术共同体，会显现出自己独特的学术追求，甚至形成流派。

　　虽然已经有了几部专著，但是对语言学研究方法的研究作为一种元科学，在国内尚不兴盛。在这样的背景下，这部专门对初学者进行"导引"的语言学研究方法的教材就显得尤为可贵了。通读这部四十多万字的教材，客观地说，粗糙之处还是有不少的，但它的意义，一在于它的开创之功，二在于它对上海青年语言学人的凝聚之力。希望这部教材会在使用中越改越好，更希望在越来越多的合作项目中，上海的青年学人能走在一起，形成自己的学术空间。

刘大为
2017年12月

目　　录

第一章 汉语研究方法意识
与学术探究

　　方法论是人们认识世界、改造世界的一般方法的理论,它是指人们用什么样的方式、方法来观察事物和处理问题,主要解决"怎么办"的问题。汉语研究方法论是人们认识与理解汉语现象的方法的理论,是指人们用什么样的方式、方法来观察、描写与解释汉语现象。汉语研究的目的是揭示汉语规律,为汉语学习与人工智能提供理论平台。本章从"科学方法"和"科学方法论"的界定、分类与发展入手,阐述科学方法论在汉语研究中的指导作用,进而归纳语言学作为一门科学的条件、发展历程、学科属性以及方法论。

　　语言学经历了摆脱学科依附、取得独立、不断发展的过程,具有了客观的研究对象、自己的研究方法和系统的学科理论。语言学科学方法论是从不同视角对语言结构、语言功能特点的认识和实践,从中概括与提炼语言研究的一般原则、基本原理和方法体系,上升为语言研究的方法体系。基于此,本章还概括了语言学科学理论的形成、历史与类别,简述了中国语言学科学方法论的发展历程;阐述了一般科学方法在语言学中的运用,包括比较与分类、类比与假说、归纳与演绎、分析与综合、论证与反驳、抽象与具体、历史与逻辑等七个方面。

　　本章最后进一步探讨了汉语研究与学术探究能力的培养。学术探究能力的培养关键在于不断提升对科学理论的追求。本章结合经典案例,从对学术研究的思考、选题及选题论证、收集资料与资料分析、论证推理与撰写论文等四个方面详细分析了学术探究程序。

一、科学方法论与汉语研究

(一) 科学方法论

　　"科学"一词源于中世纪拉丁文 scientia,本义是"学问""知识"。随着时代的发展,其内涵不断丰富,不断系统深入。狭义上理解,科学是关于自然、社会和思维的知识体系。[①] 保加利亚学者伏尔科夫(Faircov)认为,"科学的本质,不在于认识已有的真理,而在于探索真理""科学本身不仅仅是知识,而是产生知识的社会活动,是一种科学生产",[②]这是对科学的广义理解。综合来说,科学是一种知识体系和研究活动。[③]

　　在生产知识的研究活动中,需要借助科学方法和科学思维才能创造出新的、日趋完备和

---

① 辞海编辑委员会.辞海[K].上海:上海辞书出版社,1979.
② 夏禹龙.科学学基础[M].北京:科学出版社,1983:45,449-458.
③ 李醒民.科学方法概览[J].哲学动态,2008,(9).

完美的知识体系。① 可见,科学方法对科学研究和科学创造具有重要的意义。德尼·狄德罗(Denis Diderot)即使告诫人们不要迷信方法,也断然肯定"方法是把我们引向真理的向导,谁都不能不要方法,因为一旦忽略方法,就必然步入歧途"。②

"方法"(method)一词源于希腊语,由"沿着"和"道路"组合而成,意指沿着道路运行或接近某物的途径。中国古代关于方法的概念,常用"道""术""方""法""矩""器"等多义词表述。可见,东西方均将方法看作认识和行动所必须遵循的途径与法则。科学方法是认识自然或获得科学知识的步骤、顺序或过程,③包括目标、工具、对象、论证等四个要素,即为满足人或社会实际需求,凭借语言、逻辑、范式和设备等工具,作用于一定的对象,运用一定的方法,展开一系列论证的过程。

科学方法具有工具性、适用性和借鉴性。科学方法是一套行之有效的发现事实、总结规律、建立理论的工具。工具没有对错,只有好坏。科学方法有特定的适用范围,并不是放之四海而皆准的。或者说,科学方法难免受到研究目的和认知框架的局限。因此,科学方法会根据不同的需求而不断修订甚至更新,以更有效地为特定的研究目的服务。就此而言,科学方法的不断更新具有重要的学术意义。科学方法的有效借鉴和创造性的转换,常常可以为一些学科注入新的活力或者赋予新的学术生命力。或者说,任何方法都不是独创的,而是在前人研究基础上发展起来的。科学方法的更迭不是后者代替前者,而常常是互补的。④ 如由于反对艾弗拉姆·诺姆·乔姆斯基(Avram Noam Chomsky)的形式语言学,于是借鉴认知科学,在对其基本问题进行深刻反思后,产生新的认知观,出现了认知语言学。其中,认知结构完形的组织原则来源于格式塔心理学;主客观互动的信念显然来自皮亚杰的心理发展的相互作用论;还接受了认知心理学中关于原型和范畴的研究;意象、图式和扫描的观念直接受到认知心理学关于表象和知觉研究的启发。认知语言学的产生并不是代替乔姆斯基的形式语言学,而是产生了新的认知观,具有了新的研究对象和研究范式。

科学方法包含不同的内容,存在不同的层次。可以从两个角度对科学方法进行分类:一是根据方法的抽象概括程度和适用范围来划分,由低到高依次为具体科学方法(包括自然科学方法和社会科学方法)、一般科学方法(具有一般科学特点的纯方法)和哲学方法(对哲学规律自觉运用的科学方法)。具体科学方法可以发展成为一般科学方法。具体科学方法和一般科学方法可以补充和丰富哲学方法。二是从方法体系内部来划分,由低及高依次为具体研究方法和操作技术、研究方式和方法论。具体研究方法和操作技术是指研究过程中所使用的各种资料收集和分析的方法,以及各种特定操作程序和技术。如音位学中的音位归纳方法、描写语言学中的替换法和分布分析法,生成语言学中的转换分析法,社会语言学中的问卷调查法等。研究方式是研究过程中所采用的具体形式或研究的具体类型,如语言研究中的田野调查方法、语料分析方法、共时分析法、历时研究法、归纳式研究、演绎式研究、个性研究、共性研究、定性研究、定量分析等。方法论(methodology)是科学研究活动中所遵循的指导思想,即哲学基础和一般原则。不同的方法论不仅影响人们对研究问题的选择,同

①②③　李醒民.科学方法概览[J].哲学动态,2008,(9).
④　王远新.语言理论与语言学方法论[M].北京:教育科学出版社,2006:6-8.

时还直接影响人们对研究方式的选择。①

科学方法论的研究经历了四个发展时期：第一个时期是古希腊到 16 世纪近代科学产生之前，称为创立时期。数学、天文学等科学从古代巴比伦和埃及传入古希腊以后，古希腊自然哲学家从倾向唯理主义的认识论出发，认为科学知识是以抽象概念形式对事物本质的理性认识，确立了知识的可证明性、精确性和必然性等规范。第二个时期是 16 世纪近代科学产生到 19 世纪初叶，称为以分析为主的发展时期。随着近代科学的兴起，自然科学与哲学开始分化，各门自然科学形成了本学科的研究方法，哲学则承担起高层次的方法论的职能。第三个时期是 19 世纪初叶到 20 世纪中叶，称为分析与综合并重发展的时期。在自然科学的三大发现——能量守恒与转换定律、细胞学说和进化论强有力的推动下，出现了宏观领域自然科学的新的综合；接着，相对论和量子力学理论的创立，又实现了宏观领域和微观领域的理论综合。这一时期，数理逻辑和现代西方的分析哲学起了不可低估的作用，但从科学方法论的主潮来说，已经出现了分析与综合并重的新势头。第四个时期是 20 世纪中叶至今，称为系统综合发展时期。随着生态系统研究的突破，生物科学精密化的多学科协同攻关，电子计算机的问世和系统论、信息论、控制论的诞生，人类社会的系统综合发展时期来临。②

纵观科学方法论发展的脉络，不难理出社会科学方法论的演进线索：第一个时期，自然科学方法论与社会科学方法论没有明确的界定；第二个时期，认识论问题逐渐成为哲学研究的中心问题，社会科学方法论的独立考察具有了客观基础和现实意义，当时社会科学方法论集中地表现为哲学方法论；第三个时期，科学方法论从一般哲学问题的研究中分离出来，成为独立的研究领域，社会科学空前繁荣，社会科学方法论既表现为哲学方法论的新的突破，也表现为社会科学各学科科学方法论和一般方法论的长足进步；第四个时期，社会科学方法论与自然科学方法论重新携手，相互渗透、交叉与综合③。

（二）语言学科学方法论

一门学科要成为真正意义上的科学，必须满足以下三个条件：第一，有客观的研究对象。语言学的研究对象"语言机制"是一种客观实在，这在生物学和神经生理学上得到充分的证明，而且，这种机制是全人类的，普遍存在的，它没有任何国界之分。第二，有自己的研究方法，并且这些研究方法遵循可操作性、可重复性和可验证性的原则。可操作性表现为：语言学的分析方法可以被规则化，这种分析的规则可以得到描写，使得使用这一方法的人可以遵循同样的操作程序，如物理学和化学研究中的方法一样，而不是依靠只能内省无法言说的意念对语言进行分析。如果研究方法是可操作的，那么可自然地推导出可重复性和可验证性。可重复性是指研究方法可以被其他人重复使用，这种重复使用不因研究者的变化而变化。如句法分析中的层次分析法，有一套切分程序，不同研究者可用于分析不同语言或同一语言中的不同现象。可验证性是指针对相同的研究对象，通过相同研究方法检验证实的研究结果应该是一致的。第三，有系统的学科理论，该理论必须得到实证。学科理论是指研

①　王远新.语言理论与语言学方法论[M].北京：教育科学出版社，2006：9－10.
②③　陈燮君.论社会科学方法论的结构[J].社会科学，1988，(8).

究者用来解释对象的一套假设,具有假设性、可证伪性和可预测性。假设性是指所有理论都是研究者在对对象进行有限的考察之后提出的一系列基本假设,假设之间不存在对错之分,在于解释力的强弱。可证伪性是指理论不可能是永远、绝对正确的,总是相对的,总有一天被推翻、修正,或者总是在一定范围内有效。可预测性是指理论不仅可以解释过去的对象,而且还可以预测对象的发展或者用已有的规则解释未有的现象①。

　　语言学作为一门科学,是从对印欧语言的比较研究和重建开始其科学历程的②。传统的汉语语文学研究实际上是为政治和历史学研究服务的,没有自己的学科独立性。19 世纪以前,欧美语言研究依附于哲学、逻辑学、文学和历史等学科。19 世纪上半叶,历史比较语言学的兴起才使语言学成为一门独立的科学。历史比较语言学改变了欧美传统语文学的做法,开始把研究重心放在语言的历史和各种语言起源的比较上。20 世纪初,在以费尔迪南·德·索绪尔(Ferdinand de Saussure)为首的结构主义语言学家的努力下,语言学明确了研究对象,丰富了理论体系,制定了专门的研究方法,正是由于结构主义对众多人文科学和部分自然科学产生的巨大影响,语言学才第一次成为人文科学中的带头学科。现代语言学不仅与自然科学、社会科学和思维科学有密切关系,而且与它们众多的具体学科发生了广泛的联系和交叉,产生了一系列边缘交叉学科。仅仅在语言学领域,就先后诞生了人类语言学、社会语言学、心理语言学、数理语言学(包括统计语言学、代数语言学等)、病理语言学、神经语言学、计算语言学、认知语言学、模糊语言学、生态语言学等。可以说,现代语言科学在日益扩大其研究领域并与其他学科相互渗透的同时,其自身独立的学科体系也日趋完善③。

　　语言学究竟属于自然科学还是人文科学? 语言学是科学体系中最接近自然科学的社会科学之一。因为在语言的起源和发展过程中,作为一种社会现象,语言与社会的政治、经济、文化、历史密切相关,而语言的发生又与物理、生理、心理等学科密切相关;作为一门社会科学,语言学又与文艺学、历史学、人类学、教育学、民族学、考古学等有着紧密的联系。在现代科学体系中,由于机器翻译、自动控制、人机对话、语码转换等对语言学提出了迫切的要求,语言学同数学、控制论、信息论、概率论、符号学、计算机科学、数理逻辑等又建立了密切的联系④。潘文国(2006)认为,19 世纪以前的语言学属于人文科学,而后随着科学意义上的语言学的建立,语言学出现了向自然科学转化的趋向,如 19 世纪的历史语言学将达尔文的生物进化论用于语言学;20 世纪美国结构主义语言学受到物理学影响极深,以至于莱纳德·布龙菲尔德(Leonard Bloomfield)被比作“语言学中的牛顿”;乔姆斯基的转换生成语言学宣称语言学是心理学的一部分、生物学的一部分。可见,西方主流语言学基本主张语言学属于自然科学。然而,20 世纪后半叶,世界语言学从一味自然科学化中觉醒过来,先有社会语言学、功能语言学,后有认知语言学、话语语言学,更多地体现人文关怀。实际上,语言学既不同于历史、政治这样的人文科学,也不同于物理和化学这样的自然科学,它是介于文学与理学之间的特殊科学,即在语义编码与解码上体现文学性(关注认知和人性),而在语言结构上

　　①　金立鑫.语言研究方法导论[M].上海:上海外语教育出版社,2007:7-11.
　　②　[美]萨丕尔.作为一门科学的语言学的地位[J].福建外语,1993,(3-4).
　　③　吴世雄.语言学是一门领先的科学[J].解放军外语学院学报,1995,(6).
　　④　马波,齐瑞霞,张悦.语言学基本理论与研究[M].济南:山东人民出版社,2013:29.

体现理学性(关注规则和逻辑)①。金立鑫(2007)认为,语言学是一门实证学科,它严格遵守实证学科的基本原则:基于事实的观察,遵守逻辑的规则,采用实验来证明蕴含的规律,必要时进行验证,等等②。格林伯格(Greenberg)(1973)认为,语言学就其主要内容来说属社会科学,它一直是其他社会科学或人文科学的典范。19世纪历史比较语言学之所以被其他学科所仿效,是由于它像进化论的生物学一样富有成效。结构语言学时期,语言学受到其他科学的仿效,是由于它看来同化学分离出基本元素一样。生成语法采用了逻辑学和数学的方法,表现为一组用符号表示的抽象单位通过一套规则对这些符号进行形式的操作,生成合乎语法的句子。对语言普遍现象的研究,语言学看来正在取得另一种可与物理学相媲美的成就,这就是找到了一套不变的关系,即规律,这种规律通常被看作所有科学的终极目标。当然,语言学的这些规律与物理学不同,通常不是从量的方面确定的③。

语言学科学方法论的主要任务不是讨论语言研究的具体方法、操作技术和研究方式,而是依据不同的语言学流派、不同的语言学分支学科,对语言结构、语言功能特点的认识和实践,以语言研究的具体方法、操作技术和研究方式为基础,概括出语言研究的一般原则、基本原理和方法体系,总结出具有规律性和普通性的认识,并从理论上作出系统的阐述,从而使其成为一般科学特别是社会人文科学和哲学认识论、方法论的一个组成部分。或者说,语言学科学方法论主要探讨语言研究的方法体系和哲学基础,包括不同语言学流派、不同语言学分支学科对语言本质的理解和认识;语言研究的哲学基础以及相关的学术背景;不同语言研究范式的异同、内在联系及其应用价值;不同语言研究范式的价值、作用及局限性等④。

(三)语言学科学理论

语言学是一门以人类语言为研究对象的科学,主要任务是观察、描写与解释语言现象的结构及其规律,追溯其发展历史,探索人类语言的共同规律,使人们对语言有理性的认识,并指导人们的语言实践。下面从语言学科学理论的内涵、形成、分类等方面进行说明。

语言学理论是对语言现象的解释,特别是对具体的语言现象的解释。理论是从不同角度对研究对象的抽象和概括,抽象和概括研究对象最为本质的特征,以及研究对象背后的规律。语言学科学理论的形成可分为以下几步:第一步,确定研究目标和研究任务,明确要解决什么问题;第二步,搜集材料和以往对该问题研究的成果;第三步,总结前人的研究,在此基础上分析和研究对象,整理、分析和归纳语料,寻求相关性,即探讨存在哪些共同特征与区别性特征;第四步,针对上面的相关性因素提出假设,形成初步的理论框架;第五步,对所提出的假设进行验证。理论是否经受得住事实的考验,研究者最好拿这个理论去尝试性地解释一些新的语料。若出现理论无法解释的语料,则不是修改和隐瞒语料,而是修改理论,使

①　潘文国.语言学是人学[J].白城师范学院学报,2006,(1);转引自刘国辉.当代语言学理论与应用研究[M].北京:中国社会科学出版社,2010:4.
②　金立鑫.语言研究方法导论[M].上海:上海外语教育出版社,2007:27.
③　[美]格林伯格著,傅怀译.语言学是一门领先的科学[J].国外语言学,1983,(2).
④　王远新.语言理论与语言学方法论[M].北京:教育科学出版社,2006:10.

原来的理论能够解释新的语料,增强解释力。理论正是在不断证伪—修正的过程中得到提高①。

　　纵观语言学的历史,分析不同学派的理论和研究方法,可归纳出两种不同的语言观:经验主义和理性主义。经验主义认为,感性经验是知识的重要源泉,不大承认心智或天赋观念在认识过程中的重要作用和可靠性;认为一切知识都是人出生之后通过后天经验获得的;强调研究特定语境中的真实语言材料,偏重于观察基础上的归纳与分析,重视经验的实证。理性主义认为,单凭感觉经验无法获得普遍的、必然的科学认识,强调心理因素和"天赋观念"的作用,重视语言材料的心理现实性;偏重于演绎和综合,重视理性的作用和理论体系的建构。根据经验主义和理性主义语言观的基本特点,可以将现代语言学学派归结为功能主义和形式主义两大阵营②。前者主要持经验主义语言观,认为语言是一个开放的系统,具有社会性,人类的社会活动、对世界的认识和经验左右了语言系统。后者主要持理性主义语言观,认为语言是一个相对自足和封闭的系统,是天生遗传的,具有更多的心理和生理特征。

　　从功能来看,语言学可以分为理论语言学和应用语言学两大类。理论语言学是语言应用问题驱动的原创性研究,应用语言学是用已有的语言学理论来处理和解决实际工作中的问题。

　　根据研究对象的不同,理论语言学又可分为普通语言学和专语语言学两大类。普通语言学也叫一般语言学,以人类所有的语言为研究对象,主要研究语言的性质、语言的结构、语言的起源与发展变化、语言学的研究方法、语言学在学科体系的地位等,它是在对各种具体语言研究成果的基础上建立起来的,同时又对专语语言学的研究具有指导作用。专语语言学也叫具体语言学,它以一种或几种语言为研究对象,主要研究具体语言的理解与生成规则。英语、德语、荷兰语、瑞典语、丹麦语来源于日耳曼语,以此为研究对象的学科叫日耳曼语言学。根据语言研究横向与纵向的特点,理论语言学还可分为共时语言学和历时语言学。共时语言学研究语言相对静止的状态,描写分析语言在某一时期、某一阶段的状况,又可分为描写语言学和对比语言学。描写语言学是对语言在某一时代状况作客观的深入细致的描写分析,如现代汉语、古代汉语、英语语法等都属于描写语言学。对比语言学是在描写几种语言状况的基础上进行对比研究,找出异同③。

　　根据实践的需要,应用语言学分为一般应用语言学和机器应用语言学。一般应用语言学包括语言教学(包括第二语言教学、双语教学、聋哑盲教学等)、标准语的建立和规范化、文字创制和改革、辞书编纂、翻译、言语矫正等,机器应用语言学包括实验语音学、机器翻译、情报检索、汉字信息处理等。广义应用语言学还包括语言学与其他学科的交叉融合所创立的新的语言学科,如社会语言学、心理语言学、神经语言学等④。

①　金立鑫.语言研究方法导论[M].上海:上海外语教育出版社,2007:21.
②　王远新.语言理论与语言学方法论[M].北京:教育科学出版社,2006:3-4.
③　马波,齐瑞霞,张悦.语言学基本理论与研究[M].济南:山东人民出版社,2013:37-39.
④　同上:39-44.

（四）中国语言学科学方法论

语言学学科的发展要有理论作为指导。西方语言学的发展得益于以哲学理论作为指导，而中国语言学受到历代封建统治者的文化专制和文化禁锢。汉代到东晋是语义研究的兴盛时期，出现了《尔雅》《方言》《说文解字》《释名》等有实用价值的词典，这是由于当时统治者实行了推崇儒术提倡读经的文化政策。南北朝至明末，语言研究的中心转向了音韵学，这是由于统治者推崇佛经，佛经从梵文译成汉文需要研究音韵，于是《切韵》《广韵》《中原音韵》等韵书和一些韵图相继出现。清朝初年，大批文人为逃避现实而从事古书的整理和考证，于是出现了《康熙字典》《佩文韵府》《骈字类编》等，产生了一大批有学术影响的清儒，并使语言研究进入了音韵、文字、训诂全面发展的时期。这三个时期是中国语言史上成果最丰硕的时期，但未产生具有开拓性的语言理论体系。清末，中国语言学受到西方语言学的影响，走上了模仿的道路。马建忠的《马氏文通》虽然创立了中国文法学，但模仿的印迹颇明显，未能创立起符合汉语特点的语法学①。

潘文国（2008）认为，《马氏文通》引起了中国语言研究格局的方向性转变。在此之前，中国语言研究是"小学"的天下，"小学"也称"文字学"，其出发点是文字，在文字基础上开展音、形、义的研究，分别形成了文字、音韵、训诂。在此之后，中国语言研究引进西方的研究格局，语音、词汇、语法三分，而以语法为语言研究的中心。从文字中心到语法中心，改变了中国语言研究的全局，这一格局值得反思。《马氏文通》以来一百年的汉语研究基本上是在西方语言学理论引导下进行的。吕叔湘说："过去，中国没有系统的语法论著，也就没有系统的语法理论，所有理论都是外来的。外国的理论在那儿翻新，咱们也就跟着转。"②中国从没有语法到有语法，是进步，但语法是在跟着转的情况下产生、发展、变化的，当发现西方理论同汉语不相适应时，值得反思③。

中国语言学对外国语言学应采取什么态度？我们既不能偏执地排斥，整个语言学发展史在西方出现了众多理论，这点不可否认；但也不能盲目崇拜，应坚持汉语的独特之处，有借鉴地采纳适合于中国语言学研究的理论。首先，要准确而深入地理解西方各种语言学理论，如历史语言学、结构主义语言学、生成语言学、认知语言学、篇章语言学、对比语言学、社会语言学、互动语言学、语言类型学、语料库语言学。其次，强调本土化。潘文国（2008）认为，所谓正确的"本土化"，必须在注重汉语自身研究的基础上，实现中国语言学研究与外国语言学研究的完满结合④。第三，要走自主创新道路。王宁（2006）认为中国语言学应该走自主创新的路，要从汉语事实出发，在继承的基础上，有了自己的主心骨以后再去学习西方，才能尽快地产生自己的语言学，才能与西方语言学平等对话⑤。要创新，就不能一味地引入外国语言学理论和研究方法，只是加以解释，补充例子，这样不利于中国语言学的发展。本书将结合世界语言学发展，梳理以方法为主导的汉语研究历程，探讨世界语言学理论对汉语研究的影响，通过具体案例分析说明如何借鉴用于分析汉语问题，从而进一步完善语言学理论。

---

① 孙汝建.中国为何没有语言学流派——关于建构中国语言学流派的思考[J].云梦学刊,1991,(1).
② 吕叔湘.马氏文通·序[A].龚千炎.中国语法学史稿[C].北京：语文出版社,1987.
③④ 潘文国.中国语言学的未来在哪里？[J].华东师范大学学报(哲社版),2008,(1).
⑤ 王宁.谈中国语言学研究的自主创新[J].南开语言学刊,2006,(2).

二、科学方法意识与汉语研究

前面提到,科学方法分哲学方法、一般科学方法和具体科学方法三个层次。语言学作为科学,遵循一般科学方法。根据科学发现及认识过程,科学方法分为经验性科学方法和理性科学方法。前者主要包括观察法、实验法等获得第一手材料的方法,以及分类统计等对事实进行初步整理和描述的方法。后者主要包括分析、综合、概括等抽象的方法和归纳、假说、演绎、数学等进一步提炼为理论的方法等。以下重点探讨一般科学方法在语言学中的运用,特别是在汉语研究中的运用。

(一)比较与分类

比较是人类在联系中认识与研究事物的一种基本方法。比较也是语言学研究的一种基本方法。如果说语言学的根本任务是对语言的某种现象加以阐述的话,那么要对某一语言现象作出阐述,总是需要对这一现象的种种表现加以比较和分析①。任何比较都要求有一定的标准,没有标准,就无法进行比较。只有这样,才能正确地揭示出事物之间的共同点和差异点。科学研究中的比较不能停留在现象上,而是要抓住对象间的本质特征进行比较。

分类以比较为基础,通过对事物本质特征的比较,找出事物的共同点和差异点,把有共同点的事物归纳为较大的类,把其内部有差异的事物划分为较小的类,从而将事物区分为具有一定从属关系的不同等级的系统。在同一级分类时,必须遵循统一的科学的标准。只有这样,才能用科学的分类系统更好地发现人们正在寻找的事物,认识人们认识不透彻的事物。

在语言研究中,比较法的运用比较早。如19世纪欧洲人对印度诸语言积累了不少第一手资料,特别是注意到了梵语、波斯语和希腊语在词根形式和语法规则方面的许多相似之处,从而猜测它们有一个共同的来源,于是,产生了历史比较语言学,语言的谱系学说尤为闪耀。又如,为了弥补历史比较语言学孤立地针对历史语音和语法现象进行研究的缺陷,人们又开展了语言的"类型对比"研究,面对一般语言的普遍系统的性质,如罗曼·雅柯布森(Roman Jakobson)指出:某一语言中若有塞音和塞擦音的对立系统,就必然有擦音,如现代汉语和英语中有塞音[t]和塞擦音[ts],同时也就有擦音[s]。对两种或两种以上的语言进行共时的对比研究,描述它们之间的异同,就是对比语言学,其目的是将研究成果运用于外语教学、翻译、双语词典编纂等。比较法的应用还涉及语言的接触、融合、分化等。

汉语词类问题一直是语法学界研究、争论的热点。马建忠的《马氏文通》模仿拉丁语法,将汉语的词分成九个词类,其中实字包括名字、代字、动字、静字、状字五类,虚字包括介字、连字、助字、叹字四类,且主张"依义定类""随义转类";黎锦熙的《新著国语文法》则强调"依句辨品,离句无品";何容的《中国文法论》认为,单从意义方面说明各类词的分别,是不容易说明的,主张以词的语法特征(语法功能,不仅仅指充当句子成分的能力)作为区分词类的标

---

① Hartamnn, R. *Contrastive Textology*[M], *Heidelberg: Julius Groos Verlag*, 1980;转引自许余龙.对比语言学的定义与分类[J].外国语,1992,(4).

准;王力、吕叔湘主张以意义为主,认为意义对实词来讲是词汇意义,对虚词来讲是语法意义;方光焘主张以词的广义形态(即词与词的相互关系,词与词的结合)作为分类标准;高名凯的《汉语语法论》提出区分词类的三个标准,即词所表达的语法意义、词在句子里的功能、词的形态;当代汉语较为一致的意见是按照词汇意义(概念的范畴)、形态标准(包括构形性质和构词性质)、句法标准(词在句中的作用或功能、词的组合等)三个标准进行分类;张志公的《暂拟体系》根据"词汇・语法范畴"把词分为实词和虚词两类,前者包括名词、动词、形容词、数词、量词、代词六类,后者包括副词、介词、连词、助词、叹词五类[①]。汉语词类问题经过了长时间的讨论,通过比较,逐渐趋近事实的真相。

(二) 类比与假说

类比是根据 A、B 两个(或两类)对象具有某些相同或相似的属性,并且 A 对象还有另一属性,从而推出 B 对象可能也有此属性的逻辑推理方法。可用公式表示:

A 对象具有属性 a、b、c

B 对象具有属性 a、b、c

A 对象还具有属性 d

—————————————————

所以,B 对象也可能具有属性 d。

或者:

A 对象具有属性 a、b、c、d

B 对象具有属性 a、b、c

—————————————————

所以,B 对象也可能具有属性 d。

其中,A 对象与 B 对象相同或相似的属性 a、b、c 统称为共有属性,被作为推理依据的 d 属性叫类推属性。共有属性是类比推理的必要条件。如果相比较的两个(或两类)对象没有任何共有属性,那就不能运用类比推理得出结论。

类比是人类思维发展的重要手段,也是语言发展的重要方式。人们对新事物、新观念的表达,都是根据过去对固有事物和观念的表达方式而推出相应的表达方式。索绪尔认为,类比是语言创造的原则;类比必须有一个模型和对它的有规则的模仿。类比形式就是以一个或几个其他形式为模型的,按照一定规则构成的形式[②]。例如"黑客"一词来自英文"hacker",是指不法侵入他人电脑的人,它是音译加意译的构词法,通过类比产生了"闪客",如下所示:

Hacker:黑客 = Flasher:X,X 是闪客。

—————————————————

① 朱林清,王建军.汉语词类研究述评[J].南京师大学报(社科版),1995,(1).

② [瑞士]索绪尔著,高名凯译.普通语言学教程[M].北京:商务印书馆,2001:226 - 228.

　　李大勤(2000)通过类比推理探讨现代汉语助词"·着"的语法功能,文章发现状态形容词具有以下特征:a. 不受程度副词的修饰;b. 自由充任修饰性状语;c. 不能用于比较句的结论项;d. 不能带补语;e. 都不接受"不""没"的否定(以上 a 至 e 为语法特征);f. 定量性特征;g. 暂时性特征;h. 可变性特征;i. 描写性特征(以上 f 至 i 为语义特征);j. 表状态。对比发现,"X 着(O)"所具有的特征与以上 a 至 i 一致,因此,其类推"X 着(O)"具有 J 特征,即"X 着(O)"的语法意义是表示状态的①。

　　类比是提出科学假说的重要手段。1678 年,荷兰物理学家克里斯蒂安·惠更斯(Christiaan Huygens)将光和声这两类现象进行类比,发现它们都有直线传播以及反射、折射等共同属性,而声的本质是由物体的振动所产生的一种波动,由此,惠更斯认为光的本质也是一种波动,从而提出了光的波动假说。

　　假说(hypothesis)是根据已知的材料和已有的经验、知识、理论而对未知的、需要探求的现象及其规律性作出假定性的说明或推断。构造假说具有一些基本要素:有某些事实(已知的材料、经验),有某些理论背景(知识、理论),有需要探求的问题(未知的现象及其规律性),有对材料、经验中存在的基本关系的假定,有基于该假定推演出的预测。所构造的假说应该具备这样的特征:有直指问题解决的答案,有具体关系的明确界说,有可检验性。如试图给词语分类时,自然做了假说:基于词是可以分类的这一观念,认为词的分类应该基于某个可操作的标准。虽然这个假说看上去很粗浅,但既明确也很关键。至于词类是根据形态划分,还是根据语义或概念分类,还是根据分布或句法功能分类,都是假说②。

　　假说可分为宏观、中观和微观三个层面。第一,宏观层面的假说往往是就语言发生、存在、运作的根本状况或过程作出的概括性推断,如"天赋说"和"普遍语法假说"是关于语言知识的本性和来源问题的假说,或者说是关于人类语言能力的一种假说。天赋说认为人类大脑中存在着与生俱来的、具有人类语言基本结构知识的自足系统,这个系统是生物进化的结果,它设定了人类语言构造的原则及其变化参数,即"普遍语法",各个具体语言之间的差异是原则的参数化,因此任何没有认知缺陷的儿童都具有掌握任何一门语言的能力。这个假说是乔姆斯基学派的理论基石,应该看作一种"假设"。假设是假定为正确的命题或命题集,是建构理论体系的基础。第二,中观层面的假说主要是指出现在特定语言学分支中的假说,是针对某个语言层面或不同语言层面相互关系而做的与语言观念和/或语言研究方法相关联的假说。如二语习得研究中的"普遍语法可及性假说"(accessibility to UG hypothesis),是关于学习者用以开始第二语言习得过程的语言本质的一种假说,该假说认为,普通语法在第二语言习得中能够有效地发挥作用。第三,微观层面的假说主要是关于具体问题、特定技术方面的假说,是直面特定的语言现象而提出的具体的解决策略,如"动词短语内部主语假说",是关于句法结构关系的假说。传统的双宾结构 VP 是三分支的扁平结构(如图 1 - 1 所示),与一般的二分支结构不一致(如图 1 - 2 所示),图 1 - 1 违反了句法结构关系的一致性原则,两个宾语的语法地位似乎是平等的,然而产生了"John showed herself Mary in the

　　① 李大勤."X 着(O)"的语法意义及"·着"的状态化功能[J].世界汉语教学,2000,(4).
　　② 施春宏.语言学理论体系中的假设和假说[A].复旦大学汉语言文字学科《语言研究集刊》编委会.语言研究集刊[C].上海:上海辞书出版社,2015,14(1).

mirror"的错误,herself 指 Mary,只出现在 Mary 的后面,否则就违反了约束三原则中的反身代词约束条件。为解决这一矛盾,理查德·拉尔森(Richard K. Larson)(1988)提出了"VP 壳假说"(VP-shell hypothesis)[①],即后来发展而成的动词短语内部主语假说,即双宾结构 VP 的结构关系仍遵循双分支原则,即采取图 1-2 的结构,但其中的两个 NP 处于不平等的句法位置上[②]。

图 1-1　三分支结构

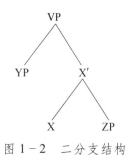

图 1-2　二分支结构

（三）归纳与演绎[③]

归纳与演绎是推理中的两个大类,是根据前提与结论间的联系特征确定的。

归纳是从个别的或特殊的事物中概括出一般性原则的思维方法。根据被研究对象的范围,归纳法可分为完全归纳和不完全归纳。完全归纳,又称枚举归纳,其前提包括被研究对象的一切个例,从而对该类对象作出一般性结论,因此结论正确可靠,可以作为论证的方法。比如考察英语的所有词语,发现在一个词语内部,如果清辅音/p/紧邻在 s 后,并且/p/后面的元音承担单词重音,那么/p/就浊化成/b/,如 spring,speak,space 等。而不完全归纳没有穷尽全部被研究对象,只是通过观察和研究,发现某类事物中具有某种属性,并且不断重复,从而判断出所有对象都具有这一属性。不完全归纳法的前提与结论之间具有或然性联系:即使所有归纳前提都是真的,结论也可能为假。但这种推理却可以通过改进前提来提高结论的可信度。不完全归纳所得结论正确与否有待进一步证明或对反例做出解释说明。例如,有人曾根据一些现象总结出"S+V+得+AABB+的",即,双音节形容词重叠后充当补语时,后面要加"的"以完句。可是实际语料中存在很多反例,如"教室打扫得干干净净"等。这时需要修改该格式,或进一步限制该格式的使用条件,或对反例进行解释说明。

不完全归纳有简单枚举法和科学归纳法两类。简单枚举法是根据某类事物的部分对象具有某种属性,从而推出这类事物的所有对象都具有这种属性的推理方法。简单枚举法的推理形式表现为:

S_1是 P;

S_2是 P;

① Larson, R. *On the Double Object Construction*[J]. *Linguistic Inquiry*, 1988,(19).

② 施春宏.语言学理论体系中的假设和假说[A].复旦大学汉语言文字学科《语言研究集刊》编委会.语言研究集刊[C].上海:上海辞书出版社,2015,14(1).

③ 归纳这部分的解释和例子由上海师范大学刘辉老师完成。

············

S_n 是 P；

S_1、S_2、······S_n 是 S 中的部分成员，且在 P 上未遇反例；

所以，所有 S 是 P。

科学归纳法是依据某类事物的部分对象都具有某种属性，并分析出制约这种情况的原因，从而推出这类事物普遍具有这种属性的推理方法。探求因果关系的古典方法主要有：求同法(The Method of Agreement)、求异法(The Method of Difference)、剩余法(The Method of Residues)和共变法(The Method of Concomitant Variation)。求同法是指如果被研究的现象的两个或更多的实例只有一个共同的事态，那么，这个事态——所有实例仅在该事态上相契合——就是给定现象的原因(或结果)。求同法用示意图表示如下(其中大写字母表示事态，小写字母表示现象，下同)：

A、B、C、D 与 w、x、y、z 一起发生。

A、E、F、G 与 w、t、u、v 一起发生。

─────────────────

因而，A 是 w 的原因(或结果)。

从上面的公式不难看出，求同法的核心精神在于"异中求同"：被研究现象的所有实例中只有 A 和 w 是每次都同现的，而其他事态各不相同。这种方法在语义分析时经常用到。比如要分析"澡"的意义，我们就可以运用求同法：("【】"中的是释义。)

澡盆　　　　　【沐浴用的盆】

澡票　　　　　【沐浴的票据】

泡澡　　　　　【将身体浸在水中沐浴】

─────────────────

因而，"澡"的意义是【沐浴】。

我们把形式看作引发意义的规约性原因。"澡"对应于公式中的 A，【沐浴】则对应于公式中的 w。

求异法是指如果在一个实例下一个考察的现象发生了，在另外一个实例下该现象没有发生，两个实例下的事态除了一个事态不同外(该事态仅发生在前一个实例中，其他均相同)，则该事态(只有它使两个实例产生区别)是该现象的结果或原因，或者为原因的一个不可缺少的部分。求异法可用示意图表示如下：

A、B、C、D 与 w、x、y、z 一起发生。

B、C、D 与 x、y、z 一起发生。

─────────────────

因而，A 是 w 的原因，或 w 的结果，或 w 的原因中的一个不可缺少的部分。

求异法的核心精神是"同中求异"：其他事态不变，只改变唯一一个事态，从而导致考察的现象同时发生改变。在语言学研究中，求异法最常见的表现形式是"最小对比"(minimal pair)，即：改变一个可接受的语言表达式的某一特征，从而得到一个不可接受的语言表达式，说明被改变的特征对于可接受性有影响。比如：

一位演员

* 一位戏子

上面的两个表达式构成了一对最小对比,唯一被改变的特征是名词的情感意义:"演员"具有[+中性]特征,而"戏子"具有[+贬义]特征。这就意味着上述可接受性的对立是情感意义造成的。

剩余法是指从任意一个现象中减去这样一个部分,在以前的归纳中该部分被认为是特定先行事件的结果,那么该现象剩余的部分为剩余的先行事件的结果。图示如下:

A、B、C——x、y、z。

已知 B 是 y 的原因。

已知 C 是 z 的原因。

————————————

因而,A 是 x 的原因。

剩余法的核心精神可以概括为"余因余果"。我们如果要分析"觉"(jiào)的意义,就可以使用求异法:

美容<u>觉</u>　　　　　【美化容貌的<u>睡眠</u>】

已知"美容"的意义是【美化容貌】

已知定中结构的意义是【x 的 y】

————————————

因而,"觉"的意义是【睡眠】。

有些构式的意义也可以通过剩余法得出,以"不 V_1 不 V_2"为例:

不打不相识　　【如果不冲突,就不会彼此认识。】

已知"打"的意义是【冲突】。

已知"相识"的意义是【彼此认识】。

————————————

因而"不 V_1 不 V_2"的意义是【如果不 V_1,就不会 V_2。】

共变法是指无论什么现象,每当另外一个现象以某种特定方式发生变化时,它也以任何方式发生变化,那么,它或者是那个现象的一个原因,或者是一个结果,或者通过某个有因果关系的事实与之相关联。图示如下:

A、B、C——x、y、z。

A+　B　C——x+　y　z。

————————————

因而,A 与 x 因果地连接在一起。

共变法的核心精神是"同中有变",和求异法十分相似。所不同之处在于:求异法的改变是质的不同(一个事态要么有,要么没有),而共变法是量的变化(一个现象的量增加或减少)。刘丹青(2008)关于个体量词带"的"条件的探讨可以看作共变法的一个实例。一般而言,个体量词是不能带"的"的,比如"*一只的老鼠""*三个的人"。但是刘丹青(2008:10)指出:"个体量词一般不带'的'是因为缺少做描写性内涵定语的语义条件。只要数量大到足以体现主观大量,个体量词也可以带'的'转化为描写性定语,不再是计量成分,这与单位量词是一样的。"①我们根据文中语料做了语感调查,得到如下结果:

＊五只的白鹭鸶

？五十只的白鹭鸶

　五百只的白鹭鸶

这里对应于共变法公式中 A 和 A+的是不断变大的数词,对应于 x 和 x+的是不断提高的可接受度。语感调查的结果表明:数词越大,个体量词带"的"的可接受度越强。这一结果可以看作对刘丹青(2008)观点的细化。

归纳法的应用总是依赖于观察到的相关性,并且即使观察已经十分精确,这样的观察也可能是不完全的。观察的数量越大,我们观察到的关联是真正因果律的表现的可能性就越大——但是无论那个数量有多大,我们都不能从那些还没有被观察到的事例中确定地推出一个因果联系。因此,每一个归纳推理充其量是高度盖然的(probable),绝不能成为解证的(demonstrative),而一个有效的演绎推理则构成一个证明,或解证②。

演绎指从一些已知命题出发,运用逻辑的规则,必然地推出另一命题的过程。演绎推理是从普遍性的理论知识出发,去认识个别的、特殊的现象的一种逻辑推理方法。常用的演绎推理有直言三段论、假言推理和选言推理等形式。

直言三段论是指由两个充当前提的性质命题和一个充当结论的性质命题组成的演绎推理。直言三段论最为重要的推理形式表现为:

所有 M 是 P;

所有 S 是 M;

所以,所有 S 是 P。

这三个性质命题的主项和谓项一共涉及且只能涉及三个概念。其中,在结论命题中充当主项的概念称为"小项"(即上面推理形式中的 S);在结论命题中充当谓项的概念称为"大项"(即上面推理形式中的 P);在前提中出现两次而在结论中没有出现的概念称为"中项"(即上面推理形式中的 M)。提供大项的前提是大前提,提供小项的前提即小前提。例如:

(1)名词(M)可以作主语(P)。

"荣誉"(S)是名词(M)。

"荣誉"(S)可以作主语(P)。

假言推理是以假言判断为前提的演绎推理,可以分为充分条件假言推理、必要条件假言推理和充要条件假言推理三种。比如:

(2)如果一个词语只能修饰名词或名词短语,并且不能作谓语,那么它是一个区别词。

"副"只能修饰名词或名词短语,并且不能作谓语。

所以"副"是一个区别词。

---

　　① 刘丹青.汉语名词性短语的句法类型特征[J].中国语文,2008,(1).

　　② 关于科学归纳法的介绍,详见[美]欧文·柯匹(Irving M. Copi),卡尔·科恩(Carl Cohen)著.张建军,潘天群,顿新国等译.逻辑学导论(第 13 版)[M].北京:中国人民大学出版社,2014:487.

这是一个充分条件的假言推理。再如：

（3）只有体词，才能充当主语。

"游泳能快速减肥"中的"游泳"是主语。

所以"游泳能快速减肥"中的"游泳"是体词。

这是一个必要条件的假言推理。而充要条件假言推理如下例所示：

（4）名词能受程度副词修饰，当且仅当该名词具有"量度义""特质义"或"描述义"。

名词"骑士"能受"很"修饰，形成"很骑士"的表达。

名词"骑士"具有"量度义""特质义"或"描述义"。

选言推理是以选言判断为前提的演绎推理，可以分为相容的选言推理和不相容的选言推理两种。例如：

（5）"忽然"或者是形容词，或者是副词。

"忽然"不能跟名词组合，不是形容词。

所以"忽然"是副词。

该例是相容的选言推理。

（6）两个语素组合而成的单位，要么是词，要么是短语。

"白菜"不能扩展，是词。

所以"白菜"不是短语。

例（6）是不相容的选言推理。

归纳与演绎在语言学研究中应用非常普遍。和其他一切事物一样，语言本身及不同语言间也存在个性与共性、特殊与一般的联系。个性中包含着共性，特殊中包含着一般，因而人们可以从个别中概括出一般。反之，共性存在于个性之中，一般存在于特殊之中，因而人们亦可以从一般中演绎出个别。这正是归纳和演绎在语言学及一切科学中应用的客观基础。人们的认识活动不是凭空进行的，而是在前人研究基础上，以已有的科学原理为指导进行的。正因为此，演绎法的运用较为普遍。以普通语言学理论为指导来研究某一具体语言，其中就包含着演绎法的运用。

在具体研究过程中，归纳与演绎互相补充，表现为：第一，由归纳得出的结论，时时要用演绎的方法来考证。如"格"概念是从印欧语的概括中得出的结论，需要通过更多的语言进行印证。印证过程中，要解决具体语言研究中的实际问题，要检验、修正已有的理论，否则，就变成了贴标签的做法。第二，只有对语言事实进行充分的观察与归纳，才能发现可以用已有理论进行解释的事实。如借助心理学的理论，把人类的认知机制引入到语言学领域，这是演绎方法，但在研究过程中，必然离不开对语言事实的归纳。

中国语言学受传统朴学影响，形成了汉语研究领域"重归纳"的风气，如"例不十，法不立；例不十，法不破"以及"言有易，言无难"等，都是强调在搜集、掌握大量例证的基础上下结论。随着现代语言学的发展，新的语言学理论不断涌现，中国语言学不断引进新的语言学理论并运用于汉语研究，演绎方法得到提倡。朱晓农（2008）提出，"以前我们都认为演绎法推不出新东西，现在看来正好相反：演绎法推得出新东西，而归纳法归不出新东西""科学不是就事论事，它要求我们根据有限的材料作出全称判断，它引导我们从已知走向未知。从这个意义上说,科学过去是,现在是,将来也必定是'小本钱做买卖'"①。金立鑫(2007)认为,演绎是任何理论所必需的,除此之外,演绎还能够通过严格的逻辑推导发现一些全新的语言现象,甚至可以发现语言中的"门捷列夫空格"②。

(四) 分析与综合

分析是将研究对象分解为若干部分、方面、因素、环节和层次,然后分别加以考察的认识方法。客观事物的复杂性决定了分析的必要性,没有分析,人们对事物的认知只能是混沌的。分析不是简单地分解事物,而是从考察研究对象的许多因素中把握构成现象的本质,主要包括要素-结构分析、定性分析、定量分析、因果分析、阶段-过程分析、层次-系统分析等。要素-结构分析是对研究对象的组成要素及其结构状况进行分析,主要解决"有什么"的问题;定性分析是确定研究对象是否具有某种性质的分析,主要解决"是什么"的问题;定量分析是确定研究对象的各种要素或成分的数量的分析,主要解决"有多少"的问题;因果分析是确定某一现象的发生或变化的原因的分析,主要解决"为什么"的问题;阶段-过程分析是对研究对象发展过程中所呈现的不同阶段的情况进行分析,主要解决"时限"问题;层次-系统分析是将研究对象看作一个多层次的、发展变化的系统,通过对系统中的各个层次的详细分析,达到对系统的全面认识,主要解决"空间结构"问题。分析原则主要有:必须分析到最简单的要素,以进行新的综合为目的。只有这样,事物的复杂性才会充分暴露出来,才能更好地透过现象把握本质。

综合是将研究对象的各个部分、方面、因素、环节和层次的认识联结起来,形成统一整体的认识。综合不是对研究对象的各个构成要素的认识的简单叠加,而是综合后的整体性认识。综合以分析为基础,须过渡到新的分析,通过分析、综合、再分析、再综合,不断循环往复,螺旋上升,不断探究更深刻的本质。

语言研究离不开分析的方法。在语言学认识领域,运用分析的方法,可对语言现象作定性的、定量的、因果的、阶段的、层次的、文化的、社会的、历时的、共时的、个人的、阶层社团的、地域的等的逻辑性分析。认识某一语言特定的历史阶段,可将其分为语音、词汇、语法等层面予以分析,研究某一语言现象的形成、发展和演变过程③。

西方语言学分析的传统在结构主义那里达到了顶峰,有了一套完备的"发现程序"作为分析的手段,这跟"原子论"在物质结构研究中的成功有关。自《马氏文通》以来,中国语法学借鉴西方的分析法,汉语语法分析在广度和深度上不断拓展。但光有分析是不够的,还需要综合。这是因为就事物的整体和部分而言,分析的前提是"整体等于部分之和",但是还有"整体大于部分之和"的情形,所以不能没有综合,如"大树=大+树","大车>大+车"。这种观点在19世纪末20世纪初西方创立的格式塔心理学中得到明确的表述和验证。如人类在认识客观世界中建立的范畴大多是"典型范畴"(prototype category),是由一些通常聚集在一起的特征构成的"完形"概念,无法完全靠特征成分来界定。又如对结构式的整体把握,要受

---

① 朱晓农.方法:语言学的灵魂[M].北京:北京大学出版社,2008:72.
② 金立鑫.语言研究方法导论[M].上海:上海外语教育出版社,2007:78.
③ 李树辉.语言学研究方法论(二)[J].语言与翻译,2000,(2).

完形心理原则的制约,如:

(1) a. 我送一件毛衣给她。

b. 我送给她一件毛衣。

这两句话的组成部分是一样的,但整体意思有所差别。看到这两句话,人们在头脑中形成两个不同的"意象"(image),这种差别无法从各组成部分的性质中推断出来,因为一个"意象"就是一个心理"完形"。b句表示毛衣已经为"她"所有,"送"和"给"融合为一个过程。a句"她"不一定已经接受那件毛衣,"送"和"给"是两个分离的过程。这可以从下面的比较中看出:

(2) a. 我曾经送一件毛衣给她,她不收。

b. ? 我曾经送给她一件毛衣,她不收。

(3) a. 我织一件毛衣给她。

b. *我织她一件毛衣。

这里可以用完形心理学中的"邻近原则"进行解释:(2)b中"一件毛衣"跟"她"挨得近,所以把"毛衣"看作为"她"所有,而"送"和"给"两个字挨在一起,代表一个过程;"织"和"给"不可能是一个过程,所以(3)b不合语法。a中"一件毛衣"跟"她"离得远,所以"毛衣"不一定已为"她"所有,而"送/织"和"给"两个字分开,所以代表两个分离的过程。可见,分析和综合结合起来才能对语法现象做出完整的解释[①]。

(五) 论证与反驳

论证是根据已知真实的判断来确定某一判断的真实性的思维形式。论证作为一种基本的逻辑方法,由论题、论据、论证方式三部分所构成。论题是需要论证的主题,是在论证中其真实性需要加以确认的判断。论据是在论证中确认论题真实性的判断依据,是证明论题真实性的充分理由,有三种类型:一是已被充分证实了的关于个别事实的判断;二是各门科学中的公理、定义、定律、原理、法则等;三是哲学与自然科学中的一般原理。论证方式是论题与论据间的逻辑联系形式,可分为归纳论证、演绎论证等。

反驳是以确知为真的判断来驳斥别人虚假判断的一种论证方式。反驳和论证是论证过程中的对立统一的两个方面,前者即所谓破,后者即所谓立。因此,反驳是一种特殊形式的论证。从论题方面反驳多表现为举出事实,证明论题与事实不符。从论据方面反驳是指论证论据是假的或不充分的。从论证方式反驳是指论据与论题之间不存在必然的逻辑联系,从论据中推不出论题来。还有一种有力的反驳方式——归谬法,从真实的前提推出对方无法接受的荒谬结论。可以用归谬法反驳论题、论据与论证方式,即以对方的论题为前提,按照正确的推理形式,推出对方显然不能接受的荒谬结论;或者由一些明显为真的前提,按照对方的推论方式,推出对方显然不能接受的荒谬结论。

归谬法的逻辑结构是:

[①] 关于语言学的分析与综合,引自沈家煊.语法研究的分析和综合[J].外语教学与研究,1999,(2);沈家煊."分析"和"综合"[J].语言文字应用,2005,(3);沈家煊."在"字句和"给"字句[J].中国语文,1999,(2)。

求证：P 假

证明：假设 P 真。

如果 P 真，则 Q 真；

而 Q 是假的；

所以，P 也是假的。

有个病人对住院处的护士说："请把我安排在三等病房，我很穷。"护士问："没有人能帮助您吗？"病人说："没有，我只有一个姐姐，她是修女，也很穷。"护士听了生气地说："修女富得很，因为她和上帝结婚。""好，您就把我安排在一等病房吧，以后把账单寄给我姐夫就行了。"病人说。护士的话中，"修女富得很，因为她和上帝结婚"明显是荒谬的。但病人并不直接地指出其荒谬之处，而是故意"承认"其真，然后据此推出"以后把账单寄给我姐夫就行了"的荒谬结论。显然，这个结论是护士不能接受的，必然遭否定，由此又必否定作为前提的护士自己的话。如此巧妙地否定对方的言论，归谬法尽显幽默风趣[1]。

语言学研究就是摆材料，讲逻辑[2]。假说提出者往往会从维护体系、系统的角度重新审视"异常"事实的性质，有可能因此而发掘出新的制约因素，进而无须调整原有的假说。如一般文献关于动结式 VR 整合规则都认为，如果 V 和 R 的主体论元同指的话，V 的客体论元不能放到 VR 之后。

（4）a. 孩子看电视看困了。　　　　b. *孩子看困了电视。

（5）a. 老张喝醉了酒。　　　　　　b. 小李吃饱了饭。

显然，例（5）构成了例（4）所体现的动结式整合规则的"反例"。然而，该规则却概括了绝大部分语言事实。在这种情况下，通过重新审视，发现例（5）中"酒"和"饭"在动结式语义结构中具有特殊性，都是它们的影子论元，自身没有更多的信息量。若将其变化为非影子论元，那么形成例（6），而只能是例（7），这就合乎上述动结式整合规则了。

（6）a. *老张喝醉了半斤酒。　　　　b. *小李吃饱了红米饭。

（7）a. 老张喝半斤酒喝醉了。　　　　b. 小李吃红米饭吃饱了。

这样看来，例（5）不是真正意义上的反例，而是规则系统中的一个"例外"，是别有因素所致[3]。

（六）抽象与具体

抽象是从客观对象的各种属性中抽取出本质属性的认识方法，抽象的规定性是通过科学抽象得到的认识成果。具体包括感性认识中的具体和思维中的具体，前者是对客观对象外部多样性的反映，后者是通过对某一对象的各种抽象规定的综合而形成的完整的映像，是对客观对象外部多样性内在联系的整体性的反映。

从现象具体到抽象规定，再由抽象规定上升为思维具体，是辩证思维的一个基本原则。

① 王森.语言运用中的归谬法［J］.语文教学与研究·综合天地,2010,(3).

② 朱晓农.方法：语言学的灵魂［M］.北京：北京大学出版社,2008.

③ 施春宏.语言学假说的论证和语言学批评［A］.复旦大学汉语言文字学学科《语言研究集刊》编委会.语言研究集刊［C］.上海：上海辞书出版社,2015,15(2).

语言学的研究现象是语言本身,研究语符音、形的组合形式及其同意义之间的规定性联系。语言作为研究对象,是被感知的现象具体,是表面的、混沌的、非本质的、感性的认识。只有通过抽象思维活动,对感性事实进行分析和比较,撇开不同的、偶然的、非本质的方面,抽象出相同的、必然的、本质的方面,并用概念的形式把它固定下来,这是由现象具体到抽象规定的过程。抽象规定毕竟只反映研究对象的一些局部、方面或属性,研究语言的目的是要达到对研究对象整体的本质和规律性的认识,因而还须用具体的方法,即通过一定的思维操作活动,把运用抽象方法得到的各种抽象规定统合到统一的关系之中。

　　下面举例说明。"他打碎了玻璃""她磨破了脚""我洗干净了衣服"这三个句子,每个结构构成的词语均不同,但可以发现:动词与形容词构成了动补结构,动补结构带了两个成分,构成了主谓宾结构;"他""我"是主语,动补结构是谓语,"玻璃""脚""衣服"是宾语。如果只分析到这里,无法真正理解句子的意义。如果着眼于分析结构和意义的关系,就会了解到:"他""她""我"是动作"打""磨""洗"的施事,"玻璃""脚""衣服"是动作"打""磨""洗"作用的受事,结果补语"碎""破""干净"是动作作用于宾语"玻璃""脚""衣服"后产生的结果,这样理解为"他(不小心)打(到了)玻璃,玻璃碎了""她(走了很长的路)磨脚,脚破了""我洗衣服,衣服洗干净了"等这样的复合事件。如果再进一步分析,发现动补结构复杂,表现力强,语义信息量大。又如,"衣服洗脏了""我写作业写烦了""他走快了"等,结果补语可以是偶发性的,如"我洗衣服,衣服(越洗越)脏了";也可以是自返[①]的,如"我写作业,写烦了";也可以是说明动作本身的,如"他走路,走快了"等。这样的分析包含了知性的抽象,又上升到具体多样性的统一。正如吕叔湘谈到:"句子成分和句子成分之间有一定的结构关系,这不用多说,要注意的是不能满足于说出这是什么成分,那是什么成分;换句话说,不能贴上标签就完事。世界上的事情是复杂的,句子里边一个成分和另一个成分之间的关系,一方面需要用一个名目或者一句简单的话来概括,另一方面又需要作进一步的分析,看它包括哪些具体内容。"[②]这也正说明了在语法分析中运用"从抽象上升到具体"的辩证思维方法的重要性。

(七)历史与逻辑

　　历史方法是指从研究对象发生、发展和消亡的过程中探索其本质和规律的方法。逻辑方法是指探究研究对象诸方面关系在理论上的顺序展开和推演过程的方法,即从研究对象的发达状态出发,从历史的结果出发,找出对象诸方面的本质关系,并将这一关系在理论上展开,据此阐明对象存在的逻辑根据和它的发展规律。探究一个问题时,可以采用历史的叙述方法,也可以采用逻辑展开的方法。

　　这两种方法在应用时互相关联:逻辑过程是历史过程简要的、概括的重演,在展开一个

---

①　自返与非自返是一对意象图式。前者指图式关系不是存在于两个实体之间,而是存在于一个实体和它本身之间;后者是指图式关系存在于两个不同的实体之间。这两种图式的生活经验基础是:在日常生活中,我们很容易感知一个移动物体和它的参照物之间的关系,这种情况下,移动物体和参照物一般是两个物体。但我们同样可以认为,这种关系存在于一个实体的不同部分之间或一个实体的最初位置和最终位置之间。在这种情况下,这个实体的一部分或位置被看作参照物,而另一个部分或位置则被看作一个移动物体(张凤,高航.语义研究中的认知观[J].中国俄语教学,2001,(1).).

②　吕叔湘.汉语语法分析问题[M].北京:语文出版社,1979:65.

理论的逻辑体系时,要注意与相应的历史过程的统一;运用历史方法时,不是为历史而历史,而是要通过对象的历史过程揭示历史的必然性、规律性,在历史的叙述中又不能陷于枝节之论,要抓住历史的主干,抓住过程的本质,力求清晰地展现对象的逻辑联系。因此,在建立和表述科学理论中,应处理好逻辑方法与历史方法的统一。一个成熟的科学理论是按逻辑体系展开的,包括作为逻辑出发点的若干基本概念、基本原理和由此推论出来的一系列具体推论和对有关现象的说明。这种逻辑体系把该理论所涉及的对象的诸多关系织成一个理论的网状结构。这个理论之网直接或间接地反映着对象的客观历史过程或人类认识这一对象的历史过程,因而具有坚实的客观基础,并且符合认识的客观规律①。

　　语言研究者除运用历史方法对某一语言或语言现象进行历时研究外,即使在运用其他方法研究的过程中,也经常将历史法作为一种补充的方法。梁银峰(2007)通过历时语料考察得出,汉语趋向补语结构产生于中古时期(六朝至唐),汉语趋向补语的语义演变呈现出"趋向意义>结果意义(>时体意义)"的规律性路径,演变的机制是隐喻,这是历时研究②。沈家煊(2004)在语言事实基础上描述了"不过"的四个形式和意义③:

表 1－1　不过的四个形式和意义

形　式		意　义	例　句
不过₁	词组(状语+动词)	不超过	这些山海拔都不过 1500 米。
不过₂	词(副词)	不通过 仅仅,只	这批货怎么不过海关? 他不过翻了翻,没有细看。
不过₃	附着词(附形容词后)	程度最高	她是乖巧不过的女孩。
不过₄	词(连词)	转折和补充	实验失败了,不过他并不灰心。

　　这四个形式和意义的构拟是怎样产生的? 沈家煊在文中运用会话原则中的"足量准则"和"不过量准则"④,并结合历时考察,推导出以下演化关系:

　　其中,"仅仅"和"不超过"两个意思之间有逻辑上的衍推关系(entailment),这种衍推是单向的,即"仅仅"衍推⑤"不超过",反之则不然。如果"仅仅 10 米"为真,那么,"不超过 10

---

　　①　王小燕.科学思维与科学方法论[M].广州:华南理工大学出版社,2003:129－131.
　　②　梁银峰.汉语趋向动词的语法化[M].上海:学林出版社,2007:1－71.
　　③　沈家煊.说"不过"[J].清华大学学报(哲学社会科学版),2004,(5).
　　④　足量准则指说话人为听话人省力着想,说的话要充足,即在不过量的前提下,尽量多说些。如说出"老王有三个孩子",传递"老王只有三个孩子"的隐含义,这种隐含义是否定性的,推导这种隐含义不需要有特定的背景知识;不过量准则指说话人为自己省力着想只说必要说的话,即在足量的前提下,不说过多的话,如"老王有三个孩子",传递"老王有三个亲生孩子"的隐含义,这种隐含义是肯定性的,推导这种隐含义需要特定的背景知识(父母的孩子一般是亲生的)。
　　⑤　衍推(entail)有如下特点:1)若 p 为真,则 q 必然为真。2)若 q 为假,则 p 必然为假。3)若 p 为假,则 q 可能真也可能假。4)若 q 为真,则 p 可能真也可能假。参见郭锐.衍推和否定[J].世界汉语教学.2006,(2).

米"也为真;反之,"不超过 10 米"为真,"仅仅 10 米"不一定为真,可以是 10 米以内的其他长度。换言之,"不超过 10 米"不一定达到 10 米,而"仅仅 10 米"一定达到 10 米。可见,"不过$_2$"的信息量大于"不过$_1$"。从意义来看,"不超过"是个比较实在的空间概念,"仅仅"是个比较虚灵的非空间的概念。"不过$_1$"一般只限定名物性词语,"不过$_2$"还能限定表动作、状态的词语,如"不过$_1$二年,君必无患。(《左传》)""信曰:'陛下不过$_2$能将十万。'(《史记》)""公输子之意,不过$_2$欲杀臣。(《墨子》)"等。从形式上看,"不过$_2$"是词,所以,中间不能插入任何成分;"不过$_1$"是词组,所以,中间可以插入成分,如插入副词"仅仅"和"一定",如"不仅仅过 10 米,还过了 15 米""不一定过 10 米,也许只过了 5 米"。文章认为词语的意义由实在而变得虚灵,这是语义自然演变的一般倾向,这一演变往往(但不一定)使词语的形式由复杂而变得简单。

根据"足量准则"和否定量级<不到,不过$_1$>①,说话人说出"不过$_1$"总是隐含"～不到"(达到)的意思,"不超过"加上"达到"就等于"仅仅"。历时语料中"不过$_1$"先于"不过$_2$":先秦文献中的"不过"大多是"不过$_1$",到了汉代,"不过$_2$"才更多地出现。例如:

(8) 不过二年,君必无患。(《左传》)

(9) 其中开口而笑者,一月之中不过四五日而已矣。(《庄子·盗跖》)

(10) 以七尺之细形,形中之微气,不过与一鼎之蒸火同。(《论衡》)

通过以上分析,文章得出"不过$_2$"是从"不过$_1$"变过来的。逻辑方法与历史方法相结合,相辅相成,更有效地论证观点。

三、汉语研究与学术探究能力的培养

(一) 科学理论追求

学术探究能力的培养在于不断提升对科学理论的追求。理论是一种假设、解释模型,无对错之分,只有"优劣"之分。理论优劣的评判标准表现在:能够解释更多的现象,理论内部简洁、一致、整齐。语言学科学理论的解释范围和解释力并不相同。有的理论只能解释个别的语言现象,有的理论却能解释普遍的语言现象。理论的价值直接与理论对现象解释的广度和深度成正比。解释可分为系统内部的解释(或称"弱解释")和系统外部的解释(或称"强解释")。研究总是从弱解释走向强解释,并且强解释总是建立在一连串的弱解释的基础上,没有大量的弱解释,强解释无法建立起来②。

以汉语多项定语顺序为例,"北京大学中文系三年级的小张同学""国家、集体和个人的利益",通过语料分析可以发现,汉语定语的顺序总是按外延从大到小排列,这个理论虽然有用,但并没有上升到更为普遍的规则上。后来,奥托·布哈格尔(Otto Behaghel)在 20 世纪 30 年代提出语义靠近原理,如英语中,"国家、集体和个人的利益"表达为"the advantages of individual, collectivity and country"(顺序为:利益,个人,集体,国家),通过比较发现,越靠近

---

① "< >"里左项的信息量大于右项,或者说"不到"衍推"不超过"。

② 关于理论的判定、解释力的内容,具体参见金立鑫.语言研究方法导论[M].上海:上海外语教育出版社,2007: 16－21.

核心的成分越小,越反映核心的本质特征的成分越靠近核心①。这一理论明显要较之前面的解释范围更广,解释力更强。当然,没有前面的弱解释,后面的强解释也建立不起来。

案例1：汉语词类的原型范畴理论

对汉语词的具体分类以及词类的界限问题,存在较多争论。袁毓林(1995)认为,汉语词类是原型范畴,而不是特征范畴,是人们根据词与词之间在分布上的家族相似性聚集成类型的②。《词类范畴的家族相似性》这篇文章通过原型范畴的家族相似性,在确定典型成员的基础上,将其他事物不断与典型成员进行比较,根据其他事物与典型成员的共有属性的多少,判断其隶属度,从而更好地归类及分类。并且,原型范畴理论对于汉语词类问题的解释力较强。

首先,文章从词类划分的两难局面入手。朱德熙《语法讲义》提到:凡受"很"修饰而不能带宾语的谓词是形容词,凡不受"很"修饰或能带宾语的谓词是动词。然而,不是所有的形容词都能受"很"修饰,如"煞白、冰凉、通红、喷得、粉碎、稀烂、精光……"这类状态形容词,形容词也不是绝对不能带宾语,如"红着脸""斜着身子""瞎了眼睛""不要脏了我的手""高你一头"等,这说明关于形容词的定义对其内部没有普遍性,只能管住性质形容词,但管不住状态形容词;关于动词的定义对形容词没有排他性,把动词以外的一部分形容词也划了进来。可见,词类划分存在两难局面:一方面,不得不根据分布给词分类;另一方面,彻底的分布主义的操作路线很难贯彻到底。

其次,引发思考,词类到底是特征范畴还是原型范畴。通过分析经典的范畴化理论与原型范畴化理论,说明范畴不一定能用一组充分必要特征/条件来下定义。水果作为一个类,并不是因为每一种水果都具有水果的共同特征,而是因为每一种水果都和其他几种水果有一些家族相似性(family resemblance);相似性越大的,在这一类事物中越占中心的位置,即成为这一类的典型成员,如苹果、梨、桃、橘子等是水果这一范畴的典型成员。有些事物和其他同类的事物相似性较少,它的典型性就差,即成为这一类的非典型成员,如椰子、甘蔗、荸荠、橄榄等是水果的非典型成员。同时,如果某一范畴的非典型成员又和其他范畴的典型成员具有一定的相似性,那么这种事物就处在两个类的边界,如西红柿有时可以称为水果,有时又可以称为蔬菜,它既不是水果这一范畴的典型成员,也不是蔬菜这一范畴的典型成员。在此分析上,说明现在的词类工作基本上是以经典的范畴化理论③为逻辑背景的,因此出现了前面提到的两难局面。

再次,进一步从人类词类知识的获得、优势与劣势分布、严格与宽泛定义等三个方面说明词类是一种原型范畴,是基于概念范畴与分布位置的家族相似性。词类知识建立在日常生活经验的基础上,主要来源于人们对词和词之间在功能和意义上的家族相似性的概括。词类分布功能具有不平等性,如名词主要作主、宾语,作定语不如作主、宾语常见;动词、形容词虽然可以作主、宾语,但在大多数情况下,动词主要处于谓语的位置,形容词主要处于谓语

---

①　金立鑫.语言研究方法导论[M].上海:上海外语教育出版社,2007:19–21.

②　袁毓林.词类范畴的家族相似性[J].中国社会科学,1995,(1).

③　经典的范畴化理论认为,范畴是对世界的客观分类,与进行分类的主体无关,人类划分范畴是根据概念的本质属性,这样定义的范畴是绝对的、离散的。

和修饰语(定语、状语和补语)的位置。在定义词类时,可采取宽泛+严格定义的方式,如动词是经常作谓语或谓语中心、经常受副词修饰的一类词,以能光杆带宾语或不受程度副词修饰的一批谓词为典型成员;形容词是经常作谓语或修饰语(定语、状语和补语)的一类词,以不能光杆带宾语和能受程度副词修饰的一批谓词为典型成员。

　　文章还提出,语言学的许多范畴也是原型范畴。如句法结构"看了三天了"的层次构造是"看了|三天了",而不是"看了三天|了",但两个直接成分之间的结构关系是什么? 该结构不是述宾结构,因为只有谓宾动词的宾语才可以受副词修饰,如"赞成马上出发""建议分头行动"。显然,"看"不是谓宾动词,但"三天了"之前却可以出现副词,如"看了都三天了"。但这种副词还可以出现在动词之前,如"都看了三天了""大概都快看了三天了"。通过调查,发现带状态补语的述补结构也有类似的变换关系:

　　(11)　都热得出汗了　　　　　热得都出汗了

　　(12)　已经走得很远了　　　　走得已经很远了

　　(13)　早就想得很透彻了　　　想得早就很透彻了

　　通过这种结构变换关系的相似性,可以比较稳妥地说"看了三天了"一类词组是述补结构。可见,句法结构也是一种原型范畴,是人们根据不同实例在结构方式上的种种相似性概括出来的类型。属于同一种结构类型的实例有典型和非典型之别①。

(二) 学术探究程序

　　汉语研究的最终目标是寻找人类理解语言和生成语言的规则,揭示汉语规律,为汉语学习与人工智能提供理论平台等。只有确立学术理想,具备强烈的研究动机,才能成为一名真正的研究者,更好地从事研究,不断提升学术探究能力,为推进社会科学研究贡献自己的一份力量。

　　1. 对学术研究的思考

　　学术论文是科学研究的成果。鉴别是否成为学术论文的唯一标准是是否具备新意。所谓"新意",包括选题新、材料新、方法新和观点新四个方面②。要做到学术论文有新意,就一定要奠定扎实的学术功底,密切关注社会发展现实,积极参与学术交流,努力拓宽学术视野等。下面具体分析之。

　　第一,选题:善于发现新的问题。选题是学术论文的首要问题,是非常关键的。选题好,论文不一定好,但论文好,一定要选题好。初做研究易犯选题大、空、泛的毛病,这是因为缺乏"问题意识"。问题是科学问题,是所有人都不明白的问题,是科学上还没搞清楚的问题,也是比较成熟的问题,而不是自己认为不明白的问题。这一点对初做研究的人来说,特别需要注意。要寻找问题点,没有捷径,必须从读书、查资料入手,必须勇于实践,博览群书,勤于思考。

　　问题点的选择首先应该是具有新意的点,是别人没有研究过的,或研究过了但没有研究

---

①　以上引自袁毓林.词类范畴的家族相似性[J].中国社会科学,1995,(1).

②　马来平.学术论文的选题技巧与独创性[J].北京科技大学学报(社科版),2015,(3).

透的,感觉研究透了但是有分歧的,以及应该予以纠正、补充或是需要重新审视的问题。其次应该是关键性的点,即在学科发展中或当前社会发展中具有重要意义的问题。再次应该是前景广阔的点,具有进一步开发的余地,将自己的选题置于整个研究领域来考虑,避免孤立地选题,使选题尽可能地系列化。这就要考虑学科的发展趋势、自己的研究兴趣和专长等因素。

研究要深入,势必花费很长的时间,如何在有限的时间里使自己的研究更有效,必须明确自己的研究方向,如语言学根据研究对象分为语音学、词汇学、语法学、修辞学、语义学、语用学、语篇学、语体学等。当然,明确自己的研究方向,并不是说只读某方面的书籍,而是应该博览群书,培养自己的学科交叉意识,为自己的研究打下更坚实、更全面的基础,否则,研究会受到很大的局限,语言学理论的发展历程即可印证这一点。

原则上,选题宏观的、微观的都可以,不过选微观的更好一些。对于年轻人来说,科学经验比较少,选微观的容易些,且大处着眼,小处着手,可以收到以小见大、事半功倍的效果。小问题做大、做深入,不可避免地会触及到大问题,触及到事物深层的本质。如有的研究生选择"把"字句研究,"把"字句内部复杂多变,且前人研究成果多,要挖掘出新意来,就不能面面俱到,必须从某一点切入。选宏观的题目需要研究者有一定的学养、深厚的学术积累,宏观的题目也不可面面俱到,要着眼整体,选择关键点,进行深挖,总之也是大处着眼、小处着手。沈家煊(2004)《语法研究的目标——预测还是解释?》一文比较宏观,该文通过"得"字结构的转指现象、"偷"和"抢"的句法语义、动结式"追累"的句法语义等三个例子进行分析①。搜索和查阅中国知网等数据库,尤其是学习名家名篇,有助于更好地学习如何选题。再就是,多与导师、专家、同学、朋友等进行沟通与交流,激发选题,分析选题是否适宜。

第二,材料:对新材料的敏感和对老材料的重要认识。材料新是指学术论文中使用的是学界没有发现过的材料,或对于某一主题没有使用过的材料。新材料可以是文献上的,也可以是地下发掘出来的或田野调查得来的。这些新材料用于支撑观点。一般认为,"把"字句的语义条件其中之一是"把"字宾语须是定指的,如可以说"把书递给我""把那本书递给我",但不说"把一本书递给我"。但也有这样的例子,"他把个孩子弄丢了""车把几个行人撞倒了"等,这些句子在之前的研究中未使用过。马真(1985)、王还(1985)认为,"把"字宾语为无定名词的句子都含有"出乎意料"的意思②。

第三,方法:使用恰当和寻求新方法的意识。方法新是指论文使用了新的方法,包括新创造的方法,最先从其他领域引进到所研究领域的方法,或者采用看问题的新角度等。其中,不同学科、不同领域的方法和理论的互相借鉴呈上升趋势。汉语研究中,方法创新非常重要,很多情况下,选题创新与材料创新难做到。从新的视角看待研究对象,有助于发现问题,也有助于观点创新。可以说,科学创新的关键在于方法。如"把"字句的研究成果颇丰,从结构主义语言学、生成语言学到认知语言学等均做过相关研究,研究越来越深入。

① 沈家煊.语法研究的目标——预测还是解释?[J].中国语文,2004,(6).
② 马真."把"字句补议[A].陆俭明,马真.现代汉语虚词散论[C].北京:北京大学出版社,1985:200-211;王还."把"字句中"把"的宾语[J].中国语文,1985,(1).

第四,观点:在学科背景上提出新的见解。选题新、材料新、方法新最终要通过观点新来体现。基本观点应该在前人研究的基础上有所前进,这也是学术论文需要有文献综述部分的原因。学术论文提出的观点是不是新,必须有根据。这个根据就要靠文献综述来提供。或者说,观点新不是针对某个人或某群人而言的,而是针对在此之前所有同行和所有相关文献而言的。当然,观点新一定是内容上的、实质上的,而不是形式上的,旧观点换了个新说法仍然是旧观点。

2. 选题及选题论证

在对学术研究进行充分思考后,要进一步明确自己的研究选题。选题要有新意,这是成功的开始。选题不是凭空而来的,需要花费一些时间进行前期准备。这个过程需要大量阅读文献,养成做读书日志的习惯,随时将灵感记录下来,在此基础上,不断地思考,查阅更多相关文献,咨询相关专家,多参加学术交流活动,从中了解哪些问题已经解决,哪些问题尚未解决而需要去解决,从而设定一个小的有限的论题,以便于深入、透彻地论证与研究。选题是一个较为漫长的前期准备工作。

一开始阅读文献,不要什么文献都拿来一股脑读,而是要读经典著作。只有专心静读本学科的经典著作,才能有稳固扎实的专业基础,否则,根本谈不上研究。语言学经典著作会帮助了解语言学的基本理论、方法与概念,树立语言观,探索前人的学术研究思路,以及思考如何进行学术研究。

选题要充分考虑研究方向、规定和期望,可以利用的时间、可以利用的资源、研究成本、研究支持等各方面的情况,以使选题具有可行性,否则便无法在规定的时间和空间里完成。如有的研究生选择泰国学生习得汉语能性述补结构的研究,如果所在学校没有足够的泰国学生,或者自己对泰语不了解,又没有泰语专家,或者没有充足的偏误材料,或者没有对习得研究的相关理论知识基础,等等,没有这些条件,便无法选择这样的题目去做。

选题论证是保证选题是否有新意的前提。选题论证就是"开题报告""项目申请书"等的撰写,内容包括国内外研究现状与发展趋势、研究理论意义及实用价值、研究思路及方法、主要观点与内容(章节安排及内在逻辑关系)、具体研究计划、前期资料准备情况、参考文献等,或者称为"可行性论证"。

选题论证时,一定要思考研究方法及方法论,并进行研究性阅读。认识方法论问题的意义,对研究所产生知识的影响,以及它们可能会产生什么种类的知识,是非常重要的。对于初涉研究者而言,首先要了解定量研究和定性研究、案头工作和野外现场工作。

定量是资料采取数字形式的经验研究,定性是资料并不以数字形式出现的经验研究。定量研究大部分情况下用来验证理论,也可以用来探讨一个领域,并产生假设和理论。定性研究在大部分情况下用于提出理论。二者经常相辅相成。如邵敬敏、朱彦(2002)通过语料发现一些"是不是 VP"具有肯定倾向[①]:

(14) 是不是你亲自出马好一点?(王朔《人莫予毒》)

---

① 邵敬敏,朱彦."是不是 VP"问句的肯定性倾向及其类型学意义[J].世界汉语教学,2002,(3).

（15）你们是不是也常受他的欺负？（王朔《编辑部的故事》）

"是不是VP"问句既然有明显的肯定倾向，就不是强疑问句，因此句中不能用强疑问语气词"到底""究竟""倒是"（陶炼，1998）[1]。为了证明这一点，通过语料进行了定量分析，在曹禺、老舍、方方、高行健、王安忆和王朔等的戏剧、小说共计92万字的语料中搜索出"是不是VP"问句202个，其中具有肯定倾向的有186个，占总数的92%。并通过归纳分析186例的语境特征，更好地论证"是不是VP"表达肯定性倾向的观点。

案头工作是指不需要野外操作的研究工作，包括管理、收集和分析调查表，分析他人收集的资料，实验室工作，图书馆中进行的文献研究，撰写论文等。野外现场工作是指外出收集研究资料的过程，包括参观某个机构，进行访谈，或者发放调查问卷表，或者旁听会议等。绝大部分研究都会使用这两种方式。

将更深层次的方法论理解补充到研究中，有助于提升研究深度。目前主要有四种研究范式：实证主义（positivism）和后实证主义（post-positivism）、解释主义（interpretivism）、批判主义（criticism）、后现代（postmodern）范式。实证主义的目的是提供可导致控制和可预测性的说明，实证主义有多种，使用统计和实验方法的定量研究方式被认为是经典的实证。后实证主义坚持实证主义的基本信念，但认为只能不完善地、或然性地认识社会现实，因此只能产生有关世界的部分客观的说明，因为所有的方法都是有缺陷的。解释主义对社会世界的解释受文化制约，并具有历史的情境性。批判主义不是只寻求理解的研究，而是采取一种冲突和压迫的观点，并寻求改变。后现代主义并不为一个更好的世界提供一种理性进步，而是对给定的一个文本、表征和符号有无限多层面的解释可能性[2]。语言学研究中更多关注实证主义和解释主义的研究范式。

选题论证还需要研究性阅读，思考语言理论与方法，并完成文献综述。阅读著作、期刊、报告等资料（包括发表和未发表的），最好是原始资料。阅读时注意方法，先由近及远选择经典论著，先泛读，梳理专题，然后选择最相关的论文进行精读。精读时不只是描述作品中提出的观点，记下文献的研究目的、方法、结果和结论等，还要对它所写的内容做出自己的回应，记下文献研究的矛盾点和局限性，记下以往研究中的空白点和既有研究中存在的新研究的增长点。同时，充分记录下你阅读内容的细节，包括作者名字、题目、发表日期、文章页码、出版社和出版地点、某一内容的起止页码、访问网站的网址及日期等。读书笔记是撰写文献综述的重要线索。

文献综述是在全面收集、阅读大量的研究文献的基础上，经过归纳整理、分析鉴别，对所研究的问题在一定时期内取得的研究成果、存在的问题以及新的研究趋势等进行系统、全面的叙述和评论。文献综述的好坏直接关系到论文的成功与否，一篇好的文献综述表明作者熟知某一知识领域，由此而建立起当前研究的可信度和可靠性。撰写文献综述不是对所有阅读过的文章进行综述，而必须紧扣有待研究的问题和需创新的核心观点来写，其作用是交代清楚论文所要讨论的问题和前人研究的关系，证明自己想要研究的问题和拟给出的解答

① 陶炼."是不是"问句说略[J].中国语文,1998,（2）.

② ［英］克里斯蒂娜·休斯,马尔克姆·泰特著,戴建平,蒋海燕译,顾肃校.怎样做研究[M].北京：中国人民大学出版社,2005：66－71.

的确是新的。因此,文献综述往往围绕论文所要讨论的问题进行研究成果的述评,需要较强的概括归纳、批判分析能力,要脉络清晰,切忌大堆罗列堆砌文章。

3. 收集资料与资料分析

选题论证通过后,就要按照具体执行计划,开始收集资料,并进行资料分析。资料包括:文献资料(可通过图书馆和网络平台等获取)、书面和口语语料(可通过现有语料库、自建语料库、田野调查等方式获取)、调查资料(可根据研究目的制定调查问卷,到适宜的样本群体中进行调查)、访谈资料(可根据研究目的与适宜的群体进行访谈)等。在此基础上,先根据研究目的,运用语言学理论与方法,分析所搜集到的语料,可以放在 Excel 表中进行标注、加工,进行归类、分类,进行相关性研究。在此基础上,考虑采用一些工具进行资料数据分析,如计算机、SPSS 软件等。

4. 论证推理与撰写论文

在资料分析的基础上,运用一以贯之的语言学理论与方法进行充分的描写,首先主要解决"是什么"的问题,然后解决"为什么"的问题,从而实现描写与解释的结合。在撰写学术论文前,一定要列提纲,进一步梳理研究思路,尽可能做到细节,这有助于一气呵成地撰写。

学术论文包括标题、中英文摘要、中英文关键词、目录、绪论、主体、结语、参考文献、附录和致谢等部分。其中,绪论主要包括前人研究述评、待解决的问题、研究思路与方法、语料来源等,主体是对待解决的问题的论证,要有论点、论据与论证,结语主要是总结主要观点、创新点、不足以及有待进一步探讨的问题。学术论文一定要遵守学术规范,引用他人文献,不管是直接引用还是间接引用,一定要注明出处,切不可抄袭他人成果。语言要客观平实,使用科学语言或者专业语言进行表述,切忌口语化。

学术论文完成初稿后需要进行修订,包括加入新的材料、观点和思考,精简内容,根据新写出的材料修改前面的章节,调整内容结构,对读者的建议做出反应,删除不必要的重复,修改语法、标点和拼写,规范和统一表格、图表或其他说明形式的格式及排序,检查参考文献有无问题,等等,从而使得文章篇幅适中,结构合理,论证充分,逻辑清晰。

中英文摘要和关键词是学术论文撰写最后一部分要完成的。摘要是论文的缩影,以简短而易懂的文字直接陈述论文的内容,不加注释和评论。摘要具有独立性和自含性,即不阅读全文就能获得必要的信息。摘要一般应包括研究的目的、方法、结果和最终结论等。撰写摘要时要客观、如实地反映全文的内容,不可加进撰写者的主观见解、解释或评论;一般不用"作者""笔者""我认为"等第一人称的写法,而要用第三人称,采用"对……进行了研究""报告了……现状""进行了……调查"等记述方法;要着重反映新内容和作者特别强调的观点,排除在本学科已成常识的内容;不简单重复题名中已有的信息;结构要严谨,表达要简明,语义要确切。

关键词是从论文标题和正文中选取出来的表现论文主题内容,具有关键作用的规范化单词或术语,其作用是便于文献资料检索。关键词要用规范化的词语,其排列顺序应体现一定的词义聚合和层次性:属于同一语义场的几个关键词中,上位词在前,下位词在后;反映论文研究目的、对象、范围、方法、过程等内容的关键词在前,揭示研究结果、意义、价值的关键词在后。关键词数量一般为 3~7 个。

　　下面以研究型学术论文和综述型学术论文为例,展示其摘要和关键词①。

如何处置"处置式"?——论"把"字句的主观性

沈家煊

提　要　本文主要通过"把"字句和一般动宾句的比较,论证"把"字句的语法意义是表示"主观处置",即说话人主观认定主语甲对宾语乙作了某种处置。"把"字句的这种主观性跟语言一般具有的主观性一样,主要表现在互有联系的三个方面:1)说话人的情感;2)说话人的视角;3)说话人的认识。只有从整体上把握"把"字句的这种语法意义,才能对过去分别列举的"把"字句的种种语法语义特点作出统一的解释。

关键词　处置式　主观性　情感　视角　认识

---

20 世纪 80 年代中期以来的动趋式研究述评

杨德峰

提　要　80 年代中期以来,动趋式研究取得了很大的进展,主要表现在不少学者开始尝试从功能、配价、认知、习得等方面来考察动趋式,使得动趋式的研究无论广度还是深度都超过了前一时期。这一时期的动趋式研究主要有如下特点:研究出现了多元化趋势;研究范围有了很大的扩展;研究方法有一定的突破;引入了不少新的理论;比较注重应用。不过,动趋式应用方面的研究以及对比和习得等方面的研究还需要进一步加强。

关键词　动趋式　有指　无指　定指　不定指　配价　习得顺序

　　下面通过一个案例剖析,分析学术论文的研究思路与方法。

　　案例 2:"把"字句的主观性问题

　　"把"字句是汉语的特殊句式之一,它一直是学界的研究热点之一。沈家煊(2002)通过"把"字句和一般动宾句的比较,论证了"把"字句的语法意义是表示"主观处置",即说话人主观认定主语甲对宾语乙作了某种处置②。除了句法语义分析外,还从人类认知角度对观点进行了解释。

　　问题的提出:王力(1943)最早提出"把"字句表示"处置"③。但这一说法一直受到质疑:第一,处置说不全面。吕叔湘(1948)认为,"把"字句并不都表示处置,如"把日子误了""把机会错过""你把这句话再想想看"等④。第二,处置说的泛化。宋玉柱(1981)⑤和马真(1981)⑥等认为,"他把东西丢了"也是施事"他"对受事"东西"的一种处置,这一理解将"处

---

　　①　沈家煊.语法研究的目标——预测还是解释?［J］.中国语文,2004,(6);杨德峰.20 世纪 80 年代中期以来的动趋式研究述评［J］.语言教学与研究,2004,(2).

　　②　沈家煊.如何处置"处置式"——论"把"字句的主观性［J］.中国语文,2002,(5).

　　③　王力.中国现代语法［M］.北京:商务印书馆,1943/1985.

　　④　吕叔湘.把字用法研究［A］.吕叔湘.汉语语法论文集(增订本)［C］.北京:商务印书馆,1948.

　　⑤　宋玉柱.关于"把"字句的两个问题［J］.语文研究,1981,(2).

　　⑥　马真.简明实用汉语语法［M］.北京:北京大学出版社,1981.

置"的含义扩大了。第三,处置说的狭义化。戴浩一(Tai,1984)①和孙朝奋(Sun,1996)②认为,"把"字句表示高及物性,即受事"完全受影响",如"他喝了汤了,可是没喝完""*他把汤喝了,可是没喝完","他喝了汤了",汤不一定已经喝完,"他把汤喝了"要理解为已经喝完。然而吕叔湘(1948)也提出"把"字句的动词后可以带"偏称宾语",如"把一盏酒淹一半在阶基上""怎肯把军情泄露了一些儿",淹的显然不是全部的酒,泄露的也不是全部军情③。第四,处置来源于动词。梅广(1978)认为,处置是动词的性质,不是"把"字句的功能,如"我把他打了一顿"与"我打了他一顿"都具有处置意味,因为"打"这一动词具有处置意味④。也有许多人认为"把"字句是对处置义加以强调,但对强调未作说明。

在文献综述的基础上,提出问题:"把"字句表"处置"说法的适用性问题。

亮出观点:"把"字句有"处置"的意味,这一判断基本符合人们的直觉。但"处置"有两种:一种是客观处置,一种主观处置。前者指甲(施事)有意识地对乙(受事)作某种实在的处置,后者指说话人认定甲(不一定是施事)对乙(不一定是受事)作某种处置(不一定有意识的和实在的)。

逻辑论证过程:借鉴莱昂斯(Lyons)(1977)语言的"主观性"理论⑤,通过"把"字句与动宾句的比较,从说话人的情感、说话人的视角和说话人的认识三个方面进行说明。然后,从历时角度分析了"把"字句主观性和主观化的来源。

第一,"把"字句体现的说话人情感,就是所谓的"移情"现象。关于移情,久野暲(Susumu Kuno)(1987)的界定是,"说话人将自己认同于……他用句子所描写的事件或状态中的一个参与者"⑥,汤廷池(Tang,1986)说明了汉语中存在的"移情等级"⑦,张洪明(Zhang,1994)从历时角度证明了汉语的"被"字句是"移情"的产物⑧。接下来,通过古代汉语和现代汉语的用例,分析说明了"把"字句移情对象可以是说话人"同情"的对象,也可以是说话人"钟情"的对象,也可以是说话人"厌恶"的对象。例如:

(16) a. 秦亦不以城予赵,赵亦终不予秦璧。(《史记·廉颇蔺相如列传》)

　　 b. *秦亦不予赵城,赵亦终不以璧予秦。

　　 c. *秦亦不以城予赵,赵亦终不以璧予秦。

(17) a. 她看了他一眼,他居然就上去打她。

　　 b. *她把他看了一眼,他居然就上去打她。

例(16)前句用"以"字句(汉语处置式的滥觞),后句是动宾句,并不是避免句式重复,也

① Tai, James. *Verbs and Times in Chinese: Vendler's Four Categories*. In David Testen et al.(eds.). *Lexical Semantics*[M]. Chicago: Chicago Linguistic Society, 1984: 289 - 296.

② Sun, Chaofen. *Word-order Change and Grammaticalization in the History of Chinese*[M]. Standford: Standford University Press, 1996.

③ 吕叔湘.把字用法研究[A].吕叔湘.汉语语法论文集(增订本)[C].北京:商务印书馆,1948.

④ 梅广.把字句[J].台北大学文史哲学报,1978,(12).

⑤ Lyons, J. *Semantics*[M]. Cambridge: Cambridge University Press, 1977.

⑥ Kuno, Susumu. *Functional Syntax: Anaphora, Discourse and Empathy*[M]. Chicago: The University of Chicago Press, 1987.

⑦ Tang, Ting-chi. *Chinese Grammar and Functional Explanation*[J]. *Chinese World*, 1986: 39 - 41.

⑧ Zhang, Hongming. *The Grammaticalization of bei in Chinese*. In P. Jen-kuei Li, et al.(eds.). *Chinese Languages and Linguistics*, Ⅱ, Taipei, Academia Sinica, 321 - 360.

不是篇章衔接的结果,实际上,用主观"移情"的概念就很好解释:在司马迁看来,秦不以城予赵,责任在秦,所以用"以"字句为宜;赵终不予秦璧,责任不在赵,所以用动宾句为宜。例(17)是报载一劳改释放人员恶习不改,因为在路上被人看了一眼就上去大打出手。记者报道这个事件用的是例(17)a 句,而不是 b 句,若用 b 句"她把他看了一眼"就有了"他"是受损者的意味,与后面的"居然"不匹配。

（18）a. 先把这个派了罢,果然这个办得好,再派我那个。（《红楼梦》第 24 回）

b. *先派我这个罢,果然这个办得好,再把那个派我。

如果选择 b 句,意味是,说话人贾芸好像是无可奈何接受"这个",一心想得到的是"那个",这与实际是不同。实际上,说话人贾芸知道"那个"烟火灯烛是可望不可即,因此一心想得到的还是眼前在园子里种花种树的"这个"差事。"这个"是说话人贾芸钟情的对象,因此"这个"用作"把"字宾语;"那个"不是说话人贾芸钟情的对象,因此"那个"用作动宾句的宾语。

处置对象是说话人"厌恶"的对象,多见于祈使句,例如:

（19）把他杀了!

（20）把这些旧衣服赶快卖了吧!

对以上三类例子,进行归纳总结:同情、钟情、厌恶这三种情感都跟主观认定的"受损"有关:同情于 X 是说话人认为 X 已经受损,钟情于 X 是说话人不愿意 X 受损,厌恶 X 是说话人愿意 X 受损。

第二,"把"字句由于对客观量的不同视角形成不同的主观体验。对量的主观判断可针对受事,表示主观小量或主观大量;也可针对动作或性状;也可表现为动词的"体"。例如:

（21）a. 将些衣服金珠首饰一掳精空。（《儒林外史》）

b. 把几个零钱使完了。（《儿女英雄传》）

（22）a. 知道了她的情况,就把一群马扔在草场上,挨家挨户地为她寻找出路。（《灵与肉》）

b. 有一个四川同学家里寄来一件棉袍子……,然后,几个馋人,一顿就把一个新棉袍吃掉了。（汪曾祺《落魄》）

例(21)"把"字宾语表示主观上的小量。例(22)"把"字宾语表示主观大量。

（23）把嘴张得大大的。　　　　　　把嘴张大。

把东西抢得精光。　　　　　　把东西抢光。

例(23)左列的句子是自由的,右列的句子是粘着的,不能独立使用。这是因为状态形容词的主观性比性质形容词强。右列的句子多用作祈使句。祈使句主语施事要做的事正是说话人想要他做的事,或者是说话人自己也想做的事。

（24）*我吃了野菜。　　　　　　我吃过野菜。

我把野菜吃了。　　　　　　*我把野菜吃过。

单纯的动词能加"了"构成"把"字句,但不能加"过"构成"把"字句;相反,动宾句用"V过"能独立成句,用"V 了"不能独立成句,形成"互补分布"。用完成体"了",在叙述一个过去事件的同时还表示出说话人的视角:说话人从"现在"（即说此句的时刻）出发来看待这个事件,把它跟"现在"联系起来,比如说,因为吃了野菜,现在肚子不舒服。正因为如此,"我吃了野菜"给人以话还没有说完的感觉。根据王军虎(1988)研究结论,即不能用"过"的"把"字句,如果动词后加上结果补语,或"过"后加上动量词语,或者前面有全称量词语,就可以用"把"字句,说明这些手段都能起到增强说话人对动量主观感受的作用①。例如:

（25）　*他没把饭做过。　　　　　　　他没把饭做糊过。

　　　　*我把这种菜吃过。　　　　　　我把这种菜吃过多少次。

　　　　*又把两件东西试过。　　　　　又把两件东西——试过。

第三,"把"字句的主观认识性表现为:往往带有动作或事件出乎意料的含义;说话人对目的或因果关系的认定。动作前不存在,通过动作而后存在的所指对象不能成为"把"字宾语,如"生了个孩子""盖了一间屋"等,因为不可能对还不存在的事物进行某种处置。但如果动词带上后附成分,使动作成为一种"意外的行动",客观处置变为主观处置,就可以用"把"字句。例如:

（26）　小张把个孩子生在火车上了。

　　　　你总不能把房子盖到别人家去吧。

（27）　偏偏又把个老王病倒了。

　　　　怎么忽然把个晴雯姐姐也没了。

例(27)专名是确定的人,前面加"个"表示出乎意料。因此,说"把"字宾语一般是定指②的,并没有触及问题的实质。

说话人推断主语为某一目的而处置宾语,或者说话人推断因果关系。例如:

（28）　现在,他把眼瞪圆了,自己摸着算盘子儿,没用。（《牛天赐传》）

（29）　这种药把他吃死了。

例(28)"眼"自己"瞪圆了"还是被他"瞪圆了",如是前者,就没有处置义;如是后者,说话人认为瞪圆的目的是摸算盘子儿,才使用"把"字句。例(29)表达他吃了这种药是导致他死亡的原因。

第四,处置式的发展与动词的复杂化有关。处置式产生时,动词多为简单形式,多表示不如意,大都能和动宾句转换,这一点已有多人的研究成果。随着动词的复杂化,由于结构或韵律的原因,有些动宾句不得不用处置介词将宾语提前(董秀芳,1998;Feng,2001)③,处置句变得多样化,结果是有的处置句不再能还原到动宾句。失去了对应的动宾句,处置式表达的主观性因此而减弱。例如:

（30）　把饭菜吃净　　　　　吃净饭菜

　　　　把饭菜吃干净　　　　? 吃干净饭菜

　　　　把饭菜吃得干干净净　*吃得干干净净饭菜

"把饭菜吃干净"和"把饭菜吃得干干净净"已失去对应的动宾句,但是由于还有表示客

---

① 王军虎.动词带"过"的"把"字句[J].中国语文,1988,(5).

② "定指"代表说话人认定听话人可以识别的事物。

③ 董秀芳.述补带实句式中的韵律制约[J].语言研究,1998,(1);Feng, Sheng li. *Prosodically Constrained Bare-verb in Ba Constructions*[J]. *Journal of Chinese Linguistics*, 2001(29)2：243－280.

观处置的"吃净饭菜"存在,因此仍然带有一定的主观性。不过这种主观性是由"把"字和动词的复杂形式共同表达的,"把"字表达主观性的作用相对降低。

结论的归纳:表达主观处置是"把"字句产生的动因,而"把"字句的发展一方面适应了主观表达的需要,一方面又会导致主观性的减弱。这跟"被"字句的发展情形相似。

该文对前人研究成果进行了很好的梳理,指出了存在的一些问题。在此基础上,提出运用语言的主观性理论进行论证:从认知表现入手,最终通过语言映射进行验证;在语言分析时,除共时层面的分析,还有历时来源的考察。该文的研究使得对"把"字句处置义的理解更为深入。

思考题

1. 请谈谈你对语言学科学方法论的认识。

2. 什么是一般科学方法? 一般科学方法包括哪些方面?

3. 请举例说明科学方法意识在汉语研究中的作用。

4. 请以"把"字句、存现句等某个汉语现象为线索,梳理一下前人的研究思路与观点。

5. 观察以下例子,谈谈你准备采用哪些科学方法进行探究:

跳上树——跳下树　　　穿上衣服——脱下衣服　　　存上一笔钱——存下一笔钱

走上场——走下场　　　追上他——*　　　　　　退下赛场——*

睡上三天三夜——*　　　这辆车能装下七八台——这辆车能装上七八台

写上名字——写下名字　　惹下麻烦——惹上麻烦　　买上了房子——买下房子

6. 请阅读马真《现代汉语虚词研究方法论》(北京:商务印书馆,2016 年),谈谈书中关于虚词研究的方法论问题。

7. 请阅读语言学专业期刊,选择一篇学术论文,分析其主要观点、思路及方法论特征。

8. 请选择吕叔湘《现代汉语八百词(增订本)》(北京:商务印书馆,2015 年)中的词条,运用北大语料库(CCL),查找相关语料,描写其分布特征。

进一步阅读

刘国辉.当代语言学理论与应用研究[M].北京:中国社会科学出版社,2010.

王远新.语言理论与语言学方法论[M].北京:教育科学出版社,2006.

金立鑫.语言研究方法导论[M].上海:上海外语教育出版社,2007.

朱晓农.方法:语言学的灵魂[M].北京:北京大学出版社,2008.

许嘉璐,王福祥,刘润清主编.中国语言学现状与展望[M].北京:外语教学与研究出版社,1996.

王小燕.科学思维与科学方法论[M].广州:华南理工大学出版社,2003.

[英]克里斯蒂娜·休斯,马尔克姆·泰特著,戴建平,蒋海燕译,顾肃校.怎样做研究[M].北京:中国人民大学出版社,2005.

[美]萨丕尔.作为一门科学的语言学的地位[J].福建外语,1993,(3-4).

第二章　以方法为主导的
汉语研究历程

本章梳理以方法为主导的汉语研究历程,一是概括汉语研究方法,二是引出第三～十一章的具体分析。本章分为两大部分:

第一部分概述汉语研究历程。先是概述西方语言学从语文学阶段到历史比较语言学阶段、结构主义语言学阶段和当代语言学阶段的发展历程。其次梳理了汉语研究历程,分语文学阶段和"接轨国际前沿"的学术走向。

第二部分是剖析具体科学方法在汉语研究中的运用与发展历程,与第一章一般科学方法在汉语研究中的运用相辅相成。具体科学方法主要包括描写与解释相结合、形式与意义相结合、结构与功能相结合、静态与动态相结合、共时与历时相结合、定性与定量相结合等六个方面,并通过案例进行了具体阐释。

一、汉语研究概述

(一)语言学发展历程

西方语言学的发展历程伴随研究方法的创新而前进,大致可分为语文学阶段、历史比较语言学阶段、结构主义语言学阶段和当代语言学阶段等四个阶段。

1. 语文学阶段

语文学阶段研究语言的目的在于对古文献进行讲解和注释,在很大程度上受到哲学、逻辑学、文学、史学的限制和束缚,还不能算是一门独立的学科。该阶段从哲学方面对语言与外部世界的关系问题、名称与事物的关系问题等进行了讨论。语法学所取得的成绩最为突出,其中古希腊哲学家在研究逻辑范畴的过程中涉及语法范畴,从而初步确立了传统语法的范畴体系。传统语法亦称规范语法,是规定性的,试图通过语言规范或使用标准来规定人们的言语行为。

2. 历史比较语言学阶段

19世纪初,受达尔文进化论的影响,西方一些学者开始运用历史比较法研究语言亲属关系及演变过程,建立了历史比较语言学,使语言学成为一门独立的学科。在语言学研究中运用历史比较法对若干种亲属语言或方言的基本词汇和语法构造进行比较,找出有规则的语音对应规律,构拟未经文字记录的过去的语言成分,说明了这些亲属语言或方言的历史发展规律,这使语言学的研究转入历史的科学的轨道。但它过分偏重语言的纵向历史研究,忽视了横向的系统研究,由此促动了结构主义语言学的产生。

3. 结构主义语言学阶段

20世纪初,现代科学发生了大转变,从事物结构方面观察事物以及把事物看作有内在联系的统一整体的科学思想成为趋势,语言学研究进入了结构主义语言学阶段。语言研究重心从研究语言谱系分类转移到研究语言的结构系统上。促成这一转变的是瑞士语言学家索绪尔,他提出语言是一个符号系统,每个符号由能指(声音)和所指(概念)组成,所指和能指之间的关系是任意的;符号之间存在着线性的组合关系和聚合关系。索绪尔的学说促动了欧美结构主义的诞生和发展,如布拉格学派、哥本哈根学派、美国描写语言学派。结构主义语言学在20世纪前50年风靡全球。结构分析法也因此成为现代语言学最流行的研究方法,这一方法成功地体现了语言符号的系统性和符号组合的层次性这两大特点,使语言分析形式化、程式化,从而为语言形式方面的研究作出了重要贡献。自索绪尔后,规定主义作为"非科学"已被抛弃。这时期倡导对语言进行描写,对不同时期的个别语言的结构和使用进行全面、系统、客观、精确的描述,至今,描写主义已成为语言研究的基本原则。

4. 当代语言学阶段

结构主义语言学基于哲学中的逻辑实证主义和心理学中的行为主义,尊重语言事实,力图设计出合适的程序去发现语言事实,但不采用归纳法以外的方法,恪守固定不变的操作程序,对语言的解释力较弱,研究可谓走到了极端。20世纪50年代以后,受认知科学影响,语言学研究进入了新的阶段。1957年,乔姆斯基的《句法结构》一书的出版标志着转换生成语言学的诞生。转换生成语言学是为了解释语言能力。研究对象转向人类的认知能力和认知过程,把语言作为一种特殊的内在心智能力。乔姆斯基认为,仅仅在观察到的有限的材料基础上归纳出一些结构规则,这种方法局限性太大。他采用了现代数理逻辑学家研究形式系统所运用的形式化和演绎的方法,试图解释有限的规则系统和原则系统生成无限句子的能力。这一研究方法引起了震动,被称为"乔姆斯基革命"。转换生成语言学持理性主义语言观,认为语言是一个相对自足和封闭的系统,是天生遗传的,具有更多的心理和生理特征。

结构主义主张将语言放在最理想的状态中研究,实际上是把语言和交际环境割裂开了;且语言是不断发展的,索绪尔的最理想平面(共时、静态)是永远无法达到的。转换生成语言学也主张从语言内部寻找解释。以结构主义和转换生成语法为代表的形式语言学过于强调客观性、经验性和可验证性,把意义置于不适当的次要地位(有的甚至完全排斥意义),很明显地显现出它们的理论局限性。

与之相对的是20世纪中期以来兴起的功能语言学,功能主要是指语言的交际功能或社会功能。布拉格学派的功能主义创始人维伦·马泰休斯(Vilem Mathesius)提出了句子的实义切分理论,即按实际语境将句子切分为表述的出发点(主位 thema)和表述的核心(述位 rhema)两部分,这是一种基于信息流向的功能分析法。韩礼德(Michael. A. K. Halliday)的系统功能语言学既强调语言的形式规则,又强调语言在社会生活中的运用规则,提出系统(聚合关系)是第一性的,结构(组合关系)是第二性的,系统存在于语言深层,人们对系统的选择受语境制约,系统的选择会影响结构的产生或体现,并提出语言的概念功能(ideational function)、人际功能(interpersonal function)和篇章功能(textual function)等三个元功能。美国功能主义学派包括类型语言学和认知语言学。格林伯格主张在观察众多语言的基础上探讨人类语言的普遍现象。20 世纪 80 年代末,在语用学、生成语义学和认知科学基础上产生了认知语言学,其代表人物是罗纳德·兰盖克(Ronald W. Langacker)、乔治·莱考夫(George Lakoff)、马克·约翰逊(Mark Johnson)和约翰·海曼(John Haiman),该理论基于经验主义的哲学观和语言观,认为句法不是一个自足的系统,主张从人类的基本认知能力出发,通过人类在与外在现实相互作用过程中形成的概念结构来分析、解释语言结构。

21 世纪,语言学进入学科交叉研究的阶段。首先表现为语言学内部分支学科彼此间交叉。如语义学一般被认为是研究语言单位(词素、词、词组、句子、熟语等)意义的科学,现在,这门科学实际上已成为研究语言所有层次和单位意义方面的科学,它和语言学的许多分支学科挂起钩来,形成了词汇语义学、构词语义学、词法语义学和句法语义学等。语言学还同社会科学、自然科学交叉,产生了哲学语言学、人类文化语言学、生态语言学、社会语言学、地理语言学、民俗语言学、政治语言学、经济语言学等。本书将在第十三章中具体讨论。

(二) 汉语研究历程

中国语言学缺乏强烈的理论意识,不少思想和分析方法都没有上升到理论层面来加以论述和阐释,加之受“西学东渐”学术走向的影响,汉语研究未能形成自己的理论体系。

1. 语文学阶段

春秋战国时期诸子百家的“名实之争”同古希腊的“词物之争”发生的时间和内容大致相同。荀子《正名篇》提出了“约定俗成”的著名论断。第一部语义词典《尔雅》、第一部方言词典《方言》(西汉扬雄)、第一部按部首编排的字典《说文解字》(东汉许慎)、第一部以声训推求词语理据的辞书《释名》(东汉刘熙)的先后诞生,郑玄等人注本的先后问世,标志着我国古代语言科学的建立。

魏晋时期,郭璞的《尔雅注》《方言注》引证近 50 种古籍资料,同时用当时的口语方言训释先秦古语,为后人研究汉语史和方言留下了可贵的资料。这一时期还出现了周研的《声韵》、李登的《声类》、吕静的《韵集》等韵书,产生了“反切”①这种汉语独特的注音方式,改变了以往采用“读若”或“直音”②的方法。梁朝顾野玉的《玉篇》列举字之多种意义,并注意引证,具有创造性;唐孔颖达的《五经正义》更明确地提出了“义存于声”“借声为义”的观点,成为清代学者“因声求义”的先导;宋初徐铉校定《说文解字》(俗称大徐本《说文解字》),其弟徐锴的《说文解字繫传》(俗称小徐本《说文解字》)对《说文》进行了较全面的校订和研究,特别是小徐本,已注意到了形声相生、音义相转之理;陆法言的《切韵》是一部反映魏晋南北朝时期(约公元 6 世纪)汉语共同语语音系统的著作,在汉语语音研究史上有极为重要的价值;唐代音韵研究基本上围绕着《切韵》进行,对《切韵》考证、勘误、增订和补缺。

宋代开始,兴起以研究分析汉语发音原理和发音方法的“等韵学”,开始对汉语音节的声母和韵母作进一步的研究分析。陈彭年等人奉诏以《切韵》为蓝本并参阅前代韵书修订编写《广韵》(全称《大宋重修广韵》),较完整地保存了中古汉语语音、语义等方面的资料,成为研

---

① 反切是利用汉语音节双声叠韵原理,用两个字来拼注另一个字的读音,反切上字以双声之理取其为声母,反切下字以叠韵之理取其为韵母,如“冬,都宗切”。

② “读若”或“直音”是一种用另一个字的读音来注一个字的音的方法,如“珣读若宣”,“毕音必”。

究古音和当今各方言的最有价值的一部韵书。之后又一部官修韵书《集韵》,刊修《广韵》而成。元代周德清《中原音韵》根据元代北曲用韵分析归纳而成,以当时活的话语语音为研究对象,第一个揭示了"平分阴阳,入派三声"的汉语语音发展现象。宋元明时期,值得介绍的还有:明代陈第《毛诗古音考》提出了"时有古今,地有南北,字有更革,音有转移"的时地发展的观点。梅膺祚的《字汇》和张自烈、廖文英的《正字通》依据楷书将《说文》部首简化为214部,又按子、丑分为十二集,部首和各部里的字又按笔画多少排列,这种检字法适合汉字特点,《正字通》以《字汇》为蓝本,后来的《康熙字典》以《正字通》为蓝本,其编排体例为后世所采用。方以智的《通雅》是研究唐宋元明词汇的重要资料。卢以纬《语助》是中国最早的一部专门研究注释虚词的著作。

清代古音研究的成就最突出。顾炎武的《音学五书》将古韵分为十部,为清代古音学奠定了基础。江永的《古韵标准》将古韵分为十三部,其中将顾炎武的鱼、萧两部改为鱼、萧、侯部。戴震的《声韵考》《声类表》从分析《广韵》系统入手,并注意区别等呼洪细和韵类异同,创古音九类二十五部,分部更为合理。段玉裁的《六书音均表》将古韵分为六类十七部,其中将支、脂、之分别立为三部,侯部独立,是对古音学的重大贡献。孔广森的《诗声类》主张东、冬分部,明确提出阴阳对转的学说。王念孙的《诗经群经楚辞韵谱》将古韵分为二十一部,后新增冬部,重定为二十二部。江有诰的《音学十书》肯定地提出古有四声。钱大昕提出古无轻唇音和古无舌上音。

除此之外,清代在训诂学、文字学、方言学等方面也都有显著的成就。特别是清人对秦汉所诞生的《尔雅》《方言》《说文解字》《释名》的整理、校勘、考证和进一步的研究、分析上。对《尔雅》疏解补证影响最大的是邵晋涵《尔雅正义》和郝懿行《尔雅义疏》。王念孙《广雅疏证》就古音以求古义,是该书的最大创举。对《说文解字》研究最为重要是段玉裁《说文解字注》、桂馥《说文解字义证》、王筠《说文释例》、朱骏声《说文通训定声》,被誉为《说文》四杰。孙诒让《契文举例》考释了不少甲骨文,《名原》是他研究金文、甲骨文的结晶,被誉为现代古文字学的开山之作。还有三部官方组织编著的辞书《佩文韵府》《康熙字典》《经籍籑诂》具有重要的参考价值。

清代在虚词研究方面重要的有:袁仁林《虚字说》注重从上下文中分析说明虚词的用法。刘淇《助词辨略》第一次对虚字进行了分类,对虚字的作用既注意到了语气,也注意到了关系。王引之《经传释词》专释周秦两汉古籍里的虚字,根据虚字所在的例句推究虚字的意义与用法①。

由上描述,自秦汉至清代,汉语研究一直围绕着字形、字音、字义三个方面进行,产生了被统称为"小学"的文字学、音韵学、训诂学,主要目的是解释古代文献。整个"小学"成为经学的附庸,语言学还没有形成一门独立的学科。中国古代语言科学重汉字研究,重语义研究,重资料,广求证,重归纳。

2."接轨国际前沿"的学术走向

清代和民初,随着"西洋新知"不断传入中国,中国现代学术思想也发生着巨大变革。

---

① 以上关于中国古代语言科学的介绍参见陆俭明,沈阳.汉语和汉语研究十五讲[M].北京:北京大学出版社,2004:18-31.

1898 年《马氏文通》的出版,现代语文运动的陆续开展,开启了中国语言学"接轨国际前沿"的学术走向,从不同的方向、不同的领域共同探索西方语言学理论方法与汉语研究相结合的最佳途径。在运用西方语言学理论来解决汉语的实际问题的同时,基于汉语特点的语言理论也不断得以提升,取得了可喜的进展,如叠置式音变理论、语义指向的理论方法、动词过程结构的理论、"三结合(民族共同语、方言、古汉语)"的研究方法、变换分析中的平行性原则、语言接触"互协过程"的无界而有阶的理论,等等①。

　　传统语言学研究中,汉字研究一直占有很重要的地位。清末民初是古文字学蓬勃发展的时期,甲骨文的发现以及大量古代文献的出土,使古文字学有了极大的发展空间。受西方语言学影响,人们逐渐认识到语言与文字的研究应该分开,唐兰《古文字学导论》一书标志着现代意义的汉字学的建立。汉字学研究一般分为古文字研究和一般性汉字研究两大部分。古文字学受到现代语言学的影响,逐渐摆脱了旧的金石学和传统文字学的束缚,取得了可喜的成果。20 世纪前 50 年,罗振玉、王国维、郭沫若、唐兰对甲骨文、金文、战国文字等进行了研究。20 世纪后 50 年,越来越多的学者注意利用现代语言学的知识来考释、研究古文字。一般性汉字研究方面诸如汉字的性质、起源、汉字形体的演变、汉字结构的类型、现代汉字正字法、现代汉字定量、定形、定音、定序标准化等,取得较好的成绩。

　　20 世纪以前,音韵学基本走的是传统的治学之路,一直运用传统的文献考据方法。20世纪随着西学东渐,音韵学研究逐步走上了独立的现代化的道路,不再只是考证古音系统,而重在审音和古音值的构拟。值得一提的是,30 年代一些学者系统译介瑞典汉学家伯恩哈德·高本汉(Bernhard J. Karlgren)的《中国音韵学研究》,该书运用历史比较法构拟了汉语中古音,构拟方法的引进使中国音韵学真正走向现代化。钱玄同最先使用国际音标构拟上古韵部音值,发表了《古韵廿八部音读之假定》。50 年代后期,开展了对《切韵》音系和《中原音韵》音系的研究与讨论。80 年以来,音韵学无论是研究领域还是研究方法都有很大的突破,对上古音、中古音、近代音的研究都大大深化,在研究方法上比较重视亲属语言之间语音的对比研究和注意运用汉外对音资料。

　　训诂学极盛于清代乾嘉时期,鸦片战争后,一度呈现衰微之势。直到 20 世纪 20 年代,黄侃初步建立起训诂学理论。30～40 年代,学界曾就训诂学的性质、范围、训诂方法与原则展开讨论。50 年代由于批判"厚古薄今""封资修",强调"厚今薄古",加之传统训诂学本身缺乏科学的体系,受到了冷落。直到 80 年代,训诂学才又受到重视,围绕着怎样以今语释古语,解决好古书的阅读和注释问题展开。同时,加强了现代训诂学理论的基础建设,探讨训诂学与现代科学接轨的问题,重视将现代语义学的理论、方法引入训诂学研究,并注意综合运用语言学和文献学的知识来解决古书中的疑难问题,力求促使"经验训诂学"向"理论训诂学"转化②。

　　在传统音韵学基础上,现代汉语语音学逐渐发展起来。20 世纪 20～30 年代,刘复的《四

---

　　①　陆俭明,沈阳.汉语和汉语研究十五讲[M].北京:北京大学出版社,2004:43.
　　②　20 世纪汉语文字学、音韵学和训诂学的发展参见陆俭明,沈阳.汉语和汉语研究十五讲[M].北京:北京大学出版社,2004:31—35.

声实验录》、赵元任的《音位标音法的多能性》、罗常培的《临川音系》、王力的《博白方音实录》等用实验方法研究汉语方言，开创了中国实验语音学。20 世纪 50～60 年代，中国科学院研究所成立了语音研究组，并建立了语音实验室，语音实验研究进入一个新阶段。此后，中国实验语音学空前发展，语音学的研究成果应用于其他领域，逐渐成为一门跨领域的学科。

现代方言学的直接源头是西方的方言学，在语音的调查和研究方面则借鉴中国传统音韵学的研究成果①。方言描写从设计调查表格到整理调查报告，方言研究的全过程几乎都跟历史语言学牵连②。徐通锵、王洪君提出"叠置式音变论"，认为"文白异读本质上是不同方言的叠置"，成为方言调查、研究升华出语言学理论的典范。

清末至中华人民共和国成立前，中国词汇学研究只散见于语法学研究中，中华人民共和国成立后，现代汉语词汇学发展为一门独立的学科。20 世纪 50～70 年代汉语词汇学受到苏联语言学较大的影响。孙常叙的《汉语词汇》(1956)是中国第一部系统研究词汇的著作，周祖谟的《汉语词汇讲话》(1959)是一部关于现代汉语词汇知识的著作，这两本著作的出版标志着汉语词汇学的正式创立。汉语词汇学研究通常可分为现代汉语词汇研究、汉语词汇史研究两个部分。现代汉语词汇研究以刘叔新、葛本仪和符淮青为代表。汉语词汇史研究方面，张永言、汪维辉的《关于汉语词汇史的一点思考》③、董秀芳的《词汇化：汉语双音词的衍生和发展》等④成果突出。还展开了语法构词还是语义构词的讨论。张志毅、张庆云的《词汇语义学》开创了汉语词汇学和语义学研究的新天地。

20 世纪初，陈望道的《修辞学发凡》是中国学术界最早引进和运用索绪尔的语言学理论的著作之一，被誉为中国现代修辞学的奠基之作，标志着中国修辞学结束了长期以来的文论附庸状态。该著作明确提出"修辞以适应题旨情境为第一义"，建构了消极修辞与积极修辞两大分野的修辞学体系。50 年代后，以现代汉语修辞现象为研究对象，并在陈望道修辞理论基础上，进一步提出"结合现实语境，注意实际效果"的原则。80 年代，进一步探讨修辞与语法的结合问题，结集为《语法修辞结合问题》一书。现在修辞学界不再继续纠缠于语法和修辞的结合，而是致力于拓宽修辞学的研究范围，倡导"广义修辞学"或者说"大修辞学"。然而，修辞学的学科归属问题始终存在着争议。

1950 年，中国把对外汉语教学列为教育部门的一项重要工作；70 年代末提出把对外汉语教学作为一个专门的科学来研究；80 年代，对外汉语教学逐渐形成为一个独立的学科，并开展了大量基础性的工作，但远远不能满足实际的需要，大有发展前途⑤。

20 世纪 50～60 年代，中国语言学在 20 世纪上半期的内部语言学分支发展学科基础上，发展了以社会语言学、认知语言学为主的外部分支学科。罗常培的《语言与文化》被尊为"中国社会语言学的鼻祖"。社会语言学于 20 世纪 60 年代在欧美国家发展起来，中国于 20

---

① 潘悟云,邵敬敏.二十世纪中国社会科学·语言学卷[M].上海:上海人民出版社,2005:147.
② 同上:166.
③ 张永言,汪维辉.关于汉语词汇史研究的一些思考[J].中国语文,1995,(6).
④ 董秀芳.词汇化:汉语双音词的衍生和发展[M].成都:四川民族出版社,2002.
⑤ 陆俭明,沈阳.汉语和汉语研究十五讲[M].北京:北京大学出版社,2004:42.

世纪 70~80 年代引进,祝畹瑾的《社会语言学译文集》起到了很大的引介作用,陈原的《社会语言学》是社会语言学在中国开展的标志。拉波夫的《语言变化原理:社会因素》引起了中国学界的极大关注,出现了徐大明的《社会语言学实验教程》、孙汝建的《汉语性别语言学》等论著。社会语言学还关注双语现象、语言关系、语言和民族的关系、语言政策、语言规划等方面,《中国语言生活状况报告》《中国的语言》等是代表作。心理语言学起于 20 世纪 50 年代的美国,70 年代被介绍到中国,杜诗春的《心理语言学》是中国第一部心理语言学专著。80 年代,基于汉语与汉文化本身特点,中国语言学界形成了一股以双向交叉文化语言学、社会交际文化语言学、全面认同文化语言学等三大流派为主的文化语言学热潮,引发了学界长时间的关注和争论。20 世纪 80 年代末国内引进认知语言学派理论和方法,1988 年黄河和叶蜚声分别翻译了戴浩一的《时间顺序和汉语的语序》和《以认知为基础的汉语功能语法刍议》,介绍了认知功能语法的哲学观、语言观和诸多原则。90 年代中期以后,张伯江、方梅、刘宁生、石毓智、沈家煊、袁毓林、张敏等一些学者借鉴认知语法的观念、方法来研究汉语的具体问题,如汉语里多项定语的排列次序、词的重叠、词类的本质特点、肯定与否定的对称与不对称、名词配价的原因、领属构造中"的"字的隐现、方位表达等,取得了重大成果。对比语言学重在立足共时,对比不同语言的共性与个性;语言类型学注重探讨各个具体语言的相关性。作为研究方法,在中国学界得到了较普遍的运用。

20 世纪,中国语言学发展最快、成果最显著的是汉语语法学。1898 年马建忠的《马氏文通》是以拉丁语法为蓝本,以古汉语为研究对象的第一部系统的汉语语法著作,它的出版标志着汉语语法学的诞生。黎锦熙的《新著国语文法》第一次系统研究了白话文语法,被视为第一部真正意义上的现代汉语语法著作。吕叔湘的《中国文法要略》是最早对汉语句法全面进行语义分析的著作。40 年代朱德熙、吕叔湘的《语法修辞讲话》、王力的《中国现代语法》等试图以汉语事实为根据,挖掘了汉语自身的某些特点,但从整体上看还是没有摆脱传统语法学的框架。50 年代,赵元任的《北京口语语法》标志着汉语描写语法学的崛起,丁声树的《现代汉语语法讲话》,朱德熙的《语法讲义》《语法答问》《现代汉语形容词研究》《说"的"》《句法结构》,吕叔湘的《说"自由"和"粘着"》、李临定的《汉语比较变换语法》《现代汉语句型》、马庆株的《汉语动词和动词性结构》等更是借鉴结构主义进行汉语研究的重要论著。70~80 年代以来,语用学、系统功能语言学、配价语法、格语法、认知语言学等逐渐对汉语语法的研究产生了积极的影响,突破了结构主义方法论的局限,取得了可喜的研究成果。以乔姆斯基为代表的转换生成学派在中国的语言理论研究中影响不大,主要因为它的研究目标是解释人类语言的内部生成机制,而汉语研究多描写现实语言,难以直接从中吸取相关的理论,该学派中的空范畴理论曾被用于分析汉语现象①。

在汉语研究历程中,形成了一些基本的研究方法,主要有描写与解释相结合、形式与意义相结合、结构与功能相结合、静态与动态相结合、共时与历时相结合、定性与定量相结合的研究。下面分别进行具体讨论。

---

① 许嘉璐,王福祥,刘润清.中国语言学现状与展望[M].北京:外语教学与研究出版社,1996:15-16.

二、具体科学方法与汉语研究历程

（一）描写与解释的汉语研究

根据研究目的,语言学可分为两类:一类是描写性的,是对语言的历史和现状作细致的描写,从纷纭繁杂的语言现象中寻找出带有规律性的东西;一类是解释性的,是对挖掘出来的语言规律进行合理的解释,探索这些语言规律的前因后果。从历史比较语言学到结构主义语言学,语言学的研究目的从对存在于语言之间的系统对应关系进行解释,转移到了对各种语言系统本身进行客观、精确的描写。20 世纪 50 年代后半期的"乔姆斯基革命",西方语言学主流从描写具体语言的结构转移到试图对整个人类的语言能力作出解释。当代语言学是形式主义和功能主义学派的对峙,双方都主张寻找人类语言的普遍现象,并对这种现象加以解释,不同的是,前者主张通过表现全人类所共有的语言知识的形式化模式,或者说从语法系统内部寻求解释,后者主张通过语言的使用者和交际功能对语言结构的制约,或者说从语法系统外部寻求解释。形式主义学派认为,可以从功能或语用角度得到解释的语言现象不足以揭示语言的本质,语言学中令人感兴趣的恰恰是那些无论如何无法从功能或者语用角度得到解释的语法现象,只有这些现象才能表现人类特有的、独立于其他认知能力的先天语言能力。功能主义学派认为,用以解释语法现象的形式系统,充其量只是对系统本身的一种描写,要说明这套系统为什么以这种形式出现而不是以那种形式出现,首先得站在这套形式系统的外面找原因。但无论如何,从其他种种方面寻找原因,是对语言现象进行解释的必然途径①。

受西方语言学影响,中国语言学也经历了由关注描写到注重解释的过程。语言学研究的目标是解释语言规律,然而,这并不是说不要描写。描写研究是解释研究的基础,解释的充分性依赖于对语言事实观察和描写的充分性,如果对语言事实缺乏广泛而深入的了解和描写,仅凭个别的语言事例以求得解释的充分性,这是不可能的。同时,描写往往以解释为先导,因为在开始描写之时,对怎样描写语言现象要有一个理论设想,即准备用所描写的语言现象说明什么样的理论问题。或者说"语言研究中研究描写和怎么描写总是跟你'想要'描写什么有关,描写之前就已经有某种理论(解释)的先导"②。因此,在语言研究中,描写和解释是互相联系、互相依存的,二者要结合起来,做到描写研究精细缜密,解释研究明白通透③。

描写要充分细致。首先是观察充分,然后对观察到的语言现象进行相关性和一致性分析,并根据研究目的,通过简单整齐的方法表述出来。陆俭明(2002)④提出的问题是:动词后面如果既有趋向补语又有宾语,那么趋向补语和宾语的次序该怎么样? 有无规律可循? 这个问题可以说学界讨论较多的问题。如何将这个问题描述、分析清楚,需要按照诸多制约

① 陈平.描写与解释:论西方现代汉语言学研究的目的与方法[J].外语教学与研究,1987,(1).
② 沈家煊.不对称和标记论[M].南昌:江西教育出版社,1999:6.
③ 范开泰.描写、解释和应用——关于当代语言学研究的一些思考[J].暨南大学华文学院学报(华文教学与研究),2009,(1).
④ 陆俭明.动词后趋向补语和宾语的位置问题[J].世界汉语教学,2002,(1).

因素进行层层分解。

首先,按趋向补语的性质分类(其中"开来"只能作补语用):

a) 上、下、进、出、回、过、起、开 [8个]

b) 来、去 [2个]

c) 上来、下来、进来、出来、回来、过来、起来、开来、上去、下去、进去、出去、回去、过去 [14个]

其次,根据动词带不同类别趋向补语的情况进行描写。当动词带 a 类趋向补语时,只能用 X 格式,不能用 Y 格式。例如:

X	Y
(1) 递上一封信	*递一封信上
滴下两滴水	*滴两滴水下
踢进一个球	*踢一个球进

当动词带 b 类趋向补语时,情况比较复杂。先描述动词的性质,将动词分为:

A 类是可控位移动词,用 V_a[+位移,+可控]表示。(甲)表达动作者的位移,(乙)表达受动者的位移,(丙)本身不含有位移的语义特征,一旦带上趋向补语,位移的语义特征就显示出来了。

(甲)走、跑、爬、飞、游……

(乙)送、运、传₁(传来一个球)、扔、搬、寄、拉、拖、拽、带、扛、抬、牵、交、还(huán)、借、抢、偷、买……

(丙)拿、端、找、抱、搞、写(写来一封信)……

B 类是非可控位移动词,用 V_b[+位移,-可控]表示。(丁)行为动作不是谁可以控制的。

(丁)滚、飘、漂、传₂(传来一阵枪声)、流……

C 类是非位移动词,用 V_c[-位移,±可控]表示。(戊)a 组不含有位移的语义特征,b 组似乎含有位移,如割韭菜,割后韭菜从本体上离开,但不是动作的受事整体位移,因此仍是非位移动词。

(戊)(a)切、炒、煮、沏、泡、包(包饺子)……

(b)割(割韭菜)、剥(剥花生)、剪(剪绳子)……

然后,按照不同类别动词与 b 类趋向补语的搭配情况进行描述。A 类动词与 b 类趋向补语搭配时,根据所带宾语性质不同又有所区别。例如:

X	Y
(2) 走来(了)一个人?	走(了)一个人来
飞来(了)一只苍蝇?	飞(了)一只苍蝇来
*走去(了)一个人	*走(了)一个人去
*飞去(了)一只苍蝇①	*飞(了)一只苍蝇去

---

① 陆先生认为,似有"飞去一只鸟"的说法,如"树上有五只鸟,飞去了两只鸟,还有几只鸟?"这里的"去"是"离去"的意思,在北京话里通常不说"飞去"而说"飞走"。

　　(3)　送来(了)两瓶酒　　　　　　　送(了)两瓶酒来

　　　　　送去(了)几件衣服　　　　　　送(了)几件衣服去

　　　　　搬来(了)两张桌子　　　　　　搬(了)两张桌子来

　　　　　他们搬去(了)一张床　　　　　他们搬(了)一张床去

　　　　　她写来(了)三封信　　　　　　她写(了)三封信来

　　　　　他写去(了)一封信　　　　　　他写(了)一封信去

　　(4)　*(苍蝇)飞来房间里了　　　　(苍蝇)飞房间里来了

　　　　　*(那书)搬来我们系里了　　　(那书)搬我们系里来了

　　　　　*(那破衣服)扔去垃圾桶里了　(那破衣服)扔垃圾桶里去了

　　例(2)是施事宾语,只限于(甲)组动词,只限于由"来"充任,一般采用 X 格式,Y 格式使用频率较低。例(3)是受事宾语,搭配(乙)(丙)组动词,X 和 Y 格式都能采用,"来""去"均可。例(4)是处所宾语,只采用 Y 格式,不采用 X 格式,"来""去"均可,末尾一般都带"了"。以上均是陈述句。如果用于祈使句,只能用 Y 格式,不能使用 X 格式。例如:

　　　　　　　　　　X　　　　　　　　　　Y

　　(5)　*老王,送来/去两瓶酒!　　　　老王,送两瓶酒来/去!

　　　　　*老王,你写来/去个材料!　　　老王,你写个材料来/去!

　　B 类动词与 b 类趋向补语搭配时,通常采用 X 格式,不大能采用 Y 格式,且只限于"来"。例如:

　　　　　　　　　　X　　　　　　　　　　Y

　　(6)　忽然从前面滚来(了)个球?　　? 忽然从前面滚(了)个球来

　　　　　飘来(了)一股香味儿?　　　　? 飘(了)一股香味儿来

　　　　　*滚去(了)个球　　　　　　　　*滚(了)个球去

　　　　　*飘去(了)一股香味儿　　　　　*飘(了)一股香味儿去

　　C 类动词与 b 类趋向补语搭配时,只采用 Y 格式,只限于"来",用于祈使句。例如:

　　　　　　　　　　X　　　　　　　　　　Y

　　(7)　*切来两个西瓜　　　　　　　　切两个西瓜来

　　　　　*切去两个西瓜　　　　　　　　*切两个西瓜去

　　　　　*割来点儿韭菜　　　　　　　　割点儿韭菜来

　　　　　*割去点儿韭菜　　　　　　　　*割点儿韭菜去

　　复合趋向动词只能带处所宾语,看作带"来/去"趋向补语的述补词组,只采取 Y 格式。例如:

　　　　　　　　　　X　　　　　　　　　　Y

　　(8)　*上来山　　　　　　　　　　　上山来

　　　　　*上去山　　　　　　　　　　　上山去

　　　　　*进来房间　　　　　　　　　　进房间来

　　　　　*进去房间　　　　　　　　　　进房间去

　　当动词带 c 类趋向补语时,情况比较复杂。当搭配处所宾语时只能采用 Z 格式,不能采用 X 和 Y 格式。例如：

X	Y	Z
(9) *走进来教室	*走教室进来	走进教室来
*爬上去屋顶	*爬屋顶上去	爬上屋顶去
*拿进来房间	*拿房间进来	拿进房间来
*送上去楼	*送楼上去	送上楼去

当搭配施事宾语时,受动词带不带"了"、宾语带不带数量成分、补语是"来"还是"去"制约,情况比较复杂。例如：

X	Y	Z
(10) 走进来一个孩子	? 走一个孩子进来	走进一个孩子来
走进去一个孩子	*走一个孩子进去	*走进一个孩子去
(11) *飞进来/去苍蝇	? 飞苍蝇进来/去?	? 飞进苍蝇来/去
*走下来/去外国人	? 走外国人下来/去	? 走下外国人来/去
(12) 走进来了一个孩子	走了一个孩子进来	走进了一个孩子来
走进去了一个孩子	走了一个孩子进去	*走进了一个孩子去
(13) *爬上来了人	爬了人上来	爬上了人来
*爬上去了人	爬了人上去	*爬上了人去

例(10)宾语带有数量成分,当补语属于"(～)来"时,从接受程度说,首推 X 格式,其次是 Z 格式,Y 格式列最后;当补语属于"(～)去"时,那么只能采用 X 格式,不能采用 Y 和 Z 格式。例(11)宾语不带有数量成分,不管补语是"(～)来"还是"(～)去",X 格式不能采用,Y 和 Z 这两种格式有时可以采用,但都不能用于现实句。例(12)动词带"了",若宾语有数量成分,当补语属于"(～)来"时,X、Y、Z 这三种格式都可以采用;当补语属于"(～)去"时,Z 格式不能采用,X 和 Y 这两种格式可以采用。例(13)动词带"了",若宾语不带有数量成分,当补语属于"(～)来"时,X 格式不说,Y 和 Z 格式可以说;当补语是"(～)去"时,X 和 Z 格式都不说,只有 Y 格式可以说。

当搭配受事宾语时,受动词带不带"了"、宾语带不带数量成分制约,情况比较复杂。例如：

X	Y	Z
(14) 抬上来一桶啤酒	抬一桶啤酒上来	抬上一桶啤酒来
抬上去一桶啤酒	抬一桶啤酒上去	? 抬上一桶啤酒去
(15) *抬上来啤酒	抬啤酒上来	抬上啤酒来……
*抬上去啤酒	抬啤酒上去	抬上啤酒去……
(16) 抬上来/去了一桶啤酒	抬了一桶啤酒上来/去	抬上了一桶啤酒来/去
(17) ……抬上来/去了啤酒	……抬了啤酒上来/去……	抬上了啤酒来/去……
(18) *打开来(了)(一个)箱子	*打(了)(一个)箱子开来	打开(了)(一个)箱子来……

例(14)动词不带"了",宾语带有数量成分,当补语属于"(～)来"时,X、Y、Z 三种格式都

可以采用,其中 Y 格式可用于祈使句;当补语属于"(～)去"时,X、Y 两种格式都可以采用,Z 格式使用频率极低,其中 Y 格式可用于祈使句。例(15)动词不带"了",宾语不带有数量成分,补语不管是"(～)来"还是"(～)去",Y 格式可以采用,而且能单独成句(一般为祈使句);Z 格式也能采用,但不能单独成句;X 格式则不能采用。例(16)动词带"了",宾语带有数量成分,补语不管是"(～)来"还是"(～)去",X、Y、Z 三种格式都可以采用。例(17)中的省略号表示前接或后接小句,用于一定语境中。如 X 用于"叫他们把桌子抬上来,可是他们桌子没有抬上来,却抬上来了啤酒",Y 用于"他们桌子没有抬上来,却抬了啤酒上来""你们抬了啤酒上来以后就没有事儿了",Z 用于"当时,抬上了啤酒来以后我就下楼去了"。例(18)"开来"比较特殊,只能用 Z 格式。

陆俭明《动词后趋向补语和宾语的位置问题》的研究目的是应用于对外汉语教学,对动词后趋向宾语和宾语的位置问题进行了非常全面细致的描述,并且得出了一些规律。从描写角度,该文可以作为典范。陆先生也指出未作任何解释,有待别人或以后去做。只有解释清楚,才能更有助于对外汉语教学。其实,汉语当中很多现象都没有描述充分,更谈不上解释充分了。这里费大笔墨进行案例剖析,也是为了让语言学初学者要特别重视描写,只有这样,才能做下一步的研究工作。

解释首先要符合语言事实,保证理论内部的自治;其次解释范围越广,解释力越强。下面以沈家煊(2006)①对领主属宾句生成方式的解释为例进行说明。

(19) A. 王冕死了父亲。　　　B. 他家来了客人。

　　　他烂了五筐苹果。　　　他跑了一身汗。

　　　他飞了一只鸽子。　　　他长了几分勇气。

　　　传达室倒了一面墙。　　　他起了一身鸡皮疙瘩。

这些句子称为"领主属宾句",因为主语和宾语之间有"领有-隶属"关系,主语是"领有"一方,宾语是"隶属"一方,而动词与主语没有直接的语义关系,句子的意义以表"丧失"的 A 类居多,表"获得"的 B 类较少。这类句子是如何生成?学界进行了不少的研究,尤其是运用生成语法理论进行的解释。

一种是"移位说"。徐杰(1999,2001)②认为"王冕死了父亲"潜在的基础结构为:死了王冕的父亲(如图 2-1 所示),领有名词"王冕"从动词"死"后的逻辑宾语中移出,提升到主语的位置。朱行帆(2005)③认为"王冕死了父亲"的基础结构为[$_{vp}$王冕 EXPERIENCE[$_{vp}$父亲死了]](如图 2-2 所示),没有语音形式的轻动词 EXPERIENCE(简化为"EXP",意为"经历")向作标志语的"王冕"指派一个域外题元角色"经历者",而 VP"父亲死了"是这个轻动词的补足语,这一基础结构体现出"王冕经历了父亲去世这件事"这个意思,核心动词"死"向上移位并和 EXP 合并。

———————————

①　沈家煊."王冕死了父亲"的生成方式——兼说汉语"糅合"造句[J].中国语文,2006,(4).

②　徐杰.两种保留宾语句式及相关句法理论[J].当代语言学,1999,(1);徐杰.普遍语法原则与汉语语法现象[M].北京:北京大学出版社,2001.

③　朱行帆.轻动词和汉语不及物动词带宾语现象[J].现代外语,2005,(3).

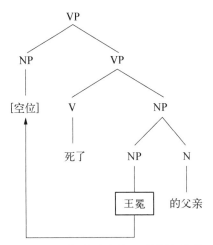

图 2-1 领有名词"王冕"的移位

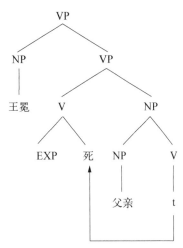

图 2-2 核心动词"死"的移位

另一种是深层主格说。潘海华、韩景泉(2005)①认为没有移位,句首名词"王冕"不是主语而是话题,话题不是靠移位得来的,而是在原位由基础生成的,即句子的基础结构为[$_{cp}$王冕[$_{TP}$e[$_{vp}$死了父亲]]]。句首名词"王冕"位于标句词组 CP 的指示语位置,主语位于小句 TP 的指示语位置,这里是一个空位 e,主语空位在汉语里是容许的。基础生成的话题不会改变动词的论元结构,所以不会有"词汇操作规则"增添论元的问题。"父亲"在深层获得的是主格,这是非宾格动词②虽没有给论元赋宾格的能力,但是有赋主格的能力。

沈先生认为,以上观点都存在的问题症结是小看了不同表层结构之间的差异,因此在解释时也就出现内部不自治的情况。徐杰说法小看了"王冕死了父亲"和"王冕的父亲死了"之间的差别,也未说明"王冕的父亲"整体移位与"王冕"移位的差别。朱行帆说法小看了"王冕经历了父亲的死"和"王冕死了父亲"之间的差别,只认为二者差别在于有没有发生核心动词"死"的移位。潘海华、韩景泉说法小看了"王冕死了父亲"和"王冕,父亲死了"之间的差别,认为两句中的父亲获得的都是主语格。

如何说明这些句子的差别?沈先生首先按照构式语法的思想,认为"王冕死了父亲"与其他句子属于不同的句式,具有不同的句式意义。"王冕死了父亲"所属句式整体意义有"丧失"的成分,"死了父亲"是"王冕"遭受的损失,而"王冕的父亲死了"和"王冕,父亲死了"两个句式只是表明王冕的父亲去世这一事实,"王冕经历了父亲的死"也只是表明王冕有这一经历的事实。如何证明句式意义的不同,可通过下面的例句说明。

(20) a. 王冕七岁上死了父亲。　　　　d. 王冕,七十岁上父亲死了。

　　 b. ？王冕七十岁上死了父亲。　　　e. 王冕七十岁上经历了父亲的死。

　　 c. 王冕七十岁上他的父亲死了。

① 潘海华,韩景泉.显性非宾格动词结构的句法研究[J].语言研究,2005,(3).

② 非宾格动词(unaccusative verbs),也叫作格动词(ergative verbs),如"父亲死了"中"死"是非宾格动词。按照生成语法的分析,非宾格动词只带一个深层逻辑宾语,属于深层无主语结构,"父亲死了"的深层结构是"死了父亲"。"死"是"非宾语动词",是根据"Burzio's Generalizaion",不能给主语名词赋予题元角色"施事"的动词也不能给宾语名词指派"宾格",不能给论元指派宾格是这类动词的先天特性。转引自沈家煊."王冕死了父亲"的生成方式——兼说汉语"糅合"造句[J].中国语文,2006,(4).

（21）a. 他终于来了两个客户。　　　d. 他，两个债主终于来了。

　　　b.? 他终于来了两个债主。　　　e. 他终于经历了两个债主的到来。

　　　c. 他的两个债主终于来了。

例（20）只有 b 句意思上别扭，显然这是因为古稀之年父亡不像幼年丧父那样是个重大损失。例（21）只有 b 句意思上别扭，是因为"他来了两个客户"所属句式整体意义有"获得"的成分，"来了客户"是"他"有所得，"来了债主"则不是有所得。

然后，沈先生运用福科尼耶和特纳（Fauconnier & Turner）（1998,2000,2003）语义整合理论，采用"糅合"这一语义概念来说明"王冕死了父亲"与"他来了两个客户"的生成方式。"糅合"是一种基本的认知操作，不限于语言，也包括思维和行为。沈先生通过口误（slips of the tongue）和造词进一步论证糅合的存在，如"没想到他落到这个田地/地步"糅合为口误"没想到他落到这个田步"，"推介"是"推广"和"介绍"的糅合等。"糅合"能产生"浮现意义"（emergent meaning），"丧失/获得"义正是糅合所产生的浮现意义。接下来论证"王冕死了父亲"是"王冕的父亲死了"和"王冕丢了某物"两个小句的糅合：

（22）a. 王冕的某物丢了　　　　b. 王冕丢了某物

　　　x. 王冕的父亲死了　　　　y. ——　　　　←xb 王冕死了父亲

原来没有"王冕死了父亲"的说法，y 项空缺，等到产生出这种创新说法之后，就形成 a∶b∶∶x∶y 的格局，即 a 和 b 的关系对应于 x 和 y 的关系。而 y 项的产生正是 x 项和 b 项糅合的产物，b 项截取的是它的结构框架，x 项截取的是它的词项，y 是在 x 的基础上按照 a 和 b 的关系特别是参照 b "类推"出来的，称为"类推糅合"，其中 b 项称作"类推源项"。x 项和 b 项之间具有"前因后果"的联系，这种糅合也可以叫"因果糅合"，即"王冕死了父亲"是用"因"来转指"果"，是用"父亲的死"来转指"失去父亲"。

（23）王冕的父亲死了（因）+王冕失去了某物（果）→王冕死了父亲

要论证清楚糅合的过程，b 项的选定非常关键。沈先生运用回溯推理的方式进行了描述：

1）说话人想表达"王冕因父亲死去而受损"的意思，父亲死去是"因"，王冕受损是"果"，语言中暂时缺乏一个相应的简单生动的表达式 y。

2）语言中有常见的表达式 x "王冕的父亲死了"或"王冕，父亲死了"，但是只能表达王冕的父亲死了，不能表达王冕因此而受损。

3）语言中有常见的表达式 b "王冕丢了某物"，虽然不能表达王冕的父亲死亡，但是能表达王冕受损。

4）语言中还有与 b 表达在意义和形式上都"相关"的常见表达式 a "王冕的某物丢了"或"王冕，某物丢了"，而表达式 a 和表达式 x 在意义和形式上都"相似"（都表示抽象的"消失"，这是意义相似；都是无宾语句，这是形式相似）。以 a 为中介，x 和 b 之间能建立起概念上的重要联系即因果关系。

5）选定表达式 b 作为"类推源项"。

6）将 x 和 b 有选择地糅合成 y "王冕死了父亲"，糅合产生的意义（浮现意义）就是说话人想要表达的意思。

该文能够充分观察和描写语言,基于构式语法观,从认知语义角度寻求简单合理的解释,并通过客观简洁实在的语言表述出来,可以称为描写与解释相结合研究的典范。当然,要达到描写和解释的充分性,需要全方位、多角度地对语言现象进行观察描写,进而作出解释。描写语料可以是普通话、方言与古代汉语相结合,可以是现代汉语与古代汉语相结合,可以是汉语与外国语相结合。描写与解释可以在句法、语义、语用和认知等多个平面进行。

(二) 形式与意义的汉语研究

形式与意义的关系是语言学中重要的理论问题,它直接影响到如何分析语言系统的结构,如何确立语言研究的程序,如何指导语言现象的分析等一系列重要的方法论问题①。中国传统"小学"有深远的语义研究传统,形成了有悠久历史的训诂学,然而多限于个别词义及其演变。虽然《尔雅》曾系统地分析过同义词的聚合关系,但这方面的研究未再展开。

传统语法注重语义,但主观解释多于客观描写。之后结构主义语言学较注重形式,以经验主义和行为主义为基础,以分布和替代为原则,采用对语言素材进行切分和分类的"分类主义"方法,忽视意义的地位,对语言结构内在联系缺乏解释力。

20 世纪 50 年代,义素分析和语义场理论产生,标志着语义学成为一门独立的学科。后来逐渐形成了结构语义学、语义特征分析、模糊语义学等。以上这些研究实际上是词义的聚合问题,由于没有联系组合关系,没有得到深入的发展。70 年代起中国语言学也在以上方面开展了一些工作,如伍铁平的《模糊语言初探》(1979)、《模糊语言再探》(1980),黄棣华的《反义词例释》(1983),刘叔新的《词汇学和词典学问题研究》(1984)、《现代汉语同义词典》(1987)、《汉语描写词汇学》(1990),贾彦德的《语义学导论》(1986)、《汉语语义学》(1992),石安石的《模糊语义及其模糊度》(1988)、《语义论》(1993)、《语义研究》(1994),蒋绍愚的《古汉语词汇纲要》(1989),陈保亚的《论语言符号的模糊与指称》(1989),周荐的《汉语词汇研究史纲》(1995),符淮青的《词义的分析和描写》(1996)等。

吕叔湘《中国文法要略》(1942)第一次全面深入地展开了语义结构的研究,但在组合关系中只研究语义结构关系是不够的,如像"涮羊肉"这样的组合,语义结构关系只有一样,但语法结构关系却有偏正和述宾两种,这说明语义结构关系不能完全控制语法结构关系。吕叔湘的《从主语、宾语的分别谈国语句子的分析》(《汉语语法论文集》,1946)、赵元任的《北京口语语法》(1948)系统讨论了汉语中主语和谓语在语义上的复杂关系。丁声树等在《现代汉语语法讲话》(1952)认为句子成分和"受事、施事、处所、类别、结果"等语义结构成分之间不对当,开启了语义结构关系和语法结构关系的对当规律研究。然而,当时未从理论上进行严格表述。

结构主义语言学走到极端,产生了转换生成语法学说(TG)。第一阶段(经典理论)把语义排除在外,认为语法最好独立于语义学而成为自成系统的研究,见 A 模型。第二阶段(标准理论—ST)开始注意到语义问题,把语义作为一个独立的层面看待,用以对句法基础部分生成的深层结构进行解释,见 B 模型。第三阶段(扩展的标准理论—EST)认为结构也对语

---

① 王铭玉.21 世纪语言学的八大发展趋势(下)[J].解放军外国语学院学报,1999,(6).

义解释起一定的作用,见 C 模型。第四阶段(修正的扩展的标准理论—REST)把语义解释放到了表层结构上,由此得出逻辑形式表现①。

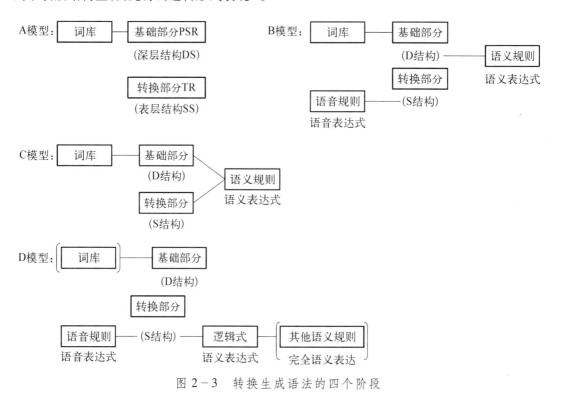

图 2-3　转换生成语法的四个阶段

　　转换生成语法标准理论虽已涉及了语义组合关系,却是在语法组合关系中通过次范畴化和选择性规则展开的,或者虽然引入了语义分析,但仍然是句法中心论,即想用句法关系来控制语义结构关系。后来,转换生成语法的生成语义学抛弃了句法中心论,用谓词演算描写语义关系,等于是在认识到并承认语义结构关系的同时又否定了语法结构关系。

　　之后,法国语言学家尼西恩·特斯尼埃(Lucien Tesniere)的《结构句法基础》(1959)提出了系统的配价语法,主要观念有:联系是整个结构句法的基础;句子的结构是各种联系的层次体系;每个句子都有一个"中心结",通常是动词,它表示一个情节过程,必然包含人物词(行动元)、情景语(状态元)。查里斯·菲尔墨(Charles J. Fillmore)格语法理论(1968)比较全面论述了语义结构关系,并自觉区分了语义结构关系和语法结构关系。"格"是指深层结构中的"格"(即句法语义关系)。主要观念是:每个名词短语在深层结构中都有一定的格,这些格经过适当的转换后才在表层结构中成为主语、宾语等;一个句子包括情态和命题两部分,即 S[Modality[Proposition[V+NP]]],情态包括动词的时、体、态以及肯定、否定、祈使、疑问、感叹、陈述等,要分析命题内部动词和名词之间的种种关系。在中国,朱德熙在《汉语句法中的歧义现象》(1979)从方法论角度提出了两种结构关系:显性语法关系和隐性语法关系。前者如"述语-宾语"关系,后者如"动作-受事"关系。陆俭明在《汉语口语句法里的易

①　陆俭明,沈阳.汉语和汉语研究十五讲[M].北京:北京大学出版社,2004:157-170.

位现象》(1980)中正式提出了语法结构关系和语义结构关系两个概念,前者如主谓、述宾、述补、偏正、联合等结构关系,后者如动作和动作者、动作和受事、动作和工具、动作和处所、事物和性质、事物和质料以及事物之间的领属关系属于语义结构关系。

之后,中国语言学学界越来越关注语义研究,如配价语法、格语法、语义特征分析法、变换分析法、语义指向分析法等。配价的思想在吕叔湘的《中国文法要略》(1942)、《从主语宾语的分别谈国语句子的分析》(《汉语语法论文集》,1946)、《汉语语法分析问题》(1979),朱德熙的《"的"字结构和判断句》(《中国语文》,1978 年第 1、2 期)等论著中已有,但由于缺乏意识而未得到理论凝练。70 年代末,中国语言学界引进了配价语法和格语法理论进行汉语语法研究,如李英哲的《汉语语法中格的调查研究》(1971),李临定的《"工具"格和"目的"格》(《语法研究和探索》(三),1985)、《现代汉语句型》(1986)、《汉语比较变换语法》(1988),孟琮等主编的《汉语动词用法词典》(1987),鲁川、林杏光的《现代汉语语法的格关系》(《汉语学习》,1989 年第 5 期),鲁川主编的《动词大词典》(1994),沈阳和郑定欧主编的《现代汉语配价语法研究》(1995),袁毓林和郭锐主编的《现代汉语配价语法研究》(二)(1998)、周国光的《现代汉语配价语法研究》(2011)等。

变换分析法、语义特征分析法、语义指向分析法是汉语句法分析的重要方法。中国变换的基本思路和塞林·哈里斯(Zelling S. Harris)(1952;1957)的思路一致,朱德熙在变换分析上做了最多工作,如《说"的"》(《中国语文》,1961 年第 12 期)、《论句法结构》(《中国语文》,1962 年第 8、9 期)、《"在黑板上写字"及相关句式》(《语言教学与研究》,1981 年第 1期)、《与动词"给"相关的句法问题》(《方言》,1979 年第 2 期)、《汉语句法中的歧义现象》(《中国语文》,1980 年第 2 期)、《变换分析中的平行性原则》(《中国语文》,1986 年第 2 期)等。哈里斯的变换不同于乔姆斯基的转换,不在于有没有生成的观念,而在于核心句和深层结构的区别。哈里斯的核心句是可观察的,是可以说出来的具体的句子;深层结构是为了对语义进行解释而建立的一种抽象结构。实际上,不少语言现象需要承认深层结构做解释,如"将老李的军""请朋友喝酒"等。语迹的提出是乔姆斯基转换生成语法的重要转折。想办法在表层结构仍然能保留深层结构的形式,以解决语义解释两个通道问题,于是,在表层结构建立"语迹"(trace)的概念,语迹就是名词移动后在原来位置上留下的痕迹,这是最早提出的一种严格意义的"空语类"的概念。汉语学界徐烈炯《与空语类有关的一些汉语语法现象》(《中国语文》,1994 年第 5 期)等在转换生成语法的参照系下讨论了汉语现象。沈阳的《现代汉语空语类研究》(1994)从结构语言学参照系出发,提出了"句位"概念,给出了变换分析的参照结构。

汉语的语义特征分析不是预先假定一组语义特征,而是以分布和变换为形式标准来提取语义特征,如朱德熙《"在黑板上写字"及相关句式》、《与动词"给"相关的句法问题》、马庆株《时量宾语和动词的类》(《中国语文》,1981 年第 2 期)等。80 年代,语义指向作为一种语法研究的理论和方法是在汉语语法自己的研究中形成和发展起来的,主要目的是为了揭示语言成分在句法上和语义上的不一致性。朱德熙的《汉语句法中的歧义现象》(《中国语文》,1980 年第 2 期)就提出语法结构的层次和语义结构的层次有时是不对应的。胡树鲜的《两组副词的语义特点及其多项作用点》(《四平师院学报》,1982 年第 4 期)、刘月华的《状语的分类和多项状语的顺序》（《语法研究和探索》（一），1983 年）讨论了状语的语义指向。沈开木的《表示"异中有同"的"也"字独用的探索》（《中国语文》，1983 年第 1 期）提出了"指向"这一术语，刘宁生的《句首介词结构"在……"的语义指向》（《汉语学习》，1984 年第 2 期）提出了"语义指向"这一术语。之后，语义指向的研究非常活跃。

除此之外，与转换生成语法不一样，功能语法一开始就非常注意形式和意义的统一。从布拉格学派开始，马泰休斯在研究句子形式的同时，就提出了句子的实义切分理论，即按实际语境将句子切分为表述的出发点（主位）和表述的核心（述位）。韩礼德的系统功能语法更是注重形式和意义的综合研究，既强调语言的形式规则、衔接手段，又强调语言在社会生活中的运用规则。该学说在中国外语学界得到了较多响应与研究。

汉语学界对形式和意义的结合问题一直非常关注。如吕叔湘在《中国文法要略》（1982）的"重印题记"里指出："语法书可以有两种写法，或者从听和读的人的角度出发，以语法形式（结构、语序、虚词）为纲，说明所表达的语法意义；或者从说和写的人的角度出发，以语法意义（各种范畴、各种关系）为纲，说明所赖以表达的语法形式。这两种写法各有短长，相辅相成。"朱德熙《语法讲义》（1982）对语法形式和语法意义的关系在三个方面有重大发展：第一，提出"语法形式和语法意义对应关系说"，认为："语法研究的最终目的就是弄清楚语法形式和语法意义之间的对应关系"。第二，提出"语法形式和语法意义结合渗透说"，认为"语法研究应当把形式和意义结合起来"，"真正的结合是要使形式和意义互相渗透"。第三，提出"语法形式和语法意义互为验证说"，认为："讲形式的时候能够得到语义方面的验证，讲意义的时候能够得到形式方面的验证。"①邵敬敏的《形式与意义四论》（《语法研究和探索》（四），1988 年）从语法研究的起点与终点、语法形式与语法意义的内涵、语法形式与语法意义的关系、语法形式与语法意义的层次四个方面讨论了形式与意义之间的关系，认为对其他语言来说，也许从语法形式入手是最佳研究途径，但以语法意义为研究的出发点去寻找形式上的证明，反过来又促使语法意义解释得更准确、科学、合理，似乎更适用于汉语。马庆株的《汉语动词和动词性结构》（1988）从语义入手对诸多语义范畴如"自主范畴""顺序范畴""时间范畴"等进行研究。胡明扬《语义语法范畴》（《汉语学习》，1994 年第 1 期）提出"语义语法范畴"这一概念，是指一定的语义内容和相应的语法形式，主要是和隐性语法形式②相结合而构成的语法范畴。邵敬敏的《论汉语语法的语义双向选择性原则》（《中国语言学报》，1997 年第 8 期）从语义一致性、语义自足性、语义决定性等三个方面讨论句法语义双向性选择原则，分析了对句法结构组合合法性的决定性作用。此后，学界开始了语义语法范畴研究，如"时间范畴""空间范畴""数量范畴""领属范畴""动态范畴""顺序范畴""持续范畴""趋向范畴""指示范畴""情态范畴""程度范畴""递进范畴""方式范畴""致使范畴"等。邵敬敏《"语义语法"说略》（《暨南学报（人文科学与社会科学版）》，2004 年第 1 期），邵敬敏、赵春利《关于语义范畴的理论思考》（《世界汉语教学》，2006 年第 1 期），赵春利《关于

---

① 邵敬敏."语义语法"说略[J].暨南学报（人文科学与社会科学版），2004,（1）.

② 语法形式可以分为显性语法形式和隐性语法形式两大类，前者体现为一定的语音形式，或者依附于一定的语音形式，后者不体现为一定的语音形式或者依附于一定的语音形式，而是某一类词的潜在的组合可能性或者说分布特征。参见胡明扬.语义语法范畴[J].汉语学习，1994,（1）.

语义语法的逻辑界定》(《外国语》,2014 年第 2 期)对语义语法进行了理论思考与提升,提出基于语法形式揭示语法意义或者基于语法意义解释语法形式的双向验证法,遵循语法意义决定语法形式,语法形式制约语法意义的原则,主要运用但不限于以下手段:形式与意义相结合、静态与动态相结合、共时与历时相结合、描写与解释相结合、定量与定性相结合、描写与解释相结合。

马庆株《自主动词和非自主动词》(1988)[①]建立了"自主范畴"。"自主"是指用来汉语区别汉语中有意识的动作行为和无意识的动作行为的某些差别的一种语义范畴。例如:

(24)　　　　A　　　　　　　　　B　　　　　　　　　　C

看/我看/看报*　　　　塌/*房子塌/*塌　　　　房子有/我有/有房子

看吧/看吗/谁看呢　　*塌吧/*塌吗/*哪个塌呢　　*有吧/有吗?/谁有呢?

马上看/别看/看着　　*马上塌/*别塌/*塌着　　马上有/*别有/*有着

看了/我看了/看了份报　塌了/房子塌了/塌了房子　房子有了/我有了/有了本书

看看/看了看/看一下　　*塌塌/*塌了塌/*塌一下　*有有/*有了有/*有一下

例(24)A 类是自主动词,B 类和 C 类是非自主动词,其中 B 类是变化动词,C 类是属性动词。A 与 B、C 列相同动词结构成立与否的句法形式差别说明汉语动词具有一种对立的语法意义,即动词从性质上可以分成"自主"和"非自主"两类。A 列"看、听、说、写、洗、学、扫"等是自主动词,即这种动作行为是由施事者有意识地发出的,或者说动作者一定是"施事",谓语表示一种"动作行为",所以可以用于祈使句式、重叠结构、动量结构中。B、C 列"塌、病、长、醒""有、是、等于、知道、懂、认得、符合"等是非自主动词,即这种动作行为不是施事者有意识地发出的,或者说动作者不是"施事",而是一种"主体",谓语也不是动作行为,而是表示一种"变化或属性"。B 列"塌"类动词是变化动词,即表示动态的变化,都能加"了$_1$",而且单说时必须带着后缀"了$_1$"。C 列"有"类动词是属性动词,即表示静态的恒久的属性,有的本身就是一种属性(知道、懂、认得),有的带上宾语可以表示属性,如"有学问、有修养、有能力、有钱"等。

除此之外,动词性结构也有自主与非自主的区别。如带积极结果宾语的"盖房、砌墙、挖井、作诗",带工具宾语的"抽烟斗、扎针、写毛笔、照镜子",带目的宾语的"考大学、跑外交",带时机宾语的"尝个新鲜、吃个脆"等述宾词组是自主的,"困难补助归工会管""文章由小王执笔""论斤卖""替主任通知""把字写得大一点儿"等偏正词组是自主的。述补词组的自主与非自主性,例如:

(25) a. 拿开/关上/放下/拿上来/搬进去/递过来/还回来(自主述补词组)

　　b. 说下去/唱下去/看下去/听下去/等下去/住下去(自主述补词组)

　　c. 站住/记住/系住/拿住/攥住/挡住/托住(自主述补词组)

　　d. 压倒/推倒/打倒/搬倒/驳倒(自主述补词组)

　　e. 考上研究生/看上电视了/吃上熊掌了/念上书了(非自主述补词组)

　　f. 接到/找到/买到/看到/听到/遇到/感到(非自主述补词组)

　　g. 看着/听着/买着/找着/猜着/碰着/睡着(非自主述补词组)

---

① 马庆株.自主动词和非自主动词[J].中国语言学报,1988,(3).

　　h. 病死/忘干净/闲死/垮掉/陷下去/输掉(非自主述补词组)

　　i. 弄丢了/气病了/吃穷了/买上当了/呆腻了/坐麻了(非自主述补词组)

　　例(25)a 句带表示空间趋向的补语形成的述补结构是自主的;b 句带表示时间延续的"下去"形成的述补结构是自主的;c、d 句带"住、倒 dǎo"形成的述补结构是自主的;e 句自主动词带结果补语"上"形成的述补结构是非自主的;f、g 句自主动词带"到、着 zhao"形成的述补结构是非自主的,h 句非自主动词述语形成的述补结构是非自主的,i 句非自主动词作补语形成的述补结构是非自主的。

　　邵敬敏(1996)[①]中通过动词与动量词的双向语义选择关系,来探讨动量词的类别。邵先生首先提出只有含有"动量"内涵的动词才有资格跟动量词结合,"动量"是重要的语义范畴,是动词动作性的具体表现。根据动量系统的不同层面及其与动词的选择关系进行论述。

　　动量词的第一层面:通用量词

　　A1 计数量词:次、回

　　A2 计时量词:年、月、日、季、周、小时、分钟、秒钟、代、世、世纪、辈子、会儿……

　　根据是否自由地跟通用量词 A1 或 A2 组合,分为"有量动词"和"无量动词"。前者指动作动词、使令动词、趋向动词、认知动词、表出现/消失/增加/减少的存现动词等,后者指能愿动词、判断动词、形式动词、谓宾心理动词、表存在的存现动词等。

　　动量词的第二层面:自主量词

　　B1 同形量词;B2 短时量词(下)

　　根据是否自由地跟自主量词 B1 或 B2 组合,分为"自主动词"和"非自主动词"。

　　动量词的第三层面:借助量词

　　C1 器官量词:眼、头、腿、手、口、拳、脚、巴掌、指头……

　　C2 工具量词:刀、枪、罐、锄、笔、鞭子、斧子……

　　C3 伴随量词:步、声、圈、程……

　　根据是否借助于某种器官、工具或必然伴随有某种结果,分为"有依动词"和"无依动词"。如"砍"必须用刀或其他工具,"打"必须用拳头或其他东西,"叫"必定伴随着声音等,"砍""打""叫"是"有依动词";"等、住、调查、安排"等不一定要依靠什么东西来进行的,是"无依动词"。

　　动量词的第四层面:情态量词

　　D1 持续量词:番、通、气、阵

　　D2 整体量词:遍、顿、场₁

　　D3 空间量词:趟、场₂

　　对情态量词的选择取决于动词内容的各种小类。如"番"多搭配跟言说有关的动词,表示费时费力的复杂行为的动词,不具有贬义倾向,如"研究了一番、争论了一番、深入地研究了一番"等;"通"多搭配跟言说有关的动词,表示可以连续进行的具体动作的动词,与"番"交叉,也可表贬义,如可说"研究了一通、争论了一通",也可说"挑剔了一通、嘀咕了一通",

———————————

　　① 邵敬敏.动量词的语义分析及其与动词的选择关系[J].中国语文,1996,(2).

不说"深入地研究了一通";"气"搭配单音节动词,前多接表贬义的词语,如"乱踩一气、瞎猜一气"等;"阵"搭配表自然现象、声响、心理感受等持续性动词,强调持续性与密集性,如"下了一阵雨、响起一阵掌声、痛苦了一阵、打听了一阵"等;"遍"搭配可以反复进行的动作动词,强调从头到尾,如"把(那沓钱)数了一遍、把(那件事)想了一遍";"顿"搭配表饮食、打骂等的动词,强调动作累积到一定的量,如"吃了一顿面条、教训了一顿"等;"场₁"搭配表自然现象、社会活动、个人行为等动词,强调有头有尾,且量大,时间长,如"下了一场雨、开展了一场讨论、病了一场"等;"趟"搭配表行走、趋向以及跟行走有关的动词,强调一去一来,如"走了一趟南京路、来了一趟上海、搬了一趟土"等;"场₂"搭配文体活动动词,强调完整性,如"放了一场电影、演了一场京剧"等。通过以上分析,进一步总结动词与动量词之间的双向选择关系,主要在于动词、动量词以及跟动词 V 相关的对象等三个制约因素。

(三)结构与功能的汉语研究

对结构与功能之间关系的认识是伴随着语言学理论的发展而逐渐清晰起来的。结构主义语言学认为语言是符号系统,符号之间具有聚合关系和组合关系,主张对语言结构进行静态的、共时的、精确的描写,脱离了对语言使用的研究。在此之后,以乔姆斯基为代表的形式主义语言学关注语言结构,同样,不关注语言使用问题,目标是对人类语言能力的解释,认为语法机制是天生的,句法结构是独立自主、自足的,从句法内部寻找规律来解释语法现象,通过公式、数学或符号等形式手段来说明语法结构,或者说句法的解释基本建立在具有普遍有效的规则、原则或制约条件上。作为结构主义语言学和形式主义语言学的对立,功能主义语言学强调语言的社会属性,注重语言形式的信息传递功能和认知功能,联系社会使用环境对语言现象进行解释,目标是解释语言功能是如何决定语言结构的,更多地从句法之外的语义、语用、篇章、认知和功能等因素寻求解释。

功能主义思想来源于布拉格学派的"语言功能论"。功能主义语言学派别多,可分为三类:第一类是以自然语言的功能观为基础,注重语言在交际中的作用,英国韩礼德创立的系统功能语法(Systemic-functional Grammar)、荷兰塞门·迪克(Simon C. Dik)的功能语法(Functional Grammar)和美国久野暲的功能句法学(Functional Grammar)属于这一类;第二类以语言成分在结构中的功能关系为基础,研究它们在话语中的作用,戴维·珀尔玛特(David M.Perlmutter)、卡罗尔·罗森(Caral G.Rosen)创立的关系语法(Relational Grammar)和琼安·布莱斯南(Joan Bresnan)、罗纳德·卡普兰(Ronald M. Kaplan)创立的词汇-功能语法(Lexical Functional Grammar)基本上属于这一类;第三类从认知语言学[①]的解释对功能进行

①　认知语言学的范围:狭义上,主要指莱考夫和约翰逊的"认知语义学"(cognitive semantics),兰盖克的"认知语法"(cognitive grammar),海曼以句法象似性为中心的"自然句法"(natural syntax),戴浩一的"认知功能语法"(cognition-based functional grammar),谢信一的"组成认知语法"(compositional cognitive grammar)。广义上,还包括菲尔墨的"框架语义学"(frame semantics)和"构造语法"(construction grammar),伦纳德·泰尔米(Leonard Talmy)、约翰·霍金斯(John A. Hawkins)、威廉·克罗夫特(William Croft)和格林伯格等语言类型学家从认知功能角度对语言普遍现象的分析,安娜·威尔兹彼卡(Anna Wierzbicka)的语义学理论,福科尼耶有关"心理空间"(mental spaces)的理论,以及夏娃·斯维斯特(Eve Sweester)、贝尔恩德·海涅(Bernd Heine)、乌尔丽克·克劳迪(Ulrike Claudi)、弗里德里克·许内迈尔(Friederike Hunnemeyer)等人从类型学和认知角度对语义演变、语法化(grammaticalization)等历时语言学问题的研究,等等。参见张敏.认知语言学与汉语名词短语[M].北京:中国社会科学出版社,1998:9-10.

解释,并且有单独发展为认知语法(Cognitive Grammar)的趋势[①],主张自然语言是人类认知活动的产物,同时也是认知活动的工具,其结构和功能是人类一般认知活动的结果和反映,与一般认知能力密切相关。

功能主义语言学各派别对"功能"一词的解释和分类有所不同。布拉格学派认为,语言具有社会功能和表现功能两个基本功能。前者体现智能言语活动功能,旨在沟通人与人之间的关系;后者体现感情言语活动,旨在抒发说话人自己的感情或引发听话人的感情。之后,安德拉·马丁内(Andre Martinet)把"功能"分为社会交际功能和语言系统功能,分别表达语言在社会生活中所完成的功能和语言单位在完成交际功能的过程中所承担的功能。韩礼德的系统功能语法主张语言的基本意义成分是功能成分,研究目标是说明语言使用的方式,结构中的一切都能从语言的使用得到解释,并区分三种元功能:其一是概念功能,指语言用于表达说话者的内部经验、外界及各事物之间的逻辑关系的功能,包括经验功能(experiential function)和逻辑功能(logical function),前者指语言对人们在现实世界中的各种经历的表达,主要通过"及物性(transitivity)和语态(voice)"体现;后者指语言对两个或两个以上的意义单位之间逻辑关系的表达。其二是人际功能,指语言用于建立维护或确立人际关系的功能,主要由语气、情态和基调体现出来。其三是语篇功能,指语言将其本身与其使用者所处的情景环境相联系的功能,主要通过主位结构、信息结构和衔接三种方式体现。泰尔米·吉冯(Talmy Givón)认为语言有三种功能:社会文化衔接功能(socio-cultural cohesion function),即语言是人们维持人际社会文化衔接和在社会中确立身份的主要手段;人际效应功能(interpersonal affective function),指语言在调节人际间在影响、合作、义务、支配和竞争等关系中所起的主要作用;美学功能(aesthetic function),指语言在诗歌、小说、戏剧等创作中的重要作用。塞门·迪克(Simon C. Dik)将语言功能分为三个层次:语义功能,用来确定句子所表达的事态中各参与者所承担的角色或起的作用,如"施事""目标"等;句法功能,用来确定语句表达事态的不同角度或出发点,如"主语""宾语"等概念;语用功能包括主位和尾位、话题和焦点这些概念,它用来确定具体环境中语句各成分表达的信息在说话人和听话人心中的地位。威廉·弗里(William A. Foley)、罗伯特·瓦林(Robert V. Valin)创立的角色和参考语法(Role and Reference Grammar)则简单得多,认为"功能"是指交际功能,即在人类言语交往中用语言来传递信息见表 2-1[②]。

总体来说,功能主义语言学者的共同假设是语言具有认知功能和社会功能。这些功能在确定作为语法一部分的语言的结构和系统时起着关键的作用。功能主义揭示语言是如何在一个人类社会的更大系统中发挥作用的,旨在通过语言在社会交际中应实现的功能来描述和解释语言各层次上的各种语言特征。

汉语的功能语法研究最早可以追溯到 20 世纪 70 年代查里斯·李讷(Charles N. Li)和桑德拉·汤普森(Sandra A. Thompson),提出主语突出型(subject-prominent)和主题突出型(topic-prominent)语言的区分。80 年代初,汉语学界开始运用这一理论来进行话语分析和篇

---

① 功能主义的分类参见邵敬敏,罗晓英.功能主义与汉语语法研究[J].汉语学习,2004,(5).
② 关于功能主义语言学流派关于"功能"的类别,参见龚放.论语言研究的功能主义思潮[J].外语学刊,2000,(3).

表 2-1　功能主义语言学流派关于"功能"的类别

布拉格学派		Martinet		Halliday	Givón	Dik	Valin/Foley	Kuno
社会功能	交际功能	社会交际功能	思维功能	概念功能	无	无	无	无
社会功能	诗歌功能	社会交际功能	表达功能	概念功能	无	无	无	无
表现功能		社会交际功能	美学功能	人际功能	美学功能	语用功能	无	无
表现功能		社会交际功能	交际功能	语篇功能	社会文化衔接功能	无	无	无
表现功能		社会交际功能	称谓功能	语篇功能	人际效应功能	无	无	无
无		语言系统功能		无	无	语义功能	交际功能	交际功能
无		语言系统功能		无	无	句法功能	交际功能	交际功能

章分析,代表性人物是廖秋忠和陈平,其论文结集出版开拓了汉语功能语法研究的新思路。廖秋忠《廖秋忠文集》(1992)对汉语篇章结构如关于空间和时间的表达、篇章中的"指同""连接""管界"以及"框-栻关系"等语言现象进行了研究。陈平《现代语言学研究——理论·方法与事实》(1991)对"零形回指""时间系统""反身代词"等现象进行了系统研究。80 年代末 90 年代初,胡壮麟等一批外语学界学者进行引介与研究,尤其是系统功能语言学。90 年代以来,汉语功能语法研究进入了新的阶段,张伯江、方梅《汉语功能语法研究》(1996)是国内第一本系统运用功能主义的观点分析汉语语法的专著,戴浩一、薛凤生主编《功能主义和汉语语法》(1994)比较系统地介绍了台湾和国外的汉语功能语法研究,沈家煊《不对称和标记论》(1999)借鉴功能语言学的"标记理论"对汉语语法中各种对称与不对称的语法现象进行认知上的解释,袁毓林《现代汉语祈使句研究》(1993)、《汉语动词的配价研究》(1998)、《语言的认知研究和计算分析》(1998)对句式的功能作用以及认知语言学的计算分析方法作用进行了研究,屈承熹《汉语功能语法刍议》(《世界汉语教学》,1998 年第 4 期)运用原型、连绵性、肖像性、及物性等四个概念对诸多语言现象进行了分析,这些论著是最突出的成果。此后,功能主义研究在中国学界获得极大的发展,在汉语主位与话题、焦点与预设、及物性、指代范畴、语气和情态、篇章、标记与不对称、类型学等方面取得一系列成果①。

　　结构与功能是一对相关的概念,前者指语言单位内部成分的安排或组合,后者指语言单位的外部关系。功能决定结构,结构显现功能。陈望道认为:"功能是语参加一定配置能力,组织是由功能决定的语和语的配置。组织要受功能限制,功能要到参加组织才能显现。当语未参加组织,加入一定的配置的时候,它的功能是潜藏的,只有见过用例,知道底细的人知道的,这就是所谓记忆的事实;及既参加组织,就同别的语结成一定的有关系,那关系是显现的。这显现的关系,我曾称它为表现关系。倘用表现关系一语,文法学也可以说就是研究表现关系的学问。"②陈望道的功能学说辩证而透彻地讲明了功能和组织的依存关系。

---

①　汉语功能研究的历程,参见邵敬敏,罗晓英.功能主义与汉语语法研究[J].汉语学习,2004,(5).
②　王希兰,卞觉非,方华选编.方光焘语言学论文集[M].南京:江苏教育出版社,1986:18.

张伯江《词类活用的功能解释》(1994)①一文讨论了名词活用的现象。首先,根据一组例子说明名词活用的可接受程度不同,或者名词功能游移(functional shifting)现象的不同程度,下面 a/b/c/e 最高,d/f 略低,g/h 最低。从而引出要解释的问题:是不是所有名词在一定条件下都可能产生游移?有没有任何条件下都不会游移的名词?决定名词功能游移的更本质动因是什么?

(26) a. 有事你就言语一声。

　　　b. 先把饮料给冰上。

　　　c. 怎么不说话,都哑巴啦?

　　　d. 你越劝,娘不越伤心吗?哑巴着点儿,过了这一阵就好了。

　　　e. 咱们不能主观主义/自由主义/官僚主义。

　　　f. 岁数了,不是说着玩的。

　　　g. 对,是这意思。让他们影绰着,我这儿灯打给谁,谁就给我活起来。唱呵,跳呵都看他。唱完,灯灭,你再给我剪影着。

　　　h. 搭理他呢,让他自己嘴上快感去。

接下来,文章讨论名词活用自由度所涉及的功能因素:生命度、典型性和无指性。第一,根据类型学研究成果,科姆里(Comrie)作为语言学概念的生命度等级序列可以表述为:说者/听者>第三人称代词>指人专有名词>指人普通名词>其他有生名词>无生名词。由此推断出生命度高的名词往往是名词这个类别里比较稳定的成员②。第二,泰勒(Taylor,1989)将名词的典型特征归纳为:离散的,有形的,占有三维空间的实体>非空间领域的实体>集体实体>抽象实体③。由此推断出容易产生游移现象的名词应该是远离核心的边缘成员。第三,无指成分一般表示一种性质或一种身份,事实发现名词活用时都是以无指意义实现的,如亲属名词"哥们儿""孙子""哑巴""聋子"等,"春天""姑娘""岁数""茄子"等用于无指意义时也可活用。又如:

(27) 公若曰:"尔欲吴王我乎?"(《左传·定公十年》)

(28) 他比南霸天还南霸天呢。

由上讨论,得出名词稳定性的优势序列:高生命度名词>低生命度名词,具体名词>抽象名词,有指名词>无指名词。这些序列反映的是名词的显著特征是空间特征。并引用陈平(1988)的观点:"就最典型的事物而言,它们一般都占据一定的空间,随具体事物类型的不同而表现出大小、多少、高低、厚薄、聚散、离合等特征。行为动作则与此不同。它们最显著的特点表现在时间方面。"④名词的语法特征往往跟空间特征有关,动词的语法特征往往跟时间特征有关。由此,可推断出:当名词表现其基本的空间意义时,其功能必定是稳定的;当它丧失了明显的空间意义甚至具有了一定的时间意义时,就有可能发生功能游移现象。

名词活用是名-动功能联系中的一环。文章建立了词类活用的一个连续统:

---

①　张伯江.词类活用的功能解释[J].中国语文,1994,(5).

②　[英]科姆里著,沈家煊译.语言共性和语言类型[M].北京:华夏出版社,1989.

③　Taylor, J. R. *Linguistic Categorization: Prototypes in Linguistic Theory*[M]. Oxford: Clarendon Press, 1989.

④　陈平.论现代汉语时间系统的三元结构[J].中国语文,1988,(6).

名词　　　非谓形容词　　　性质形容词　　　不及物动词　　　及物动词
●━━━━━●━━━━━●━━━━━●━━━━━●

从语法意义上说,靠左端者空间性特征最强,靠右端者时间性特征最强,中间的几个点是两点间的过渡段。空间特点典型的形式表现是可以用名量词来修饰,表明了事物在空间上的可计数性;时间特点典型的形式表现是可以带时体助词,表明了动作在时间上的可延续性。除活用现象外,左端的名词通常不能带时体助词,右端的动词通常不能受名量词修饰,可以说是泾渭分明;处于中间的非谓形容词和性质形容词则较多地表现出与左邻右舍的相关性。

这个连续统具有较强的解释力,可以说明名词活用的四种表现形式:用作非谓形容词,如"义务劳动、专业水平",表明名词功能游移固定化而形成了非谓形容词;用作形容词,前加"很""太""特"等程度副词,如"假装特学问、话说得有点痞";用作不及物动词,前加"没""不",后加"了""起来"等时体成分,如"还权威着呢、咱们民主民主";用作及物动词,后带宾语,如"他爱醋谁醋谁,也醋不着我呀"。并得出假设:凡位于左方者活用作其右任何项目的,必然符合名词功能游移的倾向性规律,并说明了体词的谓词化方向与谓词的体词化方向。该文也很好地说明汉语词类与句法成分之间的不对应关系。总之,该文立足于汉语结构事实,运用功能语法理论和原型范畴理论,较充分地探讨了名词活用现象的条件,并将结论扩展至其他词类的活用现象。

结构与功能的研究关注类型学视角。刘丹青《汉语给予类双及物结构的类型学考察》(2001)[①]一文待解决的问题是:汉语给予类双及物结构几种句式的句法性质及各自的标记性程度。文章研究的四种句式如下(O$_t$表示直接宾语,O$_r$表示间接宾语):

(29) a. VO$_r$O$_t$,如"给他书"(双宾 A 式)

　　b. VO$_t$O$_r$,如南京话"给书他"、广州话"畀书佢"(双宾 B 式)

　　c. VO$_t$给 O$_r$,如"送书给他"(介宾补语式)

　　d. V 给 O$_r$O$_t$,如"送给他书",中宁话"给给我一碗水"(复合词式)

文章首先从语法共性角度分析直接宾语和间接宾语的特点,直接宾语可以无须复指代词的帮助而关系化,而间接宾语不能这样关系化,加了复指代词也只是勉强可以。因此,这也说明传统语法沿用至今的"直接/间接宾语",这一名称比较合理。比较:

(30) a. 老师给学生一本书→

　　b. 给学生一本书的老师(主语关系化)

　　c. 老师给学生的一本书(直接宾语关系化)

　　d. *老师给一本书的学生(间接宾语关系化)

　　e. ? 老师给他一本书的学生(间接宾语关系化,借助复指代词)

接下来,运用功能语言学观念距离象似性和重成分后置分析双宾句的有标记性特征。观念距离象似性是人类语言的句法有模拟语义关系距离的倾向,分为结构象似性和线性象似性。前者指语义关系紧密的成分在句法结构上也更加紧密,后者指语义关系紧密的成分

① 刘丹青.汉语给予类双及物结构的类型学考察[J].中国语文,2001,(5).

在线性距离上也更加靠近。介宾补语式使受事和与事跟动词的关系有直接、间接之别,更好地模拟了两者与动词关系不同的紧密度,符合结构象似性;受事跟动词近,与事跟动词远,模拟了两者与动词的亲疏关系,符合线性象似性。双宾 B 式不体现结构象似性,但符合线性象似性,因为间接宾语离动词远。双宾 A 式两个宾语都受动词支配,地位平等,不体现结构象似性;间接宾语与动词的距离近,直接宾语与动词的距离反而远,违背线性象似性。复合词式用"给"引进与事符合结构象似性,但在线性象似性方面,比双宾 A 式更严重地违背线性象似性。由上得出遵守观念距离象似性的程度形成如下序列:

介宾补语式>双宾 B 式>双宾 A 式>复合词式

在所用动词相同的情形下,双宾 A 式的句子都能变换为介宾补语式,而许多介宾补语式难以变换为双宾 A 式。其突出表现是双宾 A 式受"重成分后置倾向"严重制约,而介宾补语式不受此倾向制约。这些说明双宾 A 式分布较狭窄,比介宾补语式更有标记性。因为除频率外,确定标记性的标准还有分布,即无标记项的分布大于或至少等于有标记项(沈家煊,1999)①。例如:

(31) a1. 我送他一本书。

　　 b1. 我送一本书给他。

　　 a2. 我送他一本上个月刚刚出版的畅销书。

　　 b2. 我送一本上个月刚刚出版的畅销书给他。

　　 a3. *我送一个我读中学时候的同学书。

　　 b3. 我送书给一个我读中学时候的同学。

接下来,通过跨方言和跨语言的分析,进一步验证上面连续统的合理性。不少方言根本不存在给予义双宾句(赣语、兰银官话),或不存在双宾 A 式(湘、粤),即使在有给予双宾句的方言中它也是受重成分后置等原则限制的有标记句式,而用介词介引与事的句式(介宾补语句或兰银官话中的介宾状语句)不但普遍存在,而且是不受类似限制的无标记句式。跨语言比较得出有介宾补语句的语言不必有双宾语句,进一步说明双宾语句是有标记句式。复合词式是双宾句的一种特殊形式,由于在动词和直接宾语之间插入了带有介词性质的"给",破坏了动宾的连续性,以致成为比双宾 A 式更有标记的结构,跨方言的材料也证明复合词式是说话时力避的有标记句式。

虽然双宾句是有标记句式,但为什么出现频率不低?文章通过经济性原则、间接宾语的话题性和重成分原则三个方面进行分析。首先,选用介词与格式符合关系紧密度象似性,选用双宾句节省了一个介词,符合经济性。双宾 B 式可能来自介宾补语句的省略,如泰和话里在直接宾语和间接宾语间加"得"的句子(乾旺叔要还一笔钱得你)比不加"得"的句子(乾旺叔要还一笔钱你)更常见,后者可以理解为前者的省略形式。其次,双宾 A 式的常见无法单独靠经济原则来解释,除此之外,间接宾语的话题性扮演重要角色。间接宾语具有较强的话题性,体现在生命度和有定性两方面,间接宾语多指人,生命度通常指物的直接宾语,且以有定为常,往往取人称代词、人名一类形式。因此,双宾句间接宾语前置于直接宾语,体现了话

① 沈家煊.不对称与标记论[M].南昌:江西教育出版社,1999:32.

题或旧信息居前的原则。下面 a 句最自然,是"有定与事+无定客体";b 句/c 句自然度依次降低。话题性原则在双宾 B 式中无效,因为话题性强的与事在双宾 B 式中反而后置于话题性弱的客体,如广州话"佢畀本书我",这说明双宾 B 式在线性象似性方面强于双宾 A 式,它让与动词关系更紧密的直接宾语位置上也更靠近动词。

（32）a. 老师送了这位同学一本书。

　　　　b.？ 老师送了一位同学一本书。

　　　　c.?? 老师送了一位同学这本书。

讨论了给予类双及物结构的标记性程度后,运用观念复杂度象似性分析其结构意义的差异。分析如下:

（33）a. 双宾式单一事件,单一过程:我送了她一束花。

　　　　b. 介宾补语式单一事件,两个过程:我送了一束花给她。

　　　　c. 连动式两个小事件,一个复合事件:我买了一束花给(了)她。

　　　　d. 复合句两个事件:我买了一束花,给(了)她。

a—d 句复杂度渐增。a 句"转移和达到"统一的过程用统一的赋元方式表示,客体和与事由同一个动词同时赋予不同的题元;b 句"转移和达到"分离的过程用分离的赋元方式表示,客体和与事分别由动词和"给"赋予题元;c 句/d 句是复合述谓结构,不再属于双及物结构。双宾 B 式可看作由介宾补语式省略前置词而来,形式的省略带来事件结构的变化,跟双宾 A 式一样表示单一给予事件的单一过程。复合词式表示一个复合事件的单一过程。

最后文章讨论了影响双及物结构形式的各原则及其互动与优先系列:

观念距离象似性（结构象似性+线性象似性）>重成分后置>话题前置>经济性原则>观念复杂度象似性

给予类双及物结构不同句式的标记性不同,其实就是由于上述原则的优先地位不同造成的。违背的原则位置越靠左,句式就越有标记性。该文运用了功能语言学的观念,又加之语言类型学的视野,分析了汉语双及物结构形式的内部语义差异,及其与不同方言、不同语言的关联性,探讨了语言功能对语言结构的制约原则及其优先系列,这些原则由于在其他结构上也起作用,研究结论具有较强的语言普遍性。

（四）静态与动态的汉语研究

作为语言规则的抽象的体系,语言是静态的。然而,在人们言语活动中与现实发生关系的语言事实是动态的。同时,任何一种静态都是有条件的、暂时的、过渡的,语言是不断发展的。"凡是把语言当作一个抽象的静态系统封闭起来研究——对其结构系统内部的构成要素分别进行共时的静态分析和描写的,划归静态语言学;而把语言当作一个开放的动态系统来研究——研究它的发展变化,研究它处于交际中的运动状态,研究它的转换生成过程以揭示人的语言能力,研究人们怎样使用语言等等,划归动态语言学。"①

传统语文学和历史比较语言学是从动态来考察和研究语言的,前者重在"通经致用",语

---

① 刘焕辉.语言动态研究与交际语言学问题[J].中国社会科学,1991,(4).

言和语言学的意识较模糊;后者注重语言的历史演变,是专门研究语言的。索绪尔主张同质语言观,坚持"纯一性""封闭性""自主性""框架性"等语言研究方法,注重语言结构系统内部的横向(共时)静态研究。作为结构主义分支的布拉格学派已经开始关注语言的功能和文化方面,认为语言既然是在一定的社会中产生、存在和发展,研究语言系统就应该考虑它和文化社会的联系。布拉格学派马泰休斯提出了主题和述题的概念,这种区分是根据话语在交际中的目的,是语言的功能分析范例之一,后发展成为话语语言学。英国伦敦学派的开创者布劳尼斯拉夫·马林诺夫斯基(Bronislaw Malinowski)、约翰·鲁伯特·弗斯(John Rupert Firth)主张研究语言需要研究整个语言行为,即把语言和说话者的社会特征、行为事件的性质、行为产生的效果联系起来。后来,法国语言学家特斯尼埃的"从属关系"语法和"配价"语法①,罗德·卡茨(Jerrold J. Katz)的语义研究,乔姆斯基的标准理论,菲尔墨的"格"语法,莱考夫的生成语义学等把语言研究意义范围不断扩大,这也是潜在的异质转向,因为意义是异质的,背后连接着整个文化世界。

语言的动态研究直接促进了语用学、心理语言学、社会语言学、篇章语言学等新兴学科的建立与发展。20世纪30年代,语用学这个术语由美国逻辑学家查里斯·莫里斯(Charles W. Morris)在《符号理论基础》(1938)中提出,把符号学分成句法学(syntactics)、语义学(semantics)和语用学(pragmatics),分别研究符号与符号之间的关系、符号与所指事物之间的关系、符号与使用者之间的关系。50年代初至60年代末,英国哲学家约翰·奥斯汀(John L. Austin)提出了言语行为理论,将句子分为表述句(constatives)和施为句(performatives),前者在于陈述或描述某一事实(以言指事),后者在于完成一种行为(以言行事)。进而他又把一个完整的言语行为分为言内行为(locutionary act)、言外行为(illocutionary act)和言后行为(perlocutionary act),其中言外行为又分为裁断行为(verdictives)、行使权力行为(exercitives)、承诺行为(commissives)、表态行为(behabitives)和阐发行为(expositives),这五种行为被称为言外之力(illocutionary forces)。奥斯汀的学生美国哲学家约翰·塞尔(John R. Searle)完善和发展了言语行为理论,提出了间接言语行为(indirect speech acts)。埃贝尔·格赖斯(Hebert P. Grice)提出"会话含意"(conversational implicature)说,并在《逻辑与会话》(1975)提出了用来解释会话含意的合作原则,包括数量准则(提供适量的原则)、质量准则(尽量讲真话)、关系准则(说话内容切题)和方式准则(表达清楚明了)。进入70年代,《语用学杂志》在荷兰正式出版发行,标志着语用学成为一门新兴学科,确定了研究对象、研究范围和研究方法。研究对象是话语,要联系言语情景(speech situation)才能理解其意义;斯蒂芬·列文森(Stephen C. Levinson)将研究范围归纳为指示语(deixis)、会话含意(conversational implicature)、前提(presupposition)、言语行为(speech acts)和会话结构(conversational structure);采用综合的方法对语言的形式和功能的关系给以解释,分为三种类型:纯语用学(pure pragmatics)、描写语用学(descriptive pragmatics)和应用语用学(applied pragmatics)。杰弗里·利奇(Geoffrey N. Leech)《语用学原则》总结了语用学研究的理论和

① 荷兰语言学家阿尔然·格罗特(Arjan W. de Groot)早在1949年《结构句法》一书中就使用了配价这一概念,而且还描述了建立在配价概念基础上的句法体系。因受荷兰语之限,鲜为人知,倒是特斯尼埃的配价语法产生了广泛的影响。

方法问题①。

20 世纪 60 年代,社会语言学作为一门独立的学科诞生,关注语言变异现象,主张语言的性质和语言组织文化经验活动有密切关系。威廉·拉波夫(William Labov)对纽约市百货公司(r)的社会分层,即对 floor、fourth 一类词中是否把(r)发出来的情况进行了调查。结果发现,是否发(r)音跟社会分层有关,还与说话正式程度有关。这样拉波夫将语言变项和社会变项及其风格变项联系起来。社会语言学关注语言结构变异的研究、社会环境和言语行为关系的研究、语言状况的研究、双语(多语)和双言(多言)现象的研究、语言规划和语言政策的研究等,促动了人们对言语现象的研究。

50 年代,美国语言学家哈里斯提出语篇分析(Discourse Analysis),提出要在句子以外继续进行描写分析,把语言研究同文化联系起来。70 年代后托恩·范·戴克(Teun A. Van Dijk),利奇,格赖斯,布朗(P. Brown),列文森等运用语义学、语用学、心理学、社会学等方面的理论研究语篇,发表了许多重要的论著,如《话语语法的若干问题》(Some Aspects of Text Grammar,1972)、《宏观结构》(Macrostructures,1980)、《语篇语用研究》(Studies in the Pragmatics of Discourse,1981)等。德国语言学者苑因里希(H. Weinrich)提出篇章语言学(Textlinguistik),此后篇章语言学逐渐形成起来,并有了较快的发展,突破了传统句法在研究对象(句子的静态结构、单个的句子等)、研究方法(从形式到内容)等方面的局限。篇章语言学主要研究领域包括篇章语用学、篇章语义学和篇章语法学,具体参见刘鸿绅(1987)②。

中国语言学从 20 世纪 70 年代末才开始语言的动态研究,充分结合社会语境,从语义、语用、社会、文化等角度解释语言现象。第一,在语用学方面。文炼、胡附的《汉语语序研究中的几个问题》(《中国语文》,1984 年第 3 期)提出了语法、语义、语用三平面相结合的设想;随后胡裕树、范晓的《试论语法研究的三个平面》(《新疆师范大学学报(社科版)》,1985 年第 2 期)专门讨论了“三平面”的析句方法,使之影响日益扩大。范开泰的《语用分析说略》(《中国语文》,1985 年第 6 期)举例说明了语用分析对汉语语法研究的意义。王维贤的《现代汉语的句法结构、语义结构和语用结构》(《语文导报》,1987 年第 7、8 期)、《句法分析的三个平面与深层结构》(《语文研究》,1991 年第 4 期)确认了“三平面”的地位和性质。研究认为,语用平面侧重于对语法进行动态的分析。把“句法语义”结构和“语用”结构结合起来研究,正是体现了静态和动态相结合的原则。在动态的语境里,一个语义结构往往可以用多种句型或句式表达,比如“张三批评了李四”“张三把李四批评了”“李四被张三批评了”,这些句子的语义结构相同而句法格式不一样。这是因为不同的句型或句式有不同的语用价值,因此在具体言语活动中要根据语境、根据表达的需要而采用③。中国社会科学研究院语言所从 1989 年起设立“汉语运用的语用原则”课题组,运用国外语用学的原理和方法研究汉语语法和语用法,部分成果见《语用研究论集》(1994)。研究主要集中在语用法的语法化④、省略

---

①　张绍杰,杨忠.语用学的形成、确立及其发展[J].外语学刊,1990,(4).

②　刘鸿绅.篇章语言学的发展史及其研究领域(上/下)[J].国外语言学,1987,(3-4).

③　关于动态语境的体现,参见范晓.语法研究中的十大关系[A].马庆株.语法研究入门[C].北京:商务印书馆,1999:137.

④　语法(句法)是语用法约定俗成或“凝固化”的结果,因此,对语用法如何“语法化”的过程开始有所研究。

和隐含现象、汉语歧义句、语用否定等方面①。第二,在篇章语言学方面。胡壮麟的《汉语的衔接》(1981)是最早的用现代篇章语言学理论、方法分析汉语篇章问题的著作。廖秋忠的《现代汉语篇章中的连接成分》(《中国语文》,1986 年第 6 期)发表之后越来越多的从事汉语语法研究的学者投身到汉语篇章分析的研究中来②。第三,在社会语言学方面。陈原的《社会语言学》(1983)标志着中国社会语言学的诞生。陈建民的《中国语言与中国社会》(1999),游汝杰、周振鹤的《方言与中国文化》(1986),周庆生的《语言与人类:中华民族社会语言透视》(2000),邹嘉彦、游汝杰的《汉语与华人社会》(2001)四部综合性研究论著,或多或少都受到罗常培《语言与文化》(1989)的影响。中国社会语言学的主要研究领域在于语言生活状况、语言变异和变体(包括行业变体、法律语言、广告语言、网络语言、委婉语和称谓语等词汇变体)、语言与文化、语言接触、双语双方言、语码转换、移民语言、濒危语言、言语交际和语言规划等方面③。以上这些研究体现了中国语言学界在静态与动态相结合的研究成果。

　　下面举两例来说明。语用原则对句法、语义、语用三个平面的语言现象可以作出统一的解释。沈家煊(1995)④列举了单极词(polarity words)的句法、语义和语用表现:

(34) a. ﹡一字识　　﹡一次去过　　﹡一天休息　　﹡一动动

　　　 b. ﹡见一个,不爱一个　　﹡有一件不交待一件　　﹡一天没有一天的事情

(35) a. #再大的困难他也不能克服　　　　#最贵的我也买不起

　　　 b. #再漂亮的衣服穿在她身上也会好看　　#最简单的题他也会做

(36) a. △连他的敌人也不会佩服他　　　　　△连老婆他也没输掉

　　　 b. △连看电影也有兴趣　　　　　　　△就算你请我坐汽车去,我也去

　　若正极词用在否定句,或负极词用在肯定句(称为"正负颠倒"),结果出现以上三种情形:例(34)不合句法,例(35)不合原来的语义,例(36)不合语用法。这些现象如何解释?涉及"语用等级"(pragmatic scale),借鉴福科尼耶(G. Fauconnier,1975,1979)⑤,以重量为例说明:张三能举起 X1,在不需其他信息的情况下,按照这个等级(X2 比 X1 轻)我们就能得出,张三也能举起 X2。当然,这不是逻辑上的蕴涵关系(logical implication),因为完全有可能,X2 比 X1 轻,但 X2 比 X1 难举起(由于形状、大小等原因)。因此"张三能举起 X2"属于语用平面的"蕴涵"(implicature),不属于语义平面的蕴涵(implication)⑥。语用原则表述如下:

　　用 R(x)表示一个命题,如"张三能举起 x"。对一个句子表达的命题 R(x)而言,如果它

────────────

　　①　关于语用学在中国的发展,参见沈家煊.我国的语用学研究[J].外语教学与研究,1996,(1).

　　②　郑贵友.汉语篇章分析的兴起与发展[J].汉语学习,2005,(5).

　　③　中国社会语言学的发展情况,参见周庆生.中国社会语言学研究述略[J].语言文字应用,2010,(4);赵蓉晖.最近十年的中国社会语言学[J].新疆大学学报(哲学·人文社会科学版),2005,(3).

　　④　沈家煊.正负颠倒和语用等级[A].中国语文杂志社.语法研究和探索[C].1995,(7):237-244.

　　⑤　Fauconnier, G. *Polarity and the Scale Principle*[A]. In R. Grossman, et al. (eds.). *Papers from the 11th Regional Meeting*[C]. Chicago: Chicago Linguistic Society, 1975:188-199; Fauconnier, G. *Implication Reversal in Natural Language* [A]. In F. Guenthner & S. J. Schmidt (eds.). *Formal Semantics and Pragmatics for Natural Languages*[C]. Dordrecht: Reidel Publishing Company, 1979:289-302.

　　⑥　语用蕴涵与语义蕴涵参见沈家煊.语用学和语义学的分界[J].外语教学与研究,1990,(2).

能与一个语用等级(…x1,x2…)相联系,其中x2高于x1,m为等级的最低点,那么,对任何x而言:

i. R(m)=>∀xR(x)(∀x表示x的全称量,=>表示"衍推")

这个式子的含义是:张三能举起最重的东西=>张三能举起一切重物。句子由肯定变为否定,语用等级的方向要颠倒过来,最低点m变为最高点M("～"是否定词):

ii. ～R(M)=>∀x～R(x)

这个式子的含义是:张三举不动最轻的东西=>张三举不动任何重物。

如果用M代替(i)中的m,或用m代替(ii)中的M,句子都不会得出全称或周遍的意思:"张三能举起最轻的东西"并不隐含"张三能举起一切重物","张三举不动最重的东西"也不隐含"张三举不动任何重物"。

正极词用于肯定句,负极词用于否定词。以上解释用于一般的简单陈述句中。但在特定的语境里不一定如此,如用于"我不相信……""假设小句""比较句""疑问句"等。例(37)是用于"我不相信"的句中,例(38)用于假设小句中,石毓智(1992)[①]将假设句、条件句、疑问句等统称"虚拟句",它们在单极词的使用上跟"现实句"(陈述句)相对立。

(37) *张三会见一个不爱一个(不合语法)

　　　这么好的东西我就不信他会见一个不爱一个(周遍义)

　　　#最简单的题张三就会做(无周遍义)

　　　我就不信最简单的题他就会做(周遍义)

　　　△(连)乔姆斯基本人也懂GB理论(不含语用法)

　　　我就不信乔姆斯基本人就懂GB理论(周遍义)

(38) *保质期内坏一个不换一个(不合语法)

　　　假如保质期内坏一个换一个,可以投诉消费者协会(周遍义)

　　　#最便宜的他买得起(无周遍义)

　　　要是最便宜的他买得起的话我就不姓王(周遍义)

　　　△他(甚至)不敢拿老婆当赌注(不含语用法)

　　　这种人要是不敢拿老婆当赌注,那才怪呢(周遍义)

该文运用语用原则对肯定和否定的对称与不对称进行了解释,并且探讨了语用原则的使用语境,或者说使用的适用范围。

陈平(1991)[②]运用篇章语言学理论对汉语零形回指的使用进行了探讨。文章首先说明了几个概念:回指形式(anaphora)、回指对象(anaphor)、先行词(antecedent),以及所指对象(referent)。

(39) 唐明德$_i$惊慌地往外跑,Φ$_i$撞到一个大汉$_j$的身上。他$_i$看清了那人$_j$的眉眼,Φ$_i$认出那人$_j$是谁。

无实在语音表现的Φ、"他"以及"那人"各自代表一种回指形式,分别称为零形回指、代

① 石毓智.肯定和否定的对称与不对称[M].台北:台北学生书局,1992.
② 陈平.汉语零形回指的话语分析[A].陈平.现代语言学研究:理论·方法与事实[C].重庆:重庆出版社,1991:181-209.

词性回指和名词性回指。这些回指形式在本句中指代的事物,叫作回指对象。在上文中出现,与回指对象指称相同的事物,叫作回指对象的先行词,如"唐明德""一个大汉"。所指对象体现回指对象和先行词之间具有同一性关系的那个事物。

接下来,描述了零形回指的适用范围,包括两种情况:一是谓语动词的支配成分,如例(40);二是主谓谓语句、名词谓语句、形容词谓语句等非动词谓语句中的主语,如例(41)、例(42),先行词是上句的主语或动词宾语。

(40) 拂晓,云雾濛濛的大树林里,朱亚光$_i$不辨东南西北,Φ_i跌跌撞撞地往前挣扎着。

(41) 厉秀芳$_i$自从城里回来后,Φ_i整天心神不安。

(42) 他还有个弟弟$_i$,Φ_i当兵的。

那么,零形回指的使用条件是什么? 该文通过所指对象所处的话语结构特征来分析,并提出理论假设:所指对象的连续性对零形回指有制约作用,表现在两个方面:

一方面,话语中先行词与回指对象在各自句子中的地位,这决定了所指对象的微观连续性。先行词的启后性越强,回指对象的承前性越强,所指对象的微观连续性也就越强。当以上句的主题(用 T 表示)或者评述(用 C 表示)部分中新的信息成分的身份出现的所指对象最容易成为下句的主题,或者体现为平行推进或层继推进时,先行词的启后性最为强烈。例如:

(43) 那个人$_i$也意识到跑不脱,Φ_i只好扔掉麻袋,Φ_i原地站住,Φ_i同时战战兢兢地扭过脸来。

(44) 他$_i$必定也看见了那些老弱的车夫$_j$,Φ_j穿着薄薄的破衣$_k$,Φ_k根本抵御不住冬日的风寒。

例(43)是平行推进模式,表示为 $T_1+(C_1→C_2→C_3→C_4)$。例(44)是层继推进模式,表示为:

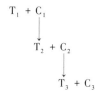

$$T_1 + C_1$$
$$\downarrow$$
$$T_2 + C_2$$
$$\downarrow$$
$$T_3 + C_3$$

图 2-4　层继推进模式

为什么出现这样的情况? 陈文如此解释:"联想到实际话语的组织过程,这种现象是不难解释的。一方面,顺着上面已经确立的主题继续说下去,对于发话人与受话人双方来讲,无疑是一种自然省力的方式;另一方面,刚刚介绍给受话人的新的信息成分很容易成为对方注意的焦点,受话人一般预期接着会得到有关该成分的进一步叙述或者描写。因此,发话人在选择评述部分的主题时,舍旧而就新,也是一种十分顺应对方心理的做法。"除以上表现外,由于话语信息结构与句法结构也存在不一致的地方。先行词除位于主语、宾语位置外,还有定语、主谓谓语句中大主语位置。例如:

(45) [祥子$_i$]的右肘很疼,Φ_i半夜也没睡着。

(46) 他$_i$右臂受过重伤,Φ_i至今都有点儿往内弯曲。

　　回指对象的承前性在语法表现手段上位于主语位置上的名词性成分一般承前性最强,位于动词宾语位置上的次之,位于其他位置上的又次之。陈平(1984)统计得出在57例零形回指中,若将所在句子中的有关参与成分按照句子的原型式样组织起来的话,零形回指对象在句子中作主语的有43例,占75.4%,作直接宾语的有11例,占19.3%,其他有3例,占5.3%。

　　另一方面,先行词所在的句子与回指对象所在的句子两者在话语结构中的联系决定了所指对象的宏观连续性。这种联系表现在句子与句子之间的线性顺序、句子与句子之间的层次关系。前者是指插入的成分越长,结构越复杂,对所指对象的连续性所造成的削弱作用就越大。例如:

　　(47) a. 天赐ᵢ被赶脚挽的上去,驴ⱼ一动,他ᵢ趴下了身。

　　　　　b. 虎妞ᵢ服下去神符,陈二奶奶ⱼ与"童儿"ₖ吃过了东西,虎妞ᵢ还是翻滚的闹。

　　例(47)中,假如用零形回指取代所有现用的回指形式,就会给读者带来理解上的困难,甚至会导致误解。后者是指连接先行词所在小句和回指对象所在小句的语式(schema,体现句子与句子在语义结构中的最基本的组织方式)在这个语义结构体中所处层次越低,所指对象的宏观连续性越强。随着所处层次的升高,宏观连续性随之减弱。例如:

　　(48) a 张大嫂ᵢ作菜,bΦᵢ端茶,cΦᵢ让客人,dΦᵢ添汤,eΦᵢ换筷子——f 老李ⱼ吃高了兴,gΦⱼ把筷子掉在地上两回——hΦᵢ自己挑肥的吃,iΦᵢ夸自己的手艺。

　　例(48)a、b、c、d、h、i句处于第一层次;在这个语义结构体中所处层次越低,所指对象的宏观连续性越强。随着所处层次的升高,宏观连续性随之减弱。f、g句为e句作了补充性的说明,是第二层次;f、g句之间构成原因关系,是第三层次;h、i句又回到原来的主题上。语式图如下所示:

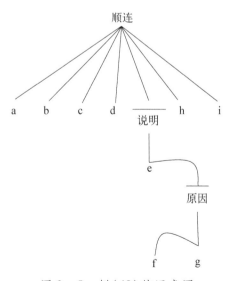

图 2-5　例(48)的语式图

　　该文通过话语的交际功能特征探讨了汉语零形回指的使用条件,具有较为客观的评判标准,联系语境进行了精细深入的分析。

（五）共时与历时的汉语研究

　　瑞士语言学家索绪尔在区分语言和言语之后，系统地提出了划分语言共时性（synchrony）与历时性（diachrony）的原则。其实，在索绪尔之前，语言学已有静态研究与历史研究的传统，前者如 17 世纪波尔·洛瓦雅尔学派的"普遍唯理语法"，力图描写路易十四时代法语的状态，但缺点是以逻辑而不是语言结构为基础；后者如 19 世纪欧洲的历史比较语言学，占据了统治地位。随着时间的推移，历史方法的局限逐渐为人们所认识。首先，历史方法过多注意语言个别语音和个别词形的原始形式，对这些个别语音和个别词形与其他语音和词形之间的相互关系考察不够。其次，语言的历史材料离我们越是久远，就越是残缺不全，而根据一些残缺不全的材料虚构原始语言形式往往会使问题简单化，并带有较多的主观随意性①。

　　索绪尔主张将语言研究的基础放在共时研究上，重新看待语言静态研究与变化研究。他认为，"共时的一切，牵涉到我们科学的静态方面，历时的一切，牵涉进化方面。名词'共时''历时'将适合于表示语言的状态和进化的阶段"。第一，索绪尔区分共时语言学和历时语言学二者的关系。"共时和历时是有独立性的又是互相依赖的，这好比把树干加以横切和纵切后所看到的情景一样，它们是一个依赖于另一个的；纵的切口表明植物构成的纤维本身，而横的切口是纤维组织的个别的平面；但是第二个切口与第一个切口不同，在纵的切口平面上要求发现纤维之间的某些关系是不可能的。"第二，索绪尔认为语言共时性和历时性的研究方法不同。"a. 共时仅仅知道一个情景，它的一切方法可以归结事实的收集。而历时语言学可以随着时间从上往下探究或从下往上追溯。b. 共时的研究只是联系到每一种语言的事实的总和；在必要的范围内达到方言和土语。恰恰相反，历时语言学不仅不需要，而且类似的专门化。认为它的要素不一定属于一种语言。这样，共时的'现象'同历时的'现象'没有任何共同之处：前者是在同一个时期内存在的要素之间的关系，后者是在时间之中一个要素为另一个要素代替。"第三，索绪尔认为共时语言学和历时语言学的研究对象不同。"共时语言学研究的是联系各同时存在并且构成系统的成分之间的逻辑的和心理的关系，这些成分是同一集体意识所感觉到的。历时语言学恰恰相反，它研究联系各个不为同一集体意识所感觉到的连续的成分间的关系，这些成分一个代替一个，互相间不构成系统。"②

　　布拉格学派马泰休斯分析了共时方法在语言研究中的作用：语言的表现功能和交际功能不可能仅凭历史的方法加以研究；一些基本的语法功能（如主语的功能、词的功能、句子的实质）的详尽分析只能借助于共时的方法；对意义的细微分析只能依靠共时的方法；对两个或数个共存的现象之间的相互关系的研究（如英语中节奏和词序的关系）只能依靠共时的方法；在对两种表达方式进行选择时，不用共时的方法就不能理解；语言特征学只能以共时的方法为基础。并对共时和历时研究采取一种辩证的态度：一方面，指出在语言研究中从共时到历时是最可靠的方法，因为只有在分析当代语言的时候，我们才能比较完整地把握材料。材料离我们越遥远，越是缺乏，凭借这些残缺的材料编撰的历史语法往往把复杂的语言

---

　　① 对历史方法的评价，引自钱军.共时与历时——布拉格学派理论研究之一［J］.外语学刊，1996，（2）.
　　② 关于索绪尔共时语言学和历时语言学的区分，引自徐思益.论语言的共时性和历时性［J］.新疆大学学报（哲学社会科学版），1980，（1）.

现象简单化了。另一方面,历史方法的拥护者不应害怕共时方法,因为共时方法揭示出的新问题又会要求用历时方法进行进一步的研究。布拉格学派推动了学界对共时与历时关系的认识①。

中国语言学界借鉴结构主义语言学的方法进行共时平面的汉语研究,取得巨大成就的语言学家主要是赵元任和朱德熙,他们都尽可能细致地描写现代汉语的口语语法,力求揭示出共时语言学的语法规则。20世纪50年代的"乔姆斯基革命"认为,语言学的主要工作不是搜集语言素材加以归纳,而是要解释语言的创造性。它揭示了结构主义语言学过分注重描写和归纳而不注重解释,这一点得到了当代语言学界的认可。90年代后,中国语言学界渐渐意识到共时的语言研究应该注意联系历时的语言研究。邵敬敏提出,"描写可以揭示规律,但是规律并不等于理论上的解释。规律可以靠经验——归纳获得,而解释则要进行创造性的联想、推测、假设和演绎才有可能获得。换言之,规律是经验的、具体的,而解释则是理性的、普遍的。解释可以是共时的,也可以是历时的"。② 同时,进行历时语言学的研究有时也要使用共时语言学的研究视角和方法,首先把语言学的历时发展分成一些有显著特征的断代时期,进行各个断代时期的共时描写和分析,再把某些要素的历时演变贯穿起来解释,这样就可以清晰地看到语言的历史发展脉络,总结出历时演变的普遍规律③。

90年代中期开始,汉语语法化(grammaticalization)研究已成为学者们关注的一个重点问题。语法化发展成为兼容历时和共时、具有多学科视角的研究焦点。语法化理论认为,语言是不断演变的,不但在历时系统中,而且在共时系统中,都存在着语言的交替和变异,因此语法化研究必须涵盖历时和共时两个系统。主要观念有④:第一,在具体研究过程中,历时和共时又是必须紧密结合的两种视角,历时演变可以解释共时现象中的难题,共时状态中的交替和变异可以解释历时研究中的问题。如石毓智、李讷(2001)认为,"语法是一个有机的整体,各个结构之间存在着相互依赖、相互制约的关系。其中某一点发生了变化,就会引起连锁反应。"⑤如回指代词"是"演化为判断词"是",判断词"是"又对汉语语法系统产生了一系列重大影响:引起先秦汉语代词倒装语序的消失和疑问代词系统的巨大变动;进一步强化了汉语的SVO语序,限制了名词直接作谓语的用法。第二,语言共时平面上的变异是语言历时演变在不同阶段不同层次的反映。如方梅(2002)利用个人收集的独白和对话两种北京话音转写材料,考察"这"和"那"在北京话共时系统中的各种用法,并得出结论:北京话中的"这"已经产生了定冠词的语法功能,作为定冠词的"这"是指示词在篇章中"认同用"进一步虚化的结果。北京话里定冠词范畴的出现不是孤立的,与这一现象平行的是数词"一"的不定冠词用法。指示词在北京话中的演变与南方方言经历了不同的途径⑥。

除此之外,词汇化(lexicalization)也成为国内外语言学界关注的焦点。语法化是从半能

---

① 对布拉格学派关于共时与历时关系的分析,引自钱军.共时与历时——布拉格学派理论研究之一[J].外语学刊,1996,(2).
② 邵敬敏.汉语语法学史稿[M].北京:商务印书馆,2006.
③ 潘志刚.索绪尔的共时语言学和历时语言学[J].求索,2009,(6).
④ 陈静.历时和共时在汉语语法化研究中的结合[J].福建论坛·人文社会科学版,2006.
⑤ 石毓智,李讷.汉语语法化的历程——形态句法发展的动因和机制[M].北京:北京大学出版社,2001:34.
⑥ 方梅.指示词"这"和"那"在北京话中的语法化[J].中国语文,2002,(4).

产到能产,词汇化的演变是从半能产到非能产。词汇化经常被用来指两种非常不同的现象:共时意义上的词汇化和历时意义上的词汇化。共时意义上的词汇化通常是指概念范畴的编码形式,如泰尔米(Talmy)(1985、2000)研究发现不同的语言对某一特定的运动事件类型所进行的词汇化方式不同,认为据此可以将语言分为具有普遍类型学意义的两种分类:卫星框架的语言和动词框架的语言。前者一个运动事件的词汇化常常是用一个同时包括"运动"和"方式"的单独的动词词根(或词位)进行表达,而且往往需要将"路径"用其他成分,如小品词或词缀等独立表示出来,后者就像卫星一样围绕前者独立运行。后者一个运动事件的词汇化经常是用一个同时包含"运动"和"路径"的独立词位,仅用一个动词就可同时表达"运动"和"路径",但表达"方式"要用其他相关形式①。但是也有学者认为这种分类并不是绝对的。历时意义上的词汇化则主要指进入词库,向词库中添加成分或不再具有语法规则的能产性,如表示"看"的 see 在一定的语境中可以被理解为"懂得/明白"并最终成为这个词的词义②。

下面举一个例子③。江蓝生(2004)④对跨层非短语结构"的话"的词汇化过程进行了深入的研究。她通过揭示这种跨层结构的演变过程和演变机制,期待可以更深刻地认识语法化现象的复杂性、多样性及其本质特征,用汉语特色的语法化现象和理论来丰富一般语法化理论。

明确研究对象。首先从语法化角度看待"的话"。语法化通常包括虚化(由有实在意义的词演变为意义空灵的语法成分的过程)和词汇化(由短语或词组逐渐凝固或变得紧凑而变为单词的过程)两个重要方面。"的话"成词是词汇化现象,而且是不在同一个句法层次上(在"X 的话"结构中,"的"属于修饰语 X 的后附成分,"话"是中心语),只是表层形式上相邻近的两个成分的组合,因此,称之为"跨层非短语结构"。

其次,从词性角度看待"的话"。按照汉语的句法规则,结构助词"的"和名词"话"根本不能结合成一个词。但是从它的句法特征和表达功能来看,它确实是一个能够独立使用的、有语法意义的最小单位,应该看作一个虚词,并将其界定为助词。

再次,从话题标记来源看待"的话"。在现代汉语共时平面上,"的话"可以分为假设助词(如"下雨的话,会议就延期到下周二"),话题标记(如"爬楼梯的话,他比我强")和停顿助词(如"今天呢,大家对我的话,进行了耐心的帮助")。

探究"的话"来源——"话"的泛化。首先通过文献梳理,发现助词"的话"在清中叶就已出现,用例主要集中在乾隆时期的白话小说《绿野仙踪》一书,共有十几处,话题标记"的话"形式多样,包括"NP 的话""VP 的话"和"至于 NP/VP 的话"等。分别例如:

(49) 萧麻子道:"苗三爷的话,我责备了他半夜,为他多嘴。……"(《绿野仙踪》57·
    454;述题小句中的第一个"他"回指话题)

————————————

① Talmy, L. *Lexicalization Patterns: Semantic Structure in Lexical Forms*[A]. In T. Shopen (ed.). *Language Typology and Syntactic Description*, Vol. Ⅲ, *Grammatical Categories and the Lexicon*[C]. Cambridge: Cambridge University Press, 1985: 57–149; Talmy, L. *Toward a Cognitive Semantics*[M]. Cambridge, MA: The MIT Press, 2000.

② 刘红妮.词汇化与语法化[J].当代语言学,2010,(1).

③ 这个案例分析由上海财经大学卢惠惠老师完成。

④ 江蓝生.跨层非短语结构"的话"的词汇化[J].中国语文,2004,(5).

（50）内中有几个道："他如今四面添了巡逻,日夜稽查,投降的话,断断不能。……"（《绿野仙踪》34·265;此言"投降,断断不能"）

（51）（周琏）道："这有什么不依,便与他终生不见面,何妨? 至于我父母的话,我一力担承。家中上下,有一个敢藐视你,你只和我说。"（《绿野仙踪》87·718）

仅从以上例子还很难看出它演变为助词的诱因和过程,为此需要对"话"的词义变化以及这个时代与"的话"相关的句法结构进行全面的考察。

其次,梳理了"话"泛化为指代义的演变过程。"话"是个名词,最基本的意义是"话语";到了唐代又特指"说唱的故事";到了金元明戏曲作品和明清白话小说中,"话"产生了一种新的用法,指代不便或不愿明说的人、事或物。分别例如:

（52）多是那话儿见我们在此,想躲在黑暗里去了。（明王铃《春芜记·阻遇》,指宋玉）

（53）骨查腊收泪看时,巴恍龙两手攀拳,双眸紧闭,眼见的那话儿了。（《禅真后史》29回,指人将死）

（54）你去,你去,我知道了。说的那话儿,早早的送将来。（《闹铜台》三折王太守白,指银两）

这种用法最初是为了隐晦表达的需要而产生的,后来其指代义不断泛化。正是"话"的泛化指代性使它可以比较便利地在短语或小句后面充当被饰成分。江先生还探讨了"VP/NP 的话""把 VP/NP 的话说了一遍""说 NP/VP 的话"等中"话"的意义。例如:

（55）凤姐笑道："怨不得你不懂,这是四五门子的话呢!"（《红楼梦》27回,指掌故）

（56）李逵却把夜来同娘到岭上要水吃,因此杀死大虫的话,说了一遍。（《水浒传》43回）

例（55）"话"在"VP/NP 的话"这种格式中意义虚泛,已基本不指代具体的人或物,仅指代事情、情况或抽象的话题等。例（56）"VP/NP 的话"短语是"说"的受事,"说"义动词必带补语,"话"指代有定的情况、情节。由例（52）~例（56）"话"产生出了指代义:在实际话语交际中"说话"其实就是说有关的人、事、物,在一定的语境里,所说的"话"指某人,在另一语境中,"话"指某事或某物,于是通过这种转喻性的语用推理,名词"话"产生出了指代义。

（57）薛姨妈感激不尽,说了些薛蟠的话。（《红楼梦》97回）

（58）伯爵道："休说五两的话,要我手段,五两银子要不了你的……"（《金瓶梅》45回,不要说给五两银子）

（59）两人吃着酒,段祥又问起那妇人的话,于冰备细说了一遍。（《绿野仙踪》8回,问起那妇人,不是问妇人说的话）

（60）一家子骨肉,说什么年轻不年轻的话。（《红楼梦》11回,说什么年轻不年轻）

例（57）~例（60）"说"代表跟说话义有关的动词,如"讲、提、商议、问"等。例（60）"VP/NP 的话"是"说"义动词的宾语,"话"是中心语,仍有"话题"义,"说……的话"就是"说跟……有关的话题";例（58）~例（60）修饰语"NP/VP"就是中心语"话"的内容,二者具有同一性,"说 NP/VP 的话"就相当于"说 NP/VP","的话"近似于一个羡余成分,去掉它对句式也没有什么影响。由于语义重心前移,短语内部结构关系发生了由"说……话"向"说 NP/VP"变化的趋势。这使得"说"义动词的语义指向发生了变化:由明确指向中心语"话",变为侧重指向修饰语，即修饰语"NP/VP"有变为"说"义动词宾语的倾向，这样原来的中心语"话"就容易被架空；语义重心前移，引发结构关系的变动，"的"由后附于 NP/VP 变为前附于"话"，在语音上"的话"也发生了轻读现象。这些变化，都为"的话"演变为后附的话题标记提供了前提。

　　探究"的话"的来源——省略与移位。前面说明"说 NP/VP 的话"短语提供了"的话"语义虚化、结构关系变动的初始条件。但在"说……话"框架的背景下，"的话"的进一步虚化受到"说"义动词的制约，要彻底演变为助词必须跳出该框架，位移至主语或条件分句的位置上才能完成质的飞跃。省略、移位是话题标记"的话"产生的机制。例如：

　　（61）打开板壁讲亮话，这事一些半些，几十两银子的话，横竖作不来。（《儒林外史》）

　　采用还原的方法说明此话题句，如果"说几十两银子的话，横竖作不来"，"几十两银子"是"话"的内容，"说几十两银子的话"在语义上就是"说几十两银子"，所以"的话"变得羡余，当省去"说"，并把"几十两银子的话"置于句首时，"的话"就被重新分析为后附的话题标记。据此，作者进行了"NP 的话"话题句产生的推导：

表 2-2　　"NP 的话"话题句的推导

说 NP 的话	NP 的话……说	NP 的话
休说五两的话（《金》）	#五两的话休说	#五两的话，根本用不了

　　这说明 NP 与"话"的同一性是"的话"语法化的诱因，而省略和移位是"的话"演变成为话题标记的重要机制。

　　（62）（于冰道）生子的话，就在下月，定产麟儿。（《绿野仙踪》70·558）

　　例（62）"生子的话"既可理解为"生子的年头"，也可理解为话题小句。"问生子的话"的话题化就是省略"问"，并把"生子的话"移至句首完成。

　　"至于 NP/VP 的话"话题句（如"至于刚才说的遮羞钱的话/事""至于你说的凑办厚礼的话/事"等）深层隐含着"说……的话"结构框架，当表层省略了"说"义动词，"NP/VP"与"话"有同一性时，"的话"就容易演变为并非必要的后附成分。

　　综上所述，作助词的"的话"都产生于话题成分 NP/VP 的末尾，这说明"的话"最初、最本质的功能是作话题标记。它的产生需要两个必不可少的条件，一个是语义上的，一个是句法位置上的：

　　第一，在"说 NP/VP 的话"动宾短语中，"NP/VP"就是"话"的内容，二者具有同一性，在语义上"说 NP/VP 的话"可理解为"说 NP/VP"；

　　第二，"NP/VP 的话"短语摆脱"说"义动词的支配，移位到句首作话题主语，"话"的词义进一步虚化，"NP/VP 的话"在语义上就相当于"NP/VP"。

　　"的话"的功能扩展。"的话"在现代汉语里更经常用作假设语气助词，这是由话题标记"的话"功能的扩大而来的。在《小额》中，助词"的话"既充当话题标记，又兼作假设助词，还作一般的停顿助词，其作话题标记的用法也较《绿野仙踪》有所发展。例如：

　　（63）皆因是昨儿个的话呀，我们连大兄弟，跟您家里的老爷子，他们老爷儿俩抬了两句

杠。("昨儿个的话"标明事件发生的时间,是外围性的场景话题)

（64）要说办这些个事的话,火纸捻儿比号筒,你差的粗呢。

（65）别说这点儿事,不怕您过意的话,三头六臂,红黄带子,霹雳立闪的事情,这个兄弟都了过。赏脸不赏脸的话,给我们一句干脆的话。

（66）您有药好极了,您这也是为救人。药钱多少的话,您自管说。

这些例子中"的话"作为话题标记发展了。例(63)NP 是时间词;例(64)"要说"作用在于用词汇手段在交谈中预设话题,引出话头,而不是提出一种假设;例(65)"VP 不 VP 的话"形式上为名词短语,语义上跟"VP 不 VP"相同,名词短语更适合作话题主语,所以"的话"没有脱落;例(66)是过渡阶段的特指问话题句,更让我们看清了话题标记"的话"跟"说……的话"结构在来源上的联系。

当用于"要是/要 VP 的话","的话"作假设助词。例如:

（67）要是不见效的话,让您孙子给您送信去。

（68）只要我好啦的话,加倍的必有人心。

"要是、要"是假设义连词,"只要"是表示必要条件的连词。跟"说"或"要说"不同,"要"和"要是"跟名词"话"没有直接的语义和结构联系,它不可能提供非短语结构"的话"语法化的初始语境,因此助词"的话"不可能产生于"要/要是 X"假设分句。

"的话"还用于称谓名词称呼句后面,作停顿助词。例如:

（69）好善哥的话,就说这件事,跟您说句外话,黄雀儿的母子,很算不了麻儿。

作者还说明了"的话"为什么由话题句扩展到假设句的用法。她认为话题标记与假设助词向来是通用的,话题是预设的说明对象,而假设是以一个虚拟的条件为话题,二者之间具有本质上的相似性。

问题讨论与思考。首先通过比对前人研究进一步说明自己观点的合理性。文章认为"的话"的词汇化过程与朱先生的两点推测不谋而合:"的话"产生于"说 VP 的话"短语,"的话"的语法化跟摆脱了动词"说"有关。徐烈炯、刘丹青（1998）认为"的话"与话题有关[①],也是颇有见地的。但这些研究只是简略的推测,并没有对"的话"的产生进行系统详尽的考察和讨论。张谊生（2001）用语境吸收来解释助词"的话"的产生,如"若信了人家的话,不但姑娘一辈子受了苦,便是琏二爷回来怎么说呢?（《红楼梦》118 回）",这类句子有两种理解:若信了人家说的话,倘若相信了人家,认为"若信了人家说的话"就等于"倘若相信了人家"。由于句式义所起的作用,"的话"的字面义已经成了羡余。随着此类句式的一再使用,"的话"不断地吸收假设句的句式义,终于变成了一个协助表示假设的助词[②]。对于这一解释,作者认为,根据上下文语境,"平儿的话""人家的话"都是典型的领属关系,其中的"话"指话语,没有歧义,看不出语法化的条件,并提出最好选择那些能够反映语法化渐进过程的歧解句,才更有助于捕捉语法化的信息。

其次,进一步对比了"时"和"的话"的语法化路径。"时"自始至终是在一种句型即时间

---

① 徐烈炯,刘丹青.话题的结构与功能[M].上海:上海教育出版社,1998:208.
② 张谊生.说"的话"[J].现代中国语研究,2001,(2).

条件句中虚化并演变为助词的,而"的话"却是在两种不同的句法位置上完成其语法化的,即先是由动宾短语"说NP/VP的话"引发"话"义的弱化、虚化,使"话"变成具有泛指义的被饰成分(有点儿像"者"),然后名词短语脱离原结构中"说"义动词的支配和影响,由宾语转成主语,在新的主语句中取得话题标记的身份。

再次,进一步说明了"说"义动词与假设范畴的关联。由于假设范畴与话题范畴的同质性,"说"义动词也经常用于假设范畴。汉语中凡是有设定义的连词后面都可以加上"说",比如"如果说、假使说、即使说、只要说、除非说、虽然说、既然说"等。

最后,讨论了省略和添加之间的关系。实际话语中省略现象比比皆是。也有添加的现象,例如:

(70)尤老娘笑道:"咱们都是至亲骨肉,说那里的话。"(《红楼梦》64回)

"说那里的话"则是在"那里的话"前添加了动词"说",显然这是由"的话"逆向粘带出来的,这是因为明清白话小说中"说……的话"格式使用频率极高,作为一种认知框架,在人们的心理上具有很强的现实性,以至于人们往往不自觉地或者在"说NP/VP"之后补上"的话"煞尾,或者在"NP/VP的话"前面补出"说"义动词来,即便这个"的话"或"说"未必是句子或短语的必要成分。

结语。总结了该文的一些新事实、方法和观点。第一,不仅实词可以虚化,短语可以词汇化,语段可以结构化,而且在一定的条件下,跨层次的非短语结构也可能演变为一个虚词。第二,考察一个结构的语法化,有时仅做静态的结构和语义分析还不够,还需要从语用角度在话语范围内做动态的研究。第三,"话"是个特殊名词,它跟"话题"有直接的语义联系,并通过转喻性的语用推理产生指代义,这种指代义的泛化、虚化促使"说NP/VP的话"短语的语义关系和结构关系发生变化,这正是话题标记"的话"产生的直接诱因。

(六)定性与定量的汉语研究

定性和定量是对研究方法而言的。以往的语言研究多采用定性的方法,因为结构主义的描写方法脱胎于人类语言学,而人类语言学使用的基本上是人类学和社会学的定性研究方法。定性方法趋向于运用访问、观察和文献法收集资料,凭借分析者的直觉、经验以及搜集到的最新信息资料,对分析对象的性质、特点等作出判断的一种方法,对研究对象进行"质"方面的分析,对获得的材料辨别真伪,由表及里,从而达到认识事物的本质。定性方法最主要的特征是自然观察,它强调全面的观点,对语言系统和语言结构的不同部分、不同因素、不同层面进行描写、比较和分析,从而找出共同性和规律性。客观地讲,定性的方法对语言研究所起的作用是积极的,尤其是对母语的研究,在一定程度上可以依赖我们对母语的直觉观察来进行思考,提出理论模型。但问题在于用这种方法研究的结果往往难以令人信服,因为研究者使用的是简单的思辨性的方法,随机性大,而在对非母语进行描述性和实验性研究时,数据是至关重要的,所以,定性的方法必须通过定量的方法加以补充和完善①。

"和定性的方法不同,定量方法观察的是数字,所以在某种意义上说,定量方法也就是数

---

① 王铭玉.21世纪语言学的八大发展趋势(下)[J].解放军外国语学院学报,1999,(6).

学化和计算机化,这是现代科技发展的一个重要趋势。"①定量方法非常注意两个或更多的变量之间的相互关系(如因果关系、相似性关系、差异性关系等),而要在纷繁复杂的语言现象中去控制和把握各种变量,只有采取实验的途径,并且要把实验数据用统计的方法来分析和推断。因此,准确地说,定量方法意味着实验方法和统计方法的侧重或结合。实验方法的主要原理是抽样的原理、控制的原理、有效性的原理和无差别假设的原理。目前,应用语言学、心理语言学和认知语言学较多地采用这种方法。统计方法是定量分析的基础方法,研究者要么运用描写统计方法,即通过有关的量度来描写和归纳数据,如计算语言学就经常使用概率统计的方法来进行自然语言的处理;要么运用推断统计方法,即根据对部分数据的观察来概括它所代表的总体的特征,如文体学就是运用这种方法建立语料库,实现对文体特征的分析与概括。用到数字的研究并不一定都是定量型研究。定量型研究有专门的含义,包括以下三个方面:首先,定量型研究的目的一般来说是假说检验,即研究必定设有一个或多个假说,预测两个或多个变量之间的联系或因果关系,然后加以验证。因此,定量型研究常用于解释。其次,定量型研究运用严谨的、程序化的数据采集技术,如实验、调查、测试、内容分析。再次,定量型研究要用到专门的统计学技术,不仅做一般常见的描述性统计,如频数、平均数、百分数、百分比等,还要做复杂的统计分析,如相关系数、方差分析。更高级的分析包括各种统计检验,尤其是用于假说检验的统计方法。

　　总之,依靠定性分析和依赖数据的定量分析是相辅相成的,二者的综合运用可以为我们探究同一语言现象提供互相引证的可能,从而提高研究成果的信度和效度,使语言学真正实现科学化②。苏新春认为,在语言研究的历史中,曾出现过经验与哲理、归纳派与演绎派的对立,这就是人们在谈论语言研究时通常会说到的定量研究与定性研究的对立。其实,进一步探求会发现二者并不是对立存在的,而是共同在一个完整的研究过程中的不同环节、不同过程中起着重要作用,互为支持与印证。计量研究又是定性研究所必不可少的重要组成部分③。赵家祥等认为"定性是定量的基础,定量是定性的精确化"④。李鹏德(2013)将定性研究和定量研究的关系表示如下⑤:

定性₁(前提)→定量→定性₂(结论)

图2-6　定性与定量的关系

　　近年来,随着信息技术和统计方法的迅速发展,定量研究方法得到迅速推广,获得了公认的学术地位,"用数据说话"已成为学术界的时尚。应该说,定量研究方法的广泛运用对于深化研究是大有裨益的⑥。该方法兴盛的一个主要原因,它体现了现代人们所推崇的科学精神:世界上一切事物不依赖人的主观意志而存在,是可以被认识的;它们的各种特征都表现

　　①　桂诗春,宁春岩.语言学研究方法[J].外语教学与研究,1997,(3).
　　②　关于定性和定量的综合,参见王铭玉.21世纪语言学的八大发展趋势(下)[J].解放军外国语学院学报,1999,(6);严辰松.谈语言学和应用语言学中的定量型研究方法[J].解放军外国语学院学报,2001,(5).
　　③　苏新春.词汇计量及实现[M].北京:商务印书馆,2010:9-11.
　　④　赵家祥,聂锦芳,张立波.马克思主义哲学教程[M].北京:北京大学出版社,2011:159.
　　⑤　李德鹏.定量研究的反思与重构——以语言学为例[J].社会科学研究,2013,(3).
　　⑥　朱佩娴."定量研究"需三思[N].人民日报,2011-9-15.

为一定的量,所以,定量的方法是认识事物的科学方法①。郭锡良(1986)指出如果不作定量分析,就很难把握住汉语诸要素在各历史时期的性质及其数量界限。我们的断代描写和历时研究也必然要陷在朦胧模糊的印象之中。从随意引证到定量分析,是古汉语研究为走向科学化而迈出的重要一步②。唐钰明(1991)认为定量方法对研究共时的语言现象意义重大,对研究历时的语言现象也同样重要。我们若能在频率、频度的基础上进一步展现某种历时现象的频度链,那么对揭示这种现象发生、发展和消亡的历史层次就有重大的意义③。苏新春(2010)认为几千年来汉语词汇的研究传统,都是以具体词语的词义为主要对象,以考释为主要目的,以研究者的主观感悟为主要手段。到现代,虽然重视了对词汇整体的理论属性的探讨,逐渐摆脱了专注于具体词义的考释性研究的旧格局,但在研究手段上却一直没有大的改变,靠的仍是研究者个人的语感,或个人所熟悉的那一部分语料。因此,定量研究方法的引进与推广,在当代词汇研究中有着重要的革新意义④。

对语言学来说,"数据"指的是语料,或有关语言结构或使用的统计数字。根据华莱士·切夫(Wallace L. Chafe,1994)的分析,语料的种类和采集方式可从两个方面进行分析:一是所采集的语料是来自大众(public),还是来自个人(private);二是语料经由操纵获得(manipulated)还是自然发生(natural)⑤。由操纵获取语料的方法包括实验和诱导。实验是心理语言学、社会语言学、语言习得等研究中常用的方法;诱导是在采集土著语言样本时使用的方法(通常是找到通晓英语的土著居民,让他把研究者事先拟定的英语句子译成自己的文)。两者都是语料提供者在研究者的操纵下说出或写出语料。以个人方式采集语料即研究者凭着对本族语的直觉自己拟定语料。所谓自然发生的语料是指实际使用的口语或笔语,前者可在当事人不觉察的情况下用录音机录下,后者可从书面材料中广泛收集。人类学和语料库语言学采集的是自然发生的语料⑥。

随着转换生成语法传入中国,西方不少语言理论都能在中国找到借鉴者,因此对语料的看法也就有了分歧⑦。一种是对真实语料不大以为然。"传统语法的规矩是看到、听到才算数,要到L的使用者实际说出或写出的话语中找例句,注明出处,以取信于人。直到现在,这还是中国大陆汉语界的标准模式。……从乔姆斯基转换生成学派开始,除了中国大陆汉语界以外,在其他地区的现代语法学派的论著中,例句注明出于某书某页的作法已经绝迹。"⑧另一种认为只有大量语料支持的观点才是可信的。不过,在提取语料的方法上存在一定差异。萧国政(1994)认为,研究现代汉语语法目前存在三种语料观:一是采用普通话的共核语料观,二是以北京口语为代表的基础观,三是未经规范化筛选过的原始语言材料的真实文本观⑨。苏新春(2001)提出语料要有代表性、典型性、封闭性,语料标注要有多角度与周遍

①　刘源.现代汉语词表[M].北京:中国标准出版社,1984.
②　郭锡良.1985年的古汉语研究[J].中国语文,1986,(3).
③　唐钰明.定量方法与古文字资料的词汇语法研究[J].海南师范学院学报,1991,(4).
④　苏新春.词汇计量及实现[M].北京:商务印书馆,2010:9.
⑤　Chafe, Wallace. *Discourse, Consciousness, and Time*[M]. Chicago:University of Chicago Press, 1994.
⑥　严辰松.谈语言学和应用语言学中的定量型研究方法[J].解放军外国语学院学报,2001,(5).
⑦　杨海明.语料库语言学与形式主义、功能主义[J].重庆教育学院学报,1998,(4).
⑧　杨成凯.语用学理论基础研究[A].杨成凯.语用研究论集[C].北京:北京语言学院出版社,1994.
⑨　萧国政.现代汉语语法研究的语料对象及语料提取[J].华中师大学报,1994,(2).

性,切入语料的角度要准,理论融入定量分析的全过程。其中,周遍性就是同一种标注要覆盖所有的语料,无论是有或无,或有的不同级别,都要加以标示,这样才能使语料库处理起来更为便捷、准确。定量研究中的语料选取、语料标注、量化分析,每一个环节都要依靠理论的指导,才会使定量研究获得生命力①。在有了语料建立理论框架或是在一定的理论框架下提取什么样的语料来作出结论的情况下,即依据什么样的语料与建立什么样的理论体系之间作选择,语料的质量决定了理论的可靠程度。

近年来,语料库语言学逐步崛起,作为典型的定量型研究方法,它以大量的自然产生的语料为对象,用统计学技术加定性分析方法描述语言的结构和用法,几乎可以应用于语言研究所有的领域,如词汇、语法、语篇、语言变异、文体学、历史语言学等。中国语言学界80年代以来,也越来越关注定量型研究。这也是对"例不十,不立法"传统的继承和光大。"让材料说话"是汉语言学界特有的求实之风,在20世纪中前期,它一直是对汉语研究者最具影响力的因素之一。王力把"例不十,不立法"作为汉语史研究的基本原则,认为"所谓区别一般和特殊,那是辩证法的原理之一。这里我们指的是黎锦熙所谓的'例不十,不立法'。我们还要补充一句,就是'例外不十,法不破'"②。不以孤证立论,根据语料的多少立论,这是汉语研究中最朴素的量的观念。80年代,词汇学中以专书研究为计量研究崛起的主要标志,如何乐士《史记》研究,张双棣《吕氏春秋》研究,毛远明《左传》研究等③。

不同类型的定量研究有着不同的适用范围,也有着不同的特点与短处。实验方法中人为的作用太强,人工影响难以除掉,这就难免会影响到数值关系的客观性。如加权是统计分析中常用的一种方法,汉语学界在进行方言之间相似度的研究中就对此有过截然不同的看法。"我们主张不加权。方言定量研究结果应该是客观性的。如果加权,势必使结果带有主观性。方言内部各种特征的地位在定量研究中应该相等。"④有的则主张加权:"在一种方言里,有的词汇常用,有的不常用,使用频率不同的词汇对于方言之间的词汇接近率的重要性是不同的。换句话说,词频对词汇接近率的计量统计应该是很重要的参数。所以我们将以词频为基础的词汇组组频率作为权数。……单音节词中的语素负载这个词的全部语义和信息,语素重要性自然最大,权数也自然最大。"⑤这些争论说明:任何一种具体的定量方式,要想绝对的完美是很难的,总会或多或少带有这样那样的局限,或来自客观,或来自主观,或来自过程,或来自方法。因此,要想其中的一种方法绝对地超乎其他,是不可能的。

中国语言学界多开展定性与定量相结合的汉语研究,同时,定量型研究也越来越受到关注。下面以邵敬敏、朱彦(2002)⑥为例说明定性与定量相结合的汉语语法研究。

文章首先从正反问句的语义倾向开始,一般来说,肯定与否定应该各占百分之五十,如

① 苏新春.汉语词汇定量研究的运用及其特点——兼谈《语言学方法论》的定量研究观[J].厦门大学学报(哲学社会科学版),2001,(4).
② 王力.汉语史稿(上册)[M].北京:中华书局,1980:19.
③ 何乐士.《史记》语法特点研究[A].程湘清.两汉汉语研究[C].济南:山东教育出版社,1984;张双棣.《吕氏春秋》词汇研究[M].济南:山东教育出版社,1989;毛远明.《左传》词汇研究[M].重庆:西南师范大学出版社,1999.
④ 沈榕秋.谈汉语方言的定量研究[J].语文研究,1994,(2).
⑤ 游汝杰,杨蓓.粤语普词汇接近率研究[A].邹嘉彦等.汉语计量与计算研究[C].香港:香港城市大学语言信息中心,1998.
⑥ 邵敬敏,朱彦."是不是VP"问句的肯定性倾向及其类型学意义[J].世界汉语教学,2002,(3).

"我说你结婚没结婚哪?"但语料发现,"是不是"构成的正反问,似乎并不都是这样。这种现象是什么情况? 作者先举例进行描述,由"是不是"构成的正反问,分为两种情况:一种是"是不是+NP",跟其他正反问句的语义倾向是一致的,即无明显倾向;另一种是"是不是+VP",带有肯定性倾向,在上文提示、下文提示、句中提示和语境提示等中显示得比较清楚,例如(下划线句子表示提示):

(71) a. "你丫够肥的。"我打量着身穿泳衣的米兰说。"是不是腰特显粗?"(王朔《动物凶猛》)

　　　b. 你是不是觉得我有点低级趣味? 我们劳动人民,不能比你们搞艺术的。(王朔《浮出海面》)

　　　c. "你说,陷进你死我活的感情中去是不是特傻?"

　　　d. "好吧,我看着你。"姐姐说,"看你打一辈子光棍儿。"姐姐看我沉着的样子可疑,不禁问:"你是不是有了,瞒着不告诉我?"(王朔《浮出海面》)

　　"是不是VP"有明显的肯定倾向,句中就不能用强疑问语气词"到底""究竟""倒是"(陶炼,1998)[①],这一点语料里确实如此,并且"是不是VP"句子在书面上常用表陈述语气的逗号、句号来表示。作者为了证明"是不是VP"具有肯定性倾向,调查了曹禺、老舍、方方、高行健、王安忆和王朔等的戏剧、小说共计92万字的语料,统计得出:"是不是VP"问句202个,其中具有肯定倾向的有186个,占总数的92%。由此得出观点:"是不是VP"问句不是信疑参半的问句,而是建立在某种已知事实或已有观点基础上的表示肯定性倾向的"咨询型问句"。

　　接下来,文章比较"是不是VP"问句与相关句式的信疑度。通过语句比较,得出结论:一般正反问的信疑度是[信50%,疑50%],是不是VP的信疑度是[50%<信<75%],"吧"字是非问的信疑度是[75%<信<100%]。如何证明这些观点,必须落实到句法形式上。例如:

(72) a1. 你去不去北京?　　　　b1. 你是不是去北京?

　　　a2. 她漂亮不漂亮?　　　　b2. 她是不是很漂亮?

　　　a3. 你会不会弹琴?　　　　b3. 你是不是会弹琴?

(73) a. "我……"马林生犹豫了。他拿不准这是不是个圈套,如果脱口承认,会不会立刻产生后果。(王朔《我是你爸爸》)

　　　b. 不管人家正在说什么,他懂不懂都胡插嘴,有的话简直没边没沿儿,连我也拿不准该不该认真对待。(王朔《痴人》)

(74) a. ——到中山公园多远? ——到中山公园有五里地吧。

　　　b. 你大概是没有关好窗户吧?(曹禺《雷雨》)

　　　c. 老师,"文化大革命"您肯定吃了不少苦吧?(《一百个普通人的自述》)

(75) a. 不管你是不是真拿我当意中人,反正我是看上你了。(王朔《给我顶住》)

　　　b. "我还有脸叫家里来接?"白度说,"我正考虑咱们是不是还有必要再见赵航

---

①　陶炼."是不是"问句说略[J].中国语文,1998,(2).

宇。"（王朔《千万别把我当人》）

　　c. 谈毕公事,她问我,是不是晶晶到那个团后不太顺心?（王朔《浮出海面》）

　　例(72)~例(75)说明"V 不 V"格式与"是不是VP"的区别。例(72)列举了一般正反句的情况,比较后,发现 a 句肯定和否定的可能性是对等的,没有显示出什么倾向,而 b 句则不然,表示出明显的肯定性倾向。例(73)当句中出现"拿不准""不知道"这类词语时,多采用"V 不 V"格式,而很少采用"是不是VP"格式。例(74)~例(75)说明"是不是VP"与"吧"字是非问句的区别。"吧"字是非问句可用于答句,可以添加词语"大概""也许""可能""恐怕""好像""肯定""总是""八成""应该"等对信疑度进行"微调",而"是不是VP"不行,如例(74)。在间接问句中,"是不是 VP"可表示中性,如例(75)a 句;也可表示否定倾向,如例(75)b 句;也可表示肯定倾向,如例(75)c 句,而"吧"字是非问句在间接问句中没有其他语义倾向。另外,"吧"字是非问句的语义倾向不依赖于语境,凭其标志"吧"就可确定信疑度,而"是不是 VP"少数可以只依靠句子本身来判断语义倾向,而大多数则常常要依赖于上下文和语境的制约。

　　讨论了"是不是 VP"的语义功能,作者探讨其语用类型,说明其使用特征。先描述四种语用类型：A 是已知事实,要求认定。即说话人已经完全知道或认为自己知道某个事实,但仍用"是不是"明知故问,要求听话人予以认定,如例(76);B 是合理推论,企求证明。即说话人从周围语境所提供的信息中,已经得出了某种推论,并且也相信这一推论,还希望听话人能对推论的真实性给予进一步证实,于是就用"是不是 VP"发问,如例(77);C 是既定主张,追求认同。说话人用"是不是"对自己所主张的观点进行提问,希望听话人认同自己的观点。既然是自己的观点,从说话人角度看,当然肯定性要强一些了,如例(78);D 是提出建议,征求同意。即有所建议而不敢自作决定,或有所确定但出于礼貌,要征求对方的同意,便用"是不是 VP"提问。这是商量或建议的语气,如例(79)。

　　(76) 你问问他《东方红》是什么? 还导演呢! 姓江的,你自个说,你刚才上厕所是不是蹲马桶上?

　　(77) 我去外屋找了一圈,找着了空杯子,忍着气问他："是不是你喝了?"（王朔《浮出海面》）

　　(78) 牛大姐痛斥南希,"你想错了! 什么都不遵守你也就无权拥有! 咦,我这词儿是不是可以当流行歌曲的歌词?"（王朔《编辑部的故事》）

　　(79) 秦仲义：小王,这儿的房租是不是得往上提那么一提呢? 当年你爸爸给我的那点租钱,还不够我喝茶用的呢!（老舍《茶馆》）

　　文章借鉴韩礼德(1994)观点,即对话角色最基本的类型,是给予(giving)和索求(demanding),而说话人和听话人所交换的东西,或者是货物和劳务(goods & services),或者是信息(information)[①],认为"是不是 VP"问句属于索求信息型的,A、B 两类偏重于求证,即求取对方对某种事实或对自己的推论予以证实;C、D 偏重于求同,即求取对方对自己观点或

　　① Halliday, M. A. K. *An Introduction to Functional Grammar* (*Second edition*)［M］. London：Edward Arnold Publisher, 1994.

对自己建议给予赞同。四类总的语用特征是都有明显的肯定性语义倾向,采用正反问的形式来征求听话人的意见,并且减弱肯定的色彩,使语句显得委婉礼貌。从 A 到 D,肯定性大致呈现一个由强渐弱的趋势。

在讨论了"是不是 VP"语义、句法和语用特征后,文章从历时角度探讨"是不是 VP"具有明显的肯定性倾向,而"VP 不 VP"和"是不是 NP"却没有同样的语义倾向这一问题。这部分采用的语料是山东方言写成的《金瓶梅》、主要以北京一带方言写成的《红楼梦》《儿女英雄传》《骆驼祥子》和王朔的小说,并且跟用吴方言写成的海派小说《海上花列传》进行一些比较。作者在语料选择上采用了"普-方-古"相结合的原则,并且进行了封闭的定量统计。通过分析,发现从《金瓶梅》到王朔的小说,可以清晰地看到发展轨迹:一条线索是"是 VP不是"(也包括"是 NP 不是")从多到少;一条线索是"VP 是不是"从无到有,又从多到少;再一条线索是"是不是 VP"从无到有,再从少到多。如表 2-3 所示:

表 2-3　《金瓶梅》到王朔小说

	《金瓶梅》	《红楼梦》	《儿女英雄传》	《骆驼祥子》	老舍话剧	王朔小说
是 NP 不是?	0	10	7	2		0
是 VP 不是?	0	2	6	1		0
VP 是不是?	0	12	大量	大量		34
是不是 VP?	0	0	0	0	12	193

"是……不是?"格式从《红楼梦》至今逐步退出了历史舞台,取而代之的是"是不是 NP/VP"格式。采用类比方法,借用邵敬敏(1996)的看法:"V 不 VO"格式取代"VO 不 V"格式,是南方方言向北方方言的渗透推波助澜,最根本的原因在于句法结构本身的特点。较之于北方方言句子类型"VO 不 V",南方方言句子类型"V 不 VO"更有优势。"V 不 VO"中疑问结构结合紧密,从而更能显示疑问焦点,在语义理解上,"V"与不"V"语义同时顺向联系"O",这符合人们的思维趋势。同样道理,"是不是 NP/VP"句式也比"是 NP/VP 不是"句式在焦点理解上具有明显的认知优势①。另外,从语言系统内部本身的需要来看,一般动词的"VP 不 VP"正反问格式在使用上要受到很多制约,最根本的一条就是,复杂谓语里的主要动词一般不能作"VP 不 VP"正反重叠,但"是不是 VP"中的 VP 却既可以是简单结构,也可以是一个复杂结构。例如:

(80) a. 你是不是因为革命友谊蜕化成儿女私情,有点转不过弯来?(王朔《空中小姐》)

　　　b. *你因为革命友谊蜕化成儿女私情,有没有点转不过弯来?

　　　c. *你因为没因为革命友谊蜕化成儿女私情,有点转不过弯来?

(81) a. 不信问他们,是不是都这么叫?(王朔《一点正经没有》)

　　　b. *都这么叫不这么叫?

---

① 邵敬敏.现代汉语疑问句研究[M].上海:华东师范大学出版社,1996:108-120.

　　　c. *都这么叫不叫？

（82）a. 没人管了是不是觉得不舒服？（王朔《过把瘾就死》）

　　　b. *没人管了觉得不觉得不舒服？

　　例（80）VP 是小句，例（81）VP 有状语修饰，例（82）感觉类动词变成正反问得加"是不是"。通过分析，进一步论证复杂形式正反重叠构成疑问句的客观需要是"VP，是不是"中的"是不是"前移的契机。"是不是"附加问的语用意义总是就始发句的内容征求对方的同意或希望对方予以证实的。既然"是不是 VP"中的"是不是"有相当一部分是从附加问"是不是"前移而来，"是不是 VP"带有明显的肯定语义倾向也就是顺理成章的了。

　　除此之外，作者还通过以吴语"阿是 VP"与北方方言"是不是 VP"的比较，二者具有比较整齐的对应关系。考察的是与《儿女英雄传》（成书于道光年间，1821～1851 年）几乎同时期的海派小说代表《海上花列传》（写于光绪十八年，即 1892 年）前 10 回中的"阿是 VP"问句，51 例，其中 45 例具有肯定性倾向。例如：

（83）子富听了，冷笑两声。黄二姐也笑道："阿是耐有点勿相信我闲话？……"（7 回）

（84）善卿道："啥人要吃耐台把啥酒嗄！阿是我勿曾吃歌，稀奇煞仔？"（4 回）

　　至此，"是不是 VP"格式的发展线索越来越明显：一、"是 VP 不是"在 19 世纪以来大量发展，但是该句式在思维走势上存在着明显的不足，而且在实际使用中，一般动词的"VP 不VP"格式在形成正反疑问格式时会受到某些制约；再加上受到南方方言句子类型，包括吴语"阿是 VP"句式的影响和渗透。"是 VP 不是"逐渐紧缩为"是不是 VP"句式，并且成为北方官话的主流格式。二、附加问"VP 是不是"自《红楼梦》以后经常出现，这一句式中，由于"是不是"相对比较灵活，可以在后面出现，也可以前移，成为提问的焦点标志，这就为"是不是 VP"格式的大量使用提供了极大的方便，并且逐步凝固和定型。这两条轨迹的发展，最终都形成"是不是 VP？"句式。这两条发展轨迹可以看到历时的演变，同时伴随着语言类型的地域性推移。北方方言在同化周边地区的同时，也不断地受到各地方言的渗透和融合，南方方言句子类型同化北方方言句子类型就是佐证。这也正如桥本万太郎（1985）认为，亚洲大陆语言的发展有一个特点，就是它们处于缓慢地不断同化之中，语言由北至南形成一个完整的结构连续体（continuum），而且语言现象"横"的推移和"纵"的演变基本上是一致的①。

　　该文以定性研究为主，定量分析作为补充，并采用多种语料进行论证。定量型研究我们将在社会语言学、语言类型学等部分详细分析。

思考题

1. 请谈谈西方语言学的发展历程。

2. 为什么中国语言学会出现"西学东渐"的学术走向？

3. 为什么说 20 世纪中国语言学发展最快、成果最显著的是汉语语法学？

4. 汉语研究发展历程中形成了哪些基本研究方法？请举例说明。

5. 选择阅读语言学专业期刊论文，分析语言描写与解释之间的关系。

---

① ［日］桥本万太郎著，余志鸿译.语言地理类型学［M］.北京：北京大学出版社，1985：34－71.

6. 对形式与意义关系的认识经历了怎样的发展历程？请举例说明。

7. 什么是语义语法理论？请举例说明。

8. 什么是结构？什么是功能？如何看待二者之间的关系？

9. 什么是动态的汉语研究？请举例说明。

10. 请你谈谈共时与历时相结合的研究方法在汉语研究中的作用。

11. 什么是定性研究？什么是定量研究？请你谈谈定性与定量在汉语研究中的体现。

进一步阅读

陈平.现代语言学研究：理论·方法与事实[M].重庆：重庆出版社,1991.

薄守生,赖慧玲.百年中国语言学思想史[M].北京：中国社会科学出版社,2016.

陈保亚.20世纪中国语言学方法论[M].北京：商务印书馆,2015.

桂诗春,宁春岩.语言学方法论[M].北京：外语教学与研究出版社,1997.

陆俭明,沈阳.汉语和汉语研究十五讲[M].北京：北京大学出版社,2004.

潘悟云,邵敬敏.20世纪中国社会科学·语言学卷[M].上海：上海人民出版社,2005.

戚雨村.现代语言学的特点和发展趋势[M].上海：上海外语教育出版社,1997.

沈家煊.不对称和标记论[M].南昌：江西教育出版社,1999.

张谊生.与汉语虚词相关的语法化现象研究[M].上海：学林出版社,2017.

张谊生.现代汉语副词研究[M].北京：商务印书馆,2014.

第三章　历史语言学方法与汉语研究[①]

　　历史语言学是西方语言学领域非常成熟的一门学科。正是有了历史语言学,我们才能对语言进行追根溯源,从而进行谱系分类,使纷繁复杂的世界语言各有谱系归类。在历史语言学中,历史语音学(historical phonology)主要研究语言的语音变化,通过研究语言的对应规律建立语言间的亲属关系和语言的谱系。限于篇幅,我们将以语音研究为切入点,对历史语言学研究作一个大致介绍。

　　17、18世纪随着人们语言视野的扩大,积累了大量的语言材料,使对语言的初步分类和比较成为可能。1786年英国学者威廉·琼斯(William Jones)在印度加尔格答亚洲学会上宣读了著名的论文《三周年演说》,认为梵语与希腊语、拉丁语和日耳曼语存在历史亲缘关系。1808年德国学者弗里德里希·冯·施莱格尔(Friedrich Von Schlegel)出版了《论印度人的语言和智慧》,第一次提出了"比较语法"这一术语,并认识到语音对应对比较语法的重要性。琼斯和施莱格尔还只是历史比较语言学的先驱,因为他们没有找出梵语和欧洲语言的语音对应规律。丹麦的拉斯姆斯·拉斯克(Rasmus Rask)、德国的雅各布·格里姆(Jacob Grimm)和弗朗兹·葆朴(Franz Bopp)被称为历史比较语言学的奠基者,代表作分别为《古代北方语或冰岛语起源研究》《德语语法》《论梵语与希腊语、拉丁语、波斯语和日耳曼语动词变位系统的比较》,确立了历史比较法的原则。德国学奥古斯特·施莱歇尔(August Schleicher)出版了《印度—日耳曼语比较语法纲要》,提出了自然主义语言观,认为语言和其他自然现象一样,受相同的功能规律和发展规律的支配;施莱歇尔把自己对各种语言相互关系的研究成果和它们先后形成的过程绘成了印欧语系发展的谱系树,后来称为语言谱系树理论;还创造了构拟方法(reconstruction),把语言的历史比较工作大大地推进了一步。后来他的学生雅各布·施密特(Jacob Schmidt)提出"波浪说"来补充谱系树理论,把语言形式的扩展视作从某一中心开始的波浪,形成许多同心圆,不断向外传播。19世纪70年代,德国语言学家成立的"青年语法学派"(Junggrammatiker),提出了规则音变的假说,规则音变假说是历史语言学最为重要的奠基石,它是历史比较法和内部拟测法赖以运作的基础,也是历史语言学具有里程碑意义的成就。1878年索绪尔的《论印欧系语言元音的原始系统》被誉为"前无古人的历史语言学最出色的篇章",文内提出的喉音理论(Laryngeal theory)实际上是现代

---

① 本章所举印欧语言案例主要引自莱尔·坎贝尔(Lyle Campbell)(2008)和罗伯特·特拉斯克(Robert L. Trask)(2000,2011),行文中省略出处。

历史语言学内部构拟法的源头①。

　　最先将历史语言学研究方法运用到汉语研究领域的是著名汉学家高本汉（Bernhard Karlgren），他的《中国音韵学研究》（Études sur la phonologie chinoise）开创了中国历史语言学研究的先河。该书以《广韵》音系为框架，结合共时平面上的方言材料，对中古汉语的语音体系进行构拟，进而构拟出上古汉语的音系。高本汉的研究方法乃至研究结论，为中国历史语言学的研究者们所接受，并加以改进。对于汉语方言学以及传统的历史音韵学的研究起到了极大的促进作用。同时我们也应该看到，历史语言学在汉语研究领域的运用并非一帆风顺，更远没有达到成熟阶段，这主要和汉字自身的不表音性有关。相对于印欧语及其他使用拼音文字的语言，汉语文献无法直接体现历史上语言的实际读音，只能反映出语音类别的归属，这就给研究工作带来了较大的困难。另外，在汉语长期的发展过程中，汉语与非汉语接触频繁，这直接影响了汉语自身的历史发展，使得我们在研究汉语问题的时候，不能将西方历史语言学的现有理论原封不动地照搬照抄过来，很多问题及观念也必须在不断的研究过程中重新认识。

一、理论介绍

（一）历史语言学的内涵

　　历史语言学（Historical linguistics）是语言学的一个分支，它是研究语言历史发展的科学，是研究一种或多种语言的语音、词汇、语法等演变规律的学问。历史比较语言学（comparative-historical linguistics）是历史语言学的一个特殊的部门，它用比较的方法确定语言之间的亲属关系以及这种关系的亲疏远近，重建原始语，把各亲属语言纳入母女繁衍式的直线发展关系之中，提出语系、语族之类的概念②。

（二）历史语言学的研究对象和基本任务

　　历史语言学的研究对象是语言的变化。语言的变化同样包括语音、词汇、语法几部分。对于有历史文献的语言而言，词汇和语法的变化较容易观察。以语法为例，从文献中就可以发现上古汉语在语序方面和现代汉语有所不同。《论语·子罕》中有"吾谁欺？欺天乎！"的表达。这里的"谁欺"，相当于现代汉语中的"欺哄谁"，前者是"宾语+动词"的结构，而后者则正好相反。由此可以证明，在上古汉语中，某些情况下（比如疑问代词作宾语时）宾语必须位于动词之前。

　　相比之下，语音方面的变化比较难以观察，特别是对于汉语这样使用非表音文字的语言而言。大多数使用表音文字（拼音文字）的语言，拼写和读音之间往往具有对应关系。一个母语者，即使是面对不认识的词，只要看着其拼写形式，就能大致知道其发音。由于语音的变化，词的读音也跟着改变，而拼写与读音无法对应。为了解决这一矛盾，每隔一段时间（通

---

　　①　以上内容引自徐志民.欧美语言学简史［M］.上海：学林出版社，1990：75－101；聂志平.历史比较语言学简说［J］.哈尔滨师专学报，1996，（2）.

　　②　徐通锵.历史语言学［M］.北京：商务印书馆，1991：2.

常是几百年），就会对词的拼写进行修正，从而使拼写做到与时俱进，与读音保持一致，这就是所谓的正字法（orthography）。但是，拼写修改总是存在滞后的问题。以法语为例，现代法语中，位于词末的塞音、塞擦音、擦音都已不再发音。如 vin（酒）和 vingt（二十）两词的读音都为 /vɛ̃/，但拼写形式并未统一。因此，我们可以大致了解 vingt 这个词在历史上的读音情况。这种拼写与读音不一致的表现，就是语音演变的直接证据。

　　汉语使用的不是表音文字，我们无法从汉字的书写形式得知其以前的读音。但同样可以从历史文献，特别是韵文中，找到语音变化的线索。下面是唐代诗人韩翃的《寒食》：

　　　春城无处不飞花，
　　　寒食东风御柳斜。
　　　日暮汉宫传蜡烛，
　　　轻烟散入五侯家。

　　根据近体诗的格律要求，偶数句必须押韵。所以，"斜""家"两字押韵。但是，如果参照现代汉语普通话的读音标准，上述两字在读音上相差较大："斜"/çiɛ/，"家"/tçiA/。古诗中押韵的地方称为韵脚，韵脚字的韵母必须符合严格的要求。韵母的韵头可以不同，但韵腹和韵尾必须相同。由于普通话中"斜""家"的韵母分别为 /iɛ/、/iA/，韵腹不同，显然不符合押韵的原则。也就是说，在普通话（现代北京音）中，"斜""家"两字不能押韵。

　　唐诗所使用的汉语音韵，基本上反映了中古汉语的语音面貌。所谓的中古汉语的语音面貌，主要是以隋代陆法言编写《切韵》一书（公元 601 年）为标准的。该书反映了当时金陵（南京）、邺下（安阳）两地方言的语音面貌。

　　汉语史上，一般把先秦两汉时期的汉语称为上古汉语，隋唐两宋的汉语称为中古汉语，魏晋时期是从上古汉语向中古汉语的过渡阶段[①]。西晋的首都位于现在的洛阳，后被少数民族武装攻破，出现了历史上称作"五胡乱华"的局面。晋室南渡，于现在的南京重新定都，史称东晋。跟随晋王朝一同迁往南京的有大批士族大家，这些人同时也把洛阳地区的口音带到了南京。经过了南北朝的战乱，到隋朝重新统一中国，洛阳、南京两地的方言仍然差别不大。隋朝的陆法言、颜之推等人，根据两地方言把常用字的读音进行了归类，并最终由陆法言编写成书。后来，《切韵》成为官方的韵书，并用于科举考试。隋唐两代，凡文人作诗押韵，必须以《切韵》为标准。在中古汉语时期（《切韵》时期），由于"斜""家"同属一个韵（麻韵），因而两字能够押韵。

　　下面是各地方言中"斜""家"两字的读音情况（方言语音材料来自《汉语方音字汇》）[②]。

　　中古汉语是现代汉语各方言（除闽语外）的祖语。中古汉语在其历史发展过程中不断分化，最后形成了现代汉语方言的格局。从表 3－1 中，我们可以看到，所列举的 12 个方言点中，以北京为代表的 6 个方言点"斜""家"两字不再押韵，但仍有成都、苏州、长沙、双峰、南昌、梅县等 6 个方言点，"斜""家"两字能够押韵，这一方面的语音特征，仍保留了中古汉语的特点。

　　①　根据王力（1980、2004）的看法。王力.汉语史稿（重排本）［M］.北京：中华书局,1980/2004.
　　②　北京大学中文系.汉语方音字汇（第二版重排本）［M］.北京：语文出版社,2003.

表 3-1　各地方言"斜""家"两字的读音

方言点	官　　话						吴　　语		湘　　语		赣语	客家话
	北京	济南	西安	武汉	成都	扬州	苏州	温州	长沙	双峰	南昌	梅县
家	tɕia	tɕia	tɕia	tɕia/ka	tɕia	tɕia/ka	tɕiɒ/kɒ	ko	tɕia/ka	tɕio/ko	ka	ka
斜	çiɛ	çiɛ	çiɛ	çiɛ	çie/çia	çiɪ/tɕʰiɪ	ziɒ	zei	çie/çia	dzio	çia/tɕʰia	sia/tsʰia

由此可见,无论是对于用何种文字记录的文献,都有办法了解其语言(包括语音)变化的线索,从而对该语言的发展变化进行研究。当然,历史语言学并不局限于研究某一种语言的发展变化,而是在于揭示语言发展变化的规则,其研究任务主要有四项:(1)构拟原始共同语;(2)解释从原始共同语到各子语的演变过程;(3)对于世界上现有的语言进行谱系上的分类;(4)为语言变化研究提供相应的理论和方法。

(三)历史语言学的语言观①

第一,语言是有机体。语言学不再像中世纪语文学家们所标榜的那样,是上帝创造的。语言像人、动物、植物一样,有生命,有活力,能发生,也能发展、衰亡。这种语言观显然与达尔文《物种起源》中的进化论思想一样。

第二,语言是一种历史的统一体。"语言不可能是别的任何东西;它是我们的历史,是我们继承下来的遗产","对于每个人来说语言与思维不是孤立存在的。相反,所有各种语言都是历史中的统一体,它们把世界联系起来"②。在格里姆等历史比较语言家看来,语言的变化史其实也反映了人类的思想观念的变化史,或者说,语言的发展变化折射出人们思想观念的发展变化。

第三,语言的关系是民族的关系。历史比较语言学家发现印度梵语和欧洲语言同源同根的事实,认为"语言间的相互关系给我们提供比一切历史典籍更为可靠的关于某些民族有着亲属关系的佐证"③。

这些论述已经比较科学地回答了语言的本质问题,包括语言的社会性、系统性及衍生性等。就"社会性"而言,强调语言关系与民族关系的对应;就"系统性"而言,强调语言作为活的有机体;就"衍生性"而言,强调语言发展变化与人思维的关系,并指出思维对语言衍变的决定性作用。正因如此,历史比较语言学着眼于语言的谱系关系和始源语研究。

(四)历史语言学的基本概念和观点

1. 语音变化的类型

语音变化的研究,主要从各种音变现象入手。音变现象可以从两个方面进行归纳:"语音组合关系"和"语音聚合关系"。

---

① 参考徐志民.欧美语言学简史[M].上海:学林出版社,1990:99-101;孙华.历史比较语言学的语言观[J].辽宁教育行政学院学报,2006,(7).

②③ [德]格里姆著,张会森译.论语言的起源[J].语言学译丛,1960,(2).

（1）语音组合关系的变化

语音组合关系方面的变化,是由发音器官的运动引起的变化,大致相当于普通语言学中的"语流音变"。在某一语言集团内部存在普遍性的语流音变现象会导致该语言的语音发生变化。这种组合关系的变化,主要有"同化""异化","强化""弱化","分音""合音","增音""删音","换位"等。

A. 同化与异化

同化指的是词中的一个音段(即通常所说的"音位")受到其他音段(通常是与之相邻的音段)影响,致使其在发音特征上变得与施加影响的音段趋同。从同化的程度上,可以分为"完全同化"和"部分同化";从施加音变的方向上,如果是受前一音段的影响发生的语音变化,则称为"顺同化",反之则是"逆同化"。一般来说,逆同化现象比顺同化现象常见得多。

古代拉丁语是现代意大利语、法语、西班牙语等语言的前身。从拉丁语到意大利语的演变过程中,octo、noctem、factum 等词的语音经历了如下的变化。

表 3-2　意大利语 /t/ 的逆同化

拉　丁　语	意　大　利　语	释　　义
octo	otto	八
noctem	notto	夜晚
factum	fatto	做(完成体)

在这些词中,由于受到后一音段 t 的影响,c(实际发音为 /k/)的发音产生了变化,到了现代意大利语中,/t/ 之前的 /k/ 发生了逆同化音变,全都变成了 /t/。

上述是典型的完全同化的例子。事实上,同化音变中,出现更多的是部分同化。部分同化不仅可以表现为辅音音段对辅音音段产生影响,也可以表现为元音音段对辅音音段、辅音音段对元音音段产生的影响等。

比如英语中一些表否定义的形容词,incorrect、impossible、illegal、irregular 等词,就是由形容词词根 correct、possible、legal、regular 加上表否定的前缀 in- 构成的。但是,否定前缀 in- 中的鼻音音段 n,受到由于这些形容词词根分别以音段 /k/、/p/、/l/、/r/ 开头的影响,发生了逆同化。其中,/n/ 受 /k/、/p/ 两音段的影响,发生部分逆同化,虽然保留了鼻音的发音方法,但发音部位发生了改变,从原来的舌尖鼻音分别变成了舌根鼻音 /ŋ/(incorrect 一词的实际读音为 /ˌɪŋkəˈrekt/)和双唇鼻音 /m/。另外,/n/ 受 /l/、/r/ 两个音段的影响,则发生了完全逆同化,变成了 /l/ 和 /r/。

异化音变正好和同化音变相反,指的是两个位置相邻或相近的音段在发音特征上相差越来越远。英语中的 alveolar、velar、uvular、labial、dental、palatal 等词都借自拉丁语,原词都是以辅音 l 结尾。alveolal、velal、uvulal 等词,由于受词中辅音 l 的影响,词尾的 l 发生了异化音变,即 alveolal>alveolar、velal>velar、uvulal>uvular。labial、dental、palatal 等词没有发生异化音变,因而仍旧保留了词尾的 l。

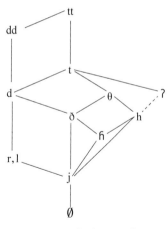

图 3－1　辅音弱化等级

B. 强化与弱化

一般来说,语音的弱化现象比强化现象更为普遍。图 3－1 是辅音的弱化等级(陈忠敏,2013)[①]。

在图 3－1 中,类似于 tt>t 的音变,就是"双辅音"变成"单辅音"的过程,这一方面的例子有:

如表 3－3 所示,西班牙语中一些非词首位置的单辅音(清塞音)来自拉丁语中的双辅音,具体来说,这些 -p-、-t-、-c-[k]分别是拉丁语中 -pp-、-tt-、-cc-[kk]经过弱化后的产物。

t>θ、d>ð 反映的是从"塞音"到"擦音"的音变。以汉语为例,传统的音韵学研究中,把"唇音"分为"重唇音"和"轻唇音"两类。其中,重唇音就是指双唇塞音、鼻音,分别用"帮""滂""并""明"四个字母表示(现在构拟出的音值一般为 ⃰p-、⃰pʰ-、⃰b-、⃰m-[②]);轻唇音是齿唇擦音、鼻音,分别用"非""敷""奉""微"四个字母表示(现在构拟出的音值一般为 ⃰pf-、⃰pfʰ-、⃰bv-、⃰ɱ-)。清代音韵学家钱大昕通过研究发现,上古汉语(《诗经》时代的汉语)中,重唇音和轻唇音是一类,没有分别。如"缤纷"一词,在《诗经》中是双声联绵词,根据"双声"的要求,"缤""纷"两字的声母必须相同。但是到了中古汉语时期(大约唐宋之际),一部分重唇音声母变成了轻唇音声母。即 ⃰p->⃰pf-、⃰pʰ->⃰pfʰ-、⃰b->⃰bv-、⃰m->⃰ɱ-,三个声母 ⃰pf-、⃰pfʰ-、⃰bv-继续发展,演变为现代汉语各方言中的齿唇擦音声母 f-、v-。可以这样说,现代汉语各方言中的齿唇擦音声母 f-、v-,就是由上古汉语的重唇音声母 ⃰p-、⃰pʰ-、⃰b-经历了弱化音变后演变而来的。

表 3－3　西班牙语复辅音的弱化

拉　丁　语	西　班　牙　语	释　义
cuppa	copa	杯　子
gutta	gota	掉　落
siccu	seco	干　燥

此外,t 也可以音变成 ʔ,即从"口腔塞音"变成"喉塞音"。中古汉语的入声韵(韵母以 -p、-t、-k 结尾),在现在官话方言中完全消失。但在其他方言区,入声韵尾仍一定程度地保留。

表 3－4　中古汉语入声韵尾的弱化

例　字	广　州	上　海	北　京
十	ʃɐp	zəʔ	ʂʅ
实	ʃɿ	zəʔ	ʂʅ

①　陈忠敏.汉语方言语音史研究与历史层次分析法[M].北京:中华书局,2013.

②　在历史语言学中,⃰表示由推测得出的构拟形式。

（续表）

例　字	广　州	上　海	北　京
食	ʃɪk	zəʔ	ʂɻ
时	ʃi	zɻ	ʂɻ

比较广州（粤语）、上海（吴语）、北京（官话）三地方言中"十""实""食"三字的读音，可以发现，在广州话中，中古入声字仍完整地保留了-p、-t、-k 三类塞音韵尾，而在上海话中，虽然入声韵仍然存在（"十""实""食"三字读音与非入声字"时"不同），但是三个塞音韵尾全部合并，演变成喉塞韵尾-ʔ。而在北京话中，入声韵完全消失，中古入声字与舒声字读音完

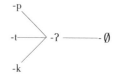

图 3 - 2　中古汉语塞音尾的弱化与消失

全相同。可以这样认为，从中古汉语的三类塞音韵尾-p、-t、-k，先弱化为喉塞韵尾-ʔ，然后消失。

另一条弱化音变的途径是 t>d，即"清辅音">"浊辅音"。这一音变，主要发生在两个元音之间的清辅音上。以下是从拉丁语到意大利语的音变例子：

表 3 - 5　意大利语清辅音的浊化

拉　丁　语	意　大　利　语	释　义
strata	strada	道路
lacu	lago	湖

相比之下，强化音变的例子较少，其音变方向正好与弱化音变的方向相反，如由单辅音变成双辅音。以下同样是从拉丁语到意大利语的音变例子：

表 3 - 6　意大利语辅音的强化

拉　丁　语	意　大　利　语	释　义
aqua /akwa/	acqua /akkwa/	水
sapiat	sappia	（他）知道
maiu /maju/	maggio /maddʒo/	五月

C. 删音与增音

删音和增音指一个词丢失或增加某一音段的现象，可以出现在词首、词中或词尾。

英语 knee、knot、knife 等词的词首的 k 都不发音。但是，根据拼写规则可以知道，这些词原来是以复辅音/kn-/开头，后来辅音/k/发生脱落，形成了现在的读音。并且，在/k/的脱落过程中并没有历经[k]>[x]/[h]的弱化音变，因而可以认为是一种纯粹的删音现象，而非弱化音变。

法语中,词尾辅音都不发音,如 lit /li/(床)、gros /gʁo/(大的)、murs /myʁ/(墙,复数)、part /paʁ/(离开)。法语的词重音位于词末位置,这种重音位置辅音脱落的现象,也不能算作弱化音变,而应该看成音段脱落。

另外,英语中 family、memory 等词,其中的 i 和 o 也都不发音,属于词中音段脱落。

增音现象出现得较少。从拉丁语到西班牙语的演变过程中,增生了词首元音 e。

表 3 - 7　西班牙语词首增音 e

拉　丁　语	西　班　牙　语	释　　义
spatha	espada	刀、剑
statu	estado	国家
scala	escala	楼梯

D. 换位

换位音变指的是两个音段的位置互换。如西班牙语 molde(模型、样式)一词,来自拉丁语 modulus。该词经历了下列音变:modulus>modlo>moldo>molde。从 modlo 到 moldo 的音变过程中,发生换位,即 dl>ld。英语 module 一词,直接借自拉丁语词根,没有发生换位音变,仍然保留了原来的语音形式。

E. 分音与合音

分音主要指原来的单元音,变成一个复元音。就英语而言,从乔叟时代到莎士比亚时代[①],再到现代英语,长元音/iː/、/uː/分别经历了 iː>əi>ai、uː>əu>au 的变化,原来的单元音/iː/、/uː/变成了复元音/ai/、/au/。

表 3 - 8　英语长元音的双元音化

例　　词	乔　叟　时　代	莎 士 比 亚 时 代	现　代　英　语
bite（n）	/biːtə/	/bəit/	/bait/
tide	/tiːd/	/təid/	/taid/
hous（现代英语 house）	/huːs/	/həus/	/haus/

合音现象与分音现象正好相反,原来的复元音变成一个单元音。以法语为例,现代法语中基本没有复元音,如 chaise/ʃɛz/(椅子)、fausse /fos/(错误的)。ai、au 在词中的读音分别是/ɛ/、/o/。但是,从这些词的拼写形式仍可以表明,法语中经历了 ai>ɛ、au>o 的音变,原来的复元音变成了现在的单元音。

(2) 语音聚合关系的变化

语音聚合关系的变化主要表现为音位的分化与合并两种情况,其中,音位合并现象较为常见。

---

①　大致为 14 世纪到 16 世纪。具体而言,乔叟时代所用的是中古英语,莎士比亚时代所用的是早期的现代英语。

A. 音位合并

中古汉语的入声,到了近代官话中消失,原来的阴平、阳平、阴上、阳上、阴去、阳去、阴入、阳入八个调(四声八调),在大部分官话方言中合并成阴平、阳平、上声、去声四个声调。入声字分别并入平、上、去三个声调,即"入派三声"。以北京话为例,基本遵循着"全浊入声归阳平、次浊入声归去声"的规律。全浊声母(浊塞音、浊擦音、浊塞擦音)入声字归入阳平调,次浊声母(鼻音、边音、近音)入声字归入去声。

表 3 - 9　中古汉语入声在北京话中的合并

中古全浊声母字	中古声调	北京话声调	中古次浊声母字	中古声调	北京话声调
十	阳入	阳平	鹿	阳入	去声
时	阳平		路	阳去	
舌	阳入		木	阳入	
蛇	阳平		墓	阳去	
盒	阳入		叶	阳入	
河	阳平		夜	阳去	

B. 音位分化

中古汉语的全浊声母字,在官话方言中全部清化。但是,随着声调的不同,声母清化的方式并不一样。从中古汉语到北京话的发展过程中,浊声母清化遵循着"平送仄不送"的原则。原来的全浊声母,变成清声母时,分成了两类。一类声母送气,一类声母不送气。其分化的依据就是中古声调的平仄,阳平调字声母清化时变为送气声母,阳上、阳去、阳入调字声母清化时变为不送气声母。

表 3 - 10　中古汉语的浊音清化

例字	中古声母	中古声调	北京话声母	例字	中古声母	中古声调	北京话声母
铜	/d/	阳平	/tʰ/	晴	/dz/	阳平	/tɕʰ/
动		阳上	/t/	静		阳上	/tɕ/
洞		阳去		净		阳去	
读		阳入		籍		阳入	

2. 新语法学派及其理论

历史语言学有关音变的理论很多,其中最为著名的是"语音规律无例外"的理论。该理论原则也是历史语言学新语法学派(Neogrammarian)的口号。

新语法学派是历史语言学的重要学派之一,形成于 1876 年。代表人物有卡尔·布鲁格曼(Karl Brugmann)、奥古斯特·雷斯金(August Leskien)、赫尔曼·奥斯托夫(Hermann Osthoff)等。该学派最著名的口号就是雷斯金提出的"语音规律无例外"(Sound laws suffer no exceptions①)。所谓的"语音规律",就是音变的规律。所谓的无例外,指的是音变的绝对性。只要是在同样的语音环境(语音条件)下,音变就都会发生。而那些音变中的例外现象,都可以得到合理的解释。新语法学派的形成,标志着历史语言学研究的成熟。这也得益于之前历史语言学研究的一些重大成果,主要包括格里姆定律、格拉斯曼定律和维尔纳定律。

(1) 格里姆定律

格里姆定律(Grimm's Law)是历史语言学中非常重要的一条定律,由格里姆②于 1822 年对该音变现象作出系统论述。在印欧语的发展历史上,曾经发生过"第一次日耳曼语辅音大转移"(first germanic consonant shift)。这次音变的结果导致了原始日耳曼语的产生。凡是发生过该音变的语言,都划归日耳曼语族。这些语言包括:哥特语(东日耳曼语支),英语、德语、荷兰语(西日耳曼语支)和瑞典语、挪威语、丹麦语、冰岛语(北日耳曼语支)等。

表 3 - 11 格里姆定律

第一组音变	哥特语	古英语	古北欧语	释 义
拉丁语 pisics	fisks	fisc	fisk	鱼
拉丁语 tu	Þu	Þu	Þu	你
拉丁语 canis	hunds	hund	hundr	狗
拉丁语 quis	hwas	hwa	hverr	谁

第二组音变	哥特语	古英语	古北欧语	释 义
拉丁语 decem	taíhun	tien	tio	十
拉丁语 ego	ik	ic	ek	我
拉丁语 (*gwiwos>)vivus	qius	cwicu	kvikr	活着

第三组音变	哥特语	古英语	古北欧语	释 义
梵语 bʰarami	baíran	beran	bera	生育
希腊语 tʰyra	—	duru	—	门

表 3 - 11 列出了拉丁语、梵语、希腊语(没有经历"辅音转移")和哥特语、古英语、古北欧语(经历了上述音变)的同源词。我们可以发现,音变包括三组互相联系的规则。① 原始印欧语的清塞音 /p/、/t/、/k/ 变成了送气音 f、Þ[θ]、h[x],如"鱼"一词,拉丁语中为 pisics,哥特语、古英语、古北欧语中分别为 fisks、fisc、fisk;② 原始印欧语的浊塞音 /b/、/d/、/g/ 变成了清塞音 /p/、/t/、/k/,如"十"一词,拉丁语中为 decem,哥特语、古英语、古北欧语分别为 taíhun、tien、tio;③ 原始印欧语的浊送气音 /bʰ/、/dʰ/、/gʰ/ 变成了浊塞音 /b/、/d/、/g/,如

---

① 雷斯金原话音译转引自 Campell(2008:18)。
② 格里姆定律又译成格林定律。雅各布·格里姆即《格林童话》作者格林兄弟之一。

"生育"一词,梵语为/b^{h}arami/,哥特语、古英语、古北欧语分别
为 baíran、beran、bera。

格里姆把清塞音归纳为 teneus(用 T 表示),浊塞音归纳为
mediae(用 M 表示),送气音归纳为 aspiratae(用 A 表示),三组
音变可以进一步简化为下列的音变循环:

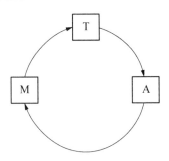

图 3-3　格里姆定律

格里姆定律所揭示的音变现象,很好地体现了历史语言学
的原则,即,在对语言进行分类时,必须以各语言的"共同创新"
(shared innovation,定义见下文)特征作为标准。以哥特语、古英
语、古北欧语为例,之所以在谱系分类上归为日耳曼语族,就是因为这些语言都发生了"第一
次辅音大转移",具有共同的音变特征。而这些特征,可以归纳为"格里姆定律"的三条规
则。这组特征,同时也成为判断某一语言是否属于日耳曼语族的标准。

(2)格拉斯曼定律

格里姆在提出格里姆定律的同时,也指出了一些无法解释的例外现象:

表 3-12　格里姆定律的例外现象

梵　语	哥特语	英　语	释　义
bōd^{h}a	biudan	bid	醒,觉悟
band^{h}a	bindan	bind	捆绑

梵语的/bōd^{h}a/、哥特语的 biudan 和英语的 bid 为同源词,梵语的/band^{h}a/、哥特语的
bindan 和英语的 bind 为同源词,语音形式上应该存在着严格的对应关系。根据格里姆定律,
日耳曼语中的浊塞音,对应梵语中的浊送气音。但是,在上述例子中,这种对应关系并不完
整。梵语词/bōd^{h}a/、/band^{h}a/中的/d^h/确实对应日耳曼语词的/d/,但是,梵语和日耳曼语
位于词首位置的音段,都是不送气的浊塞音/b/。由于这一例外的存在,格里姆定律的解释
力也就大大下降。

格拉斯曼定律(Grassmann's Law)的提出,正好解释了这一组例外。该定律由赫尔曼·
格拉斯曼(Hermann Grassmann)于 1863 年提出。其大致内容是:如果在同一音节(或两个相
邻的音节)中出现两个送气音,由于逆异化作用的影响,前一个送气音的送气特征将会消失,
成为不送气音。

表 3-13　格拉斯曼定律

	头发(主格)	头发(所有格)	(我)养育(将来时)	(我)养育
原始希腊语	*t^{h}rik^h-s	*t^{h}rik^h-os	*t^{h}rep^h-s-ō	*t^{h}rep^h-ō
s 前音段去送气化	t^{h}riks	—	t^{h}repsō	—
格拉斯曼定律	—	trik^{h}os	—	trep^{h}ō
希腊语	t^{h}riks	trik^{h}os	t^{h}repsō	trep^{h}ō

以原始希腊语为例,名词词根 *tʰrikʰ(头发)加上后缀-s 构成主格形式 *tʰrikʰs,加上后缀-os 构成所有格形式 *tʰrikʰos。动词词根 *tʰrepʰ(养育)加上后缀-ō,构成第一人称单数的语法范畴,加上后缀-s-ō,则表示第一人称单数的将来时用法。

由于在擦音/s/之前相邻音段的送气特征会消失,所以 *tʰrikʰs>tʰriks, *tʰrepʰsō>tʰrepsō(这里的送气特征消失,与格拉斯曼定律无关)。随后,格拉斯曼定律发生作用,tʰriks、tʰrepsō 这两个形式不符合格拉斯曼定律的语音条件,没有发生音变。而 *tʰrikʰos、*tʰrepʰō 两个词由于符合格拉斯曼定律的语音条件,在两个相邻的音节中都出现了送气音,所以发生了逆异化音变,致使前一个送气音的送气特征消失,即 tʰrikʰos>trikʰos,tʰrepʰō>trepʰō。从而使希腊语中出现了同一词根构成的两个词(tʰriks、trikʰos,tʰrepsō、trepʰō)存在送气/不送气音段交替出现的现象。由于发生音变的音段并不是受到相邻音段的影响,而是相隔较远的音段(tʰrikʰos一词中/tʰr/与/kʰ/两个音段之间还隔着一个元音音段/i/),这种形式的异化音变,也称为"远程异化"(distant dissimilation)。

格拉斯曼定律反映的音变现象,在原始印欧语中具有重要意义,除了可以解释希腊语中的清送气音外,同样适用于梵语中的浊送气音。回过头来审视刚才格里姆定律中的例外现象,我们可以发现,梵语的/bōdʰa/、/bandʰa/两词,源自原始印欧语的 *bʰeudʰa-和 *bʰendʰ-,词首都是浊送气塞音,梵语中这两个词的早期形式为/bʰōdʰa/、/bʰandʰa/。由于格拉斯曼定律的"远程异化"作用,词首的浊送气塞音的送气特征消失,最终形成了现在词首浊塞音不送气的语音形式/bōdʰa/、/bandʰa/。

(3)维尔纳定律

格里姆定律无能为力的例外现象,其中的一部分借助格拉斯曼定律得到了解释,还有一些仍无法解释。

表 3-14　维尔纳定律

梵　语	拉丁语	哥特语	英　语	释　义
saptá	septem	sibun〔siβun〕	seven	七
pitár-	pater	fadar〔faðar〕	fæder(古英语)	父亲

根据格里姆定律的音变规则,非日耳曼语(梵语、拉丁语)中的清塞音,对应日耳曼语(哥特语、英语)中的清擦音。但是在上表中,我们可以看到,梵语的 saptá、拉丁语的 septem,对应哥特语的 sibun〔siβun〕、英语的 seven,p 对应 β/v(清塞音对应浊擦音)。而梵语/pitár-/、拉丁语 pater 对应哥特语 fadar〔faðar〕和古英语 fæder〔fæðar〕,同样是清塞音对应浊擦音,这显然与格里姆定律相悖。

卡尔·维尔纳(Karl Verner)1876 年提出了维尔纳定律(Verner's Law),很好地解释了这一现象。维尔纳指出,在格里姆所谓 T>A 的音变过程中,必须遵循下列规律:词首位置或者紧靠重音音节之前的清塞音(维尔纳用…C…′ 表示),音变之后成为清擦音(格里姆所谓的"送气音");其他情况下的清塞音(维尔纳用 ′…C… 表示),则音变为浊擦音。

上述例外现象的产生,是由日耳曼语中的"重音转移"造成的。原始印欧语的重音位置位于词末音节处,这一语音现象,在梵语、拉丁语中得以保留。维尔纳认为,在原始日耳曼语形成之初(即格里姆定律发生作用的时候),词重音的位置同样位于词末,"七"在哥特语、古英语中的原始形式应该是/siˈfun/、/seˈfen/,"父亲"一词的原始形式则是/faˈθar/、/fæˈθer/,完全符合格里姆定律的音变规则,后来日耳曼语中发生了称为"重音转移"的音变,双音节词的重音转移到了词首位置,上述各词的语音形式分别变成了/ˈsifun/、/ˈsefen/、/ˈfaθar/、/ˈfæθer/,非重读音节位置的清擦音发生弱化音变,成为浊擦音,即 ˈsifun>ˈsivun,ˈsefen>ˈseven,ˈfaθar>ˈfaðar,ˈfæθer>ˈfæðer。/ˈseven/、/ˈfæðer/的非重读音节中的元音也同时弱化,最终成为/ˈsevən/、/ˈfæðə/,/ˈsivun/一词中的/v/受到圆唇元音/u/的逆同化作用,最后变成了双唇擦音/β/。

随着格拉斯曼定律、维尔纳定律的相继提出,格里姆定律的例外现象都得到了圆满的解释。所有的例外,都找到了各自的深层的规律。新语法学派的历史语言学家,终于提出了"语音规律无例外"的口号。规则音变是历史语言学研究中的基本原则。但是,面对纷繁复杂的语言事实,规则音变的运用也是有一定的前提的,必须排除两大因素对语音产生的干扰:借用和类推。

(4)规则音变的例外现象:借用与类推

新语法学派的理论认为,在进行历史语言学研究时,必须首先排除语言中的由借用和类推造成的不规则现象,然后才能对语言材料进行历史比较法的分析。也只有在排除了这两项干扰之后,语音规则才能真正做到没有例外。

A. 借用

借用指的是本土语言从外语中引入大量借词,在这些借词进入本土语言时,往往会把在外语中的发音特征一同带入。研究者如果不对语言中的固有词和借词加以区分,就会把借词中的某些语音现象当作该语言自身发展过程中产生的语音现象进行分析,因而会得出错误的结论。

仍以英语为例,公元1066年发生了名为"诺曼征服"的历史事件,法国诺曼底公爵威廉加冕英国王位,从而开始了诺曼王朝(后改为金雀花王朝)对于英国的统治。12世纪中叶到15世纪中叶(1150~1450)是英语发展史上的中古英语时期(Old English,OE)。在此期间,英语吸收了大量的法语借词。下列英语词都借自法语(括号中为法语形式):bank(banque)、beef(bœuf)、coffee(café)、courage(courage)、dance(danse)、date(date)、fashion(façon)、finish(finir)、fruit(fruit)、page(page)、paper(papier)、part(partie)、pass(passer)、table(table)、text(texte)。

如果不把上述借词排除在外,我们可以认为,英语(日耳曼语)词和法语(拉丁语)词之间存在着 b—b、c/k/—c/k/、d—d、f—f、p—p、t—t 的对应关系,这显然无法用格里姆定律来解释。如果把这些英语词当成是英语中的固有词进行对待,研究者必须解释为什么法语中的/b/、/d/、/g/没有变成英语中的/p/、/t/、/k/,法语中的/p/、/t/、/k/没有变成英语中的/f/、/θ/、/x/。显然,这样的讨论毫无意义,因为上述英语词,本来就是从没有经历过"辅音转移"的法语中借入的。也就是说,如果不排除借词的干扰,新语法学派所谓"语音规律无例外"的断言将成为一句空话。

当然,对于有文献记载的语言而言,排除借词并不困难。但是,对于没有文字或是缺乏历史文献的语言而言,借词的排除工作是相当困难和繁琐的。这也是历史语言学研究中的一大难点。

B. 类推

另一种必须排除的干扰是所谓的"类推"。这类现象在形态丰富的语言中表现得尤为明显。所谓的类推(proportional analogy),简单来说,可以归纳为一个类似于代数中求"第四比例项"的计算。即,已知 a、b、c,根据等比关系 a∶b=c∶x 求得 x 的值。

以英语动词为例,ride 的过去时形式为 rode,由于动词 dive 在形式上与 ride 相似,所以人们往往会认为两者应该具有相类似的过去时形式,ride∶rode=dive∶x,从而得出结论 x=dove,即动词 dive 的过去时形式为 dove。

关于类推对语音变化产生的影响,可以用"斯德特文特悖论"(Sturtevant's Paradox)来概括:音变结果是遵循规则的产物,但是会产生不规则现象;类推结果是违背规则的产物,但是会产生规则现象。以英语的 brother 一词为例,其复数形式原为 brother-en,后来发生了brother-en>brethren 的音变(由于受后缀-en 中元音 e 远程同化的作用,发生了 o>e 的音变)。这种自然音变的结果,造成了表面上的不规则性,即同一个词根在单复数中出现了两种形式(单数 brother 和复数 brethr-)。另一方面,有很多名词的复数形式是在词根后加后缀-s,如sister~sisters。在这种情况下,同一个词根在单复数中的语音形式相同,都为 sister。英语母语者会根据 sister 一词的情况进行类推,即 sister∶sisters=brother∶x,从而认为 brother 一词的复数形式也应该为 brothers。所以,brothers 代替 brethren,成为 brother 的复数形式。这样一来,原本由自然音变造成的 brother/brethr-两种语音形式交替的现象消除了,不论在单复数中,"兄弟"一词的词根都是 brother。但从另一方面而言,类推可以看成是对规则音变结果的抹杀。因为在规则音变的前提下,"兄弟"一词的词根在单复数中确实应该具有不同的语音形式 brother 和 brethr-。

表 3-15　英语词"honor"与"labor"的演变

	第一阶段(公元前 400 年)		第　二　阶　段		第三阶段(公元 200 年)	
释　义	荣　誉	劳　动	荣　誉	劳　动	荣　誉	劳　动
单数主格	honōs	labōs	honōs	labōs	honor	labor
单数宾格	honōsem	labōsem	honōrem	labōrem	honōrem	labōrem
单数所有格	honōsis	labōsis	honōris	labōris	honōris	labōris

类推作用不仅能消除规则音变带来的语音变化,也能反其道而行之,使不具备音变条件的词发生语音上的变化。以拉丁语"荣誉""劳动"两词为例,公元前 400 年时,这两个名词的单数主格形式分别是 honōs 和 labōs。拉丁语中宾格形式的后缀为-em,所有格形式的后缀为-is,所以就有了 honōsem、honōsis、labōsem、labōsis 等形式。随后发生了所谓的"r 化"音变(rhotacism),位于两个元音音段之间的擦音 /s/,变成了 /r/。即 honōsem>honōrem,honōsis>honōris,labōsem>labōrem,labōsis>labōris。由于 honōs、labōs 两词中的 /s/ 位于词末,不符合音

变条件,所以没有发生上述音变。但是,到了公元 200 年左右,honōs、labōs 两词变成了 honor、labor,即位于词尾的 /s/ 也变成了 /r/。这一变化的内在机制与上述的自然音变完全不同。"r 化"音变,是受发音上的空气动力学原理制约而造成的,必须是两个元音音段之间的擦音 s 发生"r 化"。而词末位置的 s 发生"r 化"并不符合上述原理。这一现象的产生,完全是"类推"作用的结果。由于同一词根的其他形式都发生了"r 化"音变,形成了 honōrem、honōris、labōrem、labōris 等形式,使得拉丁语的使用者认为,"荣誉""劳动"两词的词根形式是 honōr-、labōr-。单数主格的词根也应该与其他语法范畴相一致,通过"类推"honōs、labōs 也变成了 honor、labor。

二、研究方法

(一) 研究方法之一:历史比较法

1. 研究原则

(1) 音义结合的任意性

任何语言中的词(或语素)都是音义结合的单位。词在最初形成的时候,音义的结合是任意的,没有规律。这表现为,同一概念在不同语言中的语音形式不尽相同。历史比较法就是要寻找两种(或几种)语言之间的亲缘关系,所谓的亲缘关系,指的就是这两种语言是由历史上的同一种语言分化而成的。最主要的证据,就是同源词之间语音上的对应关系。正是因为音义结合的任意性特点,相同意义的词,在不同语言中的语音形式存在很大差别。反过来说,如果两种语言中,存在一些词,具有语音上的对应关系,那么就可以断定,这两种语言是由同一语言分化而成的亲属语言。确定亲属语言,就好比在一堆没有标签的锁和钥匙之间建立匹配关系。每一个锁孔的构造都是任意的,只有与之相匹配的钥匙才能打开。如果锁孔都是按同样的结构设计出来的,那么,只需要一把钥匙就能打开一堆锁,也就无法确认哪把钥匙是为哪把锁专门配制的。正是因为锁孔设计的任意性,我们才能据此确定,只有能打开这把锁的钥匙,才是为其专门配制的。

(2) 音变的规律性

音变的规律性,是新语法学派的基本原则。排除了语言借用及类推的干扰之后,语音变化规律无例外。只要符合语音条件,音变就会发生。此外,音变具有时间性和地域性的限制。以格里姆定律为例,日耳曼语辅音大转移发生在公元前 1000 年左右,而且只涉及原始印欧语的部分地区(今瑞典南部及日德兰半岛),发生该音变的原始印欧语变成了原始日耳曼语。在说原始印欧语的其他地区,并没有发生上述音变。另外,在原始日耳曼语形成之后,也没有再次发生上述辅音转移,以中古英语(1150~1450)为例,自从法语中引入大量的借词,这些词发音上(仅指辅音),仍保持了第一次辅音大转移发生之前的语音特点,并不符合格里姆定律的原则。

(3) 语音演变的均变性原则

均变性原则(uniformitarian principle)是历史语言学研究的一个重要的理论基础。这一原则认为,几万年以来,人类的发音器官并没有发生根本性的变化,因此,历史语言的发音机制与现实语言并不存在本质上的区别。

因此,导致语言发生变化的机制,无论在历史上,还是在现实中,都会发生作用。历史上发生的语音变化,在现实的语言中也会不断地重复出现。这一点,对于研究缺乏文献的语言而言至关重要。研究者可以通过比较现代各亲属语言之间的语音形式,从而构拟原始语的面貌,并且解释从祖语到各子语的发展变化。

（4）祖语的一致性和分化后的不交融性

历史比较法的另一个前提是,祖语必须是一个均质系统（homogeneous system）,即在分化之前,祖语的内部不存在差异。这好比一瓶溶液,无论取出其中的任何一部分,溶液的浓度都是相同的。如果祖语在分化之前,本身就存在着地域上的差异,那就会给语言之间亲属关系的确认带来困难。如果现实中的两个语言,在语音上并不存在对应关系,研究者很难确定,这种不对应关系究竟是祖语内部的差异造成的,还是因为这两种语言本来就是来源于不同的祖语。

此外,亲属语言分化之后的再接触,同样会给运用历史比较法进行的研究造成困难。以中古英语为例,就是在与法语深度接触之后,引入了大量的法语借词。如果从这些借词入手进行分析,很可能得出"英、法两种语言的亲属关系非常接近"这一论断（在研究没有文献的语言时,往往会陷入上述误区）。但事实上,原始日耳曼语（英语的前身）和意大利-凯尔特语（法语的前身）大约在三千年前就早已分化。

2. 基本程序

历史比较法是从研究印欧语系的语言开始的,下面就是一个较为著名的例子。众所周知,现代意大利语、西班牙语、葡萄牙语、法语都是从古代拉丁语分化出来的语言,彼此之间具有亲缘关系。通过这些亲属语言,就可以运用历史比较法进行祖语的构拟。另一方面,拉丁语是拥有大量文献的历史语言,正好可以用来验证历史比较法构拟的结果是否可靠。

历史比较法的基本步骤如下[①]:

（1）确定同源词

所谓的"同源",就是指在语言分化的过程中,祖语中的一个词,在各子语言中分化成为几个词,这些词之间存在着同源关系,或者说,其中的一个词是另一个词的同源词（cognate）。在运用历史比较法时,几个亲属语言之间的同源词,构成一个"同源词组"（cognate set）。确定同源词并非易事,特别是对于没有或缺乏文献的语言而言。必须首先排除语言中的借词（如英语中借用法语的词）。同时还需要排除由于偶然的相似造成的词,这种偶然的相似现象,在两种没有亲属关系的语言中都可能存在。比如汉语"泛"一词,现代北京话中的读音为/fan/,由于现代汉语中的声母/f/都是由以前的/p/演变而来。根据拟音,中古汉语时"泛"的读音为/*pǐwɐm/,而英语中"广泛"一词为 pan,与中古汉语的"泛"在读音上比较接近。这种个别词带来的相似性,不能作为两种语言具有亲属关系的证据。某些词,在很多语言中都具有某些共同的语音特征。如与"母亲"有关的词,都是以双唇鼻音/m/开头,与"父亲"有关的词,以双唇塞音/p/开头。这些词,显然都不能作为同源关系的证据。

---

① 本章中的实例引自 Campbell（2008）一书。Campbell, L. *Historical Linguistics: An Introduction*［M］.北京：世界图书出版公司,2008.

另一个需要排除的是语言中的拟声词,这一类词的语音,往往与该事物发出的声音相似,具有一定的理据性,并不能完全体现"音义结合的任意性"原则。如"布谷(鸟)"一词,现代汉语中的读音为 /pu^{51}ku^{214}/,英语中为 coucou /kuku/,两个词都是模拟布谷鸟的叫声而来。即使是在亲属语言之间,这种拟声词,也是不能作为同源词组用于历史比较法的。

最后需要注意的一点是,随着语言的发展,部分词的词义会发生变化。这在任何一种语言中都会发生。一组同源词,在不同的语言中,也会经历不同的语义变化,最终可能使得这一组词的词义大相径庭,使研究者难以一下子确认其同源关系。以汉语"去"一词为例,古汉语中的意思为"离开"。如果动词"去"后接一个表示处所的宾语,则表示离开该处所。现代汉语"去世"一词中的"去",仍保留这一语义。在其他情况下,动词"去"后接处所宾语时,表示的是动作发出者将该处所作为目的地,试图到达该目的地的行为。这与古代汉语中"去"表示的行动方向正好相反。现代汉语和古代汉语在读音上差异较大,如果没有汉字作为线索,我们就很难断定现代汉语的"去"和古代汉语的"去"之间是否具有继承关系。

(2)确立同源词之间语音的对应关系

下表为意大利语、西班牙语、葡萄牙语、法语以及拉丁语的同源词组。

表 3 – 16　意大利语、西班牙语、葡萄牙语、法语以及拉丁语的同源词组(1~5)

序　号	意大利语	西班牙语	葡萄牙语	法　语	(拉丁语)	释　义
1	capra /kapra/	cabra /kabra/	cabra /kabra/	chèvre /ʃɛvʁ(ə)/	capra	山羊
2	caro /karo/	caro /karo/	caro /karu/	cher /ʃɛʁ/	caru	亲爱的
3	capo /kapo/	cabo /kabo/	cabo /kabo/	chef /ʃɛf/	caput	头、顶部
4	carne /karne/	carne /karne/	carne /karne/	chair /ʃɛʁ/	carō/carn-	肉
5	cane /kane/	can /kan/	cão /kãw̃/	chien /ʃjɛ̃/	canis	狗

根据上面的同源词表(表 3 – 16),我们可以建立四种语言之间的语音对应关系:

① 意大利语 k-：西班牙语 k-：葡萄牙语 k-：法语 ʃ-

这一条语音对应关系,在第 1~5 组同源词组中都得到反映,正是由于这种成系列的对应关系,排除了偶然相似的可能,使我们可以断定,这些语音现象之间具有发生学上的关系(是由祖语中的同一个语音形式发展变化而来的),因此可以据此为线索,构拟祖语中的语音形式。

(3)构拟祖语中的语音形式

以上只是建立了四个亲属语言中的一组对应关系。在运用历史比较法的时候,要求把亲属语言中所有的语音对应关系全部列出,才能构拟出祖语的完整音系。祖语的构拟,是建立在假设的基础之上的,只要能够圆满解释从祖语到各子语言的音变过程,这种假设就是合理的,构拟就算成功。事实上,祖语的构拟,无法做到与历史上存在过的某种语言完全一致。正如古生物学中根据恐龙化石复原恐龙,只能做到最大限度地接近古生物的原貌。

一般来说,从祖语到各子语的演变过程中,祖语中的语音特征,在某些子语中会得以保留,而在另一些子语中可能消失。也就是说,每一个子语言都只继承了祖语的部分语音特点。因此,构拟祖语必须遵循的原则就是,各子语中所有的语音特征,在祖语中都必须得到体现。

根据上述两条语音对应关系,意大利语、西班牙语、葡萄牙语、法语中的对应辅音都为/k/。这说明,原始罗曼语中存在着一个原始形式 *c,这个原始形式是一个辅音。祖语中的辅音 *c 在意大利语、西班牙语、葡萄牙语中都音变成了/k/,而在法语中变成了/ʃ/。我们可以根据这一线索对这个原始形式进行构拟。一般来说,构拟音变必须遵循经济性原则,如果没明显的证据表明发生过音变,那就不认为历史上发生过音变。即使音变不可避免,那么也应该是发生得越少越好。根据上述原则,完全可以认为,从原始罗曼语到各子语言中,这个 *c 的原始形式就是 *k。在意大利语、西班牙语、葡萄牙语中没有发生音变,只在法语中发生了一次音变 *k>ʃ。

根据"山羊""头、顶部"两组同源词,我们还可以总结出语音对应关系②。

②   意大利语 p:西班牙语 b:葡萄牙语 b:法语 v

针对上述现象,仍可以提出两种构拟假设:假设一,原始罗曼语的形式为 *b,在意大利语中变成了/p/,在法语中音变为/v/;假设二,原始形式为 *p,在西班牙语、葡萄牙语中变为/b/,在法语中变为/v/。

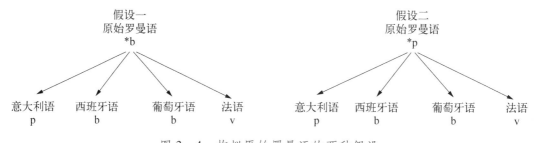

图 3-4   构拟原始罗曼语的两种假设

相比较而言,假设一更符合经济性原则,因为根据这一构拟,从原始罗曼语到现代各子语,只需经过两次音变,即意大利语 *b>p,法语 *b>v。但是,从音变机制上来看,清塞音变成浊塞音属于弱化音变,而浊塞音变成清塞音则是强化音变。一般而言,弱化音变比强化音变更容易发生。因此,从/b/变成/p/,属于"不太自然"的音变。相反,如果假设 *p 是原始形式,从原始罗曼语到各子语的音变就会自然得多,因为,从清塞音到浊塞音的音变显然与其出现的语音条件相符合。在原始罗曼语中,清塞音/p/出现在两个元音之间,由于发元音时声带必须振动,两个元音之间的清塞音,由于受前后元音音段的影响(顺同化和逆同化的双重作用),在塞音除阻(发生爆破)之前,声带也处于振动状态,因而从清塞音变成了浊塞音,即 p>b/V_V(这里的 V,既包括元音,也包括其他声带振动的音段,如流音、鼻音、边音等)。

我们可以认为,从原始罗曼语到西班牙语、葡萄牙语都发生了 *p>b 的音变,法语中音变

则又多了一步 *p>b>v(从塞音变成擦音,也属于弱化音变的一种情况)。事实上,历史语言学家正是根据"是否发生上述 p>b 的音变"作为依据,把原始罗曼语分为西罗曼语和东罗曼语两支,其中,西班牙语、葡萄牙语和法语都属于西罗曼语支,而意大利语则属于东罗曼语支。

从上述例子中可以看到,在构拟原始形式的时候,经济性原则和自然性原则如果发生矛盾,那么首先需要考虑的还是自然性原则。正如"均变性原则"所指出的那样,历史上的音变,必须符合发声学原理,能够在现实的语言中找到相似的例子。

从"山羊"一词,我们还可以得到语音对应规则③。

③ 意大利语 a:西班牙语 a:葡萄牙语 a:法语 ɛ

据此,我们可以构拟出原始形式 *a。在意大利语、西班牙语、葡萄牙语中,这一元音没有发生变化,而在法语中,则发生了 *a>ɛ 的音变,词尾的/ɛ/进一步弱化,变成了/ə/,甚至消失,所以"山羊"一词在法语中的读音为/ʃɛvʁ(ə)/。

另一种组语音对应是各子语的 r 都存在对应关系。

④ 意大利语 r:西班牙语 r:葡萄牙语 r:法语 r

当然,如果从音值的角度来看,法语中的 r,其实是一个小舌擦音[ʁ],其他三种语言中的 r 才是真正的舌尖颤音[r]。根据这一情况,原始罗曼语中的相应形式应该是 *r。

最后,还有一组对应关系,出现在同源词组 2、3 中。

⑤ 意大利语 o:西班牙语 o:葡萄牙语 u:法语 Ǿ

根据少数服从多数的原则,原始形式应构拟为 *o。这个音,在葡萄牙语中,变成了/u/,在法语中,词尾的 *o 脱落。

(4)决定相似(重合)对应组之间的关系

表 3-17 根据同源词组找到语音对应关系

序 号	意大利语	西班牙语	葡萄牙语	法 语	(拉丁语)	释 义
6	colore /kolore/	color /kolor/	côr /kor/	couleur /kulœːʁ/	colōre	颜色
7	correre /korere/	correr /kořer/	correr /korer/	courir /kuʁiːʁ/	currere	跑
8	costare /kostare/	costar /kostar/	costar /kostar/	ˈcoûte /kute/	con(n)stāre	花费
9	cura /kura/	cura /kura/	cura /kura/	cure /kyːʁ/	cūra	治愈

表 3-17 是另一组同源词表,根据上表得到语音对应关系⑥,并且可以构拟出原始形式 *k。

⑥ 意大利语 k-:西班牙语 k-:葡萄牙语 k-:法语 k-

我们发现,对应关系⑥与对应关系①较为相似,从这两组对应关系,都可以构拟出原始罗曼语中的塞音 *k。也就是说,两条音变规则的内容发生了部分的重合,唯一的区别在于法语:根据对应关系①,*k>ʃ;根据对应关系⑥,*k>k。因此,我们必须讨论,原始罗曼语中的这两

个 ˚k 是否具有同一性。如果具有同一性,就意味着法语中的 k/ʃ 是由原始语中的同一个 ˚k 音变而来的,这必须为音变找到条件;如果不具有同一性,则表明原始罗曼语中存在着两个 ˚k,一个在法语中变成 k,另一个变成了 ʃ。在构拟的时候,必须对两个 ˚k 加以区分。

如果观察法语中的 chèvre/ʃɛːvʁ(ə)/、cher/ʃɛʁ/、chef/ʃɛf/、chair/ʃɛːʁ/、chien/ʃjɛ̃/等词,我们可以发现,ʃ 后的元音具有一个共同点,都为前、不圆唇元音。而法语中的 couleur /kulœːʁ/、courir/kuʁiːʁ/、coûter/kute/、cure/kyːʁ/等词中,/k/都出现在圆唇元音之前。所以,"前、不圆唇元音"就成为 ˚k>ʃ 的音变条件。原始罗曼语的 ˚k,在法语中,由于受到后接的前、不圆唇元音的作用,发生了逆同化,最后变成了/ʃ/。这种音变,也称为"腭化音变",是世界语言中常见的音变现象。据此,我们可以认为,原始罗曼语中只存在一个 ˚k。在法语中,由于后接元音的不同,分化成了 k/ʃ 两个变体。语音对应关系①和⑥也可以用一条音变规则加以归纳。

表 3－18　意大利语、西班牙语、葡萄牙语、法语以及拉丁语的同源词组(10～16)

序　号	意大利语	西班牙语	葡萄牙语	法　　语	（拉丁语）	释　　义
10	battere /battere/	batir /batir/	bater /bater/	battre /batʁ/	battuere	打击
11	bolla /bolla/	bola /bola/	bola /bola/	boule /bul/	bulla	球、泡
12	bontà /bonta/	bondad /bondad/	bondade /bõdaʒi/	bonté /bɔ̃te/	bonitāte	好处
13	bev- /bev-/	beber /beber/	beber /beber/	boire/bwaːʁ/ 古法语 beivre	bibere	喝
14	venire /venire/	venir /benir/	vir /vir/	venir /v(ə)niːʁ/	venīre	来
15	valle /valle/	/valle/ /balʲe/	vale /vale/	val /val/	valle	山谷
16	vestire /vestire/	vestir /bestir/	vestir /vestir/	vêtir /vɛtiːʁ/	vestīre	穿衣

根据表 3－18 中的同源词组 10～13 可以归纳出语音对应规则⑦。

　　　　　⑦ 意大利语 b：西班牙语 b：葡萄牙语 b：法语 b

根据同源词组 14～16 可以归纳出语音对应规则⑧。

　　　　　⑧ 意大利语 v：西班牙语 b：葡萄牙语 v：法语 v

根据语音对应规则⑦,可以构拟出原始罗曼语中的形式为 ˚b;而根据语音对应规则⑧,原始罗曼语的形式即可能是 ˚b,也可能是 ˚v。我们同样需要考虑,这两条规则是否具有合并的可能,意大利语、葡萄牙语、法语中的 b、v 是否都是由原始罗曼语中的 ˚b 音变而来的。比较上述材料,我们找不到音变的相应条件。以意大利语为例,b、v 都可以出现在相同的语音环境中:bev-/bev-/、venire/venire/两词中,b、v 都出现在元音/e/之前。葡萄牙语、法语中的情况同样如此。因此,我们无法给出原始罗曼语的*b分化成b/v两个变体的语音条件,只能认为,这三种语言中的/b/和/v/具有不同的来源,分别由原始罗曼语中的*b、*v音变而来。只是在西班牙语中,发生了*v>b的音变(词首位置)。

(5)从音系的总体格局出发,检验构拟的合理性

对于构拟出的原始语,还必须对其音系的总体格局进行检查。一般而言,一个语言(特别是原始语)的音系,应该具有对称性特点。以元音为例,音系中前、后元音的数量应该大体一致。以辅音为例,音系中清、浊辅音也应该成对出现。这样的一个音系格局,才是比较理想的。因此,在构拟原始语时,如果出现两可的情况时,应该优先考虑能够满足音系对称性的选择。

假设两个亲属语言中出现这样的语音对应关系:

甲语言 r: 乙语言 d

那么,在为这两个亲属语言构拟原始语时,就可能出现两种情况:一种可能是,原始语中的语音形式为*r,并且在乙语言中发生了*r>d的音变;另一种情况是,原始语中的语音形式为*d,在甲语言中发生了*d>r的音变。两种构拟的结果,使原始语中的辅音系统呈现出不同的面貌。

构拟一　　　　　　　　　　　　　　　构拟二

*p	*t	*k
*b		*g
	*r	
	*l	

*p	*t	*k
*b	*d	*g
	*l	

图 3-5　原始语的两种构拟形式

根据第一种构拟的结果,原始语中存在*p、*t、*k三个清塞音,以及*b、*g两个浊塞音,缺少舌尖位置的浊塞音*d。双唇、软腭部位的塞音,都存在清-浊对立(*p-*b,*k-*g),但舌尖部分的塞音只有一个*t,不存在清-浊对立,这就使得音系中产生一个空位。这样的构拟结果,并不能视为理想的音系格局。相比之下,按照第二种构拟的结果,音系中清、浊塞音成对出现,不存在空位,因而是一种较为理想的音系格局。

如果在构拟中出现上述两种可能的情况,一般而言,应该舍弃前者而选择后者。

(6)从语言共性及语言类型学角度出发,检验构拟的合理性

在原始印欧语(Proto-Indo-European,PIE)的构拟过程中,曾经遇到过类似的问题。最初的构拟结果,原始印欧语中存在三套塞音,分别是:

表 3-19　原始印欧语的三套塞音

清不送气塞音	p	t	k	k^w
浊不送气塞音	b	d	g	g^w
浊送气塞音	b^h	d^h	g^h	g^{wh}

这样的音系结构显然与语言的普遍共性不符。就音系结构而言,存在着如下的单向蕴涵关系:如果该语言中存在浊不送气塞音,那就一定存在相同发音部位的清不送气塞音;如果某语言中存在浊送气塞音,那就一定存在相同发音部分的清送气塞音。但是,现在构拟的结果,与这一蕴涵共性相悖。原始印欧语中虽然存在浊送气塞音,但是却并不存在清送气塞音。鉴于这样的音系结构在现实的语言中不可能存在,语言学家对原始印欧语的塞音系统作出了修正。

表 3-20　　原始印欧语的塞音系统的修正

清送气塞音	p^h	t^h	k^h	k^{wh}
清不送气挤喉塞音	p'	t'	k'	k^{w}'
浊送气塞音	b^h	d^h	g^h	g^{wh}

在新的构拟中用清不送气挤喉塞音代替了原来的浊不送气塞音,这一规则也因此称为原始印欧语的"挤喉定律"(glottalic theory)。根据这样的构拟,原始印欧语中存在着清送气塞音和浊送气塞音,从而避免了与世界语言的蕴涵共性相矛盾。

由于"挤喉定律"的运用,原来的一些难点也迎刃而解。根据旧的构拟结果,原始印欧语中不允许出现两个浊不送气塞音,诸如 *bed-这样的词根,在原始印欧语中是不存在的。由于类似的语音组合在现实的语言中比比皆是,原始印欧语中的这一现象显得比较难以理解。在新构拟的音系结构中,原来的 *b、*d、*g、*gʷ 被 *p'、*t'、*k'、*kʷ'代替,即,原始印欧语中不存在 *p'et'-这一词根(不允许出现两个连续的挤喉音)。由于挤喉音在发音上比较困难,即使存在挤喉音的语言(如高加索语)中,两个挤喉音也不在相邻的位置出现。因此,原始印欧语中的上述限制规则,也显得较为合理。

(7)根据音段的读音构拟各语素的读音

在完成了音段音值的构拟后,就可以着手构拟各同源词在原始语中的读音。以原始罗曼语的"山羊"一词为例,根据语音对应规则(1),第一个音段构拟为 *k;根据语音对应规则(3),第二及最后一个音段构拟为 *a;根据语音对应规则(2),第三个音段构拟为 *p;根据语音对应规则(4),第四个音段构拟为 *r。因此,"山羊"一词在原始罗曼语中应该构拟为 *kapra,同样,"亲爱的"构拟为 *karo;"头、顶部"构拟为 *kapo。

(二)研究方法之二:内部构拟法

1. 研究原则

构拟是指以留存语言成分的比较为基础,推断共同母语的原始形式的一种方法。内部构拟法是历史语言学另一种重要的研究方法,与历史比较法互为补充。历史比较法主要着眼于亲属语言之间同源词语音形式的比较,从而构拟出原始语。另一方面,找不到亲属语的语言,也存在原始形式。对于这种语言进行原始语构拟时,就无法使用历史比较法,只能使用内部构拟法。对于使用历史比较法构拟出来的某一原始语言,同样可以使用内部构拟法对其进行再构拟(即将其作为一种没有亲属语言的原始语对待),从而得到其更加原始的形式。可以认为,历史语言学的研究中,历史比较法和内部构拟法是两种既互相区别又互相补充的构拟方法。

内部构拟法对于形态较为发达的语言特别适用。如果某一语言中同一语素的不同形态存在语音上的交替变化,这种变化就是内部构拟法的突破口。因为这种同一词根表现出的语音形式上的不一致性,很有可能是历史音变的结果。

现代德语中,"丰富多彩"和"联盟"两词的单数形式(德语形容词和名词都有数范畴)都是/bunt/,语音上没有区别。但是,两者的复数形式不同,前者为/buntɐ/,后者为/bundɐ/。从共时平面上观察,同一个词根形式/bunt/,在加上后缀-ə构成复数的时候,却会产生两种不同的结果,这也无法用弱化音变来解释(t>d/V_V),因为"丰富多彩"一词的复数形式没有发生这样的变化。这样的不一致现象,就是内部构拟法研究的突破口。因为,在共时平面上的两个形式相同,并不代表历史上的形式就一定相同,正如一条河流下游的河水,可能来自其上游的不同支流,只是在某个地方开始交汇。

就德语的例子而言,是因为其历史上经历了"词尾浊音清化"音变。例如,"手"一词,在英语中读音为/hænd/,在德语中读音为/hant/。词尾的浊塞音/d/在德语中变成了/t/。其他词也同样如此,"联盟"(单数)一词的原始形式是/bund/,在词尾浊音清化后变成了现在的/bunt/,变得与"丰富多彩"(单数)一词同音。但是,"联盟"(复数)一词中,由于词根后又增加了复数后缀/-ɐ/,原来位于词尾的音段/d/不再位于词尾,这就不符合清化音变的语音条件,所以仍然保留了原来的语音形式。

表 3 - 21　原始德语的词尾清化

例　词	"丰　富"		"联　盟"	
	单　数	复　数	单　数	复　数
原始德语	/＊bunt/	/＊buntɐ/	/＊bund/	/＊bundɐ/
词尾清化	/bunt/	/buntɐ/	/bunt/	/bundɐ/

可见,通过内部构拟法,可以对单一语言进行再一次构拟,从而恢复其更为原始的语音形式。

2. 研究程序

(1) 观察同一个词根在不同的衍生形式(如词形变化、派生词)中的语音形式是否存在变化。

(2) 根据这些不同的变体,推测出一个单一的原始形式。

(3) 解释从原始的单一形式到各个变体之间的音变过程,即共时平面上各个变体的形成原因是什么。

(4) 检验各阶段音变的合理性。

以 Tojolabal 语(南美洲印第安玛雅语的一种)为例,其动词不定式形式和第一人称单数形式之间存在如下的对应关系。

表 3 - 22 Tojolabal 语的语音对应关系

序 号	第一人称单数	动词不定式	释 义
1	h-man	man	买
2	h-lap	lap	穿（衣）
3	h-k'an	k'an	想要
4	k-il	il	看见
5	k-u?	u?	喝
6	k-al	al	说

第一步，从上表中可以观察到，第一人称单数的前缀形式有两种：h-/k-。两个前缀的出现是有规律的，/h-/出现在辅音开头的动词前；/k-/出现在元音开头的动词前。第二步，根据上述现象，我们可以对原始 Tojolabal 语的这一前缀形式（相当于人称代词"我"）进行构拟。构拟存在三种可能：① 原始形式为 *h-，在元音前音变为 /k-/；② 原始形式为 *k-，在辅音前音变为 /h-/；③ 另外的原始形式，在辅音前音变为 /h-/，在元音前音变为 /k-/。显然，按照①②两种构拟，只需经过一次音变，就能形成现在的语音面貌；而按照假设③则必须经过两次音变，违背了经济性原则，因而首先予以否定。再来比较①②两种假设：/h-/在元音前变成 /k-/ 的音变非常少见，而 /k-/ 在辅音前变成 /h-/ 的语音现象较为自然。首先，塞音变成同部位的擦音，属于弱化音变。其次，塞音 /k-/ 在辅音前音变成擦音 /h-/，可以看作一种逆同化音变。就发音方法而言，所有的辅音在发音时，都会在发音器官的某一部位受到阻碍。所以，辅音也可以称为"阻音"（obstruent）。以塞音为例，气流受到完全的阻碍而无法通过，必须经过"除阻"后才能发音，除阻时会产生"爆破"，形成塞音的音色。发擦音时，气流受到的阻碍相对较小。此时，气流并非无法通过口腔，而是必须在口腔中经过一个狭窄通道，从而形成"湍流"（turbulence）。由于通道的大小不同，会形成不同的擦音音色。在所有的擦音中，清擦音 /h/ 的受阻程度最低，几乎接近元音。因此，/k-/ 在其他辅音音段之前变成 /h-/，就是一种"逆异化"音变。可以解释为，塞音 /k/ 受到其他阻音音段的影响，导致其自身的阻塞特征消失。由于上述两点理由，Tojolabal 语中"我"的原始形式构拟为 *k- 更为合理。第三步，解释 Tojolabal 语中为什么会出现前缀 k-/h- 的交替现象，即辅音音段前的 *k- 是怎样音变成 *h- 的。见下表：

表 3 - 23 Tojolabal 语"我"的构拟

	（我）买	（我）看见
原始语	*k-man	*k-il
音变 k>h/_C	hman	—
现代 Tojolabal 语	hman	kil

"（我）买""（我）看见"两词的原始形式分别为 *k-man、*k-il，由于 Tojolabal 语中发生了

一次音变,位于辅音音段前的/k-/变成了/h-/,即,*k-man>hman。另一方面,由于*k-il 不符合音变条件,仍然保留了原始语中的语音形式。

3. 相对年代学

在使用内部构拟法时,如果从祖语到现代语言所发生的音变不止一步,那么,各次音变发生的时间顺序就变得至关重要。在改变音变顺序的前提下,同样的几条音变规则会产生截然不同的音变结果。关于这些特定音变顺序的研究,就称为相对年代学(relative chronology)。

下面是芬兰语名词持续格(单数)和名词宾格(单数)的交替变化。

表 3 - 24　芬兰语名词持续格和宾格的交替变化

序　号	持续格(单数)	宾格(单数)	释　义
1	onne-na	onni	幸福
2	sukse-na	suksi	雪橇
3	vete-nä	vesi	水
4	käte-nä	käsi	手
5	tuoli-na	tuoli	椅子

(注:/ä/的实际音值为[æ],na/nä 的交替是芬兰语元音和谐的结果,与本章的讨论无关)

例 1~4 反映出名词词根在语音形式上的变化:onne-/onni、sukse-/suksi、vete-/vesi、käte-/käsi,因此可以假设两种音变的可能:假设①这些词根的原始形式,都以元音 e 结尾,宾格(单数)形式由于没有后缀,词根结尾处同时就是词末位置,词末位置发生了 e>i 的音变;假设②正好相反,原始形式的词根以元音/i/结尾,持续格中,非词尾位置的/i/音变为/e/音。但是,由于例 5 中名词"椅子"的词根为 tuoli-/tuoli,如果按照假设②的音变规则,同样应该发生 i>e 的音变,事实上,tuoli-na 没有变成 tuole-na,因此,第二种假设可以排除。

规则 1:e>i /_#

表 3 - 25　现代芬兰语的元音高化

原始芬兰语	*onne-na	*onne	*sukse-na	*sukse
规则 1	—	onni	—	suksi
现代芬兰语	onnena	onni	suksena	suksi

从 3、4 两组例词中还可以得出这样的结论:vesi、käsi 中的音段/s/,是由 vete-nä、käte-nä 中的/t/音变而来的。这是因为/t/受到后面元音/i/的影响发生部分同化,变成了/s/。

规则 2:t>s /_i

例 3、例 4 两词经历了规则 1 和规则 2 两次音变,才从原始芬兰语变成现代芬兰语。这两次音变并非同时发生,而是具有时间上的先后顺序。很多情况下,这样的顺序并不是任意的,同样的音变规则,在不同的顺序安排下,会产生不同的音变结果。

表 3-26　现代芬兰语语音规则排列顺序 1

原始芬兰语	*vete-nä	*vete	*käte-nä	*käte
规则 1	—	veti	—	käti
规则 2	—	vesi	—	käsi
现代芬兰语	vetenä	vesi	kätenä	käsi

只有规则 1 先于规则 2 发生作用,才能形成现代芬兰语的语音面貌。

表 3-27　现代芬兰语语音规则排列顺序 2

原始芬兰语	*vete-nä	*vete	*käte-nä	*käte
规则 2	—	—	—	—
规则 1	—	veti	—	käti
现代芬兰语	vetenä	※veti	kätenä	※käti

如果规则 1 与规则 2 交换顺序,那么就会产生截然不同的结果。规则 2 发生时,不存在符合音变的语音条件,/t/不会音变成/s/。然后才是规则 2 起作用,vete、käte 音变成 veti、käti,但是不可能产生现代芬兰语中 vesi、käsi 这样的语音形式。

4. 内部构拟法的局限性

内部构拟法可以观察到条件音变给某一语言音系带来的不平衡性,但无法适用于无条件音变。

表 3-28　梵语、拉丁语和原始印欧语的元音合并

梵 语	拉丁语	原始印欧语	释 义
ad-	ed-	*ed-	吃
danta-	dent-	*dent-	牙齿
avi-	ovi-	*owi-	羊
dva-	duo	*dwo-	二
ajra-	ager-	*aĝro-	田地
apa	ab	*apo	远离

对比梵语和拉丁语,我们可以发现,原始印欧语中的三个元音 *e、*o、*a,到了梵语中全都合并成为一个元音/a/。这样的 *e>a、*o>a 的音变是无条件的。也就是说,在原始梵语形成之初,语音系统中也存在着 *e、*o、*a 三个元音的对立。但是后来发生了合并音变,原始梵语中所有的元音 *e、元音 *o,都变成了/a/。如果单从梵语语音系统内部观察,我们无法得知哪些元音/a/直接继承了原始印欧语中的/a/,哪些/a/是后来音变的结果。这是内部构拟法无法做到的。

其次,对于条件音变而言,如果导致语音交替的音变条件发生了变化甚至消失,致使后来的共时平面上找不到这种音变条件,内部构拟法仍然无法发挥作用。

表 3 - 29 英语名词"mouse"和"goose"的演变

	老鼠(单数)	老鼠(复数)	鹅(单数)	鹅(复数)
原始日耳曼语	*muːs	*muːs-iz	*goːs	*goːs-iz
原始英语	muːs	muːs-i	goːs	goːs-i
umlaut 音变	—	myːs-i	—	gøːs-i
词尾元音脱落	—	myːs	—	gøːs
前元音展唇化	—	miːs	—	geːs
元音大转移	maus	mais	gus	gis
现代英语	/maus/	/mais/	/guːs/	/giːs/

英语名词 mouse/maus/、goose/guːs/,其复数形式分别为 mice/mais/、geese/giːs/。从共时平面上看,名词单复数存在着词中元音形式的交替/maus/ ~ /mais/、/guːs/ ~ /giːs/,这就是内部构拟研究的突破口。但是,我们无法解释,为什么同样的语音环境下(m ___ s、g___s),会出现不同的语音形式。如果考察原始日耳曼语,就会发现,"老鼠""鹅"两词的复数形式,都是在名词词根后加上后缀*-iz。到了原始英语中,复数后缀变成了-i。单、复数在语音形式上的对立,其实就是词尾有无/-i/的对立:muːs-i、goːs-i 两词以-i 结尾,属于复数形式;muːs、goːs 词尾没有-i,是单数形式。而且,在英语中发生了所谓的 umlaut 音变(远程同化音变),复数形式词尾的-i 对于词中元音发生影响,使得原来的后元音/uː/、/oː/的部分发音特征产生了变化,由后元音变成了前元音/yː/、/øː/,即 muːs-i>myː s-i、goːs-i>gøː s-i。随后,词尾元音脱,使得 myːs-i、gøːs-i 进一步变成了 myːs、gøːs。这时,单复数的对立,就由原来的词尾有无后缀-i 的区别,变成了词中元音音质上的区别。这两组单、复数形式,又经过一系列的音变,形成了现在的语音面貌,但是单复数形式的根本区别仍未改变,仍表现为词中元音在语音上的对立。通过历史文献留下的证据,我们可以认为,产生单、复数形式语音交替的根本原因来自历史上复数名词的后缀-i。通过这条线索,我们可以很好地解释词中元音形式发生交替的原因。但是,由于英语中后来发生的音变,导致后缀-i 丢失。失去这条线索后,我们也就无法找出上述语音交替的真正原因了。

(三)研究方法之三:谱系分类法

历史语言学研究的一项重要任务是对世界上的语言进行发生学上的分类,建立语言的谱系。所有具有亲缘关系的语言,组成一个语系(language family)。同一语系内各语言之间,可以根据亲缘关系的远近,构成一个关系组合。其基本思路是:由一个祖语(proto-language)分化出几个子语言,祖语和子语言之间可以理解为"母女关系",而各子语言之间则为"姐妹关系"。子语言可以进一步分化,形成下一代子语言。随着语言的不断分化,语系中各语言的关系就越来越复杂,从而构成该语系的"家谱"。这样的一张家谱,也可以看作一棵向下生长的大树,祖语代表树根,每一代的子语言,都是从其母语言中产生的分叉,直接来自同一个分叉的各语言,就是姐妹语言。这就是语言分类的"谱系树"理论。语言的谱系树和一般意义上的家谱有一点不同。在真正的家谱中,可以出现两代人、三代人甚至更多代人同堂的情况,但是,历史语言学的谱系分类中,一个语言分化成几个子语言后,也就意味着这个语言自身的消亡。因此,在某一语系的谱系树里,只有处于最下位的语言(一般认为祖语处于最上位)才是现存的语言(也有可能是已经消失的语言),其余都只是历史上曾经存在过的语言。这些语言,有的在历史文献中得以保留(如拉丁语),有的只能通过比较法构拟出其大致面貌。

谱系分类中的一项重要工作就是确定语言的"下位分类"(subgroup)。以拉丁语(原始罗曼语)为例,这是古罗马时期使用的一种语言。后来分化成撒丁语、西罗曼语和东罗曼语三支,在分化的同时,历史上的拉丁语就不复存在了,只在宗教及学术领域保留。拉丁语的语音特点,在其各子语言中得以体现。撒丁语自身虽然经历了一些变化,但一直沿用至今,而西罗曼语和东罗曼语则继续分化。

西罗曼语分化后,形成了现在的法语、西班牙语、葡萄牙语等语言。在这一分化完成后,西罗曼语也同时消失。因此,从拉丁语(原始罗曼语)到西罗曼语,再到现代的法、西、葡等语言,经历了两次下位分类。在这其中,西罗曼语的地位至关重要,既是原始罗曼语的子语言,又是法、西、葡等现代语言的母语,这样的历史语言,在语系的谱系发展中起到了承上启下的连接作用,称为"中间祖语"(intermediate protolanguage)。法、西、葡三种语言都是从同一个中间祖语(西罗曼语)直接分化出来的,因此属于原始罗曼语中的同一个下位分类。

原始罗曼语的另一个子语言——东罗曼语,也发生了分化,形成了现在的意大利语、罗马尼亚语和达尔马提亚语。同样,东罗曼语也成为一个"中间祖语",意、罗、达三种语言是其子语言,也就是说,这三者同属于一个下位分类。

下位分类是确定语系中各语言亲缘关系远近的依据。直接隶属于同一下位分类的各语言之间,属于"亲姐妹"关系,如法语、西班牙语、葡萄牙语三种语言;又如意大利语、罗马尼亚语、达尔马提亚语三种语言之间。而分属不同下位分类的语言之间,则是"表姐妹"关系,如法语和意大利语之间。不同的表姐妹语言之间,还可以进一步分出"近亲"和"远亲"。

确定下位分类的基本原则是依据各语言中的"共同创新"特征。所谓的共同创新(shared innovation),就是指原始母语中的语言特征,在某些子语言中发生了改变。就语音特征而言,这样的变化是历史上某一特定音变的结果。原始母语中的一部分经历了上述音变,就会表现出一些新的语音特征(暂时命名为特征A),而祖语中的其他部分语言中,没有发生上述音变,因而不具有特征A。这样的音变,可以视为原始母语分化的标志,原始母语中具有特征A的那部分语言成为子语言甲,其余部分语言成为子语言乙(也可能是几部分语言,此时还可以分出子语言丙、子语言丁)。子语言甲、乙之间为姐妹语言,而原始母语从此消亡。各子语言继续分化,子语言甲分化后,特征A会保留在其子语言(子语言甲甲、子语言甲乙……)中。特征A就是子语言甲甲、子语言甲乙等各语言的共享创新特征。根据这条特征,就可以把上述语言归入同一个下位分类。

利用共同创新对语言进行下位分类的典型例子,就是"格里姆定律"。原始日耳曼语的

图 3-6 印欧语系的谱系分类

形成,是"第一次辅音大转移"的结果。原始印欧语中经历过这次音变的部分,就成为了后来的原始日耳曼语。原始日耳曼语的语音特点,是三组辅音之间发生的循环音变。原始日耳曼语有很多姐妹语言,如意大利-凯尔特语、希腊语、印度-伊朗语等,但这些语言都不具有这一语言特征。在原始日耳曼语分化后,上述特征在其子语言东日耳曼语、西日耳曼语和北日耳曼语中都得以保留,这就是所谓的"共同创新"。拥有这一共同创新特征的三种语言(东、北、西日耳曼语),都属于原始日耳曼语的下位分类。

这些子语言在历史演变过程中的结局不同。东日耳曼语发展成哥特语,直至灭亡;西日耳曼语分化成英语、荷兰语、高地德语、低地德语等西欧语言;北日耳曼语发展成古北欧语,该语言是现代丹麦语、瑞典语、挪威语、冰岛语的前身。在格里姆的研究中,哥特语、古英语和古北欧语中都继承了原始日耳曼语中的这一语音特征,保留了三组辅音之间的循环音变。

(四) 研究方法之四:语言年代学

表 3－30　斯瓦迪什 100 基本词表①

1. I	21. dog	41. nose	61. die (verb)	81. smoke (noun)
2. you	22. louse	42. mouth	62. kill (verb)	82. fire
3. we	23. tree	43. tooth	63. swim (verb)	83. ash (es)
4. this	24. seed (noun)	44. tongue	64. fly (verb)	84. burn (verb)
5. that	25. leaf	45. claw	65. walk (verb)	85. path
6. who	26. root	46. foot	66. come (verb)	86. mountain
7. what	27. bark (noun)	47. knee	67. lie	87. red
8. not	28. skin	48. hand	68. sit (verb)	88. green
9. all	29. flesh	49. belly	69. stand (verb)	89. yellow
10. many	30. blood	50. neck	70. give (verb)	90. white
11. one	31. bone	51. breasts	71. say (verb)	91. black
12. two	32. grease	52. heart	72. sun	92. night
13. big	33. egg	53. liver	73. moon	93. hot (adjective)
14. long	34. horn	54. drink (verb)	74. star	94. cold
15. small	35. tail	55. eat (verb)	75. water (noun)	95. full
16. woman	36. feather	56. bite (verb)	76. rain (noun)	96. new
17. man	37. hair	57. see (verb)	77. stone	97. good
18. person	38. head	58. hear (verb)	78. sand	98. round
19. fish (noun)	39. ear	59. know	79. earth	99. dry
20. bird	40. eye	60. sleep (verb)	80. cloud	100. name

无论是历史比较法,还是内部构拟法,在对原始语进行构拟的时候,都无法对音变产生

---

① 此表引自 Swadesh. *The Origin and Diversification of Language* [M]. Chicago:Aldine, 1971:283.

的年代进行测算。历史语言学家从考古学研究中得到启示,采用类似于测定碳 14 含量的方法,对姐妹语言分化的年代进行计算。碳 14 是碳 12 的同位素,具有衰变的特点,其半衰期为 5730 年。通过检测文物中碳 14 的剩余量,就可以推算出文物产生的历史年代。如果文物中的碳 14 含量只有标准量的一半,那么可以推算出其历史大约为 5700 年。如果碳 14 含量只剩下标准量的四分之一,其历史大约为 11000 年。与之相类似,语言年代学的研究方法,就是借鉴考古学中的这一方法应运而生的。

语言年代学(Glottochronology)最初由莫里斯·斯瓦迪什(Morris Swadesh)于 20 世纪 50 年代提出。该方法有四条基本假设:

(1)在跨文化的各个语言中,都存在一个“基本词汇”(也称“核心词汇”)。这些词汇由母语者最先习得,使用的频率最高,因而在各民族语言的发展过程中,最难以发生词汇替换。斯瓦迪什归纳整理了“一百基本词表”和“二百基本词表”,其中,以“一百基本词表”最为常用。

(2)基本词汇的替换是非常缓慢的,其速度是一个常量。根据对于大量语言的考察发现,每经过 1000 年的发展,语言中“一百基本词”仅有 14％ 被替换,有 86％ 得以保留。如果某语言有了 3000 年的历史,其基本词汇的保留程度大约为 63.6％($0.86^3 = 0.636$)。

(3)各语言基本词汇替换率(保留率)大致相同,“一百基本词”每 1000 年保留 86％。

(4)根据以上三点假设,可以对两个亲属语言的分化时间进行计算。以英语和德语为例,两者同属西日耳曼语。在两种语言形成后,原始西日耳曼语中的基本词汇就会被不同的词替换。因此可以通过考察英、德两种语言中一百基本词的替换情况,从而计算出两种语言的分化年代。以同一个基本词为出发点,观察在英、德两种语言中表达该概念的词是否具有同源关系(语音上的对应关系)。能找出同源关系的词,是没有发生替换的部分;相反,找不出同源关系的词,则是发生替换的部分。先计算出基本词的保留率 C,然后再根据下列公式计算出英语和德语分化的年代:

$$t = \frac{\log C}{2\log r}$$

其中,t 代表两种亲属语言分化了多少年;C 就是两种语言基本词的保留率,$r = 0.86$,代表每 1000 年基本一百词的保留率,log 代表常用对数。根据计算,英语和德语分化的时间大约有 1500 多年了。这一结果,和英语形成的历史大致相符。

古英语的形成,大致可以追溯到公元 449 年。居住在西北欧的盎格鲁(Angles)、撒克逊(Saxons)和朱特(Jutes)三个日耳曼部族乘船横渡北海,并于一个半世纪之后征服不列颠,史称“日耳曼人征服”。在这一过程中,三个民族逐渐融合,他们的语言与大陆上的西日耳曼语发生分化,成为古英语(Old English)。英格兰(England)一词,源于 Englaland,即“盎格鲁人的土地”(land of the Angles)。

不过,语言年代学还远没有达到令人满意的地步,其理论假设也是颇受争议。斯瓦迪什的一百基本词表是否真的具有跨语言的普遍性,还需要接受更多语言事实的检验。另外,一百基本词表的条目仍没有摆脱印欧语系的框架。在印欧语系的大前提下,每个词条都可以找到其同源词,从而对两种语言进行计算。但是,如果跳出这一构架,面对非印欧语系的语言,词表的使用就会受到很大限制。词表中的"hair",在汉语中既可以表示"头发",也可以表示"毛",具体应该选用哪一个汉语词,就会遇到一定的困难。另外,同一个概念,在不同的方言中,可以有几个表达。如 good 一词,在上海话中可以用"好""灵""嬲""嗲"等几个词来表示。如果只考虑前者,就意味着没有发生词汇替换,而如果考虑后三者,那结果就正好相反。因此,在计算词汇保留率的时候,由于判别标准的不同,往往会出现偏松和偏紧不同情况。这些,都是语言年代学在具体实施过程中遇到的问题。

三、案例剖析

（一）英语的元音大转移（Great Vowel Shift，GVS）

表 3 - 31　英语的元音大转移

例　词	长 元 音 读 音					音 变 过 程
	15 世纪	16 世纪	17 世纪	现 代 英 语		
bite（名词）	iː	ei	əi	ai	bite	iː>ai
tide					tide	
bete（名词）	eː	iː	iː	i(ː)	beet	eː>iː
mete	ɛː	ɛː	eː	i(ː)	meat	ɛː>eː>iː
name	aː	aː	ɛː	ei	name	aː>æː>ɛː>ei
hous	uː	ou	əu	au	house	uː>au
boote	oː	uː	uː	u(ː)	boot	oː>uː
boat	ɔː	ɔː	oː	ou	boat	ɔː>ou

从乔叟时代(15 世纪)到莎士比亚时代(17 世纪),英语经历了所谓的"元音大转移"的系列音变,英语长元音的读音发生了一系列变化,这一音变奠定了现代英语元音的语音面貌。

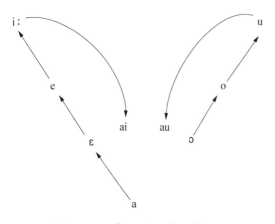

图 3 - 7　英语的元音大转移

高元音 /iː/、/uː/ 发生了裂化音变(breaking)从而变成复元音。当然,这种复元音化的演变并非一蹴而就,而是经历了不断的变化。如前高元音 /iː/ 的音变过程为 iː>ei>əi>ai,guide(导游)一词,从法语借入英语。英语读音为 /gaid/,而法语没有经历元音大转移,该词在法语中的读音仍为 /gid/。同样,后高元音 /uː/ 的音变过程为 uː>ou>əu>au。英语 couch(睡椅)一词同样借自法语,现代英语中 couch 的读音为 /kautʃ/,而法语词 couche 的读音仍为 /kuʃ/。

除了高元音发生的裂化音变外,其他长元音的读音也发生了高化,即元音的舌位升高。前元音 /e:/ 变成了 /i:/,除了表格中的 bete,feet 一词的读音同样由 /fe:t/ 变为现在的 /fi:t/。/ɛ:/ 变成 /e:/ 之后,继续高化,也变成了 /i:/。只有长元音 /a:/,在经历了 a:>æ:>ɛ: 的音变之后,最终变成了复元音 /ei/。后元音方面,/o:/ 变成了 /u:/,而 /ɔ:/ 在先变成 /o:/ 后,最终变成了复元音 /ou/。

这种音系中的元音发生整体移动的音变,称为链式音变(chain shift)。一般而言,长元音发生高化,是语言发展中的普遍现象。就链式音变而言,同样可以分为两种情况。一种是由音系中的低元音首先发生高化,挤压舌位较高的元音,使其被迫发生高化,这种情况称为推链(pull chain);另一种情况正好相反,称为拉链(drag chain),指的是音系中的高元音首先发生音变(如"裂化"),音变后留下的空位,由舌位较低的元音进行填补,从而导致音系中的链式音变。

就英语元音大转移的情况而言,从 15 世纪到 16 世纪,/i:/、/e:/ 两个元音首先发生了变化(/i:/ 裂化、/e:/ 高化),而 /ɛ:/、/a:/ 两个元音尚未发生变化。因此可以推断,这种音变属于链式音变中的"拉链"。

从功能学派的角度分析,语音的变化必须最大限度地保持音系的原有格局。如果音变中发生了合并现象,使得音位之间的相对位置发生改变,其结果就是导致语言中的同音词增加,从而可能影响语言的交际功能。链式音变,正好可以解决这一矛盾。由于元音音位发生了整体性的变化,使音系中各元音之间的相对距离得以维持,从而能够避免音位的过度合并。这样也就可以使音变不至于对于语言的交际功能产生影响。

(二)"尖团合流"与现代汉语中 j、q、x 声母的形成

现代汉语普通话中 j/tɕ/、q/tɕʰ/、x/ɕ/ 三个声母的产生,就是部分同化的结果。从普通话语音的格局来看,声母和韵母的配合并不是任意的,而是体现出一定的规律。这些规律性,往往能够反映出汉语语音演变的痕迹。以 j、q、x,z、c、s,g、k、h 三组声母为例,可以归纳出下面的规律。

表 3 - 32 普通话声母与四呼的配合关系

	开口呼	齐齿呼	合口呼	撮口呼
j、q、x	-	+	-	+
z、c、s	+	-	+	-
g、k、h	+	-	+	-

其中,j、q、x 三个声母只与齐齿呼(韵母为-i 或带-i-介音)和撮口呼(韵母为-ü 或带-ü-介音)韵母相拼合;而 z、c、s,g、k、h 两组声母正好相反,只能与开口呼和合口呼韵母相拼合。两者在韵母拼合关系上正好呈现出互补分布的局面。

如果考察汉语语音史,不难发现,北京话(普通话标准音的来源)中 j、q、x 这一组声母的出现时间比较晚,最早形成是在清初(17 世纪中期),而完全定型则要到 18 世纪。事实上,

北京话中的 j、q、x 三个声母,就是历史上 z、c、s、g、k、h 两组声母与齐齿呼、撮口呼韵母拼合后,受韵母(韵头)的影响,声母发生部分同化的结果。

　　以"枪""腔"为例,在现代北京话中,两字的读音完全相同,都为/tɕʰiaŋ/。但从历史上看,两字的读音并不相同,其差异主要表现在声母上。"枪""腔"都为形声字,声旁分别为"仓""空"。根据形声字的造字原则,同一声旁的字,在读音上应该非常接近。由于"仓""空"两字的声母分别为/tsʰ/(舌尖音)、/kʰ/(舌根音),所以历史上,"枪""仓"和"腔""空"两组的声母也分别具有相同的发音特征,"枪""仓"的声母为/tsʰ/(或者至少是舌尖音声母),"腔""空"的声母为/kʰ/(或者至少是舌根音声母)。

　　下面是各方言点的例子。

表 3-33　各地方言"枪""腔"两字的读音

方言点	官　话						吴　语		湘　语		赣语	客家话	粤　语	
	北京	济南	西安	武汉	成都	扬州	苏州	温州	长沙	双峰	南昌	梅县	广州	阳江
枪	tɕʰiaŋ	tɕʰiaŋ	tɕʰiaŋ	tɕʰiaŋ	tɕʰiaŋ	tɕʰiaŋ	tsʰiã	tɕʰi	tɕʰian	tɕʰiɒŋ	tɕʰiɔŋ	tsʰiɔŋ	tʃʰœŋ	tʃʰiɛŋ
腔	tɕʰiaŋ	tɕʰiaŋ	tɕʰiaŋ	tɕʰiaŋ	tɕʰiaŋ	tɕʰiaŋ	tɕʰiã	tɕʰi	tɕʰian	tɕʰiɒŋ	tɕʰiɔŋ	kʰiɔŋ	hɔŋ	kʰɔŋ

　　从上表中可以看出,虽然官话、湘语、赣语等方言点中,"枪""腔"两字的读音完全相同,但仍有一些方言点(苏州、梅县、广州、阳江)"枪""腔"两字的读音并不相同,特别是声母的读音,差异比较明显。其中,"枪"字声母:苏州、梅县为/tsʰ-/,广州、阳江为/tʃʰ-/;"腔"字声母:苏州为/tɕʰ-/,梅县、阳江为/kʰ-/,广州为/h-/。

　　早期北京话中"枪""腔"两字的声母,分别为/tsʰ-/、/kʰ-/。由于受到韵母/-iaŋ/中/-i-/介音的影响,声母/tsʰ-/、/kʰ-/的发音部位发生了腭化音变。/i/为舌面前高元音,发音时,舌面前向硬腭靠近,形成一个收紧点。因此,硬腭-舌面前,就是元音/i/的发音部位。舌根声母/kʰ-/在元音/i/的影响下,发音部位也逐渐向硬腭靠拢,最后发生了/kʰ-/>/tɕʰ-/的音变。北京话中,"腔"的读音由/kʰiaŋ/变为/tɕʰiaŋ/,大约发生在清初(17 世纪中期)。同样,北京话中的舌尖声母/tsʰ-/在元音/i/的影响下,发音部位也逐渐向硬腭转移,最终也发生了/tsʰ-/>/tɕʰ-/的音变,北京话中"枪"的读音由/tsʰiaŋ/变为/tɕʰiaŋ/,大约发生在 18 世纪。

　　在经历了上述两次音变之后,北京话中"枪""腔"两字声母的读音完全相同,这就是汉语音韵学中所谓的"尖团合流"现象。所谓"尖团合流",就是中古的精组声母(舌尖塞擦音、擦音声母)与中古见组声母(舌根塞音、擦音声母)在前高元音(/i/、/y/)的影响下,发生部分逆同化,两组声母变得同音。

　　因此,我们可以说,"尖团合流"需要经过两次音变。一次是/k-/组声母变成/tɕ-/组,一次是/ts-/组声母变成/tɕ-/组。并非所有的汉语方言点都完成了"尖团合流"的音变。以梅县方言为例,"枪""腔"两字的声母都保留了早期的形式,没有发生变化("枪"/tsʰ-/,"腔"/kʰ-/)苏州话中,"腔"字的声母已经变成了/tɕʰ-/,"枪"字的声母未发生变化。而广州、阳江(均属粤方言)两地,则是"枪"字的声母发生了/tsʰ-/>/tʃʰ-/的音变,但还没有完全变成/tɕʰ-/,"腔"字仍为舌根声母,发音位置上没有发生变化。这主要是因为,两地方言中"腔"

i[i]舌面、前、高、不圆唇元音　　　　q[tɕʻ]舌面前、送气、清塞擦音

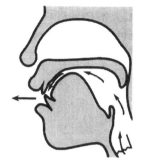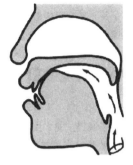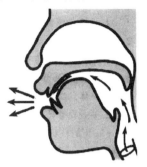

图3-8　前高元音[i]的发音　　　图3-9　清送气塞擦音[tɕʰ]的发音

字的韵母为/-ɔŋ/,不带/-i-/、/-y-/介音,因而不会使舌根声母发生腭化,更不会变成/tɕ-/类声母。但是广州话来自中古精组的声母与来自中古的见组声母仍不同音,所以还是分尖团的,而不是"尖团合流"。

(三) 官话方言的分区

　　历史语言学研究的一项重要工作是对共时平面上的语言进行亲属关系的确定,进而建立谱系关系。就汉语研究而言,最重要的任务莫过于对汉语各方言进行下位分类。在汉语长期的发展历史中,官话方言使用的人口最多、范围最广,并最终成为了现代汉语普通话的基础方言。对于官话方言区的分类,一直是汉语方言学研究的基础。在这方面,李荣(1985)的《官话方言分区》一文,是官话方言分区研究中里程碑式的著作。该文在对官话方言进行分区时,严格执行了历史语言学在对语系进行下位分类时所采用的方法和标准,堪称汉语研究中运用西方历史语言学理论的典范。

　　一直以来,汉语研究的学者对于官话的认识并不一致,"官话方言"的概念及范围也几经变更。1934年出版的《中华民国新地图》中,将汉语划分为七大方言区,其中,"华北官话区"和"华南官话区"为其中的两区。1939年的《中国分省新图》第四版,把汉语方言划分为九个区,原来的"华北官话区"改名为"北方官话区",而"华南官话区"则一分为三,成为"上江官话区""下江官话区"以及徽州一带的"皖方言"。上江官话和下江官话成为与其他官话方言并列的下位分类。1948年《中国分省新图》第五版中,把"上江官话区"一分为二,成为"西南官话区"和"湘语区"两个方言区,并从"下江官话区"中划出一个官话之外的独立方言区,称为"赣语"。李荣在1985年又提出将分布在内蒙古南部、山西大部分以及河南北部一带的北方方言独立出来,成为晋语。从此奠定了汉语方言分区的基本格局。官话成为汉语的一个下位分类,与晋语、吴语、粤语等同为汉语的一个方言。这种分类的依据,主要是中古汉语入声字在各地方言中读音的演变规律。按照这一原则,可以把官话和非官话方言区分开。

　　中古汉语存在"四声八调"的声调格局,即"平、上、去、入"四声,再根据音节声母的清浊,分出阴阳调类,总共八个调类。入声与平、上、去三声最大的区别,在于入声音节的韵母带有塞音韵尾,整个音节的时长较短。因此,入声声调也称为"促声",而"平、上、去"三个声调则统称为"舒声"。以"师""时""湿""石"四字为例,按声调分别属于中古汉语的阴平、阳

平、阴入和阳入。也就是说,中古汉语中,"师""湿"不同调、"时""石"不同调。中古汉语声调的这一特点,在现代汉语的很多方言中都保留了下来。在广州话中,师 /ʃi¹/(阴平)、湿 /ʃɐp⁷/(阴入)、时 /ʃi²/(阳平)、石 /ʃɛk⁸/(阳入);在上海话中,师 /sɿ¹/(阴平)、湿 /səʔ⁷/(阴入)、时 /zɿ⁶/(阳去)、石 /zəʔ⁸/(阳入)。

现代官话方言的最终形成,大约发生在元代,其标志就是入声的消失(个别官话仍保留入声,如江淮官话等)。凡是经历这一音变的汉语,就变成了官话方言。这跟原始日耳曼语的形成遵循格里姆定律的情况相似。元代以来,原始官话进一步分化,最终形成了现代汉语官话的分布局面。可见,原始官话就是中间祖语,在从中古汉语到现代官话方言的发展中起到了承上启下的作用。官话次方言区,就是对官话方言进行下位分类的结果,是以中古入声在官话区中的各种演变为标准划分的。

传统音韵学研究中,将汉语音节的声母分成清、浊两大类后,还进一步分成全清、次清、全浊、次浊四小类。其中,清、浊声母的对立,类似于英语中词首清、浊辅音的对立,这种发音方式上的对立,在吴方言中保留得最为完整。以上海话为例,"湿""识""室""适"四字的声母都为 /s-/,属于清声母;"石""直"两字的声母为 /z-/,"日"的声母为 /ŋ-; z-/,"力"的声母为 /l-/,这四个字都属于浊声母,其中塞音、擦音、塞擦音声母属于"全浊",鼻音(白读)、边音、近音(半元音)声母属于"次浊"。

官话方言入声消失的过程中,入声字的声调会与平、上、去三声发生合并,这就是语音学史上著名的"入派三声"现象。但是,各地官话在入派三声的过程中,遵循的规则并不相同,这就成为对官话区进行下位分类的标准。

表 3-34　中古入声在各地方言中的表现

	例　字	武　汉	西　安	济　南	兰　州	北　京	烟　台	扬　州	上　海
古清音	湿	sɿ²¹³	ʂɿ²¹	ʂɿ²¹³	ʂɿ²⁴	ʂɿ⁵⁵	ɕi²¹⁴	səʔ⁵	səʔ⁵⁵
	识	sɿ²¹³	ʂɿ²⁴	ʂɿ⁴²/ʂɿ²¹³	ʂɿ⁵³	ʂɿ³⁵/ʂɿ⁵¹	ɕi⁵⁵	səʔ⁵	səʔ⁵⁵
	室	sɿ²¹³	ʂɿ²¹	ʂɿ²¹³	ʂɿ²⁴	ʂɿ⁵¹/ʂɿ²¹⁴	ɕi²¹⁴	səʔ⁵	səʔ⁵⁵
古次浊	适	sɿ²¹³	ʂɿ²¹	ʂɿ⁴²	ʂɿ²⁴	ʂɿ⁵¹	ɕi²¹⁴	səʔ⁵	səʔ⁵⁵
	日	ɯ²¹³	ɻ²¹	ɻ³¹	ɻ²⁴	ɻ⁵¹	i²¹⁴	ləʔ⁵	ŋiəʔ¹³/zəʔ¹³
	力	ni²¹³	li²¹	li³¹	ŋi²⁴	li⁵¹	li²¹⁴	lieʔ⁵	liəʔ¹³
古全浊	石	sɿ²¹³	ʂɿ²⁴	ʂɿ⁴²	ʂɿ⁵³	ʂɿ³⁵	ɕi⁵⁵	səʔ⁵	zəʔ¹³
	直	tsɿ²¹³	tʂɿ²⁴	tʂɿ⁴²	tʂɿ⁵³	tʂɿ³⁵	tɕi⁵⁵	tsəʔ⁵	zəʔ¹³

上表呈现的是各地官话方言中入派三声的规律。武汉话中,所有入声字,不论声母什么类型,一律归入阳平;西安话中,全浊声母字归入阳平,清声母、次浊声母字归入阴平;济南话中,清声母字归入阴平,次浊声母字归入去声,全浊声母字归入阳平;兰州话中,清声母、次浊声母字归入去声,全浊声母字归入阳平;北京话的情况比较复杂,全浊声母字归阳平,次浊声母字归去声,清声母字的声调归并没有明确的规律,如"湿""识""室""适"四字,在北京话

中的声调分别为阴平、阳平/去声、上声/去声、去声,这在其他方言中是非常少见的;在烟台话中,清声母和次浊声母字都归入上声,全浊声母字归入去声。

李荣(1985)列举了更多烟台话的例子:

① 上声　北发秃接雪削插竹烛出叔割骨脚橘客哭缺曲黑
② 上声　墨木麦纳辣腊勒裂立粒力绿鹿落日热额月叶药
③ 去声　末灭蜜目物蜡律肋陆六肉辱褥弱岳业虐译疫育
④ 去声　拔白薄雹乏罚叠毒独读杂昨凿贼截熟合活协学
⑤ 去声　婆梅流桃条头雷慈祠齐愁茶匣癞河鞋如柔鹅由
⑥ 去声　男篮甜含嫌寻团蛮田连盆存群粮黄朋成名红绒

其中,①代表清声母入声字在烟台话中的声调。②③代表次浊声母入声字在烟台话中的声调,从提供的例字来看,归为上声和去声的情况可谓旗鼓相当。也就是说,中古次浊声母入声字在今天烟台话中的声调,有上声和去声两种情况。④⑤⑥分别代表中古全浊入声、全浊平声和次浊平声字在烟台话中的声调,三类字全都归入去声。烟台话只有平、上、去三个声调,平声相当于其他方言的阴平,不收阳平字。中古的阳平字(即⑤⑥两行字)都归入去声。也就是说,在烟台话中,全浊入声和阳平合并为同一个声调,与"全浊入声归阳平"的规律并不矛盾。因此,李荣认为,"古次浊入声今分属上声和去声,才是烟台方言的特性"。

最后是扬州话,中古的入声字全部保留,没有与其他任何一个舒声调发生合并。

据此,以上述七个点作为代表方言,根据中古入声字声调的归并情况,对官话方言进行了下位分类。汉语的官话方言分成七个次方言区,分别是西南官话(武汉)、中原官话(西安)、北方官话(济南)、兰银官话(兰州)、北京官话(北京)、胶辽官话(烟台)以及江淮官话(扬州)。见表3-35。

表 3-35　官话方言分区标准之一:中古入声字的归并情况

	西南官话	中原官话	北方官话	兰银官话	北京官话	胶辽官话	江淮官话
古清音	阳　平	阴　平		去　声	阴阳上去	上　声	入　声
古次浊		阴　平	去　声				
古全浊	阳　平						

在由李荣(1987、1990)主编的《中国语言地图集》中,对于上述划分稍稍作了修改,把东北地区的方言从"北方官话"中划出,独立成为"东北官话","北方官话"的范围比原来大大缩小,因此改名为"冀鲁官话"。这样一来,官话方言由原来的七个次方言区,变成了八个次方言区。东北官话之所以独立,是因为这一片地区的方言比原北方官话其他地区的方言更接近北京官话。中古清声母入声字声调归并的规律性不强,派入阴平、阳平、上声、去声的情况都有。这一点,与北京官话比较相似,但是,相比北京官话而言,东北官话的清入字归为上声的情况更多,因而独立成为一个次方言区。

最后需要解释的是江淮官话。根据历史语言学下位分类必须遵循的"共同创新"原则,现代汉语的某地方言,之所以能够划为"官话",主要是因为该方言中经历了入声消失以及入声字并入其他声调的历史音变过程。"入声消失"就是各官话方言的共同创新特征。而江淮官话仍保留入声,显然与这一原则违背。从地理位置来看,江淮官话区位于官话和吴语两大方言区的交界地带,既有官话的特点,又有吴语的特点。也就是说,既可以归入江淮官话,也可以归入吴语。但是,江淮官话受中原官话影响更大,声母不分清浊,跟吴语不同,并且能与其他官话方言通话,因此划分为官话方言的一个次方言。

思考题

1. 请参考相关文献,谈谈你对历史语言学的认识。

2. 请参考相关文献,说一说你的家乡方言在汉语方言分区中的归属。

3. 请结合汉语方言(或普通话)的例子,解释一下同化音变和异化音变的各种表现。

4. 下面有两首唐诗,说出其押韵规律。再对比普通话和你的家乡方言,看是否还能押韵,如果不能,请说明其中的原因。

寻隐者不遇

贾　岛

松下问童子,言师采药去。

只在此山中,云深不知处。

登岳阳楼

杜　甫

昔闻洞庭水,今上岳阳楼。

吴楚东南坼,乾坤日夜浮。

亲朋无一字,老病有孤舟。

戎马关山北,凭轩涕泗流。

进一步阅读

北京大学中国语言文学系语言学教研室.汉语方音字汇(第二版重排本)[M].北京:语文出版社,2003.

陈忠敏.汉语方言语音史研究与历史层次分析法[M].北京:中华书局,2013.

[瑞典]高本汉著,赵元任,罗常培,李方桂合译.中国音韵学研究[M].北京:商务印书馆,1940/2003.

李荣.官话方言分区[J].方言,1985,(1).

李荣.汉语方言的分区[J].方言,1989,(4).

王洪君.历史语言学方法论与汉语方言音韵史个案研究[M].北京:商务印书馆,2014.

王力.汉语史稿(重排本)[M].北京:中华书局,1980/2004.

徐通锵.历史语言学[M].北京:商务印书馆,2008.

袁家骅等.汉语方言概要(第二版)[M].北京:语文出版社,1980/2000.

Campbell, L. *Historical Linguistics: An Introduction*［M］.北京：世界图书出版公司,2008.

Trask, R. L. *Historical Linguistics*［M］.北京：外语教学与研究出版社,2000.

Trask, R. L. *The Dictionary of Historical and Comparative Linguistics*［M］.北京：世界图书出版公司,2011.

第四章　结构语言学方法与汉语研究

结构语言学来自瑞士语言学家索绪尔的《普通语言学教程》(1916)。《普通语言学教程》明确了语言学研究的对象和学科特点,指出"语言符号是一个系统",提出了"语言与言语""共时与历时""能指与所指""组合与聚合"①"内部要素与外部要素"等"对立范畴",充分阐述了结构语言学研究语言的方法。它的问世标志着结构主义语言学的诞生,也标志着普通语言学的建立,语言学从此才真正发展成为一门成熟的科学。索绪尔本人也因此被尊为"现代语言学之父"。

索绪尔之后,结构主义发展出三个主要的流派,布拉格学派、哥本哈根学派和美国(描写)学派。② 布拉格学派(Prague School)是结构主义语言学在欧洲的重要代表。该学派由语言学家马泰休斯、罗曼·雅柯布森(Roman Jakobson)和尼古拉·特鲁别茨科依(Nikolai Sergeyevich Trubetzkoy)于 1926 年创建。布拉格学派的研究重点是把语言作为一种功能体系进行研究和分析,使得结构主义与功能主义结合起来,在音位学方面的研究成果尤为突出。他们根据区别性特征来确定音位间的区别,创立了音位学理论。

哥本哈根学派(Copenhagen School)是 20 世纪 30 年代在丹麦形成的,以维戈·布龙达尔(Viggo Brondal)和路易斯·叶尔姆斯列夫(Louis Hjelmslev)为代表。他们赞同索绪尔的观点,认为语言是形式而不是实体,对语言进行描写应该对其结构关系进行描写,而不是描写实体。该学派从逻辑实证论出发,把语言看成是关系的网络,认为只有语音与语义的关系才是语言学的真正对象。

美国(描写)学派是 20 世纪初期在美国发展起来的、影响最深最广的结构主义学派,也是对汉语研究影响最大的结构主义语言学流派。该学派是为了适应调查和记录美洲印第安语言的需要而形成的,以注重对语言结构形式的描写而著称。由于只在共时平面对所调查语言进行描写整理,力图呈现语言的结构系统,不考察其历史渊源和系属关系,所以被称为描写语言学派。该学派的代表性人物有弗朗兹·鲍厄斯(Franz Boas)、爱德华·萨丕尔(Edward Sapir)、布龙菲尔德、哈里斯等。1911 年,鲍厄斯对美洲印第安语言进行综合研究,写成《美洲印第安语手册》。一般认为这一手册是美国描写语言学的开端。布龙菲尔德的《语言论》(1933)被称为美国描写语言学派的"圣经",在相当长的时期内是每个语言研究者的必读书。布氏提出必须使用科学的方法来分析语言,并提出只有能够客观观察到的东西

---

① ［瑞士］索绪尔著,高名凯译,岑麒祥,叶蜚声校注.普通语言学教程［M］.北京:商务印书馆,1999.为表述方便,下面简称为:《普通语言学教程》(索绪尔 1916/1999)。第 170 页"组合与聚合"称之为"句段关系与联想关系"。
② 汪火焰.简析西方结构主义语言学及其影响［J］.武汉大学学报,2007,(4).

才是语言学的研究对象,像语义等不能客观观察到的东西应留待以后再分析研究。此后的美国描写语言学家均信奉此条,无一例外地把语义排斥在语法研究之外。

除了上述三个主要学派,20 世纪 50 年代以后兴起的伦敦学派(又称功能结构语言学派)和莫斯科学派(又称控制结构语言学派),也被认为是从功能和控制的角度对结构语言学的发展。本章介绍的结构语言学理论和方法主要以美国描写语言学派为代表。

一、理论介绍

(一)结构语言学的内涵

结构语言学亦称"结构主义""结构主义语言学",指侧重研究语言符号系统内部要素间的各种关系,并把这些关系视为语言的本质特征的研究方法。结构主义认为,语言是个相对封闭的、同质的符号系统,[①]该系统是由语言成分之间的关系组成的系统结构;在系统中,各语言单位都是在跟其他单位的区别和对立中存在的;由"能指"和"所指"两部分构成的各语言符号之间具有横向组合关系和纵向聚合关系。

结构主义的哲学基础是经验主义(empiricism)。经验主义认为人类知识起源于感觉,并以感觉的领会为基础。代表哲学家主要有约翰·洛克(John Locke)、乔治·贝克莱(George Berkeley)、大卫·休谟(David Hume)等。洛克认为人的一切知识都是出生以后通过经验获得的。由于任何知识的取得都靠直接经验,只有通过客观的可观察的实验而获得的材料才是可靠的。

结构语言学的心理学基础是行为主义(behaviorism),它是现代心理学的主要流派之一,20 世纪初形成于美国。行为主义把行为与意识完全对立起来。其主要观点是,心理学不应该只是研究人脑中的那种无形的不可捉摸的意识,而应该研究那种从人的意识中折射出来的看得见、摸得着的客观东西,即人的行为。他们认为,行为就是有机体用以适应环境变化的各种身体反应的组合,这些反应不外乎是肌肉的收缩和腺体的分泌。它具体的行为反应取决于具体的刺激强度,因此,他们把"S－R"(刺激—反应)作为解释人的一切行为的公式。在研究方法上,行为主义主张采用客观的实验方法,而不使用内省法。[②]

结构语言学是西方语言学的一个重要的理论体系,对西方乃至世界各国的语言学都有重要影响。它强调语言是一个完整的符号系统,不能孤立地研究,要从各成分间的关系获得对符号系统的整体性认识。它十分重视对立成分的分析,侧重口语和共时描写。在结构语言学的指导下,各种语言事实的挖掘和规律的总结取得了空前的成果。结构语言学受到的攻击最多的是它将形式和意义割裂开来,过于追求形式,忽视了语句的具体内容。另外,结构语言学只重描写语言事实而不能解释原因。后起的转换生成语言学、功能语言学等都是在批判和修正结构语言学理论的过程中发展起来的。

---

① 《普通语言学教程》(索绪尔 1916/1999):36.
② 伍铁平.评《语言论》的心理学基础——行为主义[J].现代外语,1990,(3).

（二）结构语言学的研究对象和基本任务

结构语言学以在某个时间或短时期内由语言单位和语言关系构成的语言系统为研究对象。它一般选取某一语言或方言一定数量的完整话语,先记录其中的各个话语,然后分析记录下来的材料。分析时,先在分布的基础上确定语言要素单位(音位要素、形态要素),再分析各要素之间的关系。简言之,结构语言学的主要操作模式是先收集语料,进行观察,通过对比和比较的方法归纳、提炼出语言单位和语言规则。

结构语言学的主要任务①是不联系历史发生学的因素,形式地描写一种语言结构。以描写的方法对所调查语言中可观察到的语言现象进行客观、系统的整理,将语言的结构系统、成分间的关系清楚地呈现出来,不讲语言的历史渊源和系属关系。

（三）结构语言学的语言观

结构语言学明确区分语言和言语两个概念,把语言视为同质的符号系统,认为语言是由语言成分之间的关系组成的系统结构,并确定语言学的对象是语言而非言语。语言符号的两个部分——能指和所指——之间具有任意性,而能指具有线性特征。结构语言学还认为语言学应该是描写性的,而不是规定性的②。

（四）结构语言学的基本概念与观点

1. 语言与言语

索绪尔最早区分这一对基本概念,他认为,语言是一个结构系统,它本身不表现出来,而是潜藏在每个人的大脑之中。言语是语言的运用,是语言的具体表现。具体地说,语言是一个以语音或文字为物质外壳、以词汇为建筑材料、以语法为结构规律而构成的体系,是使具体语言行为成为可能的总体结构和一般规则。而言语是人们运用语言材料和规则进行交际活动的过程和结果。言语有两方面含义:③一是言语即讲话,包括写作,是行为动作;二是言语即所讲(含写)的话,是行为动作的结果。从定义可以看出,语言是全民的、概括的、有限的、静态的系统;言语则是个人的、具体的、无限的、动态的现象。二者是互相依存的:语言既是言语的工具,又是言语的产物。④ 索绪尔严格区分"语言"和"言语"旨在纯化语言学的研究对象,他甚至提出"语言学的唯一的、真正的对象就是语言和为语言而研究的语言"⑤。历史实践证明这一区分是合理而必要的。

2. 能指与所指

每个语言符号都由两个部分组成:所指(signified)和能指(signifier)。"所指"指语言所

---

① 《普通语言学教程》(索绪尔 1916/1999:26)提出了语言学的任务是:"a)对一切能够得到的语言进行描写并整理它们的历史,那就是,整理各语系的历史,尽可能重建每个语系的母语。b)寻求在一些语言中永恒地普遍地起作用的力量,整理出能够概括一切历史特殊现象的一般规律。c)确定自己的界限和定义。"

② 徐志民.欧美语言学简史(修订本)[M].上海:学林出版社,2005:159.

③ 《普通语言学教程》(索绪尔 1916/1999:41)指出:"言语活动的研究就包含着两部分:一部分是主要的,它以实质上是社会的、不依赖于个人的语言为研究对象,这种研究纯粹是心理的;另一部分是次要的,它以言语活动的个人部分,即言语,其中包括发音,为研究对象,它是心理·物理的。"

④ 《普通语言学教程》(索绪尔 1916/1999):41.

⑤ 同上:323.

反映的事物概念,"能指"指语言的声音形象。结构语言学关于符号具有任意性特征的观点是说,所指与能指的联系是任意的,两者之间没有任何内在的、自然的联系。语言间的差别和不同语言种类的存在都是最好的证明。① 例如,下图所示的大圆表示"笑脸"这个语言符号。其中😊代表该符号反映的概念,而"xiàoliǎn"指代该符号的声音形象。二者共同组成"笑脸"这个符号,缺一不可。

（1） "笑脸"

3. 共时与历时

共时与历时是从研究对象(即语言材料)的时间性质进行区别的。共时语言学②截取某种语言在某一时代的横断面,进行静态的描写研究,反映该语言在某一历史阶段相对静止的状态,不涉及语言的历史发展。历时语言学则追溯某种语言的发展线索,或者按照时间的顺序,对某种语言从一个时代到另一个时代的发展过程进行纵向的历史研究,关注语言的动态发展过程。索绪尔认为语言研究的真正对象不是其历史变化,而是在一定时间内语言内部各要素之间的相互作用,只有共时性的研究才能揭示语言的结构。因此,结构语言学,特别是美国描写语言学派,主要从共时层面截取研究对象的某个时代横断面。汉语的共时和历时研究成果皆较丰硕。例如吕叔湘的《现代汉语八百词》是共时语言学的研究成果,主要考察研究对象在"现代"这个时期的意义和用法,而论文《释您、俺、咱、喒,附论们字》③考察"们"的演变由来,是历时语言学研究的代表作。

4. 组合与聚合

组合(syntagmatic)与聚合(paradigmatic)概括了语言成分之间的两种关系类型。组合关系是指在文字或口语的线性结构中一个语言成分与相邻的其他语言成分的横向共现关系。聚合关系是在语言结构的某个位置上可以相互替代的成分之间的关系,是按一定共同特点相互联系的纵向的潜在关系。值得注意的是,索绪尔认为,任何构成语言状态的要素应该都可以归结为组合理论和聚合理论。全部语法材料应该安排在组合和聚合的两个自然轴线上面。④ 例如:

（2） 索绪尔会说法语。

其中,每个成分(词或短语,如本例中的"索绪尔""会""说""法语")都与相邻的成分具有某种句法关系。而每一个成分,又可以用其他与之具有某些相同特点的成分来替代,如"法语"可以用"德语""土话""祈使句"等替代,不影响整个结构的语法关系。这些具有相

---

① 《普通语言学教程》(索绪尔 1916/1999)：100－103.
② 《普通语言学教程》(索绪尔 1916/1999：143)指出："共时语言学研究同一个集体意识感觉到的各项同时存在并构成系统的要素间的逻辑关系和心理关系。历史语言学,相反地,研究各项不是同一个集体意识所感觉到的相连续要素间的关系,这些要素一个代替一个,彼此间不构成系统。"
③ 吕叔湘.释您、俺、咱、喒,附论们字[A].吕叔湘,吕叔湘全集(第二卷)[C].沈阳：辽宁教育出版社,2002：1－35.
④ 《普通语言学教程》(索绪尔 1916/1999)：188－189.

同特点、可以出现在同样的句法位置的成分,常常构成一个类别(词类、短语类等)。

5. 向心结构与离心结构

布龙菲尔德(1933/1997)①按整体功能与其直接成分的功能是否相同,把短语分为向心结构(endocentric construction)和离心结构(exocentric construction)。

向心结构,指整体结构的分布和它的一个直接成分的分布相同或相近,这个成分是整体的核心或中心,这个整体结构称之为向心结构,也叫作中心结构。向心结构有两类:主从(subordinate)结构和并列(coordinate)结构。只有一个中心成分且中心成分处于支配地位,另一个成分处于依附地位的是主从结构,例如偏正结构。另一类是并列结构,它不只有一个中心成分,各直接成分句法地位平等,互不依附。也就是说,它们都能充当中心成分。并列结构整体的分布和它的任何一个直接成分的分布是相同的。

离心结构与向心结构相反,其整体结构的分布跟其中任何直接成分的分布都不同。离心结构没有明显的核心或中心成分,比如介词短语。

二、研究方法

(一) 结构语言学的研究原则

结构语言学家认为语言研究的对象是语言符号系统本身,主张语言学是自然科学,并不断地发展语言的音位、语素等的描写程序和技术。他们认为归纳法是对语言研究唯一有用的科学方法(布龙菲尔德,1933/1997),因而他们首先将田野调查所得到的真实语料进行归纳、分类,然后一步一步运用操作程序描写语言,最终"发现"该语言的语法。哈里斯曾指出,美国描写语言学的工作程序,是对替换手段的反复运用,以达到确定音位、语素等单位,归并语素、形式类等目的。② 在研究方法上,结构语言学注重语言形式的描写与分析,探索出了一套相当严谨的语言描写方法,以分布和替代为标准对语言单位进行层层切分和归类,较忽视意义的研究。

(二) 结构语言学的描写原则与手段

结构语言学认为本学科的任务就是要客观、系统地描写可观察到的语言现象,进而揭示语言要素之间的关系。"描写"在结构语言学研究中占据着极其重要的地位。为保证研究成果的质量,要求"描写"工作遵守一定的原则和方法。

1. 描写原则

描写应该遵循的原则可以概括为:材料有效、逻辑周延、对象充分、方法简洁。③

材料有效,是指所描写的对象应该是调查可得的真实语言材料,并且能反映描写对象的特征。另外,除了某些特殊情况,所描写的材料应该采用使用者在正常情况下表达出来的话语。比如,如果要研究汉语趋向补语的特点,应该选择母语为汉语的使用者说出或写出的话语为语料,一般也剔除口误或故意误用的情况,不能大量选择留学生习得汉语时的作文或会

① ［美］布龙菲尔德著,袁家骅,赵世开,甘世福译,钱晋华校.语言论［M］.北京:商务印书馆,1997:239－242.
② 朱玮,董业铎.语言观视角下的语言学研究方法——以结构主义语言学和生成语法为例［J］.现代语文,2004,(2).
③ 这四条原则参见金立鑫.语言研究方法导论［M］.上海:上海外语教育出版社,2007:348－362.

话进行研究。但是后者对研究汉语作为第二语言的习得问题而言,又是有效的观察材料。

逻辑周延,指描写时,对对象的分类,应该尽可能考虑所有的情况,使得所分类别能涵盖所描写对象的所有外延。比如分析语气词"吗"和"呢"的差异,就应该考虑如下六种情况:A. 二者都不能用,条件相同;B. 二者都不能用,条件不同;C. 二者都能用,意思相同;D. 二者都能用,但意思有别;E. 只能用"吗",不能用"呢";F. 只能用"呢",不能用"吗"。当然,在实际语料中,逻辑上可能的某种情况事实上不存在,但"不存在"也是考察结果。因此,在分类描写时,一定要注意考虑到所有的情况。

对象充分,指为了了解某语言的全貌,应该调查该语言尽可能多的话语材料,并对语料进行尽可能详尽的观察,以期得出更为全面的结论。在这方面,语料库的资源和技术提供了强有力的支持。但研究者在分析语言现象时,要进行充分的观察。例如,有人提出了"他坐火车来的上海"中的"的"表示"过去时",由此得出"的"是"过去时"的标记。这样粗糙的观察远远不够。要找到足够多的语料,并仔细分析类似的"的"在各种情况下的使用限制,才能得出"的"表"过去"的条件,以及可能产生的原因。

方法简洁,指描写结果的记录方式应该简洁明了,如果能采用形式化的方法更好。比如,陆俭明(1985)比较"去+VP"和"VP+去"时,先考察"去+VP"的内部语义结构关系,得出了"'去'和VP都说明同一施动者,'去'表示施动者位移的运动趋向,VP表示施动者位移后进行的行为动作,'去'和VP之间有一种目的关系,即VP表明'去'的目的。"[①]之后再考察另一格式并进行对比。描写细致但又简洁清楚。

另外,在描写时,除了应该采用尽可能简洁的方式,详尽无遗地涵盖调查对象的所有情况,还要注意描写时不能前后矛盾。

2. 描写手段

描写的手段主要有对比、替换、扩展、变换等四种。

对比:选择两个或两个以上的语言片段进行比较,找出相同的部分和不同的部分,从而确定其性质。这一方法最早出现在布龙菲尔德的《语言论》(1933/1997)。吕叔湘(1977)曾指出"一种事物的特点,要跟别的事物比较才显出来"。运用对比的方法,一是要确定对比的范围,接着要选择对比的基点。二是要注意避免无效对比和低效对比。所谓无效对比是指事物比较过后不能说明问题,不能得出所需要的结论。所谓低效对比是指事物具备可比性,有可以对比的地方,但是由于比较者的原因,并没有得到预期的结论或者较好的效果。在操作上,结构语言学常常使用最小对比对,每次观察一个最小变量,寻求该变量与结构之间的联系。[②]

替换:替换分析是在相同环境下,用一个语言单位(替换项)替代某语言组合里另一个语言单位(被替换项)的过程。它是语言学里最基本的一种分析方法,是语言研究中必须使用的基本方法。根据替换项和被替换项的长度,"替换"分为"等量替换"和"不等量替换"。"等量替换"指替换项与被替换项长度一致,替换不改变整个结构的长度,如"看书"→"看

---

①　陆俭明.关于"去+VP"和"VP+去"句式[J].语言教学与研究,1985,(4).
②　金立鑫.语言研究方法导论[M].上海:上海外语教育出版社,2007:362-363.

报"。"不等量替换"指替换项长于或短于被替换项,替换之后整个结构的长度改变,如"看书"→"看课本","喜欢看书"→"喜欢看","别开小差!"→"*开小差!"。替换分析是确定音位最简便有效的方法,也是确定语素、区分词和短语、划分词类等语法研究中不可缺少的分析手段。

扩展:扩展法是陆志韦在《汉语的构词法》(1957)中采用的方法,是在结构语言学方法的基础上改进的。所谓扩展,就是在一个语言组合(AB)的中间,看看能否插入其他成分(C),以此检验这一组合的内部紧密程度。被插入的成分(C)可能是 A 或 B 的附加语,也可能是 A 或 B 的论元成分。不能插入 C 的组合内部结构紧密,是词;能插入 C 的组合内部结构松懈,是词组。① 扩展是区分词与非词行之有效的方法。在运用扩展法时,需要注意:(1)扩展后的结构与扩展前的结构,第一层次的结构关系应该相同。比如"买菜"扩展为"买一些菜"是合格的,但是"买的菜"就不是合格的扩展。(2)扩展后,意义不能产生明显的改变,若意义发生改变的是词。如在"素菜""白菜"中插入"的","素的菜"基本意义与原结构一致,但"白的菜"与"白菜"意义不同,因此,前者是短语,后者是词。(3)扩展时用于插入的成分应该是一个语法形式,比如"马路"→"马跑的路",插入的成分"跑的"不是一个语法形式,所以这个扩展不合格。

变换:变换(transformation)在西方语言学界有不同的含义。一是传统语法中指句子改换;二是美国描写语言学派用来指不同句式的变换;三是在转换生成语法中指由深层结构到表层结构的转换。在汉语学界,主要指句式变换。② 朱德熙在美国描写学派的基础上,根据汉语事实,改造发展而成了一套变换分析的理论,意在揭示相同句法结构中隐含的不同语义结构。比如"咬死了猎人的狗"这个歧义格式,可以分别变换成"狗咬死了猎人""猎人的狗被咬死了"两种格式,很直观地说明了两种意义的不同。变换分析广泛用于分化歧义句、区别同义句、辨别语言单位或语言结构性质。

(三)结构语言学的分析方法

结构语言学的分析方法主要包括:分布分析法、替换分析法、直接成分分析法(层次分析法)和变换分析法等。结构语言学的理论、方法引介到中国以后,汉语语法学者在应用中进行创造性发展,提出了语义特征分析法和语义指向分析法,由此形成了更为完备的研究方法系统。其中句法分析方法的发展顺序大致是:层次分析法→变换分析法→语义特征分析法→语义指向分析法。句法分析方法的革新带来了语法研究的突破。

1. 分布(distribution)分析法

"分布"是美国描写语言学的一个术语。1934 年,萨丕尔的学生莫里斯·史瓦德士(Morris Swadesh)第一次把"分布"作为专门术语使用。他认为,这个术语的用法同"地理分布"的习惯用法是一样的。哈里斯在《结构语言学方法》(1951)中,把"分布"定义为:"一个成分的分布,就是它所出现的全部环境的总和,也就是这个成分的所有的(不同的)位置(或

---

① 卞觉非.略说语素·词·词组的分辨及其区分方法——兼谈语法研究的一些方法问题[J].教与学,1979,(2).

② 吕叔湘《中国文法要略》(1942)的"词句论"中,已有许多关于句式变换的讨论。

者出现的场合)的总和,这个成分出现的这些位置是同其他成分的出现有关系的。"

从这一定义出发,根据归类原则的不同,又可以把分布分析法分为两个小类:

A. 以寻找同类环境为原则的归类法,即把分布相同的语言单位归为一类。霍克特(Charles F. Hockett,1916~2000)用分布分析法,把一组可以在某些更大结构的相同位置可能出现的形式归为一类,称为形式类。①

(3)　(　　　)can

　　　(　　　)can go

　　　(　　　)can go there

能够出现上面三个格式的括号里的形式有 she、he、it、I、we,they、the man across the street,等等,于是这些可以归为一个形式类,即主语。汉语词类的划分数十年来采用的"功能标准",其实就是分布分析法在词类划分中的应用。例如,一般认为"名词"的语法功能包括:前可加数量词,不能加"不""很"等副词;词后不能加时态助词"了"等。这些功能正是对"名词"分布(即出现的全部环境)的归纳。

B. 以互补分布为原则的归并法,即如果几个成分在不同环境中出现的可能性正好相互对立,那么,它们就因为在对立环境中互相补充分布而可以用同一单位进行标记。

比如汉语里的"ai""an""a""ao""ang"五个韵母,其中的"a"根据发音部位和开口度大小等可以分为三个,它们有各自出现的语音环境:[i][n]之前是前"a[a]",因为[i]是前元音,[n]是发音靠前的辅音,前[a]与其组合,发音比较顺口。汉字"啊"的音节里央"a[A]"单独作韵母;同理,[u]和[ŋ]前应该为后"a[ɑ]"。由此可见三个"a"的差别与其出现的环境分别对应,这种差别在汉语中不起区别意义的作用,因此汉语中这三个"a"被视为同一音位[A]的不同条件变体。归并是以互补分布为原则,把处于互补分布中的不同语言现象进行合并,把它们归结为一个单位,即把它们看成是同一个单位的不同变体。而归类是以同类分布为原则,把具有类似的出现可能性的形式归为一类。

分布分析法着眼于语言成分与其他成分的关系,全面考察描写对象的分布情况。操作上,先描写、总结某语言成分的全部使用环境或场合,再为该成分定性、归并或归类。该分析法被认为是美国描写语言学最重要的方法。数十年来,它广泛应用于世界各语言的音素、语素和句法分析。值得注意的是,对语言的音素结构进行分布分析时,还需要把握两个方面,一是语音相似,二是区别意义。比如汉语用"i"代表了[i][ɿ][ʅ]等三个音位,主要原因在于,"i""-i(前)""-i(后)"在与声母组合时,分布的环境互相补充,但三者语音(发音特征和听感)差异较大,并且,较为接近的"si"和"shi"意义迥异,因此才分立为不同的音位。

2. 替换(substitution)分析法

在相同环境里,用某一个语言片段中出现的某一成分,去替换另一个语言片段中出现的另一成分,看替换之后得到的新的语言片段是不是具体语言中存在的事实。如果是,就说明两个或更多能够彼此替换的片段,是语言中同一现象或同一单位的变体,或是具有同样功能

---

① 　[美]霍凯特著,索振羽,叶蜚声译.现代语言学教程(第二版)[M].北京:北京大学出版社,2002:73-174.

的某种单位。这样的方法叫替换分析法。这一定义可用符号表示为：

X—Y("—"代表所研究的语言成分,"X　Y"是它的使用环境或位置)

凡能在"X—Y"这个环境出现的语言成分,彼此构成一个替换类,彼此可以相互替代。凡能相互替换的单位就具有相同的分布特征。例如要判断汉语里一个双音节音段是词还是短语,使用替换分析法就能很快得出结果：

(4)

马<u>路</u>	马<u>路</u>		春<u>风</u>	<u>春</u>风
土路	? 马车		东风	春天
铁路	? 马尾		秋风	春雨
小路	? 马鬃		香风	春假
……	……		……	……
	⇩			⇩
	词			短语

替换分析的操作方法比较简单,接近自然科学的控制实验：在变动一个因素时,其他因素保持不变。替换分析也有助于判断多成分语言单位的直接构成成分,即在由 ABC 三个成分构成的结构里,如果 AB 能用 D 替换,所得 DC 与 ABC 功能相同,则 ABC 的直接成分应为 AB 和 C。结构语言学经常使用的工作程序,就是反复运用替换分析,以确定音位、语素等单位,归并语素、功能类别(如词类)甚至确定直接成分等,从而得出语言各层次上的结构单位和结构关系。

3. 直接成分分析法(层次分析法,immediate constituent analysis)

语言单位组合在一起,基本上都是层层叠叠、两两组合的。除了一些特殊的结构,无论多么复杂的语言单位都是由二分的成分组成的。所谓直接成分,指语言单位每一层次中直接组合起来构成一个更大的单位的两个组成成分。从定义可知,直接成分是对语言单位二分的结果。即对一个句法结构按层次进行不断的二分,每一次切分所得的成分就是该层次的直接成分。每一个直接成分本身又是由更小的直接成分组成的。由此可知,一个句法结构包括若干层级,每个较低层级是相邻的较高层级的直接成分。

美国描写语言学派认为句法分析的过程就是确定各个层次上的直接成分的过程,确定直接成分如何逐层组合为更大的结构,描写直接成分之间的各种关系,同时,也附带分析一些非直接成分之间的关系。这种研究方法称作直接成分分析法。[①]

国外的直接成分分析法,其主要工作是切分,即确定语言结构各层次上的直接成分。但在汉语学界,汉语研究者不仅确定每一层次的直接成分,而且还标注每一组直接成分之间的结构关系。这样的分析方法也称之为层次分析法,它更有利于了解线性语言结构背后的层次构造关系。

---

① 陈平.句法分析：从美国结构主义学派到转换生成语法学派[J].外语教学与研究,1988,(2).

为了描写语言单位组合的规律,更好地认识语言规律,语言学家们采用不同的方法对语言进行分析描写。汉语学界自 20 世纪 50 年代开始,一直使用中心词分析法。中心词分析法最常用于病句修改,通过分析句子的主干,能迅速找到病句的症结所在。比如:

(5) *老张的<u>病</u>已经<u>恢复</u>了<u>健康</u>。

虽然中心词分析法在检查病句时收效明显,但是它缺乏层次观念,如:"于夫的<u>老婆</u>是小芹的<u>娘</u>"的主干违背了人类社会基本常识。另外,它还缺乏关系观念;如"一件崭新的真丝衬衫"与"一个美丽大方的姑娘"的结构在中心词分析法看来没有差异。由于这种分析方法认为修饰成分无关紧要,致使语义理解时会出现偏差,比如"我的未来不是梦"的主干就与原句意义相反。实际上,句中词语间关系的紧密程度并不总是等级相同,某些词之间的关系比其他词更为紧密,不能简单地删减枝叶保留主干。比如"一加二等于三"中"二"与"加"的关系更紧密,它不与相邻的"等于"直接发生句法关系;与"等于"关系较为紧密的分别是词语"三"和"一加二"这个短语。要了解一个句法结构隐藏在线性排列背后固有的层次结构关系,直接成分分析法提供了直观而有效的方法。

直接成分切分的原则为成结构、能组合、符合原意。具体说来,结构上,切分后的各部分要能自成结构,如"*一／朵红花";功能上,切分后的片段可以重新组合,如"*一本语法／教材""? 一家/公司的老板";意义上,切分后的片段要符合逻辑常理,不可违背原意,如"*危害／儿童的暴力游戏"。

对语言单位进行层次分析时,步骤如下:(一)切分结构层次。注意逐层分析,不要跳过任何一个层次;分析到词为止。(二)确定结构关系。注明每一层级的直接成分的结构类型。

分析的结果可以用图解法表示。具体来说,常见的有切分法(从大到小)、组合法(从小到大)两种形式①。举例如下:

(6)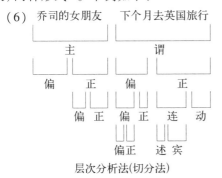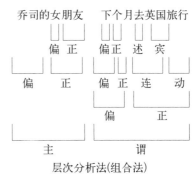

层次分析法(切分法)　　　　　　　层次分析法(组合法)

值得注意的是,结构语言学的直接成分分析法十分有用,但是也存在局限。首先它原本坚持二元切分,所有结构体在任何层面都分成两个部分,即任何可切分的结构体都有且只有两个直接成分。但汉语的实际并不总是如此。汉语中的联合短语、连动短语、兼语短语等在使用层次分析法分析时不能简单地二分了之。另外,它有时不能揭示句法结构内部的实词与实词之间的语义结构关系,有些语言结构的歧义无法通过层次分析法来揭示或分化,如"在车上画画""山上架着炮"等。

----

① 层次分析的结果也可以采用树形图表示,考虑到树形图在形式语言学部分有详述,此处从略。

4. 变换(transformation)分析法

变换分析指相互关联的句法格式之间的变换,即把一个句法格式变换成与之具有相同语义结构关系的其他句法结构,以揭示句法格式中实词与实词之间的语义结构关系。该方法源于美国描写语言学家哈里斯。在汉语学界,学者们常常考察所研究的歧义句法格式跟与之在结构上有相关性的其他句法格式之间的不同联系,以达到分化原先歧义格式的目的。层次分析的客观依据是句法构造的层次性,变换分析的客观依据则是句法格式的相关性。所谓"句法格式的相关性",指从表面上看起来好像各不相同的句法格式,实际上彼此存在着一定的内在联系。比如一般的述宾谓语句、把字句和被动句之间可以互相转换。

(7) a. 弟弟撕破了姐姐的车票。

　　b. 弟弟把姐姐的车票撕破了。

　　c. 姐姐的车票被弟弟撕破了。

上述各句,无论是词语序列、层次构造、句法结构关系,还是所表示的语法意义,都各不相同,它们代表了不同的句法格式;但是它们所包含的实词之间的基本语义结构关系一致,彼此之间存在着结构上的相关性。

朱德熙(1986)提出,"变换可以理解为存在于两种结构不同的句式之间的依存关系"①。因此,不能将变换看作某两个具体句子之间的变换。同时,朱先生提出了"变换分析的平行性原则",以确保变换的合格性。本书择要如下。

第一,能形成一个变换矩阵(transformational matrix),这个变换矩阵由三部分组成:所要分析的句法格式(称为"原句式")及其具体实例,位于变换矩阵的左边。与原句式具有结构相关性的其他句法格式(称为"变换式")及其具体实例;位于变换矩阵的右边。表示原句式和变换式之间变换关系的箭头,位于二者的中间。下面以"处所名词+方位词+动词+着+名词"这一格式为例,说明该方法的操作。"处所名词+方位词+动词+着+名词"可以表示两种不同的语法意义,其一为静态的存在义,其二为动态的活动义,分别记之以[A]式和[B]式。它们的词语序列、层次构造等相同,但语法意义不同,相应的变换式也不一样。

(8)

[A]式处所名词+方位词+动词+着+名词→[C]式名词+动词+在+处所名词+方位词

台上坐着主席团→主席团坐在台上

门上贴着对联→对联贴在门上

黑板上写着字→字写在黑板上

墙上挂着画→画挂在墙上

以上矩阵表明,[A]式与[C]式之间存在着变换关系,即"[A]式→[C]式"。而[B]式的变换式如下:

(9)

[B]式处所名词+方位词+动词+着+名词→[D]式处所名词+方位词+正在+动词+名词

---

① 朱德熙.变换分析中的平行性原则[J].中国语文,1986,(2).

台上演着京戏→台上正在演京戏

教室里上着课→教室里正在上课

门外敲着锣鼓→门外正在敲锣鼓

大厅里跳着舞→大厅里正在跳舞

矩阵表明,[B]式与[D]式之间存在着变换关系,即"[B]式→[D]式"。

值得注意的是,[A]式只能变换为[C]式,不能变换为[D]式。[B]式只能变换为[D]式,不能变换为[C]式。即:

(10)

[A]式处所名词+方位词+动词+着+名词↛[D]式处所名词+方位词+正在+动词+名词

[B]式处所名词+方位词+动词+着+名词↛[C]式名词+动词+在+处所名词+方位词

上述分析表明,通过变换,"处所名词+方位词+动词+着+名词"这一歧义格式得以分化。

第二,在变换矩阵中,矩阵左边作为原句式的具体实例,形式(即词类序列)必须相同;语法意义也必须一致。如上述[A]式各例,词类序列都是"处所名词+方位词+动词+着+名词",层次结构一致,同时,它们都表示静态的存在。同理,矩阵右边作为变换式的具体实例,也应在词类序列、层次结构、语法意义等方面保持内部一致。

第三,变换矩阵中原句式与变换式中,共现词语间的语义关系应该保持一致。如前一小节所举的歧义格式"山上架着炮",兼具[A]式和[B]式的特点。

(11)

[A]式山上架着炮。→[C]式炮架在山上。

[B]式山上架着炮。→[D]式山上正在架炮。

[A]式和[C]式中,"架"和"炮"都是述宾关系,"山上"表示"炮"所在的位置。二者在共现词语之间的语义关系上保持不变。[B]式和[D]式中共现词语之间的语义关系也保持一致。

变换分析最直接的作用是有效地分化歧义句式,在一定程度上弥补了层次分析法的不足。同时,变换分析更注重不同句法结构之间的联系,把汉语语法研究从显性语法关系分析引向隐性语法(语义)关系研究,更深刻地揭示汉语语法规则,扩大了汉语语法研究的范围。但是,变换分析也有局限,即它只能分化歧义句式,不能用来解释造成歧义句式的原因。

5. 语义特征(semantic features)分析法

语义特征分析法是 20 世纪 80 年代汉语语法研究中开始运用的一种语法分析方法。它是基于变换分析无法解释歧义句式产生的原因这一局限性,经朱德熙的研究、探索和发展而广泛采用的。该分析法起源于语义学研究中的语义成分分析法,它通过分析歧义句式中处于关键位置上的词语所具有的不同语义特征,来说明歧义句法格式的产生原因[①]。

语义学中的"语义特征"指某个词在意义上所具有的特点。语义特征的表示方式是,在

---

① 陆俭明,沈阳.汉语和汉语研究十五讲[M].北京:北京大学出版社,2004:112.陆俭明、沈阳等提出要分析语义特征的词语是"处于关键位置上的动词",我们认为,语义特征分析不仅局限在动词上,因此采用"词语"的表述。

所说明的词语之后加一个方括号,在方括号里用"+""-"号和表示意义特点的简练词语来表示。语义学中分析、描写词的语义特征,大致有三个目的:①

一是从某个特定角度对某一个语义类再进行细分类。比如,有生事物中,人类是一个语义类,语言学家根据某些语义特征("+"表示正面特征,"-"表示负面特征,下同)对家族中不同称谓的人加以区分:

（12）母亲［+直系,-男性,+女性,+长辈,-晚辈,+年长,-年幼］

　　　父亲［+直系,+男性,-女性,+长辈,-晚辈,+年长,-年幼］

二是凸显同一语义类的不同词语之间的差异。例如动词"喝"和"吃",二者属于一个语义类——动作类,它们语义上的差别可以用语义特征来描述:

（13）喝［+动作,+对象为液体,-对象为固体,+用容器,+使事物消失,……］

　　　吃［+动作,-对象为液体,+对象为固体,±用容器,+使事物消失,……］

上述例子表明,语义特征描写有助于说明不同词语在词语搭配等用法上的差异。

三是用来区别看似同义实际并不同义的词。例如"看"和"看见",好像意义差不多,实际差异较大。语义特征让这一差别变得明晰。

（14）看　［+凭借眼睛,-被动感知,+自主,+可控,……　］

　　　看见［+凭借眼睛,+被动感知,-自主,-可控,……　］

语法学中所讲的某一小类实词的语义特征是指该小类实词所特有的,能对它所在的句法格式起制约作用的,并足以区别于其他实词小类的语义内涵或者语义要素。② 从定义可知,"语义特征"这一概念引入语法学,一来可以解释同形多义句法格式产生的原因,二来可以说明某个句法格式中某类词语的准入条件。

语法学家使用语义特征分析法,通过分析、概括某句法格式中关键位置上的实词在该句法格式内呈现出的不同小类间的语义特征,来说明造成该句法格式歧义的原因或者同形句法格式的差异。例如,可以进入例(8)中表示静态存在的"［A］式:处所名词+方位词+动词+着+名词"的动词具体意思各异,如"坐""贴""写""挂"等,但是具有共同的语义内涵"使附着"。如果把［A］式中的动词记为"动词$_A$",那么"动词$_A$"的语义特征可以描写为:

（15）动词$_A$:［+使附着］

相应地,把［B］式中的动词记为"动词$_B$","动词$_B$"不具有"使附着"的语义特征,即:

（16）动词$_B$:［-使附着］

这样,前两个小节提及的歧义格式"山上架着炮"产生的原因就在于,动词"架"可以分化为两个"架$_A$［+使附着］""架$_B$［-使附着］"。

语义特征分析法既可以解释同形多义句法格式产生的原因,又可以说明某个句法格式中某类词语的准入条件,为进一步分化同形句式,为适应句法研究需要对某类实词进行次类划分,提供了更为可靠的句法、语义依据。

---

①　陆俭明,沈阳.汉语和汉语研究十五讲［M］.北京:北京大学出版社,2004:112 - 113.

②　同上:113.

6. 语义指向(semantic orientation)分析法

狭义的语义指向指句中某一成分在语义上跟哪个成分发生最直接的语义联系。① 语义指向分析法是通过分析句中某一成分的语义指向来揭示、说明、解释某一语法现象的研究方法,它是 20 世纪 80 年代汉语语法研究中开始运用的一种语法分析方法。这种方法是汉语学界在探索形式与意义相结合的语法研究之路上的重要成果。

例如述补结构"砍+形容词+了","砍光了"的补语"光"在语义上指向"砍"的受事,"砍累了"的补语"累"指向"砍"的施事,"砍钝了"的补语"钝"指向"砍"的工具,"砍快了"的补语"快"指向"砍"动作本身,如是等。

要分析某句法成分的语义指向,主要考察以下几个方面:(一)前指还是后指,即所考察的句法成分是指向它前面的成分,还是指向它后面的成分?(二)指向句内成分还是指向句外成分? 句外成分包括句子中省略或没有出现的成分。(三)指向名词性成分,谓词性成分,还是指向数量成分?(四)如果指向名词性成分,那么是指向主要动词的施事、受事、工具、处所,还是其他语义角色?②

需要说明的是,不是所有的句法成分都有必要考察其语义指向,如"吃苹果",我们就没有必要去考察"苹果"的语义指向。根据语法研究的需要,有三种句法成分的语义指向特别值得关注:(一)补语,如上面的例子。(二)修饰语,特别是状语。例如"他随随便便拿了两个第一"与"他随随便便画了两笔,月上柳梢头的意境就出来了"中,"随随便便"的指向不同,前者指向主语,后者指向谓语动词。(三)谓语,如"王东写了篇日记,很好"中"很好"可以指向"日记",也可以指向"王东写了篇日记"。

语义指向分析可以揭示语言成分在句法结构和语义结构中的不一致性,指明间接句法成分之间种种语义联系,从而比较合理地解释某些句法结构的语法意义,以及句法结构和语义结构之间复杂的对应关系。③ 比如"队长只说了三句话"中,副词"只"可以指向谓语动词"说",也可以指向谓语部分的数量成分"三",这样,线性的句法结构与非线性的语义结构形成某种对立:

(17) a. 队长只说了三句话,(名也没签就走了。)【"只"指向"说"】

　　　b. 队长只说了三句话,(就把意思表达清楚了。)【"只"指向"三"】

语义指向可以说明某些歧义句式的分化,解释某些句法结构的变换条件,也可以分析某语言单位不具备某种语法功能的原因。比如"大卫说汉语,很棒"如果没有前后文或语境,是个歧义格式,其原因就是"很棒"的语义指向不同造成的。"很棒"既可以指"行为结果(即说出来的汉语)",也可以指行为本身。具体如下:

(18) a. 大卫说汉语,很棒。【"很棒"指向"汉语"】

　　　b. 大卫说汉语,很棒。【"很棒"指向"大卫说汉语"这件事】

当"很棒"换成"大卫说汉语,很吃力"时,因为"吃力"不能与"汉语"建立起直接语义联系,因此"很吃力"只能指向"说"这件事或这一行为。

①　陆俭明.现代汉语语法研究教程(第四版)[M].北京:北京大学出版社,2013:146.

②③　陆俭明.关于语义指向分析[A].中国语言学论丛(第 1 辑)[C].北京:北京语言文化大学出版社,1997:34-48.

语义指向分析法大大推进了汉语语法研究,但是它不能解释某一个句法成分具有复杂语义指向的原因。例如"只"是指向动词,还是指向谓语部分的数量成分,语义指向只能说明怎么样,但是不能解释为什么。要解释某些句法成分的语义指向产生的原因,还有待于句法分析方法进一步的发展。

(四) 结构语言学的研究程序

结构语言学有一套复杂的程序。总的说来,可以分为切分、归并、分类、组合四个步骤。

切分是把语句切成具有意义的最小片段。归并则把切分出的形式和意义都相同,或者意义相同而形式呈现有条件的差别的最小片段归成语素。描写一种语言的语法,不仅要找出全部语素,还要说明语素在语句中如何组合。语素是语法的最小单位,它们第一步组合成词,然后词与词组合成短语。词的数目很多,必须分类,在分类的基础上说明词的组合模式。词类的分类基础不是意义,而是词的分布方式,即词可能出现的环境。分类以后,就能找出各类词组合而成的基本格式。大于词的句法单位都是用这些基本格式一层层嵌套起来的,可以通过层次分析的方法来揭示其结构。这样,语素如何组合成词,各类词又如何组合成句法单位(最大的句法单位是句子,哈里斯将研究范围扩大到话语平面[①])的模式,都可以得到说明。结构语言学的这套程序,叫作"发现程序"。它主要依靠结构特征来分析语言中的单位及其反复出现的组合模式。其优点在于能够揭示语言语法面貌,显示各种语言的结构特点;缺点是缩小了语法分析的对象,只能重点解决词法和部分句法问题,忽视语义结构。[②]

三、案例剖析

(一) 汉语功能词"的"研究

朱德熙《说"的"》依据语法功能的同一性原则探讨汉语"的"字的分布和性质,是运用结构语言学方法研究汉语功能词"的"的成功尝试和探索[③]。文章的基本方法是比较不带"的"的语法单位(假定为 x)跟加上"的"之后的格式"x 的"在语法功能上的差别,由此分离出"的"的不同性质。

《说"的"》的文章结构是这样的:开篇先通过语料对比三类虚字[tə°]:坐~椅子上;看~见;吃~。由此引出文章的讨论对象第三类(书面上一般写作"的")内部不同格式中的[tə°],指出"本文的目的在于证明第(3)组的[tə°]包括三个不同的语素"。然后分三个部分根据"的"使用的句法环境以及"x 的"功能上的区别,把"的"区分为"的₁""的₂""的₃":通过副词确定"的₁","的₁"是副词性语法单位的后附成分;通过单音节形容词的重叠式确定"的₂","的₂"是形容词性语法单位的后附成分;通过单音节形容词来确定"的₃","的₃"是名词性语法单位的后附成分。接下来作者分八大类语法结构考察了"的"的分布情况,依次根据"x 的"的语法功能判断"的"的性质。最后讨论研究方法的问题。

在引言部分,作者从三类界限较为清楚的格式出发,先着重对比"动词+[tə°]+形容词"

①   陈平.句法分析:从美国结构主义学派到转换生成语法学派[J].外语教学与研究,1988,(2).
②   熊兵.美国结构主义语言学与汉语语法研究[M].武汉:华中师范大学出版社,2007.
③   朱德熙.说"的"[J].中国语文,1961,(12).

"形容词$_1$+［tə°］+形容词$_2$"格式结构和意义，指出下面 AB 两组中的"［tə°］"不是同一个语素。

（19）　　　　　　　A　　　　　　　　　　B

　　　煮［tə°］烂，蒸［tə°］不烂。　　　煮［tə°］烂，才好吃。

　　　好［tə°］多，坏［tə°］少。　　　这本比那本好［tə°］多。

语料的对比分析使得研究对象的特点鲜明突出。由此引出文章的讨论对象：书面上一般写作"的"的虚字，并指出要分析的"的""所代表的三个不同的语素分别写作'的$_1$''的$_2$''的$_3$'"。该部分还交代了文章的研究方法、研究范围以及一些术语的使用。例如：

　　　本文分析"的"字的基本方法是比较不带"的"的语法单位——假定为 x——跟加上"的"之后的格式"x 的"在语法功能上的差别，由此分离出"的"的性质来。举例来说，假定 x$_1$和 x$_2$是功能不同的语法单位（假定说 x$_1$是动词性的，x$_2$是形容词性的），但加上"的"之后，"x$_1$的"和"x$_2$的"的语法功能相同（假定说都是名词性的）。在这种情况下，我们说 x$_1$和 x$_2$后头的"的"是同一个语素（名词性单位的标志）。反过来说，如果 x$_1$和 x$_2$的语法功能相同（假定说都是副词性的），但加上"的"之后，"x$_1$的"仍是副词性的，而"x$_2$的"是形容词性的。在这种情况之下，我们说 x$_1$和 x$_2$后头的"的"是两个不同的语素（x$_1$后头的"的"是副词性单位的标志，x$_2$后头的"的"是形容词性单位的标志）。这种分析方法的实质是把两个带"的"的格式语法功能上的异或同归结为"的"的异或同。

　　　正文的第 1~3 部分，通过"的"前语法单位的性质以及"x 的"的语法功能确定"的$_1$""的$_2$""的$_3$"。每个部分的分析思路都是，先选择某种语法单位（比如副词），确定其语法功能或遴选标准（如副词的遴选标准：能够修饰动词或形容词；不能修饰名词，不能作主、宾、谓语。必须同时符合这两项标准，才是严格的副词）。然后考察该类语法单位与"的"的组合情况：一定带"的"，可以带也可以不带"的"，不能带"的"等情况。并依据这一点对该类语法单位进行分类。然后对比可以带"的"的语法单位（如副词 F）和带"的"以后的格式（如F 的）的语法功能，并根据对比结果确定"的"的性质。

　　　比如第 1 部分讨论作为副词性语法单位后附成分的"的$_1$"。作者考察发现，只有一部分双音节副词可以带"的$_1$"。作者从同一著作中选取同一副词有时带"的$_1$"有时不带"的$_1$"的语料进行对比，证明"的"的出现与否不影响格式的基本语法功能。转引部分语例如下：

（20）　　　　　　A　　　　　　　　　　　　　　B

　　　非常有趣（骆 10）　　　　　　这使他非常的痛快。（骆 6）

　　　门忽然开了。（骆 86）　　　　他忽然的不那么昏昏沉沉的了。（骆 165）

　　　在屋里简直无事可作。（骆 156）　　简直的没一点起色。（骆 69）

　　　外面的黑暗渐渐习惯了。（骆 20）　　象拉着块冰那样能渐渐的化尽。（骆 21）

　　　心中不禁暗暗怜悯。（席 34）　　都暗暗的掉下了眼泪。（席 12）

　　　就赶紧往里走。（席 4）　　　　大家伙儿赶紧的往屋跑。（席 12）

随后作者说明"这类副词加'的'不加'的'可能有某种细微的区别，但这两类格式的基本语法功能并没有发生变化，则是可以肯定的事实"。并根据分布分析法指出"副词原来只能修饰谓词性成分，不能修饰名词，不能作主语、宾语、谓语，加上'的'之后，还是只能修饰谓词性成分,不能修饰名词,不能作主语、宾语、谓语"。由此得出"F 的 = F"(F 指双音节副词)。作者"把 F 后头的'的'记作'的₁'",总结出"'的₁'是副词性语法单位的后附成分"。

再如正文第 2 部分讨论单音节形容词重叠式后面的"的₂"。作者首先说明了单音节形容词重叠式(R)的语法特征:不能单说;不能作主、宾、谓语;不能修饰名词性成分;后头能够加上"的"。并根据 R 与"的"的结合情况,分为 Rₐ 和 R_b 两类。转引部分语例如下:

(21)　　　　　　Rₐ　　　　　　　　　　R_b

绿绿的　　新新的　　　他倒希望虎姑娘快快进屋去。

扁扁的　　香香的　　　街上慢慢有些年下的气象了。

软软的　　脆脆的　　　满满一车人。

甜甜的　　傻傻的　　　好好一本书。

Rₐ 使用时后头一定带"的";R_b 使用时,可以带"的",也可单独修饰谓词性成分或数量(名)结构。作者考察 R_b 的分布发现,R_b 具有以下性质:"不能单说;不能作主语、宾语、谓语;不能修饰名词性成分;能够修饰谓词性成分或'数・量・名'结构"。由此可见"R_b 的这些性质正是 F(副词)所具有的性质",因此可以把 R_b 归入副词一类。R_b 是副词,但是"R_b 的"与"R_b"的功能差异很大。作者指出:"例如'好好'只能修饰谓词性成分,加上'的'之后,'好好的'除了修饰谓词性成分之外,还可以修饰名词性成分(好好的东西,别糟蹋了),可以作谓语(什么都好好的)、补语(说得好好的,又变卦了)。"并用图表说明了"R_b 的"与"R_b"的功能差异。转引图表如下:

表 4-1　"R_b 的"与"R_b"的功能差异

	单　说	谓　语	补　语	定　语	状　语
R_b	-	-	-	-	+
R_b 的	+	+	+	+	+

由此可知,虽然 R_b 和副词(F)具有相同的语法功能,但是"R_b 的"与"F 的"的语法功能不同,所以 R_b 后的"的"与 F 后的"的"性质不同,不是一个语素。"R_b 的"中的"的"是"的₂"。Rₐ 使用时后头一定要带"的",它从不单独使用,因此不是独立的词。但是"Rₐ 的"与"R_b 的"的功能相同,可见二者后面的"的"是同一语素"的₂"。这一部分通过细致对比 Rₐ、R_b、F 以及"Rₐ 的""R_b 的""F 的"的功能,把带"的"格式语法功能的异同归结为"的"的异同,体现了语法功能的同一性原则。

正文第 4 部分全面讨论"的₁""的₂""的₃"的分布情况。作者依次考察了定语位置上的"的",句尾的"的",双音节形容词后头的"的","程度副词+形容词"这一格式后头的"的",双音节形容词重叠式后头的"的",带后加成分的形容词后头的"的",并立结构后头的"的",拟声词后头的"的"等。

在讨论定语位置上的"的"时,作者认为"S(A、D、M 的统称)的 M"应分析为"S 的/M",也就是说,定语位置的"的"是后附成分,不是介接成分。证据为汉语中存在"S₁ 的,S₂ 的,……,Sn 的 M"一类格式。例如"'真的、善的、美的东西'只能分析为'{[真的],[善的],

[美的]}|[东西]}',不能分析为'{真}的,{[善]的,[(美)的(东西)]}'"。作者使用不同的符号来表明句法成分的层次关系,使之很好地证明了"'S 的 M'里头的'的'是后附成分,不是介接成分"。作者穷尽性考察了"S 的"的分布环境(比如人称代词、数量结构、动宾结构、动补结构、主谓结构、连动结构、递系结构、联合结构等加上"的"的使用情况),先从反面论证了这一问题,然后结合"S 的"(只用于定语位置与只用于定语以外位置的"S 的"的统称)的分布范围与名词相当这一现象,正面论证"S 的 M"中的"S 的"是名词性结构,其中的"的"是"的$_3$"。

关于句尾的"的",朱先生认为下面四种格式"是平行的,B、C、D 三组例的'S 的'相当于组里的名词性成分,前面都能加上'是'字,都是'的$_3$'"。

（22）　　　　A　　　　　　　B　　　　　　　C　　　　　　　D

今天中秋	这所房子木头的	这杯水凉的	他会来的
你傻瓜	这辆车老王的	这个苹果酸的	他不抽烟的
这个人黄头发	这本书我的	这个灯泡好的	这件衣服洗干净的
我北京人	这件衣裳人家的	这间屋子空的	电影票我买的

作者特别讨论了最后一个小类(D 组),记之以"MD 的(M 表示名词性成分,D 表示动词性成分)"。先根据意义中心点的不同,把"MD 的"分成三类:"我会写的""我写的""我昨天写的",加上有关联的格式"我写的诗"。作者把四类格式放在一起讨论。他先比较了这四种"MD 的"格式的意义中心点,依次写为(着重号"."表示意义中心点,同时也是重音所在)[①]:

（23）I$_a$　　MD 的(D 为意义中心点。"我会写的",不是"不会写")

　　　　II$_a$　　MD 的(M 为意义中心点。"我写的",不是"他写的")

　　　　III$_a$　　MTD 的(T 为意义中心点。"我昨天写的",不是"今天写的")

　　　　IV$_a$　　M$_1$D 的 M$_2$(M$_2$ 为意义中心点。"我写的诗",不是"写的散文")

然后采用扩展法,依次考察了每种格式动词前添加状语成分(用 T 表示)、"的"后添加名词性成分的可能性及意义。即四类格式可以写成(下划线"__"表示该成分一定不出现):

（24）I$_b$　　M$_1$(T)D 的 $\underline{M_2}$(我以前会写的。回答问题"你以前会写不会?")

　　　　II$_b$　　M$_1$(T)D 的(M$_2$)(我昨天写的诗。回答问题"谁昨天写的诗?")

　　　　III$_b$　　M$_1$TD 的(M$_2$)(我昨天写的诗。回答问题"你什么时候写的诗?")

　　　　IV$_b$　　M$_1$(T)D 的 M$_2$(我昨天写的诗。回答问题"你昨天写的什么?")

由此发现,根据意义(比如意义中心点有异)区分的四种格式,在形式上找到了依据:"的"后不可能加名词性成分的是第 I 式,动词前状语成分和"的"后名词性成分都可有可无的是第 II 式,动词前必须有状语成分的是第 III 式,"的"后必须有名词性成分的是第 IV 式。

接下来,作者采用变换分析法,插入"是"字,考察四种格式的根本区别。考察发现,四种格式中可插入"是"字的位置不同,即四种格式的变换式各不相同。具体如下表所示:

---

① 为编辑方便,句尾"的"部分相关格式形式化的符号与原文略有不同。原文中字母上头的"."和"-",分别以着重号"."和下划线"__"表示。

表 4 - 2　句尾"的"四种格式的变换式

类别	原　　　式	变　换　式
I	M(T)D的 M：我(从前)会写的	M(T)是D的 M：我(从前)是会写的
II	M(T)D 的(M)：我(昨天)写的(诗)	是M(T)D 的(M)：是我(昨天)写的(诗)
III	M TD 的(M)：我昨天写的(诗)	M 是TD 的(M)：我是昨天写的(诗)
IV	M(T)D 的 M：我(昨天)写的诗	M(T)是 D 的 M：我(昨天)是写的诗 M(T)D 的是 M：我(昨天)写的是诗

通过变换,既证明了这四种格式是不同的格式,又说明了四种格式中的句尾"的"是"的₃"而不是语气词。变换式中的"的"是"的₃",那么与之相对应的原式中的"的"也是"的₃"。在讨论句尾"的"的最后部分,作者运用变换分析法,讨论"我(昨天)买的票"的多种意思及其内部结构。作者分析如下(双斜线表示主谓关系;单斜线表示修饰关系):

(25) a. 这是什么? 这是我买的票。——(这是)我买的/票。

　　 b. 谁买的票? 我买的票。(II 式)——我买的/票。

　　 c. 你什么时候买的票? 我昨天买的票。(III 式)——我//昨天买的/票。

　　 d. 你买的什么? 我买的票。(IV 式)——"我//买的/票"或者"我买的//票"。

在讨论双音节形容词后头的"的"这一部分,作者先使用分布分析法,对比了双音节形容词(AB)加上"的"之后(即"AB 的")与单音节形容词(A)加上"的"之后(即"A 的")在功能上的差异:前者能作定语,部分可作状语;后者只能作定语。例如"干净的手绢、漂亮的衣服、细心的算、老实的说""白的纸"等。然后假设"AB 的"与"A 的"中的两个"的"是同一个语素,并论证该假设不成立。转引作者论证如下:

定语"AB 的("AB"表示双音节形容词,下同)"跟状语"AB 的"里头的"的"是同一个语素,还是两个不同的语素? 假定说是同一个"的",这个"的"显然不是"的₁",如果把这个"的"看成"的₁",那只能解释作状语的格式,不能解释作定语的格式。同样,这个"的"也不可能是"的₃",如果说是"的₃",那只能解释作定语的格式,无法解释作状语的格式。当然,我们可以把这个"的"看成"的₂"。看成"的₂",既能解释作定语的格式,又能解释作状语的格式,好像很合理。但是仔细观察一下,就会发现这种解释仍旧有困难。因为所有的"AB 的"都不能作谓语和补语,能作状语的也只是其中的一部分,……"AB 的"后头的"的"不能解释为"的₂"。

如果我们一定要维持原先的假定,即……,那末我们只好把这个"的"解释为"的₁""的₂""的₃"以外的另一个"的",即"的₄"。这样做,不但多出了一个"的",而且还相应地多出了一个新的语法单位的"类"——"AB 的₄",由此不必要地增加了我们的语法系统的复杂性。不过这一点还是次要的,根本的问题是"AB 的₄"这个类是建立不起来的。……根据"AB 的"表现出来的共性看,我们只能把它归入名词性成分,不能把它看成一个新类。……总之,"AB"后头的"的"既不能解释为"的₁""的₂""的₃"中的任何一个,又不能解释为"的₄"。这个事实说明,把定语"AB 的"和状语"AB 的"里的"的"解释为同一个语素的假设不能成立。

于是"AB 的"中的"的"按分布位置可分为两个不同的语素：定语位置上的"AB 的"为"AB 的$_3$"，状语位置上的"AB 的"为"AB 的$_1$"。最后据此把双音节形容词分为两类。转引语例如下：

（26）　　　　甲$_1$　　　　　　　乙$_1$　　　　　　　　甲$_2$　　　　　　　乙$_2$

大胆的$_3$人　　　　　大胆的$_1$想　　　　便宜的$_3$东西　　　便宜的$_3$卖掉了

坦白的$_3$态度　　　坦白的$_1$说　　　　容易的$_3$事　　　　容易的$_3$修好了

勉强的$_3$样子　　　勉强的$_1$去做　　　干净的$_3$衣服　　　干净的$_3$穿在身上

细心的$_3$学生　　　细心的$_1$算

也就是说，双音节形容词可以分为两类："一类后头可以加'的$_3$'，也可以加'的$_1$'""一类后头只能加'的$_3$'，不能加'的$_1$'"。

4.4 节讨论了"'很、挺、怪、非常'等程度副词(记作 f)+形容词(A 或 AB)"后头的"的"。首先指出了"fA 的"与"A 的"语法功能的差异："A 的"只能作主、宾、定语；"fA 的"和"fAB 的"可以作定、谓、补、状语。转引语例如下：

（27）挺好的东西。　　　非常便宜的书。

很好的完成任务。　非常便宜的卖掉了。

这个人挺好的。　　这本书挺便宜的。

字写得挺好的。　　卖得挺便宜的。

根据"fA 的"和"fAB 的"的分布得出"fA 的"和"fAB 的"中的"的"是"的$_2$"。而"'最、更、顶、太'等程度副词(f')+形容词(A 或 AB)+的""只能作主语、宾语或定语，不能作谓语、补语"，因此"f'A 的"和"f'AB 的"中的"的"是"的$_3$"。

4.5 节分析双音节形容词重叠式后头的"的"。"AABB"和"A 里 AB"两种重叠式功能相同，加上"的"后，"AABB 的"和"A 里 AB 的"可以作谓、补、状、定语。转引语例如下：

（28）身上干干净净的。

洗得干干净净的。

干干净净的洗一洗。

干干净净的衣服。

因此从分布上看，双音节形容词重叠式后头的"的"是"的$_2$"。

4.6 节讨论带后加成分的形容词后头的"的"。作者先分单双音节描写了形容词带后加成分的几种情况，如"黑乎乎、臭烘烘、黑里呱唧、灰不溜秋"等。然后根据它们加"的"后整个结构的分布，来确定"的"的性质。转引语例如下：

（29）绿油油的叶子。

热乎乎的喝下去。

屋里黑里呱唧的。

长得胖乎乎的。

语料显示，带后加成分的形容词"可以作定语、状语、谓语、补语"，由此确定带后加成分的形容词后头的"的"是"的$_2$"。

4.7 节讨论了由两个同类的词或构造组成的并立结构（如"连踢带打、你一言我一语"等）后头的"的"。首先按并立结构中成分的性质和内部结构把它分为四个小类。转引语例如下：

（30）a. 并立成分是单个的名词或动词。如：

　　　　猫哇狗的　茶呀水的　说呀笑的　打呀闹的

　　　b. 并立成分是主谓、动宾、动补、偏正、数量等各种类型的结构。如：

　　　　眉开眼笑　你死我活　张家长李家短　十块二十块

　　　c. 并立成分是重叠式：

　　　　家家户户　子子孙孙　说说笑笑　三三两两

　　　d. 并立成分的前后两项同形：

　　　　说呀说的　一步一步　很慢很慢　一个字一个字

然后根据"并立结构+的"整体结构在句子中充当的句法成分，提出：当"并立结构+的"只能作状语，那么"的"是"的$_1$"；当"并立结构+的"可以作谓、状、定语，那么"的"是"的$_2$"。

在讨论拟声词后头的"的"时，先把拟声词按音节多少分为四类。其中单音节、双音节、三音节拟声词加上"的"前后都只能作状，其中的"的"是"的$_1$"；例如：

（31）"噌"（的）一下就坐起来了。

　　　扑通（的）跳下水去。

　　　豁啷啷（的）满台钱响。

四音节拟声词加上"的"以后能作谓、状、定语，其中的"的"是"的$_2$"。例如：

（32）这两个人一天到晚叽叽喳喳的，不知说些什么。

　　　咕嘟咕嘟的冒泡。

　　　真像嘻嘻哈哈的小姑娘。

第 4 部分最后列表总结了三个"的"的分布情况。表格转引如下：

表 4-3　三个"的"的分布

类　别	符　号	举　例	加"的"以后的功能	"的"的类别
双音节副词	F	忽然	副词性	的$_1$
单音节、双音节和三音节拟声词	N_1, N_2, N_3	当，哗啦，哗啦啦	副词性	的$_1$
单音节形容词重叠式	R_a	红红	形容词性	的$_2$
	R_b	轻轻	形容词性	的$_2$
双音节形容词重叠式	AABB	干干净净	形容词性	的$_2$
带后加成分的形容词	A-a	红通通	形容词性	的$_2$
四音节拟声词	N_4	稀里哗啦①	形容词性	的$_2$

---

①　原文中写作"希"。此处改为现在通行的用字"稀"。

（续表）

类 别	符 号	举 例	加"的"以后的功能	"的"的类别
并立结构	B	无缘无故	副词性	的₁
		大惊小怪	形容词性	的₂
名词	M	木头	名词性	的₃
动词	D	吃	名词性	的₃
形容词	A	红	名词性	的₃
双音节形容词	AB	便宜	名词性	的₃
		细心	名词性/副词性	的₃/的₁
程度副词+形容词	fA，fAB	很好，挺便宜	形容词性	的₂
	f'A，f'AB	最好，最便宜	名词性	的₃

第 5 部分专门讨论了文章的研究方法。《说"的"》把带"的"的格式功能上的异同归结为后附成分"的"异同。根据带"的"短语整体功能的不同，区分出三个"的"："的₁"是副词性单位的后附成分，"的₂"是形容词性单位的后附成分，"的₃"是名词性单位的后附成分。在操作上，"的"三分还是归并为一，有两种可能性。本文的选择主要基于如下考虑：最终确定的语素（一个或三个）的分布范围是否跟其他词语相同，以及最终确定的语素（一个或三个）应该有固定的形式以及固定的意义。

整体来看，《说"的"》的研究思路如下（有背景色的框表示研究方法）：

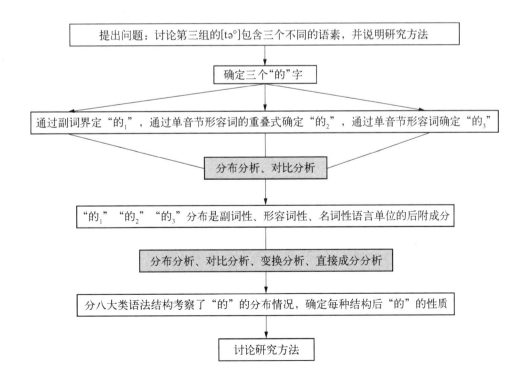

纵观全文,分布分析的思想贯彻始终。作者不仅考察某一结构(或成分)的分布特征,而且利用分布特征对比该结构(或成分)与其他结构(或成分)的异同,并分析该结构(或成分)加上其他成分以后的分布特征。分布分析法的运用灵活而细致,可以说,文章是"分布分析"思想和方法的经典例释。此外,文中也大量使用扩展、变换等描写手段或分析方法,使得描写更为深入细致,与"的"有关的语言现象更为透彻鲜明。

(二)汉语词语"自由"和"粘着"形式研究

《说"自由"和"粘着"》是吕叔湘引介、评价国外语言学家关于"自由"和"粘着"这对概念和方法的一篇论文①。"自由"和"粘着"是布龙菲尔德在1926年时提出的。吕叔湘介绍了这两个概念的来龙去脉及其意义,讨论如何把它们应用到汉语中及其存在的问题。吕先生认为,用这两个概念来区别词和非词,至少在汉语里是行不通的,可是它们在语法分析中的用处却是不容置疑的。文章对汉语研究中如何借鉴国外语言学界的某些理论和方法等问题,提出了许多精辟的见解,在学界产生了广泛的影响。

《说"自由"和"粘着"》的文章结构是这样的:文章共分为三个部分。第一部分先介绍"自由"和"粘着"这对概念在西方语言学界的渊源及定义。作者先介绍了亨利(Henry Sweet)、布龙菲尔德和霍克特(Charles F. Hookett)的观点,并就他们提及的"词"的认定原则和方法进行说明和讨论。第二部分分析了把"自由"和"粘着"的概念应用到汉语的词与非词问题上存在的困难。第三部分通过一些实例讨论了在汉语研究中应用"自由"和"粘着"这对概念的原则和方法。

文章第二部分在分析把"自由"和"粘着"的概念应用到汉语的词与非词问题上时,按照第一部分介绍的概念发展顺序依次考察上述原则与方法是否可行。作者先说明"首先遇到的是怎样就算或才算自由的问题"。在汉语中,"能单独说"常常只是"能单独回答问话"的意思,可是回答问话有常例和特例的问题,有的音节回答问题时总是需要添加虚词,如"醒没醒? ——醒了",有些更是连发问都为难,如"姓"。如果应用类比法,上述问题似乎得以解决,但是会出现"一个人——一个工"这样的类比组,"工"会因此被视为自由形式,可是它又不能单说。因此多数汉语语法书定义词时不说词可以"单说",而是说词可以"单用("独立运用""自由运用")",这样可以包括上述难以处理的单音节汉字以及虚词。在确定汉语"词"的身份时,还有一个问题,有些字在一种环境中能单说或单用,在另一种环境里不能单说或单用,那么它作为一个语素,是自由的还是粘着的? 这种环境的对立是不考虑方言不同、书面语与口语不同、文体不同、风格不同、所处结构不同或意义不完全相同所导致的。在第二部分结尾,作者总结:

> 这些单字,不管古汉语里有没有这个字,有没有这个字义,按照古汉语语法全能单用。汉语语法演变的趋势是越来越多的单字不能单用,可是并没有让一切单字在一切情况下都不单用(也完全没有这种必要)。这样就形成了现在的局面:有些字是绝对自由,象"来、去、手、脚";有些字是绝对粘着,象"辉、煌、惶、惑";很多字是介乎二者之间,

---

① 吕叔湘.说"自由"和"粘着"[J].中国语文,1962,(1).

在这样或那样的条件下,有较大或较小的自由。

第三部分讨论了在汉语研究中应用"自由"和"粘着"这对概念的原则和方法。作者开门见山指出,虽然用"最小的自由形式"规定"词"的办法在汉语中行不通,但是却是一组非常有用的概念。重要的是不能把"自由"扩大为"自由运用",应该守住"自由"原来的意义——"在正常的情况下能单说"。吕先生分析的第一种情况是虚词。他指出,虚词取得词的资格,不是因为它在特殊的情况下能单说,也不是因为可以类比,而是使用剩余法得出的判断,"虚词不是另一个词的一部分"。现代学者区分实词虚词有两个标准,一是使用自由与粘着:"实词的意义比较具体,能够单独成句;虚词没有具体的意义,不能单独成句。"但是这个标准不能解决一些类别的问题,"实词里面有整个的大类或小类是不能单说的,是粘着形式:量词、单音方位词、助谓词、部分代词(它、大家、人家、自己、这、那、哪、几、多)"。另一个标准是看作句子成分的能力,能作句子成分的是实词,其余是虚词。可是,按照这一标准,副词又不能归入虚词。"总之这两个标准(单说与否,能否作句子成分,编者按)是不能得出一致的结果来的,现在的划分是依违两者之间。"回溯古代学者观点可以发现,现代学者对虚词的认识源于古代,主要考虑类成员的多少、类的开放性,以及词语的意义:虚词"属于成员少而开放性小的那些类的词","虚词的词汇意义和语法意义分不开,甚至没有词汇意义"。关于实词虚词之分与自由粘着的关系,作者指出:"虚词都是粘着形式,实词则很多是自由形式,但是粘着形式也不少。"

在讨论了单个语素的自由粘着之别后,作者进一步讨论了语素组合的自由与粘着的问题。作者用大量的汉语实例证明,汉语中存在着大量"原来都能单说的形式,组合在一起反而不能单说了",例如"人造、这一问、一天天、从这里、一跳、你越说、你既然知道"等。而且这种情况不限于汉语,英语中也不鲜见。这些现象引发人们进一步思考:类似"人造、野战、国际、越野"等组合是不是词? 这些词"数目大,而且正在不断地、大量地增加",因此它们的性质至关重要。可是"光从自由或粘着这个角度来考虑,没有肯定它们是词的理由,也没有否定它们是词的理由,门是敞开着的"。对于这个问题,吕先生指出要解决这个问题,需要另有根据,"得给词另下定义"。

最后,吕叔湘讨论了"如果它(语言形式)是一个粘着形式,它所粘着的对象是什么? 还可以再检查一下由这个粘着形式跟它所粘着的对象组成的形式是自由的还是粘着的"。并从这个角度分析了量词、介词、连词、助词等虚词。另外语言实际表明,汉语复合词的构词成分是自由还是粘着,"相互之间没有任何选择性","组合的结构也是或者自由,或者粘着,不受构词成分的性质的约束"。

总体来看,文章的研究思路如下:

《说"自由"和"粘着"》可以说无一处不对比。在第一部分引介理论时,因为作者行文的关系,使得"正常情况下的自由形式"与"特殊情况下的自由形式"形成对比。而第二、三部分,在讨论汉语现象时,更是处处有对比。比如,在说明"有些字在一种环境里能单说或单用,在另一种环境里不能单说或单用"时,他举了方言、语体、文体、风格、所处结构、意义不完全相同等六种情况,每种情况他都举了对比实例,以证明判断所举单字是自由语素还是粘着语素的难度。再如,第三部分在讨论"粘着形式跟它所粘着的对象组成的形式是自由的还是

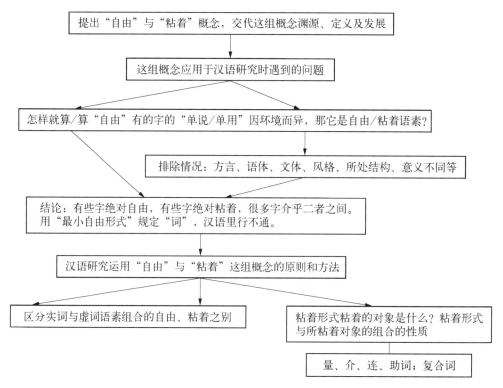

粘着的"时,作者提及了介词和连词的差异"介词的粘着对象是名词或名词性短语,连词的粘着对象是句子(句子形式)或谓词性短语(谓语形式)",即使只有一个词,也代表一个句子或短语,这是这两类词不同之处。甚至在文末论述汉语复合词的构词成分的自由与粘着,"相互之间没有任何选择性",也把词尾与词根对比来看,"再拿那些用附加成分构成的词来看,词尾总是粘着的,可是所谓词根就不一定都是粘着的"。吕先生用研究实践证明只有对比才能看出事物间的共性和个性,只有对比才能了解事物的本质。

(三) 其他语言学方法代表成果中的结构语言学方法应用

上面分析的两个案例都发表于20世纪60年代初,虽然距离现在已经较久,但是仍有极大的借鉴意义。另外需要指出的是,虽然结构语言学在西方语言学界早已衰落,在中国语言学界也不再占据主流,但是它一系列的分析程序和方法却影响了其他语言学理论和流派的发展,同时在其他语言学理论观照下的汉语研究成果中,结构语言学的方法、手段仍然十分常见。下面略举二三例。

沈家煊(2000)《说"偷"和"抢"》[①],是一篇运用认知语言学的理论方法对汉语句法现象进行解释和预测的经典之作。可是在文章中,结构语言学变换分析很自然地融入文中。例如在比较"偷"和"抢"的句式时:

(33)　*张三偷了李四　　*张三把李四偷了　　李四被张三偷了
　　　张三抢了李四　　　张三把李四抢了　　李四被张三抢了

① 沈家煊.说"偷"和"抢"[J].语言教学与研究,2000,(1).

通过"偷"和"抢"的句式变换,辅之以对比,形象地说明了"偷"和"抢"的差异。

再以袁毓林(2006)《试析"连"字句的信息结构特点》①为例。文章从功能语言学角度分析"连"字句"连 NP+都/也 VP"的信息结构,文中大量使用变换分析法,为论证提供依据。例如,当论及"在'连'字句中,'都、也'所加合操作的对象是'连'所引导的 NP 的所指和预设中的跟 NP 的所指处于同一语用尺度上的其他元素。这可以从'连'字句的结构形式及其变换形式上得到验证"。如:

(34)a. 当时我没有一丝一毫的痛苦和留恋,甚至连<u>走时的情景</u>,<u>姥姥的表情</u>都忘得一干二净。

　　→b.……,甚至连<u>走时的情景</u>,<u>姥姥的表情</u>也都忘得一干二净。

　　→c.……,? 甚至连<u>走时的情景</u>/<u>姥姥的表情</u>也都忘得一干二净。

　　→d.……,<u>走时的情景</u>,<u>姥姥的表情</u>都忘得一干二净了。

(35)a. 我那时下定决心,连<u>车票船票</u>都买了,打算离家出走。

　　→b.……,连<u>车票船票</u>也都买了,……

　　→c.……,? 连<u>车票</u>/<u>船票</u>也都买了,……

　　→d.……,<u>车票船票</u>都买了,……

另外,张谊生(2001)《"N"+"们"的选择限制与"N 们"的表达功用》②从音节、语义、语用三个方面分析"N+们"的选择限制,探讨了"们"附在不同"N"后面所具有的各种表义功用。文章多次使用分布分析法对语料进行分析,或为结论提供证据。在论及"'N 们'与表概数的词语共现方式"时,作者按分布罗列了三种方式:"一+集体量词+'N 们'""这/那+集体量词+'N 们'""概约性数量词+'N 们'"。再如,作者经调查发现,"现代汉语中典型的有指'N'在实际言语中的分布概率依次是,主语>宾语>定语,同样'N 们'的出现概率也是主语>宾语>定语"。

上述三篇文章都发表于 21 世纪,离结构语言学兴起并繁荣已经半个多世纪了。类似的文章很多:全文从其他语言学理论出发分析汉语语法现象,但是行文中多次使用结构语言学的方法和手段。由此可见,即使结构语言学不是学界主流,但结构语言学的相关理论方法仍然是语言研究工作者的必修内容,主要原因在于这些方法、手段仍然具有强大的生命力,在语言分析时具有不可替代性。

思考题

1. 请简述结构语言学描写的原则和手段。

2. 请举例说明下列概念的意思:

　　能指　所指　组合　聚合　分布　变换

3. 请说明英汉语音系在处理[p]和[pʰ]音位的办法及原因。

4. 请用分布分析法区别下面词语。

---

① 袁毓林.试析"连"字句的信息结构特点[J].语言科学,2006,(2).
② 张谊生."N"+"们"的选择限制与"N 们"的表达功用[J].中国语文,2001,(3).

A. 忽然、突然

B. 明明、明显

C. 实在、确实

5. 下面的语言单位是词还是短语？请说明理由。

马上——屋后　　　上菜——下载　　　着火——出事

6. 请分别用中心词分析法和直接成分分析法分析下列短语,并说明两种方法的特点。

A. 鸡不吃了。

B. 老板派秘书去银行交材料。

7. 请用直接成分分析法分化歧义。

发现作弊的老师

没有买好房子

8. 请选择合适的分析方法说明下面各组结构的差别。

A. 丹丹哭湿了枕头。杨洋哭累了。

B. 小王学习了三个小时。李民浪费了三个小时。

C. 开刀的是他儿子。浪费时间的是前面那个。

9. 从构词来看,汉语中存在着一些词头和词尾,请选择一组或数组,并用"自由"和"粘着"的概念进行分析。

10. 请阅读一篇运用了结构语言学研究方法的论文,说明文中使用了哪些结构语言学的方法或手段? 并结合文章说明那些方法或手段是怎么用的?

进一步阅读

［美］布龙菲尔德著,袁家骅,赵世开,甘世福译,钱晋华校.语言论［M］.北京:商务印书馆,1997.

陈平.句法分析:从美国结构主义学派到转换生成语法学派［J］.外语教学与研究,1988,(2).

金立鑫.语言研究方法导论［M］.上海:上海外语教育出版社,2007.

陆俭明. 汉语口语句法里的易位现象［J］.中国语文,1980,(1).

陆俭明."VA 了"述补结构语义分析［J］.汉语学习,1990,(1).

陆俭明.八十年代中国语法研究［M］.北京:商务印书馆,1993.

陆俭明.变换分析在汉语语法研究中的运用［J］.湖北大学学报(社科版),1990,(3).

陆俭明,沈阳.汉语和汉语研究十五讲［M］.北京:北京大学出版社,2004.

陆俭明.现代汉语语法研究教程(第四版)［M］.北京:北京大学出版社,2013.

吕叔湘.汉语语法分析问题［M］.北京:商务印书馆,1979.

吕叔湘.通过对比研究语法［A］.吕叔湘.吕叔湘语文论集［C］.北京:商务印书馆,1977/1983.

邵敬敏.关于"在黑板上写字"句式的分化和变换的若干问题［J］.语言教学与研究,1982,(3).

［瑞士］索绪尔著,高名凯译,岑麒祥,叶蜚声校注.普通语言学教程［M］.北京:商务印书馆,1999.

张斌.现代汉语语法十讲［M］.上海:复旦大学出版社,2005.

赵元任著,吕叔湘译.汉语口语语法［M］.北京:商务印书馆,1979.

朱德熙.语法答问［M］.北京:商务印书馆,1985.

朱德熙.语法讲义［M］.北京:商务印书馆,1982.

朱德熙.变换分析的平行性原则［J］.中国语文,1986,(2).

朱德熙.句法结构［J］.中国语文,1962.

Boas, Franz. *Introduction*［A］. Boas, Franz (ed.). *Handbook of American Indian Languages* ［C］. 1911, Vol. 1. Washington: Government Print Office (Smithsonian Institution, Bureau of American Ethnology), 1911: 1 – 83.

第五章　生成语言学方法与汉语研究

　　一般来说,1957 年乔姆斯基所著《句法结构》一书的出版标志着生成语言学的诞生。经过半个多世纪的发展,生成语言学已经从最初转换—生成语法的单一理论发展为一个理论家族:既有以乔姆斯基为代表的主流转换生成语法,也有如词汇—功能语法、中心语驱动的短语结构语法、广义短语结构语法等非转换的生成语法。其中,对汉语研究影响最大的当然要数乔姆斯基领导的主流生成语法,本章内容也仅限于这一理论,其中"生成语法"一词也专指这一学派。本章安排如下:第一部分介绍主流生成语法的语言观;第二部分介绍基本研究方法和技术概念;第三部分通过典型研究案例展现生成语法的基本研究思路。出于技术和篇幅的考虑,本章所有案例和技术概念均来自句法学和音系学,不涉及语义学。如果读者对生成语法中的语义研究感兴趣,可以通过杰肯道夫(Jackendoff)(1990,2002)、海姆和克拉策(Heim & Kratzer,1998)来了解两种不尽相同的研究思路。

　　生成语言学对汉语的研究已经形成了丰富的文献,此处的介绍无论是理论还是实例,都难免挂一漏万。希望读者通过本章能初步了解生成语言学的学术风格,特别是其对理论明晰性、系统性、普适性的追求。特定的理论内容可能很快就被修正、调整乃至抛弃,但这些更基础的理论目标永远值得我们追求。

一、理论介绍

(一)生成语言学的内涵

　　生成语言学是乔姆斯基在批判结构主义的基础上创立的一种语言学流派。20 世纪 50 年代,美国的语言学主流是结构主义语言学,乔姆斯基在宾夕法尼亚大学的语言学启蒙教授哈里斯便是一个结构主义语言学家。乔姆斯基发现,以分布和替代为原则和方法对语言素材进行切分和分类的"分类主义"的方法,虽然对语言结构的表面现象作了一定分析,但却解释不了语言结构内在的联系,如某些"同形异构"现象、主动句和被动句之间的关系。以"(1) Flying planes can be dangerours. (2) John is easy to please." 为例,前一句中,"flying planes"可以有两种结构关系:一是动宾关系,意思为"驾驶飞机";一是定中关系,意思为"正在飞行的飞机"。在乔姆斯基看来,结构主义只分析了表层结构,而没有分析也无法分析语言的深层结构。其实,这两个句子含有两个不同的深层结构,一个深层结构中的 planes 是受事,一个深层结构中的 planes 是客事。后一句按结构主义直接成分分析法分析,语法结构只有一种,但实际上可分析为两个不同深层结构的句子:一种是被动句,意思为"约翰很容易被讨好",可转换为"It is easy to please John";一种是主动句,意思为"约翰容易讨好别人",

可转换为"John is easy to please someone"。这些发现促使乔姆斯基和其他一些语言学家积极思索，另辟蹊径，于是产生了生成语言学，被称作"乔姆斯基革命"。

生成语言学的哲学基础是理性主义，其心理学基础是心智主义。理性主义认为，人的知识除了经验成分之外还有先验成分；心智主义认为，人的行为背后还有心理活动。结构主义只承认语言具有物理表现，不承认语言有心理表现，因此只限于研究已经说出来或者写下来的句子，无法包括人头脑中可以造出来，但是并没有说出来或者写下来的句子。结构主义只承认语言是通过经验获得的，不承认语言与人脑结构有关，因此只能着眼于各种语言的不同之处，无法解释人类语言许多惊人的相似之处。结构主义只承认语言是通过刺激-反应养成的习惯，不承认有通过生物遗传获得的先天知识，因此不能解释为什么每个儿童都能在短短的两三年中凭极其有限的经验学会如此复杂的语言，而且任何一种语言都能在大致相同的时间内学会。对于这些问题，生成语言学提出了系统、完整的理论来作出解释，解释的基点在于语言反映了心智，语言能力中包含天赋成分[1]。乔姆斯基认为行为表象的背后有着深刻的复杂的结构和微妙的机制，这种结构和机制是人脑所具有的"心智"，"心智"是科学所要认识的真正有价值的对象。语言学的任务是揭示儿童大脑的初始状态和内化了的语言规则。转换生成语法有两大特点[2]：

第一，转换。转换是指按照一定的规则可以把一个语言结构或几个语言结构转变成另一个语言结构，从而使"同音结构"（亦称"同形异构"）的歧义现象及不同类型的句子的结构之间的内在关系得到充分的说明。

第二，生成（generation）。所谓"生成"语法是说这种语法能生成某一种语言里全部符合语法而且仅仅是符合语法的句子。"生成"实际上有两重含义：一是指语言的"创造性"。任何语言的句子的数目是无限的，而语法的规则是有限的。应用一套有限的规则生成无限数目的句子。二是这种语法是"明确的""形式化的"。它明确预言一切合乎语法的句子，保证不会产生任何不合语法的句子。要做到这一点，它必须是高度形式化的。形式化方式受到逻辑原理和数学原理（特别是递归论）的影响。

除此之外，乔姆斯基还采取了另一个革命的措施，即用"规则的语法"取代布龙菲尔德学派的"列举的语法"。规则的观念目标在于建立一种高度形式化的语法系统，因此，无论是生成还是转换，都要求确定严格的形式程序。

由上，生成语法就是指这样一种语法：它对句子合格性的判断依赖于语法规则本身，而不依赖于语言使用者的知识，规则的说明用符号而不用文字[3]。

（二）生成语言学的研究对象和基本任务

生成语言学强调对人的语言能力作出解释，而不是仅仅描写语言行为，它要研究的是体现在人脑中的认知系统和普遍语法。乔姆斯基认为作为句子的集合的"语言"不是实际存在的东西，这个概念是从语法中派生出来的，只有语法才是实际存在的，因此，生成语言学的研

①　徐烈炯.生成语法理论[M].上海：上海外语教育出版社，1988：16 - 17.
②　徐志民.欧美语言学简史[M].上海：学林出版社，1990：261 - 264.
③　方立.美国理论语言学研究[M].北京：北京语言学院出版社，1993：28.

究对象是语法而不是语言。

生成语言学从 20 世纪 50 年代起,就把回答探究本能性,人类语言知识是什么,使用具体语言的能力是什么,以及语言知识和能力是如何获得及如何运用等问题作为恒定不变的理论追求,简称为对人类"普遍语法"的追求。

生成语言学的研究目的就是要发现说话者对其母语所默认的规则体系。简单地说,生成语言学有两个目标:一是要确切地描述人的语言能力,并解释语言生成和理解过程中的认知及心理过程;二是要发现人类大脑的初始状态,解释大脑中内在的语法规则,形成有关儿童语言习得的理论,并最终发现人类大脑的本质。同时主张对语言的描述应该达到三方面的充分性:观察充分性、描述充分性和解释充分性。

(三) 生成语言学的语言观

第一,语言能力。

在生成语言学之前,索绪尔对语言的看法是当时的主流看法。索绪尔提出了"语言-言语"的对立。语言是一个符号系统,也是一套社会规约,同一个语言社团的所有成员在社会中学会这个系统,彼此并无差别。个人的特异表现不是语言的一部分,而是言语的一部分。语言学应当是社会心理学的一部分。然而,生成学派的看法与索绪尔并不相同。

乔姆斯基用"语言能力"(competence)取代了索绪尔的"语言"。乔姆斯基认为,语言中固然包含一个符号系统,但语言的本质属性并非符号清单,而应该是创造性。要体现这个属性,就必须把语言看作一个规则管控的系统:由有限的规则联系语音和意义,可以无限地生成合式(well-formed)①的语言符号。这样的规则系统也就是语法。因此,在生成语言学中,语法的范围比从前要大得多,包括三个部门:

  a. 音系部门;

  b. 语义部门;

  c. 句法部门。(包含形态)

其中,句法处于中心地位:句法具有生成性,其输出结果在音系、语义部门得到解读。而符号系统叫作"词库"(lexicon),每个词汇项(lexical item)都在其中有自己的条目(entry),记载着词汇项的音系特征、语义特征和句法特征,供相应部门运算。

和语言能力相对的是语言运用(performance),比如听说读写等具体的使用语言的行为。语言运用需要语言能力,但同时又受到其他因素的支配。最著名的例子就是工作记忆对递归结构长度的限制。汉语的短语规则允许生成"爸爸的爸爸的爸爸的爸爸……"这种无限长度的短语,但是我们不可能在实际语料中找到这样的例子。与其说这是汉语语法规则存在递归的数量限制所致,倒不如说是因为工作记忆的信息加工容量有限。这种限制不仅作用于语法,还作用于其他很多类型的信息处理,因此不必将其纳入语言能力的范围。很明显,索绪尔所说的"言语"属于语言运用范畴。

把语言视作能力,意味着语言首先是内在于个人的心智属性,而不是外在的社会规约:

---

① "well-formed"是生成语法借自数理逻辑的术语,这一术语通译为"合式"。

每个语言使用者都拥有自己的语法(即语言能力)。这个观点与经验十分吻合。语言调查发现,同一方言的不同使用者完全可能对同一个句子给出矛盾的语感判断。根据生成学派的观点,这是因为个人语法才是实际存在的东西,而方言则是诸多高度重合的个人语法彼此互动的结果,像汉语、英语这样的语种也是如此。这样一来,对生成学派而言,索绪尔的"语言"也属于语言运用范畴。

乔姆斯基区分了语言能力和语言运用,并指出这两个领域有各自的原则,应该分别加以研究,而且语言学的首要任务是研究语言能力。但乔姆斯基并不否认语言运用研究的价值,他主张语言能力的理论必须和语言运用的理论相吻合,尽管他本人在语言运用方面论述很少。

第二,语言模块论。

生成语言学派在心智观和语言观方面持有模块论(modularity)观点,主张语言是人类心智中一个独立于其他认知能力(如空间能力、数学能力)的模块。比如乔姆斯基的著名例句"colorless green ideas sleep furiously."("无色的绿色念头狂怒地睡着。")一般被人们视为句法自主论(autonomy of syntax)的证据:尽管这些词的语义组合充满了冲突,但其形式类组配却完全符合英语母语者的语感,能够得到独立于意义的描述。不过,自主论的内涵还要更丰富一些。弗雷德里克·纽迈耶(Frederick J. Newmeyer)[①]指出,实际上存在三种自主性假说,它们全部为生成学派所接受。这三种自主性假说分别是:

● 句法自主(autonomy of syntax):人类认知中包含一个系统,其初始项是句法成分,既非语义派生的,也非话语派生的,它们的组合原则也无须参考系统外因素。

● 语言知识(相对语言使用)自主(autonomy of knowledge of language):语言知识(即语言能力)的刻画能够也应该独立于语言使用(即语言运用)以及对语言使用有贡献的社会、认知、交际因素。

● 语法自主(autonomy of grammar):人类认知中包含一个系统,其初始项是语言特有的结构性成分,它们的组合原则无须参考系统外因素。

而句法自主具体来说又包含三层含义[②]:(i)至少有些句法成分是任意的(不是由语义或话语成分派生的);(ii)这些任意性成分构成一个系统;(iii)这一系统是自足的(self-contained)。

第三,语言习得机制。

儿童从有限的话语中学到的是一套完整的语法知识,能够用有限的手段表达无限的思想,语言的这种创造性,绝不可能靠后天的"刺激-反应"或者"模仿-记忆"产生出来。儿童天生有一种学习语言的能力,乔姆斯基将其称为"语言习得机制"。正是这种机制,所有正常的儿童只要稍许接触语言材料,就能在几年之内习得母语。乔姆斯基认为,人脑的初始状态应该包括人类一切语言共同具有的特点,即称为"普遍语法"(universal grammar)。

---

① Frederick J. Newmeyer. *Language Form and Language Function*[M]. Massachusetts: The MIT Press, 1998: 23 - 94.
② 同上: 28.

（四）生成语言学的理论演变①

从 1957 年开始至今，生成语法经历了第一语言模式时期（The First Linguistic Model，1957～1965）、标准理论时期（Standard Theory，1965～1971）、扩展的标准理论时期（Extended Standard Theory，1971～1979）、管辖与约束理论时期（Government and Binding Theory，20 世纪 80 年代）和最简方案时期（Minimalist Program，20 世纪 90 年代）。每次理论调整都有大量的技术改变乃至理念变化。下面简要介绍一下各阶段的理论模式，具体的一些技术性概念留待下一节介绍。

1. 第一语言模式时期

这一时期的代表作是 1957 年的《句法结构》（*Syntactic Structures*）。乔姆斯基认为，语法是一种工具，它能够生成并只能生成语言中所有合乎语法的序列。并提出了生成语符序列（通常指句子）的过程中所依赖的准则：短语结构规则（phrase structure rules）、转换规则（transformational rules）、语素音位规则（morphophonemic rules）。

2. 标准理论时期

这一时期代表作是 1965 年的《句法理论要略》（*Aspects of the Theory of Syntax*），主要是为了弥补第一阶段的不足，即转换规则没有限制。标准理论的规则系统包括句法、语义和语音。句法规则系统包括基础部分（base component）的规则和转换部分（transformational component）规则。语义规则和语音规则都是解释性规则（interpretative rule），语义规则对深层结构（deep structure）作出语义解释，语音规则对表层结构（surface structure）作出语音解释。如图 5－1 所示（方框表示应制定规则的部分）：

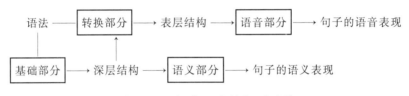

图 5－1　标准理论的规则系统

基础部分的规则生成深层结构。基础部分包括语类部分（category component）、子语类部分（subcategorizational component）和词库（lexicon）。深层结构通过转换规则得出表层结构，这一过程叫"映现"（map）。深层结构还要通过语义部分的语义规则对它作出语义解释。语义解释是用义素进行形式的描写，通过投射规则（projection rule）实现对具体句子里的词项义素进行选择。语音的底层表现形式（underlying representation）只有通过语音规则才能得出表层的语音表现（phonological representation）。

3. 扩展的标准理论时期

这一时期有两次较大的修正：第一次是以 1971 年的《深层结构、表层结构和语义解释》（*Deep Structure，Surface Structure and Semantic Interpretation*）为代表，称为"扩展的标准理论"（Extended Standard Theory，简称 EST）；第二次是以 1977 年出版的《关于形式和解释的论文

---

①　这部分内容参考：赵世开.美国语言学简史[M].上海：上海外语教育出版社，1989：126－175；李福印.认知语言学概论[M].北京：北京大学出版社，2008：55－62.

集》(*Essays on Form and Interpretation*)为代表,称为"修正的扩展的标准理论"(Revised Extended Standard Theory,简称 REST)。前者强调表层结构对语义解释也起一定的作用,后者则将语义解释全部放到了表层结构。

此时期乔姆斯基提出了普遍语法(Universal Grammar,简称 UG)的概念:语法的普遍理论——称之为普遍语法——是一个原则系统,这些原则决定:(1)什么可以算作语法;(2)语法如何生成对句子的结构性描述。还进一步说明了普遍语法的本质:我们可以将普遍语法看成是关于语言机制的理论,语言机制是人类的普遍特性,由基因所决定,是人类心智的一部分。此外,还提出了建立普遍语法理论的方法:我们必须从成功的语法规则和理论中抽象出更为概括的特征,用来解释这些语法规则和理论为什么成功,继而将普遍语法发展成为这些抽象特征的理论。

4. 管辖和约束理论(管约论)时期

这一时期以 1981 年出版的《管辖和约束讲演集》(*Lectures on Government and Binding*)为代表。

管约论是第一个以原则和参数框架为基础的理论。根据普遍语法理论,语言机制中储存了数量有限的原则(principles)和参数(parameters)。原则为所有语言共有,例如所有句子都有主语,尽管有时候主语并没有直接表达出来;参数体现语言差异,例如主谓宾之间的顺序,语言之间存在差异是因为参数值不同。

这一时期,乔姆斯基进一步指出了如何发展普遍语法理论,即普遍语法要提供从 S 结构到语音形式(PF,Phonetic Form),以及从 S 结构到逻辑形式(LF,Logical Form)的投射规则。如图 5-2 所示①:

图 5-2　管约论时期的语言生成过程

普遍语法包括规则系统(rule system)和原则系统(system of principle)两大部分。规则系统包括词库、句法、解释部分(语音形式部分和逻辑形式部分)。原则系统主要包括题元理论(θ-theory)、格位理论(case theory)、约束理论(binding theory)、界限理论(bounding theory)、控制理论(control theory)和管辖理论(government theory)。

5. 最简方案时期

这一时期以 1993 年出版的《语言学理论的最简方案》(*A Minimalist Program of Linguistic Theory*)为代表。最简方案提出的目的在于全面修正之前理论的缺陷,如参数太多,有些原则无法纳入普遍语法等。最简方案的核心假设是最简假设(minimalist thesis):语言表达是接口条件的最优实现,"优选性"由普遍语法的经济原则决定。这里的"接口"是指普遍语法与实际语言发生联系的层面——音系式和逻辑式,经济原则可以理解为"省力原则"(principle

①　程工.Chomsky 新论:语言学理论最简方案[J].国外语言学,1994,(3).

of least effort),即人类的认知过程中力求以最少的付出获得最大的回报,具体到语言上就是以最少的步骤生成满足语言需要的表达,这也是"最优"的含义。

除了最简假设外,还提出如下假设:语言机制只提供为满足语言清晰识别之最小需求的机制,且尽可能以最简单的方式运作。因此,最简方案只保留了接口上的音系形式和逻辑形式,D 结构和 S 结构被取消,相应地,早期理论的转换规则也被取消,语言生成过程被简化如下①:

图 5-3 "最简方案"时期的语言生成过程

二、研究方法

(一) 生成语言学的研究手段

生成语法的一些研究手段和观念较易引起误解,下面做一些澄清。

首先要说明的是最小对比(minimal pair)的运用。最小对比的方法最早用于音系研究,其作用是分离出音系中的区别性特征。比如在普通话中:

(1) a. $[t^hu^{51}]$　　意义:【兔】

　　　b. $^*[tu^{51}]$　　意义:【兔】

(1b)前加星号,意思是普通话要表达【兔】的意义不能使用$[tu^{51}]$这个语音形式。(1a)和(1b)的唯一区别是辅音送气与否,由此可以推断:普通话中[送气]是一个区别性特征。这种方法后来推广到了句法和语义的研究中,来看一个句法的例子②:

(2) a. 张三骂[得李四很伤心],骂[得王五很难过]。

　　　b. *张三骂[得李四很伤心],__[得王五很难过]。

状态补语标志"得",有些学者认为是标句词(complementizer),有些学者认为是后缀。(2)通过最小对比的方式提供了重要的证据。(2a)和(2b)仅有一处不同:(2b)第二个分句缺失主动词。如果"得"是标句词,那么理应可以和后续成分"李四/王五很难过"构成一个从句,(2b)可以通过两个从句并列得到,也应该是合语法的。但这明显和语感判断不符。反之,(2b)表明"得"不能离开前面的动词,与后缀的性质十分吻合。

寻找最小对比的方法与其他经验科学中的"实验-对照"方法具有相同的逻辑本质:它们都是归纳推理中求异法的具体运用。传统语法研究擅长运用大量正面例句来证明观点,这是归纳推理中求同法的运用。求同法和求异法都有助于发现相关性乃至因果性,但相比而言,求异法更容易帮助研究者确定起作用因素的性质和范围。当然,两种方法都属于或然性推理,不能带来必然结论,所以推广、验证在生成语法研究中是很重

① 程工.Chomsky 新论:语言学理论最简方案[J].国外语言学,1994,(3).

② 沈阳,顾阳,何元建.生成语法理论与汉语语法研究[M].哈尔滨:黑龙江教育出版社,2000:62.

要的步骤。

与此相关的第二个问题就是生成语法研究中的语料来源。生成语法文献中的例句往往是内省得到的。这种做法为一些人所诟病,他们认为这样的语料"不真实"。但这种理解是有偏差的。更完整的语言事实不仅包括母语者认为哪些话能说、说了什么样的话,还应该包括母语者认为哪些话不能说。而最小对比方法的使用也提出了内省的要求:自然语料几乎不会呈现研究所需的最小对比,星号标记只能来自内省。当然,生成语法研究并不排斥语料库和语感调查等方法的运用。不过,所谓的真实语料是语言能力和语言运用共同作用的结果。如前所述,这样得到的语料很可能混杂了很多因素的影响(如其他语法系统、社会因素、临时交际因素等),需要仔细甄别。

最后要澄清的一个研究观念和"演绎法"这个术语有关。有人认为生成语法采用与归纳法相对立的演绎法,从抽象的理论前提出发解释语言现象。但这种观点无法解释六十年里理论框架的数次调整。事实上,"演绎法"这个词在文献中是多义的,有时指必然性推理(这时和归纳法对立),有时则指假说-演绎法。假说-演绎法的基本推理模式是:研究者根据一定数据提出假说,并演绎地推出若干可验证的结论,然后根据观察或实验对结论的可靠性进行检验;如果检验结果为可靠,则假说得到支持;如果检验结果为结论错误,那么假说可能需要修正甚至抛弃。从逻辑性质看,假说-演绎法的确证属于或然性推理。乔姆斯基始终坚持语言学是经验科学,因此采用了和其他经验科学(如物理学、化学、生物学等)相同的假说-演绎法[①]。

(二) 生成语言学的技术概念

除开上述这些观念,要了解生成语法的研究方法、看懂研究案例,就必须学习一些技术概念。下面,我们扼要介绍案例分析中要用到的一些技术概念。

生成语法根据分布性质将语法单位概括为语类。语类包括了但不限于传统所说的词类,还包括了短语甚至一些不成词的语法语素。语类是词项(lexical item)的句法特征,记录在词库(lexicon)的词汇条目(lexical entry)中。词项在进入句法组合时将自身的语类特征投射(project)出来,形成不同层级的语类。

投射原则:每个句法层次的表征(即逻辑式(LF)、D-结构、S-结构)[②]均由词库投射而来,遵守词项的子语类属性[③]。

以"乔姆斯基喜欢句法"这个短语为例:

(3) a. 乔姆斯基:N

---

① [美]泽诺·万德勒(Zeno Vendler)著,陈嘉映译.哲学中的语言学(中英对照版)[M].北京:华夏出版社,2003:14-15.

② 这里的三种句法层次是管辖与约束理论/管约论(government and binding theory/GB theory)时期的说法。D-结构是造句的词项最初投射形成的句法表征,S-结构是基于D-结构经过移位(movement)等手段推导出来的句法表征。这个表征随后被送往语音部门和语义部门,分别形成语音式(Phonetic Form,PF)和逻辑式(Logical Form,LF)。逻辑式是句法-语义接口表征,并不等于语义表达式。到了最简方案(Minimalist Program,MP)时期,D-结构和S-结构这两个句法层次被取消了。

③ [英]贾迈勒·欧哈拉(Jamal Ouhalla).转换生成语法导论:从原则参数到最简方案[M].北京:外语教学与研究出版社,2001:111.

　　b. 喜欢：V(NP$_1$,[___ NP$_2$])

　　c. 句法：N

（3）中分别给出了"乔姆斯基""句法""喜欢"这三个词的语类标示。（3b）在括号里写明了"喜欢"的子语类（subcategory）属性，意思是"喜欢"先和一个名词短语（NP）构成一个成分，再和另一个名词短语构成更大的成分。这两个名词短语就是动词"喜欢"的两个论元（argument）。根据投射原则和各自的子语类属性，（3）中的三个词只能以"喜欢"为中心进行投射：

（4）
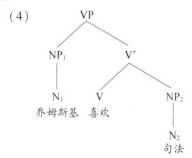

（4）中的表征方法叫作树形图。其中每个语类标示是节点（node），最低的语类标示为终端（terminal）节点，其他为非终端节点，最高的节点叫作根节点（root）。连接节点的线叫作边（branch）。有边相连的两个节点中，较高的节点支配（dominant）较低的节点。以（4）为例：根节点 VP 支配其他所有节点；NP$_1$支配 N$_1$，反之不然；NP$_1$不支配 N$_2$，因为它们之间没有边相连；V 不支配任何节点。

　　N、V 这些终端节点是一个词项的最小投射（minimal projection），相应的 NP、VP①则是词项的最大投射（maximal projection）。所谓最大投射，就是指一个词项全部子语类信息的实现范围。比如"喜欢"的子语类信息要求带上两个论元，"乔姆斯基喜欢句法"就是"喜欢"的最大投射。而"乔姆斯基"和"句法"没有更详细的子语类属性，因此它们既是最小投射，又是最大投射。由此可见，生成语法中"短语"的观念和结构主义语法并不相同。结构主义语法中，短语是一个实体性的概念（由至少两个词构成），而生成语法中的短语有了更多的功能的意味：一个语法单位是词（或更小的语素）还是短语，在一定程度上取决于它与其他语法单位间的关系。处于最小和最大投射之间的语类叫作"中节投射"（X-bar），比如（4）中的 V'，体现的是词项的局部子语类信息。树形图还可以改用括号标示：

　　（5）[$_{VP}$[$_{NP_1}$乔姆斯基][$_{V'}$喜欢[$_{NP_2}$句法]]]

括号标示法中，最小投射一般可以省略，因为生成语法认为所有的投射都只能形成向心结构。

　　（4）只是 VP 这一个特例，概括性不足。生成语法提出了短语结构的中节理论（X-bar theory），认为所有的最大投射均遵循相同的结构原则。具体如（6）所示：

———————————

　　①　这里的 P 就是短语（Phrase），因此 NP 即 Noun Phrase，VP 即 Verb Phrase。

（6）

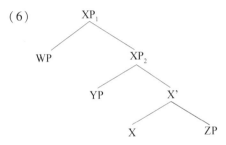

这个图展现了以 X 为中心语（head）得到的最大投射 XP 的内部结构。其中，ZP 为 X 的补足语（complement），YP 为 X 的指定语（specifier），WP 为 XP 附加语（adjunct）。由于附加的关系，XP 被分为两个片段：XP₁ 和 XP₂。如果 WP、YP、ZP 并无句法实现，那么 X、X'、XP 就表现为相同的成分。同理，WP、YP、ZP 的内部结构也如（6）所示。

单就图形本身而言，树形图和直接成分并无实质不同。不过，还可以通过增加新的形式概念让树形图发挥更大的理论作用。生成语法中的一个重要概念"成分统制"（c-command）就是利用树形图定义的：

（7）A 成分统制 B，当且仅当：

　　i. A 与 B 互不支配；

　　ii. 支配 A 的第一个分支节点也支配 B。

成分统制不仅存在于直接成分之间（如 X 与 ZP 互相成分统制），还存在于间接成分之间（如 YP 成分统制 ZP），因此使得句法成分间的关系更为丰富。成分统制在生成语法中长期扮演了重要角色，根本原因在于它不仅能用来描写句法成分间的关系，而且由此派生出了很多重要的关系（比如约束、管辖）。

上述（4~6）还不够用，因为它们允许生成"*句法喜欢乔姆斯基"这样不合语法的句子。问题来自"喜欢"的子语类信息。（3b）只规定了"喜欢"应该带两个 NP 作论元，但并未规定每个论元与"喜欢"之间应当具有何种语义关系。生成语法在子语类信息中增加了题元角色（thematic/theta role 或 θ-role）①来解决这个问题，并提出了题元准则（θ-criterion）：

每个论元都负载一个且仅负载一个题元角色；每个题元角色也都要指派给且仅指派给一个论元。

这样一来，（3b）就可以充实为如下形式：

（8）喜欢：NP₁，[_____ NP₂]
　　　　　历事　　　客事

（8）描述了"喜欢"的语义选择限制，呈现了"喜欢"的完整论元结构（argument structure），可以解释"*句法喜欢乔姆斯基"为什么不合语法："喜欢"的外论元（external argument）应当是历事，历事必须具有心理能力，而"句法"在词汇语义上与这一要求矛盾。有人可能会觉得这个规定过于死板，不能涵盖更多的语言事实：如果将句法拟人化（比如在童话或神幻小说中），那么"句法喜欢乔姆斯基"就是合格的句子了。其实，这一考虑忽略了一个因素：拟人化过程本身就是通过将心理能力赋予非人对象而改变词汇语义和百

---

① 常见的题元角色如施事（agent）、客事（theme）、历事（experiencer）、受事（patient）、接受者（recipient）等。

科知识的过程,拟人化之后的语境中,句法具备了心理能力,自然满足了"喜欢"的语义选择限制。

题元准则还会导致一个推论:存在着无声的句法单位。先以(9)为例:

(9) a. John wants to help Bill.

　　b. want: NP, [____ to VP]

　　　　　　历事

　　c. help: NP$_1$, [____ NP$_2$]

　　　　　　施事　　　客事

根据(9b、c)提供的论元结构信息,(9a)只实现了 want 的论元结构,help 的施事论元与 want 的历事论元似乎都是 John。但这种分析与题元准则矛盾:John 这一个论元同时承担了两个题元角色。如果在保留题元准则的前提下解决这个矛盾,唯一的做法就是承认在句中存在一个无声的名词性成分,由它来充当 help 的施事论元。这样的成分在生成语法中记做 PRO。(9a)更详细的句法信息应该如下:

(10) John$_i$ wants [$_S$ PRO$_i$ to help Bill].

(10)中的 S 表示"句子"(Sentence),这就是说,want 能够以不定式(infinitive)句子作为自己的内论元。John 和 PRO 的下标都是 i,意思是两个成分所指相同。

结构主义语法的直接成分关系是单纯表征的,生成语法不仅继承了表征性,还认为句法应该有推导的部分。以被动句为例:

(11) a. John killed Bill.

　　 b. Bill was killed (by John).

语法必须说明形式和意义的联系。直接成分分析法虽然可以对(11a)(11b)分别做出短语结构方面的分析,却无法说明两句话在形式和意义上的相似。生成语法的看法是:(11a)和(11b)有相似的 D-结构,而最终的区别(S-结构和 PF)由推导得出。

生成语法应当是明晰的理论,每一个操作步骤都应该交代清楚。同时,生成语法也应该是一个限制性理论,既要生成全部合格的句子而排除全部不合格的句子,又要尽量减少可能的语法的数目。句法推导在这两个方面产生了问题。

第一个问题来自 D-结构。作为句法推导的起点,D-结构的构成规则应该是明确的。但是如何确定一个句子的 D-结构在早期理论中却并不容易。目前一个很有用的工具是"统一题元指派假说"(uniform theta role assignment hypothesis):

(12) 词项间相同的题元关系在 D-结构中总是表征为该组词项间的相同的结构关系。

仍以(11)为例。Bill 在两个句子中都是受事,而 John 在两个句子中都是施事。按照题元角色层级,施事比受事显著;同时,指定语在结构上比补足语显著。因此,根据(12),(11a)和(11b)中 John 都应该处于比 Bill 更显著的句法位置上。如(13):

(13) [$_{VP}$ John...[$_{V'}$ killed Bill]]

(13)只是用来说明主动句和被动句的 D-结构有相同之处,并不是说它们完全相同。

很明显,这个假说是对句法-语义接口的工作方式作出了规定。彼特·库里卡佛(Peter

W. Culicover)和杰肯道夫[①]认为,"统一题元指派假说"代表了生成语法的一个核心假设:

(14) 接口统一性:

　　句法-语义接口极度简单,意义直接映射到句法结构上;此接口也极度统一,同样的意义总是映射到同样的句法结构上。

　　第二个问题则来自推导本身。推导可以改变初始的句法结构,但是结果却必须符合母语者的语感。这就意味着推导必定是受限制的,不能为所欲为。生成语法在不同理论阶段以不同的方式对推导的限制条件做了探索。下面例举一些描写性的移位(movement)条件:

(15) a. 只有核心和最大投射可以移位,中间投射和片段不能移位,比如(13)中的 killed Bill 不能移动到其他地方;

b. 移位的终点位置必须成分统制起点位置,比如(6)中 ZP 中的成分可以移动到 YP,但反过来不行;

c. 核心移位时不得跨越紧邻的上一层核心,比如在 $[_{ZP}...Z...[_{YP}...Y...[_{XP}...X...]]]$ 中,X 移位时必须先移动到 Y,然后 X-Y 一起移动到 Z,形成 X-Y-Z,不允许出现 X 直接移动到 Z、形成 X-Z 的情况;

d. 核心移位的终点仍然是核心位置,最大投射移位的终点只能是指定语位置。

　　这些条件并不是单独对移位做出的特设性规定,而是在某个理论框架中由更基本的形式特性推出的,且要经过相当广泛的验证。

　　通过(15)不难看出,移位是最常见的推导手段。有些移位发生在 D-结构和 S-结构之间:

(16) a. John$_i$ was killed t$_i$.

b. Who$_i$ did you see t$_i$ yesterday?

这两个例句中的 t 叫作语迹(trace),是无声的句法成分,用以标示移位成分(John 和 who)在 D-结构中的基础生成(base-generate)位置。下标用来标示语迹和移位成分的关联。生成语法认为,移位成分必须约束(bind)其语迹。

(17) A 约束 B,当且仅当:

a. A 与 B 下标相同;

b. A 成分统制 B。

这就意味着所有的移位都只能是提升(raising),而不能是下降(lowering)。另外,(16b)中的移位成分 who 被称为算子(operator),因为这类成分可以改变句子类型;算子留下的语迹叫作变项(variable)。有些时候,算子也是无声的,即空算子(null operator,Op):

(18) a. John bought a new book$_i$[Op$_i$ that t$_i$ was written t$_i$ by Chomsky].

b. John$_i$ bought a new book$_j$[Op$_j$ PRO$_i$ to read t$_j$].

(18b)中的空算子在状语从句中充当宾语,是题元准则的作用:必须有一个名词性成分充当 read 的客事论元。

　　算子移位的作用之一在于标示出算子起作用的辖域(scope)。"辖域"这个术语是借自

―――――――――――

① Culicover P. W. and Jackendoff R.. *Simpler Syntax*[M]. New York: Oxford University Press, 2005: 6.

逻辑学,指逻辑算子的作用范围。比如下面两句中的全称量化(universal quantification)就有不同的辖域:

（19）a. 所有语言学家<u>要么是功能主义者,要么是生成主义者</u>。

　　　 b. 要么所有语言学家是功能主义者,要么所有语言学家是生成主义者。

"所有"是全称量化的表达方式之一。这两句话的区别在于:(19a)中全称量化的辖域覆盖了"要么……要么……",而(19b)中"要么……要么……"引导的两个分句各有一个全称量化。概括地说,(19a)中全称量化占广域,"要么……要么……"占窄域,而(19b)恰好相反。有时一句话中的量化成分不止一个,因此也可能产生辖域歧义:

（20）每个语言学家都懂一门外语。

　　　 a. 对于每个语言学家 x,都至少有一个 y,y 是外语且 x 懂 y。

　　　 b. 至少有一个 y,y 是外语,并且对于每个语言学家 x,x 懂 y。

"每"的意义是全称量化,而"一门外语"在此句中是存在量化。存在量化的意思是"至少有一(个)"。(20a)的意思是:不同语言学家可能懂不同的外语,也可能懂的是同一门外语。这种解读是全称量化辖域大于存在量化(existential quantification)。(20b)的意思是:不同的语言学家懂的是相同的一门外语。这种解读是存在量化的辖域大于全称量化。

(20)这样的句子只有辖域意义的区别,而没有其他的句法、语音性质的区别。这一区别可以在逻辑式(LF)中得到反映。

（21）a. [$_S$ 每个语言学家[$_{VP}$ 都懂一门外语]]　　　　　　（S-结构）

　　　 b. [$_S$ 每个语言学家$_i$[$_S$ t$_i$[$_{VP}$ 都懂一门外语]]]　　 （(20a)的逻辑式）

　　　 c. [$_S$ 一门外语$_i$[$_S$ 每个语言学家[$_{VP}$ 都懂 t$_i$]]]　　 （(20b)的逻辑式）

通过(21b、c)不难发现,辖域的大小在逻辑式中转变为成分统制关系:一个成分的辖域就是其在逻辑式中成分统制的范围。

对于英语的特指疑问句来说(如(16b)),疑问代词在 S-结构、语音式和逻辑式中都位于句首,因而可以显性地标示出疑问算子的辖域。而汉语的特指问句就不同了。汉语是疑问词留位(wh-in-situ)语言,特指问句中疑问成分的位置和陈述句中对应的非疑问成分并无区别。那么,汉语特指问句的辖域是否不依靠移位来标示呢？黄正德在他的博士论文中给出的答案是:汉语特指问句中的疑问成分同样要移位,只不过这个移位发生在逻辑式中[①]。

（22）a. 你昨天遇见了谁？

　　　 b. [$_S$ 谁$_i$[$_S$ 你昨天遇见了 t$_i$]]？（逻辑式）

(22b)是(22a)的逻辑式。其中,宾语"谁"移到了全句最高的位置,成分统制其他成分,标示全句为其辖域。黄正德还用这个思路解释了下面的对立:

（23）a. 他以为你昨天遇到了谁？

　　　 b. *他以为你昨天遇到了谁。

（24）a. *他好奇你昨天遇到了谁？

---

① Huang, J. *Logical Relations in Chinese and the Theory of Grammar*[M]. Cambridge：The MIT Press, 1982.

　　b. 他好奇你昨天遇到了谁。①

在宾语从句的疑问性能否影响主句方面，"以为"和"好奇"的表现恰好相反。黄正德认为，这是因为"以为"要求从句中的"谁"必须在逻辑式中提升到主句前面，从而将疑问算子的辖域扩展至整个句子；而"好奇"则只允许"谁"在逻辑式中提升至从句句首②。

　　生成语法在不同时期对移位的看法和限制方式并不相同。比如在管约论时期，任何一个成分都可以自己进行移位，唯一的要求就是移位必须符合一定的形式条件。但是在最简方案阶段，移位被看作不够经济的操作，一个成分不能自己主动移位，必须由其他成分的需要触发，并且仍然要满足若干形式条件。无论是哪种思路，背后的核心观念还是一致的，那就是将移位的作用限制在恰当的范围里。

　　树形图也用来表示语序（linear order）。在管约论和更早的理论中，树形图中的左右位置直接对应于前后顺序：图中越靠左的成分在语序中就越靠前。比如：

（25）Yesterday, John died.

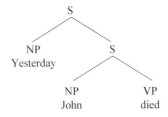

（26）John died yesterday.

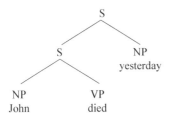

（25）这样的结构叫作右分支（right branching）结构，（26）这样的结构叫作左分支（left branching）结构。英语的状语相对中心成分的位置比较自由，而汉语中状语的位置就很固定（不能在中心成分之后）。管约论认为，这种语序的差别来自不同语言对普遍语法原则（principle）的参数（parameter）设置了不同的参数值。在语序上的参数叫作方向性参数。而这种处理方法在后来基本弃置不用了，因为理查德·凯恩（Richard Kayne）在 1994 年提出了一个著名的"线性对应公理"（Linear Correspondence Axiom, LCA）。简单地说，该公理规定，语序由成分统制关系来确定：如果成分 A 成分统制 B，而 B 不成分统制 A，那么 A 在语序上先于 B。③

　　这条公理带来很多重要的变化。最直接的一个就是方向性参数不复存在。因为根据该

---

　　① 这里有两点需要说明。第一，这些例句并非黄正德的原始例句，但不影响说明问题，而且个别方面会更好一点。因为黄文所用的主句动词有"想知道"，但"想知道"并非一个词。我们用"好奇"替换了"想知道"。第二，汉语的疑问词有疑问用法和非疑问用法两种。这组例子中的"谁"都应按疑问用法理解。
　　② 当然，黄正德的分析并非唯一的答案。更多的评论请见 Huang, Li, Li. *The Syntax of Chinese*［M］. Cambridge：Cambridge University Press, 2009.
　　③ Kayne, R. *The Antisymmetry of Syntax*［M］. Cambridge：The MIT Press, 1994.

公理,(25)(26)中的树形图表达的是同样的语序。这时,要想得到"John died yesterday",必须想办法让 John、died 成分统制 yesterday。按照生成语法的其他理论模块内容,这就意味着 John 和 die 必须移位。凯恩自己也承认,线性对应公理会导致树形图中出现大量的无声的中心语,以保证有足够的移位着陆点,从而推导出正确的语序。这不能不说是一种代价。即便如此,该理论仍然在生成学派大受欢迎,因为它使得一些原本是独立规定的句法原则变成了该公理的推论,比如:

（27）a. 句法结构只能是双分支的(binary branch);

　　　b. 一个短语中有且只有一个中心语(head);

　　　c. 一个短语中有且只有一个指定语(specifier)……

这个假说满足了整个理论的限制性和简洁性的要求。

对比树形图和直接成分分析图,我们还会发现一个区别:树形图中并不标示主语、宾语等语法功能概念。这是因为生成语法认为,主语、宾语等概念应当是由语类和句法位置派生出来的。比如主语就曾被定义为"受 S(entence)直接支配的 NP"。

（三）生成语言学的研究程序

关于生成语法的研究程序,徐烈炯[①]做出了非常清晰的说明,认为可以分为九步:定向、选题、发现、描写、解释、推广、论证、批评、反应。我们在这里做一概括性的转述。

定向指确定研究的对象、范围、目标等。生成语法以语法为研究对象,以语言知识为研究范围,以充分观察、充分描写、充分解释语法为理论目标,并接受经验检验。

选题即选定题目,是将目前尚不能完全理解的现象提出来寻求解答。生成语法中的实质性问题大致有三类:阐明某个或某类语句的性质,并与其他有关语句作比较;给某个语言单位做结构描写,确定其表征;总结语法规则或限制条件,明确适用范围。

发现是指研究者对存在疑问的现象提出自己的见解,而这些见解还应通过检验才能确定是否恰当。

描写指生成语法中的理论描写,包括确立语法概念、下定义、提出假设和提出理论。

解释指为描写的语感提供一个原因。比如汉语普通话可以说"在操场上踢球",但不可以说"＊踢球在操场上"。我们可以将这个现象描写为普通话的状语不能在右侧,也可以从用普遍语法中的参数设置来解释:普通话中修饰语的参数值设定为"在左侧"。

推广是用从某些现象中研究出来的结论推测其他现象。

论证是指用支持性证据(如实验结果)和确认性证据(如在更多语言现象中得到了推广)来证实语法假设和理论。

批评是对别人的论点进行质疑、否定。批评可以着眼于语言事实和论证方式,比如对方的语料不可靠、论据不充足或导致矛盾、假设适用范围过于有限。批评也可以着眼于理论体系,对于同样符合语言事实的不同假设,评价的标准大致如下:解释性假设优于描写性假设;具体、精确的假设优于笼统、模糊的假设;用一般概念的假设优于用特设概念的假设;适

---

①　徐烈炯.生成语法理论:标准理论到最简方案[M].上海:上海教育出版社,2009:59-70.

用于一切语言的假设优于只适用于个别语言的假设。

反应是对批评采取的做法。当一个理论受到批评时,理论支持者可以捍卫自己的理论(进行正面论述),也可以做出反批评(对批评者的观点进行反驳),还可能修正自己的观点。当然,在现实中,被批评者也有可能对批评置之不理。

上述程序中的有些步骤会在后文的具体案例中得到体现。

三、案例剖析

(一)"被"的词性和"被"字句的结构研究

在传统语法分析中,普通话表被动意义的"被"一般均被视作介词,而形如(28)中的长、短"被"字句则是通过省略施事的方法推导出来的。

(28) a. 张三被李四打了。(长被动句)

　　　b. 张三被打了。(短被动句)

但后来又有若干学者(如桥本万太郎[①])认为"被"是动词,不是介词。邓思颖[②]则通过细致的评估指出:"被"不是介词而是动词,短被动句也不是长被动句的省略形式,彼此间并无推导关系,而是动词"被"的不同子语类选择所致。

邓思颖首先分析了"被"的词性。他列举了文献中提到的六个不利于介词说的理由:

(29) a. 其他介词短语可以移位而"被 NP"不能;

　　　b. 并列结构测试显示施事论元与后面的 VP 构成一个成分,如"他被[张三骂了两声],[李四踢了两脚]";

　　　c. 施事论元可以约束 VP 中的反身代词,与介词宾语的身份不符;

　　　d. 施事论元可以控制 VP 前的 PRO,与介词宾语的身份不符;

　　　e. 介词说会对"张三被李四派警察抓走了"造成句法、语义两方面的困难;

　　　f. 普通话不允许介词悬空,但"被""叫"成了例外。

这六个问题,介词说不能做出统一的解释,但动词说可以。从理论的经济性上考虑,动词说更胜一筹。上述分析的一个显著特点是尽可能全方位地评估一个理论观点产生的后果,评估时的依据应选择比较公认的理论前提或研究结论。这在生成语法里是常规做法,唯有如此才能有充分的理由提出替代性观点。另外,(29b)也是生成语法的重要特点:成分关系的判断不能依据语义关系或单纯的直觉,而应依靠形式测试手段,并列结构测试就是常用手段之一:能并列的语符串一定构成一个成分。

关于长、短被动句是否存在推导关系的探讨反映了生成语法对推导的限制性观点:推导必须遵循制约条件,不能任意设想推导的存在。因此,如果(28b)是从(28a)推导而来,那么,生成语法理论允许存在三种可能:一是施事论元由无声的 PRO 充当[③];二是施事论元由

---

① 桥本万太郎.汉语被动式的历史·区域发展[J].中国语文,1987,(1).

② 邓思颖.汉语方言语法的参数理论[M].北京:北京大学出版社,2003:170-175.

③ PRO 出现在非时态分句的主语位置,如"John hasn't decided [whether [PRO to study Mandarin]]""John stayed on [PRO hoping for her to appear]""John left the office [PRO angry]"。

无声的 pro 充当①;三是施事论元从"被"后移走,留下一个语迹。限制性的语法理论要对所有可能进行评估,只有合乎制约条件的可能才会被采纳。

PRO 和 pro 是互补分布的:PRO 只能是非限定小句(infinite clause)的主语,pro 只能是限定小句(finite clause)的主语。因此,可以通过分析"李四打了"的限定性进行筛选。邓思颖认为"李四打了"是非限定小句,但他承认不能正面证明这个观点,只能进行回溯式的论证:假定"李四打了"是非限定的,好处多于相反的假设。

(30) a."打了"和其他不定式动词一样,不能呈现正反问;

b."打了"和其他不定式 VP 一样不能被省略;

c. 动词后的否定极项与约束它的否定词分处"被"的两边,符合否定极项与约束项必须在一个限定小句的要求;

d."被"后成分和其他非限定小句一样不能插入情态成分。

因此,邓思颖得出结论:"被"后只能带非限定小句,pro 出现在"被"后绝无可能。"被"必须是例外格标记动词,为施事论元指派例外格,否则"张三被李四打了"中的"李四"就会没有格位②。而 PRO 不能接受任何格位,因此"被"后的非限定小句只能以有声的成分为主语。

随后,语迹的可能也被排除了。根据投射原则和及物动词的子语类选择,及物动词"打"后的补足语位置由一个空算子占据。这个空算子要移动到非限定小句的句首,和被动句的受事主语同指,形成如下结构:

(31) 张三$_i$被[$_{TP}$ OP$_i$[$_{TP}$李四[$_{VP}$打了 t$_i$]]]

这时,TP 成了一个孤岛(island),"李四"无法从 TP 内移出,因而也不可能在原位留下一个语迹,呈现出短被动句的样貌。邓思颖最终得出结论:短被动句不是长被动句的推导结果,而是"被"以 VP 而非 TP 为补足语。

(二) 准定语研究

准定语现象在结构主义语法时代就已经受到关注,但是结构主义仅仅提供结构描写,无法回答这类现象的成因,甚至有些学者还否认其定语身份,主张"他看了三天的书"中的"三天"实质为补语③。

黄正德④对动量、时量准定语进行了成分测试,确定了这些成分的句法身份:

(32) a. 他连一分钟的书都没看过。

b. 他们批了两年的林、三年的孔。

c. 他两次北京和三次上海都去了很久。

---

① pro 出现在时态分句的主语位置,一般存在于西班牙语、意大利语等动词形态变化比较丰富的语言中,是可根据动词形态推测出主语的人称、性、数等特征而不必以语音形式出现的代词主语。如"[e] Ha parlato."(He has spoken),"Gianni ha ditto [cp che [IP[e]ha parlato]]"(Gianni has said that he has spoken)。

② 格位(Case)又叫"抽象格",作用是允准指称性名词性成分在句中出现。格位可以没有语音表现,因此不同于形态格(morphological case)。

③ 黄国营.伪定语和准定语[J].语言教学与研究,1981,(4).

④ 黄正德.从"他的老师当得好"谈起[J].语言科学,2008,(3).

根据测试结果,动量、时量成分总是和后面的名词在一起,说明它们确实具有成分关系,在句法上构成了定中短语。

黄正德也对早期汉语生成语法中提出的解释方案做了反思和批评。早期方案的大致思路是:当"他"和"老师"毗邻构成"他老师当得好"时,"他"和"老师"由两个名词短语重新分析为一个名词短语,这时"的"就可以插入其中(因为汉语允许名词短语由"名词+的+名词"构成)。如:

(33) a. 他老师当得好。

　　　 b. 他的老师当得好。(重新分析)

但是黄正德指出,这个方案会导致过度生成不合语法的句子:

(34) a. 我数学很喜欢。

　　　 b. ﹡我的数学很喜欢。(重新分析)

同时他还指出,重新分析是一种有代价的句法操作,因为这个句法操作仅仅改变形式而不影响意义,对语法理论来说有冗余的嫌疑。这一批评思路很好地体现了上文"研究程序"部分所说的批评方式:从语言事实和理论体系两方面做出的批评比仅仅从其中一个方面做出的批评要更为有力。

黄正德提出了一个替代性的假说。具体来说,准定中结构在底层是一个完整的分词短语 GP(Gerundive Phrase),动词短语 VP 是 G(无声成分)的补足语,而 GP 又是轻动词 DO 的补足语,因此语义组合跟句法组合是一一对应的。由于动词 V 移出了 GP,最终形成了表面的形义错配:

(35) $[_{vP}$他$[_{V'}$DO$[_{GP}[_{XP}$他的$][_{G'}$G$[_{VP}$唱$[_{NP}$歌$]]]]]]$

这个思路在根本上符合主流生成语法的基本观点,库里卡佛和杰肯道夫[1]将此概括为"接口统一性"和"结构统一性":

(36) a. 接口统一性(Interface Uniformity)

　　　　句法-语义接口极其简单,意义直接映射到句法结构上;接口极为整齐,同样的意义总是映射为同样的句法结构。

　　　 b. 结构统一性(Structure Uniformity)

　　　　表面不完美的或错序的(misordered)结构都是扭曲了的规范形式(regular form)。

维护这两个统一性的结果就是假设了无法直接观察到的 G。问题也随之而来。潘海华、陆烁[2]发现,在黄文中,G 的性质存在一个矛盾:它究竟能否留住移上来的动词? 为了解释"搞了三年的教英语"不可接受,G 需要不能留住移上来的动词,$[_G$V-G$]$必须向上移到轻动词 DO 的位置上;而为了解释"他的跋扈""你的坚持""他搞他的革新,你搞你的复古",又必须承认 G 能留住移上来的动词,即$[_G$V-G$]$不必移至轻动词的位置上。他们还指出,在"他的老

① Culicover P. W. and Jackendoff R.. *Simpler Syntax*[M]. New York：Oxford University Press, 2005：46 - 47.

② 潘海华,陆烁.从"他的老师当得好"看句法中重新分析的必要性[J].语言研究,2011,(2).

师当得好"中,GP 的移位导致动词"当"不能成分统制其语迹,不合理论要求。

这一批评的主要思路是在黄文的内部推导出自相矛盾的结论,我们还可以考察这个方案在更多语言事实中的表现,从而考察其解释力(即"推广")。比如:该文仅从动词移位来解释准定语现象,因此,对于没有相关动词的例子无能为力。比如:

(37) a. [一趟广州]花了八百块。

　　b. 上来就是[一顿鞭子]。

　　c. 你还欠我[一顿红烧肉]呢。

邓思颖的三篇论文[①]对黄正德的思路既有继承,也有修正[②]。一方面,新的解决办法仍然要维持"接口统一性"和"结构统一性";另一方面,方言语法事实也对原有方法构成了挑战。邓思颖发现,准定中结构的分布存在主、宾语的不对称:不少南方方言允许准定中结构作宾语,却不允许它们充当主语:

(38) a. 他的老师当得好。(北京话)

　　b. *佢嘅老师做得好。(粤语)

按照黄正德的解释,主语位置的准定中结构应该是从[Comp, vP]移到表层主语位置的。但这不能解释粤语的例句(38b)为何不合语法。要解释(38)中的对立,至少有两条可能的思路:一是认为北京话和粤语有不同的移位限制,后者导致"佢嘅老师"不能移动到主语位置;二是认为两种方言的准定中结构内部性质不同,最终形成了分布差异。邓思颖选择的是后一种思路。

他的核心思想是:汉语中存在名物化短语 NomP(相当于 GP),作为一个词缀,Nom 是否拥有触发词移位的特征决定了 NomP 的分布。北京话中的 Nom 可以触发动词的移位。当 NomP 处于[Comp, vP]时(即(35)中 GP 的位置),实义动词就会一路提升。这一点和黄文没有什么不同。但是,主语和其他位置的 NomP 不是移位过来的,而是基础生成的。这时,NomP 内部有一个空动词,从动词的位置提升至 Nom,从而在形态上支持它。空动词是一个深层回指成分,其语义值由语境确定。但在粤语及其他不允许 NomP 作主语的方言中,Nom 都不能触发动词移位。当 NomP 在[Comp, vP]时,轻动词 DO 会诱发动词移位,从而途经Nom;但当 NomP 处在主语位置时,Nom 不能吸引空动词移位,自身的词缀性质不能得到满足,从而违法语法。这里需要特别提请注意的是,出于对某些方言事实的考虑,邓同时还允许通过转喻绕开 NomP 直接生成准定中结构。因此不妨把他的整体思路称为推导-转喻二元论。

在一定程度上,新的方案确实解决了老方案所面临的一些问题。比如规避了 NomP/GP 移位带来的理论风险;对准定中结构的分布不对称做出了一定的解释;似乎能够处理没有恰当的移位动词的例子(如(37)中诸句)。此外,邓认为动量/时量准定语是 GP 的附加语而非

---

① 邓思颖.“形义错配”与名物化的参数分析[J].汉语学报,2008,(4);邓思颖.“他的老师当得好”及汉语方言的名物化[J].语言科学,2009,(3);邓思颖.“形义错配”与汉英的差异——再谈“他的老师当得好”[J].语言教学与研究,2010,(3).

② 邓思颖的研究虽然是直接回应沈家煊对准定语的类推-糅合解释(见沈家煊.也谈“他的老师当得好”及相关句式[J].现代中国语研究,2007,(9).),但在回应过程中也通过新发现的语言事实提出了不同于黄正德的解决方案。鉴于本章的目的是介绍生成语法的研究方法,邓思颖对沈家煊方案的批评不予介绍和讨论。

指示语。这样有两个好处：一是确定［Spec,NomP］一定是题元位置（这在黄正德的方案里是不确定的）；二是可以方便地生成"你唱一天你的京剧,我就唱一天我的秦腔"这样的句子。根据研究程序中批评的一些标准,我们可以认为,邓思颖的方案优于黄正德的方案。

但是,这个方案也有其自身的理论问题。邓的办法中多了一个无声成分——空动词。正如他在一个脚注中提到的①,这个空动词无法替换成同义的有声动词（实义动词）。邓思颖在文中承认没有很好的解释。另外,推导-转喻的二元论思路也会出现问题：如何证明推导可产生的准定语实例不能由转喻产生？能够提出进一步的批评意味着更大的探索空间。

（三）轻声的优选论研究

王嘉龄《三种方言轻声的优选论分析》②采用生成音系学中的优选论理论选取北京话、上海话和乌鲁木齐话三地的方言语料,对它们轻声的音系特征进行分析,对三种方言中语音表现差异较大的轻声现象做出了有说服力的分析和阐释。以王嘉龄这篇文章为案例,可以看出如何使用生成音系学的优选论（OT理论）分析汉语方言中的语音现象。

1. 案例的理论背景

生成音系学是生成语法的有机组成部分,它研究人脑中潜在的语音系统的知识,并以公式化的方式把它概括、反映出来。乔姆斯基与莫里斯·哈勒（Morris Halle）合著的《英语语音模式》（1968）（*The Sound Pattern of English*）的出版是生成音系学的奠基之作,标志着音系学从结构音系学发展为生成音系学,生成音系学可以分为SPE音系学、后SPE音系学和优选论三个时期。

60年代的生成音系学称为SPE音系学,是生成音系学的标准理论或经典理论。SPE音系学与结构主义音系学不同,在音系表达中它以语音的区别特征代替了音位,使用区别特征,通过一系列音系规则的有序运行,将句法表层的音位表达转化为语音表达,由底层表达生成语音表达。生成音系学的基本框架为：句法部分→表层结构→音系部分→语音表达式③。

SPE生成音系学所涉及的重要概念有区别特征、音系规则、底层表达式、语音表达式、表达层次等。

区别特征是生成音系学对语音进行描写和分类的基本单元,是连接音系表达和语音表达的枢纽,Chomsky, N. & Morris Halle（1968）主要从发音机制方面来描写区别特征,在生成音系学中产生了深远的影响。在生成音系学中常用的区别特征主要有［辅音性］、［元音性］、［紧张性］、［延续性］、［鼻音性］、［前位性］、［后位性］、［高位性］、［低位性］、［舌冠性］、［龈前性］等④。

生成音系学中,底层表达式是储存在人脑中的内部语音信息,音系规则以区别特征为表

---

① 邓思颖."他的老师当得好"及汉语方言的名物化［J］.语言科学,2009,（3）.
② 王嘉龄.三种方言轻声的优选论分析［J］.语言科学,2002,（1）.
③ 张金生.生成音系学发展回顾［J］.外语教学,2000,（2）.
④ Chomsky, Noam., Morris Halle. *The Sound Pattern of English*［M］. New York：Harper and Row, 1968；转引自包智明,许德宝.生成音系学理论及其应用［M］.北京：中国社会科学出版社,1998：34-45.

达单元,是具有普遍性的抽象规则。音系规则作用于底层表达式,从而产生语音表达式。语音表达式与底层表达式相对,也称为表层表达式。

虽然与结构主义音系学相比,SPE 理论有了重大的突破,但它仍然认为语音结构是线性序列的,受制于线性序列理论,SPE 音系学把音节分析排除在自己的研究框架之外。

到 70 年代中期,生成音系学又有了新发展,打破了线性序列的框架,音节进入到生成音系学的研究领域,这一时期的音系学称为后 SPE 音系学,形成了自主音段音系学、节律音系学、词汇音系学、特征几何理论、不完全赋值理论等,这些新的理论不断推动生成音系学的发展。后 SPE 理论对音系规则的研究更加深入,音节、韵律、音段内部结构等逐步成为生成音系学的重要研究对象。

90 年代音系学家艾伦·普林斯(Alan Prince)和认知学家迈克尔斯·史莫伦斯基(Michael Smolonsky)提出优选论,生成音系学的发展进入新的阶段。优选论(optimality theory),简称 OT 理论,其核心是以制约条件取代了 SPE 理论的音系规则,用层级排序的制约条件为评估规则,对不同的选项进行评估,选取最符合语言事实的候选项为优选项。

优选论认为人类语言有共同的"制约条件",体现出语言的共性,而制约条件不同的层级排序体现出不同语言的特性,各种语言的区别就在于它们使用制约条件层级排列的顺序不同。优选论将符合普遍语法的生成器作用于底层形式的输入项,在同样的生成机能下可以生成多个输出候选项,在各种制约条件的评估下,违反优先层级和次数比较少的优选项可以成为最佳输出项。优选论的输入项和输出项相当于 SPE 理论的底层表达和表层表达①。

优选论的音系分析过程如下图②:

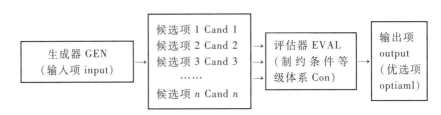

图 5-4　优选论的音系分析过程

优选论的制约条件体现出语言的普遍倾向,制约条件主要来源于发音生理、感知、心理等方面,其中感知的清晰性和发音的省力原则是制定各类制约条件的出发点,制约条件又可以分为标记性制约和忠实性制约。标记性制约要求输出项和输入项相一致,要尽量保持底层形式,让人能听得明白,体现出语言的清晰性原则。忠实性制约则要求输出项出现或禁止出现某种条件,使发音尽量省力。在具体语言中忠实性原则和标记性原则会发生冲突,制约条件排序的层级性就体现出语言之间的差异③。

优选论的框架下,经常采用竞选表来说明制约条件之间的层级排序,假如有 A、B、C 三

　　① 王嘉龄.北京话连读变调的优选论分析[A].新疆大学语言文化国际学术研讨会论文集[C].乌鲁木齐:新疆大学出版社,2002.
　　② 孟俊一.英语音系过程中从底层表达向表层表达推导的研究[J].贵州师范大学学报,2007,(1).
　　③ 王嘉龄.优选论[J].国外语言学,1995,(1);李兵.优选论的产生、基本理论及应用[J].现代外语,1998,(3).

条制约条件,它们在制约条件的层级体系里按照 A>B>C 的顺序由高到低排列,在竞选表中第一行是制约条件按照从左到右的顺序从高到低排列,如果两个制约条件处于同样的等级,那么在竞选表中两个制约条件之间就用虚线分开。竞选表的第一列是输入项,用 * 表示违反制约条件的次数,如果违反了一次制约条件,就用 * 表示,违反了两次制约条件就用 ** 表示,其中违反制约条件次数最少优选得出的输出项前加一个☞表示,违反层级最高的制约条件被淘汰的候选项前加!表示,比如在制约条件 A,B,C 下,候选项 1 违反制约条件 B 一次,候选项 2 违反制约条件 A 和制约条件 B,候选项 3 违反制约条件 B 和制约条件 C,候选项 1 成为最优候选项。上述制约条件下的竞选表为:

表 5-1　竞选表

候 选 项	制约条件 A	制约条件 B	制约条件 C
☞ 候选项 1		*	
候选项 2	* !	* *	
候选项 3		*	* *

优选论把 SPE 音系规则的线性序列改为制约条件的层级排列,以竞选表的方式表现制约条件之间的优先层级,虽然具有一定的局限性,但是与 SPE 理论相比,在理论的解释力和表现方式的直观性上都有了很大的发展。

2. 论证过程

《三种方言轻声的优选论分析》的论证过程为:先介绍了优选论的分析框架,简要说明优选论如何运用制约条件的交互作用处理音系现象。然后在优选论的分析框架内分别分析了北京、上海、乌鲁木齐三种方言的轻声现象,使用相同的制约条件对汉语方言不同的轻声表象进行了分析,为使用优选论分析汉语方言的音系现象提供了很好的例证。

文章第一部分是优选论的介绍,对优选论的生成装置、输出装置、评估过程进行说明:

生成装置(Generator,简称 Gen)是普遍语法的一个固定部分,它作用于输入项(相当于底层形式),输出若干个候选项,这些候选项进入评估装置,经筛选后,输出优选项(表层形式)。评估装置由经过层级排列的制约条件构成。评估候选项时,应用制约条件从高到低对候选项进行淘汰,直至选出优选项。

文章第二部分使用优选论分别对北京、上海、乌鲁木齐三种方言中的轻声现象进行分析。

(1) 北京话的轻声

在北京话中轻声既轻又短,具有依附性,在阴平 55(HH)、阳平 35(LH)、上声 213(LL)、去声 51(HL)①,四个不同的声调后轻声具有不同的音高表现。

文章从音系学的角度描写北京话不同声调后的轻声:阴平后轻声音高 2(L),阳平后轻声音高 3(L),上声后轻声音高为 4(H),去声后轻声音高为 1(L)。

因为北京话的轻声时长短,只有四声的一半,所以只有一个载调单位的莫拉。据此,文

---

① LH 声调标注法中声调调值(5 度值)在 1.0~3.0 之间为低调,标为 L;3.0~5.0 为高调,标为 H。

中提出了两个制约条件：

第一，每个莫拉必须而且只能连接一个声调特征。

第二，轻声音节的莫拉不能跟 H 连接。

这两条制约条件可以简称为"莫拉一调"和"轻声非高制约"（ * 轻声 H），它们适用于北京话阴平、阳平和去声三个声调后面的轻声。文章以阴平为例用表进行分析[1]：

表 5－2　　北京话阴平后轻声的竞选

输入项：HH.O$_N$	莫拉一调	* 轻声 H
HH.O		
HH.H		
☞ HH.L		

经评估得出阴平后的轻声优选项为 HH.L$_N$，阳平后轻声优选项为 LH.LN，去声后的轻声优选项为 HL.LN。这两条制约条件不适用于从上声（LLH）后分出来的轻声（H），上声后的轻声是高调（H），文中进一步提出"三莫拉制约""边缘锚定"和"连续对应"三个制约条件：

三莫拉制约指除非在停顿前的位置上，任何音节都不得有三个莫拉[2]；边缘锚定制约指输入项左边缘的调与输出项左边缘的调相同；连续对应指输入项中的调应连续与输出项中对应的部分相同[3]。根据边缘锚定制约，输入项左边是 H，输出项左边也应是 H，根据连续对应制约，输入项调的串列应与输出项调的串列相同。

这样就有了五个制约条件，需要排出它们之间的层级高低，对制约条件进行排序的方法是对两个条件按照两种顺序进行评估，哪种顺序评估后得出的优选项符合实际就采用哪种顺序。经评估，文中得出三莫拉制约＞莫拉一调，锚定，连续＞* 轻声 H。用这一层级排列得出北京话中上声后轻声的音系特征为 LL.H$_N$，如下表所示：

表 5－3　　北京话上声后轻声的竞选表

输入项：LLH.O$_N$	三莫拉	莫拉一调	锚 定	连 续	* 轻声 H
LLH.O$_N$	*！	*			
LL.O$_N$		*！			
LL.H$_N$					*
LL.L$_N$				*！	
HL.HL$_N$		*！	*	*	*

---

① 优选论中 O 表示没有声调，N 表示轻声音节，HH.O$_N$ 就是北京话中阴平（HH）后带轻声音节。

② 王嘉龄.北京话连读变调的优选论分析[A].新疆大学语言文化国际学术研讨会论文集[C].乌鲁木齐：新疆大学出版社,2002.

③ Mccarthy,J.& A.*Prince Faithfulness and Reduplicative Identity*, In.Beckman,L.Dickey,& S.Urbanczyk(eds.). *University of Massachusetts Occasional Papers* in Linguistics 18：*Papers in Optimality Theory*. Amherst. MA：Graduate Linguistics Student Association.

（2）上海话的轻声

据许宝华（1981）[①]、石汝杰（1988）[②]上海话中前字为阴平53（HL）、阴去34（MH）、阳去13（LM）的双音节语音词中后字失去原来的单字调，前一音节的声调扩展到后一音节上，调值轻而短，分别形成55+21,33+44,22+44的重轻型语音词。上海话双音节轻声优选论分析中的底层输入和表层输出项的音系表达为（O_N表示轻声）：

表 5 - 4　上海话双音节轻声的竞选表

声　　调	输　入　项	输　出　项
阴平+轻声	HL+O_N	H+L_N
阴去+轻声	MH+O_N	M+L_N
阳去+轻声	LH+O_N	L+H_N

三音节轻声的底层输入和表层输出项的音系表达为：

表 5 - 5　上海话三音节轻声的竞选表

声　　调	输　入　项	输　出　项
阴平+轻声+轻声	HL+O_N+O_N	H+L+L
阴去+轻声+轻声	MH+O_N+O_N	M+H+L
阳去+轻声+轻声	LH+O_N+O_N	L+H+L

文中对上海话轻声的优选论分析中使用二莫拉（除单字调外，其他情况下音节的声调都不超过两个莫拉）、莫拉一调、锚定、连续和轻声音节的音高不能是 H 五个制约条件，层级排列如下：

二莫拉>莫拉一调,锚定,连续>* 轻声 H

用这一层级排列对两字组和三字组的轻声进行分析都可以得出正确的输出项。文章提出"二莫拉>莫拉一调,锚定,连续>* 轻声 H"这五个制约条件和层次排序同样适用于上海话其他声调后面轻声的表达分析。

（3）乌鲁木齐方言轻声的优选论分析

据魏玉清（2001）[③]新疆北部轻声的主要特点是轻声时长不短，轻声音节在其他音节后面失去原来的调值，轻声怎么读由前一音节决定。乌鲁木齐方言阳平调和上声调合并为一个声调，只有阴平、阳平和去声三个单字调，轻声在三个声调后面具有不同的读法：

阴平+轻声　　　44+51　　　HH,HL

阳平$_1$+轻声　　　44+31　　　HH,LL

阳平$_2$+轻声　　　31+51　　　LL,HL

①　许宝华.新派上海方言的连读变调[J].方言,1981,(2).
②　石汝杰.说轻声[J].语言研究,1988,(1).
③　魏玉清.乌鲁木齐话轻声的语音性质和音系分析[A].蔡莲红,周同春,陶建华.新世纪的现代语音学——第五届全国现代语音学学术会议[C].北京:清华大学出版社,2001.

去声+轻声　　　　　21+13　　　　　LL，LH

乌鲁木齐方言中轻声在已经合并的阳平和上声后读法又有区别，其中轻声在阳平$_1$，也就是原阳平调后面是个低降调31，在阳平$_2$，也就是原上声调后面是个高降调51。

乌鲁木齐方言中轻声的特征可以描述为：

A. 轻声与其他单字调一样，时长不短，可以连接两个莫拉；

B. 轻声的音高由前一个声调的后一部分与轻声的莫拉一对一连接而成，轻声剩余的另一个莫拉缺省值（L）；

C. 前字是平调时，轻声的音高由前一个声调的音高延长而成。

在分析乌鲁木齐方言轻声的特征时，除了"三莫拉"（除非在停顿前的位置上，任何音节都不得有三个莫拉）、"莫拉一调""锚定""连续"和"轻声音节的音高不能是H"这五个制约条件以外，还应增加一个"延长"制约。"延长"制约规定：轻声前的声调须为由左调延长成的平调。

在对乌鲁木齐方言轻声的分析中，使用上述六个制约条件，其中"延长"制约是新增加的条件。

文中对六个制约条件排序如下：

三莫拉>莫拉一调，延长，锚定，连续>*轻声H

文中使用上述制约条件和层次排序对去声后的轻声进行分析，去声后接轻声的输入项是LLH.OO$_N$，有LLH.OO$_N$、LL.HO$_N$、LL.LH$_N$、LL.HH$_N$、LL.LL$_N$、HL.HL$_N$、LL.HL$_N$候选项，制约条件由左到右按照从高到低的层级排列，候选项LL.LH$_N$虽然违反了"*轻声H"的制约条件，但是这个制约条件是层级最低的制约条件，候选项LL.LH$_N$是这些候选项中违反制约条件最少和最轻的，所以评估为优选项。这个优选项符合乌鲁木齐方言去声后轻声的特征。

文中使用上述制约条件和层级顺序对阳平后轻声进行优选评估：

表5-6　乌鲁木齐方言阳平后轻声的竞选表

输入项：LH.OO$_N$	三莫拉	莫拉一调	延 长	锚 定	连 续	*轻声H
LH.OO$_N$		＊＊！	＊			
LH.LO$_N$		＊！	＊			
LL.HL$_N$						＊
L.HO$_N$		＊！	＊			＊
LL.OO$_N$		＊＊！			＊	
H.LO$_N$		＊！	＊	＊	＊	

阳平后轻声的输入项为"LH.OO$_N$"，候选项有"LH.OO$_N$"、"LH.LO$_N$"、"LL.HL$_N$"、"L.HO$_N$"、"LL.OO$_N$"、"H.LO$_N$"六个，其中候选项"LH.OO$_N$"、"LH.LO$_N$"、"L.HO$_N$"、"LL.OO$_N$""H.LO$_N$"都违反了制约条件2"莫拉一调"，同时还违反了"延长"或"锚定"其他制约条件，只有候选项"LL.HL$_N$"只违反了层级最低的制约条件"*轻声H"，成为优选项，这也符合乌鲁木齐方言阳平后轻声的特征。

文中共使用六个制约条件,通过制约条件之间"三莫拉>莫拉一调,延长,锚定,连续>*轻声 H"从高到低的排序对乌鲁木齐方言两字组的轻声特征进行分析,做出了比较满意的解释。

3. 优选论在案例中的体现

王嘉龄这篇文章中对北京、上海、乌鲁木齐三种方言的轻声分别进行了优选论分析,使不同方言间轻声的语音表象在统一的模式下进行解释。这三种方言轻声的语音表现在汉语各地方言中有一定的代表性。

王洪君指出"轻声的本质特点是失去自己的调型,前字调型向后延伸"[①],北京话、上海话和乌鲁木齐话中轻声后字的调值都由前字的读法决定,具体的语音表现则各不相同。北京话中轻声前字有两个声调特征时,前字声调特征不变,轻声缺省值 L,当前字有三个声调特征时(比如上声调),第三个声调特征转移到后面的轻声音节。上海话中前字的声调特征分裂为两部分,一部分在前字,一部分扩展到后一音节上,轻声的特征完全由前字赋予。乌鲁木齐方言轻声在平调后面时,轻声的读法由前字直接延长而成,在其他声调后面时,轻声的音高有两个声调特征,一部分由前字声调赋予,另一部分为缺省值 L。

王嘉龄的文章使用了"边缘锚定""连续""*轻声 H""三莫拉""二莫拉""延长"六个制约条件,经过不同的层级排序对上述三种方言轻声的语音表现进行音系分析。"边缘锚定""连续"和"*轻声 H"等制约条件都是优选论的普遍制约条件,基于发音和感知心理而提出,在这些制约条件下,王嘉龄的这篇文章经过不同的层级排序,解释了三种方言轻声的特点。

制约条件是优选论的核心,适用于不同的语言,不同的排序制约条件之间的交互作用对不同语言或方言产生作用,从而解决了在线性有序规则下无法使用相同的规则解释各语言或方言不同的语音表象的问题,体现出优选论在音系分析方面较强的解释力,生成音系学的优选论对一些用传统音系学理论难以解决的问题提供了新的视角。轻声是汉语方言中普遍存在的现象,轻声的音系特征在各个方言中不尽相同,难以使用经典音系学中线性分析对它们进行解释,这篇文章使用优选论对不同方言的轻声进行分析,体现出优选论强大的解释力。

思考题

1. 既然语法是联系形式和意义的规则系统,生成语法理论为什么不用语义关系来判断成分结构?

2. (29d)"施事论元可以控制 VP 前的 PRO,与介词宾语的身份不符"是邓思颖从他人文献中引用的理由。这条理由与邓思颖对被动句的分析是否一致?

3. 邓思颖(2003)并未给出短被动句的句法结构。请你根据他的思路尝试给出短被动句的句法结构,并做出评估。

4. 你的方言中有没有准定语现象?能否用黄、邓的方案解释其生成过程?

---

①　王洪君.汉语非线性音系学[M].北京:北京大学出版社,1999.

5. 阅读相关论文,举例说明优选论中的标记性制约条件和忠实性制约条件。

6. 选择汉语方言中的某个语音现象,尝试使用优选论进行分析。

进一步阅读

包智明.汉语声调和生成音系学理论[J].当代语言学,2014,(3).

邓思颖."他的老师当得好"及汉语方言的名物化[J].语言科学,2009,(3).

邓思颖."形义错配"与汉英的差异——再谈"他的老师当得好"[J].语言教学与研究,2010,(3).

邓思颖."形义错配"与名物化的参数分析[J].汉语学报,2008,(4).

邓思颖.汉语方言语法的参数理论[M].北京:北京大学出版社,2003.

邓思颖.形式汉语句法学[M].上海:上海教育出版社,2010.

黄国营.伪定语和准定语[J].语言教学与研究,1981,(4).

黄正德.从"他的老师当得好"谈起[J].语言科学,2008,(3).

孔慧芳.合肥话轻声的语音性质及优选论分析[J].语言研究,2006,(1).

马秋武.OT 制约条件:交互关系与表现方式[J].外语与外语教学,2008,(2).

马秋武,王红梅.优选论的拓展与走向[J].当代语言学,2008,(3).

潘海华,陆烁.从"他的老师当得好"看句法中重新分析的必要性[J].语言研究,2011,(2).

沈家煊.也谈"他的老师当得好"及相关句式[J].现代中国语研究,2007,(9).

沈阳,何元建,顾阳.生成语法理论与汉语语法研究[M].哈尔滨:黑龙江教育出版社,2000.

宋国明.句法理论概要[M].北京:中国社会科学出版社,2008.

王嘉龄.优选论[J].国外语言学,1995,(1).

徐烈炯.生成语法理论:标准理论到最简方案[M].上海:上海教育出版社,2009.

赵永刚.音系底层形式的界定:规则交互和制约等级排列[J].当代外语研究,2012,(10).

朱德熙.语法讲义[M].北京:商务印书馆,1982.

Carnie, A. *Modern Syntax: A Coursebook* [M]. Cambridge:Cambridge University Press,2011.

Huang, C.-T. J. *Verb Movement and Some Syntax-semantics Mismatches in Chinese* [J]. 1994,(2).

Ouhalla, J. 转换生成语法导论:从原则参数到最简方案[M].北京:外语教学与研究出版社,1999/2001.

Radford, A. 转换生成语法教程[M].北京:外语教学与研究出版社,1988/2000.

Radford, A. 最简方案:句法理论与英语结构[M].北京:北京大学出版社,1997/2002.

René Kager. *Optimality Theory* [M]. Cambridge:Cambridge Press,1999.

第六章　认知语言学方法与汉语研究

20 世纪 50 年代以前是"结构的时代",注重对语言结构系统本身的刻画和分析。50 年代以后是"认知的时代",关注语言背后的人类认知系统。在对乔姆斯基第一代认知观①支配下的形式语言学的反动的基础上,在 70、80 年代后期至 90 年代,认知语言学开始成形。主要体现在三个方面:(1)研究对象,是体现了人的认知能力的语言行为。研究人类的一般认知能力和认知策略是如何促动人类语言的结构形式的。(2)研究范式,注重对作为语言结构的基础的意义和理性中的想象因素的研究,注重分析意象图式、比喻结构、概念结构等经验结构和模式。(3)哲学基础和心理学基础,以非客观主义的经验现实主义哲学和现代认知心理学为其基础。

认知语言学学派开创以来,不同的学者在理论体系构建、个案分析方面形成了差异化的研究分支,如原型和范畴研究、隐喻和转喻研究、图式研究、框架和构式研究、心理空间研究等分别在相关侧面提升了语法的解释强度。

认知语言学的研究进展,为研究者提供了一个新的语言观察、分析的视角。当然,认知语言学理论与其他理论的内在关联、发展等也要全面把握,才能真正发挥其理论优势,尤其要避免该理论存在的缺陷,更要避免认为认知语言学可以解决一切问题的认识,适度而恰当地选用相应理论用于汉语研究。

一、理论介绍

(一)认知语言学的内涵

认知语言学是认知心理学和语言学相结合的边缘学科。该理论强调没有绝对客观的现实,也没有离开客观现实而独立存在的语言;语言不是直接表现或对应于现实世界,而是有一个中间的认知构建(cognitive construction)层次将语言表达(expressions)和现实世界(reality)联系起来,在这个认知中介层,人们面对现实世界形成各种概念和概念结构。现实世界通过这个认知中介层"折射"到语言表达上,语言表达也就不可能完全直接对应于现实世界。

认知语言学以语义、概念为出发点观照其与形式的匹配,探索语言范畴和构造的概念及经验基础。它认为自然语言是人类认知活动的产物,又是认知活动的工具,其结构、功能应

---

① 第一次认知革命是乔姆斯基生成语法,体现在两个方面:一是研究对象,转向人类的认知能力和认知过程,即作为一种特殊的内在心智能力的语言;二是研究范式,把语言知识作为一种特殊的心理状态,看作一套先验的或超验的算法,即抽象符号的操作,并用形式化的方法描述。

视为人类一般认知活动的结果和反映;句法结构在相当程度上不是任意的,而是有动因的,即由认知、功能、语用等句法之外的因素所驱动,故表层结构直接对应于语义结构,而语义结构对应于非客观的概念结构。

认知语言学重视结构的研究,注重认知如何对世界的经验进行组织,从而形成有意义的概念和概念结构。语言是认知对世界经验进行组织的结果,其中认知是包括感知觉、知识表征、概念形成、范畴化、思维在内的大脑对客观世界及其关系进行处理从而能动地认识世界的过程,是通过心智活动将对客观世界的经验进行组织,将其概念化和结构化的过程。在概念形成和推理过程中,人的生理构造、身体经验以及人的感知觉能力和人的想象力扮演了重要角色。

(二)认知语言学的研究对象和基本任务

认知语言学是基于人们对世界的经验和对世界进行感知和概念化的方法来研究语言的学科,主要研究人对世界的感知、经验、观察事物方式如何影响人们对语言的使用,特别是在同样符合语言规范的条件下如何选择不同的词与句子来表达非客观的意义,如开展范畴化和原型理论、隐喻概念、意象图式、认知语法、象似性和语法化以及认知语用推理等研究。

认知语言学的基本任务表现为:第一,语言研究同人的概念形成过程的研究联系起来;第二,词义的确立参照百科全书般的概念内容和人对这一内容的解释(construal);第三,概念形成基于普遍的躯体经验(bodily experience),特别是空间经验,并对事物隐喻性建构;第四,语言的方方面面都包含着范畴化,并以原型理论为基础。

认知语言学的目的是寻找人的认知和语言的普遍规律。其性质表现在三个方面:第一,认知语言学是解释语言学,揭示语言事实背后的认知规律;第二,认知语言学是以语义为中心的语言学,它认为词法、句法不是自主的,是受功能、语义和语用因素支配和制约的,其中语义是概念化的,是人们关于世界的经验和认识事物的反映,是与人认识事物的方式和规律相吻合的;第三,认知语言学是共性语言学,它认为语言的共性不在语言形式上,而在于人的认知心理上①。

(三)认知语言学的语言观

传统语言观认为,自然语言具有独立于人的思维和运用之外的客观意义,语言是封闭的、自足的体系。认知语言学强调人的经验和认知能力在语言运用和理解中的作用,认为没有独立于人的认知以外的所谓意义;语言不是封闭的、自足的体系,而是开放、依赖性的,是客观现实、社会文化、生理基础、认知能力等各种因素综合的产物。以前的语言学满足于语法和语义上可接受的句子的规则,对语义用客观的语义特征来描述,认为这些句法规则和语义特征存在于人的大脑记忆中。认知语言学则采取不同的语言观,即经验观、凸显观和注意观。

1.“经验观”体现了语言使用者对这个世界的描写方法

经验观主张语言研究不仅要建立逻辑规则和客观定义,还应注重对实际经验的研究。

---

① 赵艳芳.认知语言学概论[M].上海:上海外语教育出版社,2001:11-13.

人类往往从两个层面认识世界：一是基本范畴，一是从具体事物的原型向外扩展到范畴边缘成员一直到更抽象的事物和概念。经验观可以提供对语言和意义更丰富和更自然的描述，其中研究非客观意义和隐喻意义显得尤为重要。

2."凸显观"体现了信息的选择与配置

凸显观讨论图形/背景分离理论（figure/ground segregation theory）①在语言研究中的应用：图形有形状、结构、连续性等特殊的属性并处于背景前面；背景没有形状、无结构，具有均质性（uniform），处于图形后面；图形在感知上比背景更突出，更容易被感知和记住②。兰盖克认为词性的选择和认知能力尤其是和认知输入的浏览（scanning）能力有关。他提出总结式（summary scanning）和顺序式（sequential scanning）两种浏览方式。在总结式浏览中，一个情景的诸方面被一个一个地检查，数据被逐渐地汇总，当浏览过程结束时，认知单位中有关的诸方面合成一个整体，这种浏览适用于名词性凸显。顺序式浏览只用于涉及变化过程的事件，顺序浏览适用于时间关系，绝大多数由动词来表达③。

3."注意观"体现了组织信息时注意力的分配问题

语言的注意观反映了一个事件中哪些部分引起了我们的注意，也能解释为什么句子表达了事件的特定阶段，而其他阶段却没有表达④。如"车撞树"，人们脑海中会有连续的事件，但注意力往往集中在最后的关键时刻，可以说"车撞到了树上""树被车撞倒了"等。

（四）认知语言学的基本概念和观点

1. 范畴化

"范畴"指事物在认知中的归类。世界由千变万化的事物组成，如果人们不对它们进行认识，任何事物都毫无意义。客观世界的事物是杂乱纷呈的，大脑必须采取分析、判断、归类的方法对其进行分类和定位，以便于储存和记忆。经过认知加工后的世界是主客观相结合的产物，是认知世界，不可能是完全客观的。这种主客观相互作用对事物进行分类的过程就是"范畴化"（categorization）的过程。"范畴化"的结果就是认知范畴（cognitive category），如颜色范畴 BLACK（黑色）、RED（红色）、GREEN（绿色）、BLUE（蓝色）等。

认知语言学以人的经验、认知、范畴化为语言研究的出发点。范畴化能力是人类思维、感知、行为和言语最基本的能力。没有范畴化能力，我们根本不可能在外界或社会生活以及精神生活中发挥作用⑤。当我们把某类东西称为"人""书""食物"时，我们就是在给范畴赋予名称；当我们在描述某种行为"说""吃""听"时，我们就是在用概念描述行为范畴。

人们在经验世界的基本层面上所感知的范畴叫作基本范畴，对基本范畴认知的基础上产生或习得基本概念词，并在此基础上，范畴再区分为上位范畴（superordinate category）和下属范畴（subordinate category）。

---

① 图形/背景分离是丹麦心理学家艾德加·鲁宾（Edgar Rubin）提出的。

②③ 邵军航，余素青.认知语言学的经验观、突显观、注意观及其一致性[J].上海大学学报（社会科学版），2006，(3).

④ ［德］弗里德里希·温格瑞尔（Friedrich M. Wenger），［德］汉斯-尤格·施密特（Hans-Jörg Schmid）著，彭利贞，许国萍，赵微译.认知语言学导论（第二版）（西方语言学经典教材）[M].上海：复旦大学出版社，2009.

⑤ Lakoff, G. *Women, Fire, And Dangerous Things*[M]. Chicago：University of Chicago Press, 1987：6.

2. 典型范畴

人类建立的范畴都是典型范畴(prototype category),属于某个范畴的成员有核心和边缘之分。核心成员具备的一些特征聚集在一起构成一个特征的丛集(a cluster of features),边缘成员缺乏丛集特征中的一部分。特征丛集的边界是模糊的,核心成员和边缘成员之间没有明确的分界。经常引用的例子是"鸟"这个范畴,作为典型范畴,麻雀、燕子、黄鹂等是它的核心成员,它们是典型的鸟,鸵鸟和企鹅则是边缘成员,是非典型的鸟。典型的鸟类是"有羽毛""有翅膀""会飞"等特征构成的丛集,麻雀、燕子等具备所有这些特征,而鸵鸟和企鹅都不会飞,企鹅的羽毛也跟一般鸟的羽毛很不一样。可见"有羽毛""会飞"等特征并不是鸟类的必要和充分条件,有的鸟不会飞,会飞的不一定是鸟(如苍蝇)。"会飞"等特征只是鸟类的"典型"特征。

典型范畴理论的基本观点主要有以下四条:第一,范畴是凭借典型特征,而不是什么必要和充分的条件所建立起来的"完形"概念;第二,范畴成员有典型和非典型之分,彼此之间有隶属程度差异;第三,范畴成员之间存在相似性和共性特征,可以构成一个连续体;第四,范畴的边界是模糊的。

语法范畴也是典型范畴。以名词和动词为例,典型的名词具有主格、单数、阳性等特征,非典型的名词则不完全具备这些特征;典型的动词具有第三人称单数、现在时、肯定式、主动态等特征,非典型的动词则不完全具备这些特征。

对于某一范畴某一成员是典型成员还是非典型成员的判定,大致跟判定有标记项和无标记项的标准一致。一是频率标准,典型成员的使用频率大大高于非典型成员;二是结构标准,典型成员一般不加标记;三是行为标准,典型成员有较多的曲折变化,分布范围较广。这就是说,范畴中的典型成员是无标记项,非典型成员是有标记项①。

3. 隐喻与转喻

在认知语言学领域,"隐喻"与修辞学层面的所指完全不同,是一种认知世界的认知模式。隐喻在我们的日常生活中无处不在,不仅存在于语言中,而且存在于思想和行为中。我们用于思考和决定行动的常规概念系统在本质上是以隐喻为基础的。

莱考夫和约翰逊(1980)在对大量隐喻进行分析和研究后指出,隐喻是人们借助具体的、有形的、简单的始源域(source domain)概念(如温度、空间、动作等)来表达和理解抽象的、无形的、复杂的目标域(target domain)概念(如心理感受、社会关系、道德等),从而实现抽象思维②。隐喻就是把一个领域的概念投射到另一个领域,或者说从一个认知域(来源域)投射到另一个认知域(目标域)。隐喻是一种重要的认知模式,是新意义产生的根源之一。隐喻用一种概念表达另一种概念,这两种概念之间的关联来自认知领域的联想。比如用战争隐喻商业活动中的竞争:价格战、登陆国外市场、企业发展战略等。再比如有关军事的说法转述到一般工作中来:文教战线、体育战线、科学堡垒、抗旱第一线、第三梯队,等等。

最常见的隐喻是用具体、常见的概念隐喻比较抽象的概念。比如时间是抽象的,但是时

---

① 沈家煊.类型学中的标记模式[J].外语教学与研究,1997,(1).

② Lakoff, G., & Johnson, M. *Philosophy in the Flesh: The Embodied Mind and its Challenge to Western Thought*[M]. Chicago: University of Chicago Press, 1999.

间的一维性、单向性与物体的移动具有相似点，因此常用运动的物体来隐喻时间，如新年来临、春天的脚步近了等；再如人体范畴是基本范畴，人们往往用人体范畴来隐喻其他比较抽象的范畴，例如"手"的隐喻：能手、高手、新手、放手、还手、插手、失手、二手，等等。

莱考夫（1980）把隐喻类型区分为三大主要类型：结构型、方向型和本体型。结构型隐喻是指以一种概念的结构来构造另一种概念，使两种概念相叠加，将谈论一种概念的各方面的词语用于谈论另一概念。如 spend 一词最早用于谈论"金钱"，后来被用于谈论 time，energy，efforts，force 等。方向型隐喻是参照空间方位而组建的一系列隐喻概念，如"快乐——上"，"难过——下"。本体隐喻是人们将抽象的和模糊的思想、感情、心理活动、事件、状态等无形的概念看作具体的有形的实体，特别是人体本身。其中最典型和具有代表性的是容器隐喻，如 We are out of trouble now，她从不幸的婚姻中走了出来①。

与隐喻相同，转喻也是基于人们的基本经验，其实质是概念性的、自发的、无意识的认知过程，是丰富语言的重要手段。与隐喻不同，转喻是相接近或相关联的不同或相同认知域中一个凸显事物代替另一事物，比如部分与整体（水手、首脑）、容器与其内容之间的替代关系（干杯、吃火锅）、日期与事件（"911"、五四运动、甲午风云）等。概念 A 转喻概念 B，A 必须对 B 的属性有重要影响的要素。同样一个要素，对于一个事物来说可能无关紧要，但是对于另一个事物来说，则是至关重要的。比如时间"今天"对于天空和桌子来说，不是至关重要的要素，不在一个认知框架，而对于"牛奶""机票"来说是关键要素，彼此构成一个认知框架，因而"今天的"可以激活同一个框架内的要素，从而构成转喻②。

转喻是和在某一认知框架内相关联的模型，可表述为以下四个步骤：第一，在某个语境中，为了某种目的，需要用概念 A 指称目标概念 B；第二，用概念 A 指代 B，A 和 B 须同在一个认知框架内；第三，在同一认知框架内 A 和 B 密切相关，由于 A 的激活，B（一般只有 B）会被附带激活；第四，A 要附带激活 B，A 在认知上的显著度必须高于 B。如"壶开了"是用壶（概念 A）转喻（转指）水（目标概念 B），壶和水同在"容器——内容"这个认知框架内，两者密切相关。概念"壶"的激活会附带激活概念"水"③。

4. 意象

意象本来是心理学术语，指对事物的感知在大脑中形成的表征。大脑中会出现所见过的事物或情景，出现曾经听见过的声音等。这种表征是删除了细节的有组织的结构，是客体或事件在大脑里的抽象类比物。意象来自基本的动觉、视觉经验知识的积累，来自人类通过身体与环境反复互动而形成的基本感知和在线感知的特定模式。意象是形成复杂认知模式的最基础、最简单的认知方式。

认知语言学的意象概念指的是对一个客观事物或情形由于"识解"方式的差别——凸显的部分不同，采取的视角不同，抽象化的程度不同等所形成的不同心理印象。由于感知和理解、把握情景的方式不同，对于同一对象，可以选择不同的视点，凸显事物或运动不同的侧面、属性、显著度等。对于同一个客观情状，不同角度、不同程度的抽象概括，会形成不同的

① 赵艳芳.认知语言学概论［M］.上海：上海外语教育出版社,2001：106－111.
② 陈忠.认知语言学研究［M］.济南：山东教育出版社,2006：314－315.
③ 沈家煊.转指和转喻［J］.当代语言学,1999,（1）.

意象。用于分析意象的概念主要包括：视角(perspective)、基底(base)、侧面(profile)、图形(figure)、背景(ground)、认知域(cognitive domain)、射体—地标(trajector-landmark)等。

A. 视角。视角是说话人对客观情状的观察角度,或者是对客观情状加以叙述的出发点。观察情景的角度会影响观察的结果,也会影响语言的表达。采取不同的视角,大脑的这种视角转换能力对语义结构和句法表达具有重要影响[①]。比如:

a. Brain is sitting to the left of Sally.

　　布赖恩坐在萨莉的左边。

b. The hill falls gently to the bank of the river.

　　山峰俯视着江面。

c. The hill rises gently from the bank of the river.

　　江面仰望着山峰。

B. 基底和侧面。一个语义结构在相关认知域中的覆盖范围称为基底,基底的某一部分如成为"注意的焦点"或被凸显叫作侧面。或者说,一个述义所参照的辖域基础称为基底,被凸显的部分称为侧面。一个词语的语义取决于基体和侧面的结合,基底是词义的认知域或背景,侧面是基体凸显的次结构,即表达式标明的语义内容。如描写"斜边",基底是一个直角三角形,侧面是这个背景上的凸显物。

C. 图形、背景。当我们看所处环境中的一个物体时,我们将它作为从背景中凸显出来的一个图形看待。在语言结构中这种突显原则同样起作用。例如"画在墙上"中的"画"被概念化为图形,而"墙"则为背景。再比如著名的人脸/花瓶的幻觉图,人们感知这个图有两种可能性,即把它看作两张人脸或者一个花瓶,但是一次只能看到一种。这现象背后就是心理学中的"图形/背景分离"(figure/ground segregation)。如一本书放在一张桌子上,书比较容易满足封闭性(外形轮廓线是封闭的)和连续性(是一个未被打断的整体)等完形原则,书比桌子更容易移动(比如可以拿起来)及体积更小、比例更均衡等因素也决定了其成为图形。

D. 认知域。认知语法对词义的描写不用语义特征和语义元素,而是用认知域。认知域是描写某一语义结构时涉及的概念领域,它可以是一个简单的知觉或概念,也可以是一个极其复杂的知识系统。各种概念构成一个层次结构,高层次的概念可用低层次的概念来描写,可分为基本认知域和非基本认知域。基本认知域来自人的基本经验,是无法再简化的,如时间域、空间域、颜色域、情感域等,但最基本的应该是空间域。基本认知域为我们认识事物提供了基本的维度。后认知的事物是参照已认知的事物形成概念的,在各认知域中存在着大脑的类比认知能力。

E. 射体与地标。意象图式由射体、地标和路径(path)组成。射体是主体,即被凸显的实体;地标指被作为参照点的实体;射体所经过的路径被称为 path。当路径为零时,表明射体与地标之间存在的是一种静态关系,反之就是动态关系。例如句子"沙发上方有一盏灯"中,就可将"灯"看作射体,"沙发"看作地标,该句表示射体处于地标上方,与地标不接触,且地标处于水平位置。

①　赵艳芳.认知语言学概论[M].上海:上海外语教育出版社,2001:138-139.

5. 意象图式

知识以图式的形式有条不紊地存在于人的大脑里,这是认知心理学的主要原则之一。西尔·巴特利特(Sir Frederic Bartlett)是第一位使用"图式"这个术语的心理学家[①]。梵·迪克(Van Dijk)和沃特·金奇(Walter kintsch)把图式定义为"一种把记忆的信息联系在一起的知识结构。一种带有许多相互约定关系空隙的标签,标签的每个空隙都接受某种特定的信息"[②]。莱考夫认为在人的认知体系中,除了基本范畴之外,对事物之间关系的认知构成了另一个重要的认知层面,称为意象图式(image schema)[③]。简单地说,意象图式是在对事物之间基本关系的认知基础上所构成的认知结构,是人类经验和理解中的一种联系抽象关系和具体意象的组织结构,是反复出现的对知识的组织形式,是理解和认知更复杂概念的基本结构。

意象图式的形成以人体自身以及以人与外部世界所形成的空间关系为基础。人们为了获得关于世界有意义的、相关的经验结构,反复地运用一个图式对客观世界同一种关系进行理解和推理,形成了人们感知、思维、行为的一定的形式和结构。意象图式又被扩展运用于其他的认知活动。意象图式具有四个基本特征[④]:第一,意象图式决定了人们的经验结构;第二,意象图式具有完形结构,在人们的经验和认知中是有意义的统一的整体;第三,存在将意象图式投射到抽象域的隐喻概念;第四,隐喻是源于日常经验的结构。

人的经验中有许许多多种意象图式,以下是莱考夫总结出的几种意象图式[⑤],例如:

部分-整体图式(the part-whole schema)

生理基础:人本身以及其他事物是由部分组成的整体。

构成要素:整体、部分、构造。

只有部分存在于同一结构中才能够构成整体。

中心-边缘图式(the center-periphery schema)

生理基础:人体具有中心(躯干和内脏器官)和边缘(手脚趾、头发等);同样,树和植物具有树干、树枝、树叶。

构成要素:实体、边缘。

中心是重要的,边缘依赖于中心而存在。

起点-路径-目标图式(the source-path-goal schema)

生理基础:当物体从一个地点移动到另一个地点时,一定要有起点、终点和路径。

构成要素:起点、终点、路径、方向。

目的被看成是终点,达到目的是到达终点。

6. 象似性

语言的象似性是指感知到的现实的形式与语言成分及结构之间的相似性。换言之,它

---

① Anderson, R. C. and Pearson, P. D. *A Schematic-theoretic View of Basic Processes in Reading Comprehension*[A]. Carrell, P. et al(eds.). *Interactive Approaches to Second Language Reading*[C]. Cambridge: Cambridge University Press, 1984.

② Van Dijk, T. A. and Kintsch, W. *Strategies of Discourse Comprehension*[M]. New York: Academic Press. Inc., 1983: 307.

③⑤ Lakoff, G. *Women, Fire and Dangerous We Live By*[M]. Chicago: The University of Chicago Press, 1987.

④ Johnson, M. *The Body in the Mind: The Bodily Basis of Meaning, Imagination and Reason*[M].Chicago: The University of Chicago Press, 1987.

是指语言的形式和内容(或者说,语言符号的能指和所指)之间的联系有着非任意性、有理据、可论证的一面①。象似性对索绪尔提出的"任意说"极具挑战性②。

象似强调的是在语符间的关系和意义结构间的关系所存在的象似现象,语言结构在某一方面可以直接反映现实或概念结构。象似性原则主要包括四种③:

A. 距离象似性,指的是语符距离象似于概念距离。如多个形容词排列顺序,修饰语在概念上越接近中心语,则在语言表达中越接近中心语。例如:

(1) a short young Chinese.(一位身材矮小年轻的中国人)

(2) a young short Chinese.(一位年轻的身材矮小的中国人)

(3) a Chinese young short person.(一位中国的年轻身材矮小的人)

例(1)合乎语法,其原因就在于我们在对"中国人"提供限定的时候,修饰语是根据认知的先后顺序添加的,即越是在远距离可识别的属性越是要放在中心词外围,距离越远。

B. 数量象似性,指的是语符数量象似于概念数量。名词重叠时,表示名词的集合,如人人、家家、户户、口口等;形容词持续时,表示性质、状态的增强,如深深、长长、大大、厚厚、高高等;动词重叠时,表示动作发生多次或者持续,如数数、问问、想想、坐坐等。

C. 顺序象似性,指的是语符单位排列顺序象似于思维顺序和文化观念,包括时间顺序象似性和空间顺序象似性两类。"连动/连谓结构"是最好的体现,戴浩一(1988)较早地对汉语的动词排序机制进行了探索,他认为汉语是象似性极高的语言④。例如:

(4) 他跳在桌子上。

(5) 他在桌子上跳。

例(4)、例(5)的"跳"和"在"的语序实际上是时间在发挥作用,"跳在"表示"跳"先发生,然后"在"实现,所以对应的图示是动作发出者之前不在桌子上,是通过"跳"的方式,从其他位置移动到了桌上。

汉语里的"由近及远""先整体后部分""先大后小"等表达顺序体现了人类视觉感知的认知方式。英语在表达空间单位时则遵循由近到远、从小到大的顺序,如:Shanghai University of Finance and Economics, Shanghai, China。汉语中则相反,如中国上海上海财经大学。两种语序体现了对空间位置关系确定的两种优选顺序。

D. 标记象似性,指的是标记性从无到有的顺序象似于认知的自然顺序及组词的一般顺序,有标记性象似于额外意义,无标记性象似于可预测的信息。例如复数相对于单数而言是有标记形式,它表达了额外的意义。比较级和最高级相对于原级是有标记形式,也表达了额外意义。

7. 框架和构式

框架(frame)是在对不断重现的情景和事件的经验中提取的知识模型。框架概念由菲

①　张敏.认知语言学与汉语名词短语[M].北京:中国社会科学出版社,1998:139.
②　王寅.认知语言学探索[M].重庆:重庆出版社,2005:297,307.
③　王寅.论语言符号象似性[J].外语与外语教学,1999,(5).
④　戴浩一著,黄河译.时间顺序和汉语的语序[J].国外语言学,1988,(1).

尔墨于 20 世纪 70 年代引入语言学,最早的定义为能与场景的原型实例建立联系的语言选择的任何系统。最简单的例子是词的组合,也包括语法规则和语言范畴的选择,即与"场景"相联系的一系列语言选择。框架的经典范例是"商务事件"框架,比如用英语动词 buy 描述购买这一行为范畴至少可以参照另外四个范畴,即 buyer(买方)、seller(卖方)、goods(商品)、money(钱)。为 buy(购买)设定一个框架可以说明不同的小句句型,还可用于不同但是相关的动词,如 sell(卖)、cost(花费)、pay(支付)、charge(收费)。在"David bought an old shirt from John for ten pounds"这个句子里,buy 框架的 4 个成分全部出现了,并且充当不同的句法角色。这些句法角色在很大程度上是由动词 buy 所决定,buy 是句子的句法视角(syntactic perspective)。如果把不同的句法视角放到相同的框架中,就将产生不同的句法角色,如选用 sell,在句子"John sold an old shirt to David for ten pounds"中,seller 做句子的主语,goods 作句子的宾语,而 buyer 则成了句子的间接宾语。由此可见,Buy 框架是对动词 buy 进行句法描写的有效工具。[①]

　　构式(constructions),根据阿黛尔·戈德堡(Adele E. Goldberg)的观点,构式是指:假如说 C 是一个独立的构式,当且仅当 C 是一个形式和意义的匹配体$\langle F_i, S_i \rangle$,而其形式 F_i 也好,意义 S_i 也好,所具有的某些特征不能全然从 C 的组成成分或先前已有的其他构式所推知。按照该定义,"构式"即"形式和意义的匹配体",小到语素,大到句子都包括在内。构式语法理论认为"句法不是生成的",词汇项和语法结构两者之间没有绝对的界线,每个句法格式本身表示某种独立的意义,不同的句法格式有不同的句式意义。例如:"十个人吃了一锅饭"是一个构式,该结构式的语义配置是"容纳量—容纳方式—被容纳量"。主语和宾语换位并不会改变构式内部的语义结构关系。这就是构式语法理论对语法事实的解释力[②]。

二、研究方法

(一) 认知语言学的研究原则

　　认知语言学虽然有不同的理论方法,但它们在很大程度上是一致的,具有共同的理论原则。兰盖克曾概括为三个重要主张:第一,语义结构并不是普遍的,在很大程度上因语言而异。语义结构建立在约定俗成的意象基础之上,其描写与知识结构有关。第二,语法或句法并不构成一个自主的表征形式层次,相反,语法实际上具有符号性,存在于语义结构的规约化符号中。第三,语法与词汇之间没有意义上的区别。词汇、形态和句法形成一个符号结构的连续统。莱考夫提出两个根本承诺:第一是概括的承诺,即对支配人类语言各个方面的一般原则进行描写;第二是认知的承诺,即从语言学以及其他学科出发,使对语言的解释与有关心智和大脑的一般知识一致。在此基础上,文旭(2002)归纳了六个基本原则[③]:第一,概念语义原则。意义等同于概念化,即心理经验的各种结构或过程,而不是可能世界中的真

---

　　① ［德］弗里德里希·温格瑞尔,汉斯-尤格·施密特著,彭利贞,许国萍,赵微译.认知语言学导论［M］.上海:复旦大学出版社,2009: 232 - 236.

　　② ［美］阿黛尔·戈德堡著,吴海波译,冯奇审订.构式论元结构的构式语法研究［M］.北京:北京大学出版社,2007:1 - 4.

　　③ 文旭.认知语言学的研究目标、原则和方法［J］.外语教学与研究,2002,(2).

值条件。或者说,意义存在于人类对世界的解释中,具有主观性。第二,百科语义原则。一个词的意义单靠孤立的词典似的定义一般来说是不能解决问题的,必须依赖百科知识方可达到目的。第三,典型范畴原则。第四,语法性判断的渐进原则。语法性判断涉及范畴化,并不是二分的,是渐进的,并且同语境、语义以及语法规则密切相关。第五,语言与其他认知机制相关原则。认知语言学积极吸收心理学关于人类范畴化、注意以及记忆等研究成果丰富自己的理论。第六,句法的非自主性原则。

(二)认知语言学的研究方法

认知语言学中菲尔墨的框架语义学(Frame Semantics)、兰盖克的认知语法(Cognitive Grammar)、莱考夫等的认知语义学(Cognitive Semantics)、玛丽·奥康瑙尔(Mary Catherine O'Connor)等的句式语法(Construction Grammar)、福科尼耶的心理空间理论(Mental Space)等理论方法影响较大,本书不赘述。下面从微观层面说明认知语言学研究得以实现的手段。

第一,内省法。语言内省是指语言使用者对认知中凸显的语言的某些方面进行有意识的注意。认知语言学在开创之初,为了构建该学派的理论框架,主要都采用的是内省式的思辨性研究,即研究者通过观察、内省、分析、推理手段等对语言现象形成规律性的认识[①]。从逻辑角度看,内省法具有演绎性质,属定性研究。内省法可以有助于语言学家考察直接反映认知活动的语言现象,找出有规律的东西,分析其内在的认知取向[②]。但是,内省法的缺点是主观性太强,后来,认知科学家对此方法进行了改进和修正,辅以其他一些参证分析方法,如:(1)别人的内省报告;(2)话语的数据分析;(3)跨语言分析;(4)历时分析;(5)语境和文化结构评估;(6)心理语言学的观察与实验技术;(7)神经心理学的实验;(8)神经科学的仪器探查;(9)类型学方法[③]。

第二,语言比较和对比法。比较着眼于不同语言的相同点,对比则关注不同语言的相异点,两者均是为了达到对于语言本质的理性认识。戴浩一(1990)运用语言比较和对比方法研究了大量的汉语和英语句子,其中有两个例句如下:她嫁错了人。/She has married the wrong man.从中可以看出,汉语的"错"是动词短语的第二个成分,表明动作的结果,英语的wrong则是修饰宾语名词的形容词。他从认知主义的语言观出发指出两个句子的差别来自两个观念系统的语法体现:说汉语的人把错误归于主语所做的动作,说英语的人或许只是报道主语想嫁的人和所嫁的人之间有差距[④]。认知语言学中的语言比较和对比研究观点是语义依存于文化,语义为支配不同语言的语法结构的原则提供理据,这不同于形式主义语言观。

第三,调查法。语言调查是语言学研究的经典方法。在认知语言学研究中,调查方法和现代科技的相互结合为语言学家的研究带来了极大的便利,其中语料库能利用计算机存储

　　① Geeraerts, D. *Methodology in Cognitive Linguisitics*[A]. G. Krisiansen, et al. *Cognitive Linguistics: Current Applications and Future Perspectives*[C]. Belin: Mouton de Gruyter, 2006;转引自束定芳.认知语言学研究方法[M].上海:上海外语教育出版社,2013:20.
　　② 赵艳芳.认知语言学概论[M].上海:上海外语教育出版社,2001:14.
　　③ 崔希亮.认知语言学:研究范围和研究方法[J].语言教学与研究,2002,(5).
　　④ 戴浩一著,叶蜚声译.以认知为基础的汉语功能语法刍议(上)[J].国外语言学,1990,(4).

量大和检索迅速的优势,有助于验证研究者对某一语言现象的内省假设。蓝纯(1999)从认知角度进行汉语空间隐喻的研究就采用了基于网络的调查,该研究通过因特网收集了180万字左右的汉语书面语料,重点研究了汉语中"上"和"下"这两个空间概念,对语料库的真实语料进行了定性和定量分析①。

第四,问卷法。问卷法是根据测量学和统计学的原理针对特定的语言使用现象设计具有一定结构特点的问卷进行语言学研究的方法。本杰明·布鲁姆(Benjamin Bloom,1981)在实际的生活中观察到一些中文报刊很少刊登运用与事实相反的条件句进行论述的文章,而且汉语的使用者对于一些纯属设想而不可能发生的问题不大愿意进行推测,这种句子对于以汉语为母语的英语学习者来说也是最难以掌握的,布鲁姆因此提出假设,认为这是由于汉语缺乏明显的条件句标记或语法结构所致。为了检验这一假设,布鲁姆通过问卷调查的方法,选择三组不同的人群作为研究对象使用表示条件句的语言推理问题作为实验语料进行了研究,问卷调查的结果支持了他所提出的假设。他得出结论认为语言结构有助于思维的形成,当人们进入与事实相反的抽象认知域时,语言结构对思维与文化形成的影响更加明显②。

第五,心理实验法。也称为"行为研究法",是指在一定条件下,通过给予被试某种刺激或任务,然后观察被试对刺激的反应,或完成任务的情况,借此推断整个过程中所涉及的认知机制或过程。近年来,心理实验法在认知语言学中被越来越多的学者所采用,具体采用潜伏性数据、眼睛固视、口头报告、双耳实验、辨认与回述、判断、转移、概念学习实验、在线测量等具体实验方法。马特洛克(Teenie Matlock)和丹尼尔·理查德森(Daniel C. Richardson)(2004)的实验探讨是否虚拟运动语句影响人们对空间场景的视觉处理。在实验中,当被试被动地听取一些虚拟(例如"小路穿过山谷")或非虚拟运动(例如"山谷里有条小路")描述时,一边向被试展示画有如道路、河流和管道等轨迹图形的简笔画,一边跟踪被试的眼球运动。实验数据显示,当人们听到虚拟运动语句时,他们要比听到非虚拟运动语句花更多的时间检查图片中的轨迹区域。另一个后续实践显示,当被试更多地关注图片中的轨迹区域时,他们承认一方面是由于觉得所听到的虚拟运动表达式更为有趣。上述两项眼球追踪研究表明,当人们为了理解日常空间描述时,会自然地默许某种运动的模拟,理解形象化的语言离不开模拟运动。这些实验为人们采取体验模拟的形式来理解比喻性语言提供了新的证据③。

第六,脑神经科学法。脑神经实验法主要通过一些仪器设备观察与某一语言机制相关的脑神经或脑区的活动。借助脑神经实验法,语言学家们由此从以往的仅仅通过内省式的推断,到现在能获得实证的认知神经科学的证据支持。这不但有助于检验一个理论假设是否具有心理实在性,还能检验其是否具有神经实在性。例如,研究人员通过ERPs电生理实验发现,认知语言学家所提出的框架语义理论是一个在神经层面客观存在的认知现象。通过比较实验中的不同的电生理指标,研究人员发现,在一个特定的框架中理解一个语篇所激

①　蓝纯.从认知角度看汉语的空间隐喻[J].外语教学与研究,1999,(4).

②　Bloom, A. H. *The Linguistics Shaping of Thought: A Study in the Impact of Language on Thinking in China and the West.* New Jersey: Lawrence Erlbaum Associates, 1981;转引自卢植.认知语言学的研究方法[J].四川外语学院学报,2005,(5).

③　束定芳.认知语言学研究方法[M].上海:上海外语教育出版社,2013:204-258.

活的 N400 要比未提供框架下所诱发的幅度要高,这就证实了框架知识在理解中的重要作用①。

第七,多模态分析法。多模态分析主要用于手语和体势语的认知研究。它同样也是从现实生活中寻找素材,通过对手语或体势的研究来探索人类的认知过程,以期从新的视角对语言现象进行解释。多模态分析可以记录言语过程的每一个细节,包括言者的语调、音调等。如手势具有隐喻性。研究人员发现,受试在表达好的事物或行为时,往往用向上的手势,而在表达坏的事物或行为时,通常使用向下的手势,这和语言表达式中蕴含的概念隐喻 GOOD IS UP;BAD IS DOWN 相一致。此外,受试者在表达抽象概念时用右上手势,而在表达具体概念时用左下手势,这和语言表达式中蕴含的概念隐喻 ABSTRACT IS UP;CONCRETE IS DOWN 相吻合②。

(三) 认知语言学的研究程序

方法实施的程序:研究对象的适用确定、三种路径的语言分析、认知角度的语言解释等。

1. 研究对象的适用确定

在运用认知语言学对相关研究对象进行考察时,首先要确定合适的研究对象,并不是所有的语法现象都适合从认知角度进行阐释,研究对象的重点可以围绕语言与认知的接口,认知语言学在语义研究方面具有更强的解释力。

如原型范畴研究中的成果,在语法研究中可运用于词类的区分。以往研究经历了"形态、意义、功能(分布)"等标准的先后优选运用,在认知语言学兴起后,相关研究从原型范畴理论的角度入手,据此分出的词类、同一词类内部不同成员之间的地位有了全新的认识,从研究的结果来看,这也是一种更加符合语言实际的类型划分标准。

图式研究中的部分成果,如"前景、背景"可以用于空间关系的语言学表达动因研究,部分结构主义研究中难以解释的一些空间表达可以从这一角度进行比较好的解释。兰盖克在对下面一组句子进行了基于认知型语言观的分析后抽象出认知语法的有关原理:

(6) The clock is on the table.

(7) The clock is lying on the table.

(8) The clock is resting on the table.

(9) The table is supporting the clock.

按照传统的语法,这四个句子的结构是相同的,生成语法称之为同形异义句。而从认知的角度看,(7)表示钟表是沿桌子的水平轴放置的,(8)则强调钟表的静态所在,(9)突出桌子对钟表的支撑反作用力。(7)~(9)都表达(6)的意义,但是说话人用不同词语表达了不同的认知意象。因此,对于形式相同的句子或语言表达形式,仅仅从语言形式的角度去分析而不注意其组合序列和认知意象,无助于把握句子或语言表达形式的真实意义,这是认知语言学的一个基本信条。

---

①② 束定芳.认知语言学研究方法、研究现状、目标与内容[J].西华大学学报(哲社版),2013,(3).

需要注意的是:首先,我们强调从认知角度对语言现象进行解释,并不是否定以往的语法流派,因为不同的语法流派、语法理论都有其特别擅长的领域,解释性也各有其适用领域;其次,从认知角度的研究也要对以往研究进行全面梳理,这样才能基于已有研究成果发现问题;第三,对认知语言学各家理论也要细致梳理,因为认知语言学本身并不是一种内部一致的单一理论,而是多种具有共性、研究取向差异极大的"总称"。因此,在对各家理论全面、准确认识基础之上,选用合适的认知语言学理论,才有可能做出真正具有解释性的研究。

2. 语言现象的深度描写

确定研究对象后,要采用一定的方法对研究对象进行描写。

认知语言学有经验观、凸显观和注意观三种研究路径,在此基础上进行语言分析①。第一,语言的形式结构和语言意义的生成及理解受人们经验的制约。以 Our car has broken down 这一简单句为例,传统语法研究会逐词分析其意义,进而分析其主、谓结构,还会讨论其现在完成时的用法。而持经验观的认知语言学家则会让说出或听到该句的语言使用者讲述他们的脑中所想。实验表明,当被问及 car 这一名词时,多数受试者不仅指出小轿车有类似盒子的外壳、四个轮子、一个驾驶座、几个客座等,还会提到小轿车的舒适、快捷,及其所提供的方便、独立和社会地位。这些特性显然超出了传统语义学所允许的范围,又的确构成了我们对 car 的认识的一部分。由此推知,我们认识世界和与世界进行交流的方式,都反映在语言所记录的、我们的概念形成之中。经验观的主要研究内容包括范畴和范畴化、意象图式、隐喻和转喻等。第二,语言的形式结构和语言意义要受凸显认知原则的限制。传统的主谓宾结构实际上就体现了图形/背景的区分。具体地说,在一个简单句里,主语相当于图形,宾语相当于背景,而谓语动词则标示了两者之间的关系。在用语言表述该情景时,我们通常会说"书在桌子上",而不说"桌子在书的下面"。第三,语言的形式结构和语言意义也要受注意认知机制的限制。注意认知机制的两个重要概念是框架(frame)和视角(perspective)。框架即为理解语词引发的概念所必需的某种认知结构。视角指的是在一个句子的表述中,通过动词和句法结构的选择而体现出来的对某情境所采取的认知角度。例如,"购买"事件这一框架大致包括四个要素:买者、卖者、货物、货币。通过不同动词的选择对同一情境采取不同的视角,可形成"小李买了小王一件衬衫""小王卖给小李一件衬衫",前者是从买者的角度来描述,后者则是从卖者的视角来描述。

在具体描写语言现象时,可采用一些策略。束定芳(2013)系统说明了认知语言学语言处理中的几个策略②。与其他语法理论类似,认知语言学初期主要采用"内省法",内省法是指凭借母语使用者的直觉或语感对语言的形式和意义进行判断。此外,研究者还需将自己的内省结果同他人的内省报告加以对比,以期发现某些规律。内省分析带有较强的"主观性",导致其解释力的下降。"语料库法"可以对研究者的内省提供验证。近年来,该方法在认知隐喻理论、构式理论及词义理论等方面取得了广泛应用,对认知语言学的众多理论假设

---

① 张懂,史小平.论认知语言学的三种研究路径对语言现象的解释力[J].牡丹江大学学报,2015,(1);[德]弗里德里希·温格瑞尔,汉斯-尤格·施密特著,彭利贞,许国萍,赵微译.认知语言学导论(第2版)[M].上海:复旦大学出版社,2009.

② 束定芳.认知语言学研究方法、研究现状、目标与内容[J].西华大学学报(哲社版),2013,(3).

提供了实际的语料支撑,从使用频率上对语言现象的集中趋势进行验证。"多模态法"则进一步拓展研究外延。相对于语料库法,多模态分析可以记录言语过程的每一个细节,包括言者的语调、音调等。对手语的研究可为认知语言学的研究提供一定的认知理据。"心理实验法"被越来越多的学者所采用。这种方法进一步提升了语言研究者理论假设验证的科学性,提升语言解释的可信度。此外,为了加强对语言研究判断的支持,还可以进行"脑神经实验法",主要通过一些仪器设备观察与某一语言机制相关的脑神经或脑区的活动,帮助语言学家发现了与语言有关的脑区在语言的认知加工时的一些重要的神经机制。

3. 认知角度的语言解释

在语言描写的基础上,要对语言现象进行解释。与功能主义相同,认知语言学认为语言本身是不自足的,需要从其他学科引进相关理论进行考察、解释;认知语言学基于心理学的语言认知研究,关于感知、记忆、注意力和推理的研究都有很长的历史,这方面的研究都以实验室实验或仪器探查为手段,传统的实验技术手段比较落后,随着现代科技的发展,基于心理实验和脑神经的研究已经取得了新的进展,例如大脑扫描及脑成像技术,可以为语言的感知提供直观的证据,但是它们所能解决的语言学问题还很有限。①

认知语言学认为句法也是"不自足"的,需要从语言的其他部门加以考察研究,如语音、词汇等角度可以为语法提供研究视域上的拓展。如认知语法最初称为"空间语法"(space grammar),该理论认为,词汇与语法是一个连续统,强调可以整合研究,构式语法就是其中比较有代表性的一个研究取向。构式语法研究中的核心思想就是强调"整体的意义不必然等同于所有构成的部分之和",这一研究思路能较好地解释一些凝固性较强的结构的语义来源,尤其如俗语、谚语和惯用语的语义一般适用于"整体解读"的结构。

此外,"心理空间理论"(mental space)也是一种主要用于"解释"语义来源的理论,这一理论假设存在一个"上层空间",该空间的语义成分、语义结构在两个下位"输入空间"内有相应体现,并在同一语义结构控制下,两个输入空间的语义成分"错配",形成新的"输出空间"。

再如,语言研究中的"共性解释"也是一个新的研究热点,即"类型学"的相关研究:随着当代语言学的发展,跨语言研究已经从对比语言学发展到类型学研究,两者主要的差异就在于从对比差异到共性探究的变化,因为单一语言之间的对比研究视野会受到比较大的限制,从中难以发现差异的深层动因,而以求取"共性解释"为目的的类型学研究则会发现或者得出更有解释力的解读。

三、案例剖析

(一) 汉语的空间隐喻

我们将以蓝纯(1999)为案例,通过分析其研究全过程,来说明如何运用隐喻相关理论对汉语现象进行解释②。

---

① 崔希亮.认知语言学:研究范围和研究方法[J].语言教学与研究,2002,(5).
② 蓝纯.从认知角度看汉语的空间隐喻[J].外语教学与研究,1999,(4).

1. 选题与研究目标——研究对象

隐喻是认知语言学研究领域的一个经典、成熟的课题,其中,从认知角度研究"空间隐喻"现象的成果最为丰富。

"空间隐喻"是指将空间方位投射到非空间概念上的隐喻,常用词"上""下"的运用频率相对高,其隐喻路径研究较为深入且共识结论较多。

蓝纯(1999)在对取自语料库的真实语料进行定性定量分析的基础上(关于语料库之语言研究的价值,可参考"语料库语言学"章节),重点研究:第一,"上""下"两个概念是沿着怎样的隐喻路径拓展,从中发现汉民族怎样通过空间隐喻来构造其他非空间概念;第二,揭示所发现的隐喻拓展(metaphorical extension)的经验基础(experiential rounding)和实现方式(realizations);第三,为今后进行不同语言的认知隐喻研究提供语料分析的可操作模式。

2. 逻辑论证——研究对象类型梳理

认知语言学界普遍认为,在所有隐喻中空间隐喻对人类的概念形成具有特殊重要的意义,因为多数抽象概念都是通过空间隐喻来表达和理解的。在此基础上,重点研究"上"和"下"的空间意象图式,即标示 TR 在某一时段内沿纵坐标的运动轨迹或所处的特定位置。文章将标示动态关系的"上"和"下"称为**"动态上"**和**"动态下"**。例如:

(10)我们爬上山顶。

(11)我们走下山坡。

(12)气温上升到 38 度。

(13)气温下降到零下 10 度。

例(10)中的 TR 是"我们",LM 是"山顶";例(11)中的 TR 是"我们",LM 是"山坡"。例(12)、例(13)中的"上""下"已经发展出隐喻义"气温高为上""气温低为下"。

文章将标示静态关系的"上"和"下"称为**"静态上"**和**"静态下"**。例如:

(14)月亮高高地挂在树梢上。

(15)种子埋在地下。

(16)男性地位在女性地位之上。

(17)女性地位在男性地位之下。

例(14)中的 TR 是"月亮",LM 是"树梢";例(15)中的 TR 是"种子",LM 是"地下"。例(16)、例(17)中的"上""下"已经发展出隐喻义"地位高为上""地位低为下"。

语料分析时还发现静态"上""下"有一种特殊用法,可称为**"静态接触上"**和**"静态接触下"**。因为在这种用法中,TR 与 LM 之间不仅是一种静态关系,而且 TR 与 LM 的表面有直接接触。例如:

(18)报纸上放着一支笔。

(19)报纸上有一篇文章。

(20)会上有一个发言。

(21)报纸下面盖着一本书。

(22)胸部在水的压力下,初学者会感到呼吸困难。

（23）在市场经济作用下，物价有升有降。

例(18)中的 TR 是笔，LM 是报纸，均为具体物件。例(19)中的 LM 仍是报纸，但 TR 为抽象物体即一篇文章。例(20)中的 TR"一个发言"和 LM"会"均为抽象物体。例(18)到例(20)从静态接触"上"逐渐延展出一种隐喻义，例(21)到例(23)亦是如此。

总之，对从语料库中检索出的每一例"上"和"下"均找出它们在各自语境中的 TR，LM和路径，然后判断语境中所隐含的纵坐标轴是为空间意义上的纵坐标轴还是为空间范围之外的纵坐标轴，比如时间坐标，或者数量坐标，等等。如果确为空间纵坐标，则可以断言该语境中的"上"或"下"并无隐喻拓展义；如果为空间范围以外的纵坐标，则可以有理由认为该语境中的"上"或"下"已拓展出隐喻义。

3. 语料收集与分析

论文收集了大约 180 万字的汉语书面语语料，一共收集到 8079 例"上"和 4387 例"下"，可以计算出"上"和"下"的出现频率分别为每 100 万字 4488.33 个和 2437.22 个。对检索出的数量众多的"上"和"下"进行了随机抽样，去掉少数语境不足不便分析的句例(特别是去掉了出现近五百次的"上海")，最后构成本文实际研究语料的为 750 个随机抽取的"上"和 434 个随机抽取的"下"。

文章对每一例"上"和"下"按下列变量进行分析，即文中的意思、原型模式(为动态上/下，静态上/下或静态接触上/下)、TR、LM、路径、纵坐标、隐喻拓展。完成定性分析之后，还做了定量分析，计算出含隐喻拓展义的语料占全部语料的百分比，不含隐喻拓展义的语料占全部语料的百分比，以及每个隐喻拓展义的出现频率，等等。

在 750 个带"上"的句子中，260 个可归入"动态上"，约占总数的 34.67%；134 个归入"静态上"，约占总数的 17.9%；356 个为"静态接触上"，占总数的 47.43%(表 6－1)。将"静态上"和"静态接触上"的数字相加，可发现在所分析的语料中，"上"作为静态概念出现约占 65.33%，这表明汉语的"上"概念在多数情况下是静态概念，标示 TR 在某一特定时段所处的位置，只在少数情况下是动态概念，标示 TR 在某一特定时段内沿纵坐标所跨越的路径。

表 6－1 "上"的三种原型模式

原 型 模 式		频　度	频　率
动态上		260	34.67%
非动态上	静态上	134	17.9%
	静态接触上	356	47.43%

所分析的 750 例"上"绝大多数都以隐喻义出现，具体数字如下：543 例"上"带隐喻义，占总数的 72.4%(表 6－2)；只有 207 例"上"保留了原来的空间义，占总数的 27.6%(表 6－3)。"上"主要被用来构造四个抽象概念，按出现频率高低排为状态、数量、时间和社会等级。相关的隐喻义分别为："处于较好状态为上"(43.73%)；"数量较大为上"(11.73%)；"时间较早为上"(10.4%)和"社会地位较高为上"(6.53%)。

表 6-2　"上"的隐喻义

目 标 范 畴	隐 喻 拓 展	频　度	频　率
状　　态	处于某较好状态为上	328	43.73%
数　　量	数量较大为上	88	11.73%
时　　间	时间较早为上	78	10.4%
社会等级	社会地位较高为上	49	6.53%
总　　数		543	72.4%

表 6-3　不带隐喻义"上"

从纵向到横向的扩展		其　他		总　数	
频　度	频　率	频　度	频　率	频　度	频　率
10	1.33%	197	26.27%	207	27.6%

在所分析的 434 例"下"中,199 例属于"动态下",约占总数的 45.85%;146 例属于"静态下",约占总数的 33.64%;89 例属于"静态接触下",为总数的 20.51%(表 6-4)。将后两个数字相加,可发现约 54.15% 的"下"以静态概念的形式出现。这些数字初步表明汉语的"下"概念既有其静态的一面,又有其动态的一面,而且两者所占比例相对均衡。

表 6-4　"下"的三种原型模式

原 型 模 式		频　度	频　率
动态下		199	45.85%
非动态上	静态下	146	33.64%
	静态接触下	89	20.51%

所分析的 434 例"下"绝大多数都以隐喻义出现(表 6-5),具体地说,337 例"下"带有隐喻义,占总数的 77.65%。这一数字甚至略高于"上"的 72.4%。只有 97 例"下"保留了原有空间义,占总数的 22.35%(表 6-6)。汉语的"下"出现频率最高的隐喻义是"处于较差状态为下",一共有 174 例"下"带有这一隐喻义,占总数 434 的 40.09%,这表明状态是"下"最重要的目标域。出现频率第二高的隐喻义是"时间较迟为下",带这一隐喻义的"下"共有 101 例,为总数的 23.27%。另外"下"还有两个隐喻义,"社会地位较低为下"和"数量较小为下",分别占总数的 7.83% 和 6.45%。

表 6-5　"下"的隐喻义

目 标 范 畴	隐 喻 拓 展	频　度	频　率
状　　态	处于较差状态为下	174	40.09%
时　　间	时间较迟为下	101	23.27%

（续表）

目标范畴	隐喻拓展	频　度	频　率
社会等级	社会地位较低为下	34	7.83％
数　量	数量较小为下	28	6.45％
总　数		337	77.65％

表6-6　不带隐喻义的"下"

频　度	频　率
97	22.35％

文章从四个方面阐述了"上"和"下"的隐喻拓展情况：

第一，状态：处于较好状态为上／较差状态为下。"上"并没有与"无知觉为下"对等的"有知觉为上"，这大概是因为相对于无知觉，有知觉是一种无标记状态（unmarked），无须强调。

第二，数量：数量较大为上／数量较小为下。需要指出的是，我们的身体体验并非没有为我们提供认识"数量"概念的其他可能的隐喻。例如"数量较大为重／数量较小为轻"，或者"数量较大为长／数量较小为短"都可成为待选者。汉语最终没有选择沿这两条隐喻路径拓展并非出于偶然，它表明空间概念，尤其是"上／下"这一对意象图式概念，在我们的认知活动中起着举足轻重的作用。

第三，时间：时间较早为上／时间较迟为下。汉语用来构造时间概念的主要模型是直线性时间，根据这一模型，时间为一直线形运动的物体，这一模型可分为两种情况，即"时间沿横向坐标运动"和"时间沿纵向坐标运动"。在汉语中，这两种情况似乎都拥有相当的普遍性。根据前一种情况，汉语给予其时间概念前／后的方向，反映在语言中就有诸如前天／后天、"文化大革命"以前／改革开放以后这样的表达法；根据后一种情况，汉语给予其时间概念上／下的方向，反映在语言中就有诸如上一代／下一代、上半辈子／下半辈子这样的表达法。

第四，社会等级：社会地位较高为上／社会地位较低为下，这也是空间位置关系的投射，从具体位置关系投射到抽象层级关系。

4. 总结——共性规律

文章对从180万字的汉语语料库中随机抽样的750例"上"和434例"下"逐一进行了分析，发现这样的规律，即在中国文化中被视为好的东西在上，例如状态较好，数量较大，社会地位较高和时间较早；在中国文化中被视为不那么好的东西在下，例如状态较差，数量较小，社会地位较低和时间较迟。语料分析还表明"上"概念和"下"概念都有它们动态的一面，也都有它们静态的一面，"上"用于静态和动态的比例分别是65.33％和34.67％，"下"用于静态和动态的比例分别是54.15％和45.85％。所分析的750例"上"和434例"下"绝大多数都以某种隐喻义出现，这从一个侧面反映了空间隐喻在汉语中使用之广泛。"上"和"下"主要被用来构造四个抽象概念，即状态、数量、社会等级和时间，隐喻义分别为"处于较好状态为上/处于较差状态为下""数量较大为上/数量较小为下""社会地位较高为上/社会地位较低为下"和"时间较早为上/时间较迟为下"。这四个概念均为我们生活中基本的、重要的抽象概念,我们必须借助空间隐喻来理解这些概念,这一点本身已经证明了空间隐喻对我们认识世界的重要性。

（二）汉语"有界"与"无界"

沈家煊(1995)从探究数量词对语法结构起制约作用的原因着手,论述人在认知上形成的"有界"和"无界"的对立在语法结构中的具体反映[①]。

1. 提出问题

作者归纳了陆俭明《现代汉语中数量词的作用》[②]中数量词对语法结构制约的一些事实:

(24) a. *盛碗里鱼　　　　　　　　　　　　盛碗里两条鱼

　　　b. *捂了孩子痱子　　　　　　　　　　捂了孩子一身痱子

　　　c. (*)打破玻璃(打破玻璃的人找到了吗?)　打破两块玻璃

　　　d. (*)飞进来苍蝇(飞进来苍蝇就打)　　飞进来一个苍蝇

　　　e. (*)吃了苹果(吃了苹果又吃梨)　　吃了一个苹果

　　　f. *雪白衣服　　　　　　　　　　　　雪白一件衣服

　　　g. *白花花胡子　　　　　　　　　　　白花花一大把胡子

例(24)a 句是双宾语结构,间接宾语"碗里"表示位移终点的处所,直接宾语得带数量词;b 句也是双宾语结构,直接宾语是结果宾语,这个结果宾语得带数量词;c、d 句是带结果补语或趋向补语的动补结构,后面带上名词性宾语,宾语得带数量词;e 句是"动词+了+名词宾语",宾语得带数量词;f、g 句是非谓形容词(状态形容词)作定语(不带"的")的偏正结构,其中心语得带数量词。

(25) a. *山上架着两门炮。　　　　山上架着炮。

　　　b. *他正吃着三碗饭。　　　　正吃着饭。

　　　c. *白一只孔雀　　　　　　　白孔雀

　　　d. *今天要谈谈两个问题。　　今天要谈谈问题。

　　　e. *今天不谈两个问题。　　　今天不谈问题。

例(25)a 句是表示动态行为的处语主语句"主[处所]+动词+着+宾",其宾语成分排斥数量词;b 句是表示动态行为的"动词+着",其后面的宾语一般都不能带数量词;c 句是性质形容词作定语(不带"的")的偏正结构,其中心语不能带数量词;d 句是"动词重叠式+名词"这种动宾结构,宾语不能带数量词;e 句是用"不"否定的结构,动词即使不是重叠式,其宾语一般也排斥数量词。

作者认为,以上这些现象部分可用"有定""无定"解释。例如:

---

① 沈家煊."有界"与"无界"[J].中国语文,1995,(5).

② 陆俭明.现代汉语中数量词的作用[J].语法研究和探索,1988,(4).

（26）a. ＊倒缸里水　　　　　倒缸里一桶水　　　　把水倒缸里

　　　　b.（＊）送学校油画　　　送学校一幅油画　　　把油画送学校

　　　　c.（＊）吃了苹果　　　　吃了一个苹果　　　　把苹果吃了

　　例（26）左列中充当宾语的光杆普通名词"水""油画""苹果"是有定还是无定并不明确,前面加了数量词才明确为无定的。如果这些成分是有定的,则应用右列的"把"字句来表达。

　　但是用有定和无定来解释数量词对句法结构的制约会遇到一些困难。例如:

（27）a.（＊）前面走来老太太。　　　　前面走来张老太太。

　　　　b.（＊）他吃了苹果。　　　　　　他吃了那个烂苹果。

　　　　c.（＊）我一口气读完小说。　　　我一口气读完王蒙那篇意识流小说。

（28）a.（＊）他正吃着三碗饭。　　　　他正吃着你刚做的饭。

　　　　b.（＊）今天要谈谈两个问题。　今天要谈谈这个问题。

　　　　c.（＊）今天不谈两个问题。　　今天不谈这两个问题。

　　例（27）这些句子不用数量词不能成立或不自由的句法组合,把动词后的宾语换成明确的有定成分就成立或自由了;例（28）这些句子排斥数量词,把带数量词的名词性成分换成有定的,就成立了。另外,有定和无定也无法解释"＊雪白衣服"和"＊白一件衣服"这种不能成立的偏正式句法组合。

　　2. 提出观点并论证

　　作者认为,数量词对句法结构的制约作用实际上体现了人类认知上"有界"（bounded）和"无界"（unbounded）这样一种基本对立。人类认知上的这种基本对立必定会在语法结构上有所反映。首先从事物、动作和性状三个方面探讨"有界"和"无界"的对立:

　　第一,人们感知和认识事物,事物在空间有"有界"和"无界"的对立。其区别特征主要有:（1）无界事物的内部是同质的（homogeneous）,有界事物的内部是异质的（heterogeneous）,例如水不管怎么分割,分出的任何一部分都仍然是水,相反,一张桌子分割后可能不再是一张桌子;（2）无界事物具有伸缩性,有界事物则没有,如水加上或减去水仍然还是水,一张桌子加上或减去一张桌子就不再是一张桌子;（3）有界事物具有可重复性（replicability）,无界事物则没有,如可以有一张桌子,两张桌子,三张桌子,……,n张桌子,水没有这种可重复性。这些区别特征基于人的感知和认识。事物概念上的"有界"和"无界"的对立在语法上的典型反映就是名词有可数和不可数的对立,称为"有界名词"和"无界名词"。有界名词的形式最典型的是"数量名",还有专有名词,带指示词"这、那"的名词性成分（除表示通指性外）。

　　第二,人们感知和认识动作,动作在时间上有"有界"和"无界"的对立。有界动作在时间轴上有一个起始点和一个终止点,无界动作则没有起始点和终止点,或只有起始点没有终止点。如"我跑到学校"这个动作,开始跑是动作的起点,到学校是动作的终止点,因此是有界动作;"我很想家"这个动作,我们不能确定一个起始点和终止点,因此是无界动作。这种动作概念上的"有界"和"无界"的对立在语法上的典型反映是动词有"持续动词"（imperfectives）和"非持续动词"（perfectives）之分。典型的持续动词有简单现在时,没有进行态,相反,典型的非持续动词有进行态,没有简单现在时。如可以说"Harry resembles his father""The train is arriving",不能说"Harry is resembling his father""The train arrives"。非持续动词还可用表重复进行的状语 again and again 修饰,持续动词则不行,如可说"Tom hit the target again and again",不能说"Tom resembled his father again and again"。马庆株(1981)根据能不能加后缀"着"将动词分为持续动词和非持续动词①。

"吃、写"等动词相对于"像、姓"等动词是有界的,而相对于"吃了、写好"而言,是无界的。复杂的动词短语如动词+(了)+间接宾语组成的动宾式、动补式、动趋式、动词+表完成或实现的后缀"了"等是有界动作,如"(把鱼)盛碗里"和"盛(鱼)",前者表示"事件"(event),有自然终止点,是有界动作;后者是"活动"(activity),有任意终止点,是无界动作。事件动词和活动动词在语法形式上存在对立:(1)活动动词大多既可跟"在"连用又可跟"着"连用,事件动词则较受限制;(2)跟表示时段的词语连用,活动动词表示动作持续的时间,如"盛鱼盛半天了,还没有盛完",而事件动词则可以表示动作持续的时间,也可以表示动作终止后状态持续的时间,如"鱼盛碗里半天了,早就凉了";(3)时点词语"马上"能用于活动动词和事件动词,但分别指向活动的起始点和事件的终点,如"我马上写信""我马上写好信了";时间词语"一下"只能用于事件动词,指向事件的终止点,如"我一下就写好信了",不能说"我一下就写信";(4)活动动词只能用"不"否定,事件动词一般只能用"没"否定,如"不盛鱼""没盛碗里",不能说"没盛鱼""不盛碗里"。

另外,"单个动词+宾语"的组合也有"活动"和"事件"之分。当宾语是普通光杆名词时,整个组合表示"活动";当宾语是专有名词、这/那+(量)+名、数量+名,整个结构表示"事件"。如"读书、写字"表示活动,"读《红楼梦》、写几个字"表示事件。

作者提出"盛碗里鱼""打破玻璃""飞进来苍蝇""吃了苹果"等句法组合之所以不成立或不自由,那是因为其中的有界动词(事件动词)跟后面的无界名词不匹配,或者说,事件动词的后面跟上有界名词宾语,动作的自然终止点才有了着落,整个组合才能表示一个完整的事件。总之,事物的有界和动作的有界是相通的。

那么,哪些手段可以使事物或动作变为有界?作者也进行了举例分析:数量词可使名词变为有界,如"苹果""水"作为类名是无界的,加上数词"一","一个苹果""一桶水"变为有界的;"一+动词"表示一个短暂动作的"完成或出现",表示事件,如"把他那份儿神像一烧!";动词前加"已经"之类表示动词完成的时间词语,或在动词后或句后加"了",可以变为有界的,如"小张已经弄脏(了)衣服""小张弄脏了衣服"。

一些非事件句没有实际的终止点,不受此制约,如"飞进来苍蝇就打"(从属句)、"食堂老飞进来苍蝇"(惯常句)、"给我吃的!"(祈使句)、"送学校油画?谁出的主意?"(疑问句)、"售货员气跑顾客"(标题句)等。这说明,"事件句"和"非事件句",或者"现实句"和"虚拟句"的对立,是"有界"和"无界"这一对概念在语法上的反映。

除"活动"和"事件"外,还需要区分"延续动作"和"定时动作"。"动词+着"表示没有任意终止点的动作,称作"延续动作",如"架着炮"没有任意终止点,而数量宾语跟动作终止密

---

① 马庆株.自主动词和非自主动词[J].中国语言学报,1988,(3).

切相关,因此,"山上架着炮"排斥数量词语。动词重叠式表示的动作不仅有一个终止点,而且有一个固定的终止点,称为"定时动作",定时动作有了固定的界线也会跟数量成分发生抵触,因此,"洗洗"排斥数量词语。

　　第三,人们感知和认识性状,性状在"量"或程度上也有"有界"和"无界"的对立。如"白"这种颜色是事物的一种性状,是对各种程度的白的概括,代表一个不定的"量幅",或者说,"白"表示的性状是无界的。相反,"雪白"和"灰白"则代表这个量幅上的某一段("量段")或某一点("量点")。因此,性状的"有界"和"无界"在汉语语法中的表现就是形容词有性质形容词和状态形容词之分。进而可以解释为什么"白衣服""雪白一件衣服"可说,而"白一件衣服""雪白衣服"不可说。

　　然而,"白一件衣服""雪白衣服"可通过加进"的",由不成立变为成立,原因在于"的"字具有将无界概念变为有界概念的作用,这点作者引介了陆丙甫(1988)[①]对粘合式"小牛"和组合式"小的牛"的分析:前者具有称谓性,是"牛犊"的称谓方式,实际上就是泛指或通指形式;后者具有非称谓性,可能指一条成年牛,个头较小,也就是单指或专指形式;另外,朱德熙(1961)[②]认为,"白"是形容词,"白的"是名词性成分。名词和形容词相对而言,名词具有"有界性",形容词具有"无界性",这一点石毓智(1992)[③]首先提出并加以论证,用了"离散"和"连续"名称。

　　性质形容词因为是无界的,所以不能单独做谓语。做谓语总是含有比较或对比的意思,状态形容词因为是有界的,所以可以单独做谓语。如"个儿小小的""今儿怪冷的"。同时也指出形容词作谓语时跟主语名词之间也会在有界和无界上互相影响,如:

　　(29)a.纸薄,(不比玻璃),一捅就破。
　　　　　b.(那层)纸薄薄的,一捅就破。

例(29)a句性质形容词"薄"作谓语时,"纸"可以理解为泛指的无界名词;b句状态形容词"薄薄的"作谓语时,"纸"必须理解为专指的有界名词。

　　另外,作状态补语时,状态形容词可以受"早已""已经""马上"这类表示动作有界的词语修饰,性质形容词不行。如"早就想很透彻",不能说"早就想得透彻"。

　　3.总结结论并讨论研究意义

　　作者认为"有界-无界"的对立是人类"一般认知机制"(general cognitive mechanisms)的一部分,是人类最基本的认知概念之一。人最初从自身的人体认识了什么是有界事物,又有界和无界的对立来认识外界的事物、动作和性状。按照"认知语法"的观点,人的语言能力是人的一般认知能力的一部分,认知上"有界-无界"的对立必然在语言结构上有所反映。通过这一对立,文章对数量词对语法结构起制约作用的原因做出了统一的解释。

　　本文由"有界-无界"这对概念统摄名词、动词、形容词各自划分重要小类的形式标准,说明在划分词类的形式标准背后还隐藏着概念或意义上的理据。在此基础上,作者认为认知语法探索从概念或意义出发划分词类,并不完全是回到传统语法的老路子上去,而是给"意

---

①　陆丙甫.定语的外延性、内涵性和称谓性及其顺序[J].语法研究和探索,1988,(4).
②　朱德熙.说"的"[J].中国语文,1961,(12).
③　石毓智.肯定和否定的对称与不对称[M].台北:台北学生书局,1992:28-31.

义"赋予了新的含义。"意义"不再局限于客观的意义或所谓的"真值条件",而是把人的认知因素考虑在内。如按照以往的意义理论,"椅子"一词的意义可以用一组客观的语义要素或真值条件(四条腿,有靠背,可坐的平面等)来描写,但是一把断了一条腿的椅子人们仍然认为它是椅子,可见,"椅子"的意义是客观标准和主观认识的结合。总之,认知语法对于词类理论有着重要的意义。

(三)现代汉语双及物结构式

张伯江(1999)从句式特征角度对现代汉语双及物结构式进行了探讨①,可以说是运用句式语法理论进行汉语研究的典范。该文主要分为以下四个部分:

1. 提出问题

首先对结构主义语法研究方法进行了阐述,结合语言实际,引出句式语法的研究方法。结构主义语法研究者相信每个动词有固有的"配价"能力,它们在句子里带什么宾语以及带什么样的宾语是这种配价能力的反映;同时相信通过对词汇语义和句法规则的描写可以概括所有语法现象。然而,作者提出在实际运用语言的过程中,这些规则并不能够穷尽地描述动词运用的所有细节。并且,语言中大量使用的句式其句法语义特征往往不能够由词汇语义规则自然推出来,而是人类认知对现实的反映,这正是句式语法所要解决的课题。

其次对汉语双宾语结构进行综述,指出存在的问题。对于双宾语结构的研究,以往多从"位置"角度进行定义,如马庆株(1983)定义为"述宾结构带宾语",将动词后面出现的名词性成分都看作宾语,宾语类型既包括受事,也包括处所、时间、工具、数量等外围语义成分,依此分为14种类型:1)给予类(送你一支笔);2)取得类(买小王一只鸡);3)准予取类(我问你一道题);4)表称类(人家称他呆霸王);5)结果类(开水烫了他好几个泡);6)原因类(喜欢那个人大眼睛);7)时机类(考你个没准备);8)交换类(换它两本书);9)使动类(急了我一身汗);10)处所类(挂墙上一幅画);11)度量类(他们抬了伤员好几里路);12)动量类(给他一巴掌);13)时量类(吃饭半天了);14)O_1为虚指宾语的(逛他两天北京城)②。李临定(1984)定义为"谓语动词后边有两个独立的名词性成分的句式",他着眼于动词的语义类型,分为"给"类、"送"类、"拿"类、"吐""吓"类、"问"类、"托"类、"叫"类、"欠""限""瞒"类等③。总结前人研究,作者提出有三个关乎句式性质的大问题没有得到解决:一是几乎找不到适用于所有类型的一条或几条句法特征,如变换为带"给"的句式、带"从"的句式等;二是无法看出能够进入这一格式的动词有什么可以概括的特征,如一些非三价动词也可以进入等;三是没有对双宾语句式的语义进行概括。

2. 提出研究思路与研究重点

要解决以上三个问题取决于研究思路的转变,作者提出尝试运用"句式语法"观念进行探讨。他对"句式语法"观念进行了阐述:语法结构式是独立于词汇语义规则之外的语法事

---

①　张伯江.现代汉语的双及物结构式[J].中国语文,1999,(3).
②　马庆株.现代汉语的双宾语构造[J].语言学论丛,1983,(10).
③　李临定.双宾句类型分析[J].语法研究和探索,1984,(2).

实,有独立的语义。在此基础上,他认为汉语存在着双及物的语法结构式,其形式表现为:V-N1-N2,其语义核心是"有意的给予性转移"。

他通过例子进行了阐释。例如"张三卖邻居一套旧家具",从分解的角度来看,其语义未必不能说成是"邻居希望张三卖掉他的旧家具"或"张三在那里卖旧家具恰巧让邻居碰上给买走了",可是这些解释都需要大量的补充信息才能成立。从句法语法角度来看,这个格式最自然的解释是"张三有意有自己的家具通过出售的方式转让给邻居",即"有意的给予性转移"。这种格式语义独立于能进入这个格式的具体成分,尤其是动词性成分,如"单位分了我一套房子","分"不具有"转移"的意义,但这个格式语义"有意的给予性转移"仍然成立。因此,他提出使用"双及物式"(ditransitive construction)指称要讨论的问题,因为"双宾语"用的是分解视点,"双及物"用的是整体视点。

在此基础上,他提出其研究重点是论证双及物句式的典型语法语义特征以及句式引申的问题。这也正是句式语法理论的研究范式。

3. 分析双及物式的原型特征

要探讨双及物式,必须首先把握其原型特征。根据前人研究成果,包括从现实语料统计中的优势分布,到儿童语言的优先习得,乃至历史语法的报告等,表明双及物式的基本语义是"给予"。作者引介朱德熙(1979)对"给予"意义的概括:1)存在着"与者"和"受者"双方;2)存在着与者所与亦即受者所受的事物;3)与者主动地使事物由与者转移至受者[①]。还指出给予行为表达式还可借助词汇形式"给",引介沈家煊(1999)的三种"给"字句:1)A给 RVP(他给我寄了一个包裹);2)AV 给 RP(他寄给我一个包裹);3)AVP 给 R(他寄了一个包裹给我)[②],认为第二种格式当动词可以不借助"给"字表达一个完事的给予过程时就形成了双及物式。

在此基础上,作者将典型双及物式的特征概括为:在形式为"A+V+R+P"的句式里,施事者有意地把受事转移给接受者,这个过程是在发生的现场成功地完成的,如"刚才老李送我一本书"。并分析其原型句法特征:1)一般可以在受事之前加上施事的领格形式,如"刚才老李送我一本他的书",这一特点说明该过程是一个领属关系转移的过程,给予之前受事为施事所领有,给予之后,受事为接受者所领有;2)一般不能用"给"把接受者提到动词之前,如"刚才老李给我送了一本书",这一特点表明"送"这样的动词本身带有明确的现场交予意义,所以不必特别指明该行为的目标;3)可以用"把"把受事提到动词之前,如"刚才老李把一本书送我了"。

4. 探讨双及物式的引申机制

基本句式是人类一般认知经验的反映,多样的表达式反映了基本范畴的引申和扩展。作者运用隐喻探讨了进入语法结构式各成分的引申,然后运用转喻探讨了句式语义的引申。

首先是施者和受者的引申。典型的施事是有意志力的、自主的指人名词,根据神会原则

① 朱德熙.与动词"给"相关的句法问题[J].方言,1979,(2).
② 沈家煊."在"字句和"给"字句[J].中国语文,1999,(2).

（empathy principle），可以认定某些机构设置名称也可以作为施事理解，如"单位分了我一套房子"，但句法上这种施事无法做人格化的领格回指，如不能说"单位分了我一套他们的房子"。

其次是给予物的引申。给予物可以是空间领域的实体，也可以是非空间领域的实体，还可以是话语领域的实体，分别例如"递他一块砖""递他个眼神儿""递他一个口信儿"，不过，句法上存在一些差异。例如：

（30）a. 递他一块砖。

　　　b. *递他这个眼神儿。

　　　c. *递他这个口信儿。

　　　d. 递他这人口信儿：让他明天打两斤酒来见我。

例（30）说明 a 句可以实现现场指示，b、c 句则不能，d 句说明 c 句可以在反指（cataphoric reference）的情况下成立。

（31）a. 这块砖递他。

　　　b. *这个眼神儿递他。

　　　c. *这个口信儿递他。

例（31）说明在话题化方面的差异。这些说明有些句法条件适用于隐喻的源领域而不适用于目标领域，同时，在不同的目标领域里也有不同的句法表现。

（32）a.老王送徒弟一把钳子→老王把一把钳子送了徒弟。

　　　　　　　　　　　　　→? 老王拿一把钳子送徒弟。*老王把徒弟送一把钳子。

　　　b. 老王托徒弟一件事→*老王把一件事托了徒弟。

　　　　　　　　　　　→老王拿一件事托徒弟。*老王把徒弟托一件事。

　　　c. 老王问徒弟一个问题→*老王把一个问题问徒弟。

　　　　　　　　　　　→老王拿一个问题问徒弟。*老王把徒弟问一个问题。

　　　d. 老王骂徒弟"懒骨头"→*老王把"懒骨头"骂徒弟。

　　　　　　　　　　　→老王拿"懒骨头"骂徒弟。*老王把徒弟骂"懒骨头"。

　　　e. 老王叫徒弟"小三儿"→*老王把"小三儿"叫徒弟。

　　　　　　　　　　　→老王拿"小三儿"叫徒弟。老王把徒弟叫"小三儿"。

例（32）再次说明隐喻源领域里一些句法限制在不同的目标域里有不同的句法表现：空间领域的实体受事"钳子"可以加"把"字标记，交际领域的非空间实体"事"只能加弱受事标记"拿"，交际/话语领域的受事"问题"和话语/命名领域的受事"懒骨头"也只能加弱受事标记"拿"，命名领域的受事"小三儿"也不能加典型受事标记"把"却可以让接受者"徒弟"加上"把"，表明接受者也在一定程度上具有受事性质。

再次是给予方式的隐喻。观察句式中的动词，可以发现既有自身表示给予意义的，也有从给予的方式角度体现给予意义的，更多的则是本身并没有狭义的给予意义而借助于句式表示给予的。作者将句式中体现的隐喻方式归为六类：

1）现场给予类，其中动词有：给、借、租、让、奖、送、赔、还、帮、赏、退、优待、援助、招待、支援等，语义上有明确的方向和目的，句法上不能变换成"A 给 RVP"式，如"? 他给老师交

了一份作业""*老王给我卖了一套旧书"等;

　　2）瞬时抛物类,其中动词有:扔、抛、丢、甩、搋、塞、捅、射、吐、喂等,语义上并不要求一定有一个接受者,但在双及物式里具有较明确的目的性和现场性,如"? 他给我扔了一个纸团儿"等;

　　3）远程给予类,其中动词有:寄、邮、汇、传等,语义上涉及远距离间接交予,目标性有所弱化,可加上前置的"给"短语,如"爸爸给我寄了一封信";

　　4）传达信息类,其中动词有:报告、答复、奉承、告诉、回答、交代、教、提醒、通知、托、委托、责怪等,具有现场性和目标性,但不能说"侦察员给团长报告一件事"或"侦察员报告一件事给团长";

　　5）允诺、指派类,其中动词有:答应、许;拨、发、安排、补、补充、补助、分、分配、批、贴、准等,特点是其交予的现实要在不远的未来实现,反映在句法上,可以观察到它们变换为结果目标式要受一定的限制,如"老王答应我两张电影票→*老王答应两张电影票给我""班长安排我们两间营房→? 班长安排两间营房给我们""老师准我两天假→*老师准了两天假给我";

　　6）命名类,其中动词有:称、称呼、叫、骂等,动词本身没有明确的给予意义,动词不能以任何形式与"给"相伴,如"*爸爸给他叫小三儿/*爸爸叫给他小三儿/*爸爸叫小三儿给他"等,这是一种对惯常行为的描述,既非瞬时行为,也不必然在现场完成,把它们认作双及物式的依据,在于给予物(名称)有较为显著的受事属性。

　　作者认为2）~6）类都是从1）类呈放射状引申出来的,主要体现为:一是从现场给予到非现场给予的隐喻;二是从物质空间到话语空间的隐喻。

　　最后探讨句式语义的引申。其中第4）类问、盘问、请教、请示、求、审问、考、测验等动词情况。"老师问学生一个问题"与"老师回答学生一个问题"语义方向好像是相反的,后者很容易理解为"给予"意义的直接引申——给予物是"答案",前者应把给予物理解为一个更为抽象的东西——老师的"请求",引申机制是转喻。例如:

句式	喻体	转指物
（33）老师问学生一个问题	问题	关于回答这个问题的请求
（34）王老师考我们数学	数学	关于数学能力的测验
（35）弟弟求我一件事	事	关于办这件事的请求

　　这些例句中动词借助转喻机制理解,不能加"给",如"*老师问给学生一个问题""*王老师考给我们数学""*弟弟求给我一件事"。

　　还有一些动词如"买、拿、偷、借"等进入双及物结构式。这一过程的引申机制是转喻。如"我买了他一本书"则是给予了"他"一个"损失"。例如:

句式	喻体	转指物
（36）老王买了一把旧椅子	一把旧椅子	一把旧椅子的损失
（37）李师傅拿了我两把钳子	两把钳子	两把钳子的损失
（38）他偷了东家一头牛	一头牛	一头牛的损失

同时,动词本身也包含着一个转喻过程:

句式	喻体	转指物
（39）老王买了一把旧椅子	买	买+使损失
（40）李师傅拿了我两把钳子	拿	拿+使损失
（41）他偷了东家一头牛	偷	偷+使损失

作者认为这些句子具有"取得"义,是"给予"义引申而来的。但有其特殊语义,如P前可以加上动量词,而"给予"句则不行,如"老王买过我一次旧椅子",不能说"老王卖过我一次旧椅子",这说明"取得"义句式里的P更偏重于表达数量意义。

5. 从论元结构讨论句式语义与动词语义的关系

回应文章一开始提出结构主义研究方法的局限性问题。很多语义上是"二价"(乃至"一价")的动词也常常出现在"三价"的句法框架里:一种是动词和接受者单独组合时,语义上并不必然涉及另一个受事,如"帮:我帮你",但可用于双及物式,如"帮:我帮你一千块钱";一种是动词和受事单独组合时,语义上并不必然涉及另一个接受者,如"吐:那老头吐唾沫",但可用于双及物式,如"吐:那老头吐他一口唾沫"。关于这种现象,多数人倾向于动词在不同的句式里会产生不同的语义。作者认为没有必要为动词归纳出这么多不同的语义,而应归因于句式,或者说,动词的支配能力是直接与双及物式的框架相关联的。

文章最后也进一步说明:句式是语法中一种自足的存在,一个表达式的意义是把词汇意义整合进句式意义的结果,这样,就不再需要称句子的句法和语义是从主要动词的配价要求中内在产生的。正因如此,一些熟语性的说法,如"围了我个水泄不通""饶他个初次""打他一个冷不防""玩它个痛快"等,说话人是出于表达"给予"意义的需要而选择了双及物式,而一旦选择这个句式,就要符合句式的形式要求,所以出现了在非名词性成分前加名量词的现象,以及虚设接受者的现象。

这篇文章运用构式语法理论对汉语的双及物结构式进行了讨论,通过对其整体意义及原型特征的分析,再运用隐喻讨论基本范畴的引申和扩展,并结合语言映射进行了验证。研究突破了结构主义语言学从部分到整体的研究思路,取得了一些具有说服力的结论,从而对该类现象有了更进一步的理解和认识。

思考题

1. 运用相关认知语言学理论,辨析可能补语和结果补语。

2. "我病了,没去开会。""我没去开会,因为我病了。"这两句有无差异? 请用认知语言学的相关概念进行说明。

3. "我给他寄一个包裹。""我寄了一个包裹给他。"这两个给字句之间有无差异,请从结构和认知上分别进行说明。

4. "他的脸红红的。""她长着一双大大的眼睛。""你教教他。"这三个句子中均出现了词语重叠形式,请查找相关文献,评述前人在这方面的研究成果。

5. "他犟得像头牛。""壶开了。"这两个句子分别体现为隐喻、转喻现象,请你分析一下两个句子体现的认知过程。

6. "他陷入一段婚姻。""他跳出了这段婚姻。"这两个句子体现为容器图式,请你分析一下其范畴化特征。

    7. 请结合语言现象,说明什么是距离象似性。

    8. 请结合语言现象,说明什么是构式。

进一步阅读

沈家煊.句法的象似性问题[J].外语教学与研究,1993,(1).

王寅.认知语言学的哲学基础:体验哲学[J].外语教学与研究,2002,(2).

殷融,苏得权,叶浩生.具身认知视角下的概念隐喻理论[J].心理科学进展,2013,(2).

袁毓林.词类范畴的家族相似性[J].中国社会科学,1995,(1).

张敏.认知语言学与汉语名词短语[M].北京:中国社会科学出版社,1998.

[德]弗里德里希·温格瑞尔,[德]汉斯-尤格·施密特著,彭利贞,许国萍,赵微译.认知语言学导论(第二版)[M].上海:复旦大学出版社,2009.

Bybee Joan, Perkins R. & Pagliuca W.. *The Evolution of Grammar—Tense, Aspect, and Modality in the Languages of the World*[M]. Chicago:The University of Chicago Press,1994.

Croft, W. *Typology and Universals*[M]. Cambridge:Cambridge University Press,1990.

Fauconnier, G. *Mental Spaces: Aspects of Meaning Construction in Natural Language*[M]. Cambridge, Mass.:The MIT Press, 1985.

Goldberg, Adele E. *Constructions: A Construction Grammar Approach to Argument Structure*[M]. Chicago:The University of Chicago Press,1995.

Haiman, John. *Natural Syntax*[M]. Cambridge:Cambridge University Press, 1985.

Lakoff, G.& Johnson, M. *Philosophy in the Flesh: The Embodied Mind and its Challenge to Western Thought*[M]. Chicago:University of Chicago Press, 1999.

Langacker R., Ronald W. *Foundations of Cognitive Grammar*[M]. Vol.1 & 2, Standford:Standford University Press, 1987/1991.

Sweetser, Eve. *From Etymology to Pragmatics: Metaphorical and Cultural Aspects of Semantic Structure*[M]. Cambridge:Cambridge University Press, 1990.

Talmy, L. *Toward a Cognitive Semantics*[M]. Vol.1 & 2. Cambridge, Massachusetts:The MIT Press, 2000.

Taylor, J. R. *Linguistic Categorization: Prototypes in Linguistic Theory*[M]. Oxford:Clarendon Press, 1989.

第七章　篇章语言学方法
与汉语研究

　　篇章语言学是在继承与批判结构主义语言学的基础上产生的,是伴随着功能主义语言学的发展而发展的,它从属于功能主义的范畴。结构主义语言学认为语言是自足的系统,而功能主义语言学认为语言是不自足的。在研究过程中,人们发现以句子为对象的语言研究存在两个明显的缺陷:因忽略语境因素而使得一些具体问题得不到正确的揭示;以句子为基础观察语言得出的规则与对自然语言的实际观察结果出入较大。于是,篇章研究呼之欲出。

　　西方篇章语言学起源于修辞学、文体学和文化人类学研究传统,其主旨是:结合语境取得语言表达的最佳效果。20 世纪 50 年代初到 70 年代初,进入全面发展时期,形成了不同的研究"流派":欧美学者使用"text"来指称其语料,"text linguistics"的概念由德国学者哈拉尔德·苑因里希(Harald Weinrich)于 1967 年提出;美国学者用"discourse"称呼研究对象,"discourse analysis"由美国学者哈里斯于 1952 年提出①。欧洲学者往往只研究篇章现象本身,而美国学者则试图在话语分析过程中引进相关的社会、文化等因素。戴尔·海姆斯(Dell Hymes)、韩礼德和布拉格学派研究言语交际形式和句子主位结构。语用学研究的成果,如言语行为、合作原则、会话蕴涵、关联理论等也极大地促进了话语研究的发展。奥斯汀的"言语行为理论",倡导结合言前、言后情境研究语言;塞尔等人则着力把社会学的理论、方法引入话语分析中。20 世纪 70 年代初开始,西方篇章语言学趋于成熟,出版了一批有重要影响的论著,如韩礼德的《英语的衔接》(1976)、罗伯特·伯格兰德(Robert de Beaugrand)和沃尔夫冈·德雷斯勒(Wolfgang Dressler)的《篇章语言学入门》(1983)等。同时也有重要的专业杂志正式发行,如 1978 年 *Discourse Processes* 在美国创刊;1981 年范·戴克创办了第一本话语研究杂志《话语》(*Text*);后来又陆续创办《话语与社会》(*Discourse & Society*)、《话语研究》(*Discourse Studies*),为话语研究成果的国际传播作出了卓越贡献;还出现了一批应用广泛的教材,如马尔科姆·库尔撒德(Malcolm Coulthard)的《话语分析入门》(1977)等。论文集影响最大的是范·戴克主编的四卷本 *Handbook of Discourse Analysis*②,分别论述了话语分析涉及的学科领域、话的诸多方面、话语与对话研究以及话语分析与社会之间的关系。③

---

　　①　徐赳赳.现代汉语篇章语言学[M].北京:商务印书馆,2014:77.
　　②　Van Dijk. T. A.(ed.). *Handbook of Discourse Analysis*[M]. Vol. 2,Dimensions of Discourse. London:Academic Press,1985.
　　③　西方篇章语言学具体参见郑贵友.篇章语言学:从肇始到中兴[N].中国社会科学报,2014 – 6.

汉语篇章语言学兴起,首先受到文章学研究的影响。文章学研究包括对文章的源流、分类、要素、风格的研究,对文章的写作实践的研究,对文章的阅读和欣赏的研究。我国第一部文章学专著《文心雕龙》,论及句、章、篇之间的组合关系。20 世纪 80 年代前后,受国外篇章语言学的影响,国内的一些学者开始介绍、引进国外的现代篇章语言学理论、方法,并尝试对汉语的篇章问题加以研究,如胡壮麟的《汉语的衔接》(1981)、廖秋忠的《汉语篇章中的连接成分》(1986)等。

一、理论介绍

(一)篇章语言学的内涵

篇章语言学是把篇章作为研究对象的语言学研究,它于 20 世纪 70 年代逐渐形成,是继结构主义语言学和转换生成语言学之后兴起的一个语言学分支。苑因里希认为任何语言研究都应以篇章为描写框架。目前"篇章语言学"这一术语已被广为接受,成为篇章各个层面研究的总称。著名篇章语言学家范·戴克强调篇章语言学事实上不是某一种理论或方法,而是指把篇章作为主要研究目的的任何研究①。

(二)篇章语言学的研究对象与基本任务②

篇章语言学与传统语言学的各个分支和学派最大的不同在于其研究对象,传统语言学的研究对象是语音、语素、词、短语、句子等语言单位,并把句子看作语言的最高层次结构和最大单位,不关心句子之间的关系,不关心语言之外的语言使用者、语境等因素对句子形式的制约;而篇章语言学把大于句子的篇章作为研究对象,关心句子之间的关系,关心篇章的整体结构,关心语言使用者的交际意图以及语境对语篇形式和结构的影响。

从研究视角来看,通常可分为篇章语法研究、篇章语义研究、篇章语用研究和篇章认知研究。篇章语法研究的主要任务是寻找出如何连句成章的篇章规则;篇章语义研究包括词汇语义层、句子语义层和语段语义层研究,研究重点是语义连贯和篇章的完整性问题;篇章语用研究注重篇章外部因素(社会交际性能等)对篇章结构的影响;篇章的认知研究,强调篇章生产者和接受者在生产和接受篇章过程中进行的认知心理操作。

篇章语言学致力于回答下列问题:(1)篇章类型多种多样,它们共同的基本特征是什么?不同篇章类型之间的区别是什么?(2)一段话成为篇章必须要满足什么条件?(3)篇章的生产和接受过程是什么?(4)篇章的形式和功能之间的关系如何?篇章语言学将这些问题视为主要任务,是篇章本身的特点决定的。

学术研究的推进无外乎提出新理论、新概念、新视角、新对象或新材料、新方法。篇章语言学的推进体现为:一是提出新理论,如话语研究与社会批评结合而产生的批评话语分析

---

①　刘辰诞,赵秀凤.什么是篇章语言学[M].上海:上海外语教育出版社,2011:4.

②　同上:4-5.

方法及其理论框架。二是提出新概念,如顾曰国(2012)提出了"话语地理"的新概念。① 三是跨学科的研究视角,如话语心理与话语分析,人类学、民族志与话语分析,身份、文化与话语分析,教育领域与各机构话语分析等。四是新研究对象或材料,如对中介语、某一特定语言、多模态话语的研究。五是新研究方法。《Routledge 话语分析手册》第一部分主要介绍话语分析的方法论,如诺曼·费尔克拉夫(Norman Fairclough)提出批评话语分析方法;冈瑟·克雷斯(Gunther Kress)探讨了多模态话语的社会符号学分析路径;莱姆克(J. L. Lemke)指出话语分析的多媒体趋势;珍妮弗·科茨(Jennifer Coates)讨论了性别与话语分析研究的三种方法——差异性、支配性和社会建构性;乔纳森·波特(Jonathan Potter)回顾了话语心理学的发展过程;于尔根·贾斯珀斯(Jürgen Jaspers)从互动社会语言学视角研究语言知识、非语言知识以及说话人的社会文化背景对话语的影响;格雷姆·斯马特(Graham Smart)探讨了话语导向的民族志研究,提出了解释民族志研究和交际民族志研究两种研究方法。② 有志于篇章语言学研究的学者可以根据自己的研究兴趣,带着问题(研究的话语对象)去寻找最合适的研究对象、方法与理论。

(三) 篇章语言学的语言观

篇章语言学强调语言的交际功能,注重把语言置于色彩斑斓的生活之中来研究;把交际中使用的大于句子的结构单位——篇章作为研究对象;篇章并非静止的、封闭的语言形式,而是一个言语交际事件,对它的研究探索当然不能仅仅是篇章的语言形式本身,而必须关注与篇章交际相关的诸多因素,这些因素既包括内在因素,如语言成分的关联、篇章结构,也包括外在因素,如交际情景、交际者,还要包括各种因素之间的互动关系,如交际情景如何影响或制约篇章结构,交际者在文化、认知、关系亲疏等方面的变化如何导致语言形式和篇章结构的变化,等等,这就使得篇章语言学研究必须是一个具有跨学科性质的、全方位的立体工程,也正是因为如此,篇章语言学没有一个统一的理论和方法,研究取向和分析方法异彩纷呈、百花齐放。

(四) 篇章语言学的基本概念和观点

1. 篇章

20 世纪 80 年代以前,受结构主义影响,篇章被认定为"句子以上的单位""句子的序列""超句法"等概念,必须满足可接受性与得体性、意义与价值、衔接与连贯、结构与功能等条件。70 年代后期,交际理论和认知理论开始渗透到篇章定义中,范·戴克提出,"语篇是在一种交际环境下产生的自然语言事件,一个篇章是一个事件,即在一种动态情景下人的行动结构"③。这种定义强调了篇章作为交际事件的语用地位,成为共识。

---

① Gu Yueguo, *Discourse Geography* [A]. *The Routledge Handbook of Discourse Analysis* [C]. London and New York: Routledge, 2012: 541 – 557.
② 仲跻红.《Routledge 话语分析手册》介绍[J].当代语言学,2015,(3).
③ Van Dijk. T. A. *Text and Context* [M]. London: Longman. 1977.

2. 篇章单位

关于篇章单位,廖秋忠(1991)列出了一些切分方式:(言语)行为—事件(海姆斯);话轮—话对—交换—话串—话题—会话(哈维·萨克斯 Harvey Sacks);行为—行动—交换—话串—转换—相互影响(约翰·辛克莱 John Sinclair);小句—句子—段落—篇章(罗伯特·朗格克 Robert E. Longacre),保罗·霍珀(Paul J. Hopper),尚德拉·汤普森(Sandra A. Thompson)①。其中,话轮是会话分析的一个基本单位。威利斯·埃德蒙森(Willis Edmondson)(1981)用这个术语来表示两个方面的意义:一是指在会话过程中的某一时刻成为说话者的机会;二是指一个人作为讲话者时所说的话。刘虹(1992)认为话轮是指在会话过程中,说话者在任意时间内连续说出的具有和发挥了某种交际功能的一番话,其结尾以说话者和听话者的角色互换或各方的沉默等放弃话轮信号为标志②。例如③:

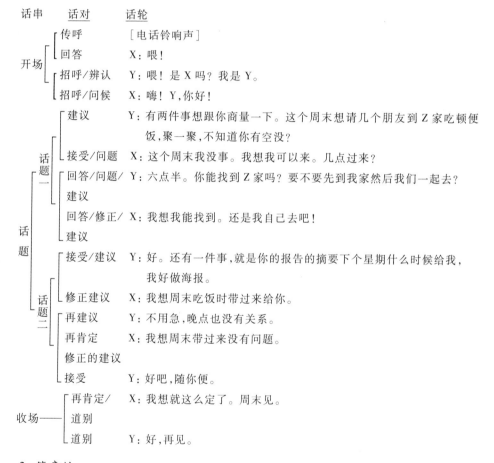

3. 篇章性

篇章语言学着眼于研究句子群是怎么形成一个话语共同体的,考察语篇/话语(以下简称"篇章")的"篇章性"或"语篇性"(textuality)。

---

① 廖秋忠.廖秋忠文集[M].北京:北京语言学院出版社,1992:242.

② 刘虹.话轮,非话轮和半话轮的区分[J].外语教学与研究,1992,(3).

③ 廖秋忠.篇章与语用和句法研究[J].语言教学与研究,1991,(4).

伯格兰德和德雷斯勒(1981)提出了"语篇性"的七条标准：衔接性(cohesion)、连贯性(coherence)、意图性(intentionality)、可接受性(acceptability)、信息性(informativity)、情景性(situationality)和篇际性(intertextuality)①。其中衔接性是篇章表层的形式连接,指一个语言序列里的每个成分之间有某种形式使之互相联系;连贯性指篇章的深层的意义连贯,即篇章表层背后所指的篇章世界中的每个概念和关系必须是相联和相关的;意图性指篇章生产者生产篇章要达到交际目的;可接受性指听话人一方所感受到的篇章的可接受度;信息性指篇章所表达信息的已知或可预期的程度;情景性指篇章是否能够与其所使用的场合联系起来;篇际性是指目前的篇章与以前经历过的篇章之间的关系,一个篇章的使用依赖于使用者对其他篇章的知识,也就是说当前篇章将以前的篇章作为生成篇章的语境因素之一。这七个标准涉及篇章语言学所关注的三个方面：篇章、参与者、语境。其中,衔接和连贯是对篇章自身的语言形式和语义而言的;意图性涉及语篇生产者生产篇章的目的,意图性制约篇章的形式和语义;可接受性是相对篇章接受者而言的;信息性涉及篇章提供的信息程度,与篇章和情景之间的关系有关;篇际性是指目前的篇章与以前经历过的篇章之间的联系。这七个标准必须同时满足,这样篇章才能成为一个名副其实的具有交际性特征的篇章,否则就是伪篇章②。

针对"语篇性"这一属性,国内学者开展了进一步研究。黄国文(1988)提出语篇最重要的属性是"语篇性",是指语篇必须合乎语法,并且达到语义连贯。其中连贯性是语篇的重要特征,连贯要具有衔接成分,符合语义、语用和认知原则,同时还取决于说话的前提和发话者与受话者双方共有的知识③。聂仁发(2005)将七条标准整合为目的性、有序性与情境性,分别对应语篇的功能、结构和认知特点,其中目的性表现为主题与文体的统一性,是语篇的根本特征,统帅有序性与情境性④。

4. 篇章衔接

韩礼德和茹凯雅·哈桑(Ruqaiya Hasan)认为"当篇章中的某个成分的解释取决于篇章中另一个成分的解释时,就出现了衔接"。迈克尔·霍伊(Michael Hoey,1991)认为衔接是篇章内句子里的某些词或语法特征,是能将该句与它前后的句子连接起来的手段和方式。大卫·努南(David Nunan,1993)认为衔接是篇章内标记不同句际关系的形式连接,是使作者或说话人建立跨句子边界的关系,并使篇章内的句子扭结在一起的篇章构造手段。伯格兰德和德雷斯勒认为衔接是使表层篇章成为互相连接的一个序列的方式,衔接存在于语法依赖(grammatical dependency)。

衔接方式通常可分为语法衔接手段和词汇衔接手段。依据韩礼德和哈桑(1976)的研究,语法衔接主要有省略、替代、照应和连接。省略(ellipsis)是指把语篇中某个成分省去不提,它是避免重复,突出新信息,并使语篇上下紧凑的一种手段,包括名词性、动词性和小句

① De Beaugrande, Robert-Alain and Wolfgang Ulrich Dressler. *Introduction to Text Linguistics*[M]. London and New York: Longman, 1981: 3.
② 参见刘辰诞,赵秀凤.什么是篇章语言学[M].上海：上海外语教育出版社,2011：18－19.
③ 黄国文.语篇分析概要[M].长沙：湖南教育出版社,1988.
④ 聂仁发.汉语语篇研究的几个问题[J].宁波大学学报(人文科学版),2005,(5).

性省略等三种类型。替代(substitution)就是用替代词去取代某一个成分,因此替代词只是形式,它的语义要从所替代的成分中去寻找,如代词替代相应的名词、动词性成分。照应(reference)是指语篇中一个成分作为另一个成分的参照点。照应可以分为内指(endophoric)和外指(exophoric)。内指是指语篇中某个成分的参照点存在于语篇之中,内指又可分为前指(anaphoric)和后指(cataphoric)。篇章回指(discourse anaphora)属于前指。外指是指语篇中某个成分的参照点不在语篇本身内部,而存在于语境这个外部环境中,常常用指示(index)这一概念。连接(conjunction)指通过连接成分体现语篇中各种逻辑关系的手段,如连词等。

词汇方面的衔接主要有词汇的重复、同范畴词和搭配。重复(repetition)是指某个语言成分多次出现的现象。同范畴词是指描述或议论某一事物时,使用的同义(synonymy)、反义(antonymy)、上下义(hyponymy)、部分义和整体义(meronymy)、集合义和个体义等在某一语义场中,可以划分为同一范畴的词。搭配(collocation)是指通过经常同时出现的词汇的联想而实现的衔接,如"英俊"和"小伙子"之间的搭配。

(1) 1 经营酒楼的郑先生,当晚打烊后,2Ø 便把当天的营业款放在自己的大衣口袋里,3Ø 准备上车后再放包里。4 上车时包括他有四个大人带个小孩,5 但因为 Ø 照顾小孩,6 郑先生完全没有注意到放在口袋里的钱在不经意间掉了出来。7 后来 Ø 看监控,8Ø 发现钱散了一地,9 但郑先生浑然不觉,10Ø 关上车门就开车走了。

重复:上面这段的话题是讲"郑先生",因此"郑先生"多次重复出现。"小孩"和"口袋""钱""上车"也重复出现了。

同范畴词:上面这段话中"钱"和"营业款"是上下位关系;"车"与"车门"是整体与部分的关系;"没有注意到"和"浑然不觉"属于同义词。

省略:上面这段话中标为 Ø 的记为零形式,是一种省略。第 3 句中,完整的表述应该是"准备上车后再(把钱)放包里",这里承前省略了。

替代:"自己""他"指代"郑先生"。

前指:第 2 句中的"自己"指向的是前面的"郑先生",属于"前指",也是"篇章回指"。

后指:"7 后来 Ø 看监控,8Ø 发现钱散了一地,9 但郑先生浑然不觉,10Ø 关上车门就开车走了。"这一语段中,7、8 中的 Ø 后指 9 中的"郑先生";10 中的 Ø 前指或者回指 9 中的"郑先生",属零形回指。

外指:上例中的"监控"在上下文都找不到,存在于语境中。

连接:上例中的"但因为"和"但"起到连接标记的作用。

5. 篇章连贯①

关于连贯的定义,篇章语言学没有确切、统一的说法,一个基本的表述是:衔接是连句成章的词汇和语法方面的手段,连贯是采用这些手段所产生的结果。或者说,衔接是篇章的一种语言显性特征,是篇章的有形网络;连贯是指篇章的语义关联,是篇章的无形网络,存在于篇章的底层。一个有意义的篇章不是句子的简单堆砌,而是一个有意义的整体,即连贯的

① 详见刘辰诞,赵秀凤.什么是篇章语言学[M].上海:上海外语教育出版社,2011.

整体。关于语篇连贯的理论主要包括：宏观结构理论（范·戴克，1977）、言外行为理论（威多森，Widdowson，1978）、修辞结构理论（曼和汤普森，Mann & Thompson，1988）、心理框架理论（布朗和约尔，Brown & Yule，1983）、主位推进理论（戴恩斯，1974；弗里斯，1983）。

A. 宏观结构理论

范·戴克在《篇章与语境：话语的语义和语用探索》（*Text and Context: Explorations in the Semantics and Pragmatics of Discourse*）（1977）一书中指出，篇章的连贯表现为两个层次上的连贯性：微观结构连贯和宏观结构连贯。微观结构连贯指线性或顺序性连贯，篇章中句子或一系列句子表达的命题意义之间相互联系构成一个连续的统一体。篇章的宏观结构指总摄全篇的总主题（总话题）所代表的语义结构由次级的话题所共同蕴含。他认为只有具有宏观结构的句子序列才能视为篇章。微观结构连贯是从句列的角度看句列内部的线性关联，而宏观结构连贯是从篇章整体的角度看句列所表达意义的总体关联。一个篇章必须同时满足这两方面的连贯才能是连贯的语篇。

篇章宏观结构具有相对性和等级性特点。一个宏观语义结构是相对于一些较低层次的组合单元来说的。在同一篇章中可能存在着不同等级的宏观结构。依此，一个篇章由不同层次的多层级的宏观结构构成。

关于宏观结构的推导提炼过程，范·戴克制定了四条宏观规则：删除、选择、概括、归总。他认为运用这四条宏观规则能够从微观结构逐步推导出更大的篇章单位的意义，最后推导出整个篇章的主题。

第一，删除规则是指把两个相关联的信息单元中不重要的、无关紧要的信息删除，使相关的信息内容得到浓缩。如：A young man and a young woman were sitting behind me. They were talking loudly.这一篇章中包含三个命题，我们用 P 表示：（P1）two people were sitting behind me，（P2）they were talking loudly，（P3）they were a young man and a young woman。该段所在的整个篇章描述的是在剧院看戏，两个人坐在"我"身后大声交谈引发的事情。根据全文，可以把信息单元（P1）和（P3）中的部分信息删掉，从而把整个语段浓缩为 two people were talking loudly behind me 这样一个宏观结构。

第二，选择规则是指在一个包含几个相关联的信息单元的结构中，如果其中的一个单元（P1）所表述的语义内容蕴涵在另一个语义单元的内容（P2）之中，那么，在对这个相关联的大的语义单元进行信息浓缩的时候，就可以只选择 P2 而舍弃 P1。如（P1）Americans are often in a hurry.（P2）They rush to work.（P3）rush home，and（P4）rush through their meals.在这个句子中，（P2）、（P3）、（P4）所表述的语义内容可以提炼为 rush 这一语义内容，而这一语义内容与 P1 所表述的 be in a hurry 是一致的。所以在对这几个相关联的信息单元进行信息浓缩时，只选择 P1 这一单元而舍弃其他单元（P2、P3、P4），P1 就描述了这一篇章的宏观语义结构。

第三，概括规则是指用高一级的概括性的抽象概念代替具体的表示部分特征的概念，把所指事物一部分特征的标志删掉。如 Today children are confronting with（P1）a variety of overwhelming stress——（P2）the stress born of rapid，bewildering social changes and（P3）great，rising expectations held by parents and society at large.由于 P2、P3 是 P1 概念的组成部分，所以

在浓缩信息时就可以用 P1 来代替其余部分。

第四,归总规则是指把所表述事件中属于同一个经验框架的信息用表述该经验框架的信息单元来涵盖的一项规则。如:① 我去火车站,② 我买火车票,③ 我跑到站台上,④ 我登上火车,⑤ 火车开动了。这 5 个信息单元一起描述了"乘坐火车"这一经验框架,是该经验框架内的具体事件,在浓缩信息时,可以用命题"我乘坐火车"来代替。

篇章宏观结构理论具有独特的实用价值,尤其是对于篇章理解教学具有重要的启示作用。口语、写作等语言生成的教学在理论上也借助于宏观结构概念,只是生成的程序与宏观规则运用方向相反,称为"反向宏观规则",主要包括:修饰规则、补充规则、详述规则、上下位规则。修饰规则主要是添加定语、状语、同位语等;补充规则主要是添加不重要的或者隐含的信息;详述规则主要是详细述说人、物、行为、事件等;上下位规则是指扩充下位概念。

B. 言语行为理论

威多森在《作为交际的语言教学》(*Teaching Language as Communication*)(1978)一书中指出:衔接是句子或句子成分之间所表达的命题意义之间的连接关系,语篇的连贯是这些命题的言外功能的表现。这一理论的前提是奥斯汀(1962)和塞尔(1969)创立的言语行为理论。言语是一种行为,一种活动,我们用语言进行交际的过程就是以言行事的过程。基于这一观点,篇章可以视为交际行为的手段。篇章是由一个个部分行为组成的言语行为序列,如果这些言语行为序列是连续的、能够构成一个有意义的整体,那么该篇章就是连贯的。

言语行为最初由英国哲学家奥斯汀提出,他认为话语本身就是一种行为:"说话就是做事。"任何语言不仅仅是用于叙述某件事的,说话者说话时可能同时实施三种行为:言内行为(以言指事,locutionary act)、言外行为(以言行事,illocutionary act)和言后行为(以言成事,perlocutionary act)。① 言内行为是说出词、短语和分句的行为,它是通过句法、词汇和音位来表达字面意义的行为。如"明天零下五度。"所表达的言内行为就是其字面意义,分别由"明天""零下""五度"组成,表达的是句子的命题意义。言外行为是表达说话者的意图的行为,它是在说某些话时所实施的行为。如"明天零下五度。"说话者所实施的是一个阐述行为,预告听话者明天的天气情况。又如:"请关上门。"是一个请求行为。言后行为是话语所产生的影响或所引起的变化。如听话者听到"明天零下五度"的阐述,然后可能会做一些改变,如多穿一点衣服,等等。

塞尔将行事行为分为五种类型:阐述、指令、承诺、表情和宣告。② 阐述类是指陈述或描述说话者认为是真实的情况,包括主张、预告、描述等。如"这是鲁迅先生曾经用过的笔。"指令类是指试图使听话者做某些事情,包括请求、命令、威胁等。如"你再说一遍试试?!"承诺类是指说话者自己承诺未来要有一些行为,包括许诺、起誓等。如"保证完成任务!"表情类是指表达对某一现状的感情和态度,包括道歉、夸奖、批评等。如"你真是太有才了!"宣告类是通过说话引起骤变,包括宣布、断言、命名等。如"下课!"

---

① Austin, J. L. *How to Do Things With Words*[M]. Oxford: Clarendon Press, 1962: 149.
② Searle, J. R. *Speech Acts*[M]. Cambridge: Cambridge University Press, 1969: 65.

C. 修辞结构理论

1987 年,Mann & Thompson 提出修辞结构理论(Rhetorical Structure Theory,简称为 RST)。他们认为,篇章的各个部分有各自的篇章功能,这些功能之间相互作用,共同构成连贯的篇章。篇章由不同层次的功能块组成,每个功能块都有其特殊的篇章组织功能,每一种功能表现为某种修辞关系如详述、对照、条件、目的、顺序、结果等。如果这些小的功能块能够形成一个统一的整体,共同实现作者的交际意图,篇章就是连贯的[1]。常用的 RST 关系有:

详述(elaboration)——外围给出的是与核心内容有关的一些额外的细节。该细节可能的形式有:已知集的一个成员;已知抽象类的一个实例;已知整体的一个部分;已知过程的一个步骤;已知客体的一个属性;已知普遍化原则的一个特定实例。如:他很喜欢古典音乐,最喜欢的是莫扎特的音乐。

对照(contrast)——核心给出的事物尽管在某些方面具有相似性,但是在某些重要方面又是不同的。这种关系具有多个核心(multi-nuclear)。如:他很喜欢古典音乐,对流行音乐也很喜欢。

条件(condition)——外围给出的某些事件必须在核心给出的情形出现之前就已经发生。如:如果时间还早,我们去兜一圈吧?

目的(purpose)——外围给出的是实施核心所表示行为的目的。如:为了给妈妈一个惊喜,他们悄悄地准备生日派对。

顺序(sequence)——这种关系是多个核心的,核心集被连续地实现。如:他来到经理办公室门口,轻轻敲了三下门,忐忑地等待"进来"的声音,然后轻轻推开门走了进去。

结果(result)——核心中给出的情形是由外围中所给出的情形产生的。如:他坚持不懈地刻苦训练,终于获得了奥运冠军。

D. 心理框架理论

Brown & Yule(1983)强调连贯的心理属性,认为连贯是篇章使用者利用背景或百科知识对篇章进行阐释的结果,是篇章的语言形式衔接带来的一种感觉。他们认为背景知识以知识模型的形式存在,如框架(frame)、图式(schema)、脚本(script)、情节(scenario)、计划(plan)等[2]。如果篇章各部分表达的意义符合这些背景知识模型,可以阐释为相互联系的统一体,篇章就是连贯的。后面将要介绍的篇章模式即是一种框架结构。

E. 主位推进理论

主位推进理论是由 Danes(1974)提出并由 Danes & Fries(1983)发展起来的。他们认为篇章的主位推进模式与篇章连贯有关。一个连贯的篇章,其主位的推进程序是连续的。相关联的单位之间都要由相似的成分连接起来,主位推进才会是连续的。如果篇章缺乏这种

---

　① Mann, William C., Thompson, Sandra A. *Rhetorical Structure Theory: toward a Functional Theory of Text Organization* [J]. *Interdisciplinary Journal for the Study of Discourse.* 1988,8 (3): 243 – 281.

　② Brown G., Yule G. *Discourse Analysis* [M]. Cambridge: Cambridge University Press, 1983: 234,236.

连接,主位推进链就会中断,从而导致篇章衔接上的缺口,出现不连贯现象①。

主位和述位的概念起源于布拉格学派功能主义思想的先驱亨利·威尔(Henri Weil),他提出句子可划分为话语基础和话语核心两部分②。马泰休斯发展了威尔的观点,从信息论角度探讨了句子各部分的功能,将句子成分划分为主位和述位。主位是话语的出发点,是所谈论的对象,是已知信息。述位是话语的核心,是对主位的阐述,是未知信息③。扬·费尔巴斯(Jan Firbas)提出用交际力来区分主位和述位,一个语言单位交际力的大小就是它对推动交际向前发展作用的大小,句子中负载交际力最小的成分是主位,交际力最大的是述位④。马氏和费氏关于主位和述位的讨论都是在句子层面展开的,后来戴恩斯(1974)⑤、韩礼德(1976)⑥用主位推进(thematic progression)模式对篇章构成开展分析。

韩礼德将主位按照元功能分为语篇主位、人际主位和概念主位。语篇主位通常是那些在语篇中连接句与句之间语义转承关系的连词以及表示时间和处所的词、短语,这些成分一般位于句首,起连接上下文的作用。人际主位是句子中表明说话人态度的部分,表达说话者的态度、观点、要求等并试图影响他人态度、观点、行为。概念主位是句中作为陈述对象的实体成分,是动作行为的参与者。例如:

On the other hand, may be on a week day it would be less crowded.
　　篇章主位　　　人际主位　　概念主位　　　　　述位

主位推进模式(pattern of thematic progression)是指从貌似无章可循的语言素材中总结出关于主位变化的基本模式,是前后句子的主位和主位、述位和述位、主位和述位之间的某种联系和变化。常见的主位推进模式主要有:

放射型:几个句子的主位相同,而述位各不相同。例如:

(2) 东郭先生犹豫了一下,看看狼那可怜的样子,心肠就软了,答应了狼的要求。

聚合型:几个句子的主位各不相同,但述位一致。例如:

(3) 他跑到毛驴左边,狼就跑到左边,他跑到毛驴右边,狼又跑到右边。

(4) 天是蓝的,海是蓝的,小孩的眼睛也是蓝的。

阶梯型:后一个句子的主位是前一个句子的述位。例如:

(5) 东郭先生牵着毛驴在路上走。毛驴驮着个口袋,口袋里装着书。

交叉型:前一个句子的主位和述位与后一个句子的主位和述位相互交叉或部分交叉。例如:

(6) 我救了它,可是它要吃掉我。

分裂型:后面各句的主位由第一句的述位派生而来。例如:

(7) ……(狼)说着就躺在地上,把身子缩成一团,头贴着尾巴,并拢四条腿,叫东郭先生

①⑤　Dane, F. *Functional Sentence Perspective and the Organization of the Text*[A]. In F. Dane (ed.). *Papers on Functional Sentence Perspective*[C]. Prague:Academia, 1974:106-128.

②　Mathesius, V. A, trans. L. Duskova, ed. Vachek. *Functional Analysis of Present Day English on a General Linguistic Basis*[M]. *Prague: Academia, 1961/1975*:81.

③　同上:156.

④　Firbas, J. *Functional Sentence Perspective in Written and Spoken Communication*. Cambridge:CUP.,1992.

⑥　Halliday, M. A. K. and Hasan, R. *Cohesion in English*[M]. London:Longman, 1976.

　　用绳子捆住。

　6. 篇章模式

　　篇章模式是篇章组织的宏观框架结构,霍伊(1983)将其定义为"构成篇章(篇章片断)关系的组合"①。这种关系是宏观的、语义上的关系,不是微观的句际关系。篇章的宏观模式与特定的文化思维模式有关,是语言交际中人们互相遵守和期待的"语言共识"。此外,篇章模式与篇章类型密切相关,在一定的文化社团中,某特定的篇章类型往往使用特定的篇章组织模式,如在以说服为主要目的的论辩性篇章类型中,问题-解决模式和主张-反主张模式比较普遍。在篇章交际的过程中,篇章生产者会根据自己的交际目的选择相应的篇章类型,继而选择相应的篇章模式来构建篇章。

　　问题-解决模式一般由四部分组成:情景(situation)、问题(problem)、解决办法(response)、评估(evaluation),其中问题和解决办法这两部分是必要成分,情景和评估在许多此类篇章中并不多见。如:① Most people like to take a camera with them when they travel abroad. ② But all airports nowadays have X-ray security screening and X rays can damage film. ③ One solution to this problem is to purchase a specially designed lead-line pouch. ④ These are cheap and can protect film from all but strongest X rays. 从结构上看,该篇章包含四个组成部分:① 描述一种现象或情景:人们出国喜欢携带相机。② 在情景中出现的问题:机场的 X 光检测会对胶卷造成损伤。③ 上述问题的解决办法:购买一个特制的铅衬里的相机袋。④ 对这一解决办法的评估:很便宜,能保护胶卷不受 X 光损坏。

　　主张-反主张模式又称假设-真实模式或主张-反应模式。在该模式中,篇章生产者首先提出一种普遍许可或某些人许可的主张或观点,然后进行澄清,说明自己的主张或观点,或者说提出反主张或真实的情况。该模式的宏观结构一般由"情景""主张""反主张"等三部分组成。如:① Many people argue that everyone, including women, has a strong desire for success. ② This argument may be questioned. ③ Our studies show that quite a few women have unpleasant associations with success. ④ They express a fear that success would lead a woman to be socially rejected and to lose their "feminity". 这个篇章①是提出别人的看法,在②中对该主张提出质疑,在③④中用调查结果陈述质疑的理由。

　　适用于分析叙事篇章的篇章结构模式是叙事模式。关于叙事篇章的结构,波拉夫(1972)根据口述故事总结出的六成分叙事模式得到了语言学界的广泛认可。他认为一个完整的叙事通常包括六个部分:一是点题(abstract),是叙事之始对要讲内容的简单概括;二是指向(orientation),是对事件发生时所涉及的情景和状态的交代,或者说是对时间、地点、人物和活动等的自由描述,是一种背景信息;三是进展(complicating action),是故事本身发生的事件或事态的进展,这一部分是叙事的核心;四是评价(evaluation),是叙事者以直接或间接的方式对故事发生的原因、故事的要点、叙述故事的目的以及其中涉及的动作和人物发表的评论,也可以是别人对故事中有关情况的评论等;五是结果或结局(result or resolution),讲述事件的结束和最终结局;六是回应(coda),回应叙事主题,揭示叙事事件对叙事者的影响,

──────────

① Hoey, M. *On the Surface of Discourse*[M]. London: George Allen & Unwin, 1983.

并将听众从叙事中拉回现实①。

7. 语体/语域

"语体"一词对应的英文术语是 style。在传统语言教学中 style 通常译为"文体",多指文学篇章的语言使用风格。事实上,style 有广义和狭义之分。狭义的 style 通常指文学文体,广义的 style 则指包括文学文体在内的各种语言变体,称之为"语体",如因交际媒体不同而形成的口语语体和书面语体,因语言的使用领域不同而形成的各种功能变化如广告语体、新闻语体、法律语体、科技语体等。概言之,语体是适应不同的交际领域、目的、对象和方式的需要而形成的言语特点的综合体②。这一研究范式在系统功能语言学那儿被称为"语域"(register)。

"语域"这一概念最初是托马斯·里德(Thomas B. Reid)在 1956 年研究双语现象时提出来的。1964 年,韩礼德等人在研究"语言规划框架"(instiutional linguistic framework)时,对语域进行了进一步研究。他们认为语言将随着其功能的变化而变化,这种由用途区分的语言变体就是语域。例如,教堂做礼拜时的用语和学校上课时的用语不同,两者属于不同的语域。③ 语域揭示因情境语境的变化而产生的语言变化形式,其中情境语境可归纳为语场(field)、语旨(tenor)和语式(mode)三个组成部分。语场是指言语活动的目的以及场地等情景因素。言语活动的目的可以是教导性的,如药品使用说明书;可以是说明性的,如机械的结构和功能;可以是描写性的,如人的长相;也可以是说服性的,如商业广告。语旨是指交际双方的社会角色关系,如教师/学生,售货员/顾客等,有亲密和疏远之分。一般来说,人际关系越密切,正式程度越低。正式程度的体现形式包括语气、情态、称呼和人称代词等。语式是指语言交际的渠道或媒介,如说还是写;是即席的还是有准备的,还包括修辞方式。例如,在"售货员在商店卖东西"的情景类型中,语场是在商店进行商品交易活动,所谈论的是商品的价格、数量、种类等;语旨是售货员和顾客以及他们之间的关系;语式是即席的,面对面的谈话。

对于语体类型,学界也有不同的看法:汪震(1935)、金维尼(Kinneavy,1971)根据文章的内容将文体分为四种:描写体(description)、记叙体(narrative)、说明体(exposition)和论辩体(argumentation);美国语言学家朗格克(1983)按事件或状态所指示的时间关系,包括时间是否有先后顺序和时间是否指向未来这两个标准,将深层结构的文体分为四种:记叙体(narrative)、说明体(expository)、过程体(procedural)和规劝/诱导体(hortatory)④。廖秋忠(1992)建议根据篇章各个组成部分间的结构关系及它们的传信功能来分类,如论证结构是决定一个篇章是否为论证体的一个比较客观而又有效的标准⑤。陶红印(1999)指出,言谈交际涉及的方面很广,依靠任何单一的标准把语体(以及文体)作穷尽的分类都是不现实的,分类的方法和角度应该在很大程度上取决于分类的目的和语料的实际情况。他以最常见的

---

①　Labov, W. *Language in the Inner City*[M]. Philadelphia: University of Pennsylvania Press, 1972:354-396.
②　刘辰诞,赵秀凤.什么是篇章语言学[M].上海:上海外语教育出版社,2011.
③　张德禄.语域理论简介[J].现代外语,1987,(4).
④　Longacre, Robert E. *The Grammar of Discourse*[M]. New York: Plenum Press.1983.
⑤　廖秋忠.廖秋忠文集[M].北京:北京语言学院出版社,1992.

口语与书面语分类为例,指出应考虑传媒、独白与对话、有无准备以及庄重与否等参数,区别出典型范畴与非典型范畴①。

8. 元话语标记语

一般说来,话语(discourse)是人们说出来或写出来的言语。话语由两个部分构成:基本话语和元话语。其中,具有指称和命题信息功能的话语叫基本话语。除基本话语外,还有一部分不具有指称和命题信息功能的话语,即莱昂斯(1977)所言:说话人会在说出一段话的同时表明自己对这段话的立场、态度和感情,从而在话语中留下自我印记②。在话语中,作者的主体意识总是以这样或那样的形式表现在话语成品中,或多或少地向读者表达着写作主体的人格特征、写作能力和知识信息。这类表达说话人的立场、态度和感情的话语即元话语。例如:

(8) A:这饭店怎么样?

　　B1:挺不错的。

　　B2:你还别说,挺不错的。

其中,B2 中的"挺不错的"为基础话语,"你还别说"为元话语。元话语在语篇中会以一些独特的话语形式为标记,如连词 and、therefore、because 等;感叹词(如 well,oh 等)以及某些短语或小句(you know、I mean 等)。这些标记具有不同的语用功能。如:though、but、however 等表示对比(contrastive markers),so、then、therefore 等表示推导。话语标记是指那些在语句意义上不起作用,在语法层面上不起主要作用甚至不起作用,而主要在话语层面起作用的词或短语。话语标记属于元话语。

话语标记的界定一般运用希夫林(Schiffrin,1987)③的界定标准。判断标准如下:1) 对口语交际信道的依赖性。2) 意义的程序性;大多数实词如动词、名词、形容词和一些副词,其词汇意义都是概念意义,而话语标记主要在明示-推理交际过程中起限制或指导作用。3) 句法的可分离性。包括四点:不与相邻成分构成更大的句法单位;话语标记的有无不影响所在语句的合法性;语音有弱化现象,可以通过停顿、重音等把话语标记从其他句法单位中识别出来;位置上具有相对灵活性。4) 功能的元语用性等。话语标记的元语用功能具体表现为以下三个方面:语篇组织功能、语境顺应功能和人际互动功能,它们分别从三个不同侧面体现了交际主体的元语用意识,即交际主体对语篇连贯的关注;交际主体对不断变化的语境信息的关注和交际主体之间的相互关注。

话语标记一般不具有概念功能④。其语篇组织功能主要体现为在语义层面上把语言成

---

① 陶红印.试论语体分类的语法学意义[J].当代语言学,1999,(3).

② Lyons J. *Semantics*[M]. 2 Vols. Cambridge:Cambridge University Press, 1977:739;转引自沈家煊:语言的"主观性"和"主观化"[J].外语教学与研究,2001,(4).

③ Schiffrin, D. *Discourse Markers*[M]. Cambridge:Cambridge University Press, 1987.

④ 韩礼德等指出语言具有三大纯理功能:一是概念功能(ideational function),是指语言对人们在现实世界(包括内心世界)中各种经历加以表达的功能。一般用命题来表示,如"上海房价飞涨"。二是人际功能(interpersonal function),是指讲话者运用语言参加社会活动的功能,或是对话轮的选择作出规定,如"不好意思,打断一下"等;或是对事物的可能性和出现的频率表示自己的判断和估测,如"也许、可能"等;或是反映说话人与听话人之间的社会地位和亲疏关系,如称谓的选择、正式与礼貌程度的不同等。三是语篇功能(textual function),是指人们在使用语言时怎样把信息组织好并表明信息之间的关系,如关联词语的运用。

分组织成为语篇的功能,即连贯功能,包括形式连贯和内容连贯。体现语篇功能的话语标记主要有:这个、那个、好;好了、不是、然后、完了;话又说回来、对了。话语标记的语境顺应功能体现了交际主体对动态的交际语境信息所做出的顺应性的反应,表达顺应功能的话语标记主要有:不是、哦等。话语标记的人际互动功能体现了交际过程中交际主体间的相互关注,即交际主体间相互配合,相互提示,共同作用于交际。如李秀明(2006)总结出表达人际功能的话语标记①主要有:第一,含糊表达标记语:恐怕(或许、也许)、我们可以说、可能、大致说来、一般来说等。第二,明确表达标记语:大家知道、很明显、显而易见的是、不用说、毫无疑问、众所周知、不言而喻等。第三,评价态度标记语:不幸的是、令人遗憾的是、令人兴奋的是等。第四,交际主体标记语:恕我直言、实话实说、严格地说、说真的、不瞒你说等。

二、研究方法

(一)篇章语言学的研究原则

篇章语言学运用理论语言学、社会学、心理学、人类学、哲学研究中各种有关的原则,建立自己的理论与方法。范·戴克(1997)概括出一系列分析原则:1.自然语料原则;2.语境原则;3.对话原则;4.社会实践原则;5.序列原则;6.结构原则;7.层次原则;8.规则原则;9.策略原则;10.认知原则。② 这些原则可以归总为五个方面:第1~3条为真实语境中的自然语料,尤其是自然对话;第4条是研究的目标取向,篇章分析应着眼于社交,从社会文化的角度阐释语篇的生成与理解,同时为社交服务;第5~7条主要涉及语篇的线性序列、结构、层次;第8~9条是研究的理论诉求,应探究制约语篇生成和理解的规则与策略;第10条是从认知角度探究语篇的生成与理解。

1. 自然语料原则

这一原则是针对传统语言研究的自省原则提出的。具体操作时,篇章或话语分析主要分析自然的语篇和日常会话语料。书面语篇语料可从多渠道获得,如新闻、学术报告、使用说明、小说等。日常会话语料的收集方法有调查法、访问法等,最有效的方法是录音法甚至结合录像法以保证语料的真实性。通过语料分析研究语篇或话语的结构和形式,是话语的静态观;通过研究观察和记录下来的交际行为模式,是话语的动态观。

2. 语境原则

语境对篇章的生成和理解均有重要的作用。不同的语体或语域就是由于情景语境的不同而形成的不同的格局。刘大为(2013)③主张从详细刻画语境变量的角度建构各类语体。作者认为应从功能意图(叙事、描写、论证、报道、论辩、争吵等)、传介方式(口说还是书写等)和人际关系(社会地位、知识权位、交互性、正式程度、准备程度等)三个维度考察语体变量,变量下位还有子变量,变量的组配可以形成不同的语体。如电视现场报道是由以下变量

---

① 李秀明.汉语元话语标记研究[D]上海:复旦大学,2006;李秀明(2006)更趋向于使用"元话语标记"这一术语。李文的"元话语标记"的范围要比"话语标记"宽泛得多。

② Van Dijk. T. A. *Text and Context*[M]. London:Longman,1977;转引自徐赳起.Van Dijk 的话语观[J].外语教学与研究,2005,(5).

③ 刘大为.论语体与语体变量[J].当代修辞学,2013,(3).

决定的：

$$
电视现场报道\begin{cases} 叙事_{叙实、高识解度、强/弱有生性}/描写_{功能} \\ 社会权位_{平等}、知识权位_{顺向}、正式、交互_{不对等、一对多}人际 \\ 口说、传媒_{电视}、现场_{情景现场}传介 \end{cases}
$$

我们在分析理解一个语篇时,往往要结合语篇的创作背景、当时的社会大环境、作者的心境与立场、事件发生时的场景等,才能更好地理解语篇。如要理解李清照早期和晚期的词作,就必须结合政治背景和其个人境遇,等等。

3. 对话原则

对话原则包含两方面的内涵：一方面,研究着眼于互动交际过程,对自然的口头会话进行研究。随着互联网交际的发展,基于即时互动聊天工具的对话,既具有口语的特点,又具有书面语的特点,加上传输媒介、非面对面等因素的影响,呈现出特殊的语言特点,也越来越引起了学者们的研究兴趣。另一方面,对话原则也针对所有语篇本身所具有的"对话性"或曰"互文性"而言,如叙述者和读者之间的对话,叙述主体介入到叙述过程中,直接和读者进行对话,标志是第一人称和第二人称等的出现。

"互文性"(intertextuality)是保加利亚裔法国符号学家茱莉亚·克丽斯蒂娃(Julia Kristeva)于20世纪60年代首次提出的。克丽斯蒂娃(1986)把语篇视为一个由三方参与的水平关系与垂直关系纵横交叉的对话空间,这三方为写作主体、受话人(或理想读者)和外部语篇。任何语篇都是由引语拼凑而成,任何语篇都是对另一语篇的吸收和改造[1]。互文性研究在语篇分析,尤其是在批评性语篇分析中,受到越来越多的注意。批评性语篇分析特别关注新闻报刊等非文学的大众语篇的互文性研究,因为新闻报道中充斥着各种形式的直接和间接引语以及来源未加任何说明的他人话语;这些引语和"抄袭"来自各种渠道或信息来源,代表着各种人(通常是有权者)的利益和意识形态,这些都必然在一定程度上通过其话语反映在语篇中并相互形成某些关系[2]。

4. 社会实践原则

社会实践原则指结合社会文化语境,研究话语者的社会角色、交际行为及其功能。各类语体如法律语体、政论语体、新闻语体、辩论语体、电视访谈语体的探究便是着眼于社会各领域的语言交际。后面即将介绍的互动社会语言学、变异分析都是社会学或社会语言学方法在语篇或话语分析中的运用。因此,很多话语分析的研究者们,像社会学家和人类学家一样,展开话语的田野调查,分析话语者的身份、社团、性别等因素对话语和交际行为的影响,并针对交际问题如误解、冲突等提出一些弥补策略;而语用学的相关理论如言语行为、会话原则、会话含义也能有效揭示语篇或话语的生成和理解。社会实践原则指导我们应该研究鲜活的人的鲜活的言语行为过程,对话语进行细致的特征描写和相关成因统计分析,探究背后的策略和规律,并用以指导人们有效的交际。从言语实践研究言语规律并反过来指导言

---

① Kristeva J. *Word, Dialogue and the Novel* [A]. Toril Moied.. *The Kristeva Reader*[C]. New York: Columbia University Press, 1986: 34－61.

② 辛斌.语篇研究中的互文性分析[J].外语与外语教学,2008,(1).

语实践。

5. 序列原则

序列原则指话语的线性和序列特征,语言的线性排列涉及新旧信息的排列,前后景的配置等。信息的排列一般遵循旧信息–新信息推进的原则。功能语言学家吉冯(1987)认为:在没有听者质疑的情况下,一个在篇章 n 点位置上的命题(前景),在"n+1"点位置会变成预设(后景)①。在实际的篇章中,到底是前景还是后景,取决于在具体篇章结构中的具体位置,而篇章的结构往往会变化、重组和重构。屈承熹(2006)提出 BFP(Background-to-Foreground Progression)原则:如果不做特别标记,小句间的结合应是后景向前景推进的过程②。

通过对真实语料的观察,自然语言尤其是书面语形式上是线性排列,但实际上存在如"插入链接"这样的链接结构,把非线性的思维内容融进了正在进行的线性的话语和思维序列中③。

(9) 我试图用回忆组合一下对那个男子形象的记忆,没有成功。<u>他面目模糊,身材模糊,只留给我一个看上去</u> 舒服 <u>的感觉。顺便说一句:〔我经常在某一阶段老爱使用某一词。十八九岁时老说讨厌。二十五岁左右老说烦人。有一阵子老说特过瘾。现阶段老说舒服。舒服涵盖一切令人愉快令人满意的感受。真实生活中往往只要一个简洁的词就够了。〕</u>

我看他舒服。就这样,我留下了他的礼物。(池莉《绿水长流》)

上例作者本来在回忆那个男子的形象,中括号里的部分,作者却对为什么用"舒服"这一词,以及自己的用语习惯加以介绍。下一段又回到对事件的叙述主线中。

6. 结构原则

从前面的基本概念和观点介绍可以看出,语篇衔接和连贯是篇章研究的一个十分重要的内容,其研究实际上是对篇章微观结构和宏观结构的研究。前者如句际衔接、主位推进等,所采用的方法也是结构主义的广义的分布分析方法;后者如各类篇章结构图式、篇章模式的揭示。

7. 层次原则

层次原则反映的是篇章结构的层次性。这一操作可以从下至上进行,也可以从上至下进行。前者即先探究句子与句子之间的衔接,然后看句群与句群之间的衔接,再看语段与语段之间的段衔,这样一步一步形成篇章的整体结构。"修辞结构理论"就着眼于对篇章树形结构及其关系的描画,既刻画了篇章的微观结构,又刻画了具有层次性的整体宏观结构,明确地提出了文本的树结构模型。后者先分析篇章的整体结构,然后再依次向下切分,分析各部分的关系。如前文所介绍的问题–解决叙事模式,先用模式对语篇进行切分,然后再具体

---

① Givon. *Beyond Foreground and Background*[A]Tomlin (ed.). *Coherence and Grounding in Discourse* [C]. Amestetdam and Philadelphia: John Benjamin's, 1987: 176.

② 〔美〕屈承熹著,潘文国译.汉语篇章语法[M].北京: 北京语言大学出版社,2006.

③ 李明洁.自然语篇的链接结构: 套叠生成与线性呈现——兼议语言符号能指线性的影响[J].中文自学指导, 2009,(3).

阐释各部分之间的关系。

8. 规则原则

规则原则是指语言使用受规则制约,包括一般的词法、句法规则,也包括语篇结构规则、连贯规则、信息组织规则、合作原则、礼貌原则,等等。篇章研究和一切语言研究的取向一致,在于揭示语篇背后的规则。我们应该致力于揭示制约语篇生成与理解的普遍规律,应对现有的规则理论进行质疑并拓展。我们知道,语言使用应遵循合作原则和礼貌原则。黄锦章(1994)基于人们在交际过程中有时会突破礼貌原则,提出比礼貌原则更高的原则:道德原则(或称文化原则),说话人为了遵循道德原则而违背合作原则和礼貌原则。道德原则包括:尊者准则(维护说话人所尊敬的人),信仰准则(维护说话人的信仰),文化准则(尊重说话人的文化)。黄锦章还进一步提出了比道德原则更高的原则—自卫原则。自卫原则包括利益准则、尊严准则和安全准则。此外,黄锦章还提出了与合作原则和礼貌原则平行的美感原则,包括生动准则和幽默准则,对简洁明晰原则的违反是为了满足生动或幽默讽刺的需要[①]。

9. 策略原则

策略原则旨在揭示语篇尤其是话语组织所使用的心理或互动的策略,如会话中的重复、回避、意义协商的策略的运用。对中介语的研究,能揭示二语者所使用的交际策略。费尔什和卡斯帕(Faerch & Kasper)(1983)将二语者交际策略分为两大类:成就策略(achievement strategy)和减缩策略(reduction strategy)。成就策略就是学生为了解决交际中所遇到的问题以达到预定的交际目的而使用的策略。这是一种积极的策略。例如,目的语泛化、释义、描述法、造词、用手势语等。当学生无法直接表达某一概念时,他可以用描述的方法来表达,如用 the thing to boil water 来表达 kettle,他也可以用反义词的方法,如用 just opposite to mean 来表达 generous。减缩策略就是学生为了回避交际中所遇到的问题而采取的策略。这是一种消极的策略。例如,学生为了避免出错而选用简单的语言形式,在该使用被动句的场合使用主动句;或者遇到语言障碍时,便放弃话题,终止交际。[②]

10. 认知原则

要揭示篇章或话语生成与理解的规则,必然涉及对语篇生成和理解的认知过程的研究。如认知图式、心理框架、话语策略、元话语标记语的研究。后面案例我们将揭示从认知角度对人称代词"他"的照应功能研究。

(二) 篇章语言学的分析方法

篇章语言学没有为篇章分析提出一整套行之有效的方法和步骤,而是以语用学、功能语言学、认知语言学、社会语言学等多种学科的理论与方法为依托。希夫林(1994)在 *Approaches to Discourse* 一书中介绍了 6 种可用于篇章分析的理论:言语行为理论(speech act theory)、互动社会语言学(interactional sociolinguistics)、交际民族志学(the ethnography of

---

① 余志鸿,黄国营主编.语言学概论[M].太原:山西高校联合出版社,1994.其中第七章"语言的运用"由黄锦章编写。

② Faerch, Claus and Kasper, Gabrlele. *Strategies in Interlanguage Communication*[M]. London: Longman, 1983.

communication)、语用学(pragmatics)、会话分析(conversation analysis)和变异分析(variation analysis)。除此之外,系统功能语法关于衔接理论对话语分析有不小的影响,认知语言学关于认知是话语行为的基础,成为话语分析中不可或缺的因素。下面简要介绍。

1. 言语行为理论

哲学家奥斯汀提出言语行为理论,为理解说话人、听话人、话语和语境之间的关系确立了理论框架。以言表意、以言行事以及以言取效,就是话语实施的行为。语言不仅可以交流思想,还可以依赖活动参与者和他们所处的社会文化语境,改变现实。戴维·迈尔斯(David G. Myers)探索语言在公众舆论中的作用时指出,言语行为理论有助于我们理解核电站附近居民的评论。他们告诉政府委派来的负责处理核废物的采访者,一方面,尽管距离核电站很近,他们仍然觉得很安全;另一方面,他们不希望核废物丢弃到家门口。这些看似矛盾的话语表明:对一个人或机构信任的话语能够以言取效,对听者产生效果,如让核电站和政府管理者意识到他们有义务确保公众的安全①。

2. 互动社会语言学

互动社会语言学是在交际民族志学的影响之下发展出来的一个社会语言学分支,源自人类学、社会学和语言学。该理论重视分析使用于社交语境中真实自然的话语,侧重研究如何根据社交意义的互动关系理解语句并进行交际。人类学语言学家甘柏兹(Gumperz,1982)建立了互动社会语言学,主要研究跨文化交际和误解,表明对话语的理解依赖于我们对"语境化线索"(contextualization cues)的观察和评估,语境化线索包括语调、语速、韵律、停顿、词汇和句法的选择、非言语信号等。例如,英国上司认为新雇用的南亚机场餐饮雇员乖戾无礼,而且不善合作。对这些雇员的观察表明:他们与同事少有交谈;即便交谈,他们的发音也被认为是消极负面的。因为给客人提供食物时,他们不是用显得友好客气的升调,而是使用降调。事实上,这些雇员并非真的想表现出粗鲁无理,他们是被误解了。他们把这种误解解读成对他们民族身份的反应。甘柏兹建议这些雇员应该学习一些特定语境中交际问题的自我诊断策略②。

3. 交际民族志学

交际民族志学与语言学、人类学、心理学、民族学等方面有密不可分的关系,该理论首先注意的是交际情景的组成部分,认为对言语环境分析非常重要。交际民族志学把语言与交际看作文化行为加以研究,其核心思想是交际能力。海姆斯(1972)认为交际能力既包括对语言形式的掌握,也包括对与语言使用密切相关的社会文化因素的了解。海姆斯从话语情境(如体育赛事、典礼、旅行等)、话语事件(订餐、发表政治演说、讲座等)和话语行为(打招呼、恭维等)三个层面来分析交际。话语事件依赖话语而存在,其成分可以用 SPEAKING 来描述:情境(situation),确定话语事件的物理的、时间的、心理的背景;参与者(participant),如说者、听者;目的(ends),指目标与效果;行为序列(act sequence),指消息形式和内容;风格(key),指说话方式、语调,如严肃的,开玩笑的,尝试性的等;交际工具(instrumentalities),如

---

① Myers G. *Applied Linguistics and Institutions of Opinion*[J]. Applied Linguistics, 2005,(26): 4,527 – 544.

② Gumperz J J. *Discourse Strategies*[M]. Cambridge: Cambridge University Press,1982.

口语、书面语、方言、语域等；交往规范（norms of interaction）和阐释（如对惯例的理解）；体裁（genre），如诗歌、学术论文、神话、随意的发言等①。帕特里夏·达夫（Patricia A. Duff）用交际人种志路径分析香港高中课堂话语，发现教师鼓励学生尊重彼此的文化身份和文化差异时，话语中的自相矛盾和紧张气氛会缓解②。

4. 语用学

语用推导常用的方法是分析话语对原则的违反情况，或者运用关联理论来解释话语。语言交际中的两项重要原则是遵循合作原则（the cooperative principle）和礼貌原则（the politeness principle）。当原则被违反时，话语参与者还愿意继续交流，说明有语用推导存在。

美国语言哲学家格赖斯（1975）的合作原则包括四条准则③：第一是量的准则（the maxim of quantity），即所说的话应该满足交际所需的信息量，所说的话不应超出交际所需的信息量；第二是质的准则（the maxim of quality），即不要说自知是虚假的话、不要说缺乏足够证据的话；第三是关系准则（the maxim of relation），即说话要相关；第四是方式准则（the maxim of manner），即说话要清楚、明了，避免晦涩、避免歧义、简练、井井有条。然而，人们在实际言语交际中，并非总是遵守"合作原则"，出于需要，人们会故意违反合作原则。格赖斯把这种通过表面上故意违反"合作原则"而产生的言外之意称为"特殊会话含义"。如"去哪儿了？""出去了。"回答者没有提供足够的提问者预期的信息，其言外之意也许是"我去哪儿了与你无关"或"我不想告诉你"；"他真是我的'好闺蜜'！"表面上看违反了质的准则，但表达了说话者反讽、气愤的言外之意；"今晚一起去看电影吧？""哦！明天正好有个考试。"回答者看起来违反了关系准则，但实际上是委婉的拒绝。爸爸："你要去哪儿？"妈妈："S-U-P-E-R-M-A-R-K-E-T."妈妈故意转换语码并一个字母一个字母地说，看起来违反了方式准则，实则是故意对孩子隐瞒的意图使然。

列文森（1983）在格赖斯原则的基础上又提出了数量原则、信息原则、方式原则，且把各个原则分为"说话人准则"和"听话人推论"两个部分④。第一，数量原则。说话人准则：在知识范围允许的情况下，不要说信息量不足的话，除非提供足量的信息违反信息原则。听话人推论：相信说话人的陈述是就他所知而做出的最强的陈述。如教授给学生写的推荐信十分简短，用人单位可以推知教授没有极力推荐该学生。第二，信息原则。说话人准则：极小量准则（maxim of minimization），"说的尽量少"，即只提供实现交际目的所需要的最小的语言信息。听话人推论：扩展规则（enrichment rule），扩充说话人所说话语的信息内容，找出最特定的理解，指导认定这就是说话人的发话意图。如听话人已知的信息一般可以省略，无须赘述。第三，方式原则。说话人准则：不要无故使用冗长的、隐讳的或有标记的表达式。听话人推论：如果说话人使用了冗长的或者有标记的表达式，他的意图就与他本来可以用无

---

①　Hymes D. *Foundations in Sociolinguistics: An Ethnographic Approach*［M］. Philadelphia：University of Pennsylvania Press, 1974：5.

②　Duff P. *The Discursive Co-Construction of Knowledge, Identity and Difference: An Ethnography of Communication in the High School Mainstream*［J］. Applied Linguistics, 2002,（23）：3, 289 - 322.

③　Herbert Paul Grice. *Logic and Conversation*［A］. In Cole, P. and Morgan, J.（eds）. *Syntax and Semantics*［C］. Vol 3. New York：Academic Press, 1975：41 - 58.

④　Levinson, S.. *Pragmatics*［M］. Cambridge：CUP, 1983：400 - 401.

标记的表达式所表示的意义不一样,尤其是说话人要尽量避免常规性的联想或用信息原则推导出无标记表达方式的含义的时候。如:"你觉得小王怎么样?""喂! 服务员,请来一瓶香槟!"回答者用的是间接否定的方式隐晦地表达我不想作评论。

礼貌原则由 Brown & Levinson(1978)提出①。他们认为,每个人都有面子"face",包括积极面子(positive face)和消极面子(negative face)。积极面子是指被别人认同,消极面子是自身利益不被别人侵犯。他们提出了"面子保全论"(face-saving theory,简称为 FST),指出"礼貌就是'典型人'(model person,简称 MP)为满足面子需求所采取的各种理性行为"②。他们还认为,亲疏关系(distance)、听话人相对说话人的权利(power)以及特定文化所界定的强加或干涉程度影响礼貌策略的选择。一般而言,关系越疏远、听话人权位越高礼貌级别应该越高;对亲密、平等的对象,过于礼貌,反而显得生疏。如对关系越疏远、权位越高的人,越要用"您";对亲密朋友和同事称呼"您",就显得生疏了。

语言学家利奇(1983)将礼貌原则定义为③:在其他情况都相同的情境下,尽量把不礼貌的信念减到最弱,把不利于听话人或第三者的话语略去不说,或者以一种委婉、间接的方式表达出来。他认为礼貌原则主要包括:第一是得体准则(tact maxim):减少对他人不利的表达,即尽量让别人少受损、尽量让别人多受益。第二是慷慨准则(generosity maxim):减少表达对自己有利的观点,即尽量让自己少获利、尽量让自己多吃亏。第三是赞誉准则(praise maxim):减少表达对他人的贬损,即尽量少贬损别人、尽量多赞美别人。第四是谦逊准则(modesty maxim):减少对自己的表扬,即尽量少赞赏自己、尽量多贬损自己。第五是一致准则(agreement maxim):减少言语双方的观点冲突,即尽量减少双方的分歧、尽量增加双方的共识。第六是同情准则(sympathy maxim):减少言语双方在情感上的对立,即尽量减少双方的反感、尽量增加双方的同情。第一、二条准则是同一问题的两个方面。对于指令行为来说,越直接,如"给我盐!"听话人越难以拒绝;越间接,如"能把盐递给我吗?"留给听话人的余地也大。前者受损大,后者受损小。而对于提供或承诺行为来说,越直接,如"再来一个苹果",劝说力度越大,对方受益越大;越间接,如"你还想再来一个吗?"听话人拒绝可能性越大,受益越小。第三、四条准则也是同一问题的两个方面。对别人多加赞扬,尤其是对方该受到表扬而没有给予表扬,也会导致交际障碍;对自己则要避免自我吹嘘,表现谦虚,如汉语中常用谦词"过奖了""拙作"等。由于第五条准则的约束,直截了当地发表不同的看法是不礼貌的,可以先表达在某种程度上的相同意见,再表达不同,如"您的大部分观点我都十分赞同,只有一点需要补充一下……"同情准则指导人们在交际中应善于"移情",理解对方的感受,如对方正经历痛苦,你却轻描淡写地说:"这有什么好难过的。"只怕会引起对方的反感。

斯波伯和威尔逊(Sperber & Wilson,1986)在批判格赖斯语用学说的基础上提出关联理论(relevance theory)。关联理论认为交际活动首先是一种认知活动,理解话语的过程是一个明示推理(ostensive inference)过程。明示推理指说话人发出一种刺激信号,使之对交际双方

---

①② Brown, P. and S. Levinson. *Universals in Language Usage: Politeness Phemomena* [A]. in E. G. Goody (ed.). *Questions and Politeness: Strategies in Social Interaction* [C]. Cambridge: CUP, 1978, pp.56 – 289.

③ Leech, G. N.. *Principles of Politeness* [M]. London and New York: Longman, 1983.

互相显映(manifest),通过这种刺激信号,说话人意欲向听话人显映或更加清楚地显映一系列命题。这里的关键是互相显映,即交际双方必须有共同的认知语境,交际才能获得成功。关联就是"命题 P 同一系列语境假设之间的关系"。话语的关联程度取决于话语所具有的语境效果和处理话语时付出的努力。人们在理解话语时往往会选择语境效果最明显,付出努力最少的关联。这种关联被称为最佳关联①。如:A:你想要咖啡吗? B:咖啡让我兴奋。例中 B 到底是想喝咖啡还是不想? A 要依据话语的字面意思并结合语境加以推断:

a. 晚上了,B 不想太兴奋,不想睡不着。

b. B 不想喝咖啡。

或者:

c. 工作时间,B 想保持清醒、兴奋。

d. B 想喝咖啡。

如果话语和语境关联强,推理时所付出的努力就小,如果关联不足,推理付出的努力就大。留学生初次来中国,听到中国人打招呼说"吃了吗?"很困惑,但待久了就明白了这只是打招呼而已。

5. 会话分析

美国社会学家萨克斯、伊曼纽尔·谢格洛夫(Emanuel A. Schegloff)和加伊·杰弗逊(Gail Jefferson)等开创了会话分析(conversational analysis),他们通过对大量真实录音材料的分析,探索社会交往中日常谈话的原则和规律。他们认为意义相关的一轮发言交替(turn-taking)是对话的基本结构单位,并总结出其中的许多规律。会话分析的主要任务还包括相邻对(adjacency)的结构特征,话题(topic)转换、交际前提和条件,可取结构(preference structure),等等。话语分析语言学很快便采用了社会学的研究方法,对日常会话、小组谈话以及课堂话语进行了研究。如英国的辛克莱和库尔哈德通过对课堂话语的研究构建出话语分析的基本模式,提出了从课(lesson)到交换(exchange)到步(move)再到行为(act)的由上至下逐级细化的话语结构分析单位②。

6. 变异分析

以拉波夫(1972)为早期代表。他提出,语言变异现象不能仅从语言结构本身和认知因素上进行解释,社会因素的影响是必须要考虑的。他考察了语言变异与社会阶层之间的相关性。书面语方面,社会语言变异分析还包括修辞体裁分析,其基本原则是:体裁具有一定的稳定性和可识别性,其特征由交际目的决定③。

以上篇章语言学依托的理论方法可归纳为结构分析法、社会文化分析法和认知分析法。这也正是范·戴克(1997)提出的针对话语分析的研究不外乎三大类:(1)侧重于语篇结构的研究;(2)从认知角度对语篇加以研究;(3)侧重于从社会结构和文化角度的研究④。

---

①　Sperber, D. & D. Wilson. *Relevance Communication and Cognition*[M]. Oxford: Basil Blackwell,1986.

②　范宏雅.近三十年话语分析研究述评[J].山西大学学报(哲社版),2003,(6).

③　Bhatia, V. K. *Analysing Genre*[M]. London and New York: Longman, 1993; Swales, J. *Genre Analysis: English in Academicand Research Settings*[M]. Cambridge: Cambridge University Press,1990.

④　Van Dijk, T. A.(ed.). *Discourse as Structure and Process*[M]. London: Sage Publications, 1997.

1. 结构分析法

着力于探究不同话语的结构描述并且揭示出与语言结构的规律,如语篇衔接、篇章回指、主题推进、叙事结构等,主要是通过扩展的分布分析的方法来进行的①。用这种方法将话语看成一系列按照一定顺序排列的句子,分析话语中的语言成分、这些成分的顺序以及它们如何构成更大的结构等。

2. 社会文化(语境)分析法

该方法把话语当成交际动作来分析,注重语言的社会功能。这种分析方法不单分析语句、表达、形式和意义,还分析与话语有关的各种社会文化因素。这种方法认为说话人作为个人和社会群体的一员,在使用语言的时候不仅是为了传递信息或表达思想,更主要的是为了在社会情景、社会机构中从事某种社会活动。大部分话语研究集中在形式、意义、交际动作和认知上,但社会文化分析法还强调语境的作用。由于语言交际涉及了各种社会文化语境,我们不能单靠语言成分在句子中的位置来决定其意义,还要参照话语以及话语所产生的语境。在话语的各个层次,我们可看到参加者的社会特征在语境中起着重要作用,如性别、阶级、种族、年龄、地位等。话语和语境处于一种辩证关系,话语受到语境的影响,同时也在影响、建立或改变语境。

3. 认知分析法

注意话语的生成和理解,强调认知在思维过程和思维呈现中的作用。认知语言学注重语言使用者的思维过程和呈现在话语生成和解读中的作用。在相同的社会情景下,不同的语言使用者对同样的社会文化知识的使用不同,话语也不一样。同一个社会文化群体中的每个人都遵循共同的规范、价值观和交际规则,交际才成为可能。这种方法认为,除了个人的认知之外,话语还涉及社会文化认知。因此,从认知的角度出发,话语分析应该重视交际双方构建和理解话语的动态过程。

汉语学界多采用结构分析法和认知分析法,下面通过三个案例加以具体分析。

三、案例剖析

(一) 汉语口语的主位结构

1. 问题提出

张伯江、方梅(1994)开篇指出对汉语的基本语序,过去人们曾作过种种形式描写,如SVO、SOV、OSV、SSV 等②。虽然都能概括大部分事实,但解释力略嫌欠缺。因为我们无从了解决定汉语语序的基本原则是什么。除了句法结构规则,语言作为人类最重要的交际工具,人们使用语言时出于交际的需要,又必须从信息传递功能的角度去安排语序,这一点在各种语言间是共同的。因此,文章着重研究汉语口语的信息结构,以探讨制约汉语语序的功能因素。

2. 研究方法

作者明确指出:"本文的分析是从汉语事实出发来描写汉语的主位结构,具体方法上不

---

① 金立鑫.语言研究方法导论[M].上海:上海外语教育出版社,2007:260.

② 张伯江,方梅.汉语口语的主位结构[J].北京大学学报(哲学社会科学版),1994,(3).

套用西方学者的某种分析框架,但他们的某些见解对我们的研究具有重要的启发意义……三种主位成分①的分别和靠句重音辨识焦点信息②的方法在汉语信息结构的分析中都是可资借鉴的。"语料均取自当代北京青年作家的小说和影视作品。

　　3. 研究过程与主要内容

　　作者采用"主位-述位"(theme-rheme)这组概念(而不是"主语-谓语"或"话题-说明")来描写汉语口语的信息结构。因为无论"主语"还是"话题",它们都是表示句首实体(entity)信息的成分,而位于它们前后的一些非实体性成分,如情态成分、篇章连接成分等,同样在信息结构中扮演了各不相同的角色,却往往不能得到说明。但作者又指出"主位-述位"分析法存在的问题:即判断的客观标准的问题,因为如果我们拿来任何一个句子,仅是凭着对它的轻重音和韵律模式的感觉来分析的话,就显得随意性太大。说话人在说话现场是根据表达需要来决定表达形式的,所以,同样内容的句子往往可以有不同的"主位-述位"切分:

　　(10) 这伙人/没事总爱在胡同口大槐树底下玩台球。

　　(11) 这伙人没事/总爱在胡同口大槐树底下玩台球。

　　(12) 这伙人没事总爱/在胡同口大槐树底下玩台球。

　　(13) 这伙人没事总爱在胡同口大槐树底下/玩台球。

　　因此,作者提出一种概念和一种分析手段的确立,必须有充分的形式依据,并在文章中着重分析了口语里强化焦点信息、弱化次要信息的两种典型表现方式,即:叙述语体里的用语气词标示主位现象和对话语体里的主位后置现象。

　　第一,带有主位标志的主位现象。

　　作为形式依据,作者分析了主位标志。说话人为了突出所要传达的重要信息,往往采用延缓、停顿、加强语调、附加语气词等手段,都应看作主位标志:

　　(14) 她不想拆散老师的家庭,而且不想让它爱的人<u>哪</u>陷入苦恼,所以她一直<u>啊</u>没有把这一片痴情<u>啊</u>告诉老师,但又无法从心灵深处<u>呢</u>抹掉这个人。

　　(15) 高强,你觉得……方波怎么样了。

　　(16) 这孩子看上去,啧,总是不太朴实。

　　主位标志既然是次要信息和重要信息的分界线,它就绝不会出现在焦点成分里:

　　(10')　*这伙人没事总爱在胡同口大槐树底下玩啊台球。

　　因此,与其说主位标志是标示主位的,不如说是标示述位的,也就是说,句中语气词固然标志着次要信息的结束,更标志着重要信息的开始。语气词可以说就是个信号,说话人利用它引起听话人对下文(重要信息)的重视。语气词往往出现在焦点成分的前头,就变成一条容易把握的原则了。

　　作者依据韩礼德的主位三分法把汉语的主位分为篇章主位、人际主位和话题主位。

　　篇章主位:最常见的是那些在篇章中连接句与句之间语义转承关系的词语和分句,这

---

　　① 三种主位成分是指韩礼德(1985)区分的三种主位成分:意念成分、人际成分和篇章成分。

　　② 靠句重音辨识焦点信息的方法即重音凸显焦点,如"我明天去北京。"重音在"我"表示是我而不是别人去北京;重音在"明天"表示我是明天去北京而不是其他时间;重音在"北京"表示我明天去的是北京,而不是别的什么地方。

些成分总是居于句首,是较为常见的一种主位成分。如:

(17) 所以呀他说这么重大的演出一定得有你。

(18) 一上这小楼啊就特别的兴奋。

人际主位:是说话人把话语单元作为一个交际单位时表明态度的部分。从语义上看,表明了说话人的能愿、评议、情态等方面的态度。如:

(19) 我觉得吧,你特有才气哎!

(20) 一不留神哪,说不定混出一反派大腕儿来。

话题主位:是句中作为陈述对象的实体性的行为参与成分,话题成分为其后的部分确立了基本的陈述框架,所以它必须是有定的。充当话题主位的成分有:一般的名词性成分(包括时间、处所成分),介词短语,事物化的动词性短语等。如:

(21) 我头几年呀也搓跎了那么一阵子岁月。

(22) 跟聪明人啊我也不抖机灵儿了。

(23) 装扮成哪种类型的智能人啊无所谓。

作者还考察了多项主位现象,指出多项主位的次序,总的来说是:篇章主位>人际主位>话题主位。篇章主位处于句首是没有疑义的。人际成分和话题成分的次序还值得进一步讨论。看下面这个例子:

(24) 篇幅我觉得太长,是不是请作者压缩一下?

—我吧,觉得篇幅太长,……

—我觉得吧,篇幅太长,……

—我觉得篇幅吧,太长了,……

—篇幅吧,我觉得太长,……

—*篇幅我吧,觉得太长,……

—*篇幅我觉得吧,太长了,……

这说明在一个主位成分内部人际主位不能位于话题主位之后,同一平面上它们的相对位置是固定的。

多项主位并现时,并不一定每个主位成分都带有语气词标志,作者的处理办法是,凡语气词之前的成分都看作主位成分,作者不无遗憾地指出:还找不到更多的形式标志对三种成分作进一步区分。

第二,主位后置现象。

作者首先分析了主位结构和语体特征、句类特征。

一般叙述语体里主位在前、述位在后的语序,是体现了语用学的可处理原则,先从听话人熟悉的情况说起,再引出新的、重要的信息,这是在有比较从容的谈话环境时最符合听话人心理认识过程的、最合理的信息结构处理方式。但是在简短紧凑的对话语体里,要求说话人在最短的时间里,把最重要的信息明确传达给对方,这个时候,简练原则和清楚原则就显得特别重要,重要的信息成为说话人急于说出来的内容,而次要的信息就放到了不显要的位置上。心理学的实验研究表明,在一般对话里最容易引起听话人注意的首先是句首成分。在作者所考察的语料里,有96%以上的主位后置句出现在对话里,可以说明,主位后置是对话语体的特有现象。如：

(25) 别打岔,到底去不去你?

后置成分总是轻读的,甚至常常是可以省略的。文章第四节关于历史语法的简短讨论还将说明,后置主位是有汉语特点的一种语序表现。屈承熹指出上古汉语还存在一种主题后置的颠倒语序:

(26) 贤哉回也。(《论语》)

多项主位共现现象在叙述语体里比较常见,因为那是在有比较从容的说话场合时对信息结构的一种合理的有序安排,但在对话的时候,说话人的心理过程比较简单,说话环境也不允许有那么复杂的铺排,因此对话语体里并不常见。

从主位后置现象所出现的句类来看,其分布也有一些特点。下面表7-1是作者对所搜集到的后置主位现象在陈述句、疑问句、感叹句、祈使句和否定句里的分布统计:

表 7-1　后置主位现象的分布

句　类	数　目	百 分 比
陈述句	33	17.10%
疑问句	92	47.67%
感叹句	35	18.13%
祈使句	19	9.84%
否定句	14	7.26%
总　计	193	100%

其次,作者对后置主位的功能类型加以分析。

作者首先指出前人对后置成分现象从句法角度分析存在的问题:一是只以常见句法结构为依据进行测试,可能会遗漏某些重要的现象;二是不能以句法类型说明"易位"现象带有一致性的规律;三是不能使哪些可以"易位"哪些不能"易位"得到合理的解释。作者认为,主位后置是一种功能表达手段,以功能为纲,可以揭示其本质规律。以下分别考察意念成分、人际成分和篇章成分的后置现象。

话题主位后置现象:

(27) 干吗呢站在街上? 打算去哪儿?

人际主位后置现象:

人际主位的后置可以分两种类型来谈。最常见的一种是系动词和一些心理动词("说""想""看"等)、能愿动词等前面加上指示代词和人称代词。例如:

(28) 干吗呢? 这是? 这么热闹。

另外一类后置的人际主位并不是原来的句首成分,例如:

(29) 这房子也是我们单位刚分的我,过去没家都。

它们复位以后都可以加上主位标志,如:"过去都哇没个家"。因此,作者把(29)看作

"没家过去都/过去没家我都"的变体。

下面这种情况与前两种不同,前面的体词性成分可以出现也可以不出现,但整个后置部分都可以移至句首。它们既可以看成是临时性的后置,也可以看成固定的句末用法。例如:

(30)别来劲啊,给你脸了是不是?

(31)若有所动鼻子一酸心头一热也没准。

篇章主位的后置现象:

往往是一个起连接作用的表原因、目的、条件的分句后置。例如:

(32)许童童这么说着脸却红了,由于兴奋。

多项主位的后置现象:

两个以上的后置主位如果属于相同性质,后置时二者的先后次序是随意的:

(33)夸我呢是吧,刚才你们?

(34)夸我呢是吧,你们刚才?

而不同性质的主位成分不可能同时后移。看下面这个例子:

(35)a. 什么呀,都是,他们那两个条件?

　　　 b. 什么呀,他们那两个条件都是?

例(35)a句是两次移位的结果,人际主位"都是"和话题主位"他们那两个条件"原不在一个层次上,第一层的话题主位首先移位,成为"都是什么呀他们那两个条件",第二步是人际主位"都是"的后移,成为a句的语序;而b句则不宜这样分析,应该看成"他们那两个条件都是"整体作为一个人际主位的一次性后移。这两种不同的分析可以从a句和b句不同的音段模式得到证明,a句中有两处明显的停顿,b句中只有一处停顿,分别由文字上的逗号标明。

4. 结论及尚待解决的问题

文章通过实例说明,信息结构跟句法结构有时并不一致。但问题未必可以就此结束,绝大多数句法规则都是历史上语用原则固定化的结果,研究共时平面上语用功能的倾向性表现,有助于我们观察句法规则的变化方向。历史语法学者有一种看法认为,主题标记从古汉语中消失,促成了从SVO向SOV的转变。但迄今我们还没有见到关于上古汉语主题标记消失过程及其对汉语主题化如何影响的详细描写。反观现代汉语,信息结构和句法结构也不都是铁板一块,新近日益明显的句中语气词专职化倾向以及易位现象的规律化倾向十分值得注意。

此外,我们还可以思考:(1)除了文章中提到的语气词等主位标志,还有没有其他鉴别主位的手段?(2)作者把"这房子也是我们单位刚分的我,过去没家都。"看成是"……没家过去都。""……过去没家我都"的变体,是否恰当?(3)多项主位的排列规律是什么?(4)主位后置现象是不是真的是对话语体特有的现象?这需要利用大规模语料统计求证。

（二）弱化连词的话语标记功能①

1. 提出问题

作为篇章连接成分的连词,多数研究关注其在表达真值语义关系方面的作用,也多限于书面语。作者通过对口语调查发现,篇章连接成分的功能并不仅仅限于表达真值语义关系,并提出以下发现:1) 在自然口语中,连词在使用中意义常常发生语义弱化,不表达真值语义关系,而被用作组织言谈的话语标记;2) 语义弱化的连词主要有话语组织功能和言语行为功能;3) 语义弱化呈现出不对称分布,在先事与后事、条件与推断、原因与结果等几对关系当中,只有表示后事、推断、结果的连词具有非真值语义的表达功能。文章就从这三个方面进行了探讨。

2. 描写连词语义弱化现象

作者通过 4 个小时共 6 段自由对话录音材料,发现连词语义弱化体现在不能和语义上相对的连词搭配使用,如"所以"不能配"因为","可是"不能配"虽然（虽说）","那么"不能配"要是","而且"不能配"不但","然后"不能配"先"。例如:

（36）A：北方人就是,很..做饭很粗糙,很敷衍了事。一大锅白菜,一个大肘子,就完了。

　　　B：是,是是是。

　　　A：南方人就很讲究,吃饭好几碟儿,都是少少的一点儿,但是呢,做得很精细。

　　　B：是啊。可是..北方人现在..还吃这个＝熬白菜那种东西吗?

例（36）中"可是"对照"看上去不怎么样,可是吃起来不错"中"可是",明显不再具有真值语义关系"转折"。

作者发现在录音材料中共使用了 30 种连词,其中出现 10 次以上的连词,除"如果"之外,或多或少地都有语义弱化的现象,还有:所以、但是、可是、不过、然后、而且、那么、甚至、因为等 9 种。高频连词弱化用法所占的比率是相当高的,例如:

表 7-2　高频连词弱化用法

词　　目	总　　数	非真值语义表达	比　例(％)
所以	93	48	50.1
但是	63	21	33.3
可是	37	12	32.4
不过	10	4	40.0
然后	44	16	36.3
而且	34	6	17.6
那么	24	4	16.7
甚至	11	2	18.2
因为	36	1	2.8
如果	14	0	0

① 方梅.自然口语中弱化连词的话语标记功能[J].中国语文,2000,(5).

3. 分析弱化连词的话语标记功能

弱化连词作为话语标记,具有话语组织和言语行为等功能。前者体现在话题的处理功能,如话题前景化、话题切换。后者是指服务于话轮处理的功能,包括话轮转接和话轮延续。

首先是话题前景化。在叙事语体中,前景部分构成叙述主线,背景部分提供相关辅助信息。用话语标记把一个话题前景化是指把一个不在当前状态的话题激活,放到当前状态的话题处理过程,分为设立话题和找回话题。设立话题指把认识网络里已经存在的一个谈论对象确立为言谈话题,这个话题虽在前文中未出现过,但是在人们的知识领域里,它和语境中的已有话题存在某种连带关系。例如:

(37) A:对。有的那个＝啊,<u>就是</u>农村的主妇..很会做饭。她..她那么一小堆稻草,你想稻草一点儿火,一把火就来..烧完了,

　　　B:是啊＝是啊。

　　　A:一小堆稻草就能做熟一家人的饭,

　　　B:嗯嗯。

　　　A:她是很..很讲究这种东西。

找回话题是用连词把一个上文中讨论的话题拉回到当前状态。例如:

(38) A:主食在北方花样儿就很多。有这个＝可以做,你看,做面条儿,各种样子的面条。在山西是很有意思,

　　　B:猫耳朵。

　　　A:面条一共有好几百种。

　　　B:是啊,好几百种啊? 噢。

　　　A:然后,呃＝哎,那个玩艺儿,刀削面..有意思。

　　　B:是。

　　　A:我见人家做那个刀削面,就是往锅里削啊,

　　　B:是。

　　　A:他们跟我吹,说这个有的技术高的,脑袋上顶着那一坨面,两个手削。

　　　B:还有这种削的?

　　　A:<u>所以</u>,北方的这个主食……花样很多。

例(38)"所以"这种用法比表示结论的用法进一步虚化。由这类"所以"引导的话轮往往用于结束一个话串,开头以"主食在北方花样儿多"开始,以"北方的这个主食花样很多"结束。

其次是话题切换,即把当前的话题从前台撤出,换上一个新的谈论对象。经常用作话题切换的连词是表示转折和递进关系的连词,如"可是""而且"。前面例(36)就是切换话题的例子。

再次是话轮转接。用作话轮转接的连词有"而且""可是""不过",作用在于争取说话的机会,一般都出现在话轮的起始点,由于并未准备下面的言谈内容,所以连词后面往往有停顿。例如:

(39) Y:她们都说我拌得不好吃平时,什么不淡,什么没味儿,什么不好吃,什么[麻酱太多],

　　　P:[她也说来着]?

Y：啊＝调料太足，可是还…没味儿。

H：是这么说的么？

Y：她们俩，反正给我逼的我，完后给我说得特伤心，那我说那我以后不拌了。

P：**而且**，可是你想想姚力，你当初说我拌得不好吃，做东西不好吃［也＝］

H：［也这么］说的。

最后是话轮延续。用作话轮延续的连词有"然后""所以""而且"。其位置不固定，有时在话轮起首位置，有时不在话轮起首位置。例如：

（40）A：贴饼子，它，..它是拿这个..呃＝玉米面，就是..他们叫棒子面儿了，

　　　B：叫棒子面儿。

　　　A：棒子面儿，他＝农村的锅都很大，一般一个大锅就＝直径就有两三尺吧。

　　　B：是是。

　　　A：几乎一米，

　　　B：是啊。

　　　A：装在这个地＝地灶上面，

　　　B：是啊，

　　　A：他这锅二锅是圆底儿，锅底下二有那么［一点儿水］，

　　　B：［嗯＝「嗯」］，

　　　A：「然后₁」他就＝底下烧着火，他就把玉米面磨呃＝和得很稠，就往这个锅壁上边儿贴，贴好些。

　　　B：［嗯＝嗯］，

　　　A：「然后₂」里边儿有一点儿水呢就有点儿蒸的意思，可是这个..锅壁上又有水，它这个面呢就贴到上面。

例（40）"然后₁"表示时间顺序，"然后₂"则不然，前后的描述没有时间上的顺序关系，只是说话人对事件进行描述时的心理顺序。"然后₂"的作用仅仅在于保持谈话的连续性。

4. 讨论不对称性分布及其认知原因

首先是排列语义弱化等级。如"所以"的四种用法从实到虚可以概括为：表示结果>引出结论>话语组织功能>言语行为功能，如例（41）表示结果；例（42）引导结论；例（38）是话语组织功能，用作找回话题；例（43）是言语行为功能，用作话轮延续。也可以排列出不同连词非真值语义关系的情况，如表7-3所示：

表7-3　不同连词的非真值语义关系

	前　景　化	话题切换	话轮转接	话轮延续
然后				+
所以	+			+
而且		+	+	+
可是/但是/不过		+	+	

(41) 这里气候凉爽,风景优美,<u>所以</u>夏天游人很多。(《现代汉语八百词》)

(42) A：对。

有的那个＝啊,

就是农村的主妇,

很会做饭。

她..她那么一小堆稻草,

你想稻草一点火,

一把火就灭烧完了,

B：是啊＝是啊。

A：一小堆稻草就能做熟一家人的饭,

B：嗯嗯。

A：她是很..很讲究这种东西。

B：啊哈。

A：那西方就..就是完全相反。

B：啊..<u>所以</u>..其实其实,

这很有意思。

我想这个中国人呐..费很多时间把这些菜＝啊,

都切得很细很小,

大概与这个你说的烧火这个有关系。

(43) 我记得这个,我这个到了美国来了以后,就常常觉得这个,美国的家庭主妇啊,做饭的时候,常常都是啊,用很多时间。很长时间在那儿煮,啊。比方说是烤鸡啊,炸鸡啊,什么等等,就把那一大块啊,放到锅里头,放到锅里,一大..一大锅油啊,是不是,放两块鸡在里头,用小火儿啊,在那儿慢慢儿,一点儿一点儿一点儿,在那儿,这么炸半个钟头,把鸡炸好了。其实啊,那个也很好吃。可是在中国好像就没有像这样炸法儿的,是不是? 老是油烧得很热的,把那东西一放下去,刺啦一声,出来了,是不是? <u>所以所以</u>,我记得这个中国这个,食谱里头啊,有些个食谱就说,每次炒菜的时候儿,油烧得很热,这个菜切得很细好像是,倒上去、倒下去五秒钟还是十秒钟,就得赶快给盛起来。这个有很多的这个美国的家庭主妇学这个,做中国饭的时候啊,对这件事情好像不相信。说是怎么,十五秒钟的话,这肉就做熟了,切碎了果然就行了。

其次是连词弱化在语义上呈现出不对称分布。如下表所示:

表 7-4 连词弱化的语义不对称分布

关 系	用作话语标记	表达真值语义关系
时间	然后	以前/之前;然后
因果	所以	因为;所以
转折	可是/可,但是/但,不过	虽然;可是/可,但是/但,不过

由上可见,用作言谈连贯与衔接的关联词语虽然脱离了真值语义关系和事件关系,但使用上也不是任意的。

再次讨论了连词语义弱化不对称现象的认知基础。发生语义弱化的连词是属后的连词,具有较强的启后性和语篇上的延续性,其认知基础在于:一是语序上在先的事件是先发生的事件;二是原因是有标记的,结果是无标记的。或者说,时间顺序原则不仅体现在汉语小句关联的无标记顺序上:从先事到后事、从条件到推断、从原因到结果的自然顺序,而且映射到话语组织标记上,使得表示后事、推断和结果的关联词语真值语义负载较少,更容易虚化为负有语篇组织责任的话语标记,具有相对较强的语篇关联作用。

该文利用自然口语语料,运用篇章语言学的基本概念与方法,细致地描述了弱化连词的话语标记功能,并对其进行了定量分析,在此基础上,从认知角度解释了弱化连词语义弱化的不对称现象。该文细致考察了连词在自然口语中的语义,使人们对其用法有了更多的认识,其篇章研究的范式更是值得借鉴。

(三) 人称代词"他"的照应功能研究①

人称代词"他"是使用频率最高的照应语形式之一,有句内照应(intra-sentential anaphora)和超句照应(extra-sentential anaphora),其分布形式及先行语如何,有怎样的照应规律,如何解释这些照应规律。王灿龙(2000)从认知角度进行了研究。

1. 描述并分析人称代词"他"句内照应的规律

(44) *他$_i$看见了小李$_i$的妈妈。　　(46) *他$_i$女儿给老张$_i$买了一件大衣。

(45) *他$_i$的妈妈看见了小李$_i$。　　(47) *在他$_i$宿舍里,小张$_i$放了一盆花。

以上这些句子不成立,其中人称代词"他"均不能与本句后面的名词指称同指。这些句子说明,汉语中同一个句子之内同指的人称代词和名词在线型结构中的顺序有严格的单向性,一般必须是名词在前,代词在后,反之,则不能同指。这一规律背后的原因是什么?

作者借鉴认知语法的可及理论(the theory of accessibility)进行解释。名词、人称代词、反身代词及零形式等在照应用法中主要用来表示在某一话语单位之内指称对象可及(或者说可找回)程度的差异。一般来说,名词(包括名词短语)是低可及标记(low accessibility marker),因为当某个指称对象在话语中不明确或无法找回时,表达者就使用名词,以求重新唤起人们对指称对象的记忆;零形式是高可及标记(high accessibility marker);其他指称形式则处于名词和零形式这两极之间。上述指称语按可及程度由低到高的顺序可排列为:名词<人称代词<反身代词<零形式("<"表示"低于")。

语言事实表明,人们在语言交际中首次引出一个指称对象时,总是使用表示该对象的名词指称形式,因为对受众来说,该指称对象是陌生的,可及程度是零,此时只有以名词形式表示,才能在受众的认知世界建立起一个完整的关于该对象的指称概念,以保证交际的顺利展开。如果接下来提到该指称对象时,如果可及程度不低,那么就综合考虑有关句法、语义等因素,使用零形式或人称代词。当然,如果某个指称对象对表达者和受众来说都是明确的,

---

① 王灿龙.人称代词"他"的照应功能研究[J],中国语文,2000,(3).

可及程度较高的,则可以用代词开始,如:

（48）甲：他出国了。　　　　　　　乙：我知道,上个月给我来了封信。

例(48)人称代词"他"的指称对象,甲、乙两人均心中有数。该代词首次引出一个指称对象,可以看作先行语,但是在认知层面,该代词仍是一个照应语,它与那个在认知世界早已存在的"名词"同指,只是没有在语言层面出现而已。

如果某一表达对象一开始就可以用人称代词指称,那就意味着该对象在受众的认知世界可及程度较高,这也就是说,它对低可及标记的名词有排斥性。倘若此时再在句子后面部分用名词指称形式重提该对象,则自然与句子开始认定的事实相违背。因此,像例(44)~例(47)这样的句子不为人接受。例(44)中"小李"与前面的人称代词异指,可表示为:

（49）他$_i$看见了小李$_j$的妈妈。

而名词在前、代词在后的用法允许异指,也允许同指。例如:

（50）a. 小李$_i$说他$_j$明天去图书馆。　b. 小李$_i$说他$_i$明天去图书馆。

以上探讨的是代词前面只有一个指称语的情况。如果代词前面有多个(一般是两个)指称语时,代词究竟与哪个指称语同指呢？例如:

（51）老张叫小李把他的抽屉锁起来。　（53）局长希望秘书把他儿子也带来。

（52）儿子知道父亲把他的日记烧了。　（54）小李不同意小张在他房间里打牌。

这些例子中人称代词"他"前面均有两个表示人的指称语。孤立地看,"他"都可以与它前面的指称语同指。不过,如果考虑人的语言心理,人们还是倾向于将第一个名词作为先行语。由此发现,在涉及多个指称语的句子里,作为照应语使用的人称代词表现出一种长距离选择先行语的倾向,即明显倾向于以距离较远的指称语为先行语。以上这种情形称之为长距离效应。进一步分析,这一认知特性在语言内部是有理据的。例(51)~例(54)中的人称代词删除,变换为:

（51'）老张叫小李把抽屉锁起来。　（53'）局长希望秘书把儿子也带来。

（52'）儿子知道父亲把日记烧了。　（54'）小李不同意小张在房间里打牌。

这些句子,它们各自都有一个零形式的定语。然而,则发现:人们倾向于选择靠近零形式的名词指称语为零形式的先行语。至此,可以说,各句中被领有的名词中心语如果选择最近的名词为领有者时,一般倾向于用零形式定语,将选择最远的名词为领有者的表达方式让位给人称代词,以使零形式和人称代词在这类句法格式中的分布形式相对互补。这也可通过可及程度来解释:距离远的,可及程度就相对较低,于是需要用代词照应;距离近的,可及程度就相对较高,于是就可以用零形式照应。

2. 分析人称代词"他"超句照应的主语倾向性规律

文章从先行语的角度探讨始发句(相对而言)中的句法成分与后续句人称代词照应语之间的关系。一般来说,可以充当人称代词先行语的只能是表示人的名词(含名词性短语)。当只有一个先行语时的情况。例如:

（55）庄建敏$_i$在走廊里长长地舒了一口气,他$_i$觉得心情轻松了许多……（谢志斌《扶贫》）

（56）杨双根$_i$将锅里的剩饭剩菜都吃光了,然后牵着那头老牛到田里,将牛拴在铁桥下

的铁架上,牛悠闲地吃草,他$_i$却拽出唢呐摇头晃脑地吹起来。(关仁山《九月还乡》)

(57) 第二天天一亮石得宝就爬起来,媳妇听到厨房里有响动,披上衣服过来看时,他$_i$已将一碗冷饭用开水泡了两遍后吃光了。(刘醒龙《挑担茶叶上北京》)

例(55)是在第一个后续句中用代词与始发句的主语照应,这里如果不用代词则可以用零形式,但不能重用名词。例(56)是在第四个后续小句中用代词与始发句的主语照应。例(57)在代词照应语所在的后续小句与始发句之间还穿插了关于另一个指称对象的叙述,不过,该叙述句是表时间的从属句。这说明,如果始发句只有一个表示人的指称对象,则后续句中代词照应语的使用相对比较灵活,可以用在紧接着的后续小句中,也可以用在相隔较远的后续小句中。

当始发句包含两个表人名词时,被选作后续句主语的名词,是改以代词形式出现,还是仍然以名词形式重现呢? 通过语料调查,作者发现:用不用人称代词,在很大程度上取决于被选为继续表述对象的名词指称语在始发句中充当什么成分。一般情况下,如果在始发句中作主语,则明显倾向于要求在后续句中用代词形式(或零形式),如例(58)、例(59);如果在始发句中作宾语或定语,一般则要求重用名词,如例(60)、例(61)。

(58) 吃过早饭,童舞$_i$拜见了于明诚。她$_i$由衷地作了道歉,悔恨交加……(李贯通《天缺一角》)

(59) 贺玉梅$_i$和乔亮半道上分了手,θ$_i$在小饭馆吃了饭,她$_i$就去了谢跃进的公司。(谈歌《大厂》)

(60) 夏之萍请简珍$_i$坐,简珍$_i$不客气地坐下了。(刘心武《风过耳》)

(61) 王家宽把手搭在朱灵$_i$的膀子上,朱灵$_i$没有反感。(东西《没有语言的生活》)

综上所述,连续话语中,后续句的人称代词主语一般大多与始发句的主语同指,即选择始发句的主语为先行语;当选择始发句的宾语或定语为继续表达的对象时,则在后续句中只能重用名词。这就是代词照应的主语倾向(subject-orientation)。

接下来对这一倾向进行分析。句子的主语一般作为话题,是整个句子表达的出发点。那么,该话题能在多少个后续小句中得以延续,要视实际表达需要,具体要看原话题的延续。如果后续小句的话题改变,那么一般就得使用让人明确的指称形式——名词,除非有特殊的标记或明显的语义关联。这就是为什么当始发句中的宾语或定语成为后续句的话题时,无论它们与后续句的主语距离多么近,都必须使用名词形式而不能用代词的原因。

从心理语言学的实验研究来看,如果一个句子包含两个参与者,那么,一般情况下,先述的参与者比后述的参与者易于提取,正因如此,代词照应具有主语倾向性。

3. 进一步分析人称代词“他”超句照应的制约因素

从上面的分析来看,人称代词、零形式和名词这三种指称形式在整个超句照应中互有分工,各有自己的分布空间,表现出一定的规律性。但不能否认,三种形式又互有渗透,在某些分布上难以决然认定非此即彼,只能说某种指称形式出现的概率大,某种指称形式出现的概率小。文章从六个方面对明显制约人称代词照应用法的因素进行了分析。

第一是语义层次。当主题句下统领各语义层(如例(62)),或者各语义层不分主次,只是线型排序(如例(63))时,每一个层次用名词,后面各层次一般也用代词。当然,只要语义层次分明,即使某个语义层内部出现了新的指称对象,也不影响人称代词的使用,如例(57)。

(62) 10月21日,希拉里﹦又开始了她﹦紧张而又按部就班的一天。一大早,她﹦便从纽约飞往波斯顿出席民主党成员斯科特·哈什巴达的竞选活动。然后,她﹦赶赴南部罗得岛州文索基特市参加民主党候选人帕特里克·肯尼迪和麦尔斯·约克举行的3个活动。(《北京青年报》1998-10-24-09)

(63) 高建成﹦坐在第四辆车上,神色凝重。此时,他﹦顾不上连续多日高烧不退的病痛折磨,顾不上思念在遭受水灾的湖南老家中年近八旬的老母亲,也顾不上为没能带4岁女儿去看病而歉疚,他﹦一心想的是快速前进,赶到险段。(《人民日报》1998-08-26-04)

第二是指称对象的数量。在相对完整的话语结构里,指称对象的数量多寡对人称代词的使用也有影响。如果指称对象多,则代词的使用将受到很大的限制,如例(64);如果指称对象单一,则代词的使用就比较自由。

(64) 王家宽和老黑把王老炳背回家里,请中医刘顺昌为王老炳治疗。刘顺昌指使王家宽脱掉王老炳的衣裤,王老炳像一头褪了毛的肥猪躺在床上,许多人站在床边围观刘顺昌治疗。(东西《没有语言的生活》)

第三是时间词语和关联词语。话语的连续性程度差异使得人们采用不同的指称形式进行照应。话语的连续性大多由组成它的各小句句法结构和语义结构及其相互关系决定。其中,小句间出现的具有连接作用的时间词语或关联词语有助于影响人称代词的照应。例如:

(65) 司机小万﹦就住在这个居民区中。那天他﹦被宫自悦使唤到深夜才得下工,他没把车开到单位存放,直接开回了这个居民区,以前他﹦逢到类似情况,也曾这样做过。(刘心武《风过耳》)

(66) 不久匡二秋﹦就从"黑帮"群中被"解放"了出来,因为他﹦向"造反派"抛出了一批"保皇派"的档案材料并揭发了"走资派"校长和党支部正、副书记的"三反言论"。(刘心武《风过耳》)

第四是话题提升。将当前话语中充当某个小句主语中心语的定语成分提升为话题,该话题一般要用代词形式与前面作定语的先行语照应。例如:

(67) 方天穹﹦的工作负担并不怎样繁重,他﹦就充分利用学校的图书馆,吮吸乳汁般地阅读中外古今文学名著。(刘心武《风过耳》)

第五是时制转换。一般来说,一组时制相同的小句其连续性要远远强于一组时制不同的小句。因此,时制的相同与否对照应语的指称形式也有影响。下面例(68)小句a是简单现在时,小句b是先事现在时。

(68) (a)仲哥﹦正在给病床上的妻子扎针。(b)他﹦自学针灸按摩推拿拔火罐点耳穴掐脚穴,颇有一定水平,在工段上邻居中都有相当口碑。(刘心武《风过耳》)

第六是时相结构。人称代词的使用与不同的情状类型共现也有较大的关系。例(69)始发句是状态情状,后续句是结束情状。

(69) 陈新梦﹦觉得鼻息中还有宫自悦身上的气息,她﹦梦游似地去取了一大一小两个改

锥。(刘心武《风过耳》)

作者也指出,实际语言运用中,很少只有一个因素孤立地起作用,人称代词在语篇中的分布都是各因素综合平衡的结果,有的还受表达者的个人风格或语言习惯的影响。

人称代词"他"的照应功能很常见,如何很好地将复杂的照应功能进行充分的描写与解释。该文借鉴可及性理论进行了较合理的解释,这是结合认知语言学理论进行篇章研究的成功。还结合语义、句法等角度进行了分析。

思考题

1. 结合一定语料,对汉语的主位结构进行研究。

2. 结合具体语篇,对之进行语篇连贯分析。

3. 你认为可以从哪些角度进行篇章结构分析。

4. 说说你对语体分类的看法? 结合具体语体变量,对某类语体(如电视访谈、法庭辩论等)进行分析。

5. 什么是话语标记? 话语标记的判断标准是什么?

6. 话语标记是不是口头禅? 与口头禅、插入语有什么区别?

7. 话语标记与语用标记一致吗? 有什么异同?

8. 话语标记的研究方法有哪些? 还可以从哪些角度进行研究?

9. 结合理论和具体语料,分析留学生汉语语篇衔接偏误。

10. 运用宏观规则对下文进行缩略。

在巨资拍下圆明园兽首又表态不能付款后,名不见经传的厦门商人蔡铭超一度成为世人关注的焦点之一。面对众多猜测,在简短的新闻发布会后一直"人间蒸发"的蔡铭超前天终于亮相。在做客北京电视台与凤凰网访谈时表示,他竞拍和不能付款的出发点都是为了"爱国"。对于这一说法,中国文物学会名誉会长谢辰生昨晚接受早报记者专访时表示,蔡铭超的行为与"爱国"二字根本就沾不上边。(《蔡铭超竞拍兽首出发点为爱国说法遭质疑》,《东方早报》)

进一步阅读

廖秋忠.廖秋忠文集[M].北京:北京语言学院出版社,1992.

徐赳赳.现代汉语篇章语言学[M].北京:商务印书馆,2014.

Brown, G., & Yule, G.. *Discourse Analysis*[M]. 北京:外语教学与研究出版社,2000.

Schiffrin D., 任绍曾导读. *Discouzse Markers*[M]. 剑桥:剑桥大学出版社, 北京:世界图书出版社,2007.

Halliday, M. A. K. *An Introduction to Functional Grammar*[M]. London:Edward Arnold,1994.

第八章　互动语言学方法与汉语研究

互动语言学(Interactional Linguistics)的产生最早可以追溯到 1996 年由埃莉诺·奥克斯①(Elinor Ochs)、伊曼纽尔·谢格洛夫(Emanuel Schegloff)和桑德拉·汤普森(Sandra Thompson)主编的论文集《互动与语法》(*Interaction and Grammar*)。三位来自不同学科的学者在该书引言中提出,该书中的论文作者都秉持一种更加宽泛的语法观:在他们看来,语法只是社会生活组织中一系列可供使用资源之中的一部分,而语言则被视为一种日常互动和认知的表现方式。该论文集更为重要的是,将已经有意合作并在研究上互有需要的三支力量集合在一起——功能语言学者,会话分析学者和语言人类学者。② 因而,从一开始,互动语言学就是一种跨学科,具有交叉性的语言研究方法。

"互动语言学"这一术语最早见于 2001 年由玛格丽特·赛尔廷(Margret Selting)和伊丽莎白·库珀-库伦(Elizabeth Couper-Kuhlen)主编的论文集《互动语言学研究》(*Studies in Interactional Linguistics*)。汤普森在本书前言中明确指出,本书宣告了语言学一个全新方向的出现。汤普森分析认为,互动语言学的出现,其实和人们对传统语言学所关心的"语言结构"与日常言语使用之间关系的兴趣密不可分。库珀-库伦和赛尔廷在本书《互动语言学介绍》一文中非常明确地阐述了互动语言学的发展历程,互动与语言的关系,互动语言学所关心的问题等纲领性的议题。她们开宗明义地提出,互动语言学是一种观察语言的视角,互动语言学所关心的是处于互动秩序中语言环境影响下的语言结构和使用。③ 简言之,互动语言学研究者认为语言结构和语言使用同样重要,而语言和互动二者则是相互影响、相互塑造的。

如果将 1996 年视为"互动语言学元年",那么互动语言学发展至今也不过二十余年,是一门非常年轻的学科。库珀-库伦和赛尔廷(2001)总结了互动语言学发展的四个阶段,对我们理解互动语言学的实质和内涵至关重要。

将口语作为研究对象是互动语言学至关重要的第一步。长久以来,或者说在互动语言学诞生之前,语言研究主要是基于书面语进行的,研究者更多地使用自省语料或者是通过收集母语者的词表、调查问卷,以及通过翻译材料来进行跨语言的对比研究。但是随着技术的

① 由于互动语言学的国外研究者大多没有比较统一的中文译名,除少部分国内学界较为熟知的学者外,本文的姓名翻译主要依据《世界人名翻译大辞典》(中国对外翻译出版公司,1993 年)进行翻译。

② Ochs, E., Schegloff E. A. & Thompson S. A.. *Interaction and Grammar*[M].Cambridge: Cambridge University Press, 1996:3.

③ Selting, M., & Couper-Kuhlen, E.. *Studies in Interactional Linguistics*[M]. Amsterdam: John Benjamins Publishing Company, 2001:1.

进步,言语作为研究的对象已经不是什么难题了,语言学家将口语作为研究对象在互动语言学出现之前也便逐渐开始了。同时,诸如对语调和其他韵律特征的研究,由于互动语言学转写系统对韵律特征的关注,也使得口语研究更进一步。因而,将口语作为研究对象是互动语言学得以成立的根本,这是所有互动语言学研究者的共识。

　　第二步就是大量颇有影响力的话语功能研究成果使得互动语言学研究成为可能。事实上,长久以来,功能主义语言学者就始终在寻找语言形式和话语功能之间的关系。一些语言学意义上的区别,比如词类或是体形态上的区别,其实是由他们在自然话语中所承担的角色不同而导致的(Paul Hopper & Thompson 1984,Hopper 1979);又如形态上的格标记与话语策略也有关系,比如“偏爱的论元结构(Preferred Argument Structure)”(DuBois,1985、1987)。虽然功能主义语言学者并没有直接研究会话互动过程,但是他们的研究成果对建立语言形式与特定语言使用场景之间的关系这一研究倾向至关重要。

　　互动语言学发展的第三步与会话分析界引人关注的成果相伴随。自20世纪70年代以来,彼时的社会学家便主张将对日常会话的研究作为社会秩序研究的重点和基础(Sacks,Schegloff & Jefferson 1974,Sacks 1992)。而为了能涵盖所有类型的自然会话,社会学家引入了一个术语——言谈互动(talk-in-interaction)。一系列研究方法也随之应运而生,以便能更好地处理自然口语材料,同时更加符合会话分析的研究初衷。对于互动语言学的发展来说,会话分析将言谈交际作为一种社会互动的理解,以及会话分析的微观分析方法和参与者导向的研究程序都是至关重要的。

　　第四步就是语言人类学对于言谈交际系统和话语策略的跨文化比较所作出的卓越贡献。按照功能语言学者的观点,语言被话语产出过程中的语言使用所影响,反之亦然。按照会话分析学者的观点,话语或会话的秩序被语言使用所影响。那么据此则可以推断,社会秩序的不同和会话行为以及话语组织的差别会在语言上有所反映,而不同的语言也会影响其所构造的社会秩序。因而这种跨文化、跨语言的视角对于互动语言学来说也十分重要。①

　　由此四步,互动语言学最终便形成了一种跨学科、跨语言的语言观。互动语言学的产生和发展都深深受到功能主义语言学、会话分析和语言人类学这三大学科的影响。正是这三门学科在语言观和研究旨趣等方面的诸多契合之处,才使得他们可以在互动语言学这一领域交汇,并将这一学科不断推向前进。

一、理论介绍

(一) 互动语言学的内涵

　　互动语言学是指以自然真实语料为研究对象,将语言视为社会生活组织中的一项重要内容,试图分析和解释语言和互动之间动态关系的研究方法。互动语言学特别关注语言各要素与言谈互动之间的相互塑造关系。

　　互动语言学这一术语包含两个方面的内容,其一是“互动”,这一最初由社会学家提出的

---

① Selting, M. & Couper-Kuhlen, E.. *Studies in Interactional Linguistics* [M]. Amsterdam: John Benjamins Publishing Company, 2001: 1-3.

概念成了互动语言学研究方法的中心和对象。互动语言学家认为,自然语言的一些最基本的特性是由其所处的环境,即互动,所塑造的。更进一步来说,一些更为激进的互动语言学者主张,语法就是社会互动的一种模式。语法不仅仅是互动的一种资源,也不仅仅是互动的产物,语法本身就是互动核心的一部分。或者说,语法其内在本身就是互动的。里特娃·劳里(Ritva Laury)、玛丽亚·埃泰莱迈基(Marja Etelämäki)和库珀-库伦(2014)在《语用学》(Pragmatics)专号"面向互动语言学的语法研究"前言中将目前的互动语言学者对于语法的认识分为三种,即为互动的语法(grammar for interaction)、互动中的语法(grammar in interaction)和作为互动的语法(grammar as interaction)。① 由此可以看出互动语言学者是将互动放在研究的中心位置,重点探讨互动与语法之间的相互关系和塑造规律,这是互动语言学区别于其他语言学流派的显著特征。

互动语言学这一术语所包含的另一层内容,就是"语言学"。前面我们在简述互动语言学发展历程的时候,重点阐述了互动语言学所汇集的三门学科。事实上,如今互动语言学的研究目标、研究方法和研究工具等,很多都来源于功能主义语言学、会话分析和语言人类学这三门学科。但是互动语言学又区别于这三门学科,尤其是会话分析和语言人类学,而自立为语言学的一种研究方法和研究流派,其主要原因就在于互动语言学的落脚点是"语言"。"互动"虽然是互动语言学的核心,但是互动语言学者所要解决的中心问题仍然是语言问题,他们希望以互动的视角去解决传统语言学一些尚未解决或者尚可商榷的问题。这里仅举一例以说明互动语言学者的研究旨趣。查尔斯·古德温(Charles Goodwin,1981、1995)的研究表明,语言学者传统上所说的"句子"(sentence)这一范畴,事实上对于寻求回应这一行为高度敏感,而传统语言学研究中认为句子是单一语言使用者语言能力的产物。古德温发现,当回应不太确定或者回应在说话者生成句子的时候发生改变,说话者就会改变他之后句子的产出形式以适应新的环境,比如他有可能会重新设计这句话来寻找新的接受者。因此,句子这一单位,事实在很大程度上是说话者为听话者设计所产出的结果。这便与之前语言学意义上的"句子"概念有很大不同,而且这种观察只有在互动语言学的视角下才能获得。

(二)互动语言学的研究对象和研究任务

互动语言学的研究对象必须是真实自然的口语,而互动语言学对研究对象的明确要求也是互动语言学自身鲜明的特点。同时,对于互动语言学研究而言,"语言"这一术语的范围也比其他语言学研究方法更为宽泛。语言不仅仅包含形态和句法意义上的语法,同时也包括语音、韵律、词汇、语义和语用等诸方面的内容。互动语言学者希望以这种更加宽泛的语言观,促成一种新的语言理论的诞生。

互动语言学的研究任务主要是对用于社会互动中的语言结构和组织进行研究。互动语言学希望回答的是,在互动中,语言,再具体一点说,语法扮演着什么角色?语法理论和对互动中语言的研究之间的关系是怎样的? 对互动的研究可以为语法理论提供些什么? 更进一

---

① Laury, R., Etelämäki, M. & Couper-Kehlen, E.. *Special Issue: Approaches to Grammar for Interactional Linguistics*[A]. *Pragmatics*[C]. Amsterdam: John Benjamins, 2014, 24(3).

步来说,互动视角所提供的语言观是否可以形成一种全新的语言理论,如果语法是互动的一部分,那么在这种观念下,我们又应当如何更加有效地研究语言? 从广狭两方面来看,互动语言学的研究任务即是如此。

(三) 互动语言学的语言观

对纯粹自然口语的研究在我们所熟知的语言学传统中并不重要,乔姆斯基区分了语言能力和语言行为,在这种语言观中,所谓的互动语料,不过就是语言系统中那些规整的部分在语境和实时互动中的具体实现罢了。但是对于互动语言学者而言,互动语料则可以在很大程度上为我们已有的语言学研究成果提供新思路。

古德温(1981,1995)关于"句子"的研究,以及塞西莉亚·福特(Cecilia E.Ford,1993)关于"从属小句"的研究,都促使互动语言学者思考语言的本质,并对语言能力和语言行为这样的概念进行反思。互动语言学者并不主张将语言视为一个抽象的、平衡的系统,他们也并不认为这个系统内部是一些预先设立的、各自分立的成分。互动语言学者认为,由于语言形式和结构必须要在一个语境敏感的范式中研究,所以语言形式和结构应当是主动能产的,且可以适应于互动的需求。从这个意义上来说,他们的语法观是"浮现的"(emergent)。保罗·霍珀(Paul Hopper,1988、1998)就认为,与其说语法是一个先验的、稳定的、独立于说话人的资源,不如说语法是一种在语言使用中不断自我更新的产物。同时,语言学意义上的产物,因为是在互动中形成的,所以也不能视为是某个语言使用者的产物。因此从这个意义上来讲,句法就和语义、韵律无异,也是互动中的一种资源,而这些资源依靠着言语社群中共有的知识,这些知识也可以在共同协作中,在语言使用者中分配。

(四) 互动语言学的基本概念与观点

1. 话轮

话轮(turn)是互动语言学研究的基本概念和基本单位。所谓话轮,就是当前说话者所说的所有内容,直到下一个说话者开启另一个话轮,当前话轮结束。[①] 有一些话轮非常短,甚至只有一个词或短语;而有一些话轮则相对较长,实质上相当于一段独白。围绕着话轮这一概念,还有几个相关的互动语言学基本概念。

话轮构建单位(turn-constructional units,常简写为 TCU),是指用来构成话轮的成分,可能是一个句子,一个小句,一个短语或者是一个词。[②] 说话者所产出的话轮就是由这些话轮构建单位相继构成的。每一个话轮构建单位都是自足的,也是在语境中可以识别且"可能完结"的。一般而言,互动语言学者将话轮构建单位视为互动语言学的最小分析单位。

与话轮构建单位密切相关的另一概念是转换相关位置(transition-relevance place,常简写为 TRP),由于话轮构建单位是"可能完结"的,因此每一个话轮构建单位的完结都意味着一个转换相关位置的产生。所谓转换相关位置,就是指在该位置,有可能会发生话轮更替,但

---

① Anna-Brita Stenström. *An Introduction to Spoken Interaction*[M]. London: Longman. 1994: 4.

② Steven E. Clayman. *Turn-Constructional Units and the Transition-Relevance Place*[A]. In Sidnell, Jack & Stivers, Tanya eds. *The Handbook of Conversation Analysis*[C]. Oxford: Blackwell Publishing Ltd., 2013: 151.

是这种可能性在实际的互动中并不一定会真正实现。① 同时,互动语言学者认为话轮构建单位和转换相关位置都有很强的启后性(projectability),也就是说,无论是话轮构建单位的完结,还是转换相关位置的出现,都不仅仅是在出现当下有所表征,而是在此之前已经有所表现,从而给可能的下一说话者提供准备的时间。对于互动而言,互动参与者需要在话轮转接过程中避免的一个主要问题就是同时说话,因而话轮构建单位的启后性便在一定程度上避免了同时说话的出现。

这两个概念在会话中的情况可以简要地用图 8 - 1 表示②。我们可以清楚地看到,A 在第一个话轮构建单位和第二个话轮构建单位之后,都出现了一个转换相关位置,而 B 选择在第二个转换相关位置进行话轮转换;同时,在 A 还在进行第二个话轮构建单位的表达时,B 实际上已经在准备自己的话轮了。

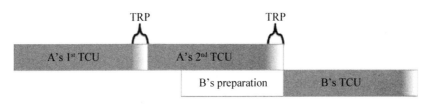

图 8 - 1　话 轮 转 换

与话轮相关的第三个概念是话轮设计(turn design),话轮设计是互动的基石之一。话轮设计是指说话者怎样建构一个话轮,说话者选择什么内容,又用什么内容构建话轮来行使行为。③ 说话者根据之前话轮的形式和内容来设计话轮,以适应、回应或者接应之前的话轮。其次,说话者也需要设计话轮,从而在互动中"做事"。只有接收到之前的话轮,说话者才能决定如何在接下来的话轮中传达自己的意思。第三,说话者还需要考虑到接受者的情况来设计话轮,这就是互动语言学中重要的"接受者原则"(recipient design)。

2. 会话序列

会话分析的核心原则是,会话是序列性地组织起来的。话轮构建单位和与之产生的行为都与其前后的内容密切相关。是否关注序列组织是区分会话分析与其他研究范式的关键。作为互动语言学的三大来源之一,会话分析对会话序列的关注也自然影响到了互动语言学,会话序列也成了互动语言学的重要概念之一。

所谓序列(sequence),就是先行后续的顺序和关系,会话序列主要就是指在一段会话中话轮间先行后续的关系。而这种先行后续的关系在很多时候便会决定同样的话轮构建单位如何在互动中发挥不同的作用。互动语言学者认为,行为必须要在两个维度下才能充分理解,组构(composition)和位置(position)。④ 而这里所说的会话序列就是对位置的

①② Steven E. Clayman. *Turn-Constructional Units and the Transition-Relevance Place*[A]. In Sidnell, Jack & Stivers, Tanya eds. *The Handbook of Conversation Analysis*[C]. Oxford:Blackwell Publishing Ltd., 2013:151.

③ Paul Drew. *Turn Design*[A]. In Sidnell, Jack & Stivers, Tanya eds. *The Handbook of Conversation Analysis*[C]. Oxford:Blackwell Publishing Ltd., 2013:132.

④ Tanya Stivers. *Sequence Organization*[A]. In Sidnell, Jack & Stivers, Tanya eds. *The Handbook of Conversation Analysis*[C]. Oxford:Blackwell Publishing Ltd., 2013:191.

关注。

互动语言学十分关注一种序列组织形式,我们在这里简要介绍一下,以帮助大家更加清晰地理解会话序列的概念。在互动会话中,有一种会话序列经常出现,叫作相邻话对(adjacent pairs);我们最熟悉的相邻话对就是问与答。谢格洛夫和萨克斯(1973)列举了相邻话对的如下特征:

(i)由两个话轮构成;

(ii)两个话轮由两个不同的说话者发出;

(iii)两个话轮相邻;

(iv)两个话轮有固定的顺序,前部话轮一定先于后部话轮;

(v)两个话轮在类型上也有关联,因而特定的前部话轮一定搭配特定的后部话轮(比如打招呼一定搭配打招呼)。

以相邻话对为例,互动语言学者便十分关心这一类会话序列,前部话轮的出现,必然代表着说话者对后部话轮的期待。而后部话轮的缺失则往往代表着互动中出现了某些问题。这种在自然会话序列中先行后续的关系,以及由此产生的影响,便是互动语言学关注的重点。

3. 认识

互动语言学所关注的认识(epistemic)与认知语言学中的认知有所区别,后者通常使用"cognition"一词。互动语言学所关注的认识主要是关于互动参与者对互动中所需要的某些知识的认识状况。互动语言学研究者认为,互动参与者不同的认识状态将直接影响互动中同样的语言形式产生不同的互动功能。[①]

关于认识,有以下几个概念需要简单向大家介绍一下。第一个是认识地位(epistemic status),互动语言学认为,任何两个互动参与者(我们暂记作 A 和 B),他们都会有自己的信息领域,他们可能对同一件事情或者同一类知识都有所了解,但是很可能程度并不一致。[②]所以对于同一个领域的知识,我们假设有一个认识斜坡,那么 A 和 B 由于认识的程度不同,在斜坡上所处的位置也就不同。我们将认识程度高的记作 K+,将认识程度较低的记作 K-。这种在认识程度上相对的位置就叫作认识地位。而这种认识地位有可能非常不同,差距很大;也有可能几乎相同。比如当一个说话者说,"我忘了告诉你,今儿有个特别有意思的事情。"这个时候,说话者就具有绝对的认识权威性,说话者的认识程度明显高于听话者。而当说话者说,"今儿天气不错,是吧?"这个时候,说话者和听话者的认识程度就基本差不多。当说话者说,"你叫什么名字?"时,听话者的认识程度就要高于说话者了。

与认识地位比较相近的一个术语是认识立场(epistemic stance),如果说认识地位是关于互动参与者认识状态的一种相对恒常的特征,那么认识立场就是这种关系一时一刻的表现,

① Heritage J.. *The Epistemic Engine: Sequence Organization and Territories of Knowledge*[J]. *Research on Language and Social Interaction*, 2012,(45):25-50.

② Heritage J.. *Epistemic in Conversation*[A]. In Sidnell, Jack & Stivers, Tanya eds. *The Handbook of Conversation Analysis*[C]. Oxford:Blackwell Publishing Ltd., 2013:376.

是在互动言谈中的具体体现。[①]　在语言中,说话者往往会采用不同的语法形式来表现相同的命题内容。比如:

(1) 你结婚了吗?

(2) 你结婚了吧?

(3) 你结婚了?

这三个问句都表达相同的命题内容,但是三个问句的认识立场却是不同的。从认识地位上来说,说话者的认识地位都要比听话者低。但是例(1)中,说话者对听话者的婚姻状态并没有十分确定的信息,说话者和听话者之间的认识斜坡是比较陡峭的。但是(2)和(3)中,说话者大概知道听话者的婚姻状态,说话者只是通过问句来确认,说话者和听话者之间的认识斜坡是比较平缓的。从语言形式和会话序列的角度来讲,例(1)这种认识立场,说话者需要听话者更加详细的解释,而且更有可能引发扩展性的会话序列。而例(2)和(3)这样的认识立场,说话者则仅仅是要求确认,更有可能引发终结性的会话序列。

4. 多模态

社会科学一向有关注身体行为组织的传统,至早在19世纪中叶,就已经有学者通过照片研究人的面部表情和身体动作了。对人类可视化身体行为的研究最初主要是心理学和社会心理学领域的学者,他们主要关注的是非言语行为的认知和心理学基础。"多模态"(multimodality)一词在不同学科中含义繁多,我们这里所说的多模态,主要是指互动语言学所采取的大语言观下,将手势、面部表情和身体语言等非言语行为也纳入对实时互动的研究中来,并试图探讨非言语行为与言语行为之间的关系。通过多模态视角的研究,为互动中的一些语言现象提供更加多维的证明和分析。

由于互动语言学的研究对象是面对面的实时互动,因而多模态分析便可以十分有效地应用于互动语言学的研究。近年来,越来越多的互动语言学者使用录像记录互动过程以进行多模态分析,更有一些有条件的互动语言学研究采用眼动仪等设备记录互动参与者在互动过程中目光的变化,从而对话轮转换、话轮开启、求取回应等互动行为进行更加精确的分析。

二、研究方法

(一) 互动语言学的研究程序

互动语言学来源于功能语言学、会话分析和语言人类学三大传统,功能语言学为互动语言学提供了语法观基础,语言人类学为互动语言学提供了跨语言和跨文化的视角,会话分析则为互动语言学提供了主要的研究方法和研究手段。因此,互动语言学在研究方法上很大程度继承了已经较为成熟的会话分析研究方法。其实就本质来讲,会话分析其实就是一套处理由视频和音频记录的言谈互动材料的研究方法,因而会话分析的研究方法同时也是会话分析这一学科可以自立的依据之一。以下我们简单以互动语言学的研究程序为序,介绍

---

① 　Heritage J.. *Epistemic in Conversation*[A]. In Sidnell, Jack & Stivers, Tanya eds. *The Handbook of Conversation Analysis*[C]. Oxford: Blackwell Publishing Ltd., 2013: 376.

其基本研究方法。

1. 获取语料①

互动语言学研究的第一步就是获取互动言谈的语料。刚刚接触互动语言学的研究者,尤其是接受过传统语言学研究训练的研究者,往往会对互动语言学的研究程序不太适应。从会话分析到互动语言学研究,其实质是一种完全数据导向(data-based)的研究。也就是说,在观察大规模互动言谈语料之前,互动语言学研究者至多只是对需要观察的角度有所偏重,但是并没有任何理论上的先设。这与传统语言学研究,先进行理论预设,再进行实证研究的程序是完全相反的。因而,初学者若就某一个语言学问题请教互动语言学家,他往往给出的答案就是:"先看看语料。"

事实上,这样的研究程序并不是凭空设立的,甚至也不是完全脱胎于来自社会学的会话分析,萨克斯(1984)曾经专门解释过真实自然互动语料的重要性,他说,我们不是不可以进行理论假设,但是往往我们会发现我们的假设在实际语料中毫无意义。我们往往说,人们应该是这样说话的,但是马上就会有人提出反对意见,那么与其这样,还不如直接基于自然互动语料进行研究更加可靠。由此我们可以看出,互动语言学家对于从自然互动语料出发的坚持并不是凭空的,而是由于自然互动语料的特殊性所决定的。

从另一方面来看,自然互动语料的复杂性是远远超出我们想象的。这里还需要简单区分一下传统基于口语的研究和互动语言学的研究,事实上,无论是汉语研究还是其他语种的研究,早已有学者将口语作为研究对象进行研究。但是互动语言学鲜明地提出将真实自然口语作为研究对象,的确是之前的语言学流派没有涉及的。真实自然口语中会出现的语言现象例如,叠连,无实际意义只占据话轮的词语,修复,长短不同的停顿等,甚至包括笑声,咂嘴声,这都是互动语言学可以研究的内容。而传统语言学研究对这些部分是不太关注的。自然互动语料的复杂性决定了研究者必须将互动过程通过视频音频记录下来,然后通过转写系统将其转写为文字,才能进行研究。我们谁也不可能记得真实互动中对方叠加了几次"我",或者在什么地方停顿了几毫秒;这样的真实互动语料更是无法通过自省得来。因而,获取和记录语料便是互动语言学研究的前提。

获取语料并不是按下录音按钮或者架设一台录像机那么简单,获取语料也不仅仅是一项技术工作,更重要的是要建立起参与者之间的信任和合作关系。这一过程综合了技术的、社会的、人文的和伦理的因素。因而获取语料这一过程,本身也体现了互动语言学者的素养。

由于汉语传统语言学研究的语料主要来自书面语语料,一些关于口语研究的语料大多取自于流行电视剧,在引用时只需要注明出处即可。但是,互动语言学研究的语料大多是研究者自己采集录制的,因而在录制之前需要选择录制的现场,还需要和参与者联系,同时征得收集他们语料的同意。

在进行了这些准备工作之后,在收集语料的过程中,互动语言学同样有比较严格的规

---

① Mondada L.. *The Conversation Analytic Approach to Data Collection* [A]. In Sidnell, Jack & Stivers, Tanya eds. *The Handbook of Conversation Analysis* [C]. Oxford: Blackwell Publishing Ltd., 2013: 32 - 56.

程。首先,就大多数研究者所采取的视频录制来说,研究者需要考虑视角选择问题。互动语言学的视频材料不能是对某一个人的近景特写,也不能像一般访谈类电视节目那样在不同的说话者之间来回切换。互动语言学倾向于以一种中景镜头,将所有互动参与者都涵盖其中,不要太远也不要太近。就高度来讲,不要太高也不要太低,最好就是处于一般互动参与者目光平视的高度。一般而言,都是采取静态摄像的方式,即架设好摄像机,调整好角度之后,便不再移动。而不是采取一些电视节目所使用的例如跟拍、切换之类的方式。

其次,研究者需要考虑的是装备技术选择的问题。其一是录音设备,好的录音设备可以让研究者更加细致地分析语料,尤其是语音和韵律上的细节,更清晰的音频材料就可以做更加科学的分析。其二是摄像机,根据其焦距、是否广角等各方面的因素,摄像机也是种类繁多,包括视频材料的压缩率也是需要考虑的因素。由于互动所处场景的不同,对于设备的精密程度和便携程度也不同,一般来说,规划好的、室内的互动场景可以使用较精密的设备,相反在室外、较随意的场景就需要使用比较便携的设备。此外,关于设备问题,还有一个比设备选择更加关键的问题,就是设备的数量。单一的视频音频录制设备,可能会错过某些非常重要的场景;而多设备所要面临的则是后期庞大的数据量,以及要进行的一系列合成编辑工作。

在收集完语料之后,还不是所有工作的结束。为了之后检索和编辑的方便,研究者需要将所有音视频材料进行分拣处理,并编上序号,有时还需要区分原始的材料和编辑过的材料。互动语言学论文在引用语料时,通常都会在语料之前标上序号和简单的说明,这些注释格式其实就是研究者在建立自己的互动口语语料库时为这些语料所做的分类和编号处理。处理语料最重要的一步就是转写,互动语言学承袭会话分析的传统,对转写有着非常严格和明确的规范。根据需要的不同,研究者可以选择较为粗略的转写或是较为精细的转写,同时也要考虑是否在转写中体现互动语料的语音和韵律特征。转写材料也是日后研究中直接检索和引用的语料。严格意义上讲,转写属于收集语料这一程序的一部分,但是由于转写对于互动语言学的研究太过重要,我们在接下来的步骤中单独讨论。

2. 转写[①]

转写(Transcription)事实上就是将音视频语料用文字记录下来。大部分人都会觉得这是一项非常枯燥且没有技术含量的事情,但是对于互动语言学研究者而言,没有转写就没有之后的所有研究工作。这并不仅仅是说互动语言学者需要文字的语料以便引用,而是在转写过程中,互动语言学者需要数十次的重听音视频材料,以确定互动参与者具体说的是什么,这项工作绝对没有想象中的那么机械和简单。

先简要地说一下互动语言学研究需要对互动语料的转写精细到什么程度,大家就可以从感性上大致明白这项工作的技术性。互动语言学研究者需要对材料足够敏感,要区分语调的细微差别,可以听出细小的气音,能够分辨他人是否在别人说话时有一个短暂试图插话的音节,还要用音视频软件测量话轮之间停顿时间的长短,其精度至少是十分之一秒。这所

---

　　① Alexa Hepburn & Galina B. Bolden. *The Conversation Analytic Approach to Transcription* [A]. In Sidnell, Jack & Stivers, Tanya eds. *The Handbook of Conversation Analysis* [C]. Oxford: Blackwell Publishing Ltd., 2013: 57-76.

有的要求都需要研究者能够准确捕捉并反映在转写材料中。而研究者所应具有的这种高敏感度,唯有通过大量的练习才有可能达到。因而转写对于互动语言学研究者而言,既是后续研究的先决条件,也是基本的学术训练。更为重要的是,这些微小的细节事实上都具有语言学上的意义,比如一个仅能通过语音分析软件发现的喉塞音,便可以说明字面上看似完结的话轮事实上也许未必如此。互动语言学者便可以借此进一步分析其内在的动因和规律。

目前互动语言学界和会话分析学界比较通用的转写规范是杰弗逊所创立的。杰弗逊是会话分析学家萨克斯的学生,据说当时萨克斯让杰弗逊进行转写时,也并不清楚应当在转写中特别描写哪些元素,他只是说:"你听到什么就写什么吧。"而杰弗逊在转写中,慢慢分辨应当注重什么部分,哪些元素和人们的互动密切相关。如今,绝大多数互动语言学研究者都采用杰弗逊的转写规范,下面我们通过五个方面,简述一下杰弗逊转写规范的主要内容。[①]

A. 基本布局

转写者需要在行首明确标出说话者;两者或多者同时说话或可视化的动作可以用固定宽度的字体标出;还有就是在每一行行首必须要标出行号,以便于后续分析方便引用。

B. 时间和序列关系

a. 两者或多者同时说话需要用方括号表示,同时说话的开端由方括号的左部表示,同时说话的结束由方括号的右部表示。在转写中对同时说话的详细标注可以非常有效地说明,在互动会话中的话轮转接并不是听话者机械地在等待说话者结束话轮,当说话者可能结束一个话轮构建单位,从而可能产生一个转换相关位置时,话轮转换就可能发生。两者或多者同时说话就是一个非常有力的证明。

b. 顺接(Latching)是指两个话轮或者同一话轮的两部分之间没有明显的停顿和沉默,而有时说话者也会在一个可能的转换相关位置后急接(rush-through)另一个话轮构建单位。这种现象在转写中一般都用等号来表示。

c. 停顿(Gaps)和暂停(Pauses)也是会话互动中常见的现象,停顿是指同一话轮中的沉默,而暂停是指不同话轮间的沉默。会话分析在转写时也会使用括号,并在其中注明停顿的时长。

C. 语音及韵律特征

由于互动参与者在说话过程中的诸多韵律特征会反映其互动需求并产生一定的互动功能,因而互动语言学研究者一向对互动中的语音及韵律特征特别关注。诸如话轮构建单位末尾语调,音强,音高变化以及语速等,互动语言学都要求在转写中予以体现,因而互动语言学研究者也需要十分熟悉这些符号,从而在阅读他人语料时也能准确地掌握其互动材料中的所有细节。

D. 互动事件

互动语言学的转写中常常用双括号来标示一些转写者认为有必要说明的互动事件,例如,咳嗽或电话铃声。有时,当转写者对于转写内容不太确定时,也会使用单括号来标示所

---

① 除了我们这里介绍的加伊·杰弗逊的转写规范之外,至少还有其他三种转写规范为互动语言学者所用,加伊·杰弗逊的转写规范为较多会话分析出身的互动语言学者所采用。另外三种分别是:杜·波依斯(1993)在研究圣塔芭芭拉美国口语语料库时所采取的转写规范;沃克(2004)所采用的"简要版正字法转写规范"(unadorned orthographic transcriptions)和以德国口语材料为对象的GAT转写规范。

听到的内容。

E. 言谈伴随性特征

互动语言学转写中还会关注一些伴随性的特征,比如呼气声,笑声和哭泣,这些较为明显的伴随性特征对互动言谈也有着较为显著的影响。

这里还需要说明的是,目前通行的转写规范是基于英语建立的,互动语言学最终是希望能够进行跨语言的研究,因而在跨语言基础上的转写便是一个很大的问题。比如我们刚才提到的关于音高变化的规范,就是完全基于英语提出的,而对于类似汉语或泰语这样的声调语言,音高的变化就不仅是语用意义上的了。这都是面向跨语言研究的互动语言学所必须面对的问题。

为了大家今后阅读互动语言学文献的方便,表8-1将简要列举互动语言学转写材料中常见的一些转写符号和对应的互动现象。

表8-1 转写符号及其对应的互动现象

转 写 符 号	互 动 现 象
[[	不同说话人同时开始说话
]]	不同说话人同时结束说话
=	连续没有停顿的句子或两个话轮之间没有明显停顿
(0.5)	表示停顿的长短,单位是秒
(.)	表示一个十分微小的停顿,可以听出但是不易测量,一般是小于五分之一秒
：：	两个或多个冒号一般用来表示前一成分的拖长或延长,冒号的多少象征着拖延时长的长短
↑↓	上下箭头表示急促的音高上升或下坠
><	会话压缩
<>	会话延长
hhh	可听辨的气声用字母h表示,h越多,则表示的气声越多
(word)	如果一个话段都在括号里,那说明转写者对此转写不够确定,写出来的是最可能的结果
(X)	表示确实有声音,说了话,但是无法听清
@	笑声

3. 观察[1]

我们在上文中已经谈到过,互动语言学与其他语言学传统不同,互动语言学并不先设任

---

① Jack Sidnell. *Basic Conversation Analytic Methods* [A]. In Sidnell, Jack & Stivers, Tanya eds. *The Handbook of Conversation Analysis*[C]. Oxford：Blackwell Publishing Ltd., 2013：77-100.

何理论,然后试图去证明这种理论的对与错。互动语言学更倾向于通过观察,进而细致描写某一种语言现象,从而得出理论化的结论。因而观察对于互动语言学的研究本身也是非常重要的。

互动语言学与会话分析将观察作为研究的起点,主要是在探询究竟什么对于言谈互动是最重要的;进而探讨这一系列的互动行为是否是一个更大的社会组织行为的一部分。从这个意义上来讲,互动语言学的研究取向更接近于生物学这样的自然科学。

萨克斯将这种观察称为"近观",其实就是对于同一段音视频材料或转写材料反复观察研究,这种研究方式的优势就在于每一次的观察都有可能会有新的观察结果产生。第一次观察所发现的细节和兴趣点,在第二次观察的时候可能会看得更清楚,同时注意到更多的细微之处。因而,目前从事互动语言学和会话分析的研究团队,基本上都会定期举办"语料讨论会"(data session),参与者反复播放一段或几段语料,然后大家对其进行讨论,纷纷提出自己的观察。在这样的讨论过程中,往往可以产生大量的研究题目。语料讨论会大概需要遵照以下几点规范:

A. 尽可能地仅就语料本身言事,尽可能细致地描述互动参与者说了什么(做了什么)。

B. 尽量不要做动机性的揣测,比如:"她想放下电话了。""他似乎在显示自己的重要性。"尽管有时候这种揣测可能符合大多数人对于这段互动材料的理解,但是尽量不要让这种揣测性的描述成为观察的重点。

C. 尽量描述"是"怎样的,而不要描述"像是"怎样的。

从这几点规范来看,我们不难发现互动语言学在研究方法上是非常坚持从数据出发的,这也是互动语言学始终坚持的研究取向。

4. 分类与分析①

当我们对语料做出初步观察之后,我们就要对语料适当分类,我们所观察到的诸如一个话轮构建单位是一个"可能的话轮完结"(possible turn completion)或是一个"自我修正"(self-repair),因为不同的例子可能隶属于不同的分类,做了这样初步的分类之后,我们才有可能更有针对性地对语料进行分类。

互动语言学对语料的分析也有一些基本的操作规范:

A. 将所有的例子分门别类放在不同的文档中,并单独编号,最好保留原有的语料标号和行号,以便于引用和查找。

B. 选取你所观察的现象中最为典型的两到三个例子进行详细分析,特别注意语料的话轮组构、话轮设计和序列位置,等等。在这一阶段,不要过于集中在你所观察的现象中,尽量全面地观察互动参与者在这一阶段中的所有举动。

C. 观察所有的语料,然后根据可能相关的参数标准将其再次分类,比如可以根据回应的种类将语料分类,也可以通过其会话序列的位置进行分类。分类标准在很大程度上取决于我们想要研究的内容,所以不同的分类标准会将语料分入完全不同的子类中。

---

① Jack Sidnell. *Basic Conversation Analytic Methods* [A]. In Sidnell, Jack & Stivers, Tanya eds. *The Handbook of Conversation Analysis* [C]. Oxford: Blackwell Publishing Ltd., 2013: 77 - 100.

当我们完成以上步骤之后,很可能在这一方面的互动规律就会不言自明了,尽管这么说可能有点夸张,但是观察对于互动语言学研究的意义的确十分重大。只有进行充分的观察,我们才有可能得出更加具有说服力的结论。我们在了解互动语言学的研究方法的同时,必须要认识到的就是,互动语言学是一门非常讲究实证的学科,因而任何脱离语料、脱离观察的理论都无法在互动语言学的范式下得到合乎逻辑的结论。

（二）互动语言学的研究范式

近二十年来,新的语法理论层出不穷,既有的理论不断发展,互动语言学研究者在不同的理论背景下对互动中的语法进行研究,成果显著。《语用学》(*Pragmatics*)杂志 2014 年第三期特出版专刊:"面向互动语言学的语法研究"(*Approaches to Grammar for Interactional Linguistics*)。[①] 专刊由劳里、埃泰莱迈基和库珀-库伦三位学者担任主编,收录了包括三位主编在内十二位学者的八篇文章,基于不同的语法理论进行互动语言学个案研究。专刊希望借此展现不同语法理论在互动语言学研究中的实际应用,提供目前最新的互动语言学观点。

由于互动语言学在理论和方法上的多样性,自 1996 年以来,互动语言学自身的理论问题便一直是该学科的中心问题之一。人类交往方法学是会话分析研究的主要理论方法,而同样采用该方法进行研究的互动语言学研究者必须要面对的问题就是:源于语言学的范畴和原则能否和会话分析的认识与观点相合?《互动与语法》中的研究主要是功能语法导向的;而近十年来,构式语法似乎有可能成为互动语言学的主要理论(Hakulinen & Selting,2005)。而且,2005 年以来,关于互动中语义的研究逐渐淡出,取而代之的是一些句法导向的语言学理论,比如浮现语法和扩展构式语法(Susanne Günther & Wolfgang Imo,2006)。同时,诸如在线句法(Online Syntax)和位置敏感语法(positionally sensitive grammar)这种新的语法理论也对互动语言学理论的丰富颇有增益。正是因为当下互动语言学研究所存在的理论多样性,劳里、埃泰莱迈基和库珀-库伦(2014)认为,现在是该思考互动语言学的理论和术语问题的时候了。就语法理论而言,是否可以采用既有的某一种理论,进行一定的修正后,使其适应互动语言学研究的需要;还是需要创立学科自己的理论方法?就术语而言,在描写纷杂的语言学现象时,如何一方面考虑到互动语言学与其他语言学流派的互通问题,另一方面解决既有的语言学术语是在缺乏互动语言学研究背景下产生的问题。

劳里、埃泰莱迈基和库珀-库伦(2014)对专刊中作者所使用的语法理论进行了梳理,主要包括话语功能语法(Discourse-functional Grammar)、认知语法、构式语法、浮现语法(Emergent Grammar)、在线句法(Online Syntax)和社会行为结构(Social Action Format)六种。下面简单就这六种目前互动语言学者使用较多的研究范式作一简单介绍,并观察其与互动语言学研究是怎样结合的。

话语功能语法肇始于 20 世纪 70 年代末 80 年代初,是当时美国西海岸功能学派对乔姆斯基"句法自治"(autonomy of syntax)观点主导的语言学研究的一种回应。话语功能语法受

---

① 关于本刊的更详细介绍请参见:谢心阳.《面向互动语言学的语法研究》介绍[A].方梅.互动语言学与汉语研究(第一辑)[C].北京:世界图书出版社,2016:340-353.

到以布拉格学派为代表的欧洲功能语法学派很大影响,初期建立者也多有美洲土著语言的田野调查经验。话语功能语法坚持使用自然口语语料,并将话语视为语法的核心范域(Cumming、Ono & Laury,2011)。话语功能语法研究者多使用大规模语料库寻找高频的语法模式,正如杜·波依斯(Du Bois,1985)所言:语言使用者说得多的,语法才能编码得好。话语功能语法的研究目标既是描写性的,又是解释性的;一方面试图探索传统语法范畴是否在类型各异的语言中存在,并与实际语言使用相关;另一方面试图寻求跨语言语法范畴的存在动因,其解释也兼顾认知和社会互动因素。话语功能语法与互动语言学的结合,既能通过系统性的数据分析以总结全局性的模式,又可以通过微观的局部观察以探寻具体动因和解释。

构式语法创始之初,就被视为应对传统语言学理论中句法和词库分离的一种方法;并将传统研究中处于边缘位置的习语和固定表达作为研究对象。所谓构式,就是形式和意义(用法)的非组合性配对,所产生的是规约化的符号单位,从句法结构角度看,小至单词,大至复句皆可。在构式语法研究者看来,语法就是构式的结构性库藏(inventory)。近年来,构式语法分支较多,专刊中林德斯特伦(Lindström)所采用的构式语法理论,主张将超越句子层面的形式-意义配对也纳入构式语法体系,即话语构式(discourse-based constructions,Östman 2005);充分考虑诸如语体、语境和序列关系等因素,该分支也被称为"扩展构式语法"(Construction Grammar Plus)。就扩展构式语法理论本身而言,其对语境和序列关系的考虑亦是非常必要的,而对语境和序列关系的考量也正是互动语言学关心的核心问题。

与话语功能语法类似,认知语法也是对"句法自治观"的回应,其创立也可追溯至20世纪70年代末80年代初,认知语法的基本主张是语法的符号性。与本专刊中其他语法理论类似,认知语法也是一种基于用法的研究范式,而其与构式语法尤其相近。但是二者也有一些关键性的区别,构式语法主张语法是一种组配表达式(expression)的生成装置,但是认知语法主张表达式是由语言使用者组配的。第二个关键性区别是,认知语法主张一些基本的语法结构式本质上是完全概念性的;但是构式语法认为,在语义结构和音系结构之间,还有语法结构,这样就给予了语法独立于语义的地位。第三个区别是,认知语法关注识解的维度和想象化的现象(隐喻、概念空间);但构式语法更关注语法形式,而非语义描写。结合认知语法与互动语言学进行研究的学者既将语法看作一个动态浮现的社会性产物,也将其视为规约化的互动意义和实践的认知集合。他们认为现有互动语言学研究的问题在于,非常缺少对语义现象的描写。这也是认知语法可以为互动语言学研究提供的,因为认知语法认为一切的形式都被赋予了意义。因而将二者相结合,一方面可以从互动的视角出发,保证语言分析在框架内的灵活性;同时也可以保持语法一定的稳定性。

构式语法虽然是基于用法的,但是却几乎不关注自然会话的语料。因而,互动语言学研究者便提出了"会话构式"(constructions in conversation)的概念(Dno & Thompson 1995;Hopper 2004;Deppermann 2006)。社会行为结构(Social Action Format)这一概念,是芭芭拉·福克斯(Barbara Fox,2000、2007)最先引入的,用以描述英语口语中的"NP looks/is (really) ADJ"结构,这一结构在序列上相对固定,功能上用于称赞。简单而言,社会行为结构就是会话中反复使用的语言型式,它们因交际需求而出现,固化于日常交际中社会行为的完成。社会行为结构既包括言语形式的,也包括非言语形式的,因而更加接近真实日常互动。从互动角度来看,语法为互动提供了基础,可以在话轮中较早确立互动参与者对行为的预测,接受者也可以及时确定合适的反馈行为。研究者认为社会行为结构与构式语法中的构式有一定相似之处,但却是用于互动中某种特定社会行为的,因而社会行为结构对互动中的行为是一种更为适合的概念框架。

如果说话语功能语法、构式语法和认知语法至少还是承认语言是有语法的,那么基于话语功能语法产生的浮现语法则在这一点上更为激进。霍珀(1987、1998)主张,语法并不是一种稳固的、先设的、独立于说话人的资源,而是在语言使用中不断处于更新和塑造过程的。在线句法与浮现语法的研究,都关注语法的时间性和基于用法的规律。但是,与浮现语法最为激进的分支不同,在线句法还是承认有一个固化的语法层级独立于进行中的言谈。从在线句法角度看,互动参与者需要独立的语法感进行在线的句法分析,才能使自己的认知能力在他人面前显现。

2014年专刊的编者认为,互动语言学的理论方法探索任重而道远,目前看来最为适宜的做法是根据不同的研究对象选择合适的方法进行研究。但是一门学科的真正确立,必然要有一种独立的研究范式,在这个意义上,互动语言学还需要研究者更进一步,探询真正适合互动语言学的研究范式。

三、案例剖析

(一) 汉语人称代词的互动功能①

1. 问题的提出

毕永娥(Yung-OBiq)开宗明义地提出,长久以来,围绕着人称代词一个比较主要的问题就是人称代词的语法类属和互动类属之间的关系。一方面,语法意义上的人称代词可以用于非直指的用法,也就是说人称代词的指称对象不必一定要是言谈现场的参与者(主要是就第一人称和第二人称代词而言)。另一方面,参与者的角色类别要远比言者-受者的二元分立复杂,参与者角色类型可以不仅仅通过语法上的人称来表示,比如赵元任(1968)②很早便谈到的汉语中"人家"的自指用法。

既然人称代词的用法比较复杂,其很多功能都可以在互动中浮现,毕永娥便希望通过本文的分析大致勾勒一些汉语中第二人称代词"你"的用法。她打算在本文中探讨三个层面的问题,第一个层面是一个形式——多种功能的关系,即"你"的多种用法,她认为在言谈互动中"你"有四种基本用法:命题意义的"你",人际意义的"你",戏剧意义的"你"和元语意义的"你"。第二个层面作者打算探讨语法上的人称代词和参与者角色之间的关系。第三个层面作者打算探讨话语中语用与语法之间的关系。

作者在收集了大量自然口语语料的基础上,采用互动语言学的转写规范对其进行转写,并在此基础上展开本文的分析。

---

① 　Yung-O Biq. *The Multiple Uses of the Second Person Singular Pronoun Ni in Conversational Mandarin*[J]. *Journal of Pragmatics*, 1991, (16).

② 　Yuen Ren Chao. *A Grammar of Spoken Chinese*[M]. California: University of California Press, 1968.

2. 人际意义的"你"与戏剧意义的"你"

A. 人际意义的"你"

人际意义的"你"主要是指在自然口语中用"你"来指代一个不确定的对象,即"你"的不定指用法。这种人际意义的用法在很多语言中都存在,赵元任(1968)就给出了如下示例:

(4)那些小孩子闹得叫你不能专心做事。

毕永娥在汉语普通话自然口语语料中选取了一个最为典型的用例在本文中呈现,在这一段语料中,说话者一共使用了六个"你",都是人际意义的"你"。由于本文使用英文撰写,我们在这里翻译如下,原语料的编号和行号与原文一致。

(5)(MSB:210)

(F在对比中国的赤脚医生和西方经过严格训练的医生。)

1　F:在中国他,不像,不像美国

2　　这样儿一套,你必须这个,呃,是吧,

3　　多少几百门功课都都:拉丁文等等

4　　都念通了你才有资格

5　　当一个医生,比如说你这个人不

6　　会别的,但是会一些很基本的这个,呃

7　　卫生知识,会接生,那么你就可以

8　　作为一个接生的医生,是不是? 你

9　　并不需要知道这个心脏病,或者是

10　　其他的东西,是不是? ……所以你要把每

11　　一个人都能训练的所有的病都能

12　　治,实际上是一种浪费。

作者选用的这一段语料十分典型,这段语料至少可以说明这样几个问题:第一,人际意义的"你"在汉语自然口语中十分常见,在这样一段很短的语料中便出现了六次;第二,人际意义的"你"所指称对象的范围要在语境中才能推断,这里的六个"你"便指称了三个不同的对象;第三,说话者对人际意义的"你"的频繁使用,必然有一定的互动意义,作者进而结合其他语言中类似现象的研究认为,人际意义的"你"会凸显话语的生动性和亲密性。"你"的使用会迅速拉近交谈双方的距离,说话者希望听者能够进入他的视角来观察,从而达成共识。

互动参与者之间的亲疏关系,以及互动参与者是怎样使用不同的语言手段来达成这种亲疏关系的,是互动语言学研究的课题之一。这里毕永娥没有对这一问题展开研究,但是如果在考虑互动参与者亲疏关系的前提下,对自然会话语料进行分类,然后统计其中人际意义的"你"的用法,其结果必然可以佐证作者这里对其互动功能的分析。

B. 戏剧意义的"你"

戏剧意义的"你"和人际意义的"你"事实上紧密相关,而且其界限也不是泾渭分明的。毕永娥认为,戏剧意义的"你"其实就是指称对象的总体框架从话语场景到表述场景的游移,说话者在表述场景中用"你"来指称其中的一个角色,我们同样来看自然会话中的用例。

(6)(CMN：49)

（F 在讨论人民公社）

1　F：当然这里面有一个问题就是,呃,

2　　　有的人呢他可以觉得反正我也得

3　　　分粮食他就：不好好干活这个就=

4　M：嗯——

5　F：得靠：思想教育,不不能靠

6　　　强迫也不能：靠一种：威胁的办法

7　M：对。

8　F：=办法你不好好干活让你穷下去没饭

9　　　吃就靠大家自觉。

10　M：嗯嗯

在这段语料中,我们可以非常明显地看出,在第 8 行出现的两个"你"指的都是不想工作的人,说话者使用戏剧意义的"你"实际上进行了一种视角的转换,说话者放弃了自己的言者视角,转而使用其所描述场景中的另一个人的视角。由于这种视角的转换其指称对象有可能是单数也有可能是复数,因而"你们"也经常可以用在这种互动场景中。

分类的关键是要保证分类标准的清晰,虽然毕永娥坦言人际意义和戏剧意义的"你"并不容易区分,但是在分别描述了两者的基本互动功能后,她进一步提出二者的判别标准：人际意义的"你"仍然保持着言者的视角,但是在戏剧意义的"你"中言者是会暂时丧失自己的视角的,实际上他们并不是在描述,而是在某种程度上将这个场景演出来。

综合人际意义的"你"和戏剧意义的"你"的两种用法,二者都是言者将描述场景和话语场景相结合的一种语用手段,与此同时,也会增加言者话语的生动性。

3. 元语意义的"你"

元语意义的"你"是作者本文分析的重点。作者首先对比了命题意义的"你"与元语意义的"你",元语意义的"你"比较明显的特点就是与其所处的话轮构建单位的命题意义毫无关系。元语意义的"你"更准确地说,其实是一种类似于呼语(vocative)的作用,是希望能够引起听者对命题内容的注意,同时强调言者所说的内容。这一类元语意义的"你"一般只出现在自然会话中,而从不出现在经过准备的语体中。我们同样来看作者呈现的语料：

(7)(MSB：42)

（F 在强调医学发展过程中教育的重要性）

1　F：教育事业发展了以后可以培养更多的

2　　　医生：,呃：这是一方面但是

3　　　[如果不,啊?

4　M：[这是医,医,医,医药　[教育

5　F：　　　　　　　　　　[就是医药,对吗,你

6　　　整个儿的学校也多了,呃,上学校上

7　　　中学的人都多了那么上医学院的

8　　　人也多了,这是一方面。

　　第五行中的"你"引领接下来第六行到第八行所要说的内容,但是却与这三行所涉及的命题内容没有关系,这段话的听话者 M 也不是"你"的指称对象,因而这里的"你"没有任何命题意义上的直指意义。而且在句法上我们也可以看到,"你"并不是其后小句的句法成分。因而,这里的"你"只是说话者在互动中提请听话者注意的一种互动手段。

　　这里我们可以看到,作者是如何分析并证明元语意义的"你"与其他三种会话中"你"的用法区别的。作者在文中还引用了另外两段语料,对比在互动会话中"你比如说"和"比如说"在命题意义层面完全没有区别,因而"(你)比如说"虽然已经是一个习语化的结构,但是"你"在这里只有元语意义。

　　作者对于元语意义"你"的研究体现了互动语言学的研究取向,尽管互动语言学和会话分析都关注自然口语,但是互动语言学侧重于从互动过程观察语言,解释语言的规律;但是会话分析着力于通过语言呈现方式说明行为,其研究的落脚点是社会行为。作者还是在使用传统语言学的对比分析方法来讨论互动中出现的语言现象,作者也希望通过自然口语材料来说明互动中语言的特点。而这些内容是会话分析学者不太关注的,这是我们希望强调的关于互动语言学一个比较重要的研究取向。

　　我们说回到元语意义的"你",这里的"你"自然是有指称对象的,其指称对象就是说话的对象,即听话者。但是这种指称与命题意义的指称并不一样,而是在元语层面指称话语的发出对象。作者这里以否定的元语用法为例,同样是"这儿不暖和。"这句话,如果是普通的用法,那么这句话的意思是,"这儿不暖和,有点冷";但是元语用法这句话的意思就是,"这儿不是暖和,是热。"

　　互动语言学的研究与会话分析还有一点比较明显的区别,会话分析重于描写,如果不必要,会话分析并不强调一定要对所呈现的现象进行解释。但是互动语言学则一般倾向于要对互动中出现的语言现象进行解释,以揭示更加深层的语言规律,互动语言学希望以互动言谈为出发点,创立全新的语言理论,所以互动语言学研究者在研究中也更多地希望从互动的角度给出解释。

　　功能主义的语言学者普遍认为,语言的变化是由语用动机驱动的。汉语中类似"我/你说""我/你看""我/你想"的结构,学界普遍认为可以表达言者对自己话语或想法的强调。因此,毕永娥认为,也许这里元语意义的"你"是更进一步的语法化实例,"你"已经成为言者强调自己话语的一种互动规约化标志了。

　　需要特别注意的是,这种元语意义的"你"对于语体是有非常严格的限制的,一定要是无准备的自然口语,其他语体中一律不出现,因而这也是作者在这里对于"你"的演化过程仅仅停留在猜测阶段的重要原因。从另一方面来看,互动语言学对于语体的重视也是其重要特点,尽管由于研究材料仅局限在自然口语,本身就缩小了语体的范围,但是互动语言学同样对口语的语体非常敏感,不同功用的语体亦会在互动中展现出不同的特点。

　　作者在结论部分用表格展现了"你"四种不同用法的特点,在这里转译如下:

表 8-2　"你"的四种用法及其语义特征

	命　题　性	直　指　性	参与者角色
命题意义	+	+	−
人际意义	+	?	?
戏剧意义	+	−	无关
元语意义	−	+	+

（二）"知道"在自然口语中的演化①

"知道"作为汉语中一个能带各类宾语的多能动词，一向是学界关注的重点，但是学界多是对"知道"及类似动词所能带的宾语颇感兴趣。然而本文作者陶红印感兴趣的是，各类不同的宾语在地位上是否有区别，在实际语料中使用频率如何，带不带宾语有何区别。作者将本文的研究重点放在自然口语中由"知道"构成的逐渐固化的语法格式，这些格式在自然口语语料中，在语音、语法和话语上有什么特征，这些特征所提供的证据可以为我们对其共时语法化的论证提供什么？

作者进而在引言中非常鲜明地展现了其互动语言学的研究取向。其一，作者非常明确地指出，仅凭语感研究语言或者只用控制语法成分组合的形式规则来解释语言是不足的。其二，作者在引言中清晰地说明了本研究所基于语料库的总字数，语体特征，会话参与者的地域、教育程度，以及全部语料中可用于本文研究的语料个数。这种说明如今也成为互动语言学论文写作的通例。

1. 自然口语语料中"知道"的实际情况

互动语言学研究者一向主张从自然口语语料出发，研究者不是不可以进行语料之间的对比，但是互动语言学研究者不接受"我认为可以这样说"的观点，即使这个"我"是母语者。语料中没有出现的，就不是互动语言学研究者的研究内容，这也是作者在引言中申明的立场。因而，作者在研究的初始阶段，所做的工作就是将学界关于"知道"的种种观点，在自然口语中验证一下，看看结果究竟如何。

作者验证的第一个问题是"知道"带宾语和不带宾语的比例，学界既然关注"知道"的宾语种类，似乎先设了"知道"带宾语应当是高频率的，但是统计结果显示，在 117 例中，无宾语的例句占到了 50%。

第二个问题事实上是对第一个问题的佐证，互动语言学主张仅将语法看作互动中可供使用的一种资源，而与其并列的还有语音韵律、多模态手段，等等。作者统计了"知道"后有无语音、语调的停顿，而有停顿的比例高达 79%，而且这些停顿往往是结束型的，类似于书面语中的句号、问号等。这在某种程度上说明，"知道"常常自足，后面不一定需要再带其他成分。

第三个问题，作者进一步细分"知道"不带宾语的类型，有一部分宾语在上文已经出现

①　陶红印.从语音、语法和话语特征看"知道"格式在谈话中的演化[J].中国语文,2003,(4).

过,即所谓承前省略;另一种就是真的没有宾语,如下例:

(8)　W:说那个=,你知道吗=。当年啊=。那个在咱们^全班啊。我觉得就还是你还
　　　　　[XX],

　　　　M:[最有出息@]。

　　　　W:不是,就你能就是出去,哎当时那个=,又那么高不可攀。

　　　这种没有任何宾语的"知道"在无宾语的小类中有接近70％的比例,也在一定程度上说明"知道"的自足性。

　　　接下来,作者在第四个统计中,考察了一般分出"知道"宾语的三个小类,名词类、动词类和小句类,事实证明这三个小类也是不均衡的,名词类占到18％,动词类占到53％,小句类占到29％。动词类占有明显优势。

　　　在对"知道"带不带宾语和带什么样的宾语进行了详细考察之后,接下来作者关心的是与"知道"有关的句法现象,作者认为主要有两个,一是主语类型的不均等现象,二是对否定句式的偏向。通过统计,"知道"的使用呈现两种倾向,即"知道"对第一人称代词主语的偏向和对否定句式的偏向。

　　　作者进而做了一个更详细的统计,其结果是(1)带表层主语的第一人称单数否定式("我不知道"),(2)带隐含式主语的第一人称单数否定式("不知道"),和(3)第二人称非否定式("你知道")这三种格式在统计中所占比例很高。作者认为,这几个格式正在经历一个共时语法化的过程,正逐步演化成具有特殊语法语用特征的结合体,而这种演化的原因也可以在很大程度上解释"知道"排斥宾语的现象。

　　　作者在第一部分通过统计向我们展现了互动语言学的研究方法,即基于自然口语语料进行语言规律或倾向的观察,进而推进对于这种现象的分析和解释。作者通过详尽的统计,希望完全基于自然口语语料,对互动中呈现的语言现象进行客观的说明。

　　　2."(我)不知道"

　　　作者在接下来的部分,对以上三种格式(实际上是两种)在互动中的功能和演化进行了细致的分析。在作者的语料中,"(我)不知道"在所有"知道"用例中占47％的比重,可见其比重之大、频率之高。而如果单论其在第一人称格式用例中和否定格式用例中的比例,则分别占到了75％和81％。

　　　"(我)不知道"的一般用法当然是用来回答疑问,表示说话者缺乏某些方面的知识,但是在语料中,这种情况并不是大多数,其在互动中有自身的言谈话语功能。而且"我不知道"和"不知道"作用还不一样。

　　　A."我不知道"

　　　作者认为"我不知道"在互动中的主要功能是表达说话者的猜疑,它并不用来回答问题,而只是表达说话者对所谈论的问题自生疑惑。例如:

　　　(9)　B:一回事是吧,陈有为也怪啊,他也不对…都不提醒我的,(省略)

　　　　　A:他…他可能忘了吧…可能,…可能,…我不知道,他可能是…反正,…对。

　　　作者以下提出三点证据证明"我不知道"正在变成一个自足的独立句法体。

第一，"我不知道"的结合非常紧密，中间一般不存在停顿，也不能插入语气词，这与一般汉语主谓结构相对松散的情况不同。

第二，"我不知道"作为一个整体，具有较大的句法位置上的灵活性。

第三，"我不知道"常和疑问词同现，这说明其语义上表疑的功能不是主要的，语用上表示说话者自生疑惑的状态才是主要的。

B."不知道"

作者认为"不知道"在互动中的主要功能是标识说话人的不坚定态度，即说话者似乎知道一定的信息，但是对所掌握的信息不敢确定或不愿意给人留下十分确定的印象。所以相对于"我不知道"，"不知道"似乎可以看作进一步语法化的结果。二者相比，主要有以下几点不同。

第一，"我不知道"因为表示说话者内心的疑惑，所以往往听话者会在其后予以解释，但是"不知道"不会。

第二，二者都可以和疑问词组合，但是"不知道"还经常和非疑问词组合。

第三，"不知道"还经常和模糊词语结合，共同表达一种不确定的立场或态度。而且，疑问词和"不知道"结合的时候更多是表示模糊、不确定之义，但是和"我不知道"结合的时候则往往表示确实存疑。

第四，语音上的证据也比较明显，"不知道"的音变非常剧烈，呈现出主元音央化，声调零化和音长缩短的特征。

作者用下图来表示二者在句法、语音和语用上的对应关系。

完全句法格式	→	弱化句法格式		
我不知道	→	（　）不知道	—	（　）不知道
完全语音形式	→	弱化语音形式		
/wo//pu//tʂʅ//tau/（含声调）	→	/pu//tʂʅ//tau/	→	/pərə//tau/或/pər//tau/（声调弱化/音长缩短）
语义表达	→	语用程度加深		
否定信息/命题意义	→	自生疑惑	→	不确定的立场或态度（新旧功能有时并存）

图 8-2　"我不知道""不知道"句法、语音和语用对应表

3."你知道"

第二人称结构中，非否定结构占了大多数，这与第一人称正好相反。作者认为"你知道"作为一个整体结构，也是一个语用标记，而其作用主要有二：其一是帮助说话者继续当前话题前直接和听话人交流，确保听话人能跟随话题；其二是说话者在独白过程中用以唤起听话人的注意。证明"你知道"正在形成一种固定的语法格式的也有四条证据。

第一，"你知道"这个主谓结构结合也非常紧密。

第二，"你知道"的位置也是高度灵活。

第三，"你知道"有语义中和现象，这主要是指"你知道"表面上是肯定形式，可是在实际语境中，说话人之后说的往往是听话人不知道的事情。

第四,第二人称格式中的疑问语气词也有语义中和的现象。

第一人称格式和第二人称格式在肯定与否定格式上正好相反,作者用语用学的礼貌原则理论对其给予了解释,即贬低自己、抬高别人。这样便对这三种格式进行了一个相对统一的解释。

4. 结论

作者认为,"知道"作为一个通常认为可以带多类宾语的动词,在本文所讨论的结构式中一方面排斥宾语,另一方面却与主语选择和肯定否定结构相关。而这些正在走向固定的结构式,其实是浮现语法(emergent grammar)的有力证据,其产生正是因为互动的需要,由于在使用中的高频出现,说话者出于深层交际的原因使用它们满足交际需求,从而诱发其发生共时语法化。而这些语法后果很难说是由结构构成成分的语法或语义性质带来的。这也说明,传统语法的某些分析方法可能在这类问题上缺乏一定的解释力。

作者也再次重申了利用自然真实语料研究语法的优势,即让研究者自然地注意到真正重要的句法环境因素,而且可以同时注意到语法、语音和语用等几方面的影响和相互作用,从而提供更加有价值的视角。

（三）会话结构与连词的浮现义[①]

赵元任(1968)曾经提醒语言研究者注意,在汉语口语对话中,问和答可以合成一个整句,例如:

(10) 饭呐? 都吃完了。

　　　饭呐,都吃完了。

　　　饭都吃完了。

本文作者方梅从会话序列的角度认为,这其实就是会话中问与答的相邻话对构成"话题-说明"的关系,与这种情况相似的还有,相邻话对的"引发"与"应答"连起来还可以构成一种主从复句的关系。作者沿着这个思路,发现汉语中相邻话对之间可以构成多种复句关系。本文采用互动语言学的研究方法,其意义不仅在于使用自然口语材料进行研究,更重要的是,本文希望在互动语言学的研究范式下说明两个问题:一是我们在研究中,尤其是对于对话材料的研究中,需要充分意识到会话序列的重要性,以本文的研究对象为例,其实就是言谈参与者在相邻话对中共同完成一个命题表述;二是汉语的连词在会话中究竟是话语标记用法还是连词用法,其实与话题延续性关系密切。以往的话题延续主要是关注自述语体中话题的指称形式,当我们将研究范围扩大到自然口语会话时,就需要注意到会话中的话题是如何延续的,而这种会话话题的延续又是如何影响连词的互动功能的。这两点都是互动语言学研究范式给予我们的全新视角。

1. 连词在相邻话对中的特殊分布

作者说到相邻话对之间构成的多种复句关系,主要是要谈到在会话中连词比较特殊的用法,如:

---

① 方梅.会话结构与连词的浮现义[J].中国语文,2012,(6).

（11）甲：今天风很大。

　　　　乙：<u>可是</u>不怎么冷。

　　类似于"可是"这样原本只能出现在后一分句的连词却可以出现在一句话的开头，朱德熙（1982）就谈到过这种现象，这说明连词在对话语体中的分布存在特殊性。

　　和例（10）类似，例（11）中的两个说话人的话语也可以变成一句话，即：

（11'）今天风很大，可是不怎么冷。

　　可见，相邻话对不仅可以构成一个"整句"，也可以构成一个复句关系。但是例（11）又与例（10）不同，因为这里相邻话对中的后部在句法上对前部具有依赖性，不能脱离对话语境单说。再如：

（12）甲：你别说巴西队个人能力蛮强、整体不行。其实就整体来说，我们也没有多大
　　　　　的优势。

　　　　乙：<u>甚至</u>没有什么优势。

　　这里的"甚至没有什么优势"就无法作为一个叙述句单说。

　　作者进而考察了这种相邻话对连起来可以构成一个复句的现象，发现并不是所有的复句关系在会话中都有这样的情况。根据作者的调查，高频出现的主要是转折、递进、因果这三类关系的连词，在所有材料中占到85％。而成对的连词，一般在相邻话对中只使用后项连词，前项连词出现较多的只发现了"因为"。作者对这一现象的解释是，这是会话合作原则驱动的产物，在会话中，参与者一般要尽量使自己的言谈内容与对方的言谈内容具有意义上的关联性，而连词是一个较好的包装手段。在相邻话对中，后项的说话者为了使自己的言谈内容符合会话合作原则，便很自然地使用后项连词对其话语进行包装。

　　2. 连词的浮现义

　　作者在这一部分引介沈家煊（2003）①关于三域的理论，讨论连词在会话中知域和言域的用法，主要讨论了"因为""所以""而且""但是"四个连词在会话中的浮现义，我们在这里简单介绍一下其结论。

　　A. 事理上的起因→说话人的推断的理由→说话人补充理由

　　对于"因为"的分析具有比较重要的意义，因为"因为"是作者统计中唯一出现频率较高的前项连词。但是已有的互动语言学研究认为在叙述句中，"因为"小句事实上有前置和后置两种自然位置，宋作艳、陶红印（2008）②进而认为，前置的"因为"小句主要是提供背景知识，后置的"因为"小句的功能主要是解释和说明。

　　作者发现，后置的"因为"小句往往是要引出说话人推断的理由，而未必是客观的起因，这时候后置是唯一的选择，也就是说"因为"也可以是后项连词，这样就可以对本文所研究的连词作一个相对统一的解释了。这种表推断理由的后置"因为"小句在会话中并不少见，如：

（13）丁聪是漫画家。有人以为漫画家藏书不会多，<u>因为</u>不做学问。此言不确。丁聪家
　　　　里，最多也最难整理的就是书。

———————————

① 沈家煊.复句三域"行、知、言"[J].中国语文，2003，（3）.
② 宋作艳，陶红印.汉英因果复句顺序的话语分析与比较[J].汉语学报，2008，（4）.

但是如果我们将"因为"小句前置,似乎句子就不那么自然,如:

(13')？丁聪是漫画家。因为不做学问,有人以为漫画家藏书不会多。此言不确。丁
　　聪家里,最多也最难整理的就是书。

在两人或多人会话中,这种用法同样存在。

(14) 甲:大概剪了有一个小时吧,然后他睡着了。我就感觉不对劲,因为他头是这样
　　　　的,不是要扶正才好剪嘛。刚扶正他头"嘣"又下来了,刚扶起来就又下来了,
　　　　然后就睡着了。

　　乙:因为她剪得很轻。

这种知域范畴的"因为"不能删除,否则这种推论关系就无法显示;而言域的"因为"则
是说话人补充、佐证对方观点的用法,比如:

(15) 甲:从身体角度上来说两个队相差不大,但那个技战成分上来看,那个德国队要
　　　　优于英格兰队。

　　乙:因为我们从射门次数上也确实看得出来,德国队仅靠百分之三十九的控球率
　　　　就获得了四次射门,而英格兰队只有一次射门。

B. 事理上的后果→说话人推断的结果→说话人说出回应行为

"所以"与"因为"比较类似,这里我们主要介绍一下作者关于言域范围"所以"的论
述,如:

(16) 甲:你做的牛肉还有吗?

　　乙:有。

　　甲:给我拿点吧。

　　乙:这牛肉啊,跟别人家做的不一样,

　　甲:是,味道不一样。

　　乙:用高压锅炖 15 分钟,再加各种佐料炖两个小时,是跟猪蹄子一起炖的。

　　甲:嗯。

　　乙:用猪蹄子吧就能结成牛肉冻儿。

　　甲:好吃。

　　乙:所以,赶紧给你去拿牛肉。

这里的"所以"其实是将话题拉回第 3 行甲提出"给我拿点吧"的请求,其所在话轮是一
个言语行为单位义,而且这里的"所以"删除之后,命题意义不会改变,这也是言域用法的连
词在会话中的一个特点。

C. 递进→说话人追加信息

我们同样在这里举作者文中关于"而且"言域用法的一例。

(17) 甲:国美更便宜,而且₁便宜一两百块钱哪,一两百块钱。

　　乙:而且₂大中它也不做什么活动,你看那个国美,赠什么的,赠椅子的,还有赠还
　　　　有什么,什么茶具,然后还有赠那个花生油,还有赠那个什么动感地带的号。

这里的"而且₂"不是表示行域上的递进,而只是表达说话人在会话中需要追加补充
信息。

D. 转折→质疑

"但是"在会话中的言域用法主要是指在会话中,说话者用以追问、质疑或反驳的用法。如:

(18) 甲:不一定在这种三大报工作嘛。

　　　乙:但是在那种小报工作有多大意思呢?

以上四个连词在会话中的言域义,其解读都无法离开相邻话对这个会话序列,其言域义是在对话语体中出现的浮现义。

3. 言域义与话语标记

方梅(2000)①曾经总结过连词在会话中的话语标记用法,本文又重点讨论了连词在会话中浮现的言域用法,这二者的区别与联系必然是作者需要回答的问题。

这里作者重申了自己对于话语标记和语用标记的定义,这也是目前研究中研究者界定不太统一的一对概念。作者认为,话语标记的功能主要是话语组织功能和言语行为功能,前者主要包括前景化和话题切换两个方面,后者主要包括话轮转接和话轮延续两个方面。尽管话语标记和语用标记都不涉及命题意义的表达,但是话语标记主要在言谈中起组织关联的作用,而语用标记则主要重在表达说话人的态度,体现的是说话者的语力。因此,连词在会话中浮现的言域用法应当属于语用标记。

(19) 甲:主食在北方花样儿就很多。有这个,可以做,你看,做面条儿,各种样子的面条。在山西是很有意思……

　　　乙:猫耳朵。

　　　甲:面条一共有好几百种。

　　　乙:是啊,好几百种啊!

　　　甲:然后,呃,哎,那个玩艺儿,削面,有意思。

　　　乙:是。

　　　甲:我见人家做那个刀削面,就是往锅里削啊。

　　　乙:是。

　　　甲:他们跟我吹,说这个有的技术高的,脑袋上顶着那一坨面,两个手削。

　　　乙:还有这种削的!

　　　甲:所以,北方的这个主食花样很多。

这里的"所以"只是起话语中的连接和延续作用,与前面所谈并无因果关系,也不是说话人做出的回应行为,而主要是在互动中的照应作用,照应前面说到的"主食在北方花样儿就很多"这个话题。因而,这里的"所以"是话语标记,而非语用标记。

4. 影响连词意义和功能的篇章因素

综上,连词在会话中至少有基本的逻辑语义表达功能,体现言者语力的言域用法和用作话轮组织或话题延续和转换的话语标记用法这三种功能。作者认为,影响连词意义和功能的因素从互动中看有两个方面,一是话轮起始位置,如果在起始位置连续使用连词的话,那

_____

① 方梅.自然口语中弱化连词的话语标记功能[J].中国语文,2000,(5).

么组织言谈的话语标记用法要先于言域用法的连词;二是前后话轮之间,当话轮之间话题相同的时候,连词呈现出行域义,即其基本意义。

由此我们可以发现,在互动语言学研究中,会话序列的作用的确是至关重要的,谢格洛夫提出的位置敏感语法就是在强调互动会话中"位置"的作用至关重要,话轮构建单位的位置和话轮在会话序列中的位置都会在很大程度上影响他们的互动功能。本文作者的研究就是在这方面十分有益的尝试。

思考题

1. 请简述互动语言学的发展历程。

2. 请列举互动语言学形成过程中汇聚了哪三个学科,其各自对于互动语言学的贡献是什么?

3. 请录制一段 5 分钟的自然会话,并使用互动语言学转写规则进行转写。

4. 请举例解释以下几个名词。

会话序列　　　话轮构建单位　　　转换相关位置

5. 试参照毕永娥(1991)关于"你"的分析,结合自然口语语料,谈谈汉语中"他"在互动中的功能。

6. 请结合自然口语语料,谈谈话轮之间的停顿在互动中的意义。

7. 请结合自然口语语料,谈谈汉语中的话轮构建单位都有哪些? 与英语有什么异同?

进一步阅读

Ford, C. E. *Grammar in Interaction*[M]. Cambridge:Cambridge University Press, 1993.

Laury, R., Etelämäki, M. & Couper-Kuhlen, E., eds. *Special Issue: Approaches to Grammar for Interactional Linguistics*[A]. *Pragmatics*[C]. Amsterdam:John Benjamins, 2014, 24:(3).

Ochs, E., Schegloff, E. A., & Thompson, S. A., eds. *Interaction and Grammar*[M]. Cambridge:Cambridge University Press,1996.

Thompson, S. A, Fox, B. A & Couper-Kuhlen, E. *Grammar in Everyday Talk*[M]. Cambridge:Cambridge University Press, 2015.

Couper-Kuhlen, E. & Selting, M. *Introducing Interactional Linguistics*[A]. In M.Selting and E. Couper-Kuhlen, E. eds. *Studies in Interactional Linguistics*[C]. Amsterdam:John Benjamins, 2001.

第九章 对比语言学方法与汉语研究

对比语言学是语言学的一个重要学科,这一名称最早是由美国人类语言学家沃尔夫在其1941年的著作《语言与逻辑》中正式提出的。而在此之前的19世纪20年代,德国哲学家威廉·冯·洪堡特(Wilhelm von Holmboldt)、丹麦语言学家奥托·叶斯柏森(Otto Jespersen)、捷克斯洛伐克语言学家马泰休斯等都对对比语言学的目标、对象、方法以及对比哲学等问题提出过构想和阐释①。20世纪40年代开始,美国应用语言学家罗伯特·拉多(Robert Lado)的著作《跨文化语言学》以及弗里斯的论著《论英语作为外语的教学》问世,这成为对比语言学这一学科正式形成的标志。中国对比语言学兴起于20世纪30年代,1933年赵元任发表了第一篇对比语言学的论文 *A Preliminary Study of English Intonation and Its Chinese Equivalents*,对英语和汉语的声调进行了对比研究。1977年吕叔湘发表了《通过对比研究语法》一文,标志着中国对比语言学学科的形成。

可以说,从一开始有语言接触,就有了语言的比较。语言的比较或对比可以在一种语言内部,比如,古代汉语和现代汉语、文言和白话、方言和普通话等,但是更多的指不同语言之间的比较,如汉韩对比、汉英对比、英法对比等。

语言对比研究的范式不是一成不变的,随着语言理论的不断涌现,语言对比也在不断发展中,一般语言学理论和研究方法会为语言对比研究提供新的思路和视角。通过本章的学习,希望能够使读者对对比语言学的理论、方法和研究范式有基本的了解,并能够运用语言对比的方法分析汉语实例,开展汉语研究。

一、理论介绍

(一)对比语言学的内涵

许余龙将"对比语言学"定义为:它是语言学的一个分支,其任务是对两种或两种以上的语言进行共时的对比研究,描述它们之间的异同,特别是其中的不同之处,并将这些研究应用到教学、翻译、词典编纂等其他领域中。②

第一,对比语言学是语言学的一个分支。语言学的基本理论和方法,是普通语言学要研究的问题,也是包括对比语言学在内的任何语言学分支的重要理论基础。

第二,对比语言学是对两种或两种以上语言的对比描述。一般描写语言学是对某一种

---

① 潘文国主编.汉英语言对比概论[M].北京:商务印书馆,2010:11-14.
② 许余龙.对比语言学(第2版)[M].上海:上海外语教育出版社,2010:2-3.

语言加以描述,但对两种语言进行对比,就首先要分别对这两种语言加以描述。

第三,对比语言学是共时的研究。对比语言在其某一发展阶段的状态,而不是语言的演变。共时对比主要是对两种或两种以上语言的现时状态进行对比描述,不过也并不完全排斥将某一语言的现时状态和另一语言在某个历史时期的状态进行对比。

第四,对比语言学虽然同时研究和描述语言间的异同,但侧重点是语言之间的不同之处。但是这种不同是建立在相同基础上的不同。例如,我们说英语中的动词和汉语中的副词不同,但是没有可比性。然而如果我们能系统地比较英汉两种语言中副词的不同,那么英语中的副词与汉语中的副词有一些相同之处,但又不完全相同与对应,找它们之间的不同之处就有较大价值。

根据比较的目的和所涉及语言范围的不同,语言之间的共时比较可以分为三类:第一类是语言学中语言普遍现象的主要研究内容,即试图找出世界上所有的语言,在形式结构上的共有特点和某些具有倾向性的规律。第二类是语言类型学的主要内容,即试图找出世界上所有语言在形式结构上的典型不同之处,并根据这些不同,对世界上的语言进行类型学上的分类。第三类比较是两种或两种语言在形式结构上的共同点,以及一种语言相对另外一种语言而言的不同之处。这便是对比语言学所要研究的内容①。

许余龙(2010)认为对比语言学由理论对比语言学和应用对比语言学两大部分组成。理论对比语言学内部可分为一般理论对比语言学和具体理论对比语言学两类。一般对比语言学是一般语言学的分支,研究对比语言学一般理论和方法问题。具体对比语言学是具体语言学的分支,是运用一般对比语言学的原理和其他一般语言学知识,对两种或两种以上的语言进行具体对比描述。应用对比语言学内部可分为一般应用对比语言学和具体应用对比语言学。一般应用对比语言学研究如何将对比语言学应用于与所对比语言有关的语言活动中去,特别是应用于外语(或第二语言)教学活动中去。另一类具体应用对比语言学,是对两种语言进行具体的对比描述,以便为某一具体的应用目的服务。比如编写一本汉英对比语法,帮助母语是汉语的学生学习英语等②。

(二) 对比语言学的研究对象和基本任务

对比语言学的研究对象为两种或少数几种语言。对比研究的目标是对语言间的差异进行分析,在此基础上"形而上"地探讨语言与思维、语言与民族性及语言世界观等议题,也可"形而下"地分析和解决二语习得、语际翻译中的障碍和误译问题等。③

潘文国认为认识不同,不同阶段对比语言学的研究目标也就不同。他对对比语言学的研究目的进行了比较周密的阐释:"第一个层次是语音及语法表面上的对比,其目的是为初学外语者提供一个简便的拐杖。第二个层次是语言表达法的对比。其对象是外语已有了一

① 关于对比语言学的内涵,详见许余龙.对比语言学(第2版)[M].上海:上海外语教育出版社,2010:2-3.
② Zabrocki, T. *Theoretical Contrastive Studies: Some Methodological Remarks*[A]. Fisiak, J., ed. *Theoretical Issues in Contrastive Linguistics*[C]. Amsterdam: John Benjamins Publishing Company, 1980:43-56;转引自许余龙.对比语言学(第2版)[M].上海:上海外语教育出版社,2010:6.
③ 尚新.语言类型学视野与语言对比研究[J].外语教学与研究,2013,(1).

定水平而又经常需要在两种语言间进行转换(如第二语言教学或翻译)的人,帮助他们更地道使用语言。第三个层次是语言心理上的对比。这是更深层的对比,企图推导出隐藏在不同表达法后面的心理和文化背景,进行一种哲学式思考,目的是为了最终建立中国的语言哲学。"①

(三) 对比语言学的语言观

语言世界观:对比语言学的语言观是以洪堡特的语言世界观作为哲学基础的。洪堡特认为"每一种语言都包含着一种独特的世界观"。"语言世界观的基本思想就是强调语言的民族性,强调民族深层文化、民族思维方式对语言表达方式和语言表层结构的制约和影响。从某种角度看,语言对比就是不同民族的'世界观'的对比。"②对比语言学的语言观,强调要关注语言之间的异质性,这种异质性必然充分体现了该语言赖以生存的文化母体(cultural matrix)的民族性。因此在这样语言观的驱动下,对比语言学理论研究应当是多层次的,语言差异绝不仅仅是一个表层结构问题,它牵涉我们的文化所衍生的喜闻乐见的表现法,更牵涉一个民族的历史、哲学观所衍生的思维方式和思维风格。③

刘宓庆(1991)认为,语言实际上是紧紧地附着在思维这个有无限纵深的基础之上的结构体,语言受思维的支配,它是处在交际中的人的思维的载体。因此,语言对比应该贯彻由表及里循序渐进的层次对比研究,即,由语言结构表层、表现法(中间层次)和思维方式到思维风格(深层)的纵向层级④。如图 9-1 所示。语言表层指的是形式结构层,是表现法的基本形式手段和句法形式手段;如,语音系统、文字系统、词汇系统、语法系统、句法形式系统、句型结构系统、语序分布等系统的对比;中介层指的是表现法体系,是思维赋形为语言时的模式化表现手段,它既与属于深层的思维相联,接受思维的投射,又与形式结构挂钩,赋形为形成定势的、优化的句法约定式(包括在特定语境下的用词、词语搭配、句子及分句等各层次);语言深层是思维形态,是语言基础结构层,探讨语言的哲学机制⑤。

> 语言表层——语言表层结构:形式结构层,表现法的基本形式手段和句法形式手段
> 中介层——表现法体系:中介层,思维赋形为语言时的模式化表现手段
> 语言深层——思维形态:基础结构层,语言的哲学机制

图 9-1 对比语言学理论研究的三个层级

① 潘文国.汉英语对比对纲要[M].北京:北京语言文化大学出版社,1997:358.
② 潘文国.语言对比的哲学基础——语言世界观问题的重新考察[J].华东师范大学学报(哲社版),1995,(5).
③⑤ 刘宓庆.汉英对比研究的理论问题——下[J].外国语,1991,(5).
④ "表现法"是一个系统,它高于一般形式结构。表现法是已形成定势的、优化了的。表现法常表现为较高的可接受性。如"我们每天要洗脸"比"我们每天要洗我们的脸"更有效,是因为前一句符合汉语忌赘用所属代词的表现法。详见刘宓庆.汉英对比研究的理论问题——下[J].外国语,1991,(5).

（四）对比语言学的基本概念与观点

1. 对比基础[①]

任何事物的对比都要有一个共同的对比基础。对比语言学中的对比基础（tertium comparationis，简称 TC，或译"第三对比项""中间对比项"，以下简称"对比基础"）是两种或两种以上语言进行对比描述的出发点或参照点，它是语言中普遍存在的（或两种语言所共有的）某种属性或范畴等现象。在具体的对比研究中只有对对比基础定一个严格的界线，才能使对比研究具有科学性和系统性。

埃利斯（Ellis）（1966）提出了一个大致的理论框架，将对比基础分为语外对比基础和语内对比基础两大类[②]。语外是指与语言发生联系的一些外部因素，如语言的物质实体、语言环境和交际情景等。而语内则是指与语言本身的内部组织结构有关的一些因素。许余龙（1988）进一步细分了对比基础的类型，如左图所示[③]。

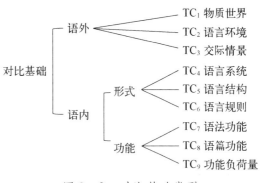

图 9 - 2　对比基础类型

（1）物质世界。作为对比基础的物质实体主要包括两类，一类是语言本身赖以存在的物质形式：语音和文字；另一类是语言所表示的外部现实世界。例如，我们日常生活中都会存在着"桌子"这样的客观事物，即，"有四条腿、一个平面可供人饮食、办公的常用家具"。不同语言用不同词语来指称：汉语用"桌子"，英语用 table，desk 来指称，韩语用"책상"来指称。同一客观所指对象就成了对比的参照点。

（2）语言环境。指语言赖以生存的社会环境和语言使用的场合。语言赖以生存的社会环境，是语言使用者所组成的社会群体，例如，地域方言和社会方言。语言的使用场合，指的是语体。

（3）交际情景。人们在使用语言进行交际时的特定情景。广义的交际情景包括话语进行的时间、地点以及话语参与者之间的关系，说话者的意图，说话者与听话者的知识、信念、期望和兴趣，以及同一交际情景中前面所谈及的内容等[④]。

（4）语言系统。语言内部组织结构具有系统性。它有两个特点，一是语言系统相对封闭；二是系统内各个项目之间互相制约。例如，英汉两种语言的辅音音位系统对比，内部成员数量有限。汉语辅音音位具有系统的送气与不送气的对立，/p/：/p^h/，/t/：/t^h/，/k/：/k^h/，/ts/：/ts^h/等成对音位的对立，而英语中有/p/：/b/，/t/：/d/，/k/：/g/，/s/：/z/等成对对立的音位。

---

① 参见许余龙.对比语言学（第 2 版）[M].上海：上海外语教育出版社，2010：27 - 33.

② Ellis, J. *Towards a General Comparative Linguistics*[M]. The Hague：Mouton，1966：33 - 34；转引自许余龙.对比语言学（第 2 版）[M].上海：上海外语教育出版社，2010：28 - 33.

③ 许余龙.论对比基础的类型[J].外国语，1988，(3).

④ Stalnaker，R. C. *Pragmatics*[A]. Davidson D.& G. Harman eds.. *Semantics of Natural Language*[C].Dordrecht：Reidel，1972：383；转引自许余龙.对比语言学（第 2 版）[M].上海：上海外语教育出版社，2010：28 - 33.

（5）语言结构。指的是语言元素或单位，以一定的组合方式结合成的横向组合关系。语言结构具有层次性。在语音层面上，可以分为音节、语音词、语音段、语音句等几个语音层次结构。在语法层面上，可以分为词、短语、句子等几个语法结构层次。

（6）语言规则。语言结构具有一定的规律性，语言研究的任务就是要揭示这种规律性。例如，我们可以将某一规则作为对比基础，对比这一规则在两种语言中适用范围有什么不同，和其他规则的关系有什么不同，相对重要性有什么不同等。

（7）语法功能。以语法功能为对比基础的语法对比，主要是语法范畴基础上的对比。如名词的性、数、格，动词的时、体、态等。广义的语法范畴还包括以语法功能为分类标准的词类、各种语法关系以及句类，等等。例如，法语只分阴性和阳性两种，而俄语和德语分别阴性、阳性和中性三种。法语名词的性通过不同的冠词来表示，而俄语名词的性则以名词的不同词尾来表示。法语中的性范畴一般只涉及名词、形容词和部分代词等几个词类，而在俄语中动词也有性的形式区别。

（8）语篇功能。语篇功能主要指句子内部的组织手段和句子之间的组织手段。具有篇章功能的句内组织手段主要是句子的主述位结构（thematic structure）和信息结构（information structure）。主述位结构由句子成分在句子中的位置决定的：主位出现在前，表示一句话的主题和出发点；述位出现在后，表示句子讲述的内容。句子的信息结构由语调决定；非重音部分是已知信息，表示这部分信息是上文语境中已提供的；而重音部分是句子所要传递的新的未知信息。这两种结构的结合，使一句句子在某一特定的篇章中与其上下文联系起来。①

句子之间的篇章组织可以通过运用某些语法和词汇手段来实现，使句子之间产生粘连性（cohesion）。语法粘连手段有照应、替代和省略。词汇粘连手段有同一或同义词项的复现和相关此项的同现。介于两者之间的是连接粘连手段，即通过使用连接词使句子之间产生粘连性。

（9）功能负荷量。“功能负荷量”（functional load）这一术语在语言学中一般指某种语言单位在一个语言的组织中承担的功能量。特别是用来比较某个语言内部各种音位对立（phonological opposition）的可用量。例如，在英语中/t/：/d/的对立具有很高的功能负荷量；相比之下，/θ/：/ð/对立的功能负荷量很低。在语言对比中，可以将功能负荷量作为对比基础，比较在两种不同的语言里，某一对相似的语言单位在各自语言中的使用频率，及其与同一类型的其他语言单位相对而言的相对使用频率。例如，我们可以对比各自语言中的使用频率，及其与其他音素的相对而言的相对使用频率，也可以对比某一对相似的词或其他语言单位在各自语言中的相对使用频率。比如，汉语中的“这”与英语中的 this 在两种语言中要用作近指词，是一对相似的词。根据许余龙（1989）的不完全统计，在 W.S.Maugham 的小说 *Cakes and Ale* 的第 5 章中，this 共出现过 6 次，而在这一章的汉语译文中，“这”共使用了

---

① Halliday, M. A. K. *Language Structure and Language Function* ［A］. Lyons J. ed.. *New Horizons in Linguistics*. Harmondsworth：Penguin Books［C］. London：Penguin, 1970：140 - 165；转引自许余龙.对比语言学（第 2 版）［M］.上海：上海外语教育出版社,2010：32.

57 次。这说明,"这"在汉语中的功能负荷量大大超过了 this 在英语中的功能负荷量①。

以上九个类别,就是语言对比中对比描述的基础和内容。②

2. 求同与求异

在语言研究中,"求同"指的是探索不同语言之间的普遍共性,"求异"则是探求不同语言之间的差异性。"求同"和"求异"是不同研究取向驱动下对比语言学研究的目标。尚新(2013)梳理对比语言学和语言类型学的联系与区别时,指出语言对比研究可以分为类型学取向和语言世界观取向。③

类型学取向的语言对比研究,认为语言对比研究应该具有类型学的视野,要放到人类语言的大背景上来考察。个别语言的特点和人类语言的共性是"一个铜板的两面",共性寓于个性之中,个性是共性的具体表现。④

语言世界观取向的对比研究,认为语言差异与思维、民族性和世界观的密切关系。"语言反映不同民族的概念和意义体系、价值体系以及思维方式。强调语言对比研究侧重求异,对语言间的异同进行解释的角度应是人类语言及其精神活动的关系等。"⑤

3. 共时研究

语言比较研究可以分为共时研究和历时研究。历时的比较研究侧重于探究语言的演变规律,是历史比较语言学的主要研究方法。共时的研究指的是语言在某一阶段的发展状态,是对比语言学的主要研究方法。如现代汉语与现代英语的词汇对比研究,古代汉语与现代汉语的对比研究。

当然,语言的共时研究离不开历时演变,在解释其共时状态、特别是文化等因素时,往往需要语言演变发展的历时研究作支撑。而且在对比中,还需要选用某一语言学理论和方法作为对比描述的基本框架,对两种语言中的某一语言现象进行描述。通过对比分析和研究,可以对这两种语言有较深刻的认识,这样反过来进一步促进对这种语言本身的研究。

二、研究方法

(一) 对比语言学的研究原则⑥

1. 语言现象的可比性

最理想的对比是以世界上人类自然语言中普遍存在的现象和共同具备的特点作为比较对象,并且这些现象在这些语言中都已经被充分研究过。在这种情况下,对比的着眼点是完全对应的具体的语言体系,如几种语言的元音比较,辅音比较,构词模式比较,语序比较,等等,从而总结不同语言中对应体系表达形式及语义内容的异同。

然而,世界上的语言林林总总,不但它们的结构相去甚远,它们被研究的程度也差异极

① 许余龙.英汉近称指示词的对译问题[J].外国语,1989,(4).
② 许余龙.对比语言学(第2版)[M].上海:上海外语教育出版社,2010:27-33.
③ 尚新.语言类型学视野与语言对比研究[J].外语教学与研究,2013,(1).
④ 沈家煊.怎样对比才有说服力——以英汉名动对比为例[J].现代外语,2012,(1).
⑤ 潘文国.汉英语对比纲要[M].北京:北京语言文化大学出版社,1997:27-35.
⑥ 这部分内容详见尹城.论对比语言学[J].中国俄语教学,1994,(4).

大。经常遇到这样的情况是在被对比的语言中比较对象的范畴并不吻合一致。在一种语言里有某种语义-形态体系,而在另一种语言里不存在相应的体系。例如,单纯从体系对应的角度出发很难对俄、汉两种语言做全面的对比描述,因为俄语所具备的丰富的形态范畴汉语里没有,而汉语中虚词和词序的重要作用在俄语里又有其他方式的体现。然而这并不意味着它们之间没有可比性。这时需要变换比较的角度或调整比较的层次。可以从语际转换角度确定俄、汉两种语言被比较现象的语际对等值,从功能-语义场角度总结同一语义内容在两种语言里不同的表达方式,从逻辑学角度比较概念范畴的表达手段,如概念的大小、概念的交叉等。总之,可比性原则指对比语言材料时要考虑这些现象范畴上对应的程度,被研究的程度,它们在功能方面有哪些相同或类似,从而选择合理的角度来进行对比。

　　2. 对比研究的系统性

　　对语言事实的比较必须要系统化,也就是说要注意语言成分之间系统性的关系。无论进行两种语言之间哪一类语言现象的对比,都不能仅仅基于偶然碰到的,彼此之间缺乏内在联系的孤立现象。例如,俄语感叹词 ну 和汉语名词"奴"发音相同,但意义上毫不相干。无论被比较的语言材料是单一的语言成分还是语言结构的某一部分,它们都要在语言中居同等地位,也正因为如此才具可比性。例如,在对比俄、汉两种语言中人称代词的使用时要考虑作为比较基础的言语产物是否出于同一时代,属于同一语体,甚至它们在体裁特点、题材范围方面是否有共性。因为在不同时期、不同文体人称代词出现的频率和密度完全可能不一样。

　　3. 对比研究的量与质

　　对语言现象做对比分析,下结论,要反映其本质上的异同。表面的、肤浅的比较无论对个别语言的研究还是非母语教学法的探讨来说都不会有新的发现。为使对比有深度,必须紧紧把握住量与质这两个方面。量,指应有足够数量的语言材料作基础才能做比较的结论。无论总结共同之处还是概括不同之处都不能忽视现象的量性特点。质,指准确地抓住研究对象类型上的区别性特征,并且对语言材料进行分类整理。关键是在总结规则和规律时,概括的程度和层次要适当。对规则、规律之外的特殊情况也应做必要的说明。

　　4. 根据对比语言之间的关系采用适当的对比方法

　　对比的语言在谱系发生方面和结构类型方面远近的程度与对比语言的角度和方法是密切相关的。例如,比较谱系相近的语言、类型相似的语言最好从体系对应角度入手。而比较类型上差距较大的语言采用具体体系对比法的可能性不大,转换法、逻辑法却大有用武之地。

　　语际关系的远近还影响到已有语言知识的转移。在学习和研究一种语言的过程中所获得的知识很容易转移到另外一种语言。语言的对比要从每种语言自身的规则和规律出发,避免将一种语言的特征强加于另一种语言。例如,我们对比俄、汉两种语言里体的表达方式,尽管在汉语中体的表达手段是系统的、有规律的,我们却不能因此而说汉语里也有完成体和未完成体。

　　5. 语言对比中术语的同一性

　　分析、比较语言现象离不开语言学的术语。对比研究需要确定所用的术语,要使它们具有相同的内涵与外延,从而等值地表示两种语言中被比较的现象。把被比较语言的有关术语统一起来是件非常困难的事情。每种语言都有自己的术语,译成其他语言时可能与原有术语发生矛盾,可能在各自的语言中所表示的意思差别很大。用这样的术语去描述被比较的语言会造成对比范围不等、对比意义交叉,甚至可能出现混乱,导致无法找到被对比现象的共同之处。

如果在被比较的语言里术语不等值,对比角度和方式就更为重要了。进行双向对比,可以仅指出对比的范围,如"俄汉肯定与否定方式的比较""汉俄限定意义表达的对比"。进行单向对比,可以从一种语言的术语出发,探寻其所指的现象在另一种语言中表达的规律性,如"俄语完成体在汉语里的对等物""汉语紧缩复句在俄语里的表达方式"。

(二) 对比语言学的研究方法

1. 平行描写

"描写"和"比较"是语言对比研究中最为重要的两个步骤。在进行不同语言对比时,首先要对两种不同的语言的某一具体系统进行细致而客观的描写。值得注意的是,这种描写应该是在同一理论或者同一框架下对两种语言平行地描述。例如,在对比英语和汉语的元音系统时,以元音舌位为出发点,细致地描写现代汉语的元音系统有哪些音位,它们的开口度、舌位高低、嘴唇圆展的特点。在此框架下,平行地描写现代英语的元音音位。在此基础上进一步比较汉英元音系统哪些相同点,哪些相似点,哪些不同,这样才能确保分析结果和结论具有周延性和科学性。

2. 比较分析

语言对比研究中,"比较"不能停留在从形式到形式的表象类比上,而是要深入到语言系统的不同层级,抓住事物的本质特征。例如,在比较汉英构词法时,首先要区分汉英两种语言中都有哪些常见的构词规则。汉语有:复合、派生、重叠、缩略等。英语有复合(compounding),派生(derivation),转型(conversion),首字母缩略(initialism),缩合(blending),截短(clipping),借代(from proper names),逆序(backformation),重叠(reduplication),新造等。[①] 其中,复合构词法是汉英都有的构词规则。汉语的复合词又可以分为联合、偏正、动补、主谓、动宾等关系。英语的复合词可以分为主谓、动宾、动补、主宾、定中、同位、多重复合等。复合词内部的语素顺序上,汉语一般根据逻辑律和音韵律来安排,如逻辑律包括时间先后、空间大小、心理轻重、事理因果等;音韵律包括合成词的声调,阴平、阳平、阴上、阳上、阴去、阳去、阴入、阳入等规律。而英语是形态变化的语言,其内部顺序更为灵活,一般取决于形态规则。如复合名词中主要名词要放在右边中心语的位置,其他成分一般作为修饰语放在左边。复合形容词,一般将形容词或者动词的分词放在右边,其他成分则放在左边。[②]

---

① 参见张韵斐.现代英语词汇学概论[M].北京:北京师范大学出版社,2004:31-32.
② 潘文国主编.汉英语言对比概论[M].北京:商务印书馆,2010:168-169.

（三）对比语言学的研究程序[①]

1. 确定对比范围

对比的语言层面包括语音、词汇、语法、篇章、语用等语言层面。有时一项具体的对比研究可能需要在几个不同的层面上对某一语言现象进行分析,但这样的对比研究中通常仍有一个主要的对比层面。

对比的语言单位(或现象)是我们在确定了对比层面后,需要进一步确定的对比层面上的具体对比描述对象。例如,在词汇层面,可以选择汉日同形词作为对比描述的对象。

对比的语言学内容是指在某一个语言层面上,对某一具体描述对象进行的语言学对比描述内容。例如,蒋绍愚(2007)在词汇层面对比古代汉语、现代汉语和英语三个语言系统,以手部打击义概念域为研究内容,对比不同语言系统内部成员数量、分布、构成词义的概念要素的异同[②]。

2. 文献搜集与研究

这里所说的文献包括两个部分:一部分是某一具体对比研究范畴内已有的对比研究内容;另一部分是在这个研究范围内对两种语言分别所做的分析研究。

第一部分文献告诉我们某一具体领域里已经做了些什么样的对比研究。这可以使我们避免重复做别人做过的对比研究。更重要的是,研究这部分文献可以使我们自己的对比研究具有一定的意义和深度。第二部分文献一方面可以作为我们对比描述的依据,另一方面也可以给我们启示,使我们知道在某一领域里有哪些对比研究可做。

例如,我们要做汉韩语法对比研究,首先要梳理第一部分相关文献,汉语和韩语语法对比研究涉及了哪些范围,已经做到了什么程度,已有研究中有哪些研究空白和局限? 然后我们要分别对汉语和韩语语法研究的相关框架进行搜集,以了解从哪些方面去对比。

3. 确定理论框架

对比研究的理论框架是指以某一种语言分析研究的理论或模式为基础的对比描写方法,主要包括结构主义理论视角、转换生成理论视角、系统功能理论视角、认知语言学理论视角下的对比研究。在语言研究中,对同一种语言现象的分析可以用不同的方法来进行。比如,现代汉语的句法研究主要采用多年来比较流行的中心词分析法、层次分析法,或者生成语法、格语法、认知语法等;词汇研究采用概念要素分析法对比等。因此,在对比研究中,我们就需要确定采用哪一种语言研究方法,作为对两种语言进行分析的统一分析模式。

4. 收集语言材料

对比研究所选取的语料,一般主要有三种获取方式。第一种是研究者的内省,根据自己的语感来选取材料。第二种是基于语料库的数据库进行分析。第三种就是借助词典等工具书或者前人研究的成果和资料。根据研究目的不同,选取材料的范围大小也不同。

---

① 参见许余龙.对比语言学(第 2 版)[M].上海:上海外语教育出版社,2010:39-43.
② 蒋绍愚.打击义动词的词义分析[J].中国语文,2007,(5).

选取的语言材料具有一定的代表性。由于语言对比涉及两种语言,我们不仅要保证语言材料内部的一致性,还要保证两种语言之间的可比性。因此我们必须注意语言的语体、体裁、年代、文体风格等几方面的问题。

5. 分析对比

分析对比是对比研究的核心部分。分析对比是指在已有研究的基础上,以某一确定的理论框架对搜集的语言材料作某一方面的分析和对比。

6. 总结

在分析对比以后,总结这一对比研究的成果,讨论其理论意义和应用价值。同时可以指出这一对比研究的局限性,提出自己对今后这方面研究的进一步设想和建议。

三、案例剖析

(一)"洋腔洋调"探源——汉英音位系统对比研究①

这是基于结构主义语言学理论的对比分析。

1. 在第二语言教学中观察到某一具体问题

金定元(1986)发现,成年人学习第二语言/外语时,语音上普遍存在"洋腔洋调"的现象。例如,以英语为母语的学生可能会把汉语"很好"[xən xaʊ](hěn hǎo)误发成[hen haw](相当于英语 hen"母鸡"和 how"怎样"的结合)。

2. 确定对比基础

在埃利斯(1966)、许余龙(1988)提及的九类对比基础上,金定元(1986)是将现代汉语和英语的语音系统作为对比的参照点。汉英语音系统都相对封闭,系统内各个项目之间互相制约,具有可比性。

3. 采用同一描述框架对汉英语言中语音系统进行平行描述

语言的音位系统可以分为元音、辅音两大系统。金定元(1986)基于生成音系学和结构主义语言学的理论,从元音、辅音、音位分布和变体、音节结构、超音段音位等方面系统地对比汉英语言的异同。

汉英元音音位系统的对比,包括舌头在口腔中的高、中、低、前、后位置。如表9-1、表9-2所示。

表9-1　汉语普通话单元音6个

	前		后	
	不圆唇	圆　唇	不圆唇	圆　唇
高	i	ü		u
高中			ɤ	
低中				ɔ
低			a	

---

① 金定元."洋腔洋调"探源——汉英音位系统对比研究[J].语言教学与研究,1986,(4).

表 9-2　英语单元音 12 个

	前		后	
	不圆唇	圆 唇	不圆唇	圆 唇
高	i I			u U
高中	e			o
低中	ε		ə ʌ ɜ	ɔ
低	æ		a	

汉英辅音音位系统的差异,可以从发音部位、发音方式进行对比。如表 9-3、表 9-4 所示。

表 9-3　汉语辅音表

发音方式 ＼ 发音部位	双唇音	唇齿音	齿音和齿龈音	卷舌音	硬腭-齿音音	齿龈-软腭音	硬腭音	软腭音	小舌音	喉音	咽音
塞音	pʰ p		tʰ t					kʰ k			
鼻音	m		n					ŋ			
擦音		f	s	ʂ ʐ		ç		χ			
塞擦音						tɕʰ tɕ					
半元音	w						y	(w)			
流音 边音			l								
流音 非边音			r								

表 9-4　英语辅音表

发音方式 ＼ 发音部位	双唇音	唇齿音	齿音和齿龈音	卷舌音	硬腭-齿音音	齿龈-软腭音	硬腭音	软腭音	小舌音	喉音	咽音
塞音	p b		t d					k g			
鼻音	m		n	ʂ ʐ				ŋ			
擦音		f v		θ ð							h
塞擦音											
半元音	w										
流音 边音			l				y	(w)			
流音 非边音			r								

4. 将描述的结果进行比较并分析

第一,对比汉英元音系统,可以发现两种语言的异同之处,以及由此带来的问题。

英语没有具有[+高][-低][-后][+圆唇]特征的元音/ü/。一部分学生可能会把英语的/yu/这个组合体与汉语的/ü/等同起来。如把女/nü/发成/nyu/。

汉语的/ɤ/具有[-高][-低]([高中])[+后]的特征。英语中具有相同特征的是/o/。但是汉语的/ɤ/还具有[-圆唇]的特征,而英语的[o]却是[+圆唇]的。一部分学生会将英语的[o]与汉语的/ɤ/等同起来,如把"和"/xɤ/发成/ho/。

第二,对比汉英辅音系统的差异及由此产生的问题,可以发现:

英语中没有汉语音位/x/,但是有相似的音节/h/。二者都是擦音,都具有[-自成音节][-响音][+延续音]等特征。但汉语的/x/还有[+辅音]的特征,并且发音部位在软腭,而英语的/h/却是[-辅音],并且发音部位在声门。一部分学生会误认为二者等同,因而按英语/h/的发音去发汉语的/x/。

英语没有/ç/这一音位,但有/ʃ/,二者的区别特征大致相同([-自成音节][-响音][+辅音][+延续音][-前部音][+舌面前音]),但/ç/是齿音-硬腭音,一部分学生可能会忽略这个区别,把[çi](西)发生[ʃiy](相当于英语的 she)。随之而来的是将汉语的/tç/与英语的/tʃ/等同起来。

英语没有卷舌音/ʂ/(sh),学生会用/ʃ/替代,如把汉语的"收"/ʂuɤ/发成英语的"show"/ʃow/。随之把汉语的/tʂ/发成/tʃ/。

此外,[+送气][-送气]在汉语音位系统中是一对重要的区别特征,在英语中是一个次级发音动作。一部分学生会忽略这一特征,如把汉语的/tçʰin/(侵)也发成/tʃin/(英语的 chin),把/tʂʰ/(汉语的 ch)也发成/tʃ/。

第三,汉语音位变体以及由此产生的问题。

汉语的一些元音音位因其周围的语音环境不同而产生变体,如/ɤ/出现在/r/、/n/、/ŋ/前体现为/ə/,出现在/i/前体现为/e/,出现在/i/、/ü/之后,体现为/ɛ/,出现在其他语音环境中体现为/ɤ/。金定元认为,以汉语为母语的人在说话时能通过直觉本能地选择适当的变体。外国学生在没有足够的知识和充分的训练之前,就很难做到这一点。虽然音位变体之间的差别不是区别性的,一般并不导致意义上的混淆,但却使说话者带上口音。

第四,汉英音位分布上的差别以及由此产生的问题。

汉语和英语都有/ts/这个音。英语中的/ts/通常出现在词尾,如 cats,gets,偶尔也出现在词的中部,如 Betsy。而汉语的/ts/则总是出现在词(字)首。英语中能与/ts/有一定的相似之处的音只有/z/。

学生很可能会把汉语词(字)首的/ts/误发成/zuw/,如把汉语的"租"(tsu)误发成/zuw/(相当于英语的 zoo)。汉语和英语都有/u/和/ŋ/,但是分布不同,也导致学习者发音的偏误。例如,英语的/u/从不出现在/ŋ/之前,一部分学生可能把汉语的/uŋ/误发成/ɔŋ/。

第五,汉语音节结构程序以及由此产生的问题。

生成音位学认为 CVCV(辅音+元音+辅音+元音)是人类语言的最佳音节结构,汉语的卷舌音 er,在前面音节以辅音韵尾(鼻韵母)结尾时,就会形成 CVCC 的非最佳音节结构。为了维护最佳音节结构,结尾的辅音鼻韵母中的/n/或/ŋ/常常被删除掉。

肉馅儿/ian/+/r/→[iar]

花卷儿/üan/+/r/→[üar]

账本儿/ən/+/r/→[ər]

门缝儿/əŋ/+/r/→[ər]

没影儿/iŋ/+/r/→[ir]

不了解汉语中这类音节结构程序,单纯按词典上的注音发音,也会出现口音。

第六,汉英超音段音位的差别以及由此产生的问题。

重音。在汉语中,双音节词都有一个主重音和一个次重音,且主重音多落在最后一个音节上。英语双音节词没有主次重音之分,三音节词有重音,但通常不落在最后一个音节上[①]。

大学　牛奶

共青团　博物馆

新闻记者　共产主义

音调。英语的音调只有在句子平面上才是音位,如升调可表示疑问,降调可表示陈述等,在词汇平面上没有区别性意义。汉语的音调在句子、词层面的都是音位。同一列音调不同,意义就不同。如：食言、实验、誓言、试验、试演。此外,轻声使学习者容易产生错误。

言语(yán yǔ) —　言语(yán yu)

德行(dé xíng)—　德行(dé xing)

地道(dì dào) —　地道(dì dao)

音渡。汉语中没有连读,一部分学生可能会把英语连读的模式运用于汉语中,如西安(xī ān),学生误读作(xiān)。

5. 预测或解决学习者第二语言学习中的问题和困难

对于英汉音位系统差异的对比分析,可以对对外汉语语音教学有很大的帮助：1）在事前对学生中可能出现的问题有一个基本的估计,采取适当的措施进行正面引导;2）遇到实际问题时能对其根源有一个较为清楚的认识,从而"对症下药",帮助学生加以纠正。

（二）汉语常用词汇与日语相应汉字词词汇对比研究[②]

这也是基于结构主义语言学理论的对比分析。汉语和日语中存在着大量同形词。日汉同形词指的是日语和汉语中使用汉字相同的词。

从历史上来看,古代日本从中国借用了汉字来标记日语,在长期使用过程中,又根据汉语构词规律和材料,创造了一些新的汉字词,其中有的又被汉语吸收过来。在这样相互借用、相互影响后,这些词语的意义有些相同,有些不同。

1. 在第二语言教学中观察到某一具体问题

汉日具有的汉字词汇在对日本人的汉语词汇教学或对中国人的日语词汇教学中起促进或干扰作用吗?

---

① 单下划线的音是次重音,双下划线的音是主重音。

② 李泉.汉语常用词汇与日语相应汉字词词汇对比——兼论对日本人的汉语词汇教学［A］.第三届国际汉语教学讨论会编委会.第三届国际汉语教学讨论会论文选［C］.北京：北京语言学院出版社,1990.

2. 对比基础

汉日同形词的比较是以语言的物质形式——文字实体为基础展开的。

3. 语料收集

该文以北京语言学院语言教学研究所编《常用字和常用词》(北京语言学院出版社,1985)中,现代汉语《常用词表》的 3817 个词为研究材料①。将这 3817 个汉语常用词与日语相应的汉字词汇进行对比。

4. 采用意义标准对汉日同形词进行对比

根据汉日同形词之间意义的异同,可将它们分为五种类型:相同、基本相同、不同、有同有异和日语无相应汉字词。

1) 汉日相同的词

汉日写法相同相近意义相同的词。这类词有 1445 个,约占 38%。如:

A:写法意义相同的词②

冬[冬]　春[春]　林[林]　茶[茶]　人[人]

男[男]　心[心]　水[水]　千[千]　石[石]

火[火]　左[左]　村[村]　道[道]　汗[汗]

世界[世界]　首都[首都]　地球[地球]　科学[科学]

克服[克服]　九月[九月]　能力[能力]　希望[希望]

取得[取得]　全体[全体]　重量[重量]　作物[作物]

民主[民主]　和平[和平]　光明[光明]　当然[当然]

成果[成果]　参加[参加]　特殊[特殊]　吸引[吸引]

B:写法相近意义相同的词

船[船]　头[頭]　军[軍]　绿[綠]　鸟[鳥]

伤[傷]　树[樹]　巢[巢]　泪[淚]　禅[禪]

白杨[白楊]　保证[保証]　具体[具体]　统治[統治]

客观[客觀]　满足[滿足]　战斗[戰鬪]　阅读[閱読]

灾难[災難]　拥护[擁護]　经验[経験]　欢乐[歓楽]

范围[範囲]　错误[錯誤]　传说[伝説]　复杂[複雑]

A 组汉日词语毫无差别,B 组在书写上有繁简汉字之别。

2) 汉日基本相同的词

该类是指某些汉语词在日语里有相同相近的当用汉字词语,或当用汉字与日语假名构成的合成词与之对应。汉日词义基本相同,或多少有些差异,但基本的、常用的意思一样。这类词有 578 个,占 15%。例如:

A 组:大门[大門]　教育[教育]　大小[大小]

　　　先生[先生]　判断[判断]　北方[北の方]　齐[斉]

---

① 该常用词表是在对 1978~1980 年出版的全国通用的中小学语文课本中的全部词汇作以统计和分析的基础上,就出现最多的 3817 个常用词编排而成的。

② [　]为日语对应汉字词。

方针[方針]　左右[左右]　不必[不必要]　墙[牆]

局面[局面]　头脑[頭脑]　天下[天下]　预备[予備]

B组：白[白い]　薄[薄い]　长[長い]　恶[惡い]

高[高い]　淡[淡い]　低[低い]　贵[貴い]

忙[忙しい]　正[正しい]　大[大きい]　同[同じ]

斜[斜め]　静[静か]　愉快[愉快]　轻快[輕快]

C组：抱[抱く]　保[保つ]　夺[奪る]　住[住む]

笑[笑ろ]　搜[搜す]　作[作る]　急[急ぐ]

即[即ち]　及[及ふ]　单[単に]　常[常に]

更[更に]　最[最も]　爱[愛する]　避[避ける]

变[变わる]　倒[倒れる]　借[借りる]　闭[閉じる]

A 组当中主要是当用汉字词语,B、C 两组的日语词都是当用汉字和假名的合成词。其中 B 组的词都是形容词或形容动词①,C 组日语词主要是动词,其次是副词。

3）汉日完全不同的词

这类词汉日写法相同(或主要为韩日繁简字之别),但意思完全不同或相去甚远。这类词在 3817 个汉语常用词中所占比重不大,只有 154 个,约占 4%。例如：

表 9-5　汉日意思完全不同的同形词

汉　语	日　语
大家	[大家](房东,房主)
汽车	[汽车](火车)
爱人	[愛人](情人)
讲究	[講究](钻研,调查研究)
导师	[導師](主持佛事、葬仪的僧人)
客气	[客氣](血气,年轻人的热情,轻率)
结束	[結束](捆,束,团结)
走	[走る](跑,奔跑,行驶)

4）汉日有同有异的词

词形写法相同,意思有同有异。有 271 个,占 7%。例如：

山水[山水]　平坦[平坦]　军官[軍官]　领袖[領袖]

歌唱[歌唱]　格外[格外]　作风[作風]　究竟[究竟]

事情[事情]　所有[所有]　条件[條件]　单纯[單純]

猛烈[猛烈]　目前[目前]　认识[認識]　人口[人口]

---

①　形容动词是日语中一个词类,是具有形容词意义的一种用言,属于实词,有活用变形。即兼具形容词的意义和动词的活用。

披露［披露］　不同［不同］　亲切［親切］　进行［進行］

气象［気象］　妻子［妻子］　乐［楽］　罪［罪］　情［情け］

5）汉语有而日语无的词

某一汉语词语在日语当中,没有相应的当用汉字词语与之对应。这类词在所考察的词语中,占相当数量。有 1369 个,占 36％。汉语中的助词、介词、叹词、连词等虚词,以及某些固有名词、量词、拟声词、趋向动词、助动词、代词等实词大都属于此类。例如:

啊(叹/助)　似的　吗　了　才　有些　于是　安慰　按照

表达　办法　不错　不过　而且　凡是　猜　唱　掉　打量　点儿

叮当　炯炯　过去(补)　下来(补)　套(量)　替(介)

可以(助动)　看来　把　不至于　抓辫子　春天　斧子　舍不得

它们　宏伟　好容易　加强　广阔　其中　如果　靠近　推翻

听见　大妈　挤　烂　浇

5. 对对比结果进行分析

表 9－6　汉日同形词对比结果

对 比 情 况	词 汇 数 量	所 占 比 重
完全相同的	1445	38％
基本相同的	578	15％
完全不同的	154	4％
有同有异的	271	7％
日语所无的	1369	36％
总词汇	3817	100％

在此对比结果上,这篇文章进行了分析和讨论。

从数据对比结果来看,在 3817 个词语中,汉日意义相同的词语(38％)远远高于意义完全不同的词语(4％)。意义完全相同的(38％)和基本相同的(15％)词语总和,占比重为 53％,也就是说,有一半以上日本学生能够见字明义或者基本理解。

在两种语言都有的词语共 2448 个词语中,其意义异同上的比例变为:相同的词语占 59％,基本相同的词语占 24％,不同的词语占 6％,有同有异的词语占 11％。在 2448 个汉日形同形近的词语中,意义相同或基本相同的有 83％,而形同义异的仅有 6％。

6. 总结

通过对比分析可见,从理论上说日本人学习汉语词语是极为便利和容易的,汉字及其词汇在日本人学汉语的过程中所起到的提高时效的作用是不容低估的。对比是教学中常用的方法,这种方法在对日本学生同形词教学中更会起到事半功倍的效果。

此外,这篇文章认为,这种比较的方法,应该作为一个原则贯穿在词语写法、词义、词性以及使用和搭配关系等教学各个方面。

（三）英汉指示词对比研究①

这是基于系统功能语言学理论的对比研究。许余龙(2010)对比了英汉指示词在表达远近称指示时的用法。

1. 基本语料

汉语母语者和英语母语者表达远近称指示时,汉语用"这"表示近指,用"那"表示远指。英语用 this 表示近指,用 that 表示远指。

This is my desk, and that is your desk.

这是我的书桌,那是你的书桌。

汉语中的"这""那"等一类词和英语中的 this,that 等一类词构成了两种语言的指示词系统,用于表达远近称指示。这是作者需要验证的假设。

2. 比较基础

在表达远近称指示时,英汉两种语言在选用指示词方面有一种相似之处。这种相似之处的制约条件是:两者语言中的远指词都用于表达所指的东西离说话者远,而两种语言中的近指词都用于表达所指的东西离说话者近。这一相似性标准是建立在说话者想表达的指称对象离其远近距离的基础之上的,这一标准也就构成了英汉指示词对比的标准和出发点。

3. 问题提出

在表达指称对象与说话者之间的相对远近距离时,汉语在对指示词形式的选用上与英语有相似之处吗?

4. 初始假设

初始假设表述为:汉语中指示词的使用(X)与英语中指示词的使用(Y)是等同的。也就是说,在表达指示对象与说话者之间的相对距离近的时候,英汉两种语言都用近指词;而在表达指称对象与说话者之间的相对距离远的时候,英汉两种语言都用远指词。

5. 验证假设

这是对比功能分析研究所要做的最主要的工作。具体的对比研究需要确定具体的验证方法,以便从双语语料中寻找语言证据来支持或推翻初始假设,并在初始假设不成立时,对其做出更符合语言使用实际情况的修正。

许余龙采用了定量和定性分析。定量分析的双语语料是 W.S.Maugham 的小说 Cakes and Ale 和章含之与洪晃的中译本《寻欢作乐》中的第 5 章。对比分析汉语和英语的远近称指示词在多大程度上是翻译对应的。定性分析的双语语料是 Cakes and Ale 等英文小说及其中译本,以及《家》《子夜》《倪焕之》等汉语小说及其英译本。分析的目的是找出在表达什么样的概念距离时,英汉远近称指示词在使用上有差异。

定量分析发现,在所收集的语料中,虽然英语近指词 this 主要译为汉语中的对应词"这"(表 9 - 7),但英语远指词 that 译为汉语近指词"这"的次数(6 次)甚至比译为对应的远指词"那"的次数(4 次)还多。见表 9 - 8。

---

① 许余龙.对比语言学(第 2 版)[M].上海:上海外语教育出版社,2010:305 - 309.

表 9－7　英语近指词 this 在中译本中的汉语翻译对应词

	这	今 天	其 他	小 计
this	3	2	1	6

表 9－8　英语远指词 that 在中译本汇总的汉语翻译对应词

	那	这	其 他	小 计
that	4	6	3	13

定量分析结果表明,初始假设存在问题,英汉指示词的使用并非完全相同。

再看中译本中远近称指示词从英文原文中的翻译情况。如表 9－9、表 9－10 所示:

表 9－9　中译本中的近指词在英语原文中的翻译对应词

	this	here	such	it	the	that	there	then	其他	小计
"这"	3	0	1	10	8	5	0	0	17	44
"这"组合词	0	3	1	1	0	1	1	1	5	13
合计	3	3	2	11	8	6	1	1	22	57

表 9－10　中译本中的远指词在英语原文中的翻译对应词

	that	those	then	there	it	the	其他	小计
"那"	2	1	0	0	5	15	12	35
"那"组合词	2	0	1	2	1	1	13	20
合计	4	1	1	2	6	16	25	55

虽然中译本中的远指词"那"和"那"组合词有相当一部分译自对应的英语远指词 that、those、then 和 there,但是汉语近指词"这"和"这"组合词除了译自对应的英语近指词 this、here 和 such 外,确有一些是译自英语远指词 that、there 和 then。这再一次证明初始假设可能不成立。

从表 9－9、表 9－10 中还可以看到,有相当数量的汉语远近称指示词不是译自英语的远近称指示词,而是译自英语中的 it 和 the。这揭示了英汉两种语言潜在的指示词系统的差异,即英语指示词系统具有不同的内部构成,为了使用者提供了不同的选择可能性。

英汉系统指示词系统差异如下表:

表 9－11　英汉系统指示词系统差异

汉语指示词		英语指示词	
远称	那,那些,那里	远称	that,those, there
		中性	it, the
近称	这,这些,这里	近称	this,these,here,etc.

　　上表可见,在形式上英语指示词系统比汉语多了一类显性的(overt)中性指示词,这类指示词没有明确标示出所指对象的远近,其中 it 用作中心词,the 用作修饰词。由于汉语中没有现行的中性指示词,因此要么用隐性的(covert)零形式,要么选用"这""那"或它们的组合词。

　　接着,许余龙对英汉远近称指示词表达的远近距离进行定性分析,具体目的是分析为什么英文原文中的一些远指词会译为汉语中的近指词,而汉语原文中的一些近指词会译为英文原文中的远指词。方法是根据英汉远近称指示词在实际语篇中的表达的功能,将距离这一概念进一步细分,然后逐类对比分析研究。

　　远近称指示词的基本指称功能是表示所指对象的远近距离,这一远近距离可以是空间上的,也可以是时间上的,或是篇章话语中的。空间距离是指指称对象在实际话语环境中离说话者的远近距离;时间距离是指提及的事物在时间上离说话时的远近;篇章距离是指篇章话语中说过的话或提到的事是说话者自己说的还是交际对方说的。

　　定性分析表明,英汉远近称指示词在表达空间、时间和篇章距离时的主要区别在于:与英语近指词相比,汉语近指词可以更多、更自由地用来表达心理上的近,而不是实际的空间、时间或篇章上的远近。这一结果部分解释了表 9－8 中英语远指词 that 译为汉语近指词"这"的情况。因为如果实际距离远的话,英语通常只能用远指词 that 来指称;而汉语可以用近指词"这"来表达心理上的近,以便使故事的叙事更为生动。

　　6. 修正假设

　　英汉语远近称指示词的使用具有如下相似性:在表达指称对象与说话者之间的实际距离近的时候,英汉两种语言都用近指词;在表达指称对象与说话者之间的实际距离远的时候,英汉两种语言都用远指词。但同时,英汉远近指示词的使用也具有如下差异:与英语近指词相比,汉语近指词可以更多、更自由地用来表达心理上的近。

(四)"水"与 water 的对比研究①

1. 提出问题

英汉两种文化对相同事物的认知是否具有可比性?

2. 确定对比基础

在汉英两种语言中,"water"和"水"最基本的概念都表示一种"无色、无味、透明的液体",所指的外部世界的物质基本相同,这是对比分析的出发点。

3. 语料搜集

贾冬梅、蓝纯(2010)的语料,英文部分来自 Oxford English Dictionary(OED);Longman Dictionary of Contemporary English(LDCE);The Concise Oxford Dictionary(COD);汉语部分来自《现代汉语词典》,并参考《汉英词典》。

---

　① 贾冬梅,蓝纯."Water"与"水"的认知词义对比分析[J].外语教学理论与实践,2010,(3).

4. 采取同一对比框架进行描述

贾冬梅、蓝纯(2010)采用了 Evans(2006)提出的原则性多义词分析法来描述英汉词义系统[①]。它有三个标准：1)词义标准(the meaning criterion)：若要将词语的某个意思算作多义词，那么该词义在该词的其他词义中一定未曾得以体现过。2)概念阐述标准(the concept elaboration criterion)：该词具有独一无二或与其他词义全然不同的概念阐述模式。3)语法标准(the grammatical criterion)：该词义出现在特定的语法结构中。

按照上述三个标准，贾冬梅、蓝纯(2010)，将 LDCE、OED、COD 以及《现代汉语词典》中有关"water"和"水"的语例全部罗列出来，对二者的原型词义和语义拓展进行了对比分析。

第一，原型词义

(1) Danzel dived into the water and swam towards her.(LDCE)

(2) The water edge(LDCE)

(3) By water(OED & COD & LDCE)

(4) 水上人家

(5) 水陆交通

(6) The water of the Amazon(LDCE)

(7) The coastal water of Alaska(LDCE)

(8) 长江水

(9) water on the brain /knee(OED & COD & LDCE)

(10) 脑/膝盖/关节积水

(11) Water break(OED & COD & LDCE)

(12) 羊水破了

(13) 泪水

(14) Strong water(OED)

(15) 酒水

首先，从词义标准看，(1)~(5)都指的是水域，(6)~(8)指的是水体。从概念阐述标准看，water 指水域时，通常置于介词或定冠词之后(the water, the water's, by water)，指水体时，则置于名词所有格结构当中(the waters of...)。"水"指水域或者水体时，都带有限定成分。从语法标准看，"water"指水域时，是物质名词，没有数的变化；指水体时，以复数形式出现。汉语"水"指水域时，要么在其后添加介词，要么与"陆"并用，表示一个与陆地相对的概念(水上；水陆)；指"水体"时，则在前面添加限定词语(长江水)。限定成分、所有格结构以及形态变化为"water"与"水"的基本词义添加了域的范围和立体的含义。这与原则性多义词分析法的三条标准相吻合。

再看例(9)~(15)，从词义成分看，"water"和"水"也可以指含有水成分的物质，包括体液和酒水。从阐述概念标准来看，(9)(11)(14)例中"water"的用法均为固定搭配。从语法

① Evans, V. & M. Green. *Cognitive Linguistics*：*An Introduction*[M]. Edinburgh：Edinburgh University Press, 2006：328−355.

标准来看,"water on the brain/knee"是人体内多余的水分,其中"water"以物质名词形式出现,后面添加了状语。"waters break"指孕妇体内的羊水,其中"waters"虽然是复数形式,但根据 OED 的例句和说明,在历史上它曾经以单数形式出现过。例(14)"strong water"指酒,"water"在这里也以物质名词出现,前面添加限定成分。在例(10)(12)(13)(15)中,从概念阐述标准来看,"水"都带有限定成分;从语法标准来看,"水"仍然是物质名词,它带有的限定成分说明究竟是哪一种水。

从例(1)~(15)可以看出,"无色、无味、透明液体"这一词义是"water"与"水"最先被认识的意思,是水域、水体以及含有水的成分这三项语义拓展的根源。换句话说,"无色、无味、透明液体"是"water"与"水"的原型词义,在"水"的语义网络中占据中心地位。

第二,语义拓展

1)相同的隐喻

A. 都被隐喻困境和险境,如:

(16) deep/unknown water(OED & COD & LDCE)

(17) in deep water(s)(OED & COD & LDCE)

(18) keep your head above water

(19) 水深火热

B. 都被隐喻复杂的形势。这种形式取了"水"浊度的特点。如:

(20) pour oil on troubled waters(OED & COD)

(21) muddy the waters(OED & COD & LDCE)

(22) 把水搅浑

(23) 浑水摸鱼

(24) 蹚浑水

C. 形容清纯明净的眼睛。这种用法选取了水纯净透明的特点。如:

(25) 水汪汪的眼睛

(26) limpid eyes

都携带表示温度的修饰成分,如:

(27) pour cold water over/on(OED & COD & LDCE)

(28) 给……泼冷水

D. 隐喻时间的流逝和无可挽回的形势,这种隐喻取了水的动态的特点。如:

(29) It's been quite a time since we last met. Water under the bridge, as they say.(OED)

(30) But a lot of water has gone under the dyke since then. (OED)

(31) 时间如流水

(32) 覆水难收

E. 隐喻"挥霍"

汉语中有"花钱如流水"的表达,英语的相应表达是"like water",这两则短语都体现出钱财的挥霍与水一去不复返的意象有相通之处。

F. 与金融相关

在汉语里,"水"可以指附加的费用或者额外的收入,比如"汇水""外水""流水""薪水"。在英语里,"water"可以指投资超过资产实际价值的部分。比如:

(33) The Committee does not produce any evidence to show that it is the dread of "water" which is now keeping the foreign investor out of Wall Street.(OED)

(委员会未能提供任何证据来证明正是处于当前超过资产实际价值的投资的恐惧,外国投资者才远离华尔街)。

G. 水的稀释功能在两种语言里也能用于隐喻对原来的声明或计划等的削弱。

(34) a watered-down version of the original(LDCE)

(35) 他的话有水分。

H. 用来隐喻人的性情。这种隐喻取了水的静态的特点。比如:

(36) still waters run deep (OED & COD & LDCE)

(37) 静水流深

I. 在汉语中"水"还被用来比喻百姓,与政治相关。比如:君舟民水;军民鱼水情;水能载舟亦能覆舟。在社会政治生活中,百姓是统治者和军队的基础,基础稳固则上层建筑稳固,基础薄弱则上层建筑摇摇欲坠。在自然界中,水能承载舟船,养鱼鱼类;也能颠覆舟船,毁灭众生。所以若将统治者比作舟,军队比作鱼,那么"水"就喻指大众百姓。有意思的是,英语也有一则意思相近的谚语。

(38) The water that does the boat is the same that swallows it up.

此类隐喻应该与水的能量有关。

例(16)~例(37),都显示了"water"和"水"相同的语义拓展,而且这些拓展在语法结构甚至修饰成分的含义方面的表现也不乏相同之处。

2) 不同的隐喻

A. 英语独有的隐喻

"water"从概念阐述标准来看,这些隐喻既取自水的性质,又取自语言使用者的身体体验,是二者的结合;从语法阐述标准来看,这些用法大都是固定搭配。比如:

(39) test the water(试探人们的反应)(OED & COD & LDCE)

(40) tread water(裹足不前)(OED & COD & LDCE)

(41) under water (生活不成功)(OED & COD)

(42) water in my shoes (令人不快的感觉)(OED & COD)

(43) in hot water(不舒服的处境,困难、困扰)(OED)

此外,"of the first water"这一表达汉语没有,它表示钻石的品类和等级都是第一流的,取了水纯净透明的特点。

B. 汉语独有的隐喻

"水"在汉语里独有的一个意思是指洗的次数,比如"这衣裳洗了几水也不变色"。若将这句话译成英语,要用"wash"这个动词,而水只是隐含的工具。

汉语用"水灵"形容容貌,英语里则似乎罕见用"water"来形容相貌的表达。

此外,"水"在汉语里有时用来贬低女性,这在英语里也比较罕见。

（44）祸水

（45）水性杨花

"祸水"通常用来比喻引起祸患的人或集团,旧指得宠而使国家丧乱的女性;"水性杨花"指水势随势而流,杨花随风飘荡,比喻妇女作风轻浮,用情不专一。究其原因,一方面要考虑水的性质,另一方面这些汉语词语背后携带着很深的文化背景以及由此而生的复杂的隐喻系统。

5. 对对比结果加以分析

"water"和"水"的语义拓展网络图表:

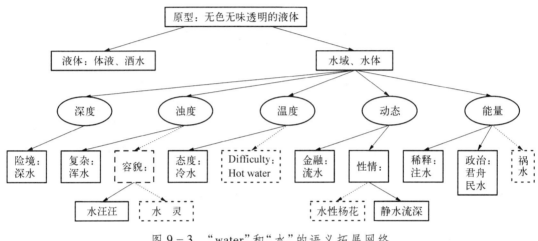

图 9 - 3　"water"和"水"的语义拓展网络

实线表示两种语言共同的语义拓展和语言表达。虚线表示该语义拓展和语言表达为汉语或英语所独有。英汉两种文化对水这种物质的认知相同点多于不同点。水这种具体物质在英汉文化中都被抽象化了。英汉两种语言的使用者都利用自身对水的经验来理解抽象的概念,是抽象概念具体化。

除了身体体验,还有其他因素的影响。水是古代中国五行哲学的重要元素之一。在五行哲学中,金木水火土并非单纯指的是客观世界中的五种物质,而是五种概念,五种运动形态。对于"水"这一概念而言,五行哲学强调的是其滋润、向下、寒冷的性质。"祸水"一例就显示出古代中国五行哲学的影子。

对西方世界影响巨大的古希腊哲学认为水是万物的本源形态,《圣经》似乎也持相同观点。据《圣经》记载,土地源于水,也被水所毁灭。水在基督教中象征上帝的关爱与救赎,洗礼便是用上帝赐予的水洗去受洗者身上的原罪,从而使受洗者得到拯救。在《圣经》中水本身并没有魔力,但是它能让信徒感受到上帝的存在。这或许是"water"贬义用法罕见的原因。

6. 结论

通过词义标准、概念阐述标准、语法标准进行英汉词义对比研究,清晰描绘了语义拓展网络。在词汇教学中,对词义的拓展以及拓展原理做适当说明有助于培养学生对多义词词义网络的自觉意识,这种自觉意识又能促进学生自主学习,提高学习效率。语言反映认知,认知在语言中体现。外语词汇教学应该统筹把握词语的原型词义和拓展词义。

思考题

1. 如何理解对比语言学的目标和意义?

2. 语言的对比基础有哪些类型? 请结合汉语的特点,举例说明。

3. 第二语言学习者受到母语影响,在学习汉语时会出现语音偏误现象。请你结合某一母语背景学习者的语料,分析学习者语音的偏误现象,并从汉外对比角度谈谈原因。

4. 母语为英语的第二语言学习者在学习汉语的过程中,会出现一些不当表达,例如:

① 那些小鸡又大又胖,能卖个好价钱。

② 他又弯又厚的眉毛下面长着一双漂亮的眼睛。

③ 他们个子较低,不容易被发现。

④ 中国是人口很大的国家。

请从汉外对比角度分析这类词汇偏误现象产生的根源及教学对策。

5. 汉外语言存在着"假朋友",如:dry goods、white lie、blue Monday、eat one's word,并不是"干货""白色的谎话""蓝色星期一""食言",而是"纺织品""善意的谎言""倒霉的星期一""收回之前的话"。请说一说这类词语有何特点? 如何在教学中教授这一类词语?

6. 你认为可以进行哪些以语法范畴为基础的对比研究? 如何开展?

进一步阅读

李瑞华.英汉语言文化对比研究[M].上海:上海外语教育出版社,2000.

李自俭.英汉对比研究论文集[M].上海:上海外语教育出版社,1999.

王寅.认知语言学[M].上海:上海外语教育出版社,2007.

许余龙.对比语言学(第2版)[M].上海:上海外语教育出版社,2010.

许余龙.对比语言学概论[M].上海:上海外语教育出版社,1992.

第十章　社会语言学方法与汉语研究

　　"社会语言学"作为术语,最早出现在美国语言学家哈佛·丘里(Haver C. Currie)1952
年发表的《社会语言学的设计:语言和社会阶层的关系》一文中;而一般认为,社会语言学兴
起于 20 世纪 50 年代中期,1964 年后发展成为一门独立的学科。1964 年 5 月,第一次社会语
言学会议在美国洛杉矶的加利福尼亚大学召开,会议接受了"社会语言学"这一术语,标志着
社会语言学正式成为一门独立的语言学分支学科。① 社会语言学作为一门独立的学科,在
20 世纪 70 年代末 80 年代初引入中国,目前在多个方面已取得了丰硕的研究成果,尤其在中
国发展和社会变化迅速的今天,社会语言学的研究越来越受到重视。

　　本章对社会语言学和研究方法进行一个简单的介绍,使读者对社会语言学有一个大致
的了解,并能够利用社会语言学研究的基本方法对相关语言问题进行研究。综观本章内容,
总体情况如下:

　　第一部分是理论介绍。首先,介绍了社会语言学的内涵,指出社会语言学内部的三种研
究方向,并且点出什么是狭义的社会语言学和广义的社会语言学。其次,对社会语言学研究
的对象和基本任务进行介绍,社会语言学将研究语言和主、客观的社会因素之间的关系作为
研究对象,基本任务是研究语言的社会本质和差异,以及从社会发展需要对语言规范进行的
规划。再次,介绍了社会语言学的语言观和方法论,社会语言学坚持语言的异质观,强调对
"进行中变化"的研究,方法论上认为必须采取统计分析的方法。最后对社会语言学的一些
基本概念进行了介绍,包括语言的社会传播、语言行为、语言交际和接触三个方面,介绍了语
言变数、语言变项、语言主体类型和语言、语域、语码转换、语码混用、言语社区、言语行为和
言语态度等一些概念。还简单介绍了当前社会语言学研究的热点,主要介绍了语言规划和
语言政策、第二语言教学中的社会因素两个热点。

　　第二部分是社会语言学的研究方法。社会语言学的基本研究方法是调查统计分析方
法,对这一基本方法实施的程序进行了介绍,着重介绍了搜集资料的几种方法。然后,介绍
了社会语言学几种常见的具体研究方法,包括定性分析、定量分析和抽样法三种方法。

　　第三部分是社会语言学方法在实际调查研究中的运用。先是以拉波夫(W. Labov)《纽
约市百货公司(r)的社会分层》和彼得·特鲁杰(Peter Trudgil)《英国诺里奇市方言研究》两
个典型的案例介绍了国际上社会语言学方法在调查中的运用,接下来着重介绍了社会语言
学方法在汉语学界的运用,介绍了女国音研究、现代汉语字母词研究、中日书面语相互间可

---

① 参看戴庆厦.社会语言学概论[M].北京:商务印书馆,2004:7.

懂度研究以及"有+动词"句式的扩散四个汉语学界典型的社会语言学研究案例。

对汉语学界来说,社会语言学还是一门比较新的学科,我们需要在向国际社会语言学学习的同时,还要结合自己的国情和实际社会情况,提出自己的一些理论观点及研究方法模式,促进中国社会语言学的不断发展。

一、理论介绍

（一）社会语言学的内涵

"社会语言学"是语言学的一个支派,然而,这一个词所包含的实际含义远比它字面义要宽泛得多。社会语言学包含多个门类,从产生之初,学者们对于这一名称就有各自不同的理解。通过社会语言学的创始人对于这一学科进行的描述,就可以看到,社会语言学在早期就存在着三种不同的看法:

第一种看法:社会语言学在语言学的范畴之内。这一观点的代表是当代社会语言学的奠基者之一,美国的社会语言学家拉波夫。拉波夫把社会语言学称作是一门现实社会中的语言学。拉波夫认为语言学理论和实践想要取得成功,就必须立足于平常生活中真实使用的语言。

第二种看法:社会语言学是言语交际学科。这一观点的代表是海姆斯(H. D. Hymes)[①]。海姆斯认为语言是一种交际工具,语言活动是构成社会活动的重要组成部分。对语言进行研究,首先要对言语交际活动的结构以及其社会功能进行研究。

第三种看法:"社会语言学事业"必须大力发展语言社会学。这一观点以约书亚·费什曼(Joshua A. Fishman)为代表。费什曼在"社会语言学"之外又提出了"语言社会学"这一名称,认为社会行为与语言行为之间存在着许多必然的联系,对社会行为与语言行为之间的复杂关系以及变化的过程进行研究,促使社会语言学跟语言社会学相互补充,共同发展[②]。

在上面提到的三种社会语言学的研究方向,由拉波夫开创的语言变异研究被称作狭义的社会语言学,而由海姆斯创立的民族志学与费什曼创立的语言社会学则被称为广义的社会语言学。

社会语言学既然包含许多不同的研究方向,同时包含不同的研究目标,那么它的内涵该怎样定义呢?《中国大百科全书·语言文字》(1988:336)对"社会语言学"内涵的解释是:"研究语言与社会多方面关系的学科。它从不同的社会科学角度(诸如社会学、人类学、民族学、心理学、地理学、历史学等)去考察语言,进而研究在不同社会条件下产生的语言变异。"简言之,社会语言学的内涵是从社会角度,以及从不同的社会科学角度去揭示语言的性质,观察、描写和解释语言。对社会语言学内涵的这一解释,优点在于,不仅点出了社会语言学的中心问题是研究语言的变异,同时将社会语言学的包容性和多样性也体现了出来。

---

① 海姆斯,美国语言学家,社会语言学的代表人物之一。
② Fishman, J. *Advance in the Sociology of Language*[M]. The Hague: Mouton, 1971: 7 – 8.

（二）社会语言学的研究对象和基本任务

任何一门学科能够存在的一个前提条件就是,有自己明确的研究对象。就社会语言学来说,虽然在 20 世纪 60 年代产生之初,研究对象还不是很明确。但近些年来,随着社会语言学研究的不断深入,研究对象越来越明确,归纳起来主要包括三个方面：第一是研究语言中的变异现象,通过联系社会因素对语言变异产生的原因和规律进行探讨,这就是所谓的"微观社会语言学"；第二是对社会中存在的语言问题进行研究,诸如双方言、双语、语言的接触等语言问题,被称为"宏观社会语言学"；第三是对人们在实际生活中如何使用语言交际进行研究,以及不同社会、不同社会群体存在的语言差别,被称为"言语人种志学"。总而言之,不管是哪种研究方向,社会语言学的研究对象是研究语言和主、客观的社会因素之间的关系。

每一个独立的语言学学派,都有自己的基本任务,社会语言学也不例外。社会语言学的基本任务是研究语言的社会本质和差异,以及从社会发展需要对语言规范进行的规划。

（三）社会语言学的语言观

语言的最本质属性是社会性,语言随社会的发展变化而改变。语言受语言主体等多种社会因素的制约,这必然造成语言系统是开放性的,因此社会语言学所秉持的语言观是语言的异质观,而在语言系统的变化问题上,则坚持"异质有序"观。社会语言学认为一种语言或者方言的系统在内部并不是一致的,而是会因为场合、人群而异,不同的社会阶层会有不同的标准,其内部是有差异的,但其内部结构以及演变还是有规律可循的,是可以通过观察实验和统计分析出的。

社会语言学认为语言是一种动态的、不自足的、开放的异质系统,而不是静态的、自足的、封闭的同质系统。社会语言学重视研究共时的、异质的语言,强调"进行中的变化"的研究,即重视对语言的变异或者变体的研究,并且通过研究语言变异与有关社会因素之间的相互关系,以及异体进行扩散的社会机制,来从共时的语言变异中对历时的语言变异规律进行研究,最终建立相关的语言变异理论。

（四）社会语言学基本概念和观点

经过拉波夫等众多社会语言学者长期的探索,目前已经形成了较为系统的社会语言学理论,这些理论主要体现在一系列基本概念和观点上。社会语言学所研究的核心问题是语言变异,并且认为受社会、文化和个人因素的影响,语言变异经常发生,变异的情况千差万别,变异的条件也各不相同,基于以上认识,形成了以下几类基本概念和观点。

1. 语言变项

语言的社会传播主要涉及语言变项这一概念,语言变项主要涉及语言的三要素,即：语音、词汇、语法。三方面中的任何一项,如果在语言的社会传播中发生变化,都属于社会语言学研究的范围。

语言变项在社会语言学中占有重要地位,是其调查工作中的基本单位之一,换句话说,也就是调查某种语言变异。假如一种语言形式根据语境的不同,有不同的表现形式,那么这一语言形式就是一个语言变项,其在不同语境中的表现形式就是该变项的不同变式。

在开展调查工作之前,就必须预先设定相应的语言变项。"语言变项"主要包括语音变项、词汇变项和语法变项三类,而其中最常见的是音系变项。例如,在英语中,后缀-ing 就是一个语言变项,它有-ing、-in 两个变式。特鲁杰通过调查发现,社会阶层较高的人经常会选择发-ing,而社会阶层较低的人会选择-in。

2. 语言行为

语言行为方面,主要从语言主体与语言类型、语域与语言变体两个方面进行介绍。

(1)语言主体与语言类型

这里所说的语言主体,即语言使用者,可以根据不同的性别、年龄、性格、社会阶层以及职业等因素对语言主体进行不同分类。社会语言学研究表明,语言主体的性别、年龄、性格、职业的不同对语言使用有着十分重要的影响,由此往往造成不同社会群体有着不同的语言特点。

A. 性别

性别是语言主体中一个十分重要的方面。语言的性别上的差异,是世界语言中一种普遍存在的现象。比如在泰语中,句末语气词有 krab、ka 两个,但是 krab 只能用于男性,而 ka 只能用于女性。男性和女性在语言的习得、语言能力以及语言运用方面都存在着一定的差异。性别不同造成的差异,主要是在生理、心理和社会三个不同而又互相关联的三方面因素综合作用的结果。由于语言主体性别造成的语言方面的不同,可以从语音、词汇和语法三个方面来进行思考。

a. 语音

语音方面,相比于男性,女性更具有性别角色的意识。赵元任(1928)发现,苏州话中的"好、俏"等字,女性多将其读作/æ/韵,相应地,男子的读音则比/æ/要略靠后一些[①]。

b. 词汇

词汇方面,因为语言主体性别的不同,也会存在一些差异。同样说一种语言,某些词汇往往为女性所使用,而男性很少会使用这些词汇。例如,在粤语中,"衰人""衰公"这两个词往往只是用于女人骂男人的场合,而男性则很少会使用。而对于一些教育水平比较低的男性,在说话时经常会在话语中夹带一些比较粗鲁的口头禅,而这些口头禅女性则很少会使用。

c. 语法

语法方面,与男性相比较,女性更多地使用含有征询口气的感叹句、疑问句以及各种比较委婉的表达方式。例如,上海的女性会更多地使用希望得到对方肯定回答的"是哦?""对哦?""好哦?"的问句,更多地使用"瞎嗲!""要死!"这种感叹句。而且,女性说话时更注重情感,以及相应的措辞、语气和语调,比较善于表达以及沟通,而男性则更多地关注内容,对于措辞关注则比较少,大多喜欢直奔主题,平铺直叙。

B. 年龄

语言主体的年龄不同,造成语言的年龄差异。即使是在使用同一语言的同时代的一个

---

①　赵元任.现代吴语的研究[M].北京:商务印书馆,1928:81;转引自祝畹瑾.社会语言学概论[M].长沙:湖南教育出版社,1992:107.

群体,因为年龄的不同,相应的语言就会有不同的特点。年龄层次一般至少包括青少年、中年和老年几个阶段。而在研究语言主体年龄对语言造成的影响时,主要是通过对比青少年和老年人的语言特点来进行研究。其中,一般将老年人称作老派,青少年则一般被称作新派。对于新派和老派语言特点的不同,我们主要从语音、词汇两个方面进行比较。

　　a. 语音

　　语音方面,新派和老派最大的区别就是语音系统方面的差异。例如,在香港粤语中,边音声母 l 和鼻音声母 n 原本是可以互相替代的音位变体,这一现象还保留在老派中,但是在新派中,n 和 l 已经合并为 l。例如"奶"在老派中仍有 lai 和 nai 两个读音,而在新派中只有 lai 一个读音。

　　b. 词汇

　　词汇方面,是老派和新派不同最明显的方面。新派经常使用一些比较新的词汇,而且所使用的词汇比较接近书面语,而老派的词汇则以方言词汇较多。例如,在吴语中,原先老派将"电影"和"越剧"分别称为"影戏"和"戏文"。现在,随着全国普通话的推广以及传播媒介的影响,新老派都有着词汇向普通话靠拢的趋势。

　　C. 职业

　　语言主体因为职业的不同,其语言特点也会有所不同。职业不同,呈现在语言中最明显的就是不同职业的人使用不同的行业语,也就是所说的"行话"。行业语根据是否具有保密性质,可以分为两类,一类是不具有保密性质的行业用语,例如戏剧界的"下海、打圆场、客串"等专业用语,或者是虽然起初具有一定的保密性,但是随着时间的推移,保密性逐渐消失。例如黑话中的"金盆洗手"等。另一类是具有一定保密性质的行业语,一般只对本行业的人公开,也可称为"秘密语"。一般来说,秘密语的类型繁多,数量也很大,例如黑社会的黑话都是对外界不公开的。

　　(2)语言变体和语域

　　A. 语言变体

　　语言是不断发展变化的,甚至可以说每时每刻都在发生着变化。相应地,那些与社会因素息息相关的语言变异便会成为社会语言学研究的重点。语言变异存在的各种不同形式,就是所说的"语言变体",然而"语言变体"是一个内涵十分宽泛的概念,只要语言处于一定的社会分布范围内,就可以称之为是一种语言变体。例如,在美国,标准的英语可以看作英语的"上层变体",比如名词作复数时要加上后缀-s,例如"两只狗"应该说成"two dogs",而美国底层的黑人所使用的英语则没有相应的规则要求,名词在作复数的时候并没有添加相应的后缀-s,所以"两只狗"会说成"two dog",因此这种美国底层黑人使用的英语可以看作英语的"下层变体"。语言变体同语言变项不同,语言变体指的是某一项语言要素在不同社会群体中所发生的不同形式的变化,语言变项指的是某一项语言要素在语言的社会传播过程中所发生的变化。

　　社会语言学的研究对象是那些具有辨别社会功能的语言变体,那些不具有社会辨别功能的某些语言成分的变化,并不是社会语言学所关心的"语言变体",也不是社会语言学的研究对象。例如,普通话中的后鼻音,有些人在发音的时候比较到位,而有些人在发音的时候很不到位,甚至是同一个人,有些时候发得比较到位,有些时候却发得不到位。但是不管发得到不到位,这些不同并没有辨别社会功能的社会意义,并不具有社会分层的功能,并不是女性和男性发音之间的区别,也不是青年人和老年人之间发音的区别,所以这一区别并不是社会语言学中的"社会变体",不是社会语言学研究的对象。

社会语言学中的"语言变体"是从区别社会意义的角度划分出来的,与结构语言学所划分的"音位变体"是完全不同的两个概念。在结构语言学中,音位变体并不具有区别意义的作用,所以同属于同一个音位。然而,在社会语言学看来,即使不同的音位变体不具有区别意义的作用,但是其可能具有不同的社会功能,从而是不同的"社会变体"。例如,北京话中零声母的合口呼有[v]和零声母两个音位变体,在结构主义语言学来说,因为这两个音位没有区别意义的作用,所以没有区别的必要。而对于社会语言学家来说,发[v]变体的大多是女性,所以这两个变体有区别社会意义的功能,具有辨别不同社会成员的功能,所以是不同的"语言变体"。总而言之,具有辨别社会功能的语言变体才是社会语言学所要研究的对象。

B. 语域

社会语言学所说的"语域",并不是按社会阶层或者是地域进行划分的语言变体,而是根据语言使用中的目的以及社会情景的不同而划分出的语言变体,简单地说,语域即语言使用的领域,包括在不同职场中所使用的语言,就类似于前面我们所说的行业语,例如汽车司机、国税税务员、检察官或者内科医生在工作中所使用的语言。语言使用的领域可以从不同角度分类,因此种类非常多,可以包括课堂用语、家常用语、演讲用语、新闻广播、办公用语以及与孩童谈话、与外国人聊天、口头自述等不同的领域种类。

基于社会语言学的主要研究对象和基本研究任务,要确定一个言语交际事件属于哪一种语域,主要从语场、参与者以及语式三个方面进行考虑。其中,语式主要包括口语和书面语两种方式,而口语又可以细分为照本宣科、高声朗读等形式,而书面语又可以细分为书信、新闻报道、论文等形式。

3. 语言交际和接触

在语言交际和接触方面,根据不同的关注对象,又可以分为以下三个方面:(一)语言变换。这方面包括语法转换、语法混用、语言变异等,这都是由于语言交际或接触造成的语言系统内部发生变化的结果;(二)语言竞争。这方面包括双语、语言竞争、言语社区,都是某种语言存在的现实环境;(三)语言态度。社会群体对某种语言的态度。下面分别进行说明:

(1) 语言变换

A. 语码转换

语码转换是指说话人在交流或谈话的过程中,从运用一种语言或者方言变换到运用另外一种语言或者方言的现象。比如一个人在聊天的时候,刚开始使用的是汉语,后来突然转换到使用英语,这一现象就是语码转换。引发语码转换的原因有很多,其中比较常见的有语言情结引起语码转换、利用语码转换进行保密、场景转换引起相应的语码转换、话语对象不同引起的语码转换、双语熟练程度不同引起的语码转换等。语码转换是谈话策略中十分重要的一条,具有许多重要的作用,至少有展现语言优越感、表达中立的立场、显明身份、重新组织谈话的参与者、改善聊天气氛等重要作用。

B. 语码混用

语码混用又称为"语法混合",是指在交谈中,语句中夹杂着其他语言的词汇的现象。语码转换一般是在语段之间进行,而语码混用则是主要发生于句子内部的词汇之间的替换。这一现象在当今的中国社会十分普遍,尤其是在知识界、公司白领以及大学生中十分普遍。例如,有些大学生在聊天的时候会说"他真的是给了我一个超级 surprise""她是我的 girlfriend"等这样的语句,这都是典型的语码混用。引发语码混用的原因主要有两个:一个原因是第一语言中还没有相应的词汇与其相匹配,多是一些相关的专业术语或者是新词语;另一个原因是年轻人求新、求异、追求时尚的心理。

C. 语言变异

社会语言学中的"语言变异",指的是某一个或者某一类语言现象在话语实际使用中所出现的变化。这里所指的语言现象,范围是比较宽泛的,包括语音、词汇、语义单位、音位以及语法项目等。例如,在普通话中,第二人称单数有"你"和"您"两种不同的形式,这两种不同的变化形式,就是普通话中第二人称单数所产生的变异。

社会语言学认为,语言并不是一种静止不动的、自给自足的、同质的符号系统,而是一种与各种社会因素息息相关的异质的却又十分有序的符号系统。为了满足社会不断发展和变化的需要,语言需要不断地产生各种变异来满足社会的需要。

社会语言学对于语言变异主要从三个角度展开研究:第一个角度是语言变异产生的原因;第二个角度是在语言系统中,语言变异产生的范围和层次有何不同;第三个角度是语言变异所具有的社会功能和作用。

语言发生变异的原因,主要包括外部原因和内部原因两个方面。内部原因指的是,在语言系统内部某一成分自身产生了变化,从而逐渐引起了整个语言系统的变化。例如,在汉语北方方言中,原本有尖音和团音的区分,例如"精"读作 zing/tsiŋ/,是尖音,而"经"则读作 jing/tɕiŋ/,是团音,两个字的读音不同,而在现代汉语普通话中,这两个字的读音已经完全相同,都读作/tɕiŋ/,可见在现代汉语普通话中尖音和团音已经发生合音。外部原因指的则是产生语言变异的语言系统之外的社会因素,这里所说的社会因素,指的是社会层级、个人的交际场合或者语言特点。

在语言系统之中,语言变异发生和作用的范围和层次并不是相同的。根据范围和层次的不同,可以分为系统的变异、分布的变异、实现中的变异以及偶然发生的变异。

语言变异具有一定的社会作用,主要有:言语社区的标志,例如"我"读作[ŋai]就是客家话社区的一个明显的标志;语体上的标志,例如课堂语体以使用文理词为主,土白词则很少会使用到;陈规,指的是虽然旧有的语言特征在现代语言中已经消失,但是在某些场合还会被使用到。例如,老上海话声母区分尖音和团音,在现代上海话中已经不加以区分,但是在现代的沪剧语言中仍然加以区分。

(2)语言竞争

A. 双语

双语是指某一社区或者个人同时存在或者使用两种或两种以上语言的现象。一般来说,"双语"包括"多语"。社会语言学在此基础之上,对双语做了进一步的划分:在社会中某一社区两种语言(或者以上)同时存在的情况称作"社会双语",而个人使用两种(或者以上)语言的现象称作"个人双语"。

B. 语言竞争

不同的语言或者方言不断地相互接触,难免会产生一些竞争。至少可能在三个方面会产生竞争:一方面是语言功能的竞争,即哪一种语言可以用作顶层语言或者高层语言;另一方面,在语言的使用领域进行竞争,例如新闻报道、课堂教学等;最后一方面,在语言相互之间的借贷方面展开竞争,即哪一方语言对其他语言输入的成分多。

C. 言语社区

在人类各种各样的交际工具之中,语言是最重要的,也是最有效的、使用频率最高的。在大多数情况下,人们在使用语言进行交际的时候,会有一个比较固定的社会环境和比较稳定的交际对象,一些经常聚集在一起展开言语交流的人群,我们可以称之为一个"言语社区",也可以称为"语言社团"或者"言语社群"。一个言语社区,至少在三个方面具有相似之处,第一是语言变项的运用特征相同,第二是具有一定程度的交往密度,第三是言语社区的人对自己所在的社区有一定的自我认同的意识。

(3)语言态度

语言态度指的是某个人对某种语言或者是方言所做的价值评价和行为倾向,这种态度可能是积极正面的,也可能是消极反面的。例如,一个人对粤语的价值评价以及在生活交际中运用粤语进行交际的行为倾向。影响对某种语言的语言态度的因素有很多,具体来说主要有三个方面,首先是这种语言所具有的社会地位,其次是在生活交际中运用这种语言的必要性,最后是语言感情倾向,例如人们往往对自己的家乡话有积极的价值评价。对语言态度进行调查和研究,有助于语言规划工作的展开和推进。

4. 语言规划和语言教育

社会语言学研究的应用范围非常广泛,不仅体现在外语教学领域,也应用到信息处理、语言规划等领域。另外社会语言学研究成果和研究方法,对语言学本体研究及其他学科领域也有应用参考价值。我们这里主要对语言规划、语言教育以及语言规划的过程这三个方面进行介绍。

(1)语言规划

语言规划是对社会中存在的语言问题提出管理对策,换句话说,也就是针对所出现的语言问题,做出积极主动的反应和调节。例如,在当今世界,很多国家都存在很多不同的民族,有多种不同的语言,当中央政府成立的时候,究竟应该选择哪一种语言作为国家共同语言?这就是语言规划所要关心和解决的问题。广义上的语言规划也包括了文字的规划,例如汉语拼音的推广、汉字书写系统的简化都属于语言规划的内容。

德国语言学家克洛斯(Kloss,1969)将语言规划的内容归纳为两大方面,一个是地位规划,一个是本体规划[①]。

[①]　Kloss, H. *Research Possibilities on Group Bilingualism: A Roport* [R]. Quebec：International Centerfor Research on Bilingualism. 1969.

地位规划是指将哪种语言赋予什么样的地位。例如,在一个国家中,将哪种语言作为国家官方语言,哪种语言虽不是官方语言但是通用语言,以及在什么场合使用哪种语言等。

本体规划是对语言的具体方面进行规划,设计语言的方方面面。例如,词典、字典的编纂,语言的权威说明,借词用法的规定,相关术语的规定以及书写系统的修缮等。

豪根(Haugen,1966)将语言规划的过程归纳为四个阶段①:

a. 标准的选择:选择某一种语言,确定其地位和作用。

b. 标准的制定:在选择语言的语音、词汇和语法等各层面制定标准,完善和巩固基本标准。

c. 标准的实施:推广已经确立的语言标准。

d. 标准的扩充:根据社会的需要扩展语言标准,比如吸收新的科学术语等。

（2）语言教育

一般来说,指的是对青少年所提供的母语教育。如果我们能够做到从中国语言和社会的实际情况出发,公正客观地、清醒理性地来认识、分析和探讨有关问题,这无疑会对中国的语言教育事业产生很大的推动作用。语言和社会之间相互依存,二者之间的互依性。一方面决定了语言具有动态性,也就决定了语言教育具有时代性和持久性;另一方面也决定了语言教育要想得到不断的改进和发展,就必须要牢牢立足于满足社会需要的性质。

当今社会有了许多新的发展和变化,这就要求语言教育要加以调整,以适应社会的需求。在新形势下,语言教育至少要包括以下三方面内容:

语言能力教育:这里的语言能力教育有两方面的内容,一个是语言能力的开发,即针对婴幼儿的学前语言教育;另一个是语言创造能力的培养,即达到学龄人员的语言教育。

语言规范教育:语言教育只片面地重视标准语的规范是远远不够的,还需要重视语言行为的规范。语言行为规范亦是语言规范教育中的十分重要的一个方面,是不可或缺的一环。

语言国情教育:语言教育,首先就应该使学习者对汉语和中国的社会、中国文化的关系,汉语和汉字的关系以及中国的方言、民族语言政策有所认识和了解,否则会对正确语言应用观的形成产生消极的影响。

（五）社会语言学研究范围的拓展

语言是人类最重要的交际工具,社会性是语言的本质属性。随着社会变化日益加剧,人们之间交往的日益密切,加上网络及移动互联网等技术发展的突飞猛进,导致语言变化加速,出现林林总总的语言变异,这为社会语言学的研究提供了丰富的有价值的课题,展现出社会语言学科发展的美好前景。

1. 社会流行语和社会热词的研究

随着社会的发展和变化,会不断出现一些新的社会流行语和社会热词,尤其是近几年,

---

① Haugen E. *Language Conflict and Language Planning: The Case of Modern Norwegran*[M]. Cambridge, Massachusetts: Harvard University Press, 1966.

涌现出了大量的流行语和热词,例如"厉害了我的哥""马云和雷军之间,隔着一百个刘强东"等流行语,以及"习大大""一带一路"等热词。

（1）社会流行语

流行是指某个新出现的事物样态或者行为方式,在很短的时间内被广大民众自发地接受,并且迅速地传播开来,达到一定程度之后,又因为成为一种常态而停止扩展甚至逐渐衰弱的过程。语言也是如此,某些在一定社会条件下获得新义的旧有语言项目,或者一些新出现的语言项目,在很短的时间之内被广大民众自发接受,并加以使用,主动对其进行传播,达到一定程度之后又逐渐停止扩展甚至衰弱。

并不是所有的词语都可能成为社会流行语,只有那些具有特殊意指结构的词语才有可能成为社会流行语。通过观察流行语,我们可以发现,流行语作为流行文化的一种言语符号,其意指结构与日常语言有很大的不同:有一些流行语,采用变异的言语形式来做能指,从而具有一种耐人寻味、引人注目的形式意味,例如"内牛满面";而有一些则在旧有能指的形式上,所指内容发生了变化,从而具有了强烈的主观性,与人民大众当下的意志或者情绪息息相关。例如,"杯具""浮云"也不再指称具体的事物,而表达一种失意、虚无的情绪。

（2）社会热词

社会热词,也叫作新闻热点词或者社会热点词。某一个或某一些词语由于其所指的对象是社会各界关注的热点,从而使其本身也获得社会的关注,并且同时获得了较高的使用频率,这个词也就成为热词。

热词之所以"热",是由于其本身指称的事物或者事件十分重要,人们在表达对这些事物、事件看法的时候,不得不使用这些词语。例如,"汶川地震""一带一路"就是这样成为热词的。事物、事情本身的重要性,再加上政府政策的支持以及新闻媒体的传播,相应的一些词语势必会成为社会热词。

需要注意的是,社会热词是具有历史性的,一旦该热词所指称的事物、事情的重要性减弱甚至消失,那么该热词就会逐渐淡出人们的生活,失去其热词的身份。例如,"文化大革命""牛鬼蛇神"等词语一度成为社会热词,但随着"文化大革命"的结束而逐渐淡出人们的生活。

（3）社会流行语和社会热词的异同

社会流行语和社会热词的共同点在于,二者都具有历史性,都是被高频使用。例如,社会流行语"厉害了我的哥"和社会热词"一带一路",都是与当今的社会息息相关的。

而二者的不同主要表现在两个方面:第一,社会流行语的使用是使用者的主动选择,流行语本身所具有的特殊表达效果促使使用者主动对其加以使用,而社会热词则是人们为了表达关于某件事情的看法,不得不使用相关的一些词语。第二,社会流行语在被高频使用的同时,一般会发生语义泛化以及形式滋生,而社会热词则不会发生相应的变化。例如,"厉害了我的哥"现在由其滋生的形式很多,已经变为"厉害了我的+NP",如"厉害了我的姐""厉害了我的外国人"等,而社会热词则没有相应的形式变化和扩展。

2. 社会语言生活的观察与统计分析

对社会语言生活进行观察和统计,也是近年来社会语言学的一个热点。社会中很多的发展和变化,都会在语言生活中反映出来。换句话说,语言生活是社会生活的一面镜子。社会生活的任何一处变化,哪怕只是最为细小的变化,都会多少在语言中有所反应,这是由语言是社会生活人际交往中最重要的交际手段所决定的。

在语言中,对社会生活变化最为敏感的是词汇。例如,在 1927 年由第一次国内革命斗争转变为土地革命的特殊时期,在江西发展出了工农兵政权,这是当时中国社会的一个重要的变化,这一变化反映到语言中,就出现了"苏维埃"这一词汇。"苏维埃"是从俄文中音译过来的,却在当时的社会中普遍流传,有同样情况的还有"红军"这一词汇,由于要保护革命胜利的果实,要保护苏维埃政权,需要一支具有新名称的武装力量,所以就创造了"工农红军",简称为"红军"。从上述新词汇的产生,我们可以看到,语言中词汇的产生、消失和变化,都是与社会的发展变化息息相关的。通过语言的变化,尤其是词汇的变化,去探索社会生活的变化,是可能的,也是十分必要的,并且会取得很多有意义的成果。

3. 语言规划和语言政策

语言规划也是近年来社会语言学关注、研究的热点问题。语言规划是指,国家或者社会为了对语言进行相关的管理而进行的各种工作。这里所说的"规划",是一个十分宽泛的概念,包括文字的创制与改革、语言的选择与规范化、语言文字的复兴等各个方面的问题。就中国而言,由政府支持或发起的汉语规范化、推广普通话、文字改革以及正在推进的语文标准化等都属于这一类的工作。

对于语言规划的归属问题,目前还存在很大的争议,有的学者将其归为社会语言学,有的学者将其归为应用语言学。就其内部自身来说,也有不同的分类。目前最流行的分类是将其二分,即分为本体规划(corpus planning,又译作语型规划)与地位规划(status planning)两大部分。地位规划和本体规划这对专业术语最早是由克洛斯(1969)提出来的,已经成为语言规划相关研究中最为重要的术语,二者共同构成了现代语言规划理论的核心部分。本体规划和地位规划并不是从同一角度划分出来的:地位规划更多的是从政治角度进行考虑,跟国家的大政方针密切相关,准确地说应该属于语言政策学研究的范围;本体规划则是在地位规划完成之后,运用语言政策,对语言的各要素进行规范或者标准的确定工作。

语言规划不仅是一项复杂的、长期的、面向未来的语言建设的系统性工作,同时也是一项文化建设工程,其决策以及实施的过程,涉及社会政治、经济、文化、科技、社会心理以及教育等各方面因素。为了让语言规划取得成功,在语言规划的过程中至少要遵循以下规则:第一,科学性原则;第二,稳妥性原则;第三,适用性原则;第四,动态性原则。

语言政策是指人们有目的、有意识地为影响语言文字的功能以及作用所采取的行政性的各种措施,具体来说,也就是一个国家、一个民族或者一个地区规定的语言文字应该遵循的方向、原则以及对此而提出的相关的工作任务。

瑞查德·瑞兹(Richard Ruiz)(1984)根据对语言的三种不同的态度,将语言政策分为三大类:第一类,语言作为问题时的政策(language as problem);第二类,语言作为一种权利时的政策(language as right);第三类,语言作为一种资源时的政策(language as resource)[1]。

---

① Ruiz, Richard. *Orientations in Language Planning*[J]. *Journal of the National Association of Bilingual Education*, 1984, 8(2).

语言规划和语言政策的关系：

一方面，语言规划和语言政策之间具有十分紧密的联系。语言政策对语言规划具有十分直接的影响，而同时，语言政策的提出也需要以语言规划的相关理论作为原则，否则，语言政策将无法实行。具体表现在：第一，语言规划一般是某种语言政策的体现。有关部门从社会或者自身的需要出发，确定自己的语言政策，在此基础上对语言进行进一步的规划。第二，在语言规划的问题上，政策问题无处不在。例如，国家推广普通话并不是禁止或者要消灭方言，推行简体中文也不是要废除繁体字。

另一方面，语言政策和语言规划之间又有一些不同。具体表现在：第一，语言政策和语言规划的对象不同。语言规划主要指某个国家对本国官方语言的选择以及规范化，而语言政策包含的范围要比语言规范广泛得多，除了语言规划之外，还包括对待官方语言以外的语言、方言以及它们相关的变异形式的态度。第二，语言政策的决定，并非只考虑语言因素，政治上和经济上的考虑要远远超过语言上的考虑。以华人占总人口70％以上的新加坡为例，英国殖民统治时期，新加坡的行政语言是英语，独立之后，新加坡政府依然将英语作为行政语言，这是因为新加坡政府认为，采用英语不仅可以保证制度的连续性，让各种族平等竞争，而且使用英语也有利于与国际的交流。

二、研究方法

（一）社会语言学的研究原则

社会语言学科的性质及其研究对象、研究任务，以及社会语言学的语言观和语言发展观，决定了社会语言学研究方法的原则，主要体现为如下两个方面：

1. 客观实践性原则

自然科学和社会科学中系统性的观察方法、严格控制的实验方法、概率统计方法以及定量分析方法等，都在社会语言学的研究中得到了有效地吸收运用。社会语言学家力图通过实践的原则把不同抽象层次的语言学理论紧密联系起来，认为这些理论不仅要立足于可以观察到的语言事实中，还必须要接受语言事实的检验。所以，社会语言学不仅重视田野调查和真实语料的收集，并且特别重视材料收集的客观性、调查方式的科学性以及在此基础之上做出科学的定量和定性的分析。总而言之，社会语言学的方法论是整个调查研究过程中，必须采取统计分析的方法。社会语言学在坚持实践原则的同时，在发展过程中形成了一套行之有效的实证性研究程序和方法，其中最基本的研究方法是社会调查统计分析方法。

2. 定性研究与定量研究相结合的原则

（1）定性研究

定性研究是对所进行研究的对象开展"质"的分析，也就是对所研究的课题的本质、特点以及它们之间的联系进行归纳概括，例如探求对象的特征、划定相关界限等问题。定性研究是社会语言学十分关注的一个方面。

在社会语言学调查研究中，定性研究是一个十分基础的工作。定性研究最基本的一个特点就是，通过寻找相关事物的模式和类型，来揭示出一些与社会语言学有关的语言事实。在社会语言学研究的过程中，定性的数据占有十分重要的地位。这里所说的定性数据并不是指数字而主要是指词语。词语具有很强的说服力,可以对现象进行直接、具体而又十分生动形象的说明,因而在定性研究中是十分重要的数据。

近些年来,中国社会语言学也开始重视定性研究,并且取得了一些成绩。例如,浦东新区语言政策以及语文生活研究调查组在对上海的浦东新区语言观念和普通话使用情况调查研究的过程中,对被调查者有可能展现的语言态度进行了仔细的分析和充分的估计,设计了四种不同的场合,分别是:① 当被调查者在家与亲人说话时;② 当被调查者在学校或者单位与同学或者同事说话时;③ 当被调查者在学校或者单位与教师或者领导说话;④ 当被调查在工作与顾客说话时。这就是一种十分典型的社会语言学的定性研究。虽然我们看到,国内的社会语言学定性研究取得了一定的成绩,但还是有很多的不足,还有很大的发展和提升的空间。

（2）定量研究

社会语言学家试图通过数量、频率以及比例的统计等量化手段来说明语言之中的差异以及语言态度等。定量研究也是社会语言学研究中一个十分重要的方面,这主要是由于两方面的原因所决定的:一方面,社会语言学着重研究社会变项与语言变项之间的相互关系,采用数理统计的方法能够更为清楚地说明两者之间的相关性,而且用定量分析的方法来进行研究也更具科学性;另一方面,社会语言学调查往往需要多人次搜集语言变体,所搜集到的资料数量往往比较大,只有采用概率统计、数量化以及定量分析等方法来对这些资料进行分析,才能够说明一定的问题。

定量分析在社会语言学资料分析中使用广泛,可以用于许多课题,例如相关语言变项的数量化、语言态度的数量化、社会变项的数量化以及词汇演变的计量说明等。例如,沈炯（1987）在对北京话合口呼零声母语音分歧的调查研究中,就在定性研究的基础之上开展了定量研究。作者在选择调查对象的时候采用了选择分类法,在对调查对象分组时充分考虑了文化程度、年龄和性别因素,并且按照一定的比例搭配。例如,将文化程度分为低（初中及以下,206 人）、中（高中,170 人）以及高（高中以上,73 人）,将年龄分为老年（60 岁以上,167人）、中年（36 岁到 60 岁,138 人）以及青年（35 岁及以下,144 人）,性别分为男（239 人）、女（210 人）。

这里要着重指出的是,定性研究和定量研究并不是独立的,而是相互配合、共同促进调查的成功进行。一方面,定性有利于量化的开展,也有利于被调查者回答相应的问题;另一方面,量化的开展有利于定性,通过量化得到的结果比较客观,可以弥补定性研究不确切以及不系统的缺陷。总而言之,将定性研究和定量研究结合起来的研究方法,是社会语言学研究中比较理想的一种研究方法。

（二）社会语言学的研究程序

任何学科的研究都有一定的基本程序,社会调查统计分析方法作为基本方法,其实施的基本程序如下①:

---

① 社会语言学研究的程序参考了戴庆厦.社会语言学概论[M].北京:商务印书馆,2004:219-229.

1. 把握问题,明确调查研究对象,进行合理假设

在开始实际调查之前,首先要对研究调查的课题进行一个初步的了解,对所要研究的问题有一个整体上的把握。在这个基础之上,要确定研究范围和调查研究对象,一般来说,确定范围首先是以地域性的标准来确定的,其次再可以根据性别、年龄、职业以及社会阶层等来对范围进行进一步的划分和确定。在明确调查研究对象方面,根据要解决的问题和研究范围,一般采取抽样调查的策略和方法,这种方法称为抽样法,又称为取样法,即从调查对象的总体中选取其中的一部分作为研究的对象。其中,这个调查对象的总体被称为母体或全域,而从中抽取出来的那一部分则被称为样本。根据取自同一母体的多组样本数据而得到的关于该母体的某个特征,被称为参数。我们在进行社会语言学调查的过程中,试图可以解决一些具有普遍意义的问题,但是研究的总体又太大,不可能把总体中所有的成员都作为研究的对象,而只能选择一部分成员作为研究对象。而为了使所选取的成员具有代表性,就需要抽样。抽样就是确保选取的成员具有代表性,从而使根据研究对象得出的结论具有普遍意义或者推断意义。例如,假设我们要了解全社会对某种语言现象所持的态度,但我们不可能对全社会成员都进行调查,只能选取其中的一部分成员,这就需要抽样。

抽样要注意以下几个方面:(1)确定总体的界限。调查者在抽样之前要先确定范围,计划在哪个范围内开展调查就在哪个范围内进行抽样,例如我们计划调查某方言的发展趋势,就需要在使用这个方言的整体范围内进行抽样。(2)样本要具有代表性。这是十分重要的一点,从总体中选取的那一部分,既然作为研究对象,就要在最大程度上代表总体对象,能够基本具有总体对象的性质和特点,这样根据样本推断出的研究结论才具有一定的价值和意义。(3)采用合适的抽样方法。抽样方法有很多种,在抽样时要根据实际情况和需求加以选择和使用。(4)选的样本数量要足够。抽样主要有随机抽样和非随机抽样两大类。

随机抽样法:这是开展社会调查的重要方法之一。这种方法其中的一个优点就是,在所选定的范围内的所有成员被选取为研究对象机会都是平等的,概率是相同的。当然,随机抽样并不是完全任意、毫无计划的,而是有一定的组织的,为了避免调查者个人的主观偏见而比较客观地挑选研究对象。随机抽样又可以分为以下几种:

Ⅰ. 简单随机抽样:又叫纯随机抽样。总体中的每一个成员都有相等的机会被抽取到。例如,要从 1000 个人当中抽取 10 个人作为样本,可把全部人员用数字标上号,然后通过《随机数码表》进行抽取。要注意的是,被抽出的签应该登记之后再次放回,以确保每一个签都有百分之一被抽中的机会。

Ⅱ. 系统抽样:又叫等距抽样。这种方法首先要将总体中每个成员按照一定的标志排列顺序,依次进行编号。假设总体有 N 个成员,而调查人员需要选取一个容量为 n 的样本,那么可将总体中的 N 个成员按照一定的顺序排列,然后将 N 分成 n 个单位相等的部分,每个部分有 k 个成员,在第一个部分中随机选取一个单位 i,则在第二部分中抽取 i+k,以此类推,最终完成样本的抽取。

Ⅲ. 分层抽样:又叫类型抽样。分层抽样首先是要根据总体成员的属性特征成分将其分为若干层组或者类型,之后再从各个层组或者类型中随机选取一部分成员构成样本。例如,对某地区的语言变化情况展开调查时,首先将该地区适合作为调查对象的人,根据年龄

的不同分为不同的几个层次,然后再从每个层次中抽取一些成员组成样本。

Ⅳ.多级抽样:这种抽样方法是先根据一定的标准将总体成员进行分组,在各个组中抽取样本形成一个样本组,然后再在样本组中抽取成员组成样本,这种方法适用于范围较大、总体成员较多的调查。例如,调查某个城市中学生学习普通话的过程中受到当地话的影响情况,可以先在每个区各选取几所中学,将这些中学分为坚持用普通话进行教学、不坚持用普通话教学以及不使用普通话教学三个大类,从中抽取不同的学校形成样本,再在这些学校中抽取学生形成样本。

非随机抽样法:在一些不太正式的情况下,展开社会研究时也会采用非随机抽样的方法。非随机抽样的优点是节省人力和物力,简单易行。但是相应地,通过这种方法得到的材料往往带有一定的偶然性,也会掺杂一些调查人员个人的主观判断,所以得到的材料和数据并不一定可靠,因此,在正式情况下,并不提倡使用。非随机方法主要有偶然性抽样和比例抽样两种。

Ⅰ.偶然性抽样:根据调查人员的情况,随机找一些人员开展调查。但是这种方法的偶然性太大,通过这种方法获得的资料可靠性不强。

Ⅱ.比例抽样:在确定的调查范围内,根据要调查的对象的构成比例来进行抽样。例如,对某单位男女语言的差异情况进行调查,根据了解到的情况,该单位男职工人数为1000,女职工人数为900,如果按照百分之一的比例进行抽样,那么男职工应该抽取10人,女职工应该抽取9人。

在确定了研究范围和研究对象之后,要根据已经了解到的情况提出一个合理的假设。所谓假设,就是在实际调查开始之前,预先设立的与课题内容相关的结论。为了确保提出的假设比较合理,至少要做好三点工作,一是要尽量地收集与自己研究课题有关的档案、文献等资料,并且进行一些研读,吸取前人的经验和教训;二是向一些对此课题比较有经验的人请教,吸取他们的合理意见;三是可以对自己所要研究的课题中的一两个比较小的问题先简单做一番调查,从而对自己课题所涉及的重点、难点以及范围有一个初步的了解,为成立合理的假设打下基础。例如,拉波夫在对纽约市(r)音的社会分层问题展开调查之前,曾在一些公共场合展开调查,并且对七十个纽约人做了访问调查。根据调查和访问的结果,拉波夫做出了一个初步的假设:(r)音的有无与说话人的语体变化以及阶级地位有十分密切的关系。

2.深入调查,科学实验,广泛搜集资料

在确定了研究范围和研究对象,并且做出了初步的假设之后,就需要收集相关的数据和资料。在社会语言学研究中,资料是基础,也是研究能够取得成功的关键。如果没有掌握足够的第一手的资料,那么研究就无从谈起。搜集和掌握资料的方式有很多种方法,例如观察法、实验法、访谈法以及问卷调查法等。下面我们将对这几种方法,做一个简单的介绍。

(1)观察法

在调查对象完全不可预测的情况下展开调查的方法叫作观察法。观察法最大的优点是整个调查过程是在一种完全自然的情况下展开的,所以收集到的资料比较真实。根据调查

者观察的方式,可以将观察法分为以下几类:

Ⅰ.隐蔽观察法:即调查人员不参与任何活动,只是从一旁观察人们的言语行为。

Ⅱ.快速隐匿观察法:调查人员参与到活动中,运用一些方法和技巧诱使被观察者说出自己所需要的内容,快速地掌握相关资料。运用这一观察法进行调查的一个典型的案例就是拉波夫的调查。拉波夫在调查纽约(r)音的社会阶级分层的情况时,采用了向同一调查对象重复询问同一个问题,促使被调查者分别采用随便语体和正式语体读出(r)在音节末尾和辅音前的发音。具体的做法是事先了解四楼的某个商品(例如女鞋),然后装作不了解该商品的情况,向售货员询问,对方会回答:fourth floor(四楼)。然后假装没有听清楚对方的回答,再一次询问对方同样的问题。这一次,调查对象就只好比较清楚认真地回答调查者的问题。通过这种方法,就可以获得(r)在随便语体和正式语体中的发音情况。

Ⅲ.参与观察法:调查人员与被调查人员一同参与到言语活动当中,在这个过程当中进行观察和资料的搜集,在这一过程中,调查者可以选择暴露或者不暴露自己的身份。

（2）实验法

研究人员有计划地使用各种物质手段去干预、控制或者模拟语言现象,运用各种测试的方法来进行调查,从而获得相应的研究资料的方法。运用实验法来进行搜集资料的案例,是美国心理学家华莱士·兰伯特(Wallace E. Lambert)探索出的变语配对方法。这种实验方法旨在测试语言学习者对另一个文化集团的"归附动机的强弱"以及对其"态度的好坏"。该实验的具体步骤是:根据事先已经确定好的调查目的,请一些双语人用他们掌握的两种语言先后朗读同一篇语料,并录下语音;接下来,在测试者以为语料是由两个不同的人在读的基础上,让被测试者去听这些录音,并且要求被测试者根据声音对每一个他听到的说话人的各个方面级进行一个简单的、初步的评价。这一实验方法的实质在于,通过语码转换的方法,获取某个语言文化集团对另一个特定的社会集团的"归附动机强弱"以及"态度的好坏"。这一实验的结果,对于探究某个特定的社会集团的成员学习某种第二语言的热情以及学习的成效具有十分重要的意义和价值。

（3）访谈法

访谈法是一种调查人员和被调查人员进行面对面交流和谈话的方法,这也是社会语言中搜集资料十分重要的一种方法。访谈法又可以进一步分为个别交谈和集体交谈两种方式。访谈法能够成功搜集到资料的关键在于调查者如何诱使被调查者说出自己所需要的话语,提供相应的有关课题的语言变体的第一手资料。通常为了促使访谈的成功,会使用一些小的技巧:

Ⅰ.让谈话者念词表、句子或者语段:这种技巧是在调查方言体系中用得最多的,也是十分有效的。调查者预先做好自己要求的词汇表、例句或者短文,在聊天的过程中请被调查者进行朗读,并且同时进行录音,把谈话的内容记录下来。

Ⅱ.提问:调查人员事先根据自己的调查目的设计好问题,在访谈的过程中向受访者提出问题,并且请受访者进行回答,以此来根据受访者的回答得出自己需要的信息和资料。提问的方式可以是直接的,也就是根据事先准备好的调查提纲直接进行提问,把所需要的相应的语言变项的形式都逐一提出来,请受访人来加以回答;也可以是间接的,即调查者并不直接询问有关的语言问题,而是提出一个话题,请受访者来加以描述。这类提问最好是对方比较感兴趣的,也是对方能够回答的,这样才能达到提问的目的和效果。

Ⅲ. 测验:测验的目的在于通过给予受调查者某种刺激,促使其能够迅速产生言语反应,以此来了解受调查者所具有的语言能力,从而对其语言体系的特定规则加以了解。测验的方式有很多种,以语言教学中的一些练习形式为例,翻译句子、句型变换、完形填空以及看图说话等形式都可以用来进行测试。

(4)问卷调查法

问卷调查法是一种运用书面形式来搜集资料的方法,这种方法适合于规模比较大的摸底调查。调查者根据调查的目的和项目来组织调查问卷,编写一系列的相关问题。根据所编写的问题的回答方式,可以将问题分为:

Ⅰ. 封闭式问题:即将问题的几种可能的答案列举出来,供被调查者进行选择。

Ⅱ. 开放性问题:即对问题的回答不限制范围,范围是开放的,给被调查者足够的自由,让其自由发挥,表达自己的意见。

在编写封闭式问题时,要注意设计可依据的标准,以便进行接下来的定量分析;在编写开放性问题时,则要注意题目要有中立性,不要对被调查者的观点和立场进行诱导,而且同时要注意语言使用的具体情境。如果在提问时没有提供具体的情境,在问卷调查中很难获得有用或者可用的资料。

3. 整理资料,描写现象,形成研究结论

通过各种调查方法搜集到第一手资料以后,研究者接下来的任务就是要着手对通过调查所得到的原始资料进行科学的分类和汇总。对原始资料进行分析需要遵守一定的原则,即在分析的过程中要以正确的理论作为依据,从现象整体联系的角度上展开分析,否则就很可能会出现以偏概全的原则性问题。

在整理资料的过程中,最经常使用的方法是统计的方法。统计的方法也有很多种,其中最常见的是百分比统计法,还有一种就是标准计分法,这两种方法大家都比较熟悉。

整理完资料之后,需要对资料所反映出的现象和问题加以描述,将资料所呈现出的现象阐述出来。然后形成一个最终的研究结论,撰写调查报告,这是社会语言学研究程序的最后一项工作。规范的调查报告一般都要包括调查目的、调查范围以及调查对象、开展调查所使用的方法、通过调查得出的数据和对其的分析、最终得出的结论几个部分。

三、案例剖析

(一)传统的典型文献

1. 拉波夫《纽约市百货公司(r)的社会分层》[①]

拉波夫对纽约市居民英语发音所进行的调查,可谓是最广为人知的社会语言学调查,而且也被视为对语言变异的开创性研究。在 20 世纪 60 年代前半期,拉波夫运用定量分析的

[①] Labov, W. *The Social Stratification of English in New York City* (Second edition)[M]. Cambridge: Cambridge University Press, 2006.

方法来探究语言变量和社会变量二者之间的关系,他的代表作 *The Social Stratification of English in New York City*(即《纽约市英语的社会分层》,1966)为社会语言学的定量研究奠定了基础。拉波夫的这项研究在方法上有两个比较大的突破和创新:第一,在确定调查单位这一方面,拉波夫借用了社会学的一些研究方法,在已有的普遍调查的基础之上,运用随机抽样的方法,抽取调查对象,并且根据社会变量值将调查对象分为不同的层次。第二,在搜集相关的言语资料方面,拉波夫通过一定的方法诱导和分离出四种随语境而不同的语体,并且采用录音机来记录材料和素材。这两项重大的突破能够使他对调查对象的社会特征进行比较周密的分析,能够掌握大量的语言资料以及幅度比较宽的语体,从而满足社会方言进行大规模定量分析研究的条件。

拉波夫将他在纽约调查过的说话人划分到几个不相同的社会经济层级,并将之称为"社会阶层"。拉波夫在收集语料的过程中,又特意搜集了说话人在不同情况下的发音样本。在具体的搜集资料的过程中,拉波夫使用了观察法,首先了解某个商场的某种商品(比如皮包)在商场的四层出售,然后装作不知情向该商场的售货员咨询皮包在哪一层出售,被调查者只能回答:四楼(fourth floor)。这种情况下售货员的回答一般是比较自然的,使用的是随便语体。紧接着,调查者假装没有听清楚对方的回答,再一次询问同样的问题,这一次,售货员一般会比较认真地来回答对方的问题,对自己的话语给予比较大的关注,所以使用的是正式语体。

通过录音机记录同一个说话人的类似于与朋友聊天的谈话、与陌生人比较拘谨的谈话、在朗读一段文章时的发音(包括话语、词表以及一些特地选定的"辨音词对")①的发音表现。以此为基础,拉波夫将说话人在这些情况下的发音情况排列成一个"说话语体连续统",连续统的一端是无拘束的谈话,另一端是朗读辨音词对。形成的连续统如下表所示:

表 10-1　三个不同社会阶层的(r)的变异指标(%)

语　体	词对认读	读词表	读段落	正式谈话	随便谈话
下层阶层	50.5	76.5	85.5	89.5	97.5
劳工阶层	45	65	79	87.5	96
中等阶层	30	44.5	71	75	87.5

通过这种方法,拉波夫根据搜集到的众多调查者的谈话以及朗读的录音资料计算出各个"社会阶层"(r)的变异比率,从而给出每个"社会阶层"在不同讲话语体中的(r)的变异指标。例如,"中等阶层"在词对认读时相应的指标是30,读词表时为44.5,读段落时指标为71,正式谈话时指标为75,随便谈话时指标为87.5。这些指标值实际上就是一种概率,即在谈话的过程中在有可能发生卷舌的地方不出现卷舌的概率。

2. 特鲁杰《英国诺里奇市方言研究》

特鲁杰(1974)对英国诺里奇方言中的 16 个音位变项进行了调查和研究。他使用的研

---

① 辨音词对:类似于 beard/bird、god/guard 等。

究方法和拉波夫纽约调查研究的方法十分相似,使用定量分析的方法、随机抽样的方法以及观察法,探究这些音位变项的用法和社会阶层以及正式程度之间的关系。在实际调查和研究中,特鲁吉尔选取了一个 60 人的诺里奇说话人的样本,并且结合讲话人的教育程度、职业、收入、居住地区、住房条件以及说话人父辈的职业共六项社会因素来对这些说话人的言语中 16 个语音变项的分布情况进行研究。研究的结果表明,这些语言变异基本上呈现出与社会的阶层相关的分层分布。阶层较高的说话人的言语发音变异指数,如预期设想的那样,更接近于社会公认的发音标准。比如对后缀-ing 读音的观察,发现其中的 ng 有[n]和[ŋ]两种变体。社会阶层越低,越倾向于使用[n];社会阶层越高,就越倾向于使用[ŋ]。特鲁吉尔根据搜集、掌握到的数据,制成了如下的表格[①]:

表 10-2 四种诺里奇情境语体中关于 in' 的使用情况的百分比

社会阶层	语 体			
	单词表	朗读段落	正式体	随意体
中中层	0	0	3	28
下中层	0	10	15	42
上等劳工阶层	5	15	74	87
中等劳工阶层	23	44	88	95
下等劳工阶层	29	66	98	100

根据上表中的数据,我们至少可以有以下两点比较重要的发现:一是,在语体不发生改变的情况下,社会的阶层越低,使用不标准的语音变式的情况就越多;二是,当社会阶层不发生变化时,语体越不正式时,不标准的音位变式出现的情况也就越多。因此,在上表中,按照每行从左到右,每列从上到下的顺序,数字不断地增加。虽然有一些数字增加的幅度可以忽略,但是有一些增加的幅度却十分明显,不容忽视。例如,处于中中层的说话人,在两种正式语体中总是倾向于避免使用 in' 的发音,但是当处在随意语体中的时候,却"放松"了很多,使用 in' 的次数也明显增加;上等劳工阶层对于两种朗读体以及两种随意体都区分得很清楚;而下等劳工阶层在这两种说话语体中却几乎不加以区分,在这两种情况下基本上都使用 in' 的发音,但是跟中等劳工阶层一样,在朗读时他们也知道用-ing 的发音,而且在很多情况下确实都尽量地使用这种发音。

(二) 汉语学界研究案例

1. 女国音研究

黎锦熙早在 20 世纪 20 年代就发现,北京的一些中学的女学生将 tç-,tç'-,ç-读成 tsi-,ts'i-,si-,他将这些女学生独有的读音叫作"女国音",也有人将这种读音称作"劈柴派读音"。之后,汉语学界对这一特殊现象给予了很大的关注,也展开了很多的研究。胡明扬(1988)运

---

① Trudgill, P. *The Social Differentiation of English in Norwich*[M]. Cambridge：Cambridge University Press,1974.

用社会语言学的调查研究方法对这一特殊现象进行了研究①。

胡明扬(1988)在开展调查之前,先明确了调查目的,即想要弄清楚以下几个问题:所谓的"女国音"究竟是什么样的音,是真正的齿音,还是只是靠前的舌面音,还是其他的类似齿音的音?"女国音"是全面的、成系统的,还是个别的,只出现在一部分的字音中?"女国音"跟语体有没有关系,受不受到语体的制约?受不受到韵母的制约?"女国音"的分布范围到底有多大?在男性青年当中存不存在"女国音"?形成"女国音"的相关社会因素是什么?

在调查对象方面,胡明扬(1988)将调查对象控制在狭义的北京人,即在北京城区以及郊区出生和长大的人,而不包括在北京远郊区出生和长大的人,也不包括在外地出生和长大的北京人。胡明扬(1988)的研究总共调查了202个北京人,这些调查对象具体的单位、人数以及性别如下表所示:

表 10-3　"女国音"调查对象相关情况

单　　位	女	男	总人数
北京师范大学附属实验中学初一(二)班	25	8	33
牛街惠民学校初一(五)班	21	12	33
北京师范大学附属中学高一某班	7	0	7
中国人民大学附属中学高一(三)班	22	10	32
牛街回民学校高二(二)班	12	16	28
北京第三师范学校高二(二)班	15	0	15
北京市第165中学高二(四)班	13	18	31
中国人民大学语文系一年级师范班	9	0	9
东城区教育局印刷厂	13	1	14
总计	137	65	202

在调查方法方面,胡明扬(1988)主要运用了非随机抽样的方法。选择的调查地点大部分是根据条件方面来定的,只有北师范附中是有意选择的,因为其前身就是北师大女附中。最初,调查人员准备了两种调查方式,一种是让调查对象读一篇口语化的小说一分钟,另一种方式是让调查对象读一张含有声母 tɕ-, tɕ'-, ɕ-与不同的韵母相结合的音节的词表。但是在试查的过程中发现,调查对象在读短文的时候,使用的是标准的普通话,根本没有出现"女国音",而在读词表的时候,很多人出现了"女国音"。这是因为调查者在读词表的时候比较放松,所以发音时比较随意,而在读文章的时候则比较紧张,所以就比较认真。根据试查的结果,在正式调查的时候只采用了读词表的方式,放弃了读小说的方法。

正式调查中使用的词表如下:

鸡　　成绩　　信心　　交际

---

① 胡明扬.北京话"女国音调查"[J].语文建设,1988,(1).

急	积极	新鲜	消失
几	整齐	王府井	舅舅
寄	机器	安静	教育局
漆	希望	九斤	秋千
棋	看戏	清明	曲线
起	街道	高兴	休息
气	先生	行不行	需要
稀	茄子	千万	穷人
席	接近	坚决	英雄
洗	谢谢	前门	绝对
细	有一些	陷害	学习
		抢先	平均
		详细	安全
		将军	宣传

这份词表不仅将历史上的尖团音和韵母与主要元音的开口度考虑在内,而且在声韵母搭配上不仅有 tɕi-,tɕ'i-,ɕi-,也有 tɕy-,tɕ'y-,ɕy-。

胡明扬(1988)的调查结果,主要包括"女国音"的具体音值、性别分布、地区的分布、年龄因素、与家庭语言环境之间的关系、与韵母结构、词汇、语体之间的关系以及外地人的"女国音"几个方面。

"女国音"的具体音值:根据调查结果,发现所谓的"女国音"是将一部分的 tɕi-,tɕ'i-,ɕi-读成 tsi-,ts'i-,si-,或者是发音部位非常靠前的 tɕi-,tɕ'i-,ɕi-。不论是读作 ts 等,还是读成发音部位非常靠前的 tɕ 等,舌尖都是在下齿背,与发正常的 tɕ 等的情况完全一样,不同只在于发 ts 时舌叶的前部紧紧倚靠上齿背,而发靠前的 tɕ 时舌面前紧靠上齿龈。

"女国音"的性别分布:在这次调查中,共调查了 202 个调查对象,其中女性为 137 人,男性为 65 人。且在 137 名女性中,年龄最小的是 12 岁,年龄最大的是 56 岁,其中发现存在"女国音"的有 42 人,占女性总人数的 30.65%,其中存在齿音 ts 等的有 30 人,占女性总人数的 21.89%,另外的 12 人只有发音部位比较靠前的 tɕ 等。在 65 名男性的调查对象中,年龄最小的也是 12 岁,年龄最大的是 33 岁,并没有发现存在"女国音"的发音现象。

"女国音"的地区分布:过去"女国音"可能只局限在个别的女子中学,然而如今这种现象已经遍及北京全城以及近郊区和远郊区,并且性别也不仅仅局限于女性。通过调查发现,在北京的城区以及海淀区都存在"女国音"现象,百分比上的差异并不表明各个区"女国音"现象分布密度的差异,而与被调查者的年龄相关。

"女国音"和年龄二者之间的关系:根据调查发现,"女国音"现象与年龄密切相关。并且,"女国音"大体上与青春期是共始终的。由于社会条件的不同,其开始和结束在具体年龄上有一定的差异。新中国成立前,很多女学生高中毕业以后就结婚了,"女国音"这一现象也随之消失,而在现代社会,由于结婚年龄的推迟,一般女学生大学毕业才会结婚,"女国音"消失的时间也就推迟了一些。至于结了婚依然存在"女国音"现象的十分少见。

"女国音"与家庭语言环境二者之间的相关性：调查结果发现是否存在"女国音"现象与调查对象的家庭语言环境并无相关关系。

"女国音"与韵母结构、词汇以及语体之间的关系：根据调查的结果，从韵母结构角度来看，"女国音"主要集中在韵母是-i 的音节上，其次是韵母是-in 和-iŋ 的音节，再然后是韵母是-ie 的音节；从词汇和语体角度来看，单音节口语化的常用词汇更容易被读成"女国音"，而不常用的书面语的词汇则很少被读成"女国音"。

外地人当中存在的"女国音"现象：在实际调查中，发现从外地以及北京远郊区来的女学生中也存在"女国音"发音现象，在调查中共发现了 9 人存在"女国音"发音现象。

2. 现代汉语字母词研究

在现代汉语中，随着经济的发展和外界交流的加强，外来词语在现代汉语中的使用已经十分普遍。其中，像"MTV、CEO、B 超、APEC"这一类"字母词"，作为一种词汇借用现象，越来越引起公众的关注。近些年来，汉语学界对"字母词"这一问题进行了广泛的讨论，有一些学者开始注意到人民大众对"字母词"的语言态度，从而以此作为研究目的对社会不同群体的态度进行了调查和研究。下面，我们以邹玉华等（2005）[①]的研究进行一个简单的介绍。

改革开放之前，"字母词"在汉语中的数量并不多。然而近些年来，随着改革开放，汉语中出现了越来越多的字母词。对于字母词在汉语中大量存在和使用的现象，学者们的看法并不一致。有的学者（曹学林，2000；刘涌泉，2002）持肯定的态度，认为字母词简洁并且表意准确，不仅丰富了汉语的词汇，而且有利于与国际的沟通；有些学者（方梦之，1995；胡明扬，2002）持否定的态度，认为汉语中存在大量的字母词，不利于汉语的纯洁性；还有一些学者（刘云汉，2001；郑献芹，2004）持中立的态度，认为一方面要承认在汉语中已经存在大量字母词的语言事实，另一方面又要对其区分和辨别，不能一概而论，要对其进行规范和引导。语言态度对人们的语言行为会产生一定的影响，从而间接影响语言的进一步发展和变化。人们对字母词的态度，也一定会影响字母词的使用和发展变化。那么，人民大众对于字母词到底是一种什么样的态度呢？为此，邹玉华等（2005）就人民大众对字母词的态度进行了调查和研究，以期对字母词的规范和引导有所帮助。

研究使用的方法及过程

邹玉华等（2005）在研究的过程中，采用判断抽样、配额抽样以及滚雪球抽样的方法来抽取调查对象，对其进行问卷调查。调查一共发放了 300 份调查问卷，时间为期 3 个月，共回收了 293 份，可以进行使用的有 272 份，有效问卷占总数的比例为 92.83％。

调查对象

邹玉华等（2005）在选取调查对象时，认为字母词大多先在一些专业领域出现并使用，然后再逐渐扩散到一般的生活领域，所以选取了一些与字母词有较多接触的人群作为调查对象。调查对象按照职业的不同，分为教师、学生、政府管理人员、信息技术人员以及媒体采编人员五类。其中，之所以对后两类职业作出特别的区分，是因为"他们与字母词打交道较多"，需要以此来"探讨他们的字母词态度与一般社会群体之间的差异"（邹玉华等，2005）。

---

① 邹玉华,马广斌,刘红,韩志湘.关于汉语中使用字母词的语言态度的调查[J].语言教学与研究,2005,(4).

同时,邹玉华等(2005)也考虑了调查对象的性别和年龄因素,并且将调查对象的教育程度也列入考虑的因素当中。调查对象社会分布的具体情况,如表 10-4 所示:

表 10-4 调查对象社会分布具体情况

性 别		年龄(岁)		教育程度		职 业	
男	142 人 (52.2%)	18~25	83 人 (30.5%)	初中或以下	22 人 (8.1%)	学生	62 人(22.8%)
						教师	98 人(36.0%)
		26~35	141 人 (51.8%)	高中或中专	23 人 (8.5%)	政府管理人员	67 人(27.6%)
						信息技术工人	23 人(8.5%)
女	130 人 (47.8%)	36~45	24 人 (8.8%)	大专或本科	227 人 (83.4%)	媒体采编人员	22 人(8.1%)
		45 岁以上	24 人 (8.8%)				

在具体的调查中,对调查对象对字母词态度的调查分为两大部分:对字母词总体的态度的调查以及一些相关具体指标的态度的调查。其中,具体的指标主要有 9 项:第一,字母词影响了汉语的纯洁度;第二,字母词在汉语中显得不伦不类;第三,字母词在使用中应该翻译成相应的汉字词;第四,字母词是发展的趋势所在,没办法阻止;第五,字母词书写简单,使用简洁;第六,字母词在使用中具有醒目性;第七,字母词有利于表达;第八,字母词有利于国际间的沟通;第九,可以写出自己对字母的其他看法或者感觉。

调查结果如下:

(1)总体态度调查结果

对字母词的总的态度调查结果表明,大多数人支持字母词的使用,少数人对字母词的使用持中立和反对的态度。在调查的 272 个调查对象中,持"支持"态度的有 163 人,占调查总人数的 59.9%;持"中立"态度的有 63 人,占调查总人数的 23.2%;持"反对"态度的有 46 人,占调查总人数的 16.9%。

调查结果表明,肯定字母词的原因是多方面的,如字母词本身简洁、表意准确以及便于国际交流的自身优势、人们包容、开放的心态以及求新求异的心态等。其中,认为字母词便于与国际沟通的有 155 人,占调查对象总人数的 57%;认为字母词简洁、书写方便的有 161 人,占调查总人数的 59.2%。调查对象中有一些表示反对字母的使用,其中,有 39 人认为在汉语中使用字母词不伦不类,占调查对象总数的 14.3%;有 37 人觉得字母词的使用影响了汉语的纯洁性,占调查总人数的 13.6%。

(2)各方面具体的调查结果

A. 职业

邹玉华等(2005)根据调查对象职业的不同,将调查对象分为"专业领域群体""传媒群体"以及"一般使用群体"三大类,分别对应"信息技术人员""媒体采编人员"以及"教师、学生、政府管理人员"。在这三个不同的群体中,对字母的态度是不同的:专业领域群体对字母词使用的支持率最高,一般使用群体对字母词使用的支持率居中,传媒群体对字母词使用的支持率最低。各个职业群体对字母词使用的态度具体情况如表10-5所示:

表 10-5 各职业群体对字母词使用的态度

	学 生	教 师	政府管理人员	信息技术人员	媒体采编人员
支 持	61.3%	56.1%	62.7%	82.6%	40.9%
无所谓	22.6%	25.5%	19.4%	17.4%	31.8%
反 对	16.1%	18.4%	17.9%	0	27.3%

专业领域群体——信息技术人员对于字母词使用的支持率达到了82.6%,只有17.4%表示无所谓,而无一人表示反对。邹玉华等(2005)认为这一结果表明,对字母词的态度与调查对象的工作性质有关。信息技术人员在工作中与国际交流较多,需要经常使用字母词,从而使他们对字母词的认同度较高。

传媒群体——媒体采编人员对字母词使用的支持率最低,只有40.9%。这一调查结果与调查者预期的设想差距很大。调查者本以为传媒采编人员作为媒体工作者,接触、认识字母词的机会很多,会对字母词持一种肯定的态度。经过进一步调查研究发现,这一结果也与调查对象的职业性质息息相关。媒体采编人员作为新闻工作者,肩负着促使语言规范化的重任,这要求他们需要对字母词的意思以及来源需要十分清楚,他们对有些字母词的弱点比较清楚,这导致了他们对字母词的支持率最低。

一般使用群体——学生、教师和政府工作人员对字母词使用的支持率都超过了50%,但是他们之间也存在着差异:政府管理人员的支持率最高,为62.7%;其次是学生,达到61.3%;最低的是教师,只有56.1%。邹玉华等(2005)在研究中发现,虽然学生群体思想比较开放,喜欢标新立异,但是在对一些具有十分明显的新异色彩的字母词时,却表现得比较保守。

B. 性别、年龄以及教育程度

调查结果表明,对于字母词的态度,性别上的差异很小,男性的支持率是52.2%,女性的是47.8%。邹玉华等(2005)专门对调查者性别跟对字母词的态度进行了相关性分析,结果并未发现二者之间存在相关关系。

年龄方面,"18~25岁""26~35岁"两个年龄组对字母词的支持率比较高,而"36~45岁"以及"46岁以上"两个年龄组的支持率则相对较低。但是,除了"26~35岁"组的支持率超过了50%以外,其他的年龄组总体上都呈现出不支持字母词的情况。根据相关性调查分析,邹玉华等(2005)认为年龄与反对字母词的使用之间存在轻度的正相关,即调查对象的年龄越大,就越有可能反对字母词的使用。

教育程度方面,"初中或以下"以及"高中或中专"这两组的支持率都很低,都只有8%左右,而"大专或本科"组对字母词的支持率则高达83.4%。由此可见,"大专或本科"与教育程度较低的群体之间在对字母词的态度上有明显的分界。但是在相关性分析中发现,教育程度与对字母词的支持率之间并不存在相关关系,并不是调查对象教育程度越高,对字母词的支持率也就越高。邹玉华等(2005)认为,这可能与职业和教育程度的交互作用相关,因为信息技术人员大多为"大专或本科"教育学历。

启示

通过邹玉华等(2005)对字母词态度的这一研究,可以得到以下几点启发:第一,在选择社会调查问题时,要选择在学界和社会生活中争议较大的问题开展研究;第二,运用定量的分析方法,从而有别于过去对字母词的研究多用定性研究的倾向;第三,在选择调查对象时,注重区分调查者职业,从而发现了"信息技术人员"与"媒体采编人员"对于字母词的态度存在很大差异的情况。

3. 中日书面语相互间可懂度研究

以某种语言或者方言作为母语的人在与说其他语言或者方言的人交流的时候,会发现对方的语言或者方言有的比较容易懂,有的不容易懂。换句话说,语言或者方言之间的可懂度(intelligibility)是不同的。可懂度是一个复杂的问题,两种语言或者方言之间的可懂度不同,不仅跟它们之间的语言结构接近程度有关,也与它们之间的社会文化背景相关,而二者之间可懂度的不可互逆性,则与文化扩散的方向息息相关。

语言或方言间词汇接近率的计算研究方法

语言或者方言之间的可懂度,一般人都可以模糊地感知到,那么如何能够精确地进行研究呢?语言的结构包含语音、词汇和语法三个平面,这其中,词汇的异同是影响语言或方言之间可懂度的最重要的因素。所以可懂度的研究从词汇角度入手,比较合理,也比较容易操作。目前,对语言或者方言之间词汇接近率的计量研究,主要有三种方法:

第一,语言年代学(glottochronology)方法。

日本学者王育德(1962)[①]用年代语言学的方法,对汉语五大方言的接近率及其分化年代进行研究。王育德(1962)的统计工作主要包括两部分,第一部分是比较200个基本词汇在5个不同方言中的异同数,采用的方法是算术统计法;第二部分是依据史瓦德士(Swadesh)提出的计算公式,对五大方言的分化年代进行推算。

第二,相关系数统计法。

郑锦全(1973)[②]最早提出了这一计量方法。他通过"皮尔逊相关"(Pearson)以及"非加权平均系联法"(non-weighted)对不同方言的字音和词汇的亲疏程度进行计算,并提供方言分区的方法。

第三,算数统计法。

这一方法根据不同语言或者方言间的词汇的异同,运用加减法进行数据统计,进而用百分比来计算它们之间的接近率。

---

① 王育德.中国五大语言分裂年代的语言年代学试探[J].言语研究,1962,(8).
② 郑锦全.汉语方言亲疏关系的计量研究[J].中国语文,1988,(2).

　　游汝杰、邹嘉彦(2004)在总结前人已有研究的基础之上,研究了两个新课题,试图提出一些新的研究方法,对可懂度问题提出一些新的见解,以期对研究语言或方言的可懂度和接近率问题有所帮助。下面,我们对邹嘉彦、冯良珍(2000)①进行的中日语言的互懂度研究进行一个简单的介绍。

　　在研究方法上,邹嘉彦、冯良珍改进了现有的统计方法,加以创新,具体表现在以下几个方面:第一,采用电脑语料库中30天视窗之内的各地区对等的、实际使用的新闻语料,这些新闻语料能够反映语言的实际使用情况,具有鲜活性和共时性的特点;第二,研究中所考察研究的词汇,是实际使用中的,并且是有上下文的词汇,而不是词汇表上孤立的词汇;第三,研究中选择的词汇是与同一类事物相关的语词,尽管选取的语词的总量并不是很大,但是选取同一个词族里成为系统的所有语词,更有可比性,并且可以从同一个角度对中日语言文化间的差异进行研究;第四,立足于双向比较,探讨研究可懂度是否具有可逆性。也就是说,参加对比的两种语言或者方言,甲方对于乙方的可懂度,与乙方对于甲方的可懂度是否具有一致性。

　　邹嘉彦、冯良珍把日语和中文五个地区的词语进行比较,具体的做法是对电脑语料库视窗内30天的资料进行查阅,除此之外,中文还调查了一年视窗和两年视窗的资料,从两个完全不同的方向出发,对那些相同、相近以及相异的语词进行分类统计和分析。据此计算出各项占总数的比率,进而得出一个双向的可懂度的数据。下面,对中文词和日文词之间的互懂度的研究进行一个简单的介绍。

　　1. 从日文词来看中文词。对中文词逐个进行考察,然后将其分为完全相同者、相近可猜者、生疏难猜者、形同义异者以及完全不懂者五个大类:

　　1)在完全相同者这一类中,有列车、车辆、车轮、车库以及货车等,另外,有一些词虽然在视窗中没有出现,但是在双方实际交流中都会出现的一些词,比如车号、乘车以及运输车等,共计83项,占总数的25.15%;

　　2)在相近可猜者这一类中,有砂石车、快车道以及厢型车等共计98项,占总数的27.76%;

　　3)在生疏难猜者这一类中,有跟车、土方车、作案车以及泊车仔等共计104项,占总数的29.46%;

　　4)在形同义异者这一类中,有单车、电车、汽车、飞车、车座等共计65项,占总数的18.41%;

　　5)在完全不懂者这一类中,多是一些翻译为汉语的音译词以及一些意译词,只有田螺车、的士以及巴士等,共计3项,占总数的0.85%。

在上述五大类中,邹嘉彦、冯良珍将前两大类视为可懂的部分,亦即1)和2)两大类。将这两项相加,从而可以得出从日文看中文的可懂度为51.2%。

　　2. 从中文词来看日语词。分类的标准跟上面从日文看中文的相同。其中,形义相同者这一类有国产车、列车等共计52项,占总数的44.06%;相近可猜者这一类有急救车等共计

① 邹嘉彦,冯良珍.汉语(五地)与日语新概念词语对比研究[J].语言研究,2000,(3).

40 项,占总数的 34.90％;生疏难猜者这一类有持归车(如开回家的公用车、小型的平台搬运车等)、台车等共计 20 项,占总数的 16.95％;形同义异者这一类有电车(如电机车、儿童用车)、三轮车等共计 6 项,占总数的 5.08％。

这里需要指出的是,虽然二者的分类标准完全相同,但是因为日语中的 166 词,在汉语中是由 118 个汉字词和 48 个非汉字词(包括假名词)组成的,所以在计算可懂度时根据不同的基数进行计算,会得出不同的数据。邹嘉彦、冯良珍这里的研究只分析了 118 个汉字词的可懂度。同样,将 1)和 2)两项相加,从而得出通过中文词看日文汉字词的可懂度为 77.96％。具体情况见下表:

表 10-6　中-日可懂度比较表

	项　　目	中→日	日→中
1	形义相同	44.06％	24.51％
2	相近可猜	34.90％	27.76％
3	可懂度	77.96％	51.27％

根据上表我们可以发现,可懂度方面,从中文看日文比从日文看中文要高。二者之间的可懂度是不相等的,也就是说,可懂度是不可互逆的。比较语言或者方言之间的可懂度,应该是双向的。而那种认为,两种语言或者方言的可懂度与进行比较的方向无关,只需要单向的数据就足够的想法是不科学的。邹嘉彦、冯良珍根据近代中国与西方交流的实际情况,以及双方的经济、文化情况,认为之所以存在可懂度的不平衡,与经济、文化的扩散方向相关。近代日本的经济比中国发达,所以日语中的汉字词进入汉语的比较多,所以中国人看得懂的语词多,而汉语的译词进入到日语的比较少,所以日本人对汉语的词语看不懂的要多一些。

4. "有+动词"的扩散

"有+VP"句式近些年来在普通话中的扩散现象引起了学界的关注,但是关于这一句式扩散的过程以及扩散的机制还并不清楚。针对这些问题,王玲(2005)[①]通过调查问卷的方法搜集了该句式具体的使用情况,并且结合被调查者的社会背景展开了定量分析。这一项研究比较典型地呈现了变异的社会制约以及语体制约的相关情况,而且作为校园调查,对于学生来说更容易进行模仿。下面,就这一研究的研究问题、方法、过程、结论以及意义等几个方面做一个简单的介绍。

研究的问题

"有+VP"句式指的是:"有"后面直接与动词或者动词性成分搭配的句子,"强调动作行为或性质状态的曾经产生、存在、完成或持续等语义"(杨文全、董于雯,2003[②])。过去,汉语学界不将"有+VP"看作现代汉语中的句式,但是有的学者指出,这种句式在南方方言中普遍存在,并且对普通话产生一定的影响。赵元任(1979)很早就发现了这一情况,并且指出,

---

① 王玲."有+VP"句式使用情况调查[J].中国社会语言学,2005,(2).
② 杨文全,董于雯.语言变异:汉语"有+VP"句简析[J].语言建设通信,2003,(75).

"有+VP"句式作为"没有+VP"肯定的形式,在南方方言中已经被看作合法的句式。随着时间的推移,"有+VP"句式在现代汉语普通话中的使用频率不断增加,也得到了学术界更多的关注。研究者根据已有的情况,提出了三个需要展开研究的问题:一是,作为"没有"的肯定形式出现的"有"是不是依旧刺耳?二是,在普通话中,有哪些人在使用这一句式,这些使用者有什么特点?三是,不同的人群对于这一句式持何种态度?

研究的方法

在具体的研究中,王玲(2005)采用问卷法和访谈法来对人们对"有+VP"句式的态度、评价以及这一句式的使用情况(包括使用的场合以及使用的频率)等进行了调查。而且,王玲(2005)同时还对"有+VP"这一句式的使用和态度与说话人的年龄、性别等社会因素联系起来进行定量分析。

考虑到高校普通话的使用率高、时尚流行语的使用频率高、高校学生的语言对汉语普通话的发展变化会产生重要影响等几个因素,王玲(2005)选择了高校的学生作为这一次调查研究的对象。王玲(2005)以南京几所高校的学生作为调查对象,调查了一些本科生(50,34%)、硕士研究生(42,29%)和博士研究生(54,37%),共计146人,男女性别比例为74(51%)/72(49%),并且根据年龄,将调查对象分为三个年龄组:第一组为18到25岁,第二组为26到35岁,第三组为36到45岁。

调查问卷方面,共由三大部分组成:第一部分,被调查者的相关情况,包括性别、年龄、受教育程度等;第二部分,"有+VP"句式的相关使用情况,具体包括使用的场合、使用的频率等;第三部分,语言态度方面,具体包含以下几个问题:(1)您是否曾经听过或者说过"有+VP"这一句式?当您听到这一句式的时候,你是否感到刺耳?您是从哪里听到这一句式的呢?(2)对于"有+VP"这一句式在普通话中使用,您持什么样的态度?是坚决反对、勉强接受还是无所谓?(3)如果在书面语中出现这一句式,您认为是正确的还是错误的?(4)您认为"有+VP"这一句式有没有存在的价值?

研究的具体过程

(1)相关的社会因素

A.年龄和"有+VP"句式使用的关系

根据调查数据可以发现,被调查者的年龄和"有+VP"这一句式的使用存在着相关性,无论是在口语中还是在书面语中,"有+VP"这一句式的使用情况都和年龄的大小成反比:被调查者的年龄越小,使用这一句式的比例也就越高,反之亦然。在口语语体中,三个不同的年龄组的使用百分比分别是42%、27%和13%;在书面语语体中,这一句式的使用百分比在三个年龄组中分别是52%、39%和13%。

B.性别和"有+VP"句式使用的关系

根据调查数据发现,"有+VP"这一句式的使用与被调查者的性别也存在着一定的相关性。在72名被调查的女性调查对象当中,使用过这一句式的人数占到总人数的44%,而在74名被调查的男性调查对象中,只有18%的人使用过这一句式。而且,调查同时发现,不仅在总体上,即使在教育程度相同的不同分组中,女性使用"有+VP"句式的比率也大大高于男性。根据教育背景将被调查者分为本科生、硕士研究生和博士研究生三个层次,在72名女性调查对象中,本、硕、博使用过这一句式的比例分别是:44%、53%、39%,而在74名男性被调查对象中,使用过这一句式的比例分别是:26%、12%、19%。

C. 语体跟"有+VP"句式使用的关系

调查者在调查研究的过程中,也对"有+VP"句式使用的语体差异情况进行了考察,因为语体扩散也是变化的相应特征之一。根据调查的数据可以发现,不论是在口语中还是在书面语中,都有人使用"有+VP"这一句式。具体来说,在146名被调查者中,有45人承认在口语中使用过这一句式,有44人承认在比较正式语体(例如书面语)中使用过该句式。从这一点来说,这一句式并不存在语体差异,但是在比较正式语体中使用过这一句式的调查对象同时反映,他们使用这一句式的次数非常少,在考试、论文中则绝对不会使用。从这一点可以看到,"有+VP"句式的使用还是存在语体差异的,当前的趋势是正在由比较随便的语体逐渐向比较正式的语体扩散和发展。

(2)"有+VP"句式传播的途径以及动机

根据调查问卷问题"您是从哪里听到'有+VP'句式的"所得到的答案,调查者发现了"有+VP"逐渐进入普通话的途径。在调查的146个调查对象中,有82个调查对象(占总人数的56%)是通过港台的影视剧、广播以及其他的一些港台媒体中接触到这一句式的。自从20世纪80年代以来,随着大陆跟港台交流、接触的日益频繁,依靠着经济上的优势,粤语一度"南风北渐"①。虽然20世纪90年代以后,随着大陆经济的发展,粤语对于普通话的影响在不断地减弱,但是,类似于"有+VP"句式这一类的港台用语在普通话中的传播并没有减弱或者停止,因为这一时期的传播媒介主要是大陆传媒。根据搜集到的资料,在146位调查对象中,有39人(占人数的27%)是通过大陆的某些电视台、电台里听到这一句式的,还有25个调查对象(占总人数的17%)是通过身边的人听到的。

从途径上,这一句式的传播先是得益于港台传媒,然后是大陆传媒。但是,传播途径并不等于传播动力,那么这一句式的扩散、传播动力是什么?王玲(2005)通过调查发现,很多高校学生之所以愿意接受这一句式,主要是"想要表明自己的身份有别于其他集团和想要获得交往者的认同感"。在调查对象中,有一部分女性认为"有+VP"这一句式听起来与众不同,比较新潮、时尚。正是这种追求时尚的心理,使得比较多的女性愿意效仿这一句式。另外,有些人通过身边的人听到这一句式,他们接受并且使用这一句式的社会动机,很可能是想要获得对方的认同感,为了不受到其他交往者的孤立和排斥,有意识或无意识地向对方的言语或者行为靠拢。

(3)对于"有+VP"句式态度的调查

在口语中,对于"有+VP"句式的使用态度,就调查对象的整体而言,持"无所谓"态度的占总人数的49%,而觉得"不标准"的占总人数的25%,觉得"有些刺耳,但是勉强接受"的占总人数的26%。可见,在口语中对于这一句式的使用态度总体上比较宽松。具体情况如

---

① 南风北渐是指凭借经济的优势,一些粤语词语通过报纸杂志、电视广播进入普通话中,例如"买单"就来自粤语。参见郭熙.中国社会语言学(第三版)[M].北京:商务印书馆,2013:89.

下表所示：

表 10-7　对口语中使用"有+VP"句式的态度

调查内容	第一年龄组	第二年龄组	第三年龄组	全　体
无所谓,看个人喜好	50%	48%	50%	49%
觉得有些刺耳,勉强接受	32%	25%	17%	26%
不标准的汉语,尽量少使用	18%	27%	33%	25%

　　在书面语中,调查者又抽取了某高校中文专业的 60 名学生(包含本科、硕士和博士)进行了补充调查,每个教育层次抽取 20 名。依旧采用调查问卷的方式,通过"我有学过英语"和"我今天有看见过她"两个句子来对调查对象进行测试。根据调查问卷的结果,发现在 60 个人中有 22 个人(占总人数的 37%)认为这样的句子是正确的,给出的理由是"这两个句子意思表达得已经很清楚,并不影响理解"。有 38 个人(占总人数的 63%)认为这样的句子是错误的,给出的理由是"这两个句子不符合现代汉语的语法规范"。可见,在书面语中,虽然有一部分人接受了这一句式,但是其接受程度还远远不如口语中的接受程度。具体情况如下表所示：

表 10-8　对书面语中使用"有+VP"句式的态度

主观判断	人　数	百分比
对	22 人	37%
错	38 人	63%

结论

　　根据对"有+VP"这一句式使用情况的调查,调查者发现"有+VP"句式与性别、年龄以及语体等因素都存在相关性：女性的使用率要远高于男性;调查者的年龄越小,使用这一句式的比例相应地也就越高;并且出现了语体的传播,正在逐渐由口语语体向书面语语体传播。这些研究结果都可以表明,"有+VP"句式是一个"正在进行中的变化"。

思考题

1. 社会语言学的研究对象和基本任务是什么？
2. 社会语言学的基本语言观是什么？
3. 语言行为主体对语言有哪些影响？
4. 什么是语域和语言变体？
5. 什么是语码转换和语码混用？二者有何联系和区别？
6. 什么是语言变异？语言发生变异的主要原因有哪些？
7. 当前社会语言学研究的热点有哪些？
8. 什么是社会流行语和社会热词？二者有何异同？

9. 社会语言学研究的基本程序有哪些？

10. 社会语言学调查中搜集资料的方法有哪几种？

11. 什么是访谈法？促成访谈成功的技巧有哪些？

12. 什么是定性研究和定量研究？二者有何联系？

13. 抽样法包括哪几类？这几类又可分为几小类？

14. 什么是语言规划和语言政策？二者有何联系和区别？

进一步阅读

戴庆厦.社会语言学概论[M].北京：商务印书馆，2004.

郭熙.中国社会语言学(第三版)[M].北京：商务印书馆，2013.

郭熙.新加坡中学生华语词语使用情况调查[J].华文教学与研究，2010，(4).

徐大明.社会语言学实验教程[M].北京：北京大学出版社，2010.

徐大明，陶红印，谢天蔚.当代社会语言学[M].北京：中国社会科学出版社，1997.

游汝杰.什么是社会语言学[M].上海：上海外语教育出版社，2015.

游汝杰，邹嘉彦.社会语言学教程[M].上海：复旦大学出版社，2004.

[法] 路易-让·卡尔韦著，曹德明译.社会语言学[M].北京：商务印书馆，2001.

[美] 库尔马斯.社会语言学通览[M].北京：外语教学与研究出版社，2001.

[新西兰] 霍姆斯.社会语言学导论[M].北京：世界图书出版公司，2011.

[英] 唐斯.语言与社会[M].北京：外语教学与研究出版社，2011.

第十一章　语言类型学方法与汉语研究

本章介绍了语言类型学的基本理念、类型学研究的基本研究方法,也通过几个案例探讨了类型学对汉语研究的作用。

一、理论介绍

(一)语言类型学的内涵

"语言类型学"(Linguistic Typology)的全称是"语言共性与语言类型学",是一门研究语言的变异类型和语言共性的语言学分支学科。

语言类型学经历了古典类型学到现代类型学的转变。

古典语言类型学指的是 19 世纪至 20 世纪初在欧洲(尤其是德国)兴起的现代类型学之前的早期语言类型学。古典类型学的代表性人物有:施莱格尔(1772~1829)、奥古斯特·冯·施莱格尔(August von Schlegel,1767~1845)、奥古斯特·施莱歇尔(August Schlecher,1821~1868)、洪堡特(1767~1829)等。古典类型学最重要的成果是根据形态将世界语言划分为屈折语、黏着语、孤立语和编插语等四类,以及将语言分为综合型语言和分析型语言。

施莱格尔在《论印度人的语言和智慧》中将语言分为加缀语(langues à affixes)和屈折语(langues à flexions),他将两者的区别模糊地表述为:前者是语素的简单叠加,而后者则是语素在组合过程中有音系变化。其兄施莱格尔在《对于普鲁旺斯语言和文学的观察》一文在此基础上加上了第三种类型:无结构语言,即没有加缀和屈折的语言。后来,德国著名历史语言学家奥古斯特·施莱歇尔将施莱格尔兄弟的屈折语、附加语、无结构语分别称为屈折语、黏着语、孤立语,同时对黏着语和屈折语的区分做出明确表述:黏着语是一个语法语素表示一个语法意义,而屈折语则是将不同语法语义融合到一个语素当中。此外,德国著名语言学家洪堡特在《判断语言优劣的标准:观念的清晰、确定和活跃》中,认为还有一种语言类型叫编插语(langues incorporantes)。至此,四种语言类型的划分基本定型。

早期的古典类型学家多是历史比较语言学家,根据形态进行类型分类的一大目的在于将其与谱系分类区分开来。另一方面,部分古典类型学家还把不同类型看作语言演变过程中的前后不同阶段,并有优劣之分;后来的学者更多地认为不同形态类型学的转变是循环发展的,而非线性发展。

古典类型学还根据语法结构的总体特点对语言进行分类。这种分类的滥觞可追溯到 18 世纪,在丹尼斯·狄德罗(Denis Diderot)和德·阿朗贝尔德(d'Alembert)编纂的《百科全书》

"语言"条下,作者根据语言的语法结构总特点,区分了两种基本的语言类型:类推型语言(langues analogues),这类语言较少与句法有关的形态,词序类似思想表达的次序;换位型语言(langues transpositives),这类语言句子的语法结构包含词的屈折形式的大量差别。而明确提出"分析"(analytique)和"综合"(synthetique)概念的是奥古斯特·冯·施莱格尔的《对于普鲁旺斯语言和文学的观察》,他将屈折语细分为"分析语"和"综合语"两种,前者要借助于冠词、介词、副词等迂回手段表达语法范畴,而综合语则不用这些迂回手段。后来,施莱歇尔将分析和综合的概念从屈折语推广到所有语言类型。萨丕尔将这种分类变得具有可操作性,他从词中语素数量的角度,将语言分成分析语、综合语和多式综合语,其中分析语是一个词一个语素,综合语是一个词有很少的语素,而多式综合语则是一个词有多个语素。之后,格林伯格(1966)①和科姆里(1989)②等著述对这种分类方式也进行了进一步的改良。

古典语言类型学主要是分类学意义上的,而由美国著名学者格林伯格(1915~2001)等所开创的现代语言类型学,则以寻求人类语言的普遍共性、对抽象语言规则,尤其是以寻求不同语言现象之间的相关性为主要的研究目标。格林伯格(1966)③的发表,标志着现代类型学,尤其是语序类型学,开始进入一个全新的发展阶段。

刘丹青(2003)总结了现代类型学相较于古典类型学的几个重要发展:第一,有更明确的研究目的,类型学不再满足于给人类语言分类,而是提升为通过跨语言比较研究探究人类语言的共性;第二,大大拓展了类型学的研究范围,相对于古典类型学主要关注形态,现代类型学的研究领域涵盖句法、形态、语音、词汇、语义、语用等语言学的各个领域;第三,逐步发展出更加完善的研究规范和方法,格林伯格(1966)一文以抽样统计为方法,以蕴涵性命题、四分表等形式为表述的方法,已经成为类型学研究的经典范例;第四,从描写发展到解释,深刻影响了语言学的主流。④

下文的语言类型学均指现代语言类型学。

(二) 语言类型学的研究对象和基本任务

语言类型学是对人类语言间的变异及其限度进行研究的语言学科。因此,所有的语言现象均可以成为类型学的研究对象。关于类型学的研究课题、研究方法等问题我们将在下一节详细讨论。

下面主要对类型学的研究目标做进一步的阐释。相较于古典类型学,现代类型学的研究目标发生了重大的改变,已经不再满足于给人类语言进行整体上的分类了,其研究目标主要体现为以下几点:(1)发现人类语言变异的幅度及限制范围;(2)发现跨语言的共性及不同特征之间的相关性;(3)解释这些共性和类型差异所产生的原因。其中"共性"和"类型"是重要的两个关键词,类型学的两部经典著作科姆里(1989)和克罗夫特(2001)就分别以

① Greenberg J. H. *Universals of Language* (*2nd*) [M]. Cambridge: The MIT Press, 1966.
② Comrie B. *Language Universals and Linguistic Typology* (*2nd*) [M]. Oxford: Basil Blackwell, 1989.
③ Greenberg, J. *Some Universals of Grammar with Particular Reference to the Order of Meaningful Elements* [A].Greenberg. (ed.) *Universals of Language* [C]. Mass Cambridge: MIT Press,1966;中译文,陆丙甫,陆致极译.某些主要与词序有关的语法普遍现象[J].国外语言学,1984,(2).本章将多次引用该文,之后不再加脚注。
④ 刘丹青.语序类型学与介词理论[M].北京:商务印书馆,2003: 16 – 17.

《语言共性与语言类型学》(*Language Universals and Linguistic Typology*)和《类型学与共性》(*Typology and Universal*)为书名,由此也可以看出类型学的研究目标和研究旨趣。

21世纪以来,类型学不仅关注人类语言的变异范围和语言的多样性,而且试图从多个角度去解释为什么语言的多样性就是如此。① 除了询问"什么样的现象有可能存在?"之外,还进一步追问"这个现象在哪里出现? 为什么能出现?"比克尔(Bickel)(2007)指出,引领类型学拓展新的研究目标的动力源主要有两个方面:一是区域共性的发现。20世纪80年代以来,学者们已经发现几乎任何类型学参项及其组合都不存在全世界的均衡分布样态,其中多数分布易受到非偶然性的地理因素的影响。因此在讨论共性时,不能不考虑地理因素在其中的重要作用。二是方法论的进一步改善。大型类型学数据库的大量涌现、统计方法的更新、数学模型的引入、跨学科研究的相互协作等,使得类型学研究的方法论得到了极大的改善。②

(三)语言类型学的语言观

刘丹青(2003)指出:"形式学派、功能学派和类型学可以看作当代语言学的三大主流范式。其中前二者在语言哲学(即对语言本质尤语法本质的理解)上构成对立,进而影响到研究对象和方法的差异,类型学则主要在研究对象和方法上形成了特色,在语言哲学方面持较为谨慎的态度,大多属于温和的功能派,也不排除形式主义倾向。"③

而功能取向的语言类型学的语言观表现在:(1)认为语言是一种主要用于交际的符号系统,语言受到语言之外的某些因素的影响,由此造成了语言之间的差别。(2)认为人类的语言存在形式上的共性,这种形式共性决定了人类语言可能有哪些形式,而不可能有哪些形式,这些可以通过对人类语言的调查统计来证明。④

因此,语言类型学认为世界上的语言既有其普遍的共性的一面,也有其各自个性张扬的一面。在具体的细节表现中,几乎每一种语言都有自己的个性,但是在宏观层面上,语言则表现出高度的一致性或倾向性。共性与个性的关系是:语言的个性可通过普遍的共性来得到解释;个性是因为若干共性或若干普遍原则互相竞争和调和的结果,因此,个性在本质上还是取决于共性,或者说是共性的一种特殊表现。

(四)语言类型学的基本概念和观点⑤

1. 形式共性与实体共性

形式共性是指句法形式在人类语言中存在的一些普遍共性现象。句法形式包括一些句法形态,名词的单数复数范畴,名词的主格宾格等范畴,还有句法成分的排列顺序等。如在

---

①② Bickel, B. *Typology in the 21st Century: Major Current Developments*[J]. *Linguistic Typology*, 2007,(11):239-251. 中文版黄成龙译,21世纪类型学的主要进展[A].戴庆厦,汪锋主编.语言类型学的基本方法与理论框架[C].北京:商务印书馆,2014.

③ 刘丹青.语序类型学与介词理论[M].北京:商务印书馆,2003:18.

④ 金立鑫.什么是语言类型学[M].上海:上海外语教育出版社,2011:30-31.

⑤ 参见金立鑫.什么是语言类型学[M].上海:上海外语教育出版社,2011:30-31;陆丙甫,金立鑫主编.语言类型学教程[M].北京:北京大学出版社,2015.

数的范畴上,有的语言除了单数和复数的范畴外,还有双数的范畴。但是双数的语法范畴并不是多数语言所有的,而单数和复数的语法范畴却是很多语言都有的。这在拥有单数、复数和双数的语言的数量上表现出很大的差距。即,有双数的语言比有单复数的语言少得多。而且,有双数的语言一定会有单数和复数;相反,有单复数的语言不一定有双数。也就是说,双数的语法范畴蕴涵了单复数的语法范畴。这可以算作人类语言中的一个形式共性。就句法成分的排列顺序来说,任何语言的句子都是有序的组织结构,而任何组织结构都是有核心成分的,任何核心的附加成分都是围绕核心成分来安排其句法位置的。那么句法位置上的形式共性可表现为:任何附着成分不可能远离它的宿主成分,要么前居于其宿主成分,要么后附于其宿主成分。如果一个核心成分拥有一个以上的附加成分,这些附加成分要么居于核心成分的两边,要么居于核心成分的同一边,如果居于核心成分同一边,则根据它们与核心成分的关系紧密度进行空间上的先后排列——关系紧密的靠近核心,关系疏远的相对远离核心。

　　实体共性是指所有语言中普遍存在的一些范畴,这些范畴是构成自然语言的必需的材料或单位,没有这些材料或单位自然语言无法形成。如人类的自然语言在语音上的属性,必然地受到人类的发音器官可能发出的声音的限制。在某些过分高的乐音或过分低的乐音受人类声带生理条件以及共鸣腔条件的限制,在人类语言中不可能出现。可能出现的都是人类生理条件可能之内的。但是并非人类所能发出的声音都能成为语言中的单位。不同的语言在选择这些语音单位时存在一些普遍的倾向性。这些倾向最终都和语言的两条基本原则有关:经济原则(省力原则)和象似性原则(要求语言形式尽可能地与要表达的对象相似,追求准确或精确)。如人类所有的语言都具有元音,基本元音最少的也至少有两三个,最多的达二十多个元音。如果一个语言有三个基本元音,则它肯定有一个低元音[a],在[a]之外或者是一个前高元音[i]和一个后高元音[u],或者是一个前中元音[e]和一个后中元音[o]。实体共性和形式共性是一张纸的两面,语言实体在形式上也有共性,这就与形式共性有关。

　　2. 蕴含共性与非蕴含共性

　　蕴含的概念来自逻辑学。逻辑学中的蕴含是:如果有某现象 A,就一定有某现象 B;反过来则不一定。例如,如果天上下雨了,则地上一定会有水;而地上有水则不一定是天上下雨了。这时,"天上下雨"蕴含了"地上有水",即 A 蕴含了 B。逻辑学中用"A→B"或者"A⊃B"表达。格林伯格等把这种蕴含规则运用于某些语言现象之间的相互联系。例如,如果某种语言中存在第三人称代词,则一定会存在第一、二人称代词,相反则不然。或者说,第三人称代词蕴含第一、二人称代词。

　　蕴含共性体现一种现象与另一种现象之间的相关性,有助于我们去探求这种相关性背后的联系,因此是建立理论的重要手段。但是,也有一些共性是不必依赖于某一具体的条件或现象,其存在是普遍的,任何语言都具有的,或者人类语言倾向于具有的。例如:人类语言普遍具有元音,而且至少有两个以上的元音;人类语言必然具有辅音,所有的语言都有唇音;等等。这些是看起来似乎是"正确的废话"。也有一些非蕴含共性是我们不常注意到或不仔细观察到的,例如:语言中,宾语要求靠近动词;而主语离动词的距离比宾语远,或者说,所有语言的主语与动词的距离都比不上宾语与动词那么紧密。随着对人类语言共性认识的逐渐深化,会有更多的更为具体的甚至更为细微的非蕴含共性被揭示出来。

3. 绝对共性与倾向性共性

绝对共性是指某种现象为人类所有语言所具有,无一例外。如所有的语言都有元音,所有的语言都有唇辅音,所有的语言都有实词等。

倾向性共性则表现为一种趋势或绝大多数的可能性。如多数的语言都有元音 i,但也有语言并无 i。

把绝对共性和倾向性共性与蕴含和非蕴含共性结合起来,有 4 种组合。第一,绝对蕴含共性,是指所有语言都具有无一例外的蕴含共性,如所有语言如果有第三人称代词,则一定有第一、二人称代词。第二,绝对非蕴含共性,如所有语言都至少有两个或两个以上的元音,至少有一个低元音。第三,倾向性蕴含共性是大多数语言所表现出来的一种蕴含共性,例如,如果一种语言采用了 OV 型语序,那么它的副词倾向于在动词之前;相反,如果一种语言采用了 VO 型语序,那么它的副词倾向于在动词之后。这些都不排除少数例外的情况。第四,倾向性非蕴含共性是指绝大部分语言所具有的一种绝对的优势或倾向,不排除少数反例的存在,例如,绝大多数语言倾向于主语短语在句子的最前端;又如,绝大多数语言的宾语倾向于靠近动词。

4. 优势与和谐

优势(dominant,dominance)这个概念是由格林伯格(1966)在研究语序问题时提出来的。优势语序是在没有任何其他因素的作用下,它们总是表现出某种顺序,而不是另一种顺序。相反,相同的成分如果还有其他语序,并且这种语序是有条件的,甚至是临时性的安排,这种语序就被看作"劣势"(recessive)。例如,主语和宾语的位置,主语总是处在宾语的前面,世界上绝大多数的语言都如此。

和谐(harmony)的概念也是由格林伯格(1966)提出来的。语言类型学家在广泛语言调查的基础上发现,语言中某些形式总是和特定的另一形式同现共生,而不与另一种形式共现。那些总是能够同现共生的形式之间就是和谐的,相反则是不和谐的。例如,OV 语序的语言与后置词形式和谐而与前置词形式不和谐(如日语);相反,VO 语序的语言与前置词形式和谐而与后置词形式不和谐(如英语)。当然,也可以反过来说,后置词与 OV 语言和谐,前置词与 VO 语言和谐。

5. 单向蕴含、双向蕴含与多层蕴含

格林伯格提出的共性多是单向蕴含,但也存在不少双向蕴含关系。例如 OV 语序蕴含后置词,即凡是 OV 语序的语言倾向采用后置词而不是前置词。实际上,这一蕴含关系反蕴含同样成立,即凡后置词语言都倾向于是 OV 语言。这一双向蕴含关系排除了 OV 语言使用前置词以及前置词语为 OV 语序的现象,同理,也排除了 VO 语言使用后置词以及后置词语言为 VO 的语序现象。因此,这两个参数之间实际上成为一种充分必要条件关系。即,当且仅当前置词语言为 VO 语序,当且仅当后置词语言为 OV 语序。

当代语言类型学家还在努力如何将格林伯格所揭示的那些看起来孤零零的共性或蕴含关系联系起来。霍金斯(John A. Hawkins)提出了基于两条或更多参项的更复杂的蕴含关

系,在探索语言 DNA 的道路上开始了探索。例如他提出:

规则(1) SOV→(AN→GN)

规则(2) VSO→(NA→NG)

上面两条蕴含关系可以理解为:如果一种语言是 SOV 语序,那么如果它的形容词还位于名词前,它的领属成分也就必定位于名词前;同样,如果一种语言是 VSO 语序,那么如果它的形容词还位于名词后,它的领属成分也就必定位于名词后(克姆里,2004)。规则(1)可以进一步表述为:不存在同时为 AN 和 NG 的 SOV 语言,或者,SOV 语言中不会有 AN 并且 NG 的语言。即,某一 SOV 语言中如果形容词在名词前,那么它的领属成分应该在名词之前,如果领属成分在名词之后,这种语言是不存在的。规则(2)可以表述为:不存在同时为 NA 和 GN 的 VSO 语言,或者,VSO 语言中不会有 NA 并且 GN 的语言。即,某一 VSO 语言如果它的形容词在名词之后,那么它的领属成分应该在名词之后,如果领属成分在名词之前,这种 VSO 语言是不存在的。这种多层蕴含规则显然要比单蕴含规则严格有力得多。

(五) 汉语学界对语言类型学的新近拓展

近年来,刘丹青所倡导的类型学分支学科"库藏类型学"[①],更是中国学者对类型学理论的重要发展。库藏类型学是一种行之有效且颇有前景的研究领域,值得关注。

语言库藏(linguistic inventory)指的是特定语言系统或层级子系统所拥有的语言手段的总和,包括语音及韵律要素、词库、形态和句法手段等。库藏类型学认为,具体语言所拥有的库藏手段及其性质不仅反映了该语言的类型学特征,同时也反映了该语言在跨语言间相应语义或交际功能表达的特征。这种特征也反映了人类语言间形义关系的复杂性。相较于一般的从语义出发寻求形式表达的当代语言类型学研究,语言库藏类型学更加注重形式-语义的双向互动,尤其关注语言形式对语义的反作用。

语言库藏类型学的主要概念包括:

(1) 显赫范畴(mighty category)。显赫范畴是语言库藏类型学的核心概念。若某种范畴语义由语法化程度高或句法功能强大的形式手段表达,且成为该手段所表达的核心语义,该范畴便成为该语言中既凸显又强势的范畴,即显赫范畴。显赫范畴存在于语言各层级,通常具有如下特征:1) 使用频率高,得到显著表征,使用时受限制少;2) 拥有超越自身范畴或自身层级的扩展功能,能用来表达与其原型范畴相关而又不同的范畴;3) 在心理层面是易被激活的、可及性高的范畴。显赫范畴的原型功能与扩展功能的性质和地位有别。[②]

(2) 超范畴扩张 (trans-categorical expansion) 和跨范畴对应 (cross-categorical correspondence)。显赫范畴会带来语言内的超范畴扩张和语言间的跨范畴对应。语言库藏的"物尽其用"原则是显赫范畴功能扩张的动因。[③]

––––––––––––––

① 刘丹青.语言库藏类型学构想[J].当代语言学,2011,(4);刘丹青.汉语的若干显赫范畴:语言库藏类型学视角[J].世界汉语教学,2012,(3).

② 刘丹青.汉语的若干显赫范畴:语言库藏类型学视角[J].世界汉语教学,2012,(3);刘丹青,语言库藏类型学的形式-意义观[J]."中日理论语言学研究会"成立 10 周年纪念会会议论文,2016.

③ 刘丹青.论语言库藏的物尽其用原则[J].中国语文,2014,(5).

（3）库藏裂变（split in inventory）。库藏裂变是制约显赫范畴扩张的反作用力,指在长期的语言使用过程中,语言库藏中的成分在历时演变中发展出新的功能,且这种功能由于各种原因在母语人语感中与其原有功能失去关联,被识解为库藏中完全不同的语言单位。①

（4）语言库藏和显赫范畴的历时动态性。包括进库/库藏化（inventorization,如某语义范畴形成语法库藏要素的过程）和离库/去库藏化（deinventorization,如某要素在语法库藏中消失的过程）。②

语言库藏类型学在汉语语言学的共时、历时研究层面,已经取得了一定的研究成果。其在语言翻译、语言教学、词典编纂以及语言调查等领域具有应用价值。

二、研究方法

（一）语言类型学的研究方法

语言类型学是一门以方法见长的语言学分支学科,类型学也以其研究方法而区别于其他语言学分支。

从现代类型学的开山之作格林伯格（1966）一文开始,以抽样统计为方法,以蕴涵性命题、四分表等形式为表述方法,在此基础上对共性进行解释,这已经成为类型学研究的经典范例。刘丹青（2003）认为"类型学特有的研究对象,就是人类语言间的共同点和差异点,差异的不可逾越之极限也就是语言共性之所在。其特有的研究方法,包括语种库（language sample）的建立及语种均衡性的追求、参项的选择、相关语言要素或语言特征间的四分表分析及其空格的发现、绝对共性和蕴涵性共性的建立、对跨语言的优势现象（prominence 或 priority）和标记性的总结、将蕴涵性共性串成系列的等级序列的建立、基于大规模语种库统计的和谐性（harmony）的总结,对共性或倾向的解释,等等"③。下面在研究程序部分将具体说明。

（二）语言类型学的研究程序

类型学研究的基本流程和主要方法为:选题、取样、统计归纳、共性表述（蕴涵共性、四分表、等级序列、语义地图）、解释等。下面逐一介绍以上流程中所使用到的研究方法。

1.选题

语言类型学所追求的语言共性,主要就是不同语言要素之间跨语言的相关性。比如有A、B两种语言要素,它们是否具有跨语言的相关性,光从一个语言当中是看不出来的,必须通过考察足够多的语言,才能发现其中的相关性。类型学选题,就是那些有可能存在相关性的要素,一般也称为"类型参项"（typological parameter）。

① 刘丹青.语言库藏的裂变:吴语"许"的音义语法分化[J].语言学论丛,北京:商务印书馆,2015,(51).
② 刘丹青.古今汉语的句法类型演变:跨方言的库藏类型学视角[A].郑秋豫.第四届国际汉学会议·语言资讯和语言类型[C].台北:台北中研院,2013.
③ 刘丹青.语言类型学与汉语研究[J].世界汉语教学,2003,(4).

现代类型学的类型参项虽然较多集中于句法角度的研究,尤其是语序的相关性问题,但是从格林伯格(1966)的经典论文开始,类型学的研究对象就不仅仅局限于句法,形态、语音、词汇、语义等各个方面都是类型学的研究对象。如格林伯格(1966)的45条语言共性,虽然多数与句法有关,特别是与小句基本成分(S,O,V)的语序和介词语序类型(前置词还是后置词)两个参项有关,但也广泛涉及形态要素,如名词的性、数、格之间的关系、屈折和派生的关系、各类词缀的顺序问题等。再比如在格林伯格主编的四大卷《人类语言的共性》①中,第一卷讨论的是方法论的问题,第二卷、第三卷、第四卷就分别讨论了音系、形态和句法的问题。

《语言结构的世界地图集》(*The World Atlas of Language Structures*,简称 *WALS*)②结集了当今最著名的55位语言类型学家,对涉及音系、形态、句法、词汇等方方面面的144个类型参项做了深入的类型学研究,并将研究成果以地图的方式呈现在读者面前。下面按照 *WALS* 的分类,将其中涉及的研究课题列成表11-1,以窥类型学研究的范围。

表 11-1　WALS 涉及的类型参项

领域(参项数)	类　型　参　项
音系(19)	辅音库藏,元音库藏,元、辅音的比例,塞音、擦音的清浊对立,塞音系统的空档,小舌音,喉化辅音,边音,软腭鼻音,鼻化元音,前圆唇元音,音节结构,声调,固定重音的位置,重度敏感型重音,重度敏感型重音系统中的重度特征,韵律类型,缺乏常见的辅音,拥有不常见的辅音
形态(10)	融合,黏着,动词的屈折综合度,小句的标注方式③,领属短语的标注方式,语言整体的标注方式,屈折形态中的前缀和后缀,重叠,格的融合度,动词人称或数范畴的融合度
名词性范畴(28)	性的数量,基于性别的性系统和非基于性别的性系统,性分配系统,编码名词复数的方式,名词复数的出现条件,人称代词的复数,连类复数,定冠词,不定冠词,自由人称代词的包括式和排除式,动词形态中的包括式和排除式,指示词的距离切分,代词性的指示词和形容词性的指示词,第三人称与指示词,人称代词的性区分,代词的礼貌区分,不定代词,强化词和反身词,附置词中的人称标注,格的数量,格标注的不对称性,格词缀的位置,伴随格和工具格,基数词,序数词,数词类别词,量化词,人称领属词缀的位置
名词性成分相关句法(7)	强制性的领属屈折,领属表达法的类别,领属语、修饰语和关系从句,脱离名词使用的形容词,名物化结构,名词短语并列,名词性并列和动词性并列
动词性范畴(16)	完整体和非完整体,过去时,将来时,完成体,时、体词缀的位置,祈使的形态编码,命令、劝告系统,禁止式,祈愿式,条件可能,认识可能,条件可能与认识可能的重叠,示证范畴的语义划分,示证范畴的编码方式,基于时、体的动词异干,基于数的动词异干

①　Greenberg J.. *Universals of Human Language*（Ⅰ~Ⅳ）[M]. California：Stanford University Press,1978.
②　Haspelmath M., Dryer, Matthew S., David G., Comrie, B.. *The World Atlas of Language Structures*[M]. Oxford：Oxford University Press,2005.网络版(WALS Online)地址：http：//wals.info/index.
③　标注方式主要包括核心标注(head marking)和从属标注(dependent marking)两类。

（续表）

领域（参项数）	类 型 参 项
语序（19）	主、动、宾的语序，主语、动词的语序，动词、宾语的语序，动词、宾语、旁语的语序，附置词和名词的语序，领属语与名词的语序，形容词与名词的语序，指示词和名词的语序，数词和名词的语序，关系从句与名词的语序，程度词与形容词的语序，极性问小品词的位置，特指问中疑问词的位置，状语从句标记与小句的语序，动、宾语序与附置词、名词语序之间的关系，动、宾语序与关系从句、名词语序之间的关系，动、宾语序与形容词、名词语序之间的关系，否定成分与动词的语序，否定成分的位置与主动宾语序的关系
简单句（24）	名词的格配置，自由代词的格配置，代词词级的格配置，代词主语的表达，动词的人称标注，动词上的第三人称标注，动词上人称标记的语序，双及物结构，相互结构，被动结构，反被动结构，双系/施用结构，分析型致使结构，非分析型致使结构，否定语素，对称和非对称标准否定，非对称标准否定的下位类型，否定性不定代词和谓语否定，极性问，谓语领属，谓语性形容词，名词和处所谓语句，无系词的名词谓语句，比较结构
复杂句（7）	主语的关系化，旁语的关系化，"意愿"补足语从句的主语，目的从句，时间从句，原因从句，引语
词汇（10）	手和手臂，手指和手，数词的词汇基础，非派生性基本颜色词的数目，基本颜色词的数目，绿色和蓝色，红色和黄色，辅音 M-T 对立的代词，辅音 N-M 对立的代词，茶
其他（4）	手语中的否定，手语中的疑问小品词，书写系统，咔嗒声的副语言作用

上表所列，还仅仅是类型学研究领域中的一部分而已（如没有包括语用范畴，音系、词汇、语义部分的比重也偏小等），从中也大致可以窥视出类型学研究范围的广泛性来。当然，研究者还可以发掘更多的类型学研究课题，以丰富对人类语言多样性的认识深度。

2. 取样统计

现知的所有语言都可以成为语言类型学的研究范围，全世界至少有 6000~7000 种语言，加上已经消失的死语言，研究者很难将所有语言都纳入研究范围当中，因此对研究所需要使用的语言进行取样就成了类型学研究的一个重要工作。

科姆里（1989）提到，类型学研究的样本主要有两种：便利型样本（convenience sample）和平衡性样本（balanced sample）。① 简·瑞考夫等（Jan Rijkhoff et al.，1993）和瑞考夫 & 迪克·巴克（Dik Bakker，1998）等文从另一个角度提出，样本类型主要可以分为三种：概率性样本（probability sample）、多样性样木（variety sample）和便利型样本（convenience sample）。② 如何选取样本，更多取决于研究的课题，如：概率性样本适用于探讨某些语言现象的配对关联或某些现象的出现概率；多样性样本能显示最大多样性的样本，适用于探索性研究，可最

---

① Comrie, Bernard. *Language Universals and Linguistic Typology*(2nd)［M］. Chicago：Chicago University Press,1989.第二版国内原文引进，北京：北京大学出版社，2009.沈家煊译，语言共性和语言类型（第 1 版）［M］.北京：华夏出版社，1989；沈家煊，罗天华译.语言共性和语言类型（第 2 版）［M］.北京：北京大学出版社，2010.

② Rijkhoff, J., Dik Bakker, Kees Hengeveld, Peter Kahrel. *A Method of Language Sampling*［J］. *Studies in Language*,1993,（17）：169－203. Rijkhoff, Jan, Dik Bakker. *Language Sampling*［J］. *Linguistic Typology*,1998,（2）：263－314.翻译版林幼菁译，语言的取样［A］.戴庆厦，汪锋主编.语言类型学的基本方法与理论框架［C］.北京：商务印书馆，2014.

大程度地提供具体语言参项的变异情况。

对于平衡性的样本来说,除了尽量扩容之外,主要就在于应该避免语言样本的谱系、区域、类型、文化等方面的偏向。谱系偏向指的是所取样本来自具有发生学关系的同一语系,区域偏向指所取样本来自同一区域的语言,类型偏向指所取样本来自同一种类型的语言,文化偏向指所取样本来自同一个文化圈。好的平衡性样本应该避免这几个方面的偏向,要兼顾平衡性。①

类型学从格林伯格(1966)的经典研究开始,就非常注重取样工作。如格林伯格(1966)包括 30 种语言,遍及亚欧非澳和南北美六大洲,涵盖了汉藏、印欧、阿尔泰、闪-含、芬兰-乌戈尔、南岛、尼日尔-刚果、印第安诸语、日、朝等众多语系及系属不明语言。到其 1966 年的修订版,语种数已经上升到 142 种。布勒内·伯林(Brent Berlin)和保罗·凯伊(Paul Kay)(1969)研究颜色词的共性,使用了上百种语言②;霍金斯(1983)研究语序共性,用了 350 种语言③;德赖尔(Dryer)(1992)研究语序的和谐性,使用了 625 种语言④,到其 1999 年研究汉藏语系的语序问题,作为背景的样本数已经上升到了 910 种。

下面主要介绍德赖尔(1992)一文所采用的分区分层的取样方法。德赖尔的样本方言有 625 种,但是他并不是直接拿来进行统计,而是做了两方面的工作以保证样本的平衡性:一方面,为了确保语言谱系方面的平衡,他先是将这 625 种语言按照亲缘关系分成 252 个"亲缘组"(genera),每个亲缘组中包含的语言都可以追溯到大概 2500 年以前的共同祖先;另一方面,为了确保样本库中的语言在地域上的平衡,他将整个世界分成六个区域:非洲、亚欧大陆、东南亚和大洋洲、澳洲和新几内亚、北美、南美。对于每个相关类型学参项,德赖尔的做法是看不同的亲缘组⑤在六个大区中的数值表现,占优势的就用方框框出,用以看出是全球范围的普遍优势还是某几个区域内的优势。例如下图引自德赖尔(1992)一文:

	Africa	Eurasia	SE-AS & Ocean	Austr-Neu Gui	N-Am	S-Am	Average
OV & Po	15	26	5	17	25	19	107
OV & Pr	3	3	0	1	0	0	7
VO & Po	4	1	0	0	3	4	12
VO & Pr	16	8	15	6	20	5	70

图 11-1　动宾之间语序和附置词类型的相关性

这张图考察的是动词-宾语之间语序和附置词类型的相关性,从图中可以看出 OV & Po(后置词)和 VO & Pr(前置词)在每个区域中都是优势的,由此可见这是全球范围的优势现象。德赖尔的取样统计方法,比单纯地在一个层面上统计更加兼顾到了亲缘关系、语种分布和地理关系,是语言类型学取样方法当中的一个较科学的做法。

---

① 当然,以上是对于探究人类语言的普遍共性而言的,对于区域共性的研究则并非如此。

② Berlin, B., Paul Kay. *Basic Color Terms: Their Universality and Evolution*[M]. Berkeley: University of California Press, 1969.

③ Hawkins, John A. *Word Order Universals*[M]. New York: Academic Press, 1983.

④ Dryer, Matthew. *The Greenbergian Word Order Correlations*[J]. *Language*, 1992(68): 81-138.

⑤ 在不同参项的统计当中,252 个亲缘组并非都会涉及。

　　此外,瑞考夫等(1993),瑞考夫、巴克(1998)等文所提倡的 DV 取样法也是一种重要的取样方法。DV 取样法的操作技术性较强,有兴趣的读者可看这两篇文章的详细介绍。

　　当然,要从事大样本的类型学研究有一定的难度,大型样本库的建设本身难度就很大,而一些较为专门、深入的语法研究专题,也并非所有描写语法中都会有所涉及。因此,对某一地区、某一语系语族进行考察,也能够发现一系列有价值的局部性的蕴涵共性、等级序列等,这些共性如果得到了大样本跨语言的验证,那么就可以提升为普遍的共性;如果反映的是某一区域、某一语系语族内的共性,那么在类型学中也有重要的意义。

　　对于类型学研究来说,还有一个样本材料的来源问题。类型学研究的材料来源主要有以下三类:

　　第一类是来源于描写语法(descriptive grammars)、语言志、语言概况等调查报告,尤其参考语法(reference grammars)更是主要为类型学研究服务的一种描写语法。有多家全球著名的出版社相继出版了一些描写语法专著,如牛津大学出版社、剑桥大学出版社、德国 Mouton de Gruyter 出版社等都相继出版了系列的参考语法专著。中国境内语言在类型学框架下进行写作的参考语法首先运用于民族语学界,成系列的主要有两个:一个是由戴庆厦主编,在中国社会科学出版社出版的"中国少数民族语言参考语法研究系列丛书";一个是台湾远流出版公司出版的"台湾南岛语言"系列丛书。而关于汉语方言的参考语法,海内外至少有两个团队正在组织学者撰写:一个是中国社会科学院语言所刘丹青等领衔的创新工程团队,计划在商务印书馆出版十本左右的汉语方言参考语法著作;一个是法国高等社会科学院曹茜蕾(Hilary Chappell)教授主持的 Sinotype 项目,将会用英语在海外出版系列汉语方言的参考语法。

　　第二类是来源于田野调查(field work)。田野调查包括沉浸式调查(immersion)、访谈式调查、诱导式调查、问卷法调查等多种,研究者可根据不同的研究目的或者研究课题选择不同的田野调查方法。当然,田野调查所得语料仍是生语料,需要通过转写和标注将其变成熟语料。转写工具有 Transcriber(http://trans.sourceforge.net)、ELAN(http://www.lat-mpi.eu)等多种可供研究者使用。而类型学界进行语料标注影响最大的方法是使用莱比锡标注系统(Leipzig glossing rules),关于莱比锡标注系统的详细内容及具体操作,详见陈玉洁等(2014)一文①的介绍。

　　第三类是其他研究者在田野调查基础上通过转写和标注的文本语料(texts)。国内民族语学界也开始从事这方面的工作,如江荻教授主编的"中国民族语言语法标注文本丛书"第一批十二本,在 2016 年已经由社会科学文献出版社出版。

　　详尽可靠的材料是类型学研究的重要基础,所以以类型学框架为指导来进行语言、方言的调查、描写,也是类型学研究的一个重要方面。

　　3. 共性表述

　　取样之后,对所研究的选题进行跨语言的穷尽性的统计归纳,是发现规律、共性的关键

---

　　①　陈玉洁,Hilario de Sousa,王健,倪星星,李旭平,陈伟蓉,Hilary Chappell.莱比锡标注系统及其在汉语语法研究中的应用[J].方言,2014,(1).

一步。① 归纳得到的语言共性,需要一定的方式进行表述,下面着重介绍蕴涵性共性、四分表、等级序列、语义地图等共性表述方式。

（1）蕴涵性共性

蕴涵性共性（implicational universals）是现代类型学研究中最重要的表述工具。

蕴涵性共性的基本表述方法,一种是用文字型的方式:如果 P,那么 Q。P、Q 代表两个不同的命题,可以把 P 称为前件（antecedent）,Q 称为后件（consequent）。例如格林伯格（1966）的第 3 条共性"以 VSO 为优势语序的语言总是使用前置词"就可以表述为:如果某种语言以 VSO 为优势语序,那么总是使用前置词。

蕴涵共性也可以用公式的方式来表示:P→Q 或 P⊃Q。② 上文格林伯格（1966）的第 3 条共性可以表述为:以 VSO 为优势语序→使用前置词。

根据命题逻辑的规则,对于蕴涵共性 P→Q 来说,可衍推（entail）出其为真的等价命题:~Q→~P。因此,格林伯格（1966）的第 3 条共性的等价命题就可以表述为:如果某种语言使用非前置词,那么其优势语序为非 VSO 语序。

前件和后件都可以是复合命题。例如格林伯格（1966）的第 31 条共性:如果作主语或作宾语的名词跟动词有性的一致关系,那么形容词跟名词也有性的一致关系。前件是一个复合的选言命题。

此外,蕴涵共性还可以是更复杂的多项式蕴涵共性,例如霍金斯（1983）有如下一条共性:Prep→（（NDem ∨ NNum→NA）＆（NA→NG）＆（NG→NRel））。③ 这条共性用文字的方式可解读为:如果某语言为前置词型,并且若名词前置于指示词,或名词前置于数词,则名词也前置于描写形容词;并且若名词前置于描写形容词,则名词前置于领属语;并且若名词前置于领属语,则名词也前置于关系从句。

（2）四分表

蕴涵性共性的另一种表述方法就是四分表（tetrachoric table）,这是根据蕴涵共性的真值表得到的。蕴涵式 P→Q 的真值表为:

表 11 - 2　四分表的真值

P	Q	P→Q
T	T	T
T	F	F
F	T	T
F	F	T

---

① 类型学界研究成果中所涉及的语言共性可在德国康茨坦斯大学的语言共性库中查询,该语言共性库的网址为:http://typo.uni-konstanz.de/archive/intro/。

② 常用的逻辑符号有:~/¬ P（并非 P）、P∧Q（P 并且 Q）、P∨Q（P 或者 Q）、P→/⊃Q（如果 P,那么 Q）、P⇔Q（当且仅当 P,才 Q）。

③ Hawkins, John A. *Word Order Universals*[M]. New York:Academic Press,1983.

四分表有两种排列方式,一种是基于必然性的排列方式。如对于格林伯格的共性 3"以 VSO 为优势语序的语言总是使用前置词"为例,可以表述如下:

表 11-3　基于必然性的四分表

	前　置　词	后　置　词
VSO	是	否
~VSO	?	?

该表反映出,两个要素(小句基本成分语序和介词语序)两两相配得到四种可能性,VSO 语言必用前置词,必然不用后置词;至于非 VSO 语言,该表没有预测性(实际上是既可能用 前置词,也可能用后置词,不具备必然性)。该表的关键在于有一格为负值(逻辑上可能,但 实际不存在),对于本条来说,就是 VSO 语言不可能使用后置词。

另一种四分表的表述方式是基于可能性的。如同样是共性 3,基于可能性的四分表可以 表述如下:

表 11-4　基于可能性的四分表

	前　置　词	后　置　词
VSO	有	无
~VSO	有	有

或者表述为:

表 11-5　基于可能性的四分表

VSO,前置词	*(VSO,后置词)
~VSO,前置词	~VSO,后置词

这里用"有"(或直接写入格子中的组配)表示存在这样的组配,但不是必然如此。如 ~VSO语言可能使用前置词(SVO 语言多如此),也可能使用后置词(SOV 语言多如此)。用 "无"或加星号*的那一格,表示不存在这样的组配。

我们同意刘丹青在导读韦里(Whaley,1997)一书中所提出的观点:在四分表的表述形 式方面,推荐基于可能性而非必然性的这一类表述。一方面,这种表述可以更好地反映格林 伯格(1966)所使用四分表的原意,他只强调一个格子为假,并没有要求肯定的格子是可以预 测必然状况的;另一方面,这种表述方式也便于揭示倾向性共性,只要将正负号换成验证到 的语种数,就能看出倾向性来。[①]

---

① Whaley, Lindsay J. *An Introduction to Typology*:*The Unity and Diversity of Language*[M]. London:Sage Publications, 1997.国内原文引进,刘丹青导读.北京:世界图书出版社,2009.

（3）等级序列

当几个蕴涵性共性的前后件是相连的,形成一个系列的时候,实际上形成了一个等级序列(hierarchy)。等级序列本质上也是蕴涵性共性的另一种表述方式。

例如有如下一组与数范畴存在与否相关的蕴涵共性:复数→单数,双数→复数,三数→双数,少量数(paucal)→三数。这一组蕴涵共性都与数范畴有关,而且相互关联,可以用等级序列的方式来表达。

等级序列一般用>连接,①用以表示优先性,表明该等级序列的左边是更容易出现的。例如上述一组共性可以用>连接表述为如下等级序列:单数>复数>双数>三数>少量数。这个等级序列同样可以表示蕴涵关系,如果某语言有等级序列的右边部分,那么蕴涵着也有等级序列左边的部分。

下面介绍几种类型学界较著名的等级序列的例证:

生命度等级序列:第一/第二人称代词>第三人称代词>专有名词>指人普通名词>非指人有生名词。②

关系从句中名词短语的可及性等级序列:主语>直接宾语>间接宾语>旁格>领属定语>比较基准。这条等级序列表示,序列右边的句法位置可以提取构成关系从句,那么其左边的句法位置也能提取。③

基本颜色词等级序列:白/黑>红>绿/黄>蓝>褐>橙/紫/灰/粉红。人类语言最容易有黑、白的区分,之后是红,之后是黄或者绿,其优先性顺序按照等级序列所示。④

（4）语义地图

语义地图模型(semantic map model,也翻译为"语义图模型""语义映射模型")是20世纪70~80年代以来,类型学家提出的一种既包括语言共性又反映特定语言语法知识的表征方式。⑤ 语义地图模型认为,人类语言都有个共同的概念系统或者概念空间(conceptual space),不同语言的差别仅在于在概念空间中所切割的范围不同,于是形成不同的语义地图。

---

① Croft(2003:122-124)区分等级序列的两种表达方式:一种是用">"连接,">"的方向与蕴涵关系一致;另一种是用"<"连接,其方向与蕴涵关系方向正好相反,这么排列的目的在于表示该等级序列的左边是更容易出现的。我们按照大部分学者的观点,选用">"表达优先性顺序。

② Silverstein, Michael. *Hierarchy of Features and Ergativity*[A]. R. M. W. Dixon. *Grammatical Categories in Australian Languages*[C]. Canberra: Australian Institute of Aboriginal Studies, 1978. Dixon, R. M. W. *Ergativity*[J]. *Language*, 1979, (55): 59-138.

③ Keenan, Edward, Bernard Comrie. *Data on the Noun Phrase Accessibility Hierarchy*[J]. *Language*, 1979, (55): 333-351.

④ Berlin, Brent, Paul Kay. *Basic Color Terms: Their Universality and Evolution*[M]. Berkeley: University of California Press, 1969.

⑤ 可参考:Croft, W.. *Typology and Universals*(2nd)[M]. Cambridge: Cambridge University Press, 2003.《语言类型学与普遍语法特征》(第一版翻译本),北京:外语教学与研究出版社,2008年。第二版中译本《语言类型学与语言共性》,龚群虎等译,上海:复旦大学出版社,2009年 Haspelmath, Martin. *The Geometry of Grammatical Meaning: Semantic Maps and Cross-linguistic Comparison*[A]. M. Tomasello. *The New Psychology of Language*(Vol. 2)[C]. New York: Erlbaum, 2003: 211-243;张敏."语义地图模型":原理、操作及在汉语多功能语法形式研究中的运用[J].语言学论丛,2010,(42);吴福祥.多功能语素与语义图模型[J].语言研究,2011,(1);吴福祥,张定.语义图模型:语言类型学的新视角[J].当代语言学,2011,(4);郭锐.概念空间和语义地图:语言变异和演变的限制和路径[J].对外汉语研究(第7期),2012;王瑞晶.语义地图:理论简介与发展史述评[J].语言学论丛,2010,(42).

哈斯帕尔玛特(Haspelmath,2003)等文就如何绘制经典语义地图①以及如何解决在绘制过程中可能遇到的一些技术性问题做了详细的叙述,本小节只是简单介绍语义地图的基本操作方法。

第一步是构建跨语言的概念空间,即基于跨语言的比较来识别和确定多功能语法形式的不同功能,然后根据邻接性要求将业已确立的不同功能排列在合适的区域位置,并用连线将概念上直接关联的功能连接起来。概念空间的构建是语义图分析程序中最为关键的部分。这其中又有两个重要的步骤:

1)功能的选择。如考察目的(purpose)、方向(direction)、接受者(recipient)这三种功能在概念空间的位置。选择英语、法语、德语为研究对象,得到下表:

表 11－6　英、法、德语目的、方向、接受者的形式

	目　　的	方　　向	接　受　者
英语 to	＋	＋	＋
法语 à	－	＋	＋
德语 zu	＋	＋	－

2)功能的排列。如何将已经确定好的若干功能以合适的方式进行排列,是概念空间构建中的一个关键步骤。其总的原则是"语义地图连续性假说"或"邻接性要求",即与特定语言及/或特定构造相关的任何范畴必须映射到概念空间里的一个连续区域。(克罗夫特2003:134)根据英语,那么"方向""接受者"和"目的"三种功能逻辑上有三种可能的排列方式:① 目的—方向—接受者;② 方向—目的—接受者;③ 方向—接受者—目的。如果加入法语的材料,②这种排列方式就要被排除,因为法语的 à 只表达"接受者"和"方向",并不表达"目的";如果再考虑德语的材料,③这种排列方式也应排除,因为 zu 表达"目的"和"方向",但不表达"接受者"。于是就得到了一个"方向""接受者"和"目的"三种功能的概念空间,即①这种排列方式。

第二步是绘制语义地图,以业已构建的概念空间为底图,根据不同语言的多功能关联模式在概念空间内切割出不同的连续区域,从而绘制不同语言的语义地图。如英语、法语、德语的三个不同介词在概念空间中的语义地图可表示如左图:

第三步就是对定义概念空间的参数进行说明,揭示并解释多功能语素在语义组织策略和功能关联模式上的普遍特征和变异类型。

图 11－2　英语、法语和德语三个不同介词的语义地图

4. 共性解释

在共性的解释层面,类型学与语言学其他分支或学派的差别就比较模糊了,类型学内部

---

① Croft & Poole(2008)将数学方法引入了语义地图的绘制,从而产生了完全不同于经典语义地图的 MDS(Multidimensional scaling)第二代语义地图。

不同学者的理论取向也迥异。

语言共性的解释途径主要有以下几种：

① 单一祖语说，如格林伯格晚年做的主要工作就是从单一祖语角度考察语言共性；

② 先天说，这是生成学派所秉持的学术理念；

③ 历时说，从历史演变的角度解释语言共性，如吉冯从历史演变解释使用后缀的语言与核心居后、使用后置词的语言是和谐的，因为后缀主要是从后置词发展而来的；

④ 功能说，主要从话语交际功能、语言在线处理、认知、经济性、象似性等方面解释共性，科姆里认为大部分的类型学家更倾向于选择认知和功能方面的解释，这也是为什么类型学常常被划成功能、认知学派的原因。

上文已经提出，蕴涵性共性和四分表是现代类型学最重要的表述方式。对于四分表中所体现的"四缺一"分布模式，格林伯格（1966）用"和谐"（harmony）和"优势"（dominance）来诠释："优势语序总能出现，而与它对应的劣势语序则只在其和谐结构出现时才会出现。"陆丙甫、金立鑫（2010）一文在此基础上，认为造成"四缺一"分布模式的解释模式可以分为两种：基于可能性等级的解释模式和基于两因素互动的解释模式。[①]

蕴涵共性的第一种解释方式是"可能性"等级，即可能性较小的形式的存在蕴涵着可能性较大的形式的存在。如格林伯格（1966）的共性25"代词宾语后置蕴涵着名词宾语也后置"就可以用可能性等级进行解释：连后置可能性较小的代词都后置了，若无其他因素干扰，后置可能性较大的名词当然应该后置了。而"可能性"大小背后的原因是功能性的，如代词比名词有更大前置倾向这一概括，不难从信息流角度得到解释：代词通常是更旧的并且生命度更高的信息，无数语言事实都证明旧信息和生命度高的信息更容易前置，这也符合"可别度领先原则"。

凡是难以用可能性等级来解释的"四缺一"现象，可用两因素互动来解释。如对于蕴涵共性"VO 蕴涵着 NRel"来说，可以得到如下四分表：

表 11-7　VO 蕴涵 NRel 的四分表

VO, NRel	OV, NRel
*(VO, RelN)	OV, RelN

这其中涉及两方面的因素：核心靠近原则（the Principle of Head Proximity），即全句核心要跟从属语的核心互相靠近，所以 V 与 N 倾向于靠近；重成分后置原则，关系从句是重成分，其优势语序是后置于核心名词。根据两因互动关系，可以列表如下：

VO & RelN 这种语序之所以不存在，因为它既不符合核心靠近原则，也不符合重成分后置原则。

---

① 陆丙甫,金立鑫.论蕴涵关系的两种解释模式——描写和解释对应关系的个案分析[J].中国语文,2010,(4).

表 11 - 8　VO 蕴含 NRel 的两因互动

	核心靠近原则	重成分后置原则
VO,NRel	+	+
*(VO,RelN)	−	−
OV,NRel	−	+
OV,RelN	+	−

　　两因互动模式除了可以解释蕴涵共性,还可以解释其他语言共性。例如韦里(1997)在解释 SVO、SOV 语言数量在人类语言中占主流,就使用了两因互动的解释方法。① 书中根据卢瑟尔·汤姆林(Russell S. Tomlin)(1986)的文章对 402 种语言的统计,各种语序的所占比例如下表所示:

表 11 - 9　基本语序的语言数与百分比

语 序 类 型	语 言 数	百 分 比
SOV	180	45%
SVO	168	42%
VSO	37	9%
VOS	12	3%
OVS	5	1%
OSV	0	—

　　韦里(1997)认为其中有两条制约因素,一条是"主语居前原则",主语居前与非主语居前的比例非常悬殊,可见下表:

表 11 - 10　SO 语言与 OS 语言的比较

	语 言 数	百 分 比
SO	385	96%
OS	17	4%

　　另一条制约因素是"动宾结构完整性原则",两者的比例也差别较大,请看下表:

表 11 - 11　VO 语言与 OV 语言的比较

	语 言 数	百 分 比
VO 完整	365	91%
VO 不完整	27	7%

　　① Whaley, Lindsay J. *An Introduction to Typology*: *The Unity and Diversity of Language*[M]. London: Sage Publications, 1997.国内原文引进,刘丹青导读.北京:世界图书出版社,2009.

人类语言基本语序的这六种分布状态,可以从两因互动的角度得到解释:两条因素都符合的所占比例最高,符合一条原则比例较低,而两条都不符合的数量最少甚至不存在。具体请看下表:

表 11－12　基本语序的两因互动

语序类型	主语居前	动宾完整	语言数	百分比
SOV	＋	＋	180	45％
SVO	＋	＋	168	42％
VSO	＋	－	37	9％
VOS	－	＋	12	3％
OVS	－	－	5	1％
OSV	－	－	0	—

三、案例剖析

（一）依照经典类型学研究方法进行的研究

前文多处强调,类型学是以方法见长的一门语言学分支学科,因此按照类型学的基本流程进行研究是类型学研究的重要方面。下面以刘丹青(2008)一文[①]对重叠问句的类型学考察为例,结合具体研究课题分析类型学的研究流程。

第一,研究课题。

汉语部分方言及一些藏缅语言中有一种谓词重叠是非问句,如用"吃吃?"表达"吃不吃?",这类问句在历史来源于 A-not-A 式正反问句脱落其中的否定词;但经过重新分析,在共时平面已可分析为重叠问句,特别是在否定词已不能出现的语言、方言中,它只能分析为重叠问句了。文章发现,在出现重叠疑问句的方言或语言中,单音节谓词 A 的重叠式都是AA 式(吃吃?);而汉语方言中的双音节谓词 AB 的重叠问句一律是前一谓词脱落后字 B 的AAB 式(喜喜欢? 要要紧?),有重叠问的藏缅语则必然是后一谓词脱落前字 A 的 ABB 式,找不到一种语言、方言使用不脱落 B 或 A 的完整 ABAB 式(*喜欢喜欢?)。正反问句本是可以让双音词完整地重复出现的,如"喜欢不喜欢""要紧不要紧",为什么否定词脱落后就不能完整地重叠了呢? 这是文章要解决的核心问题。

第二,取样。

根据文章的"附录",文章一共以数百种汉语方言和数十种中国境内民族语言为研究背景。不过重叠问句的分布范围并不十分广泛,如在黄伯荣主编(1996：693－714)[②]所收的 47 则正反问句的方言材料中,只有 3 个点具有重叠问句,大致占这份材料的 6％;戴庆厦、傅爱兰(2000)[③]调查了 15 种藏缅语的是非疑问句,其中使用重叠式的只有彝语(凉山、撒尼、大方)。

---

① 刘丹青.谓词重叠疑问句的语言共性及其解释[J].语言学论丛,2008,(38).
② 黄伯荣主编.汉语方言语法类编[M].青岛：青岛出版社,1996.
③ 戴庆厦,傅爱兰.藏缅语的是非疑问句[J].中国语文,2000,(5).

文章选取山东招远方言、长岛方言、湖北随州方言、浙江绍兴吴语、江西于都客家话、福建长汀客家话、福建连城客家话等 7 种汉语方言和彝语(凉山、撒尼、大方)、纳西语等数种藏缅语作为样本进行考察。文章的样本虽然只是这十来种语言、方言的情况,但也是验证了数百种汉语方言和数十种中国境内民族语言材料所得到的结论,其语种基础并不单薄。[①]

此外,刘丹青(2008)一文在课题选择和样本选取方面还给中国研究者提供了新的思路和视角。吴福祥(2008)考察世界上众多语言而得出结论,正反问句在世界上仅有汉语及邻近汉语并受其影响的少数语言中使用,其他地方都没有正反问句,这是一个东亚、东南亚地区重要的区域特征。[②] 因此,刘文考察得到的共性,既可以看作一条区域共性,同时也是一种跨语言的普遍共性,而且是无例外的绝对共性。

第三,共性的归纳和表述。

文章根据所考察的样本,得到了如下两条共性:

共性Ⅰ:因双音节谓词 AB 的正反问句脱落否定词而造成的重叠问句,只能重叠其中的一个音节(A 或 B)构成 AAB 或 ABB 式,不能重叠整个双音词构成 ABAB 式。汉语方言与藏缅语的类型差异在于,汉语方言的使用 AAB 式,而藏缅语使用 ABB 式。

共性Ⅱ:在使用重叠问句的语言/方言中,如果有双音节谓词两次都完整出现的 AB-Neg-AB 式正反问,则肯定有其中一次谓词脱落一个音节的正反问 A-Neg-AB 或 AB-Neg-B 式。汉语方言与藏缅语的类型差异在于,汉语方言的使用 A-Neg-AB 式,而藏缅语使用 AB-Neg-B 式。

其中共性Ⅰ是一条非蕴涵性的共性;而共性Ⅱ是一条蕴涵性的共性,可以表述为如下四分表:

表 11-13 共性Ⅰ的四分法

AB-Neg-AB,A-Neg-AB ∨ AB-Neg-B	*(AB-Neg-AB,¬(A-Neg-AB ∨ AB-Neg-B))
¬ AB-Neg-AB,A-Neg-AB ∨ AB-Neg-B	¬ AB-Neg-AB,¬(A-Neg-AB ∨ AB-Neg-B)

第四,共性的解释。

共性Ⅰ和共性Ⅱ揭示了一个重要的语言现象:为什么脱落操作无法应用于 AB-Neg-AB 问句,使逻辑上存在的 ABAB 问句实际不存在?

文章提出了四条原则来解释这两条共性:

原则 1:词语的脱落不能以导致语义改变为代价。正反问脱落否定词成为重叠问既没有改变语义,也与反话无关。在多数有重叠问的语言、方言中,重叠问成为比正反问更常用的普通是非问,在有些语言里甚至完全取代了正反问,成为与正反问功能等价的问句形式。那么,只能推断,既然正反问句中否定词可以脱落而不改变语义,说明该否定词在此位置已不表达否定语义。

---

① 近年来,又报道了一批具有重叠问句的汉语方言,包括湖南、广西的湘语、五台片的晋语、江苏淮阴方言等一系列的方言。新材料也都支持刘丹青(2008)所提出的共性。
② 吴福祥.中国南方民族语言中"A-not-A"构式的来源[J].民族语文,2008,(1).

原则2：词语内部音节的脱落不能改变词的整一性和同一性。双音谓词中一个音节的脱落在形式上明明造成了该词整一性的受损，却可以在正反问句中发生，据此可以推断，该谓词在该位置上已不是一个句法上自主的词。

之所以否定词可以不表达否定语义、谓词可以部分失去句法上的自主性，就因为正反问已不是自由的句法组合，而是一种有一定程度凝固化和形态化的构式。

原则3：越是整体性凝固性强的构式其内部成分越容易脱落。

以上三条原则可以解释正反问的脱落机制，也就是重叠问的来历。至于共性Ⅰ、Ⅱ所体现的 ABAB 的阙如，要用涉及语义贡献度的原则4来解释。

原则4：经济原则在一个结构内的作用顺序是成分的语义贡献由小到大。正反问句的理据性的关键是一正一反双方的组合，由此建立与正反选择问的联系，而正反选择问可以表示是非问语义。在这一理据性中，否定词扮演着关键的角色，体现了正反问的"反"的一方；而谓词两次出现中的一次出现对语义理据性的贡献要小一些，其部分的缩减不影响正反两方面的大格局，而它作为凝固构式的内部成分又不具有很强的词汇自主性，这使得谓词的部分脱落要容易出现得多。双音节谓语冗余性大，那么其语义贡献度小，所以就难以脱落；而否定词冗余性小，语义贡献度大，所以也就更难以脱落。这条原则很好地解释了共性Ⅱ所体现的蕴涵关系。

原则1至3都是为了解释正反问为什么能由成分脱落而成为重叠问，是解释共性Ⅰ和Ⅱ的背景，只有原则4才正面解释了不允许出现 ABAB 式问句的共性Ⅰ和共性Ⅱ的原因。值得强调的是，原则4在正反问句上造成的是刚性的制约，以至可以形成很强的语言共性，排除了逻辑上可以但违背本原则的 ABAB 式重叠问。

刘丹青（2008）一文是一篇典型的根据类型学研究方法进行研究的文章，也很好地阐释了类型学方法在跨语言、跨方言研究中的重要作用。

（二）类型学与汉语研究

经典的类型学研究是一种跨语言/方言的研究方法。同时，类型学界根据跨语言研究总结出的共性规律、类型差异等，也可以用于关照汉语的研究，可以为汉语的研究提供新的视角、新的启发。下面通过分析汉语的语序类型问题和汉语的若干歧义问题，可以看出类型学是如何对汉语研究产生重要影响的。

1. 现代汉语的语序类型问题

从传统语法到结构主义，中国的语言学界一直把 SVO 看作现代汉语的基本语序。伴随着格林伯格所倡导的语序类型学的发展，学界开始重新审视汉语的基本语序问题，汉语的基本语序类型是 OV 语序还是 VO 语序也成了学界争论的一个重要话题。

最先对现代汉语普通话是 SVO 语序提出异议的是戴浩一的系列研究。① 格林伯格

---

① Tai, J. H. Y.. *Chinese as an SOV Language* [J]. *Papers from the 9th Chicago Linguistic Society*, Chicago：Chicago Linguistic Society, 1973, (9).后收入邓守信. *Chinese Transformational Syntax* [M]. Taibei：Crane Publishing Company, 1985. Tai, J. H. Y.. *On the Change from SVO to SOV in Chinese* [A]. S. B. Steever et al.. *Papers from the Parasession on Diachronic Syntax* [C],Chicago：Chicago Linguistic Society, 1976.

（1966）一文的一大贡献在于提出了不同语序参项的关联性问题，尤其是 VO、OV 语序与其他参项的关系；到德赖尔（1992）等研究，这种语序关联性得到了进一步的发展。戴浩一（1973）根据格林伯格（1966）等所提出十条语序相关性共性，考察了现代汉语普通话的语序。这十组 VO、OV 语序与其他语序参项相关的倾向性对立可列表如下：

表 11 - 14　动宾语序与其他语序的关联性

	VO	OV
A. Rel(关系从句)与 N(名词)的语序	N+Rel	Rel+N
B. A(形容词)与 N 的语序	N+A	A+N
C. G(领属语)与 N 的语序	N+G	G+N
D. Adv(方式副词)与 V 的语序	V+Adv	Adv+V
E. Adv(程度副词)与 A 的语序	A+Adv	Adv+A
F.专有名词与普通名词的语序	普通名词+专有名词	专有名词+普通名词
G.疑问和陈述的语序是否相同	不同	相同
H.疑问小品词与小句的语序	疑问小品词+小句	小句+疑问小品词
I.附置词类型	前置词	后置词
J.形容词与比较基准的语序	A+比较基准	比较基准+A

戴浩一（1973）发现现代汉语普通话在这十组类型参项中的表现，都是与 OV 语言一致。① 这也成了作者认为现代汉语普通话已经从 VO 语序发展为 OV 语序的重要证据。

戴浩一之后，李讷 & 汤珊迪②、黎天睦③、孙朝奋④、金立鑫 & 于秀金⑤等人的不少研究对现代汉语普通话的语序问题进行了深入探讨。

正是由于引入了类型学的视角和研究成果，现代汉语的语序问题才得到如此广泛和深入的探讨。

另一方面，徐烈炯、刘丹青（1998）认为汉语的话题是句法话题⑥，又为汉语的语序类型提出了新的问题和思路。徐烈炯、刘丹青对汉语话题的系列深入研究⑦，大大地丰富了类型

---

① 文章认为现代汉语普通话有后置词。刘丹青《语序类型学与介词理论》一书通过大量考察证明，现代汉语确实存在后置词。

② Li, C. N., S. A. Thompson. *Historical Change of Word Order：A Case Study in Chinese and Its Implications*[A]. J. M. Anderson & C. Jones. *Historical Linguistics*[C]. Amsterdam：North-Holland，1974；Li, C. N., S. A. Thompson. *The Semantic Function of Word Order in Chinese*[A].李讷. *Word Order and Word Order Change*[C]. Austin：University of Texas Press，1975.

③ Light, T.. *Word Order and Word Order Change in Mandarin Chinese*[J]. *Journal of Chinese Linguistics*，1979，(7)：149-180.

④ Sun, C. F., T. Givón. *On the So-Called SOV Word Order in Mandarin Chinese：A Quantified Text Study and Its Implications*[J]. *Language*，1985，(61)：329-351.

⑤ 金立鑫，于秀金.从与 OV-VO 相关和不相关参项考察普通话的语序类型[J].外国语，2012，(2).

⑥ 徐烈炯，刘丹青.话题的结构与功能[M].上海：上海教育出版社，1998.

⑦ 徐烈炯，刘丹青.话题的结构与功能[M].上海：上海教育出版社，1998；刘丹青.粤语句法的类型特点[J].亚太语言教育学报(香港)，2000，(2)；刘丹青.汉语方言语序类型的比较[J].现代中国语研究，2001，(2)；刘丹青.吴语的句法类型特点[J].方言，2001，(4)；刘丹青.语序类型学与介词理论[M].北京：商务印书馆，2003；刘丹青.吴语和西北方言受事前置语序的类型比较[J].方言，2015，(2).

学界对话题的认识,"同一性话题""分裂式话题"(刘丹青,2001,2004)[①]等话题类型在之前的类型学研究中较少有深入研究,句法性的话题成分在关系化提取中的重要作用[②]也是之前类型学研究所忽视的内容。这也表明,汉语学界的研究不仅可以利用语言类型学这种研究方法,同时也可以而且应当对语言类型学理论有所反馈。

2. 从语言类型学看汉语的若干歧义

汉语歧义现象自 20 世纪 70 年代末以来,一直是国内汉语语法学界相当关注的问题,在歧义现象的描写、歧义的分化方式、歧义的成因等方面均有一系列的成果问世。而刘丹青(1999)[③]另辟蹊径,从语序类型学的角度探讨了一批如"关心自己的孩子""对报纸的批评""我知道你回来以后病了"等汉语歧义现象产生的原因。具体地说,汉语的某些语序特征偏离了人类语言语序方面的蕴涵性共性或共同倾向,出现了某些不和谐语序并存和类型混杂的现象,而这些歧义结构可能就是为这种共性偏离和类型混杂付出的"代价",这些歧义结构在符合语序共性的大多数语言中不会出现。

下面逐一介绍刘丹青(1999)所讨论的三类汉语中的歧义现象。

第一,"关心自己的孩子"。

"关心自己的孩子""咬死了猎人的狗"这一类结构的歧义,是现代汉语歧义研究中的经典案例。这种结构两种理解的层次差异是非常明显的,如果以"关心自己的孩子"为例,一种是"关心‖自己的孩子",整个结构是动宾短语;另一个是"关心自己的‖孩子",整个结构属于偏正短语。

一般的研究,通常就以分析出两者的层次差异为结果。更进一步地,就是指出这种结构产生歧义还需要有词汇选择上的条件:前面的动词必须在意义上跟两个名词性单位(N_1、N_2)都可能发生动宾关系;而 N_1 必须在意义上可以作 N_2 的定语。而刘丹青(1999)则提出一个问题:是否各种语言遇到这类结构并且意义上也面临这种条件时都会产生类似的歧义?答案是:绝大部分语言都不会。即使撇开有利于消除歧义的词汇选择和形态特征不谈,仅就产生这类歧义的语序条件而言,其他语言也多半不具备。

这类歧义结构必须同时具备三个语序条件:(1)动词在宾语之前,即 VO 语序;(2)领属定语在中心名词之前,即 GN 语序;(3)关系从句位于中心名词之前,即 RelN 语序。这三个条件的每一条都见于大量的人类语言,但是同时具备这三个条件的语言却很难找到,因为它不符合人类语言的语序共性或共同倾向。另一方面,如果语序条件同时与上述三条相反,即语序为 OV、NG、NRel,就会形成上述结构的镜像,同样是歧义结构。这三条也分别见于大量人类语言,但同时具备这三条的语言也基本上不存在,因为它也不符合人类语言的语序共性或共同倾向。

① 刘丹青.论元分裂式话题结构[A].范开泰,齐沪扬.语言问题再认识——张斌先生从教 50 周年暨 80 华诞庆祝文集[C].上海:上海教育出版社,2001;Liu, Danqing. *Identical Topics: A More Characteristic Property of Topic Prominent Languages*[J]. *Journal of Chinese Linguistics*, 2014,(1).
② 刘丹青.语言类型学与汉语研究[A].刘丹青.语言学前沿与汉语研究[C].上海:上海教育出版社,2005.
③ 刘丹青.语序共性与歧义结构——汉语歧义的类型学解释[A].石锋,潘悟云.中国语言学的新拓展——庆祝王士元教授六十五岁华诞[C].香港:香港城市大学出版社,1999.

这些与格林伯格(1966)的共性 2 和共性 24 有关。

先来看共性 2：使用前置词的语言中，领属定语几乎总是后置于中心名词，而使用后置词的语言，领属定语几乎总是前置于中心名词。如果把前置词记作 Pr，后置词记作 Po，那么这条共性可以表述为：Pr→NG，Po→GN。这条共性只谈了附置词与领属定语的语序蕴涵关系，但共性 2 跟动宾的语序也有间接的关系。在格林伯格用来统计的 30 种语言中，Pr 型语言有 16 种，全部是 VO 型的(6 种是 VSO，10 种是 SVO)；而 Po 型语言是 14 种，OV 型的有 11 种，VO 型的有 3 种(均为 SVO)。可见，Pr 蕴涵 VO 语序，而 VO 虽然不能反过来蕴涵 Pr，但数量上仍有明显相关性，19 种 VO 语言中 16 种是 Pr 型的。这也就意味着 VO 语言明显倾向于 NG，即领属定语后置。在 30 种语言中，19 种是 VO 型的，其中 15 种是 NG，只有 4 种是 GN(3 种 Po，1 种 Pr)。也就是说，VO 跟 GN 一起出现的可能在语言中的概率大约是 20%。另一方面，由于 OV 蕴涵 GN，11 种 OV 语言中，11 种是 GN，NG 为 0，所以上述歧义结构的镜像(OV、NG、NRel)中的两条已经不可能同时出现，要具备三条就更不可能了。

再来看共性 24：如果关系从句前置于名词或者是唯一的结构或者是可交替的结构，那么这种语言或者使用后置词，或者形容词前置于名词，也可能两者兼有。这条共性说明，RelN 语序倾向于跟 Po 一起出现，而我们已经知道，Po 语言大多是 OV 型的。在格林伯格的 30 种语言样本中，RelN 语言有 7 种，全部是 Po 语言，也全部是 OV 语言，有 2 种语言是 RelN 和 NRel 两可，也都是 Po 语言，其中 OV 和 VO 各一种；从 VO 的角度看，则 19 种 VO 语言有 18 种是 NRel，只有一种是 Nrel 和 RelN 两可。也就是说，RelN 跟 VO 并存的概率只有 1/38。

把两种情况合在一起，要让上述歧义结构的三个语序条件同时出现，其概率就低得几乎可以忽略不计。就格林伯格抽样的 30 种而言，这三种语序同时出现的语言数目为零。而它的镜像也是难以同时出现。由此可见，其他语言是很难像汉语这样同时具备三个条件，而出现像"关心自己的孩子"这种歧义结构的。

这个歧义的例子也说明，在汉语研究中，这类成为语法学"经典性"的歧义类型，放到人类语言的大背景下，它恰好是非常具有汉语特殊性的歧义类型。

第二，"对报纸的批评"。

跟上一类一样，这类歧义在结构层次上差异也显而易见，一种是"对‖报纸的批评"，为介宾短语；一种是"对报纸的‖批评"，属于偏正短语。

这一类就跟更重要的类型参项附置词(前置词 Pr、后置词 Po)有关了。比较一下之前对"关心自己的孩子"的分析，可以看出两种歧义结构的层次原因是一致的，差异只是结构关系的不同，即动宾换成了介宾。所以可以推出其语序条件是：(1) 使用前置词，即 Pr；(2) GN；(3) 介词短语修饰后面的名词。介词短语充当的定语在类型学中通常不作为独立参项，若要归类，则较接近形容词性定语或领属定语，也即 AN 或 GN。从语言共性的角度看，这种歧义结构更少有机会在其他语言中出现。

从上文格林伯格的共性 2 中可以看出，附置词的位置是比动词的位置更强的类型参项，它跟领属定语的蕴涵关系更加直接。在格林伯格的 30 种样本语言中，Pr 语言有 16 种，其中 15 种是 NG，只有挪威语一种是 GN；而 Po 语言有 14 种，全部都是 NG。可见，仅仅 Pr 和 GN 这两个条件同时出现的可能已经接近零。换句话说，除了汉语，其他语言很难出现这种歧义。至于 AN,总体上也是跟 Pr 不和谐的语序。在 16 种 Pr 语言中,NA 是 12 种,AN 仅 4 种;而在 14 种 Po 语言中,AN 是 9 种,NA 是 5 种。况且介词短语不是真的形容词定语 A,也可以看作接近蕴涵性更强的领属定语 G。所以"对她的深情"这种歧义结构的语序条件全部同时出现的可能实际上趋向于零。

第三,"知道你回来以后病了"。

以上两类歧义,主要是动宾和介宾语序为一方,偏正语序为另一方,两方的不和谐造成了歧义。第三类的歧义表明,动宾语序和介宾语序的不和谐也会造成歧义。

这一类的歧义除了"知道你回来以后病了",还有"发现你离开的时候已经来不及打电话了""听说你上了车以后才想起那件事""知道你回来之后一直心事重重"等,这些例句中的"的时候""以后"和"之后"其实都是表示时间状语的后置词,相当于英语的前置词 when、after、since 等。如果拿"(他)知道你回来之后病了"为例,这些结构的歧义层次是:一种是"(他)知道你回来之后‖病了",整个结构为连动结构;另一种是"(他)知道‖你回来之后病了",整个结构是动宾短语。这类歧义的直接原因是动词"知道"和后置词"之后"的管辖范围不确定。"知道"的管辖范围小(宾语为"你回来"),则"之后"的管辖范围大(宾语为"知道你回来");"知道"的管辖范围大(宾语为"你回来之后病了"),则"之后"的管辖范围小(宾语为"你回来")。

这种歧义的类型条件是动宾关系为 VO 语序,而介词为 Po,这是不和谐的语序。前面说过,在格林伯格的 30 种语言样本中,Pr 型语言有 16 种,全部是 VO 型的(6 种是 VSO,10 种是 SVO);而 Po 型语言是 14 种,OV 型的有 11 种,VO 型的有 3 种(均为 SVO)。显然,Pr 跟 VO 和谐,跟 OV 不和谐;Po 同 OV 和谐,同 VO 不和谐。可见语序的不和谐,再次造成了结构层次性的歧义现象。

此外,文章还从类似的角度探讨了英语中的歧义 flying planes can be dangerous(驾驶飞机可能是危险的/飞行中的飞机可能是危险的),本节不再赘述。

刘丹青(1999)一文以语言类型学为背景角度讨论汉语的歧义问题,不仅对汉语歧义现象的产生提出全新的解释视角,而且从另一个角度帮助说明,符合共性的和谐语序的确比偏离语序共性的不和谐语序更容易避免语言交际中的歧义现象。

(三) 类型学研究及相关认知解释①

类型学关注跨语言的比较,旨在发现千变万化的语言现象背后的共性。功能语言学界也有一个值得注意的研究领域,即语言类型学和认知功能语法研究的汇合:一方面,自格林伯格(1963)以来跨语言的研究已发现大量类型和共性规律,在此基础上,为语言共性寻求合理解释,自然是顺理成章的,因此,需要关注认知、功能和语用等方面的解释;另一方面,认知语言学的研究发展到一定阶段,自然不会满足于仅从单个语言的分析中得出结论,开始重视从类型学证据和共性规律中寻找更多的依据和支持。这两个研究方向的融合无疑对普通语

① 这部分的案例分析由上海财经大学周红完成。

言学的理论建设具有深远意义，也有助于对汉语研究的深化。① 如陆丙甫（2005）认为语序优势主要跟语言单位的可别度（identifiablility）有关：其他一切因素相同的情况下，越是符合可别度等级排列的语序越是占有优势；为进一步扩大优势概念的应用，还提出"跨范畴可别度等级"这一概念。②

下面以张敏（1997）一文为例进行剖析。该文融合语言类型学和认知功能语法研究对汉语重叠现象的实质、其形式意义关联等问题进行了讨论。

首先从类型学角度看复现的形式-意义匹配。作为一种能产的语法手段，重叠极为广泛地分布在世界上大多数语系的诸多语言中。通过大量文献，文章发现不仅出现在汉藏语系诸语言里，也出现在与汉语无系属关系的邻近语言如阿尔泰语系、南亚语系诸语言及日语里，还出现在远离中国的达罗毗语系、南岛语系、乌拉尔语系、闪含语系、霍坎语系、尼日尔-科尔多凡语系、尼罗-撒哈拉语系、美洲印第安语，甚至印欧语里（如印度-雅利安语族各语言、拉丁语、希腊语、古英语等）。语料发现，汉语的重叠式无论形式还是意义整体上都未超出从其他语言观察所得的类型学框架，因此，研究汉语重叠式须有类型学的视界，从汉语里得出的结论亦须考虑是否普遍有效。

文章认为，在汉语内部，普通话的所有重叠形式（如量词的 AA 式、动词的 AA 式、ABAB式、形容词的 AABB 式等）都出现在方言里，且为多数方言所共有。其语法意义（如一般所说的表周遍、逐指、程度增加、程度减弱、动作反复、尝试、少量、短时）亦代表了方言中重叠式的核心意义。这自然不是说个别方言里的重叠现象都与普通话完全相同，而是指整体地看，就重叠式的形式-意义匹配而言，方言完整地涵盖了普通话。而且相当多南方方言里的重叠现象无论形式还是意义都远比普通话复杂。接着，通过跨语言的比较，发现重叠形式在众多语言中多表达相似的意义（如持续、反复、周遍等）。在此基础上，文章提出问题：如何解释这种特定的形式-意义匹配的复现呢？

很显然，同源、借用、扩散、联盟等不能完全解释，因为重叠形式的分布远远超出相关区域。文章认为，不同语言中的重叠形式和它负载的意义之间的联系似乎并不是完全任意的，而是有某种理据的。或者说，问题的关键在于形式和意义之间的关系。要做出合理的解释，必须以认知语法的视界重新审视索绪尔的任意性原则。

实际上，索绪尔《普通语言学教程》在提出语言符号任意的一面的同时，也提出语言符号非任意的一面：一个没有动因的符号是绝对任意的，而一个有动因的符号是相对任意的。索绪尔对形式与意义之间理据关系的语焉不详，后人对其任意性的强调发挥到极致，这集中体现在以乔姆斯基为代表的形式语言学派的自主语言观上。后来功能语言学家开始对语言结构的非任意性质进行了系统的研究，戴浩一（1985、1993）和谢信一（Hsieh，1989）研究显示，语言结构在很大程度上是与人类对外在世界的感知结构相对应的，形式和意义之间有理据的关系广泛体现在大量语言的众多词法、句法组织之中。在抽象的任意性之外，语言结构

① 张敏.从类型学和认知语法的角度看汉语重叠现象[J].国外语言学,1997,(2).
② 陆丙甫.语序优势的认知解释（上、下）：论可别度对语序的普遍影响[J].当代语言学,2005,(1-2).

还充分地体现了象似①的(iconic)性质。"象似性"(iconicity)是指语言符号及其结构和它们所代表的概念内容/外在现实及其结构之间存在着的某种相似性,这一概念最早由美国著名符号学家查尔斯·皮尔士(Charles S. Peirce)提出,他将与所指对象之间的某种类似性的符号称为"象似符"(icon)。Haiman 指出,象似符可分为影像式象似符(imagic icon)和图样式象似符(diagrammatic icon),前者指一个在某些特性上与其所指称的事物相像的单个符号(如照片、雕塑、独体象形汉字等),后者则指一种代表复杂事物或复杂概念的符号(如地图或某些以指事、会意方式造出的汉字)。一个图样,其能指和所指各包含一些成分,能指的各个成分单独地看并不一定和相应的所指成分具有任何相似关系,但能指成分之间的关系却和所指成分之间的关系是相似的。换言之,图样式符号的本质特征在于关系和关系的相似,而非实质和实质的相似。在这个意义上,海曼提出"语言类似图样"的观念。在此,语言的任意性和象似性同时得到了互不矛盾的解说:单个语言符号的能指和所指之间的关系往往是任意的,它们极少是影象符,而复杂的符号(语言结构体)的能指和所指之间则可能存在着象似的非任意关系。

用象似性的观念去看重叠现象,则容易解答不同语言中相似的结构代表相似的意义的现象了。莱考夫和约翰逊(1980)注意到英语里有一种"形式越多,内容越多(more of form is more of content)"的句法隐喻,即更多的形式(语言单位更多、更长)往往表达更多的意义(所指物数量更多、范围更大、意义更强)②。这种现象称为"数量象似性(quantity iconicity)"。格林伯格(1963)的普遍特征中有这么一条:世界上有复数形式比单数形式长(即包含更多语素)的语言,却没有单数形式比复数形式长的语言③。雅柯布森(1965)也指出,在各种印欧语里表形容词原级、比较级和最高级的语素在音素的数目上是依次递增的④。这些共性规律显然是有理据的,其动因正是上述"数量象似性"。事实上,语言类型提出的"标记理论(markedness theory)"描述的正是这种现象:有标记的语言形式往往比无标记的形式复杂(即形式更多),前者的意义也往往比后者的复杂(即内容更多)(参见克罗夫特,1990⑤)。由此看来,各语言重叠式中形式-意义对应的普遍性可以看作"形式越多,内容越多"的数量象似性的一种特殊的反映:更多的相同的形式(重叠)代表更多的相同的内容(名词复数、多量、动作重复、性状增强等)。我们可以更严格地将重叠共性之下的理据表达为:形式元素的重复出现以图样的方式反映了意义元素的复现。

首次基于对汉语的观察明确提出"重叠动因"概念的是戴浩一(1993)⑥,他将其定义为"语言表达形式的重叠对应于概念领域的重叠",并举了汉语里四类相关的例子来说明:第一,某些名词及多数量词的重叠表示"每一"这样的意义。例如,"人人、个个"指"每人、每一个"。第二,形容词的重叠表示性状的加强。例如,"干干净净"表示"非常干净"。第三,行

---

① 原文术语为"类象",本书统一改为"象似"。

② Lakoff, G. & Mark Johnson. *Metaphors We Live By*[M]. Chicago: The University of Chicago Press,1980.

③ Greenberg, J. H. (ed.) *Universals of Language*[M]. Cambridge: The MIT Press, 1963.

④ Jakobson, R. *Quest for the Essence of Language*[J]. *Diogenes*, 1965,(51).

⑤ Croft, William. *Typology and Universals*[M].Cambridge: Cambridge University Press,1990.

⑥ Tai,James H.-Y. *Iconicity: Motivations in Chinese Grammar*[A]. Mushira Eid and Gregory Iverson(eds). *Current Issues in Linguistic Theory: Studies in Honor of Gerald A. Sanders*[C]. Amsterdam: John Benjamins,1993.

为动词的重叠表"做那么一点点"的意思,并含"尝试"义,例如,"你教教他""你打打他"。而尝试完成某件事情往往要试不止一次,因此用重叠表尝试义是有明显动因的。第四,汉语里著名的"动词拷贝"现象涉及动词的复现,它同样是由重叠象似性所促动的。我们可以说"他到美国到了三次""他跳水跳了三个钟头",但不能说"他到美国到了三年""他发现这件事发现很久了""他跳河跳了三个钟头"。

　　在此基础上,周明朗(1993)①进一步阐释汉语动词重叠的象似性质。他注意到汉语动词重叠式短时少量意义带来的解释上的困难,提出必须从时间维向上去理解这一象似表现。他认为动词重叠既是实质性的象似符(physical icon),又是关系性的图样象似符。前者指语言符号和它的所指在物理上的相似性,体现为发出某一语言符号所需的时间长度直接反映了这一符号所代表的动作的长度。周明朗提出的证据是,动词的 AA 及 ABAB 重叠式(如"看看""考虑考虑")的第二及第四个音节都念轻声,发音较短较轻,其意义是动量及时量的减弱;而 AABB 重叠式(如"打打闹闹""修修补补")各音节都念原调,发音较重较长,其意义则为动作时间的延长或不断重复。后者主要体现为重叠形式中语言单位及层面涉及得越多,所代表的动作所需的时量就越长。其证据是,AA 式及 ABAB 式在音韵分析上普遍被看作在词根(A 或 AB)上附加一个后缀,仅涉及音韵层面;而 AABB 式则是在原式第一音节 A 之后附上一个中缀,第二个音节 B 后附上一个后缀,同时涉及音韵层面及构词层面,且多出一个语言单位。张文认为,周明朗所做的具体解释很有启有性。他所说的"物理象似性"其实就是皮尔士所说的影像符。根据观察,影像符在汉语方言的重叠形式里也有出现,分别体现在音长、音高及元音舌位的高低前后上。

　　但是文章也认为,周明朗用轻声模式解释普通话动词重叠式的短时少量义尚欠缺说服力,从四个方面进行了说明:(1)在方言的上述三种影像象似现象里,同一重叠式的语音形成对立(如可长可短、可高可低、可前可后),这一对立与意义上的程度的轻重对立形成整齐的对应。而普通话动词重叠式的轻重音模式都是强制性的,并不存在同一格式中交替采用轻声或原调来表达或轻或重的意义的情况。因此,将动词重叠式中的轻声看作影像象似符的解释是一种特设的解释。(2)普通话构词和句法中的轻声现象十分普遍,如很多双音节动词、形容词、名词的第二个音节都是轻声,虚词都是轻声,双音节动补式的补语也都是轻声等,这些形式显然不是影像象似符。若无独立的证据可据以把 AA 重叠式中的轻声看作与它们完全不同的现象,则将 AA 式看作具有影像象似性也是一种特设的解释。(3)普通话的"V 一 V"格式(如"看一看、尝一尝")所表达的短时少量意义和 AA 式基本一样,可看作 AA 式的变式,但其中的第二个 V 一般是原调而非轻声。(4)不少汉语方言的动词 AA 重叠式也可表达"短时""轻微"或"尝试"的意思,如福州话、苏州话、台湾闽南话等,而这些方言里的形式并不含轻声。故周明朗对普通话的分析从这个角度看也是特设的,缺乏普遍有效性。

　　综上分析,文章认为,汉语里的重叠是一种图样象似符,其形式元素的构型与概念元素的构型呈现一种同构关系。形容词和动词重叠表少量的现象并非汉语独有的,在其他诸多

---

① Zhou, Minglang. *Iconicity and the Concept of Time: Evidence from Verb Reduplication in Chinese*[J]. CLS, 1993,(29).

语言里都有所体现,因此若要对这一现象做出更为合理的解释,不应仅限于对单个语言的考察,必须引入类型学的视野。

思考题

1. 样本的好坏对类型学研究有什么样的影响?

2. 思考不同共性表述(蕴涵共性、四分表、等级序列、语义地图之间)是什么样的关系?

3. 请将以下文字型蕴涵共性改写用符号表达,并画出四分表。

(1)如果有塞擦音,那么有擦音。

(2)如果指示词后置于中心名词,那么关系小句也后置于中心名词。

(3)如果一种语言以 SOV 为正常语序,并且领属语放在中心名词后,那么形容词也放在中心名词后。

4. 阅读格林伯格(1966[1963])一文,解释什么是"和谐"和"优势"?

5. 如何结合汉语方言、中国境内的少数民族语言进行类型学研究?

进一步阅读

陈玉洁,Hilario de Sousa,王健,倪星星,李旭平,陈伟蓉,Hilary Chappell.莱比锡标注系统及其在汉语语法研究中的应用[J].方言,2014,(1).

戴庆厦,汪锋.语言类型学的基本方法与理论框架[M].北京:商务印书馆,2014.

金立鑫.什么是语言类型学[M].上海:上海外语教育出版社,2011.

刘丹青.语序类型学与介词理论[M].北京:商务印书馆,2003.

刘丹青.语言类型学与汉语研究[A].刘丹青.语言学前沿与汉语研究[C].上海:上海教育出版社,2005.

刘丹青.语言库藏类型学构想[J].当代语言学,2011(4).

刘丹青.汉语的若干显赫范畴:语言库藏类型学视角[J].世界汉语教学,2012,(3).

刘丹青.语言类型学讲义[M].上海:中西书局,2017.

陆丙甫."形式描写、功能解释"的当代语言类型学[J].东方语言学,2006,(1).

陆丙甫,金立鑫.论蕴涵关系的两种解释模式——描写和解释对应关系的个案分析[J].中国语文,2010,(4).

陆丙甫,金立鑫.语言类型学教程[M].北京:北京大学出版社,2015.

张莉.语义类型学导论[M].广州:广东世界图书出版公司,2016.

Comrie, Bernard. *Language Universals and Linguistic Typology* [M]. Chicago:Chicago University Press,1989. 第二版国内原文引进,北京:北京大学出版社,2009.沈家煊译.语言共性和语言类型(第一版)[M].北京:华夏出版社,1989.沈家煊,罗天华译.语言共性和语言类型(第二版)[M].北京:北京大学出版社,2010.

Croft, William.*Typology and Universals*[M]. Cambridge:Cambridge UniversityPress,2003.国内原文引进第二版。语言类型学与普遍语法特征[M].北京:外语教学与研究出版社,2008.该书第二版翻译本由龚群虎等译.语言类型学与语言共性[M].上海:复旦大学出版社,2009.

Dryer, Matthew. *The Greenbergian Word Order Correlations*[J]. *Language*, 1992,(68): 81-138.

Greenberg, J.. *Some Universals of Grammar with Particular Reference to the Order of Meaningful Elements* [A]. Greenberg, Joseph (ed.). *Universals of Language* [C]. Mass Cambridge：M. I. T. Press,1966. 中译文陆丙甫,陆致极译.某些主要与词序有关的语法普遍现象[J].国外语言学,1984(2).

Haspelmath, M., Dryer, Matthew S., David G. & Comrie, B. *The World Atlas of Language Structures*[M]. Oxford：Qxford University Press.

Hawkins, J. A. *Word Order Universals*[M]. New York：Academic Press, 1983.

Moravcsik, E. A. *Introducing Language Typology* [M]. Cambridge：Cambridge University Press, 2013.

Sung, Jae Jung. *Linguistic Typology: Morphology and Syntax* [M]. Harlow England：Longman,2001. 国内原文引进,语言类型学[M].北京：北京大学出版社,2008.

Velupillai, V. *An Introduction to Linguistic Typology* [M]. Amsterdam：John Benjamins,2012.

Whaley, Lindsay J. *An Introduction to Typology: The Unity and Diversity of Language*[M]. London：Sage Publications,1997.国内原文引进,由刘丹青导读.北京：世界图书出版社,2009.

第十二章　语料库语言学方法与汉语研究

　　语料库(corpus,复数 corpora 或 corpuses)研究的出现与语料库语言学(corpus linguistics)的诞生是计算语言学和语言学发展的结果,也是信息社会的需要。

　　语料库语言学方法在汉语研究中有着广阔的前景,最主要的是它能够为我们提供较为客观的材料以及准确的数据,为汉语研究提供分析的素材和论证的证据。然而,就总体而言,汉语研究中对语料库语言学方法的应用还很不充分,远不如外语界对语料库语言学方法的应用来得普遍。这其中有客观原因,如对于汉语研究者而言,语料库语言学方法的运用相对比较困难,但也有主观因素在起作用,如汉语研究者往往相信自己作为母语使用者的语感。事实上,语料库语言学方法的运用并没有想象中的那么难。再说,运用语料库语言学方法也有一个循序渐进的过程,完全可以从简单到复杂,逐步运用,慢慢掌握这种方法。

　　当然,我们也要认识到,语料库语言学方法的局限也是非常明显的,比如它只能提供一些素材,具体分析还得依靠研究者自身,不同类型的语料库和不同规模的语料库,其素材及统计数据肯定也会不同,因此其研究的结论肯定也存在着不确定性。所以在语料库的论文写作中切忌以偏概全,盲目夸大语料库语言学方法的作用。

一、理论介绍

(一) 语料库语言学的内涵

　　随着计算机硬件和软件技术的发展与普及,互联网发展迅速,大量的语言信息需要及时的处理。语言信息的大量增加,使得原有的基于规则的自然语言处理方法(狭义的计算语言学)变得不能适用。因为数量的急剧增长,语言现象又是如此复杂多变,在有限的语言材料基础上归纳出来的有限规则根本不能涵盖所有的语言现象。这样,如何收集、整理语言材料就成了一个相当重要的问题。

　　事实上,任何科学的研究都离不开对研究对象的收集与整理。语言学研究也不例外。语言学的研究对象是语言,当然需要收集、整理各种各样的语言材料。只有充分掌握了语言材料,才有可能对其进行深入细致的分析研究。汉语的语言学研究传统向来是很重视语言事实的挖掘,有所谓"例不十,法不立"的说法,就是说一条语言规则如果没有一定数量的例子,是不能成立的。语言学家,尤其是词典编撰家们,曾通过制作大量的卡片来收集、整理语言材料。然而,这种靠手工收集、整理语言材料的办法,显然是不能适应现代信息社会的需要。通过计算机来收集、整理语言材料就成为最好的选择。这样语料库的诞生就成为必然的了。

随着语料库研究的发展,慢慢地产生了语料库语言学。顾曰国认为语料库语言学这个术语其实有两层含义:一是利用语料库对语言的某个方面进行研究,也就是说"语料库语言学"不是一个新学科的名称,而仅仅反映了一个新的研究手段。二是依据语料库所反映出来的语言事实对现行语言学理论进行批判,提出新的观点或理论。只有在这个意义上"语料库语言学"才是一个新学科的名称。①

不过从现有的文献来看,属于后一类的研究还比较少。本章所讨论的问题基本上属于前一类的研究。

语料库语言学是"语言学的一个分支。把大规模的真实的自然语言数据(书面文本或言语录音的转写)作为语言学描写、验证语言假说或建立语言学统计模型的依据。也是一种以语料库为基础的语言研究方法。包括:1. 对自然语料进行加工、标注;2. 应用已经标注好的语料或原始语料进行语言研究和应用开发。"②由此可见,目前学界已经倾向于认为语料库语言学是一个新的学科,而不仅仅是一种研究方法。

（二）语料库语言学的研究对象和基本任务

语料库语言学的研究对象简单说来就是语料库,或者说是语料库文本,③一般分为语料库的建设和语料库的应用两大部分。

具体说来,语料库的建设主要包括语料库的设计、收集、选择、整理、加工和管理等。语料库设计中要考虑语料库研究的目的,并且需要根据研究目的来确定语料库的类型。语料库的应用常见的有频率统计、风格统计、词语搭配、词典编辑等。

语料库语言学的基本任务包括:i) 设计编写语料库,收集语料,为语料库的后期分析工作奠定基础;ii) 开发分析语料库的工具;iii) 运用语料库,对词汇语法语言系统和语言的使用进行可靠的描述和分析;iv) 以语料库为基础描述语言,应用于语言教学、自然语言的机器处理(包括语音识别和机器翻译)。④

（三）语料库语言学的语言观

语料库语言学研究的是真实言语实例,多数时候是基于对某一语言现象的频数统计来分析研究语言。因此,语料库语言学的语言观是经验主义的语言观。但是语料库语言学在重视量的分析的同时,也重视质的分析,重视在量的分析基础上对语言的意义进行归纳总结。

① 顾曰国.语料库与语言研究——兼编者的话[J].当代语言学,1998,(1).
② 语言学名词审定委员会.语言学名词[M].北京:商务印书馆,2011:165.
③ 黄昌宁,李涓子.语料库语言学[M].北京:商务印书馆,2002:17.
④ 王春艳.语料库语言学的特点[J].南京广播电视大学学报,2009,(1).

（四）语料库语言学的基本概念和观点

1. 语料库

根据 2011 年出版的《语言学名词》①，语料库就是"为语言研究和应用而收集的，在计算机中存储的语言材料，由自然出现的书面语或口语的样本汇集而成，用来代表特定的语言或语言变体"。由于电脑语料库容量大，资料真实，信息提取准确，因此，语言学家借助语料库可以从多方面多层次描写语言并验证各种语言理论和假设，甚至建立新的语言模式和语言观。语料库并非语篇的简单堆砌或集合，它应具有以下 3 个基本特征：① 样本代表性，② 规模有限性，③ 机读形式化。语料库有不同的加工层次，加工的语料库一般指标有语言学标记的语料库。一般称未加工的语料库为"生语料库"，加工过的语料库为"熟语料库"。

2. 语料库的类型

根据其选择的语料内容、选择的方式以及建设目的的不同，语言库的类型可以有不同的划分方法，比如通用语料库与专用语料库，同质语料库与异质语料库，动态语料库和静态语料库，共时语料库和历时语料库，第一代语料库与第二代语料库，书面语料库与口语语料库，等等。下面列出一些常见的语料库类型，并做简要说明。

通用语料库（general corpus），又称"一般语料库"，是文本的集合，为了保证收集的语料具有广泛的代表性，需采用系统的办法采集语料，用于事先未指定的语言学研究。通用语料库应有"平衡性"（balanced），即语料库要收集不同类型、不同领域的包括口头的或书面的文本。通用语料库也有人称为系统语料库（systematic corpus）或平衡语料库（balanced corpus），有时还被称为"核心语料库"（core corpus）。当然，严格说来，这些不同的名称之间还是存在差异的。

专用语料库（specialized corpus），又称"专门用途语料库"（special purpose corpus），指用于某种特殊研究的语料库。它又可分为方言语料库（dialect corpora）、区域性语料库（regional corpora）、非标准语料库（non-standard corpora）和初学者语料库（learner's corpora）等。它还可分为书面语料库（written corpora）和口语语料库（spoken corpora）。口语语料库是研究口语特征的重要工具，如语音语调的规律，其研究成果在语音合成中有重要应用。口语语料库的建设涉及口语真实语料的采集及语音转录，工作量极大。

异质语料库（heterogeneous corpus），大量收集文字材料，尽可能广泛地接受各类材料而没有事先制定任何选材原则。收藏的文本在格式和内容上各异，而存储的格式和原来的出版物完全一样。

同质语料库（homogeneous corpus），它是"异质语料库"的对立面。一般用于专业语料库。

动态语料库（dynamic corpora），又称"监控语料库"（monitor corpora），用于观察现代语言的变迁。

静态语料库（static corpora），只收集某一固定时期的共时语言材料，语料库建成后，就不再扩充。

---

① 语言学名词审定委员会.语言学名词[M].北京：商务印书馆,2011：184.

共时语料库(synchronic corpus),指收集同一时代的语言使用样本构成的语料库。与此相对的是历时语料库(diachronic corpus),指的是收集不同时代的语言使用样本构成的语料库。历时语料库主要用来观察和研究语言的历时变化,共时语料库则用来观察和研究某一时代的语言使用状况。对历时语料库的分解可以得到多个共时语料库。

平行/双语语料库(parallel/bilingual corpus),把两种语言中完全对应的文本输入计算机,通过分析对比找出两者的对应关系,可用于机器翻译研究。近年来还出现了多语语料库(multilingual corpus),如可以从网上免费下载的 europarl parallel corpus(european parliament proceedings parallel corpus)就收集了多达 11 种欧洲议会的多语言文集。

第一代语料库指的是 20 世纪 60 年代到 80 年代所建成的一批语料库,这个阶段是以电子语料库的兴起为主要特征。第一代语料库规模相对比较小,大多只在百万词级。在这一阶段,语料库的发展以容量不断增加和种类的不断扩展为主要特征。

第二代语料库指的是从 20 世纪 90 年代中期开始建成的上亿词的大型语料库。

3. 语料库的加工层次

语料库的加工可分为两个方面:语料库的标注和语料库的知识获取。

(1)语料库的标注

标注就是使语料库的某些单位(词、句、段落、篇章等)和表示对这些单位的某种层次的"理解"的知识信息(标记符)相关联。比如,汉语中的切词、词性标注、短语标注(树库标注)等。因此所谓标注其实就是加工者添加其对语料库中的字、词、句等的理解信息。

(2)语料库的知识获取

指通过对语料库的处理,获得代表语料库中普遍现象的知识。它独立于语料库中某特定单位,反映了语言中的某种普遍规律。比如,组词造句的规律,具体可以表现为一些短语结构规则等。

语料库有不同的加工层次。对语料库可以进行下列加工并形成不同加工层次的语料库:索引、主题标引、词的切分、词性标注、句法分析、语义分析、语用分析等。对语料库的加工还包括"预处理"。

语料库可以包含文本的全部,也可以从文本中抽取一部分构成。

下面简单介绍一下语料库加工的不同层次。

(1)索引

逐词索引:提供指定的词形在语料库中每次出现的相关信息。逐词索引记录了每个词形在语料库中每次出现的相关位置,据此就可以提供指定词形每次出现的上下文信息。

关键词索引:提供出现指定关键词的文本、段落等信息。

就汉语而言,可以是以字为单位的逐字索引和关键字索引。

(2)主题标引

主题标引是指对文本内容进行主题分析,赋予主题词标识的过程。

(3)词的切分

词的切分就是从信息处理需要出发,按照特定的规范,对汉语按切词单位进行划分的过程。换句话说,就是将连续的字串按照一定的规范重新组合成词串的过程。

（4）词性标注

词性标注就是对已经切词的语料中的每一个词赋予一个词性标记。词性标注与词的切分经常是由同一个系统来处理。词性标注的主要问题是兼类词的处理,还有一个问题是未登录词的处理。

（5）句法成分标注（句法分析）

句法成分标注就是平时常说的树库加工,对已经标注了词性的文本标注上句法成分的信息,也就是标注上主语、宾语、谓语、定语、状语、补语等是什么,一般同时标注上这些句法成分是由什么样类型的短语（如名词短语、动词短语、形容词短语、介词短语等）充当的。

（6）语义信息标注（语义分析）

语义信息标注,可以有不同的理解。一种是标注词义,一般在标注词性之后进行,给每个词语标注上词义信息,往往是义项标注,也就是通常所做的词义消歧。一种是语义角色标注,一般在句法成分标注之后进行,给每个句法成分标注上语义信息,如施事、受事等。

（7）语用信息标注（语用分析）

语用信息标注,就是对文本标注上相关的语用信息,如话题、述题、话轮、省略成分等,为语用分析服务。它可以在生语料的基础上进行,也可以在熟语料的基础上进行。

（8）特定语言模式的标注

特定语言模式的标注,就是根据研究需要,标注上研究者所需要的相关信息,如未登录词的标注、专有名词的标注、最大名词短语的标注等。

其实这就是说,研究者可以根据自己的研究需要进行几乎任意的语言信息标注。比如,可以标注一个句子的长度,一个句子的类型（包括句法类型和功能类型等）,或者标注出一个句子的主要动词以及它的主语、宾语（或者施事、受事）、状语类型等。

4. 语料库的主要应用

语料库在语言学研究中的作用是多方面的,最主要的就是提供丰富多样的语言实例,然而其应用却远不止于此。这里简单地提及一些,具体的应用请参看相关的参考文献。

（1）频率统计

频率统计在汉语中主要可分为字频和词频统计两个方面。此外也有对现代汉语基本句型进行频率统计的。

早在语料库概念还没有产生之前,在我国就已经有学者通过语料库统计的方法来研究汉字的频率,其目的在于研制基础汉字的字表。著名教育学家陈鹤琴统计了 6 种包含554478 个汉字的语料,得不同汉字 4261 个,在此基础上,编写了《语体文应用字汇》,于 1925年完成,于 1928 年由商务印书馆出版。正式应用语料库技术来统计汉语字频的成果有贝贵琴、张学涛汇编的《汉字频度统计——速成识读优选表》①和国家语言文字工作委员会、国家

---

① 贝贵琴,张学涛.汉字频度统计——速成识读优选表[M].北京:电子工业出版社,1988.

标准局编的《现代汉语字频统计表》①。《汉字频度统计——速成识读优选表》通过对不同出版物 2100 多万字的用字统计,用数字揭示了每个汉字的使用频度(按常用程度分级排队)及笔画规律。这是我们目前所见中国最早的利用计算机来大规模统计汉字得到的字频统计结果。《现代汉语字频统计表》则是专门为了统计字频而进行的研究成果,该研究成果是从 1977 年到 1982 年间社会科学和自然科学 1.38 亿字的材料中抽样 1108 万余字利用计算机进行统计的,共有 13 个汉字频度表,分别按降频次序和汉语拼音字母次序排列。

词频统计方面的成果有刘源编的《现代汉语常用词词频词典(音序部分)》②。目前网络上也能找到不少可以免费下载的字频和词频数据。

(2)词汇研究

语料库可以为语言研究者提供大量真实准确的例句。这方面的研究有很多,比如为词典编撰家整理的义项提供相应的实例(包括词语搭配信息等),为语法学家研究某个句法现象提供分析的实例等。这样可以更为准确地把握某个词语的意义及用法。而语言学研究很大程度上就是在研究词语的意义和用法。这是语言学研究的重点之一,也是语言学研究的基础工作。

(3)语言教学

语料库中的语料是人们实际运用的语言,所有的材料均取自真实的书面语和口语文本,提供的是语言实际使用的客观例证。对这种材料进行分析,有时可以发现现有的语言教学材料中存在的问题。因此汉语语料库在语言教学中可以有两个方面的应用:一是为学习者提供丰富的汉语学习实例,二是从汉语学习者语料(汉语中介语语料库)中发现教学中存在的一些问题或者需要注意的方面。

二、研究方法

这里谈到的是语料库应用中最基本的研究方法,至于具体如何应用语料库来研究语言的某个方面的详细步骤,由于篇幅所限,不能在此赘述,有兴趣的读者请参看相关的专著或者论文。

(一)语料库语言学的研究方法

1. 语料库的检索

在语料库的应用中,语料库检索是最基本也最常用的方法。检索有简单的,也有复杂的。简单的就是利用一般的查找功能,复杂的可以用专门的检索软件。下面简单介绍这两方面的检索。

(1)简单检索

最简单的就可以利用普通的文字处理软件,如 WORD 中的"查找"。图 12-1 就是一个

---

① 国家语言文字工作委员会,国家标准局.现代汉语字频统计表[M].北京:语文出版社,1992.
② 刘源.现代汉语常用词词频词典(音序部分)[M].北京:宇航出版社,1990.

利用 WORD 检索"介绍"一词的示例。对于查找到的记录还可以点击"阅读突出显示",这样就可以把查找到的所有记录都突出显示出来,然后就可以逐个查看检索到的语料。

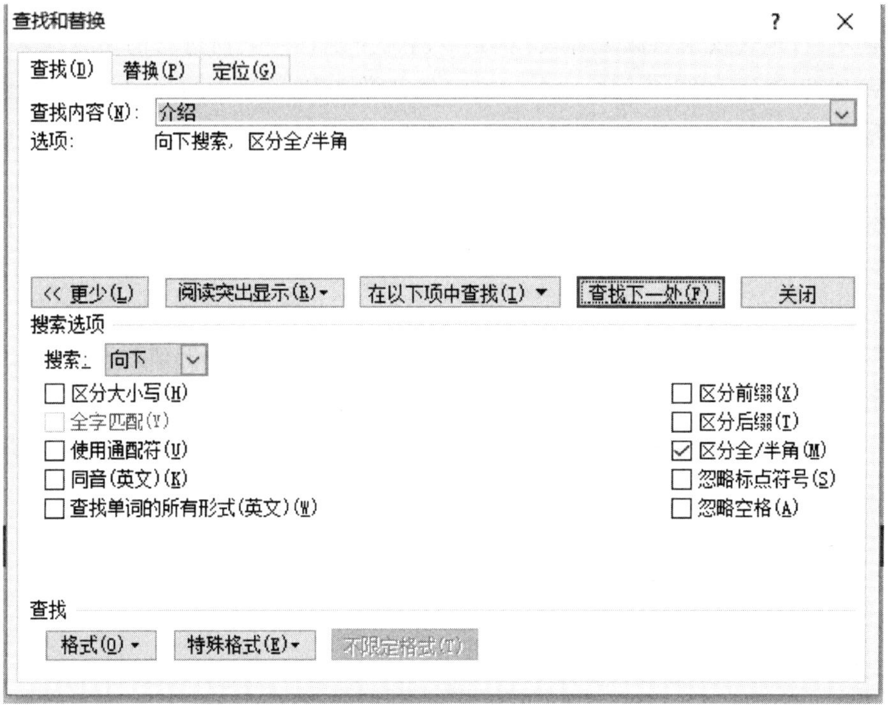

图 12 - 1 WORD 检索框

除此之外,还可以用较为专门的文本文件处理软件 UltraEdit(可简称 UE)。UE 处理文本文件的速度比 WORD 要快很多,而且还有一些 WORD 不具备的功能。下面也做一简单介绍。

在 UE 中,可以把查找到的语料全部复制到一个新的文件中。具体方法是:

先把自己的语料处理成一句一行,方法是在每个断句标点(如句号、问号、感叹号等)后加上一个回车符(可以使用全文替换的方法,即把每个断句标点全部替换成断句标点加回车符),在"搜索"菜单中找到"查找"按钮(快捷方式是按 CTRL+F 键),然后在"查找内容"框中输入要查找的字词(如"语料库"),见图 12 - 2。

接下来先勾选上"列出包含字符串的行",然后点击"下一个",右边就会出现查找到的结果(图 12 - 3)。

这时只要右键点击,然后选择"复制到剪贴板"就可以复制查找到的所有语料了(图 12 - 4),可以把复制到的结果粘贴到自己的文档中。

(2)复杂检索

这里以国家语委的"语料库在线"为例介绍复杂一些的检索。

下面先看一下语料库在线的检索界面(图 12 - 5)。

点击右上角的"查询条件格式",就可以看到下面这样的界面(图 12 - 6)。

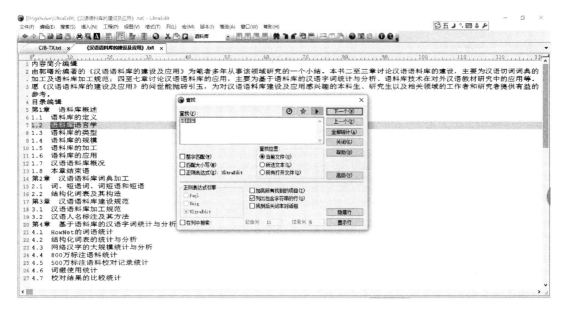

图 12-2 UE 检索框

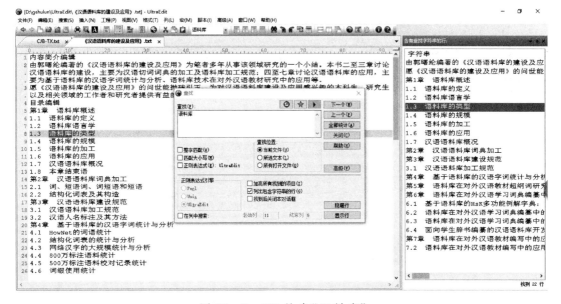

图 12-3 UE 检索"语料库"

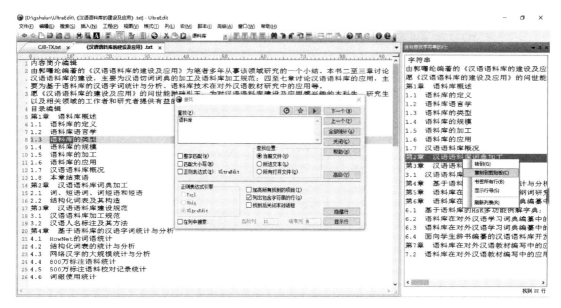

图 12-4　复制 UE 检索结果

图 12-5　语料库在线检索界面

图 12-6　语料库在线查询条件格式

下面是这些查询条件格式,花括号中是我们做的解释。

查询条件由一个或多个关键词组成:

○单一关键词,如:语言、语言

　　#字或词,如:文、语言

　　#词+词类,如:语言/n、制定/v

　　#词类标识符为[/],如:语言/n

○多关键词,如:语言　文字,语言/n 文字/n{表示既包含"语言",又包含"文字"的例句,或者是既包含"语言/n",又包含"文字/n"的例句}

○连续词类串,如:/v /u /m /v

多关键词逻辑

只对[整词匹配]的查询方式有效的标记:

○空格或［+］表示［与(and)］关系,如:语言　文字或语言 +文字

○[@]表示［或(or)］关系,如:语言 @ 文字{表示包含"语言"或者包含"文字"的例句}

○[-]表示［非(not)］关系,如:语言-文字{表示包含"语言"不包含"文字"的例句}

示例:条件"语言 @ 文字研究 -教学"表示检索"包含关键词'语言'或'文字'并且含关键词'研究'但不含关键词'教学'"的例句。{展开来就是:1 "包含'语言'并且含'研究'但不含'教学'"的例句　或者　2 "包含'文字'并且含'研究'但不含'教学'"的例句}

通过上面说的这些查询方法可以检索到一些比较复杂的语料例句。如果不能一次性查询得到,可以通过二次检索的方法查询一些比较复杂的格式,比如可以先检索到所有动词加

介词的例句,然后再从中检索出所有动词加介词"在"的例句。

通过语料库检索到语料例句只是语料库研究的第一步,然后还需要对检索到的语料进行标注、统计和分析。

2. 语料库的统计

在语料库的应用过程中,经常要用到统计方法。一般说来,统计可以分为两大类:描述性统计和推断性统计。

（1）描述性统计

描述性统计(descriptive statistics)是研究如何取得反映客观现象的数据,并通过图表形式对所搜集的数据进行加工处理和显示,进而通过综合概括与分析得出反映客观现象的规律性数量特征。描述性统计,是一种对已获得的数据进行整理、概括,显现其分布特征的统计方法。它主要是对样本数据的处理,一般包括以下两类数据量的统计和分析:第一,集中量:平均数、中位数、众数、百分位数。第二,差异量:全距、四分位距、平均差、方差、标准差、差异系数、百分位距。

（2）推断性统计

推断性统计(inferential statistics)是研究如何根据样本数据去推断总体数量特征的方法,它是在对样本数据进行描述的基础上,对统计总体的未知数量特征做出以概率形式表述的推断。推断性统计是一种根据样本所提供的信息,运用概率的理论进行分析、论证,在一定可靠程度上对总体分布特征进行估计、推测的统计方法,即在一定风险下,由部分推断全体。推断性统计一般包括以下几类数据量的统计和分析:第一,总体平均数的估计、假设检验。第二,总体平均数显著性检验。第三,抽样分布、参数估计、假设检验。

关于统计方面的简单知识及应用,可以参看沈钢《教育统计与 Excel》①,当然也可以参看更为专业的统计学教材或专著。

目前汉语语料库研究中使用描述性统计的更多一些,当然也有一些使用推断性统计的研究,具体可以参看相关的语料库应用研究论文。

（二）语料库语言学的研究程序

语料库语言学最具区别性特征的即是其自下而上的研究方法。② 这种自下而上的语料库方法的研究程序是:"一切问题探索都始于数据的观察和处理,体现为提取(extraction)-观察(observation)-概括(generalization)-解释(interpretation)这样的研究过程。具体而言,研究者首先要从语料库提取有关语言现象的数据,凭借工具自动或半自动地处理原始数据,获得必要的量化数据分布信息;然后对数据的总体特征和趋势进行观察和描述;在进一步检查具体语言形式的环境信息、意义和功能特征之后,对研究对象做出适当的概括和解释。由于这个过程特征,语料库研究常被称为基于频数的研究(frequency-based study),或概率驱动的研

---

① 沈钢.教育统计与 Excel[M].杭州:浙江大学出版社,2004.
② 卫乃兴.语料库语言学的方法论及相关理念[J].外语研究,2009,(5).

究（probability-driven study）。"①

三、案例剖析

（一）基于语料库的汉语语法研究

随着汉语语料库建设的发展,基于语料库的汉语语法研究有越来越多的趋势。这类研究大致可以分成两类,一类是把从语料库中获取的数据作为论证的部分论据,另一类则是把从语料库中获取的数据作为论证的全部论据,即完全基于语料库的汉语语法研究。前一类比较多,后一类相对较少。下面分别介绍这两类不同程度的基于语料库的汉语语法研究论文。②

1. 语料库数据作为论证部分论据

陶红印、张伯江探讨了无定式把字句从近代汉语到现代汉语的变化。③ 他们研究发现:各类无定把字句在现代汉语中都是受限的格式,数量上远远少于近代汉语;"把个+不及物动词"在近代汉语晚期为常见格式,其功用是描写外在事物导致人物的心理情绪变化,现代汉语中基本不存在;"把一个+及物动词"格式的比率在现代汉语中较高,不过语义和语用特征不完全等同于近代汉语,主要用于表示通指意义,其次用于引进偶现新信息。因此他们认为,无定式把字句在现代汉语中的地位应该重新审视,句法研究必须借助于话语分析和语料库语言学方法。

首先,他们讨论近现代汉语中无定把字句的历史发展趋势时用了语料库数据作为他们立论的论据。

从两种无定格式使用频率的角度来看,这两类无定式把字句内部的发展是不均衡的:在考察的近代汉语语料中"把个"与"把一个"在不同阶段的出现比例有十分明显的变化。

表 12-1　近代汉语"把个"和"把一个"的比率

时　　代	代 表 作 品	把　　个	把一个
14 世纪	《水浒》	7	50
18 世纪	《儒林外史》	12	12
	《红楼梦》	25	10
19 世纪	《儿女英雄传》	108	19

这些数据清楚地显示"把一个"在逐步减少,而"把个"则有逐步增加的趋势。由此看来,"把个"应该认为是后起的格式。

其次,他们又通过在《儿女英雄传》里"把一 X"表通指、任指和全称的用法占了 85%,只有极个别例子是用来引进偶现新成分这样的数据来说明"把"的虚化程度和"个"与"一个"

---

①　卫乃兴.语料库语言学的方法论及相关理念[J].外语研究,2009,(5).
②　郭曙纶.汉语语料库应用教程[M].上海:上海交通大学出版社,2013:76-85.
③　陶红印,张伯江.无定式把字句在近现代汉语中的地位问题及理论意义[J].中国语文,2000,(5).

的变化,两者是密切相关的。

表 12-2 《儿女英雄传》中"把一个"的信息构成

	偶现新信息	通指/任指	全 称	其 他	合 计
次 数	1	6	10	2	19
比 例	5%	32%	53%	10%	100%

再次,他们又通过数据对比证明无定式把字句从近代汉语到现代汉语发生了很大的变化。现代汉语和近代汉语一个最明显的不同是,无定式把字句,不管是"把一个"还是"把个"都可以说是相当稀有的(见表 12-3),尤其是"把个"(见表 12-4)。

表 12-3 现代汉语中的无定把字格式

作 品	字 数	无定把字格式
《儿女英雄传》	25 万	127
《吕梁英雄传》	25 万	25
王朔小说四种	25 万	12

表 12-4 现代汉语中"把一个"和"把个"的数量

作 品	字 数	把一个	把 个
《四世同堂》	20 万	56	5
《吕梁英雄传》	25 万	18	7
王朔小说四种	25 万	12	0
综合现代汉语语料	1620 万	577	46

而后通过统计现代汉语 1620 万字的书面语料中各功能类的出现频率,说明在现代汉语里,无定式把字句的各种用法中,表通指(以及全称)和偶现新信息的用法是主流。

表 12-5 "把一个 N"的信息构成

	一般新信息	偶现信息	旧信息	通 指	全 称	数 目
次数	82	147	7	178	56	107
比例	14%	25%	1%	31%	10%	18%

紧接着,又对出现频率较高的通指和偶现新信息成分这两个功能类做了进一步的统计分析。在讨论到语体特征时,他们也用了语料库数据。

表 12－6 偶现新信息和通指名词成分在几种语体中的分布

	偶现新信息	通 指
叙述语体	229	125
对话语体	0	8
说明语体	0	45

这是宏观语体的一项考察,他们接着又用数据来说明微观语体的表现差异。

表 12－7 偶现新信息和通指名词成分在前景和背景中的分布

	偶现新信息	通 指
前景句	221	2
背景句	8	123

综合这两项统计,他们得出一个肯定的结论:偶现新信息倾向于叙述性,通指成分倾向于说明性。至此,现代汉语里两个最常见的无定式把字句的分工就得到了完全的解释。

最后,他们在讨论"把个"在现代汉语中的功能时,再一次用了语料库数据来说明,"把个"跟"把一个"一致之处在于都不引进典型的新信息;而明显的相异之处在于"把个"表示旧信息的比率极高,其中包括这样一些成分:专有名词、亲属名词、身体部位名词、现场已知物体名词。

表 12－8 现代汉语"把个"格式中的信息分布

	偶现新信息	旧 信 息	通指成分
数 目	9	25	12
百分比	20％	54％	26％

2. 语料库数据作为论证全部论据

接下来介绍一篇把从语料库中获取的数据作为论文论证的全部论据,即完全基于语料库的汉语语法研究论文。

任海波(2001)用语料库语言学的方法,在 1 亿字真实文本的范围内统计分析 AABB 重叠式词的构成基础,统计数据表明 AABB 式词越是常用,其 AB 为词的可能性越大。[①] 作者认为 AABB 式词是能产的,表现在:随着语料字数的增加,AABB 式词也在不断增加;偶发性的词大量存在。

作者通篇的论证是建立在从语料库中获取的 AABB 重叠式词数据基础之上。论文在 1 亿字的语料中,共查到 AABB 重叠式词 2734 个,例句总数 37862 句。全文的论证可以说基本上全部是基于这 2734 个 AABB 重叠式词及其 37862 个例句的统计分析。

---

① 任海波.现代汉语 AABB 重叠式词构成基础的统计分析[J].中国语文,2001,(4).

　　作者首先通过数据论证了 AABB 中 AB 的性质。论文先考察了所有 2734 个词中的 AB 是否为词的情况。由于对什么是词的标准认识并不统一,所以作者从较严和较宽两个不同的角度来看 AB 是否为一个词:先对照《现代汉语词典》,发现 2734 个词中只有 1205 个的 AB 是一个词,占 44.0%;然后对照清华大学孙茂松等研制的《信息处理用现代汉语分词词表》,发现有 1337 个的 AB 是一个词,占 48.9%。由此确认:AABB 重叠式的构成要素是 A 和 B,但是它们的组合 AB 本身不一定是词,而且从总体上看,AB 不是词的 AABB 要比 AB 是词的 AABB 多。

　　然后再从频率的角度看,根据每个 AABB 式词的例句数与总例句数的比例,可以知道 AABB 式词的出现频率。

表 12-9　AABB 出现率与 AB 成词率关系

AABB 在 1 亿字语料中的出现率	0.00005 以上（2 例以上）	0.0001 以上（4 例以上）	0.001 以上（38 例以上）	0.01 以上（379 例以上）
以《现汉》为标准的 AB 为词的频度	59.6%	68.0%	77.6%	90.0%
以清华词表为标准的 AB 为词的频度	64.5%	73.7%	82.9%	90.0%

　　表 12-9 显示:AB 的成词率与 AABB 的出现率呈现一种正向协同关系,AABB 的出现率越高,其 AB 的成词率也就越高。这一事实可解释为什么不少人会想当然地以为 AABB 重叠式是由 AB 式词构成的。

　　其次,作者通过数据论证了 AABB 的能产性。

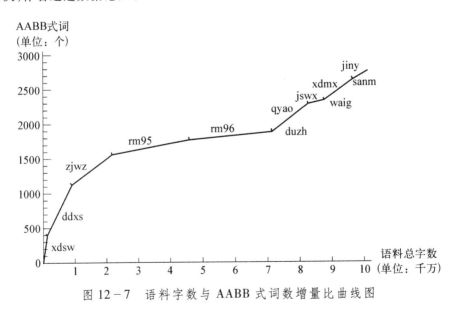

图 12-7　语料字数与 AABB 式词数增量比曲线图

　　从图 12-7 中可以看到,随着语料字数的不断增加,AABB 式词的数量也不断地增加。这清楚地说明 AABB 式词是能产的,是开放的类。

从图 12－7 中,也可以发现 AABB 式词在不同语料中的增量是有区别的。图中曲线附近的字符串标明其对应的增长线段所代表的语料类型。图中增长曲线的走向始终是向上的,但线段的斜率在不同的区域有所不同,这在一定意义上表明了不同语体语料中的 AABB 式词增长率的高低是不同的。下面是具体数据。

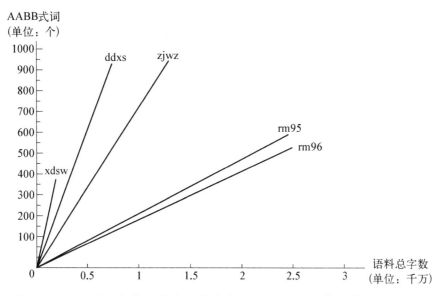

图 12－8　不同语体的语料中语料字数与 AABB 式词数的增长比对比图

图 12－8 更能反映不同语体语料中 AABB 式词的增长率的差异。开头的 xdsw 代表现代散文名作的语料,共 1785548 字。它的增长曲线呈最接近直线上升的趋势(即 AABB 式词的增长率最高),这说明 AABB 式词在散文中的使用面最宽。与这个较为不同的是 rm95 和 rm96 所代表的《人民日报》1995 年和 1996 年的语料(分别是 24242195 字和 24366988 字)。它的增长曲线呈相对缓慢的趋势。这说明 AABB 式词在新闻语体中的使用面相对较窄。处于散文和新闻之间的 ddxs(路遥、苏童等 50 多位作家的当代小说,共 7414281 字)和 zjwz《作家文摘》报 1993~1997(共 260 期),总字数 13262296 字的增长线段的倾斜率也处于两者之间。这反映了 AABB 式词在小说和文摘中的使用面要比散文窄,但比新闻语体宽。AABB 式词使用面的宽与窄能说明 AABB 式词在该类语料中能产性的强与弱。在统计的语料中,散文语体中 AABB 式词的能产性最强。

而后,作者又用不同的 AABB 式词在总体语料中的频率变化数据来说明 AABB 重叠式词的能产性和开放性。表 12－10 是具体数据(总例句数 37862 句;AABB 式词 2734 个),表 12－11 是表 12－10 部分数据的放大("表 12－10"中 1~100 范围段的放大):

表 12－10　不同频率范围内的 AABB 式词数量的变化(1)

例句数范围	1~100	101~200	201~300	301~400	401~500	501~600	601~700	701~800	801~900	901~1000
AABB 词数	2649	47	17	12	2	3	2	1	0	1

表 12－11 不同频率范围内的 AABB 式词数量的变化（2）

例句数范围	1	2～10	11～20	21～30	31～40	41～50	51～60	61～70	71～80	81～90	91～100
AABB 词数	1404	922	109	61	37	37	20	17	13	13	16

从这两个表中的数据可以看出,超过一半的 AABB 式词例句数为 1,由此说明 AABB 式词中的大部分词是偶发的。这从另一个方面说明,AABB 式词是能产的,或者说是开放的。

最后,作者通过数据来说明 A 和 B 构成 AABB 的条件。

表 12－12 AB 组合的性质与 A 和 B 的关系

AB 的性质	单纯词	合 成 词				非 词			
		1	2	3	4	1	2	3	4
A 的形式	音节	粘着	自由	粘着	自由	粘着	自由	粘着	自由
B 的形式	音节	粘着	粘着	自由	自由	粘着	粘着	自由	自由
AB 的例子	犹豫、浪漫	谨慎、温柔	忙碌、平庸	爽快、朴实	冷清、高大	郁葱、浩漫	明爽、厚敦	郁青、澄静	花绿、高瘦
AABB 的例子	犹犹豫豫、浪浪漫漫	谨谨慎慎、温温柔柔	忙忙碌碌、平平庸庸	爽爽快快、朴朴实实	冷冷清清、高高大大	郁郁葱葱、浩浩漫漫	明明爽爽、厚厚敦敦	郁郁青青、澄澄静静	花花绿绿、高高瘦瘦

通过表 12－12 的数据可以看出:AABB 式词的构成要素 A 和 B 单独看有的是音节,有的是语素,也有的是词。这就意味着难以从 A 和 B 本身的性质中找到用以说明 AABB 式词构成的共同的形式基础。

由于没有共同的形式基础,于是作者就分析它们是否存在共同的语义基础。在分析语义共性前,作者先把作为语素的 AB 间的语义关系作了分析,除了 A 和 B 是并列关系之外,其他的关系可以勉强分析为:① 陈述或主谓,② 附加或偏正,③ 支配或述宾,④ 补充或后补等。数据显示 AABB 式词中的 A 和 B 的语义关系绝大多数是并列的,这符合 AABB 的语义特征对 A 和 B 的选择。AABB 的语义特征就是 AA 与 BB 在承载整体语义信息上的均衡性。具体数据见表 12－13。

表 12－13 AABB 式词中 AB 单独组合的语义关系类型分布情况

A 和 B 的语义关系	并列或联合	陈述或主谓	附加或偏正	支配或述宾	补充或后补	难以分析
AABB 式词数	2128	38	196	20	22	330
在总词数中的比例	77.8%	1.4%	7.2%	0.7%	0.8%	12.1%

除了以上两类基于语料库数据统计的语法研究之外,还有不少研究,虽然没有把数据统计作为立论的根本,但是文章中都明确提到例句来源于某个或某些语料库,或者是来自互联网的普通语料。

（二）对外汉语教材中的超纲词研究

在对外汉语教学研究中，教材研究是一个重要的方面。而在教材研究中，超纲词又是重要的研究内容。教材中超纲词的多少可以直接反映教材课文的合适程度。一般说来，适量的超纲词是必要的，但是包含过多超纲词的文本显然不适合作为教材课文。这里以对外汉语教材中的超纲词研究为例，探讨语料库在其中的应用问题。

郭曙纶、张红武的《谈对外汉语教材中的超纲词》用了语料库方法来讨论对外汉语教材中的超纲词问题。[①] 这篇论文一方面阐述了超纲词问题的严重性（有些课文生词中的超纲词所占比例很高），并分析了其中的原因——大纲词汇量偏低与教材偏难；另一方面提出了减少超纲词的一些策略——扩大大纲词汇量、对生词做不同的处理、加强汉字教学等。

这篇论文在阐述超纲词问题严重性时，文章作者先引用前人的研究成果，说明超纲词问题严重；然后又用自己的统计数据进一步说明超纲词问题的严重性。在探究其原因时，文章作者也用到了语料库的统计数据来说明。

在这篇论文中语料库数据虽不是文章的核心内容，但显然也是论证的重要论据。

郭曙纶的《对外汉语高级教材超纲词统计分析》用语料库方法统计分析了三种对外汉语高级教材中的超纲词，统计分析后发现：有没有超纲词意识直接关系到超纲词比例的大小。[②] 而且通过数据分析还发现，即使扩大大纲词汇量（比如把那些在不同教材中都出现的超纲词增加到大纲词汇表中），也难以避免超纲词太多的问题，因为不同教材中所出现的超纲词相同的很少。

这篇论文收集了三种共 5 册对外汉语高级精读教材中的生词 4286 个，其中超纲词 2149 个。整篇论文的讨论全部是在此基础上展开的。文章先给出了 3 册教材中生词及超纲词的总体数据，然后统计了超纲词的词性分布，接着又统计了 5 册教材各课生词数和超纲词数及其百分比，说明有没有超纲词意识直接关系到超纲词的比例是否合理，最后还统计了各册相同的超纲词数，说明大纲词汇量少未必是超纲词问题严重的一个原因。

郭曙纶的《〈雨中登泰山〉的超纲词统计与分析》通过语料库方法统计、分析、比较后发现：《雨中登泰山》一文的生词、超纲词都很多，不适合作为课文；教材编者在选择生词时存在着较大的随意性。[③] 文章讨论了在高级汉语教材中如何对现成语料进行加工，从而避免出现教材课文中生僻词汇过多的问题，并提出了三点建议：首先，在选择课文时，应该通过语料库技术来控制课文的难度；其次，在确定具体课文以及课文排序的过程中，要利用语料库技术以及统计数据来确定标准、合理安排；最后，在生字词的具体处理上，可以利用语料库技术以及统计数据来进行不同的处理。

首先，这篇论文用语料库方法统计了《雨中登泰山》用字、用词的总体情况，发现课文中的生字和生词都太多了，不过字的数据值远小于词的数据值；同时，超纲字或超纲词与总字

————————————

① 郭曙纶,张红武.谈对外汉语教材中的超纲词[J].上海师范大学学报,2003,(6).

② 郭曙纶.对外汉语高级教材超纲词统计分析[A].朱立元.探索与创新——华东地区对外汉语教学论文集[C].北京：北京大学出版社,2006：276-285.

③ 郭曙纶.《雨中登泰山》的超纲词统计与分析[J].语言文字应用,2007,(1).

次或总词次的比例也远小于超纲字或超纲词与生字或生词的比例。

然后,文章统计了三种教材中《雨中登泰山》的生词并且进行了比较,由此得到两点认识:

1.《雨中登泰山》一文,从生词及超纲词的数量比率看,并不适合作为对外汉语高级教材的课文。如果从生字及超纲字的数量比率看,则适合作为对外汉语高级教材的课文。

2. 现有教材的编写者选择生词时存在着较大的随意性,主要是基于经验的,没有一个确定生词的明确标准。

下面着重介绍郭曙纶的《试论对外汉语教材中的超纲词》一文。① 《试论对外汉语教材中的超纲词》全文分为 4 个部分:一、超纲词的判定,二、超纲词的统计,三、超纲词与超纲字,四、超纲词研究的意义。

1. 超纲词的判定

超纲词的判定是一个大问题。因为在对外汉语教学中,超纲词是一个内涵明确、外延模糊的概念。

说它内涵明确,是因为超纲词的定义是清楚的:超纲词就是**超**出大**纲**词汇表的**词**,即不在大纲词汇表中的词。具体到对外汉语教学中来说,超纲词就是超出《汉语水平词汇与汉字等级大纲》②的词,或者说不在 8822 个词之列的词。不过细究起来,对于这样一个内涵明确的概念,还是可能存在着不同的理解。一种是从字面上来理解,凡是大纲中没有列出的词(即超出大纲的词)都是超纲词。也就是说,只有大纲中的 8822 个词是纲内词(大纲词),其他的都是纲外词(超纲词)。另一种是从意义上来理解,把"超出"理解成从难度上超出,即超纲词是指比大纲词更难的词。这样,一些虽然不在大纲中,但是却很常用的词尤其是常用派生词就不应该被看作超纲词。

说它外延模糊,是因为具体超纲词的判定是不清楚的:在具体操作中,究竟哪些词是超纲词,哪些不是,这是一个见仁见智的问题。除了上述对于定义可能会有不同的理解外(依据这两种不同理解判定出的超纲词显然是不同的),还有一个很大的问题就是汉语中"词"的概念与判定问题。因为汉语中"词"的判定是一个还未完全解决的问题,因而使得超纲词的判定也就随之成为问题。对于某个具体的语言单位,如果作为一个词,按字面上理解往往被判定为超纲词,反之,如果分成两个或更多的词,则可能不被判定为超纲词。如"我校",如果作为一个词,则是超纲词,如果分成两个词,则只有"校"是超纲词;再如"我国",如果作为一个词,也是超纲词,如果分成两个词,就都不是超纲词了。还有"星期一"等也是这样,作为一个词时是超纲词,如果分成两个词,就都不是超纲词了(大纲中只收了"星期日"与"礼拜天",显然大纲制定者认为"星期一"等虽然没有列入大纲,但是应该不算是从意义上理解的超纲词)。

超纲词的外延模糊还表现在另一个方面。过去人们在谈论超纲词时,往往避开了超纲词的判定这个问题,直接拿生词表中的词与大纲词进行比对,得到超纲词。但是根据《〈雨中

①　郭曙纶.试论对外汉语教材中的超纲词[J].宁夏大学学报(人文社会科学版),2008,(4).
②　国家汉语水平考试委员会办公室考试中心.汉语水平词汇与汉字等级大纲(修订本)[M].北京:经济科学出版社,2001.

登泰山〉的超纲词统计与分析》①,编者给出的生词表有很大的随意性。而利用目前的中文信息处理技术来直接处理课文文本的话,也存在着很大的问题:首先因为汉语切词至今没有一个公认的标准;其次中文信息处理界现在实际使用的切词标准与对外汉语教学实践又存在着很大的不同。如在多数中文信息处理系统中"我国""二月份"等都是作为一个词来处理,而在对外汉语教学实践中却很少有人这样做。

此外,超纲词的外延模糊还表现在对派生词的处理上。派生词的处理也是影响超纲词判定的一个因素。《汉语水平词汇与汉字等级大纲(修订本)》中共有 5 个词头(一般称为前缀,阿、初、第、老、小)、11 个词尾(一般称为后缀,感、化、家、界、们、品、性、学、员、长、者)。虽然看上去只有 16 个词缀,可是这些词缀都是非常能产的,由它们可以构成许许多多的派生词,仅在《汉语水平词汇与汉字等级大纲(修订本)》中就有将近 300 个由它们构成的派生词。从理论上来说,由大纲词和词缀构成的派生词是不应该作为超纲词的。这就意味着在判定超纲词时,除了大纲中已经列出的词语,还应该把那些纲内派生词排除在超纲词外。而在实际操作中,除非有一个由大纲词和词缀构成的派生词的详尽列表,否则是难以掌握其中算与不算超纲词的界线的。也就是说,如果要把派生词考虑进去,在没有一个由大纲词和词缀构成的派生词的详尽列表之前,这种做法缺乏可操作性。

2. 超纲词的统计

上一小节在讨论超纲词的判定问题时,已经说了超纲词是个外延模糊的概念。超纲词判定存在很大的不同。这当然会影响到超纲词的统计,本节不讨论超纲词的判定对超纲词统计的影响问题,而讨论即使在超纲词判定不成问题的情况下统计中可能存在的问题。

过去人们在讨论超纲词时,大多是计算超纲词在生词中占有多大比率。② 这种做法是很自然的,因为我们相信编者给出的生词都是留学生所不知道的并且需要掌握的词语。既然要考察教材中的超纲词问题,当然要看生词中的超纲词比率是否合适。

但是,根据郭曙纶的《〈雨中登泰山〉的超纲词统计与分析》③,用这种统计方法统计出来的数据并不能够真实反映教材文本的实际情况。为讨论方便,这里把该文中表 12-14 的统计数据(《〈雨中登泰山〉的超纲词统计与分析》在发表时统计数据有一些差错,这里给出的是修正后的数据)引用如下。

比较表中不同教材的统计数据可以看到:

(1) 在生词数方面(C 列),教材编写者给出的生词数远少于实际的生词数,而且不同的编写者给出的生词数相差很大,具有明显的随意性。实际生词数是 273,而编者给出的分别是 83、47、48。

与此相应,其他方面的数据也存在明显的差别,下面分别加以说明。

(2) 在超纲词数方面(F 列),教材编写者给出的超纲词数也远少于实际的超纲词数。实际超纲词数是 229,而编者所给生词中的超纲词数分别是 77、43、46。

①③　郭曙纶.《雨中登泰山》的超纲词统计与分析[J].语言文字应用,2007,(1).

②　比如李清华.《汉语水平词汇与汉字等级大纲》的词汇量问题[J].语言教学与研究,1999,(1);郭曙纶,张红武.谈对外汉语教材中的超纲词[J].上海师范大学学报,2003,(6);郭曙纶.对外汉语高级教材超纲词统计分析[A].朱立元.探索与创新——华东地区对外汉语教学论文集[C].北京:北京大学出版社,2006:276-285.

表 12 - 14 《雨中登泰山》生词比较统计表

列号	A	B	C	D(C/A)	E(C/B)	F	G(F/C)	H(F/A)
教材	总词次 （总字次）	总词型 （总字型）	生词数 （生字 次/型）	生词数占 总词次的 百分比	生词数占 总词型的 百分比	超纲 词数	超纲词占 生词数的 百分比	超纲词占 总词次的 百分比
肖著			83	4.6	11.0	77	92.8	4.2
姜著	1815	757	47	2.6	6.2	43	91.5	2.4
系著			48	2.6	6.3	46	95.8	2.5
实际			273	15.0	36.1	229	83.9	12.6
实际	2649	744	147/103	5.5	13.8	66/51	44.9/49.5	2.5/6.9

说明：Ⅰ. 最后一行"实际"数据是字的数据，其中"/"前的数据是字次，"/"后的数据是字型。"生词数"指的是生词型数，由于生词大多数是只出现一次的，所以也与生词次数（为302）很接近（约为1∶1.1）。"超纲词数"也指的是超纲词型数，与超纲词次数（为251）也很接近（约为1∶1.1）。

Ⅱ. 这里教材一列中的"肖著""姜著""系著"和"实际"分别是指对肖奚强主编《多文体精泛结合高级汉语教程（上册）》①（后面提到的"肖著"也是指这册教材）、姜德梧主编《高级汉语教程（修订本，第一册）》②、北京语言学院外国留学生二系编《高级汉语教程（上册）》③三本教材中生词表进行统计后得到的数据和用电脑对整个文本进行统计的"实际"数据。

（3）在生词数与总词型数的比率方面（E列），教材编写者给出的生词数与总词型数的比率远小于实际的生词数与总词型数的比率。实际生词数与总词型数的比率是36.1%，而编者给出的分别是11.0%、6.2%、6.3%。

在生词数与总词次数的比率方面（D列），教材编写者给出的生词数与总词次数的比率也远少于实际的。实际生词数与总词次数的比率是15.0%，而编者给出的分别是4.6%、2.6%、2.6%。

（4）在超纲词数与生词数的比率方面（G列），情况正好相反，教材编写者给出的超纲词数与生词数的比率却大于实际的。实际超纲词数与生词数的比率是83.9%，而编者给出的都在90%以上，分别是92.8%、91.5%、95.8%。

（5）在超纲词数与总词次数的比率方面（H列），教材编写者给出的超纲词数与总词次数的比率也远小于实际的超纲词数与总词次数的比率。实际超纲词数与总词次数的比率是12.6%，而编者给出的分别是4.2%、2.4%、2.5%。

通过以上分析，可以看到：按词型计算与按词次计算，数据相差很大（生词及超纲词的数据在表中没有区分词型与词次，因为两者相差很小，这说明编者基本上是给出了只出现1次的生词，重复出现的词语由于常用而不被看作生词）。如果要把生词的比率作为衡量一个文本阅读难度的重要指标，把超纲词的比率作为衡量一个文本是否适合作为教材课文的合适度的重要指标，那么显然不能只是统计教材编写者给出的生词以及其中超纲词的比

① 肖奚强.多文体精泛结合高级汉语教程（上册）[M].北京：北京语言大学出版社，2003.
② 姜德梧.高级汉语教程（修订本，第一册）[M].北京：经济科学出版社，2002.
③ 北京语言学院外国留学生二系.高级汉语教程（上册）[M].北京：北京语言学院出版社，1990.

率,也不能只是统计超纲词型与总词型的比率,而应该统计超纲词实际出现的次数与文本总词次的比率,即应该看上表"H"列"实际"行的比率数据(12.6%)。因为只有这样的比率数据才能真实反映文本中超纲词比率的实际情况,才可以作为衡量文本合适度的一个重要指标。从12.6%这样的一个比率数据看,《雨中登泰山》作为留学生教材的课文显然是不适合的。因为12.6%的比率对于一个只有1815个词,89个句子的文章,这就意味着每个句子(20.4个词)有2.57个超纲词,即每8个词中就有一个是超纲词。

因此,除了超纲词的判定存在问题外,对超纲词(也包括生词)的具体统计方法也直接影响到超纲词的比率数据,进而影响到文本阅读难度的计算与确定,也左右着编者对教材文本的取舍。我们认为只有统计文本中实际的生词次和超纲词次与总词次的比率,这样的比率数据才能作为文本阅读难度以及合适度的一个重要指标。

为了说明《〈雨中登泰山〉的超纲词统计与分析》的分析并非是以偏概全的,下面我们给出进一步的数据予以印证。

根据郭曙纶的统计①,肖著教材编者给出的生词数据及由此得到的超纲词数及相关比率是这样的(这里没有区分词型与词次,指的都是词型):

表 12 - 15 教材给出的生词及超纲词统计表

课文序号	101	102	103	104	105	106	107	108	109	110	平均
生词总数	28	51	87	54	53	45	80	68	27	23	51.6
超纲词总数	25	37	81	27	36	42	59	63	23	19	41.2
超纲词百分比	89.3	72.6	93.1	50.0	67.9	93.3	73.8	92.7	85.2	82.6	80.0

说明:"课文序号"一行中101到110分别表示第1课到第10课,下表同。

而下面表12-16是肖著教材一整册的统计数据。

表 12 - 16 教材实际词型与词次比较统计表

课文序号	101	102	103	104	105	106	107	108	109	110	平均
总词型数	278	712	757	432	439	1010	1460	1516	547	427	761.8
总生词型数	103	288	273	137	170	453	704	689	190	135	323.5
超纲词型数	93	245	229	119	133	385	601	570	147	115	273.3
总词次数	448	1729	1815	900	852	2932	4465	3848	1239	909	1896.3
总生词次数	107	346	302	209	223	630	1009	902	284	169	430.1
超纲词次数	96	300	251	179	170	532	857	758	216	143	362.6
总生词型数与总词型数的百分比	37.1	40.4	36.1	31.7	38.7	44.9	48.2	45.4	34.7	31.6	42.5

① 郭曙纶.对外汉语高级教材超纲词统计分析[A].朱立元.探索与创新——华东地区对外汉语教学论文集[C].北京:北京大学出版社,2006:276-285.

（续表）

课文序号	101	102	103	104	105	106	107	108	109	110	平均
超纲词型数与总词型数的百分比	33.5	34.4	30.3	27.5	30.3	38.1	41.2	37.6	26.9	26.9	35.9
超纲词型数与总生词型数的百分比	90.3	85.1	83.9	86.9	78.2	85.0	85.4	82.7	77.4	85.2	84.5
总生词次数与总词次数的百分比	23.9	20.0	16.6	23.2	26.2	21.5	22.6	23.4	22.9	18.6	22.7
超纲词次数与总词次数的百分比	21.4	17.4	13.8	19.9	20.0	18.1	19.2	19.7	17.4	15.7	19.1
超纲词次数与总生词次数的百分比	89.7	86.7	83.1	85.6	76.2	84.4	84.9	84.0	76.1	84.6	84.3

说明：这里生词指的是超出 HSK 大纲中甲乙丙三级的词，超纲词指的是超出 HSK 大纲中甲乙丙丁四级的词。

比较表 12-15 与表 12-16 的数据，可以印证：按词型计算与按词次计算，数据相差很大；同时也印证了：教材编写者给出的生词数远少于实际的生词数，现有教材的编写者选择生词时存在着较大的随意性，主要是基于经验的，没有一个明确的标准来确定生词。①

3. 超纲词与超纲字

根据上一节的讨论，《雨中登泰山》一文的超纲词比率是比较高的。然而如果我们换一个角度来考虑，不是从词的角度，而是从汉语独有的字的角度来考虑，那么，与超纲词比率偏高相比，从表 12-14 中可以看到，超纲字比率（H 列）要比超纲词比率低很多，前者是 2.5%（按字次）或 6.9%（按字型），后者是 12.6%。就《雨中登泰山》而言，2.5%意味着每 40 个字才有一个超纲字，每 4 个句子（每个句子约 30 个汉字）才有 3 个超纲字，平均每个句子只有 0.75 个超纲字。

作为一篇课文其中的生字仅占 5.5%（D 列），平均每个句子只有 1.5 个生字。如此算来，《雨中登泰山》也就不算难了。

问题是我们现行的对外汉语教材大多采用按词教学的方法，而不强调以字为基础的语素教学（或者说以语素为基础的汉字教学）。所以尽管从字的角度看，其中的生字和超纲字并不高，可是给留学生的印象还是我们的对外汉语教材太难，尤其是对外汉语高级教材。由于汉语中汉字的使用频率相对集中（高频汉字仅有 1000 左右，已经能够覆盖文本的 90%），而汉语中词的使用则分散得多（8822 个词在大规模文本中的覆盖率不到 90%）。而且对于

---

① 郭曙纶.《雨中登泰山》的超纲词统计与分析[J].语言文字应用,2007,(1).

汉字来说,语料库规模的扩大,常用汉字的覆盖率变化不大,而对于汉语词来说,语料库规模越大,常用汉语词的覆盖率越低。①

基于上述分析,我们认为在对外汉语教学中一定要加强汉字(语素)教学,要把汉字(语素)教学提高到比汉语词教学更高的位置。在没有更充分的根据之前,我们不能贸然提出取消汉语词的教学(这实际上可能根本行不通),但是仅从我们对对外汉语教材中超纲词的对比分析看,我们有理由认为在对外汉语教学中加强汉字教学是必要的,甚至是从根本上解决对外汉语教材中超纲词太多的一条重要途径。

就目前对外汉语教学状况来说,除了加强汉字教学外,控制超纲词还可以采取如下三种策略:1.修订大纲词汇表,增加大纲词汇量;2.规范教材编写,严格控制超纲词;3.调整切分标注词表。② 在具体操作上,可以充分利用语料库技术对拟收入对外汉语教材中的候选课文进行一些处理:首先,在选材时,应该通过语料库技术来控制候选课文的难度;其次,在确定具体课文以及课文排序的过程中,要利用语料库技术及统计数据来确定标准、合理安排;最后,在生字词的具体处理上,可以利用语料库技术及统计数据进行不同的处理。③

这里只是从词汇超纲方面来讨论对外汉语教学中要加强汉字(语素)教学。最近苏新春也认为应该"加强汉字教学,以弥补词表刚性的不足"④。至于全面讨论对外汉语词汇教学是要把词还是要把字(语素)作为基本教学单位,则不是本文的目的。

4. 超纲词研究的意义

超纲词研究在许多方面都有直接的应用价值,也具有重要的理论与实践意义。

首先,超纲词研究具有非常明显的实践意义。

超纲词研究可以指导对外汉语教材及辅助材料(如课外读物、汉语水平考试的辅导用书等)的编写,因为超纲词的比率数据在一定程度上反映了汉语文本的合适度:超纲词越多,文本的合适度越差。对外汉语教材及辅助材料的编写者应该为留学生提供适合他们汉语水平的教材或读物。

超纲词研究还可以反观现行汉语水平考试大纲词表的合适与否,进而有助于大纲词表的修订。根据我们对超纲词问题的研究以及李清华、李英和赵金铭等对现行汉语水平考试大纲词表的研究,现行汉语水平考试大纲词表大有修订的必要。一方面,大纲词表的数量有限,8822 个词语在大规模现代汉语文本中的覆盖率是比较低的,大约只有 85% 左右,远没有达到当初大纲制定者所称的 95%。另一方面,大纲词表的质量(具体收词上)也有不少问题。比如有许多平行的词语都是收入了这个却没有收入那个。例如《汉语水平词汇与汉字等级大纲》收入了"外祖母""外祖父"这样的平行词语,但是有"姥姥"却没有"姥爷",有"外

---

① 李清华.《汉语水平词汇与汉字等级大纲》的词汇量问题[J].语言教学与研究,1999,(1);郭曙纶,方有林.网络汉字的大规模统计与分析[A].中国文字学会、河北大学汉字研究中心.汉字研究(第一辑)[C].北京:学苑出版社,2005:12-18.

② 郭曙纶,张红武.谈对外汉语教材中的超纲词[J].上海师范大学学报,2003,(6).

③ 郭曙纶.《雨中登泰山》的超纲词统计与分析[J].语言文字应用,2007,(1).

④ 苏新春.对外汉语词汇大纲与两种教材词汇状况的对比研究[J].语言文字应用,2006,(2).

婆"却没有"外公"。①

其次,超纲词研究也具有理论意义。教材文本中超纲词的比率等问题不只是一个实践问题,同时也是一个理论问题,还有许多问题需要从理论的高度来进行研究。比如,超纲词有没有出现的必要?超纲词所占比率多少合适?这些也都是在语言教学尤其是在第二语言教学中必须研究的理论问题。此外,超纲词研究方法的改进本身(由统计生词中的超纲词比率改进为全面统计整个文本中的超纲词比率,由统计超纲词型与总词型的比率改进为统计超纲词次与总词次的比率)也说明超纲词研究不仅可以为教材编写、大纲词汇的修订等提供数据,而且能够启发我们:既要学会运用定量分析方法,也要不断完善定量分析方法,以提高对外汉语教学及其研究的科学性。

《试论对外汉语教材中的超纲词》虽然没有统计新的语料,但通过分析之前已有的超纲词数据,对超纲词问题进行了初步的理论探讨。

思考题

1. 请参考相关文献,谈谈你对语料库或语料库语言学的认识。

2. 请选择一个感兴趣的应用领域,查找相关文献,简介一下语料库的应用。

3. 请选择任意一篇或多篇文档(字数多少可以根据研究目标来确定),具体实施一次语料库的应用研究,比如可以做最简单的字频、词频研究,也可以做复杂一点的基于语料库某个关键词(如某个具体动词)的研究。

4. 仔细阅读相关论文(如本章案例中提到的),写一份阅读报告,谈谈如何开展基于语料库的汉语语法研究,或者谈谈如何开展基于语料库的对外汉语教材研究,或者谈谈如何开展基于语料库的汉语动词格式研究。

进一步阅读

[美]道格拉斯·比伯,[美]苏珊·康拉德,[美]兰迪·瑞潘著,刘颖,胡海涛译.语料库语言学[M].北京:清华大学出版社,2012.

丁信善.语料库语言学的发展及研究现状[J].当代语言学,1998(1).

冯志伟.中国语料库研究的历史与现状[J].*Journal of Chinese Language and Computing*(汉语语言与计算学报),2002(1).

郭曙纶.汉语语料库的建设及应用[M].上海:上海外语教育出版社,2011.

郭曙纶.信息社会汉语动词的语义分析与统计研究[M].北京:世界图书出版公司,2009.

黄昌宁,李涓子.语料库语言学[M].北京:商务印书馆,2002.

梁茂成,李文中,许家金.语料库应用教程[M].北京:外语教学与研究出版社,2010.

刘源.现代汉语常用词词频词典(音序部分)[M].北京:宇航出版社,1990.

---

① 李英.关于《汉语水平词汇与汉字等级大纲》的几个问题[J].中山大学学报论丛,1997,(4);李清华.《汉语水平词汇与汉字等级大纲》的词汇量问题[J].语言教学与研究,1999,(1);赵金铭,张博,程娟.关于修订《(汉语水平)词汇等级大纲》的若干意见[J].世界汉语教学,2003,(3);郭曙纶,张红武.谈对外汉语教材中的超纲词[J].上海师范大学学报,2003,(6).

王建新.计算机语料库的建设与应用[M].北京：清华大学出版社,2005.

杨惠中.语料库语言学导论[M].上海：上海外语教育出版社,2002.

Biber, D. et al.语料库语言学[M].北京：外语教学与研究出版社,伦敦：剑桥大学出版社,2000.

Christopher D. Manning,Hinrich Schütze.统计自然语言处理基础[M].北京：电子工业出版社,2005.

Daniel J., James H. Martin.自然语言处理综论[M].北京：电子工业出版社,2005.

Douglas Biber,Susan Conrad,Randi Reppen.语料库语言学[M].北京：外语教学与研究出版社,伦敦：剑桥大学出版社,2000.

Graeme Kennedy.语料库语言学入门[M].北京：外语教学与研究出版社,2000.

Jenny Thomas,Mick Short.用语料库研究语言[M].北京：外语教学与研究出版社,2001.

John Sinclair.语料库、检索与搭配[M].上海：上海外语教育出版社,1999.

Karin Aijmer, Bengt Altenberg.语料库语言学的进展[M].北京：世界图书出版公司,2009.

第十三章　语言学研究方法与汉语研究展望

本章拟对21世纪的语言学研究方法与汉语研究趋向进行展望,主要分为两个部分:

第一部分是阐述当代语言学发展的两大领域。一是社会文化视野下的语言学与汉语研究,包括地理语言学、文化语言学、心理语言学、法律语言学、批评语言学等。二是自然科学驱动下的语言学与汉语研究,包括数理语言学、计算语言学、生物语言学、神经语言学等。简要介绍了这些语言学分支学科的产生、发展以及研究方法等。

第二部分是梳理当代语言学发展趋向。一是由微观到宏观的语言研究,体现为研究对象的宏观化以及多层面、多学科的交叉研究等;二是由单一到多元的语言研究,体现为研究对象的多层化研究、语言学研究的多维化、从单语言研究到语言比较研究、从单一理论转向多元理论等。

一、社会文化视野下的语言学与汉语研究

语言的使用离不开作为社会和文化成员的人以及使用语言的环境。20世纪50年代,随着社会语言学以及后来语用学的建立和发展,对语言功能和语言使用的研究被提上了议事日程。21世纪,语言学的研究重点将转向更为广阔的社会文化视野下的语言功能与语言使用研究。语言是社会现象,也是文化现象,语言与社会、文化之间具有密切的关系,只有将语言放在社会、文化背景下进行研究,才能更好地揭示语言的本质。因此,语言学与人文社会科学发生交叉,形成了地理语言学、社会语言学、心理语言学、文化语言学、法律语言学、语言类型学、批评语言学等交叉学科。语言类型学详见本书第十一章,此处不再赘述。

(一)地理语言学与汉语研究①

地理语言学(geographical linguistics),也叫语言地理学(linguistic geography),该学科以众多地点的语言事实调查为基础,利用语言地图的方式描述语言现象的地理分布状况,结合社会文化因素解释这些分布的原因,探索语言现象历时变化的过程。

一般的汉语方言研究跟地理语言学有密切关系,但是方言地图有两种,也体现出地理语言学的两种方法:第一,特征地理研究。它是根据一定特征对方言材料地点进行分类,如

---

① 关于地理语言学的简介,具体参见曹志耘.老枝新芽:中国地理语言学研究展望[J].语言教学与研究,2002,(3);彭泽润,周金琳.地理语言学和湖南方言地理[J].湖南师范大学社会科学学报,2015,(1).

《苏州方言地图集》。第二,分区地理研究。它是根据重要特征对一定连续空间进行区域分割,如《中国语言地图集》。广义的地理语言学包括上面两种研究。狭义的地理语言学是指特征地理研究。

在中国,地理语言学一般跟方言学密切相关,但是地理语言学和历史语言学是分别首先从空间和时间两个角度对语言进行研究的科学,属于一般语言学,而非个别语言学。地理语言学纠正了历史语言学过分重视历史材料的偏向,弥补了历史材料缺乏的局限,加强了对活语言或口语的重视和利用。给语言或者方言的历史关系分类,实际上也是在对它们进行一定程度的空间关系的分类,因为一定共同的空间分布关系往往有一定共同的时间历史关系。但是它们又往往出现不少例外,如印度在亚洲,却跟欧洲许多语言有密切关系;衡山其实在湘语包围中,古代全浊声母的变化却既不像湘语也不像与湖南有历史移民关系的赣语,却像覆盖在湖南南部"土话"方言上面构成双方言格局的西南官话。

地理语言学和方言学都涉及方言事实,但是又不同。地理语言学关注的是语言或内部的方言的个别要素在地理上的分布和表现。方言学关注的是一种语言内部的局部地域的方言系统。地理语言学跟一般的语言或者方言调查不同,不是针对一个地点作全面的分析,而是要针对比较多的地点精选尽量少的调查项目进行调查。或者说,制作语言地图的首要目的,不是在于把某个区域的语言特征做成一个清单。

地理语言学研究的主要特点是:第一,慎重遴选少量语音、词汇以及语言片断(syntagm),到较多的地点进行调查,记录下其发音。第二,每个调查项目制作成一张地图。这时,对语言资料不做任何修改,以实际记录到的形式表示出来。第三,把词及其所指对象联系起来,也就是要研究词汇中所反映出来的物质的和精神的文化现象。第四,对地图进行解释。对于语言学者来说,这是最重要的工作,这是要以上述3项工作为前提的。语言地图的作用是为语言(方言)间作比较、为语言演变的历史研究提供可靠的材料。由此,能够确定语言的和文化的地理界线,也能够进而研究语言和文化相互影响的问题。

地理语言学起源于19世纪80年代的欧洲。1876年,格奥尔·文克尔(Georg Wenker)开始调查德国方言,1881年编制《德国语言地图》1册,发表德国北部和中部的6幅方言地图。以后,法国、意大利等国家都有了相关成果。1902~1914年和1920年,朱尔·吉叶龙(Jules Gillieron)编制出版由埃德蒙(Edmond Edmont)调查的《法国语言地图集》,包括约650个地点,2000个词语。"地理语言学"是索绪尔《普通语言学教程》第4个部分的标题,可见,19世纪末期地理语言学在语言学中的地位。

在亚洲,日本的地理语言学发展比较早。最早从西方引进地理语言学研究方法的是上田万年(うえだ かずとし)。他早年在德国留学。1905~1906年出版《音韵调查报告》和《口语语法调查报告》,分别包含29张"音韵分布图"和37张"口语语法分布图"。这是日本第一个地理语言学成果,发现了日语在地域上呈现东西对立的分布特征。柳田国男(やなぎた くにお)发表著名的《蜗牛考》(1930年出版,1943年修订)。柴田武(しばたたけし)《言语地理学的理论和方法》(1969年),使日本地理语言学走向成熟。1966~1974年,国立国语研究所编制出版《日本言语地图》(1981~1985年重印),包括2400个地点、300幅地图。从此,地理语言学在日本掀起高潮。

　　中国地理语言学的产生比欧洲晚了100年,而且是先发展方言学,再发展地理语言学。虽然以前也有借助地图或者根据地名研究方言的成果,但是,真正的地理语言学意义的成果是在20世纪40年代才出现。中国地理语言学的开创者比利时神父贺登崧(Willem A. Grootaers,1911~1999)运用西方地理语言学的方法,深入细致地调查了山西、河北等地的方言、民俗和宗教现象,并把调查结果画成详细的方言地图,发表了大量汉语方言地理学的研究成果①。20世纪80年代出现标志性成果《中国语言地图集》,还只是分区类型的地理研究。直到21世纪初期特征类型的地理语言学研究成果才不断涌现,曹志耘主编的《中国语言地图集》是特征地理语言学的标志性成果。2010年首届“中国地理语言学国际学术研讨会”在北京语言大学召开,标志着“地理语言学”这个名称在中国正式成为语言学学科名称。

　　下面举一个例子。岩田礼(1995)讨论了汉语方言“祖父”“外祖父”称谓的地理分布。“祖父”“外祖父”称谓主要由两个成分构成:词头(修饰成分)和词根,词头的形式往往能表现某些地区的地方色彩,如“阿”在“祖父”图里主要分布在东南沿海地区,“家”[ka阴平]在“外祖父”(或“外祖母”)图里主要分布在长江流域,可见,称谓词词头在方言分布研究上的重要性。文章着重从词根推测“祖父”“外祖父”称谓的历史演变。从方言地图来看,用以称“祖父”的词根主要有三种:“爷”“爹”和“公”,“爷”主要分布在淮河以北的北方方言地区,“公”主要分布在长江以南的南方方言地区,而“爹”主要在长江中下游形成一条带形的分布,另在湖南省南部、福建省西部以及云南省中部也有称“爹”的;用以称“外祖父”的词根多数是“爷”或“公”,“爹”的分布领域比起“祖父”来显然小得多,“爷”和“公”在安徽省几乎毗连。在此基础上,得出以下论点:“祖父”称谓早期只有“爷”和“公”两种,那时两种形式的等方言线在淮河附近,而“爹”是江淮地区晚期产生的新形式;第二时期北方指“祖父”的“爷”越过“淮河线”,侵入江淮地区,竟到达了长江流域;第三时期江淮地区发生了“爹”字由“父亲”到“祖父”的转用、转移现象;第三时期以后指“祖父”的“爹”开始沿着长江传播,到达了湖北省中部。并对以上论点进行了解释说明,如推测会依据原则:语言的创新往往发生在文化(及政治、经济等)的中心地区,随着时间的推移缓慢地向周围地区扩散等②。

(二) 文化语言学与汉语研究

　　文化语言学是语言学的分支学科之一。主要包括语言人类学、人类文化语言学通过民族语言系统对民族文化系统进行考察的研究,如20世纪上半叶美国语言学家萨丕尔、沃尔夫对美洲印第安语的研究;20世纪80年代中国兴起的对汉语的文化内涵、文化特征、文化功能进行研究的新学科;将美国语言与文化研究中的三大传统(鲍阿斯学派语言学、民族语义学、会话民俗学)与认知语言学相整合,用系统的认知方法和深刻的文化维度建构的新学科。美国语言人类学家加利·帕尔默1996年出版《文化语言学的理论建构》③。

---

　　① 一部分研究成果已结集出版。贺登崧著,岩田礼,桥爪正子译.中国の方言地理学のために[M].日本:日本好文出版社,1994.中译本石汝杰、岩田礼译.汉语方言地理学[M].上海:上海教育出版社,2012.
　　② 岩田礼.汉语方言“祖父”“外祖父”称谓的地理分布——方言地理学在历史语言学研究上的作用[J].中国语文,1995,(3).
　　③ 申小龙.中国文化语言学范畴系统析论[J].杭州师范学院学报(社会科学版),2004,(3).

文化语言学充分注重语言的人文特性,以语言的文化功能为研究对象,研究语言和文化的相互关系以及通过语言的结构层面探求语言的文化内涵,由此把握语言的本质。文化语言学不在于对作为交际工具的符号系统内部规律和事实的描述,而是奋力追捕不同语言文化现象同一时期或同一语言文化现象不同时期差异的外部原因。如对汉语语法具有"意合性"的探讨,文化语言学不是从语言内部去寻找答案,而是要从其外部去捕捉形成这种特点的文化原因,即汉人思维的领悟性①。

随着人们对语言认识的深化,仅限于语音、词汇和语法的研究方法已不能满足对语言本质的理解,单一的对语言结构的分析方法的解释能力已不能令人满意。人们开始把目光转向语言与文化的关系,试图从更广阔的视野里找到新的答案,并且外语教学和对外汉语教学中引入文化背景分析的实际需要,于是,诞生了文化语言学。

具体来看,文化语言学的产生有内在依据、外部条件和学术渊源。第一,内在依据。从文化人类学的角度看,语言不是独立于人类社会之外的抽象的结构系统,而是社会文化的一部分。语言中充满了人类文化活动的印迹,语言的结构和词语中体现着民族的文化心理、文化传统的特点,人们把语言的这种文化特性称为"语言的人文性"。语言的人文性使从文化角度研究语言成为可能。第二,外部条件。80年代中后期,在科学研究领域出现了综合趋势。综合研究人文科学和自然科学,综合研究人类生存环境、生活状态和思维方式的"文化科学"成了热门学科。这时期中西文化比较研究的深入发展引发了学术界的"文化热""反思热"。在此推动下,中国语言学界开始对《马氏文通》以来的中国现代语言学传统进行反思。第三,学术渊源。当代文化人类学家爱德华·泰勒(Edward Burnett Tylor)、马林诺夫斯基的文化学原理,德国语言学家洪堡特关于语言与世界观、语言与民族精神的关系等的思想,美国人类语言学家鲍阿斯、萨丕尔、沃尔夫等关于语言与文化、思维、世界观的关系的思想,等等,均强调语言的文化属性或人文性,强调研究语言和文化关系的必要性和重要性。中国传统语文学"小学"以"通经致用"为宗旨,注重实用,同中国文化的研究交融,而文化语言学应当继承并发扬其优良传统,注重搜集和发掘与文化问题有关的语言现象或与语言问题有关的文化现象,运用较为广泛的人文科学知识进行解释②。

中国文化语言学的开山之作,是罗常培20世纪50年代初出版的《语言与文化》一书,该书认同萨丕尔、帕默、泰勒和马林诺夫斯基的语言学和文化学思想,指出"语言学的研究万不能抱残守缺地局限在语言本身的资料以内,必须要扩大研究范围,让语言现象跟其他社会现象和意识联系起来,才能格外发挥语言的功能,阐扬语言学的原理"。为此,作者演示了一套从语词的含义发掘语言与文化关系的典范。包括:从语词的语源和演变看过去文化的遗迹,说明语义演变反映出文化进展的阶段;从造词心理看民族的文化程度,探求造词的心理过程和民族的文化程度的关系;从借字看文化的接触,考察汉语借字显示的中外文化交流;从地名看民族迁徙的踪迹,分析地名研究对于历史学家和考古学家的功用;从姓氏和别号看民族来源和宗教信仰;从亲属称谓看婚姻制度,等等。《语言与文化》出版后的30年间,未有

①　萧国政.文化语言学的方法[J].华中师范大学学报(哲社版),1991,(1).
②　戴昭铭.文化语言学的由来、现状和前途[J].语文建设,1992,(8).

承继者。直至 1985 年游汝杰、周振鹤在《复旦学报》第 3 期上发表了《方言与中国文化》,提出了建立"文化语言学"的倡议:"我国境内的语言,据一般的估计有六七十种之多,几乎每一种语言内部都有方言的差异。如果将如此丰富的语言材料和历史悠久、多姿多彩的中国文化结合起来研究,是不是可以称之为文化语言学? 它跟德国的人种语言学、美国的人类语言学及拉波夫近年所倡导的社会语言学有所区别,应该是具有中国特色的一个边缘学科,应该把中国语言学和文化史研究结合起来,探索语言与文化史的内在联系。"这一设想得到了各方面的积极响应,出版了一系列论著,如游汝杰、周振鹤《方言与中国文化》(上海人民出版社 1986 年),陈建民《语言文化社会新探》(上海教育出版社 1989 年),申小龙《中国句型文化》(东北师范大学出版社 1989 年)、《中国文化语言学》(吉林教育出版社 1990 年),邓炎昌、刘润清《语言与文化》(外语教学与研究出版社 1989 年),曲彦斌《民俗语言学》(辽宁教育出版社 1989 年),邢福义主编《文化语言学》(湖北教育出版社 1990 年),王建华《文化的镜象——人名》(吉林教育出版社 1990 年),姚亚平《文化的撞击——语言交往》(吉林教育出版社 1990 年),史有为《异文化的使者——外来词》(吉林教育出版社 1991 年)等。

中国文化语言学在一系列理论、原则、方法上存在着较大的分歧,逐渐形成三大流派[①]:一是以游汝杰为代表的"双向交叉文化语言学",主张文化语言学"是语言学和文化学的交叉学科,它不仅在文化的背景中研究语言,而且利用语言学知识研究文化学,或利用文化学知识研究语言学","不仅研究共时现象,也研究历时现象,更重要的是它力图把语言学和文化学结合起来研究,以达到互相促进的目的"[②]。二是以陈建民为代表的"社会交际文化语言学",强调交际与社会在语言与文化的结合研究中的重要性,侧重于进行共时的变异研究[③],他主张从使用语言的人的因素出发,研究人们的言语活动,研究作为这种活动的工具的语言,并从文化学给予解释。他在《受话人的言语反应》(《语言教学与研究》1986 年第 2 期)着重从文化背景去解释同样的话,受话人可能有不同的言语反应,其原因可归结为民族文化的差异、地区的差异、性别不同、年龄不同等。三是以申小龙为代表的"全面认同文化语言学",主张应从广阔的文化背景中去探索中国语言规律[④]。其研究重点是汉语语法,强调"意合",基本排斥"形式"分析;强调人文性对句型的决定作用,根据表达功能的不同将汉语句子分为主题句、施事句和关系句三类。《论汉语句子的心理视点》(《语言教学与研究》1988年第 1 期)认为印欧语的句子思维采用的是焦点视、主谓视,而汉语的句子思维采用的是散点视、非主谓视。申文观点受到一些质疑[⑤]。文化语言学在当时中国语言学界引起了强烈反响。

21 世纪以来,中国文化语言学在词汇文化研究、汉字文化研究、称谓文化研究、人名、地名文化研究、汉民族思维方式对汉语语法结构的影响研究、数字文化研究、修辞文化研究、汉语作为第二语言教学中的文化研究等方面取得了一些成果,但相比较认知语言学,无论是成

---

①　关于文化语言学三大流派的描述,具体参见邵敬敏.说中国文化语言学的三大流派[J].汉语学习,1991,(2).

②　游汝杰.语言学与文化学[J].语文导报,1987,(5-6).

③　陈建民.文化语言学[J].语文导报,1987,(6).

④　申小龙.20 世纪中国语言学的历史转折——中国文化语言学论略[J].语文导报,1987,(1).

⑤　屈承熹.怎样为"中国文化语言学"定位[J].语言文字应用,1994,(1).

果质量还是规模声势均难与其相提并论①。

　　下面举例说明文化语言学的研究。徐静茜(1994)综述了亲属称谓这一文化语言学的重要研究课题。其中对称谓"(姪)侄"的纵向研究,可体现文化语言学的研究思路。"姪"在《尔雅·释亲》和《仪礼·丧服》中都是指女子对兄弟之子的称谓,而不是男子对兄弟之子的称谓。这是很奇怪的。为什么男子对兄弟的儿女竟然没有一个专门的称谓呢? 学者们推测,这一语言现象正是华夏民族在原始社会后期盛行族外群婚的遗迹。由于一族的一群女子跟另一族的一群男子群婚,儿女们"只知其母而不知其父",因而,无所谓"伯""叔",也无所谓"子""侄"。爸爸们和儿女们只能用标号"伯、仲、叔、季"或"甲、乙、丙、丁"来区别。比如"伯父"意思就是"大爸","季子"意思就是"四儿"。在这种情况下,亲子和侄子无从区别,没有"侄儿""侄女"的称谓是很自然的。跟"姪"相应的另一个称谓是"出"。"姪"是女字旁,是女子对兄弟之子的称谓;而"出"是男子对姊妹之子的称谓。这又可看出原始氏族男从女居的婚俗。姪,至也。女子的兄弟结婚后住到对方氏族去,与对方氏族女子所生之子必然回到本氏族,与本氏族女子婚配,所以称"姪"。相反,"出",离去。男子的姊妹之子必然要离开本氏族,婚后住到对方氏族去,所以称"出"②。

(三) 心理语言学与汉语研究

　　心理语言学作为认知科学的一个重要组成部分,是与语言学、心理学、计算语言学、神经科学等学科相互交叉形成的边缘学科,以研究语言与思维的关系以及由此派生的一系列理论与实践课题为研究对象,其研究重点包括言语的生成、言语的理解和语言的习得等三个方面。1946 年,美国学者尼古拉斯·普龙科(Nicholas Henry Pronko)发表了题为《语言与心理语言学》的文章,第一次提出了"psycholinguistics"(心理语言学)这个术语。1953 年,在印第安纳州布卢明敦市召开的国际研讨会上正式使用了这一术语。1954 年,在美国出版了名为《心理语言学：理论和探索问题概观》(*Psycholinguistics: A Survey of Theory and Research Problems*)的专题论文集,标志着心理语言学的正式诞生。20 世纪 50 年代,心理语言学研究受到结构主义语言学、行为主义心理学和信息论的影响。50 年代末 60 年代初,人工智能的突飞猛进和乔姆斯基的转换生成语法对心理语言学的研究起到了巨大推动作用。70 年代,心理语言学开始倾向于使用认知的方法。80 年代,心理语言学的一个明显发展趋势是利用语言理论提供的语法规则进行语法分析。进入 90 年代以后,随着各种先进的实验手段的使用,如计算机模拟人脑思维方法,人们越来越接近语言习得、产生和理解过程的真相③。

　　心理语言学的发展受到人工智能、语言教学、失语症的治疗等需求的影响。心理语言学的理论研究将在很大程度上为人工智能提供可靠的语言学和心理学依据：只有彻底弄清楚作为自然和社会的人是怎样习得语言,生成自己的言语以及理解他人言语的全部心理过程,才能为电脑设计相应的"编码""解码"程序以及一系列具体"软件"。这个问题解决了,应用

---

① 赵明.近十年文化语言学研究：回顾与反思[J].云南师范大学学报(对外汉语教学与研究版),2015,(3).
② 徐静茜.文化语言学瞩目的课题——亲属称谓[J].湖州师专学报,1994,(4).
③ 李绍山,李志雪.心理语言学研究在中国的发展：回顾与展望[J].解放军外国语学院学报,2007,(2).

于语言教学的问题也迎刃而解,机器翻译也可因此受益,那更是不言而喻的事情。总之,欲使机器能准确模拟人的言语活动,必先准确理解人的言语活动的全部心理过程①。

心理语言学研究在中国外语学界得到了较多的关注。20 世纪 70 年代末至 80 年代末为介绍、引进和吸收阶段,初步探讨了心理语言学与外语教学的关系。1985 年,桂诗春教授出版了中国第一部心理语言学专著《心理语言学》,全面阐述了这门新兴的学科的研究方向、研究领域和研究方法(2000 年该书经过补充和修订,改名为《新编心理语言学》出版)。90 年代初至 90 年代中期为起步阶段,实证性研究加强,研究成果不断应用到外语教学的不同方面。集中反映国内学者研究成果的是《中国学生英语学习心理》②。90 年代中期至今为心理语言学快速发展阶段,其应用范围涉及外语教学的各个方面,如心理词汇、句子、篇章等方面的基础研究,以及听说读写译等方面的应用研究③。

心理语言学在汉语学界的研究主要体现在两个方面:一是儿童语言的获得研究。由于汉语和其他各种语言有很大的不同,在中国开展这方面的研究具有更大的理论意义和实践意义。如孔令达、王祥荣(2002)通过分年龄段调查和跟踪调查儿童,发现儿童对方位词系统的习得不是同步进行的,而是有先有后的,大致序列是:"里"类、"上"类>"外"类、"下"类>"前"类、"后"类>"中"类、"旁"类>"左"类、"右"类(">"表示"先于"),并讨论了形成这一序列的原因主要在于儿童空间智慧的发展、方位词的语义理解难度、非语言策略、方位词的句法功能、语言输入频度等④。二是汉语作为第二语言教学研究。随着中国与世界各国交流的日益密切,汉语日益受到国际社会的重视。对外汉语教学事业始于 50 年代初,把对外汉语教学作为学科建设正式提出始于 1978 年,对外汉语教学逐渐发展成为一门新兴的应用学科。"对外汉语教学"按照国际通行学科名称,称为"汉语作为第二语言教学",是研究教授外国人汉语规律的学科,它探讨怎样使学习者又快又好地掌握运用汉语的能力。心理语言学从意识、注意等角度对二语习得的心理过程进行研究。如徐子亮《外国学生汉语学习策略的认知心理分析》(《世界汉语教学》1999 年第 4 期)通过访谈和问卷调查探讨外国学生汉语学习策略。

(四) 法律语言学与汉语研究

1993 年,第一届国际法律语言学家学会(International Association of Forensic Linguists,简称 LAFL)在德国波恩举行,标志着法律语言学成为一门独立学科。这是由语言学研究与法学研究交叉渗透孕育出的独立学科。语言学研究语言的一般规律,法律语言学研究语言一般规律在法律各类活动中的体现及其变体,研究语言与法律的关系,研究法律语言的特点、规律及其运用,包括法律语言技能分析、法律语言翻译研究、立法语言研究、司法语言研究、专家作证等方面的研究。

---

①　俞约法.关于心理语言学:由来、现状与展望[J].语言教学与研究,1994,(3).
②　桂诗春.中国学生英语学习心理[M].长沙:湖南教育出版社,1992.
③　这方面的研究综述,参见李绍山,李志雪.心理语言学研究在中国的发展:回顾与展望[J].解放军外国语学院学报,2007,(2);王福祥.心理语言学的发展与未来展望[J].北京第二外国语学院学报,2003,(2).
④　孔令达,王祥荣.儿童语言中方位词的习得及相关问题[J].中国语文,2002,(2).

法律语言学作为一门学科,其研究必须以法律活动为基础,语言材料的来源应与法律范围的活动有关,离开法律实践活动,就无法展开研究。坎德林(Candlin,1994)曾提出三个参照点:将语言看作语篇的描述和解释;对社会结构的解释;对特定行业和体系实践环境的人种学理解。法律语言学的定位可以这三个参照点为依据,即以社会学为总体框架、语言应看作语篇、语言的研究应重在研究行为、语言研究的目的是揭示法律活动中人们的社会关系、语言的研究以人们在法律活动中的关系为出发点等①,均能体现法律语言学的现实性特点。

根据吴伟平(1994)、庞继贤(1996)的介绍,国外的法律语言学所探讨的主要内容有以下几个方面:一是法律程序中的口语问题,包括法庭上的语言交流问题,如法官、律师和证人的语言,以及在法庭语境中对语言交流产生的限制和影响等;二是法律文件的书面语问题,包括所有文件的可读性,法律文件区别于一般文件或读物的特征,法律文件在语法、语义上的歧义,语段的衔接,代词的所指,上下文对意义的影响等;三是语言学分析在法律中的应用问题,包括语言本身的分析,如语音、词素和语法分析,语义和语用方面的分析,话题分析,对比分析,反应分析,会话分析,社会语言学分析,心理语言学分析等;四是法庭中的多语和双语问题,包括语言证据的翻译,翻译的程序,方言的处理,如何以书面语表现口语,法庭上的口译,以及对法庭所用语言的不熟悉所带来的一切问题等;五是语言学家出庭作证所涉及的问题,包括出庭的语言学家的资格,语言学家在审案中的作用,如何保持中立的证人态度,法官对语言证据的依赖程度,己方律师和对方律师提问的方式和目的,如何对没有受过语言学训练的人谈语言学等②。

其中兴趣之一是法庭语言研究,如梅利(Maley,1994:11-50)用"口语""交互""控辩对立"等词语概括法庭语篇的特点,"口语"指明了交际的手段,"交互"指明了交际方式,如法官-律师、法官-陪审团、律师-证人、律师-律师的交互等,"控辩对立"则标明了交际的环境条件,限定了法庭语篇总体结构的各构成成分。梅利对法庭语篇的分析论证归结于权力分配和限制。"控辩对立"规定了权力分配的不平等,其中法官拥有最高权力,是法庭的核心,律师占有询问的主动权,证人则处于被动应答的地位。法庭的布置,相关人员的座位安排以及活动范围都表明了他们权力的大小,影响到他们对语言的使用③。

按照廖美珍(2004)的介绍,国外的法律语言研究分为 20 世纪 70 年代前和 70 年代后两个阶段,前一阶段主要针对立法语言和法律文本进行研究,着眼点在法律语言的用词、句法、标点和法律语言特征上,把法律语言当作客体来探讨,70 年代后研究热点转向法庭会话、庭审语、刑侦语言识别等动态研究上;同时越来越涉及多学科的内容,诸如人类学、语言学、社会学、政治学、心理学、社会学、文学等。比较国外的研究历程,可以看出,国内的研究仍停留在国外第一阶段的研究上,未进入第二阶段的互动研究阶段。正如廖美珍(2004)所说,国内

---

① Candlin, Christopher N. *General Editors Preface*[A]. John Gibbons. *Language and the Law*[C]. London: Longman, 1994.

② 吴伟平.法律语言学:会议、机构与学术刊物[J].国外语言学,1994,(2);庞继贤.语言学在法律中的应用:司法语言学[J].外国语,1996,(5).

③ Maley, Yon. *The Language of the Law*[A]. John Gibbons. *Language and the Law*[C]. London: Longman, 1994: 11-50.

的研究基本上停留在法律语言的表层层面①。

　　中国关于法律语言学的研究起步于20世纪70年代末和80年代初。北京政法学院编写的《关于司法文书中的语法修辞问题》(内部印刷)是较早一部运用法律文书实例说明汉语语法修辞规律的书。从语言学角度来看,比较有代表性的著作当推王洁《法律语言研究》和陈炯的《法律语言学概论》②。研究主要有三个方面:一是对法律语言本体的研究,如法律语言在词汇、语法、修辞等方面的特点,法律术语体系的构建等。二是对法律语体的研究,如法律文书的语言特点,法律语体中立法、司法、庭讯、庭辩、侦查、诉讼等语体的语言特点。三是对法律实践中的语言研究,如话语分析、语用学、语言变体理论、民族学、跨文化交际学以及聋哑人和外国人的语言翻译、双语双方言等在法律实践中的应用③。如余素青(2013)讨论了庭审叙事的连贯机制。文章先指出研究的方向:庭审是各参与者通过言语互动进行的,其叙事结构的层次性和复杂性决定了连贯的层次性和复杂性;并根据任何言语行为都是一个"依赖语言实现的信息交换行为"的理论前提,提出探讨庭审叙事的信息连贯性;在此基础上,文章提出从故事图式的角度分析庭审叙事的信息连贯性,认为从庭审的总体功能来看,法官和控辩双方的话题都是围绕着对故事图式中的"何时、何地、何人(施事)、因何、用何方式、杀、何人(受事)、何果"等这八个识别构成故事的单元、这些单元的顺序以及特别容易出现在单元之间的各种连接进行的④。

(五) 批评语言学与汉语研究

　　批评语言学(critical theory)是从语言学角度进行的社会分析,是批判理论在语言学上的一个分支,它用适当的语言学方法,联系相关的历史与社会语境,通过对公众语篇的分析来揭示语篇背后的意识形态及其对语篇的影响以及语篇对意识形态的反作用。批评语言学的萌芽得益于20世纪70年代在英国大规模开展的传媒研究。1979年,英国语言学家罗吉·福勒(Roger Fowler)等主编 *Language and Control* 一书出版,标志着批评语言学的诞生。

　　批评语言学的哲学基础是法兰克福学派的西方马克思主义。该派所倡导的"批判性社会理论"坚持反对一切意识形态,认为意识形态支配和控制人的心理,从而阻碍了人的自我解放;进而认为,当今工业社会中的电视、报刊等是意识形态国家机器,是为现存社会对人的统治和操纵作辩护的,本质上是压抑人性的虚假意识,必须批判。受"批判性社会理论"的启发,批评语言学认为作为电视、报刊等意识形态工业中介的语言也是为意识形态服务的,因此可以从语言分析的角度对这些工具进行批评。然而,以福勒等为代表的批评语言学家并不同意"西马"激进的意识形态批判,他们的意识形态概念显得更中性一些,即人们"理解世

　　① 廖美珍.国外法律语言研究现状[J].当代语言学,2004,(1).
　　② 王洁.法律语言研究[M].广州:广东教育出版社,1999;陈炯.法律语言学概论[M].西安:陕西人民教育出版社,1998.
　　③ 关于法律语言学的简介,具体参见:杜金榜.从目前的研究看法律语言学学科体系的构建[J].现代外语.2000,(1);邢欣.国内法律语言学研究述评[J].语言文字应用,2004,(4);潘庆云.西方法律语言学初探[J].修辞学习,2004,(1).
　　④ 余素青.认知图式下的庭审叙事连贯机制[J].华东师范大学学报(哲社版),2013,(4).

界,整理、归纳经验时所持的总的观点和看法"①,不含任何"虚假""歪曲"等贬义,因此,批评语言学中的"批评"意为"评论""评价",而无日常生活中用这个词时所具有的"抱怨""挑错"等含义②。批评语言学的反激进主张不仅体现在"意识形态""批评"等概念的定义上,还体现在学科主张和批评方式上,它坚持以语言学为主体,以语言分析为手段,以此揭示语言与意识形态相互间的关系③。

批评语言学主要吸收了美国人类学家萨丕尔和沃尔夫(Whorf)关于语言与思维关系的假说以及韩礼德系统功能语法的理论。萨丕尔和沃尔夫认为思维是通过语言来感知外部世界的,而语言并非是一个透明的中介,它可能歪曲现实,从而影响并控制思维,控制人们对世界的主观体验。一方面,文化和思维不同,语言结构也就不同;另一方面,语言不同,思维和文化也就不同,语言结构影响人的思维结构。韩礼德的系统功能语法是福勒批评语言学在理论和方法上的主要源泉。韩礼德认为语言是由可供人们进行选择的若干子系统组成的系统网络(system network),或称意义潜势(meaning potential)。人们在交际过程中选择哪种语言系统形式是由所要实现的社会语义功能决定的。批评语言学家充分吸收韩礼德功能主义的观点,认为语言形式反映语言功能,语言有不同功能,语言学也有不同的功能,语言学内部应有不同分工,以完成不同的工作④。

在功能语言学语言观影响下,批评语言学提出了对语言、语篇、语境等的看法。第一,语言是一种社会实践(social practice),是社会秩序的一种永恒的介入力量,它从各种角度反映现实,通过再现意识形态来操作、影响社会过程。第二,语篇是"表达社会机构的意义和价值的系统化的观点陈述,对什么可能说,什么不可能说进行定义、描写和限制"⑤。这一定义强调了语篇的社会性和语义本质,语篇是具体化的社会实践,语篇是系统化的观点陈述,其主观性决定任何语篇都必须体现意识形态(即意识形态在语篇中的普遍性)。语篇是在语言的外壳下起操纵作用的社会化的意识形态。语言只是语篇的形式,意识形态才是语篇的内容。任何一种语义内容都有无数种语言形式可选择,选择是由意识形态决定的,是在不同的语境下,不同目的的作用的结果。内容决定形式,意识形态决定语言再现形式的选择(即意识形态对语篇的决定性)。第三,批评分析离不开语境,认为语言结构与其语篇意义之间没有永恒不变的联系,同一语言形式在不同语境中会有不同含义。例如被动语态在新闻报道暴力事件中的意义显然与科技文章中的被动语态含义不同。

批评语言学经常使用及物系统(transitivity system)、人际功能系统和转换(transformation)等语言学分析工具。第一,及物系统是表现概念功能的一个语义系统。韩

---

① Hodge, B., Kress, G., Jones, G. *The Ideology of Management*[A]. Fowler et al (eds.). *Language and Control*[C]. London: Routledge and Kegan Paul, 1979.

②③ Fowler, R. *Critical Linguistics*[A]. Malmkjaer (ed.). *The Linguistic Encyclopedia*[M]. London: Routledge, 1991.

④ Fowler, R. *Notes on Critical Linguistics*[A]. Steele and Treadgold (ed.). *Language Topics: Essays in Honor of Michael Halliday*[C]. Amsterdam and Philadelphia: John Benjamins, 1986.

⑤ Kress, G. *Discourse, Texts, Readers and the Pro-nuclear Arguments*[M]. London: Pinter, 1985.

礼德把语言的元功能（metafunction）分为三种：概念功能（ideational function）①、人际功能（interpersonal function）和语篇功能（textual function）。及物性系统是指说话人或听话人选择各种过程组成或揭示语句的语义系统，其作用是把人们在现实世界中所做的一切在句子中表达成物质、心理、关系、行为、言语、存在等若干种"过程"（process），并指明过程的参与者（participant）和环境成分（circumstantial）。选择哪一种过程，怎么安排参与者的位置，在很大程度上由意识形态决定。给语篇中每一个小句的过程进行分类，并研究过程与其参与者和环境成分的关系，如该过程是否影响其他实体，物质过程的目标是否是动作者本身等，可以揭示语篇所隐含的意义与目的。第二，人际功能表达作者的身份、地位、态度、动机以及他对事物的推断等功能。它直接与态度、观点等相连，是一条展示意识形态作用的捷径。福勒在 *Linguistic Criticism* 书中举出以下例子来说明英语中对人的称呼怎样典型地体现作者的态度。下面是三条新闻的标题，分别取自 1976 年 12 月 12 日的《观察家报》《星期日泰晤士报》和《星期日电讯报》。

（1）NUS regrets fury over Joseph.

（2）Student leaders condemn insult to Keith Joseph.

（3）Student chiefs "regret" attack on Sir Keith.

1976 年 12 月 10 日，NUS（英国"全国学生联合会"）在开会时，保守党国会议员 Keith Joseph 爵士企图旁听，遭到学生攻击。学生代表当场投票一致同意把他赶出去。第二天 NUS 执委们发表了一个不太真诚的道歉声明。这三条新闻所报道的就是该事件。虽然是对同一事件的报道，但《观察家报》在提到 Keith Joseph 时只提及其姓，无其名，也无其称号，显得不够尊敬。而《星期日电讯报》则称 Keith Joseph 为 Sir Keith，用"爵士"称号表示尊敬，只有名无其姓显示亲密。两种报纸的两种不同称呼是与这两种报纸所执行的政治主张相一致的。《观察家报》宣称崇尚自由，不会同情 Keith Joseph。而《星期日电讯报》是一份政治思想偏右的报纸，因而尊敬像 Keith Joseph 这样的政客。和这两报相比，《星期日泰晤士报》的"Keith Joseph"称呼要中性一些，情态色彩少一些。

除此之外，批评语言学还运用英国语言学家奥斯汀和塞尔提出的言语行为（speech act）理论。如开会时，会议主席宣布"会议开始"，会议就开始了，主席的话就构成一种言语行为。言语行为理论强调场合的合适性，如正确的时间和地点，还强调言语行为的施动者身份的适当性。

第三，批评语言学不仅进行语义分析，而且分析句法。分析句子成分的不同位置和顺序所显示的不同语篇意义。有两种转换比较重要，一是语态，即被动与主动的转换；二是名词化（nominalization）。先看两个新闻标题：

（4）PC shot boy from 9 inches.

（5）Robber, 5 son, five, killed in his bed.

① 概念功能指语言用于表达说话者的内部经验、外界及各事物之间的逻辑关系的功能，包括经验功能（experiential function）和逻辑功能（logical function），前者指语言对人们在现实世界中的各种经历的表达，主要通过"及物性（transitivity）和语态（voice）"得到体现；后者指语言对两个或两个以上的意义单位之间逻辑关系的表达。语态是过程首先与哪一个参与者建立联系，韩礼德将其分为中动（middle）和非中动（non-middle）两类，非中动又可分为主动和被动两类。

上面两个例子分别取自 1986 年 6 月 1 日英国《东部日报》和《太阳报》。报道一个警察被控在逮捕一名犯人时误杀犯人五岁的儿子。记述同一件事的这两个新闻标题,使用语态不一样,前者主动,后者被动,所表达的语篇含义也就不一样。与例(2)相比较,例(1)指明了施动者"PC",说明《东部日报》将报道重心放在 PC 上,暗示 PC 有不可推卸的责任。在《太阳报》的报道中,施动者没有出现,使得责任者不明。而动作目标"the boy"位置脱离其常规句尾位置,被放到了句首,从而被突出和强调。

动词名词化如 investigation,completion,interview 等,这些词形式是名词,语义却是动态的,是一个小句、过程的压缩形式。如果我们把 investigation 这个名词展开、补全,"X (must) have investigated Y",我们会发现比较整个句子,名词化形式没有指明过程的参与者,无时间(没有时态)和情态(说话者对自己所讲命题的成功性和有效性所做的判断、个人意愿等)的显示。因而动词名词化帮助遮掩了许多可以揭示意识形态范畴的语言信息①。

批评语言学将语篇结构与社会结构之间的关系看作直接的、一一对应的,即一种语言结构仅仅对应一种特定的意识形态意义;对语篇的分析局限于词汇和语法层面,没有涵盖语篇结构中的意识形态意义,如互文性、修辞等方面②。正因这些缺陷,由批评语言学发展出批评话语分析(critical discourse analysis,CDA)。诺曼·费尔克劳(Norman Fairclough)《语言与权利》(1989)的出版标志着批评话语分析的产生。批评话语分析继承了批评语言学的"批评"理念,采用"话语"的提法,并发展了具体的分析模式。"话语"表明批评话语分析不局限在系统功能语言学之中,而是接受社会科学中"话语"的概念,在更广阔的社会环境中研究语言运用,旨在通过对文本的解释来证明话语生产者的权力运用并表明分析家本身对社会变革的参与。批评话语分析的研究领域主要包括性别、种族、媒体、政治、机构等话语。

其中费尔克劳为代表的兰卡斯特学派(Lancaster School)的社会变革论对批评话语分析的贡献尤为突出。基于系统功能语法,费尔克劳建立了话语和话语分析的三维模式。他把话语看作一个三维概念,包含语篇(语言学分析的对象)、话语实践(语篇的生成、传播和接受)、社会实践(话语复制的权利和意识形态)。在对话语进行批评时,批评话语分析注重话语生成的社会文化背景。因此,对语篇进行批评话语分析包含三个步骤:一是对语篇的语言学描述(deseription);二是对语篇与语篇过程之间的关系做出解释(interpretation);三是对语篇过程与社会过程之间的关系做出解释(explanation)③。

批评话语分析是一种以社会为本的语言分析方法。相对于主流语言学和主流话语分析,批评话语分析更注重从社会制度和社会构成来寻求解释话语的成因。更重要的是,它在强调社会对话语的影响的同时,还注重研究话语对社会的反作用力,充分认识到话语在现代和后现代社会中对社会文化变化和再生产所起的重大作用。批评话语分析作为一种语言分析的方法,已为许多社会科学如社会学、政治学、传播学、社会语言学所采用。它对语言教学甚至整个学校教育的启示也是重大而深远的,在学校教育中应大力培养学生的批评话语分析意识,采用批评教学法(critical pedagogy)。这方面的理论论证和实践报告主要集中在

---

① 以上关于批评语言学的介绍,具体参见陈中竺.批评语言学述评[J].外语教学与研究,1995,(1).
② 李桔元.广告语篇中的意识形态——批评话语分析[M].上海:上海交通大学出版社,2009:17-27.
③ Faiclough N. Critical Discourse Analysis: the Critical Study of Language[M]. London:Longman, 1995:98-99.

Critical Language Awareness(费尔克劳,1992)一书中①。

　　在中国,批评语言学与话语分析研究起步比较晚。从 1995 年陈中竺引介批评语言学开始,研究多是在外语学界,产生了两本专著《语篇互文性的批判性分析》和《批评语言学:理论与应用》②。然而,与国外批评语言学研究相比,对理论和实践研究的深度和广度都有较大的差距。

二、自然科学驱动下的语言学与汉语研究

　　随着新科技的发展和全球化的进程的推进,科学发展的一体化倾向越来越成为一种明显趋势,语言学通过广泛吸收自然科学的研究方法并与自然科学某些学科的结合,从单纯受惠于哲学、心理学转变为对哲学、心理学、医学、计算机科学、人工智能、认知科学等学科产生巨大影响。

　　自然科学的形成和发展的突出标志就是形成了以客观性、实证性、逻辑性和精确性为主导原则的科学观念和科学方法。而传统的人文社会科学常常被认为是主观的、个性的,多使用定性分析和主观的价值判断,几乎不做实证研究,而且感性认识多于理性分析。19 世纪以前,传统语言学研究常常依附于哲学、逻辑学、文学和历史等学科,而研究方法在处理某些语言现象上,过于依赖于研究者的直接和主观分析,没有任何实证的手段,导致对理论的检验、评价缺乏统一尺度。在语言学研究的材料上也存在以偏概全的问题,容易以个别代替一般,例证代替验证③。

　　随着科学技术和科学哲学的发展,20 世纪语言学经历了两次重大的研究范式(paradigm)的转变。第一次是 20 世纪初,传统语文学向现代语言学、历史比较语言学向结构描写语言学的转向。索绪尔提出语言具有哲学的(philosophical)、物理的(physical)和生理的(physiological)特点。这些本质属性通过自然科学的研究方法得到进一步的深入认识和研究。第二次是 20 世纪 50 年代,从描写语言符号系统内部的成分和构造的结构主义向解释语言的运作机制、进而揭示人类心智特征的认知主义的转向。以乔姆斯基创建转换生成语法为发端。在这两次现代语言学革命中,语言学与数学和生物学学科发生了最深刻和紧密的结合。

　　自然科学研究中的数学方法,包括其思维方法、统计学方法与语言学研究广泛的结合,为语言学研究打开了新的局面,形成了数理语言学以及衍生的计算语言学。而随着乔姆斯基的普遍语法理论的发展,当代语言学研究更将视野扩大到语言的生物遗传性等生物属性的研究,出现了最前沿的生物语言学,这种结合已经不仅仅是零散利用自然科学的某些研究方法,而是整体借用自然科学的模型和术语来描述和解释人类的语言现象,使语言学具有自然科学研究的特点,进入到自然科学研究的领域④。

---

　　① 丁建新,廖益清.批评话语分析述评[J].当代语言学,2001,(4).
　　② 辛斌.语篇互文性的批评性分析[M].苏州:苏州大学出版社,2000;辛斌.批评语言学:理论与应用[M].上海:上海外语教育出版社,2005.
　　③ 桂诗春.再论语言学研究方法[J].山东师大外国语学院学报,1999,(1).
　　④ 张瑾.当代语言学研究的自然科学精神[J].陕西科技大学学报,2006,(6).

语料库语言学详见本书第十二章,此处不再赘述。

(一)数理语言学与汉语研究

数理语言学(mathematical linguistics)是用数学思想和数学方法来研究语言现象的科学。

1847年,俄国数学家维克托·布利亚科夫斯基(Vicktor Yakovlevich Bunyakovsky)认为,可以用概率论来进行语法、词源及语言历史比较的研究。1894年,瑞士语言学家索绪尔认为,可以用数学公式有规律地表达语言中的量和量之间的关系。1904年,波兰语言学家博杜恩·德·库尔德内(Baudouin de Courtenay)认为,语言学家应该掌握初等数学和高等数学,语言学将根据数学的模式更多地扩展量的概念,并将发展新的演绎思想的方法。1933年,美国语言学家布龙菲尔德更认为数学是语言所能达到的最高境界。俄国数学家安德雷·马尔科夫(Andrey Andreyvich Markov)甚至在1913年就采用了概率论的方法研究亚历山大·普希金(Aleksandr Sergeyevich Pushkin)的长诗《欧根·奥涅金》中的俄语元音和辅音字母的序列,从而建立了马尔科夫随机过程的数学理论。

20世纪40年代以来,由于通信技术的发展,需要寻求语言的最佳的编码方法,以提高信道的传输能力,因而要对语言的统计特性进行精密的研究。机器翻译、情报检索等文献自动处理技术的出现,又要求精确地描述和解释语言的结构,建立语言的数学模型,并用数学方法来研究语言的语法和语义结构。实践中提出的这些要求,使语言学中建立数理语言学成为必要,而科学技术的发展也为数理语言学的产生提供了可能。

20世纪50年代开始,许多研究者在语音识别、情报检索、自动翻译等方面进行了大量工作,开拓了"语言文字信息处理"这一新领域。这就必然要求用严密的数学形式来描述语言文字的符号系统。同时,应用数学本身也取得了飞跃发展,新兴的数理统计和概率论、数理逻辑和集合论等,都为用数学方法研究语言符号提供了有效的工具。另一方面,现代语言学本身也逐步趋向精密化,"结构主义学派"的语言学家们提出的语言学定量化和形式化的一系列理论,以及一整套严格的"以替换和分布为手段,以区别语素、分析层次和目标"(哈里斯《结构语言学的方法》)的语言研究方法等,都为语言学中系统地、有效地采用数学工具做了准备。由于语言学和数学的领域都扩展到以符号系统为各自的主要研究对象,因而就出现了共同的边界,并且互相渗透。于是,产生了数理语言学。

数理语言学本来的目标是用数学的方法研究语言对象,并加以定量化和形式化的描述。前者着重运用数学程序,后者着重建立数学模型。21世纪中期,在相当长的一段时间内,数学界和语言学界都不承认它的独立性。数学界认为它不过是用于分析语言现象的"应用数学"的附属部分,语言学界则认为它是借助于数学工具的"应用语言学"的一个侧面。随着电子计算机的飞跃发展,数理语言学登上了当代科学的舞台,并宣告了它的独立。人们为了控制计算机操作,以及进行"人机对话",就必须编制一套计算机能够理解的语言系统。数理语言学不仅研究自然语言,同时也研究人工语言。数理语言学为计算机科学奠定了牢靠的理论基础,同时计算机也进一步为数理语言学提供了更有效的工具。

依据所使用的数学方法的不同,一般分为统计语言学和代数语言学两个分支。统计语言学研究的是如何应用统计程序来处理语言资料,如统计语言单位(音素、字母或词汇项)的出现频度;研究作者的写作风格;在比较语言学中,采用数学公式以衡量各种语言的相关程度;在历史语言学中确定不同时期语言发展的特征,以及从信息论观点分析语言信息的传输过程等。统计语言学所使用的方法主要是概率论、数理统计以及信息论方法。

电子计算机的信息处理,要求人们对于传统的语言学概念进行严格的逻辑分析,提出精确的语言模型,把语言学(或它的某个方面)改造成现代科学的演绎系统。这样,就产生了代数语言学。代数语言学使用的方法主要是集合论、数理逻辑和算法理论等离散数学方法。

代数语言学研究一般的抽象符号系统。它运用形式模型对语言进行理论上的分析和描写,这些模型部分是从数学和逻辑学中借来的。自然语言经过语言模型的抽象数学描述之后,就比较适于计算机处理了。语言模型主要有两类:分析模型和综合模型。从已知的一个语言集合出发,分析它的语句结构、组成元素及其相互关系,也就是找出一组语法规则来描述它,这就叫作语言的分析模型。这本来就是描写语言学的研究范围,即描写语言学者是在制定一种具体的语法去描述一种具体的自然语言,而语言分析模型则是致力于怎样找出形式语法规则系统。所以,分析模型是从方法论方面为描写语言学提供了数学基础。代数语言学的突出成就在于综合模型,特别是在乔姆斯基的"转换-生成语法"方面。如果从已知的一组语法规则出发,研究这个形式语法所生成的某一语言集合的性质,就叫作语言的综合模型。根据这种模型可以识别和理解不同的句子,也可以构造出不同的句子。

然而,一涉及语义问题,特别是在处理自然语言的场合,各种语言模型都遇到了挫折,以致所有的理论不得不一改再改。这使人们认识到,只从形式上去研究自然语言是不够的,为了解决自然语言构造的问题,必须寻找新的途径以深入语言的内部,即语义领域。这样,从70年代开始,数理语言学逐渐走向它的第三阶段——计算语言学阶段。主要探讨人究竟是怎样理解语言的?自然语言究竟是怎样组织起来表达意义、传输信息的?这是人工智能必须解决的问题。这一问题的解决将使电子计算机成为人脑的模拟和延伸[①]。

中国从50年代末逐步开展了数理语言学的研究,在用数学方法研究汉语的自动分析和生成、汉字信息处理、言语统计等方面,都取得了一定成绩。

(二) 计算语言学与汉语研究

计算语言学(computational linguistics)是植根于计算机科学、数学与语言学等多学科而成长起来的一门学科。它的研究在于探索如何用计算机把各种语言学理论付诸实践,从而为人工智能的研究提供语言学方面的应用技术。

计算语言学的研究目标是让计算机能够对人类语言进行我们所需要的处理,如文章的编辑、校对、分类、检索、摘要、翻译等,包括智能检索(intelligent retrieval)和文本分类(text classification)、自动文摘(automatic abstraction)和信息提取(information extraction)、机器翻译(machine translation)、人机对话(human-machine communication)等四大应用系统[②]。袁毓林(2001)将计算语言学归纳为五种研究取向:一是工程主义,着眼于计算机系统的建立;二是

---

　　① 数理语言学的介绍,具体参见白世云,张世武.谈谈数理语言学[J].解放军外国语学院学报,1994,(2);暴拯群.语言学与当代科学——数理语言学综述[J].学习论坛,1998,(1).
　　② 雒自清,张雪荣,苗传江.计算语言学——一门新兴的交叉学科[J].科学学研究,2003,(1).

工具主义,着眼于用计算机作语言分析;三是认知主义,着眼于人类使用语言时的心理过程;四是实证主义,着眼于检验语法理论的可靠性;五是逻辑主义,着眼于语言学知识的自动发现①。计算语言学对自然语言的研究和处理,一般应经过三个方面的过程:第一,把需要研究的问题在语言学上加以形式化(linguistic formalism),使之能以一定的数学形式,严密而规整地表示出来;第二,把这种严密而规整的数学形式表示为算法(algorithm),使之在计算上形式化(computational formalism);第三,根据算法编写计算机程序,使之在计算机上加以实现(computer implementation)。因此,要研究计算语言学,不仅要有语言学方面的知识,还要有数学和计算机方面的知识②。

1966年,美国语言学家大卫·海斯(David G. Hays)在《语言与机器》的报告中提出应加强语言和自然语言计算机处理的基础研究,并将其正式命名为 Computational linguistics。计算语言学在产生相当长一段时间内,研究领域主要是机器翻译和计算机文体学。机器翻译一开始采用"词对词"翻译方式,这种不是建立在对自然语言理解的基础上的技术,没有得到预期的翻译效果。20世纪60年代中期,人们开始转入对自然语言的语法、语义和语用等基本问题的研究,并尝试着让计算机来理解自然语言,出现了"人机对话"(或"自然语言理解")的研究。计算机文体学的研究主要是利用计算机统计某些语言现象在某些作品中出现的频率,并试图以此确定某位作家的独特风格,统计的对象分为作者有意使用的语言手段和下意识服从的某些习惯,前者包括偏重某种句型、某类词汇、某种长度的句子或词汇等,后者包括偏好以某种频率使用冠词、连词和介词。目前除了机器翻译和自然语言理解之外,计算语言学的研究领域还扩展到了自然语言人机接口、语音自动识别与合成、自然语言情报检索、术语数据库、风格学研究等领域③。

计算语言学对理论语言学提出了挑战。国外计算语言学的理论和实践都有了很大的发展,在理论方面,凯依(Kay)提出了"功能合一语法",卡普兰和约安·布列斯南(Joan W. Bresnan)提出了"词汇功能语法",杰拉尔德·盖兹达(Gerald Gazdar)提出了"广义短语结构语法",还有乔姆斯基的"管辖约束理论",这些理论研究突破了传统的框架,更加重视词汇对句法的作用,更加重视语义的作用,把语言的形式研究逐渐地从形态和句法转到了词汇和语义方面。在词汇平面上,探索语言的词汇个性,在语义平面上,探索语言的语义共性,从而把个性规则的研究和共性规则的研究在新的基础上结合起来。这些理论不仅注意研究印欧语言,也力图研究世界的各种语言。在实践方面,国外已经研制成功不少实用的自然语言处理系统,如美国的 SYSTRAN 机器翻译系统,加拿大的 TAUM-METEO 机器翻译系统、日本的ATLAS 系统等。

计算语言学的研究对汉语语言学提出了一系列的新问题,如中文文本的自动切分问题、中文句子的歧义结构问题、中文语料库的建立问题、中文句法语义自动分析问题等。要建立有中国特色的计算语言学,要处理好以下关系:第一,要提倡汉语语言学工作者和计算机工

---

①　袁毓林.计算语言学的理论方法和研究取向[J].中国社会科学,2001,(4).

②　冯志伟.计算语言学对理论语言学的挑战[J].语言文字应用,1992,(1).

③　冯志伟.计算语言学对理论语言学的挑战[J].语言文字应用,1992,(1);许罗迈.谈谈计算语言学[J].现代外语,1987,(2).

作者的结合。第二,要处理好探索性研究和工程性研究的关系。实用的机器翻译系统、人机对话系统、情报检索系统、自然语言智能控制系统都是要经过长期的调试和优化才可能建成的。这就需要进行大量艰苦的探索性研究,一定要下苦功夫来研究常用词的用法和它们的基本的语法语义规律。第三,要处理好全局性研究和局部性研究的关系。如以机器翻译的研究为例,过去许多机器翻译系统的研究工作,一般总是选择一定数量的素材,然后对这些素材进行语言调查,抽象出其语法语义规则,最后根据语言调查的结果,编制机器翻译的规则系统,建立机器词典。由于规则和词典都是针对事先选择好的语言素材编制的,所以,在这些有限的素材范围内,一般都能够得到比较好的译文。但是,一旦增加新的语言材料,译文的质量就会急剧地下降。用这样的方式建立的机器翻译系统显然是无法付诸实用的。为了建立较大规模的、实用性的机器翻译系统,必须作全局性的研究。这种全局性的研究一般可以分两步来进行。首先从原语和译语的总体出发,设计出一个抽象的算法和抽象数据上实施的一系列抽象的操作,建立起抽象的语言模型,而不管语言现象的各种细枝末节。这种全局性的抽象语言模型的设计,要求尽可能全面地反映原语和译语的语言面貌,因此,它应该建立在全面地进行语言研究的基础之上。在全局性的抽象语言模型建立之后,就不难把它分解成若干相对独立的子问题,进行局部性的研究。由于各个子问题只涉及局部的环境和条件,这样就有可能精细入微地研究它们的各种细节,建立起机器翻译的规则系统来。采用这样的方式建立的规则系统,还需要通过大量的语言素材进行检验,在实践中不断地丰富和充实。第四,要处理好经验主义方法和理性主义方法的关系。计算语言学越来越注意未经编辑的、非受限的大规模真实文本的处理,语料库语言学受到普遍的关注,词库中的非受限文本的词性标注已取得了令人鼓舞的成绩。这种经验主义的研究方法有助于全面地观察语言现象,克服传统语言研究的局限性和片面性。但是,不能忽视理性主义的方法,即基于规则的自动句法-语义分析方法。这种理性主义的方法一般要求对所研究的语言给予某种程度的限制,从而减少句法-语义分析的难度。研究证明,在基于经验主义方法的大规模真实文本的自动标注中,辅之以理性主义的规则方法,可以提高自动标注的准确率①。

下面举一个例子。袁毓林(1996)②从认知科学的角度讨论人类的认知过程和自然语言理解之间的关系,展示人工智能中的知识表示和语言学中的语法描述之间的互动作用。举例如下:

(6) 这种酒很淡。→a. 这种酒味儿很淡。

                b. 这种酒颜色很淡。

(7) 这种花很淡。→a. 这种花味儿很淡。

                b. 这种花颜色很淡。

(8) a. 这种酒味儿很淡→a'. 这种酒很淡

     b. 这种酒颜色很淡→b'. 这种酒很淡

(9) a. 这种花味儿很淡→a'. 这种花很淡

① 冯志伟.中国计算语言学研究的世界化刍议[J].语言文字应用,1994,(1).

② 袁毓林.语言的认知研究和计算分析[J].语言文字应用,1996,(1).

b. 这种花颜色很淡→b'. 这种花很淡

从理论上讲,例(6)、例(7)都可能有 a、b 两种语义解释。但在通常的情况下,(6)只能理解为(6a),(7)只能理解为(7b)。反过来,从语言生成的角度看,(8a)(9b)可以省略为(8a')(9b'),但(8b)(9a)不能省略为(8b')(9a')。这种语义理解和成分省略上的不平行性,只能从语义记忆和语义推导的方式上去寻找合理的解释。袁毓林(1994)用扩散性激活的语义记忆模型和非单调推理的逻辑机制来解释例(6)~例(9)这类现象。根据认知心理学的研究,意义的心智表达是概念网络,调用一个词项的意义可以激活知识网络上一大片相关的语义节点。比如,听到名词"酒"可以激活[液体、饮料、刺激性的味儿、颜色……]等一组语义,听到名词"花"可以激活[植物的器官、观赏性的颜色、味儿……]等一组语义,听到形容词"淡"可以激活[(味儿、颜色)不浓、(含量)稀薄、(态度)不热情……]等一组意义。人们根据常识推断,酒作为一种有特别味道的饮料,[味儿]是它的强特征,"酒淡"可以直接理解为"酒的味儿淡";如要表达"酒的颜色淡",属性名词"颜色"不可省去。同理,花作为一种有特别颜色的植物器官,[颜色]是它的强特征,"花淡"可以直接理解为"花的颜色淡";如要表达"花的味儿淡",属性名词"味儿"不可省去。这种推理方式叫作缺省推理(reasoning by default)。用扩散性激活的语义记忆模型和缺省推理的非单调逻辑建立语言理解的微观机制,用以解释同一句子中不同词项之间的语义联结和制约关系,并借此揭示人脑处理语言信息的某种心理过程,从而为认知心理学和计算机理解自然语言提供强有力的语言学支持。

袁文认为认知是在知识表示上的一种逻辑运算,而逻辑运算又是可以还原为一定的算法的,所以认知科学家强调:人的心智过程可以理解符号处理的计算过程,思维即是计算。对于语言理解来说,它需要的知识既包括句法、语义等语言学知识、也包括其他为语言理解所必需的世界知识。如果能把这些知识形式化为一种符号表达,即表示成一个有限的、一致的命题集合,那么,作为一种认知过程,语言理解便是知识表示上的一种运算。由此看来,对语言的认知研究的自然而合理的延伸便是对语言的计算分析。

对例(6)~例(9)的认知解释就不是一种面向计算的分析。为了得出面向计算的规则,必须经过知识求精,先设定在词库(lexicon)中给谓词标明选择特征,给名词标明可由它激活的强特征和弱特征,再抽取出下列便于用形式表示的句法、语义规则:

i 如果谓词包含多项选择特征,并且大主语(subject-1)所激活的一组语义特征中有几个跟它们重合,那么只有表示大主语的强特征的名词(充当小主语 subject-2)可以省去[如(8a)~(8a')、(9b)~(9b')],表示大主语的弱特征的名词(充当小主语 subject-2)不可省去[如(8b)≠→~(8b')、(9a)≠→~(9a')]。

ii 如果谓词包含多项选择特征,并且主语所激活的一组语义特征中有几个跟它们重合,那么只能选择主语的强特征作为语义解释[如(6a)(7b)],主语的弱特征不能进入语义解释[如(lb)(2a)]。

从实用性上看,这种句法、语义规则是可操作的,它明确地指出了实施动作的条件和步骤;执行者可以根据上述规则所指示的过程去完成省略充当小主语的属性名词[如(8a)→(8a')、(9b)→(9b')]或从省略属性名词的句子上得出正确的语义解释[如(6)→(6a)、(7)→(7b)]这类任务。从结构形式上看,这种规则由条件项(如果……)和动作项(那么……）构成,因而是可计算的。这种算法化的规则经过形式化表示后,很容易在计算机程序上实现。这便是语言的计算分析所追求的目标之一。

（三）生物语言学与汉语研究

生物语言学是研究语言的生物性和演进的高度交叉学科,涵盖了包括语言学、生物学、神经科学、心理学、数学在内的其他相关科学。生物语言学把人的大脑/心智（brain/mind）作为主要研究对象,主张方法论上的自然主义,把语言看成一种自然现象,寻求解答人类语言知识的本质、来源和使用问题[①]。

20 世纪 50 年代初期,生物语言学还远未成为学者关注的焦点之时,乔姆斯基（2007）就提出了生物语言学研究的五个核心问题:第一, What constitutes knowledge of language?（什么组成了语言知识?）第二,How is the knowledge acquired?（语言知识是如何习得的?）第三,How is the knowledge put to use?（这一知识是如何被使用的?）第四,What are the relevant brainmechanisms?（相关的人脑机制是什么?）第五,How does this knowledge evolve（in the species)?（语言知识在种系中是如何进化的?）生物语言学的基础也是乔姆斯基提出的五个问题,其中前三个问题都已在乔姆斯基的著作 The Logical Structure of Linguistic Theory（1975）有说明,而第四、五个问题则可从埃里克·勒纳伯格（Eric H. Lenneberg）的著作（Biological Foundations of Language）中一窥究竟。或者说,生物语言学旨在回答五个基本问题,即语言知识的组成、获得、使用、相关的大脑机制及发展演化等,并认为语言具有生物性,语言学最终是生物学的一个分支。

19 世纪,查尔斯·达尔文（Charles Darwin）的进化论出现以后,许多语言学研究人员试图从进化论的角度来看语言,期望可以找出语言的演化痕迹。施莱歇尔从达尔文的进化论来讨论语言的演化问题,可以说是从生物学的主要思想来审视语言最有代表性的先驱者。1950 年美国学者克拉伦斯·米德（Clarence L. Meader）和约翰·木伊斯肯斯（John H. Muyskens）出版了 Handbook of Biolinguistics（《生物语言学手册》）一书,这是生物语言学一词首次出现在学术研究领域,开创性地明确提出并深刻阐述了生物语言学的三个基本原则,即能量（energy）、整合（integration）和浮现（emergence）原则[②]。1957 年,乔姆斯基发表《句法结构》,开创了严格意义上的生成语法理论研究,生成语法所研究的普遍语法就是最初的生物语言学,生成语法也是一直采用生物语言学方法研究内在化语言。1967 年美国语言病理学家勒纳伯格出版《语言的生物基础》一书,生物语言学学科从此诞生。勒纳伯格预见了许多在当代受关注的议题,例如:语言习得的基因学、语言异常的基因学、聋童语言、狼童、关键期、双胞胎研究、家族血统、失语症、语言和语言演化,等等。可见,当语言学无法解释语言机能（language faculty）时,则是转向生物学来寻求解答的时候了。著名神经外科医生威尔德·潘菲德（Wilder Penfield）早期就从语言学习机制视角提出,"对于语言学习而言,9 岁之后,人的大脑就变得越来越僵硬","10 岁以后开始学习语言,很难有好结果,因为不符合生理规

---

① 吴文.生物语言学研究综述[J].外国语言文学,2013,(2).

② 三大原则的说明参见:王强.经典生物语言学的三大原则及其与现当代生物语言学的关联[J].外国语,2016,(3).

律"。尽管所有的人都感性地意识到过了青春期以后再想学好一门语言就很困难了。勒纳伯格(1967)基于潘菲德的研究提出了"语言习得关键期"。1997 年,莱尔·詹金斯(Lyle Jenkins)为纪念转换生成语法诞生 40 周年撰写的 *Biolinguistics: Structure Development and Evolution of Language* 一文催生了一大批生物语言学的专著、学术论文。

在生物语言学发展进程中,形成了以勒纳伯格和乔姆斯基为主导的两大范式。一是勒纳伯格范式侧重于语言的生理基础、认知机制、起源、演进及发展模式研究。勒纳伯格通过对言语障碍患者大脑皮层的电刺激发现,大脑皮层的言语功能分区没有明确的界定,我们通常所界定的布洛卡和韦尼克等言语区域只是在统计学上有意义。无论就言语的理解还是产生而言,都会涉及大脑皮层除布洛卡和韦尼克区以外的广泛区域。除了大脑皮层以外,位于中脑的灰质也与语言的产生相关。勒纳伯格指出,语义的形成过程或多或少会受到生物因素的制约,因此人类所具有的生物共性决定了所有语言命名过程中存在相似特征。例如一般的语汇都存在转义现象,转喻性构成了语义的共同特征。在研究语言的发展模式时,勒纳伯格主要探讨了语言启动效应和发展阶段问题。在谈到语言的启动效应时,他认为语言能力的发展同大脑发育和运动协调能力密切相关。在谈到语言发展阶段时,勒纳伯格结合声谱研究的结果指出,婴儿在六到七周会发出一种轻柔的咯咯声,这同元音已经接近,可以被看作语音能力的起点。在语音发展的过程中,婴儿首先掌握语调,然后再掌握具有特定功能的音节。而他的另一个重要观点是语言发展的独词阶段就是句法阶段的开始,因为从语义角度看,单个的词往往承担同语句相同的功用;从语音角度看,单个词有着同语句相同的组合规律,并经常包含自身的语气。二是乔姆斯基范式侧重在语言机能的特异性研究基础上考察语言的演进。比较集中的论述语言机能的文献是他和马克·霍塞(Marc D. Hauser)、特库姆塞·菲赤(W. Tecumseh Fitch)合写的两篇论文《语言机能的性质所属以及演进》和《语言机能的演进:分类和含义》,结合动物比对实验的结果,乔姆斯基得出结论:语言机能中的感觉运动系统和概念意向系统为人和动物共享,只有狭义语言机能具备特异性[1]。

进入 21 世纪,生物语言学开始关注语言的递归性,推动了生物语言学的发展。乔姆斯基(1957)指出了递归机制(recursive devices)、递归过程(recursive processes)、递归方面(the recursive aspect)、递归时态系统(the recursive tense system),把递归性当成转换生成语法的一种语法属性。并指出如果一种语法没有递归机制(封闭的环形圈)……它就会复杂得难以想象,如果它确实有某种递归机制,就会产生无限多的句子。这里,他已经把产生无限多的句子的能力语法的简单性与递归机制联系了起来,这无疑具有深刻的意义。生物语言学今后的研究将朝着三个方面发展——物种语言演化(the evolution of language)、个体语言发展(ontogenetic language development)以及语言及语言习得机制(language mechanism and faculty of language)[2]。

中国学界首次论及生物语言学的学者当数中国社会科学院语言研究所的卫志强教授,然而自先生于 1987 在《语文建设》上撰文介绍生物语言学后,直至 2004 年起才有极少数学

[1] 以上内容参见:陈建祥.生物语言学研究综述[J].盐城工学院学报(社科版),2014,(2).
[2] 吴文.生物语言学:历史与演化[J].外国语文,2012,(5).

者拟文介绍西方相关生物语言学的专著或会议。虽说自 2009 年起国内也相继举办过四届
"演化语言学国际研讨会",但严格意义上的生物语言学研究几乎可以忽略不计①。

(四) 神经语言学与汉语研究

　　神经语言学是现代语言学的一门新兴交叉学科,集语言学、神经科学、心理学和认知科
学为一体,专门研究语言习得、生成和理解的生理机制和心理机制,研究大脑如何产生、接
收、存储和提取信息,从而探讨脑与语言的关系,充分体现了当代科学各学科门类交叉综合
的发展态势,是当代学术研究的前沿,具有广阔的发展前景②。

　　神经语言学的目标是探索人类语言习得和掌握、言语生成和理解时神经基础和神经机
制,并在此基础上解释、验证语言学的某些理论观点,促进语言学理论的建设,最终建立符合
人的神经认知特点的语言学理论。在语言学内部的分支学科中,神经语言学与心理语言学
关系最为密切,从某种意义上说前者其实脱胎于后者。二者最大的区别在于,神经语言学需
要运用临床神经心理测查、神经电生理学技术以及功能性脑成像技术等多种特有的方法和
手段,探测与语言有关的神经机制,而心理语言学未必论及脑机制问题。心理语言学的研究
目标是研究人们语言习得和掌握、言语生成和理解时的心理机制,神经语言学则将心理机制
推进到神经机制③。

　　神经语言学首先应当在语言学的背景和框架下研究语言,符合语言学理论的目标追求,
即研究语言的本质,解释人类的语言能力。同时,神经语言学也是发掘语言的神经机制和生
物本质,因为当语言研究目的发展到要解释人类语言能力的时候,语言学就不可逆转地走上
了认知科学的道路,必然要关注为语言系统及语言系统的使用提供物质基础的生理机制是
什么,所以乔姆斯基才认为没有任何原则性的方法可以将语言学和神经语言学区别开来④。

　　神经语言学作为一门独立学科于 20 世纪 60、70 年代才初步形成体系,但追其渊源却比
较久远。100 多年前法国人皮埃尔·布罗卡(Pierre P. Broca)和德国人卡尔·韦尼克(Carl
Wernicke)在失语症方面所取得的研究成果,既是人类在脑科学研究方面的重大突破,同时,
也可将其视为神经语言学的源头。1861 年,法国神经学家布罗卡通过解剖病人 Leborgne 的
尸体,发现人脑左半球第三额回与言语生成有关,该区域受损会导致失语症。1865 年布罗卡
发表《口语能力的定位》(On the seat of the faculty of articulate language)一文,第一次引起神
经学界注意到这样的事实:失语症是由大脑左半球的损伤造成的。1874 年,韦尼克发表开
创性文章《失语症症状的复杂性:关于神经基础的心理学研究》(The symptom complex of
aphasia: a psychological study on a neurological basis),标志着失语症学"联系主义"学派的建
立。此后,语言与脑神经机制之间关系的研究特别是失语症的研究逐渐走上了科学发展的
道路。

　　20 世纪中叶以后,神经学家、心理学家与语言学家之间的有效沟通开始建立,其中美国

---

① 丁立福.《人类语言进化:生物语言学视角》评介[J].外语教学与研究,2014,(3).
② 杨亦鸣.语言的神经机制与语言理论研究[M].上海:学林出版社,2002.
③ 梁丹丹.中国神经语言学的回顾与前瞻[J].当代语言学,2004,(2).
④ 杨亦鸣,刘涛.中国神经语言学研究回顾与展望[J].语言文字应用,2010,(2).

著名语言学家雅柯布森和苏联著名神经心理学家亚历山大·鲁利亚（Alexander R. Luria）是能够相互倾听并理解对方的绝好例子。雅柯布森是第一位真正地运用语言理论来观照神经科学的学者，认为语言音位系统的层级关系与语言的获得和缺损有密切联系，先获得的具有普遍性，后获得的具有稀少性；儿童获得音素的顺序也是严格按照先基本、后复杂的顺序来进行的，失语症病人语言能力的丧失正好与此相反①。而第一个影响最大的神经语言学处理过程模式（通过定位来联系语言的次成分和脑，每一个次成分都由脑中特定的区域运行）是由鲁利亚提出的，作为对雅柯布森观点的回应，他认为神经语言学的诞生是依赖结构主义语言学（其第一个突破是音位特征的描写）而产生的②。他在 1974 年所著的《神经语言学的基本问题》中，完全根据索绪尔的组合和聚合的理论框架来做神经语言学的研究。神经学家和语言学家间的对话由此建立，促使神经语言学进入了蓬勃发展的时期。其后，随着生成语言学和新的无创伤神经科学技术的诞生，神经语言学进入了成熟发展时期。生成语言学的诞生使得理论语言学的研究旨趣首次明确指向语言的脑机制，而无创伤神经科学技术的诞生使得对语言脑机制的研究走出了仅仅依靠失语症病人这种以"非正常人"为对象的研究，特别是事件相关脑电位技术（event-related potentials，ERPs）可以观察到正常人毫秒级的脑区电位变化，功能性磁共振成像技术（functional magnetic reconance imaging，fMRI）可以观察到正常人毫米级的脑区激活情况，避开了对正常人直接进行实验的伦理障碍和技术障碍，为研究正常人语言的脑机制提供了技术支撑③。

神经语言学是从种系发展和个体发展两个方面来研究大脑和语言的关系的。从种系来说，语言能力是人类大脑特有的功能，无论是巴甫洛夫实验室里的狗，还是任何其他动物的大脑都不具备这种能力。神经语言学就是要找出人脑中与语言有关的，而其他动物所没有的特殊成分。从个体发展来说，每个个人习得语言的过程又要受到遗传、环境等诸多因素的影响，各有不同的特点，神经语言学要揭示个人从婴孩到成人整个语言发展的过程和规律④。

以 20 世纪 90 年代中后期为界，中国神经语言学研究大致经历了前神经语言学研究和神经语言学研究两个阶段。在前神经语言学研究阶段，涉及语言神经机制研究的是神经学家和心理学家。医学界关注的是语言障碍的诊治，主要进行失语症研究，关心语言障碍和大脑病灶之间的对应关系，探求失语症病人的发病机理，为失语症的诊断和治疗服务；心理学界关注的是语言的心理表征加工，其研究内容大部分是对汉语字词的识别机制进行考察。他们的研究虽然与语言的神经机制相关，但目标不完全是为了揭示语言的神经机制，还不是神经语言学的研究，而语言学界也只是对神经语言学进行了一些介绍性的工作。因此，在这个阶段，真正意义上的神经语言学研究在国内尚未形成。在研究手段上，主要借助于对失语症患者的临床神经心理测查以及经典的心理学行为实验进行研究，但是临床神经心理测查还不能实时动态地考察正常人语言的大脑神经机制，行为学实验则只能对语言的心理加工过程进行考察，而无法触及大脑神经机制的层面。

①　Jakobson, R. *Child Language Aphasia and Phonological Universals*[M]. The Hague：Mouton，1941.
②　Luria, S. E. *Life-The Unfinished Experiment*[M]. New York：Charles Schribner's Sons，1973.
③　杨亦鸣.语言的理论假设与神经基础——以当前汉语的若干神经语言学研究为例[J].语言科学，2007，(2).
④　桂诗春.心理语言学[M].上海：上海外语教育出版社，1985：4-5.

　　90年代中后期,中国的神经语言学研究开始形成并发展,一批神经语言学意义上的中文大脑词库和汉语句法神经机制的相关研究成果公开发表,特别是《汉语皮质下失语患者主动句式与被动句式理解、生成的比较研究》①一文的发表,对神经语言学在中国的形成有着重要的意义。神经语言学研究在语言学界开始展开,语言学家以当代先进的语言学理论为背景探索语言的神经机制问题,研究内容涉及语法、语义、语音、语用等语言学的各个组成部分,研究手段也开始多元化,除了对失语症进行临床神经心理测查之外,以正常被试为研究对象的神经影像学和神经电生理学等无创性技术也开始在研究中得到应用。神经语言学人才培养基地的建立和学科队伍建设也是神经语言学形成的标志之一。20世纪90年代中期中国开始招收培养神经语言学方向的硕士研究生,2001年起开始招收培养神经语言学方向的博士生和博士后,逐步建立起了一支有中国特色的神经语言学研究队伍。中国神经语言学在中文大脑词库研究、语法、语义、语用、语言习得等方面取得了一些成果②。如杨亦鸣等(2002)从神经语言学角度探讨了名动分类的标准是语法的还是语义的这一问题。语言学界的词类划分经历了由语义标准向语法标准的推移。人类根据语法来区分名词和动词有无心理现实性,即在人脑中名词和动词是否真的可分,如果可分又是根据什么来分的? 这一问题需要神经语言学的实验证明。文章从语法角度设计实验,通过事件相关电位(ERP)和脑功能成像(fMRI)等两种实验手段证明了语法确实可以作为名动划界的依据③。

三、当代语言学发展趋向

　　语言学学科的发展归根结底在于理论创新,研究方法的突破。西方语言学从传统语言学到结构主义语言学再到转换生成语言学等,体现为语言观从规定性和描述性转向解释性,语言研究不再局限于主观地规定语言规则或客观地记录语言现象,而是侧重于解释语言现象,寻找语言的普遍规律。受西方语言学影响,中国的语言学发展也具有同样的发展趋向。

　　邢福义(2005)认为,以理论创新问题来讲,汉语学界大体有两条途径:引进国外理论,通过同汉语或少数民族语言相结合的考察验证,从而有所创新;关注国外语言学理论及其影响,强调更多地对汉语和少数民族语言本身特点进行发掘,从而有所创新。事实而论,中国语言学基本上只是停留在“理论创新的思考”上,表现在创新性理论不多,原创性学说缺乏;学派意识不浓,没有形成“百家争鸣”的繁荣局面。中国语言学要发展,需要“现代意识”和“朴学精神”的互补,就是既要了解世界现状,适应当今需求,关注未来发展,又要讲求真务实;需要“引进提高”和“自强自立”的互补,就是既要通过引进国外学术思想、理论和做法,促使本国的研究水平得到理想的提高,又要不依成法,创造自己的理论模式,形成中国特色的学术流派④。钱冠连(2004)也提出:“所谓学术的繁荣,就是学派、流派之间竞争的果实。”“学者承认自己的局限性才可能有流派。……宽容、尊重异己,是产生学派的必不可少的前

---

　　① 杨亦鸣,曹明.汉语皮质下失语患者主动句式与被动句式理解、生成的比较研究[J].中国语文,1997,(4).
　　② 关于中国神经语言学的概况,具体参见:杨亦鸣,刘涛.中国神经语言学研究回顾与展望[J].语言文字应用,2010,(2).
　　③ 杨亦鸣,梁丹丹,顾介鑫,翁旭初,封世文.名动分类:语法的还是语义的——汉语名动分类的神经语言学研究[J].语言科学,2002,(1).
　　④ 邢福义.语言学科发展三互补[J].汉语学报,2005,(2)。

提性心态。最能考验学者是否具有大家气质的,是如何面对相反的学术主张。"①

21世纪,语言学逐渐呈现出由微观到宏观、由单一到多元的发展趋向。

（一）由微观到宏观的语言研究②

微观到宏观的语言研究首先体现为语言学研究对象的宏观化,即语言学不再把语言体系作为唯一研究对象,其视野正向言语活动和言语机制延伸。索绪尔首先明确提出语言和言语概念并加以区分,认为语言学仅是"就语言和为语言而研究的语言",这些思想对语言系统的研究曾起到非常积极的作用。然而,随着语言学的发展,对语言本质的认识越来越深入。语言是异质的,在每个人的意志之中还储存着语言的种种变体形式,如各种地方方言和社会方言的存在,各种语体的作用等。语言和言语之间的关系是依存关系,尤其不能忽视的是,语言存在于言语之中,语言体系是在言语活动中变化发展的;所谓语言交际正是在特定言语环境中通过选择语言材料、建构活动来完成的。因此,离开言语活动而研究抽象的语言体系会使语言体系本身陷于枯竭境地。方言学、语体学、国情语言学、语用学、话语语言学、社会语言学等语言分支学科的发展就充分体现了由语言体系到言语活动和言语机制的转向。

语言哲学认为,语言不仅仅是人与人之间交际的工具,不只是人类文明成果的载体,而且是一个"独立的存在"。无论"真理"或"历史"其实都是由语言构成的"文本"。不只是"人在说话",而且语言思维控制着人,即"话在说人"。过去的研究方法是从寻找共同点的角度出发,对纷繁复杂的客观现象加以归纳、总结,努力找到某种规律或共同点,以便得出一个相对确定的结论,运用大量的材料来从各个方面论证。然而,要把一个"确定"的文本强加给难以确定的世界和更难确定的语言接受者,实在很难或者无法做到。因此,21世纪语言学无法回避的任务是变"独白式""确定性""完成性"的研究为"对话式""不确定性""未完成性"的研究。其实,这种探索在20世纪就已经初见端倪,如语言学研究由"静态"走向"动态",由重共性研究到重差异、重语境的研究③。

随着语言科学的不断发展,人们越来越清楚地认识到,语言研究单纯地注重语言系统或抛开语言系统强调语言的使用都是不可取的。语言是一种复杂的社会、文化、历史等现象,本身是多元的,所以要进行多层面、多学科的交叉研究。过去那种把语言研究只停留在就语言而研究语言的孤立、封闭的阶段,难以完整地揭示语言本质及其社会功能的复杂统一体。要想摆脱语言学研究的单一化的局面,就只有广泛运用不同学科的方法、原理、范式,对语言及其相关的现象进行全方位、多侧面的综合研究。当然,科学的发展也正在冲破各种条块分割的樊笼,学科渗透、交叉已成为富有时代特色的宏观发展趋势。

第一,学科渗透首先表现为语言学内部分支学科彼此间的交叉。传统语言学条分缕细,各自固守自己阵地,为其占有独立地位而奋争,但是,由于语言现象十分复杂,单从某一分支

---

① 钱冠连.学派与学派意识(西方语言哲学研究之六)[J].语言文化教育研究,2002,(2).

② 关于语言学由微观研究转向宏观研究,具体参见:王铭玉.21世纪语言学的八大发展趋势(上)[J].解放军外国语学院学报,1999,(4);张倩.西方语言观的历史演变与语言学发展的趋势[J].西北大学学报(哲社版),2004,(2);张绍杰.语言研究与语言研究方法[J].东北师大学报(哲社版),1996,(3).

③ 张杰.21世纪——语言学的世纪[J].外语研究,1999,(3).

学科很难看到语言的本质与全貌。因此,各学科不仅要吸收并采用其他分支学科的研究成果,而且要做跨学科的深入研究来完善自己。语义学是一门研究语言单位意义的科学,与语言学的许多分支学科挂起钩来,形成了词汇语义学、构词语义学、词法语义学、句法语义学等。话语语言学的任务是对连贯性言语进行超句分析,以探索言语构成规律,与各门学科渗透,形成了5种交叉学科:(1)话语语用学,任务在于调查不同的话语中不同的言语行为有哪些组合与排列的可能性,寻找语用共存性;(2)话语语义学,任务在于探索话语语义接应的基础,描写并解释各种相互接应的话语的语义关系;(3)话语语法学,研究话语的形式接应问题;(4)话语修辞学,研究话语的表达方法和技法,研究各种语言手段在篇章中的修辞功能和各种功能语体中语言使用的特点;(5)应用话语语言学,主要研究话语语言学与文学理论和语言教学的关系问题。

第二,学科渗透还超越学科本身,语言学同社会科学、自然科学的外部横向交叉成为语言学的主流方向,交叉学科的研究拓宽了语言学的研究领域。语言学与心理学的结合产生了心理语言学(psycholinguistics),研究语言习得过程及制约因素。随着认知心理学的发展,语言学家又从认知的角度研究人类思维模式、信息储存、语言的发生与理解。语言学与社会学结合产生社会语言学(sociolinguistics),研究语言与社会之间的关系,语言与生活在社会里的人的关系,从而使人们对语言的变体有了更深的认识。语言学还同自然科学,如数学、计算机科学、信息论、医学(神经学)等紧密结合,形成了数理语言学(mathematical linguistics)、计算语言学(computational linguistics)、声学语言学(acoustic linguistics)、生理语言学(physiological linguistics,包括神经语言学和神经心理语言学)、病理语言学或临床语言学(clinical linguistics)、生物语言学(biological linguistics)等,使得对语言的描写公式化、精确化,这对于机器翻译、人工智能、语言信息的处理都具有重要意义。另外,语言学理论还广泛应用于外语教学、词典编撰等领域。以语言教学为例,教材编写、教学手段和教学方法、考核方式等各个方面的变化都体现了语言学研究的进展和成果的应用。语言学研究成果的应用促进了各种应用语言学的发展,使人们对语言的研究更加深入和广泛。

不可否认,20世纪中国语言学完成了从传统语言学到现代语言学的历史转变。与社会变革息息相关,中国语言文字也经历了革命和改革。五四新文化运动中的"白话文运动",最终使白话文代替了几千年来独享正统地位的文言文,赢得了作为现代汉语书面语和口语形式的合法地位。新中国成立以来,在简化汉字、推广普通话、现代汉语规范化等方面发挥了应有的作用。改革开放以来,中国语言学蓬勃发展。一般认为,中国语言学对世界语言学研究的重大贡献有两项:一项是赵元任在20世纪30年代对音位学的阐发,另一项是王士元在20世纪60年代提出的词汇扩散理论。其实,中国语言学的实际贡献远不止于此,如对汉语的发展史和现代汉语方言的内部规律的揭示,对境内少数民族语言的研究等,都为普通语言学作出了独特的贡献,只是由于不太善于做理论上的总结和提升,可能还由于论著几乎都是用中文写成的,在国际上的影响极其有限。

20世纪中国语言学取得的成就得益于西方先进的语言学理论与中国传统语言学思想的结合,学习和借鉴国外语言学理论,仍将是滋养和推动中国语言学研究的动力。中国语言学注重语言研究的人文性,然而与自然科学隔膜,与计算机运用隔膜,这使研究受到许多限制,如机器翻译、中文信息处理等方面本应是语言学家大显身手的领域,中国语言学都很难起到应有的作用。当今互联网络的使用和快速发展已使之成为一个具有巨大潜能的新产业,如何迎战西方网络文化的侵袭,在信息道路上扩大汉语的阵地,这对中国科技界,也对语言学界提出了新的难题。这就需要冲破学科之间的壁垒,加强学科之间的渗透。清代的语言学有很高的成就,这跟当时的"小学"家不仅在语文领域形音义兼通,而且他们知识广博,在文学、史学甚至天文地理等方面都有很好的素养有关。

　　面对 21 世纪,中国语言学要定下发展目标,江蓝生(1999)认为应逐步实现三方面的沟通:(1)语言学内部纵横两方面的沟通,比如古代汉语、近代汉语、现代汉语之间的沟通,方言学与汉语史的沟通,语音学、语法学、词汇学的沟通,汉语研究与少数民族语言研究的沟通,中国境内语言的研究与外语研究的沟通,等等;(2)语言学与其他人文社会科学的沟通,如与历史学、考古学、文学、哲学、社会学、民族学、人类学等的沟通;(3)语言学与计算机应用研究的沟通。要想在语言学研究上有大的突破,有新的拓展,就要摒弃专业划分过窄、知识分割过细的做法,转向强调综合性和整体性的教育,培养文理兼通,具有广博知识,具有创新精神和能力的人才①。

　　21 世纪,当代汉语修辞学借鉴邻近学科理论与方法开展研究,交叉研究带来了新的研究视角,取得了一些新成果。袁毓林(2012)通过计算语言学、社会心理学、传统语法、认知语言学等研究案例,说明修辞学研究可以并且应该从当代语言学的其他分支学科中获得理论和方法营养,以期提高修辞学研究的技术水平。如社会心理学家专注于语言使用,其中一个方向是研究虚词的心理功能。一个可靠的发现是,单数第一人称代词跟消极的情感状态相关。福鲁德(Frude,2004)等的研究显示,当下抑郁的学生比当下不抑郁的学生更加经常地使用 I 和 me;后一组中,曾经有过抑郁期的学生比没有抑郁期的学生更加经常地使用这两个代词。斯特曼和彭尼贝克(Stirman & Pennebaker,2001)的研究显示,自杀的诗人在他们的诗中,比非自杀诗人更加频繁地使用单数第一人称代词。当然,说话人是否更加频繁地使用 I 或 we,也是"以自我为中心"还是"以他人为中心"的一个指标。科恩(Cohn,2004)等分析了紧接着 911 事件以后的博客,发现在攻击事件发生后的几个小时中,博主们对 I 和 me 的使用骤减,与此同时,他们对 we 和 us 的使用增加了。作者们对这种转变的解释是,这显示在这段时间中,人们较少地关注自己,代之以更多地关心朋友和家人。据钟(Chung)和彭尼贝克(2007)报道,彭尼贝克和同事们比较了不同年龄、性别、状态和文化的人对于人称代词使用的影响。他们的语料库包含 40 多万个来自不同作者历经多年搜罗的文本。社会心理学家的上述研究,对修辞学家研究语言的使用和社会心理效应具有极大的示范作用②。

(二)由单一到多元的语言研究③
　　第一,由单一到多元的语言研究首先体现在研究对象的多层化研究。最明显的例子是

① 关于中国语言学的回顾与展望,具体参见:江蓝生.开拓新世纪的中国语言学[J].中国语文,1999,(5).
② 参见袁毓林.修辞学家可以向邻近学科学些什么?[J].当代语言学,2012,(3).
③ 关于由单一到多元的语言研究,具体参见:王铭玉.21世纪语言学的八大发展趋势(上)[J].解放军外国语学院学报,1999,(4).

语言研究的"超级化倾向"。所谓"超级化倾向"是指语言研究突破两极的扩量发展,一方面追求超大,另一方面追求超小,从而打破了把语言看作从音位到句子的层级系统的框架,开辟了语言研究的新领域。

在传统语法和结构主义语法中,句本位思想占主导地位,研究对象一般不超出句子的范围。但句子的价值体现于连贯言语的组成之中,体现于与其周围的上下文不可分割的联系之中,必须要把句子看作整体的一部分。通常不是句子而是由一组句子构成的复杂整体,才是连贯性、独白性言语的实际单位。只有这种复杂的整体,才能表达一个复杂完整的思想,并在上下文中具有相对的独立性,这一独立性是单个句子所没有的①。因此,当代语言学就要求开展对大于句子的结构——超句、句群、段落、篇章的研究,研究句子与句子、段落与段落之间的各种关系以及它们的衔接手段。语言学这一发展的结果是直接促成了话语语言学、篇章语言学、语篇分析、言语交际学等新兴学科的建立和兴盛。

另一方面,在结构语言层级系统的理论框架思想影响下,语言一般分为句子—词—词素—音位四层,那么,音位这个下限层面是否可以突破?19世纪下半叶,科学的发展揭示了物质结构的多层次性,人们相继发现了质子、中子、电子等这些"基本粒子"。到了20世纪50~60年代,人们又深入到基本粒子内部的更深层次,再次证明基本粒子也是可分的。事物无限可分性的思想对语言学的研究形成了冲击。20~30年代布拉格学派的特鲁别茨科依突破音位概念,提出了"区别性特征"理论;语义学家打破义项下限,把词义分成了义素;利奇把意义分成了理性意义、内涵意义、社会意义、情感意义、反映意义、搭配意义和主题意义等7种类型;菲尔墨的格语法把名词性成分的功能细分为施事、受事、受益、对象、工具、时间、地点、方式等。这样,将一种语言现象再细分为更小的组成部分,从中捕捉更为微妙的性质、变化、特征、差异,使语言研究向更深入的方面发展。

语言学的超级化研究为当代语言学带来了两个影响深远的变化:一是出现了"梯度"的概念。所谓"梯度"是指一种语言现象不一定非此即彼,而可能是一个模糊的变量,"此"和"彼"可以互相过渡、渗透和转化。如名词的各种功能作主宾语时具有梯度,充当主语时,梯度为施事>对象>受事>受益>工具>时空>方式;充当宾语时,梯度为对象>受事>受益>工具>时空>方式>施事。二是出现"连续性"的概念。"梯度"概念的出现对语言的固有性质——离散性带来了新的认识,语言不仅有离散性,还具有非离散性即连续性的一面。只有连续性,才能构成一个呈现梯度的连续系统。

第二,由单一到多元的语言研究还体现为语言学研究的多维化,即从多个维度进行语言研究,如"三个平面"理论,从句法、语义和语用三个角度进行研究;描写与解释相结合、形式与意义相结合、结构与功能相结合、静态与动态相结合、共时与历时相结合、定性与定量相结合等也是多维化研究的体现,具体见本书第二章,此处不再赘述。

第三,由单一到多元的语言研究还体现为从单语言研究到语言比较研究。比较方法运用于语言学研究可以说是源远流长,而对语言学的第一次系统比较系发端于18世纪末的历史比较语言学。它是对一些属于同一亲缘关系的不同语言进行历时的比较,其目的在于探

---

① 王福祥.文化与语言[M].北京:外语教学与研究出版社,1994:20.

求这些语言的历史渊源,发现它们的变化规律,推断重构它们的共同原始语。语言在经历了两个世纪的发展之后,再次转向了比较研究。但这次转向不是简单的重复,主要有以下三个特点:一是对比语言学方兴未艾。对比领域从传统的语音、语法对比向篇章、语用、语义对比扩展;理论对比语言学研究受到格外的重视;应用对比研究兴盛,而且更注重与其他应用语言学的研究相结合。二是语言的普遍性对比研究向纵深发展。这主要涉及语言类型学和语言特征学两门学科。前者的目的是通过比较找出世界上各种语言在形式结构上的典型不同之处,对世界上的语言进行类型分类;后者的目的是揭示语言中有限的区分性特征。当代语言学家更重视客观性、科学性、精确性的统一。三是语言与文化的对比研究快速发展。语言是文化的符号,文化是语言的管轨。谈交际离不开文化,而语言又是文化的载体、交际的工具。跨文化交际学、国情语言学、文化语言学等交叉学科受到关注。

第四,由单一到多元的语言研究还体现为从单一理论转向多元理论。从 19 世纪直到 20 世纪上半叶,语言学的发展以语法为主流。就语法理论而言,传统语法、历史比较语法和结构主义语法各领风骚几十年,分别在它们的时代处于主导和独尊的地位。但从 20 世纪下半叶开始,这种"归于一统"的局面逐渐被打破,出现了众多的语法理论,形成了流派林立、诸说纷呈的景象。新的态势表明,独家理论无法解决语言的机制问题,只有变单一理论为多元理论,才能真正接近语言的真谛。任何理论都有一定的适用范围,都不能解决一切问题。因此,针对研究对象的特点,充分借鉴适宜的多元理论对问题进行多层面的研究。

中国语言学也经历了从规定和描述转向解释的发展历程。要解释语言现象,就需要运用不同理论进行分析和解释,推动研究的进一步深入,更接近语言的本质。

进入 21 世纪,中国语言学走自主创新道路,体现社会文化功用,体现学科交叉与多元发展方向,将成为制约现代信息科学发展的尖端科学①。

思考题

1. 阅读相关文献,谈谈你对社会文化视野下语言学研究的认识。

2. 阅读相关文献,谈谈你对自然科学驱动下语言学研究的认识。

3. 语言学经历了从规定、描写到解释的发展历程。请你以某个汉语现象的研究为例进行说明。

4. 什么是交叉研究? 交叉研究往往带来新的研究视角,请你结合具体文献谈谈自己的认识。

5. 什么是由单一到多元的语言研究? 请阅读相关文献,进行具体分析。

进一步阅读

崔刚.神经语言学[M].北京:清华大学出版社,2015.

丁建新,廖益清.批评语言学[M].北京:外语教学与研究出版社,2011.

冯志伟,胡凤国.数理语言学[M].北京:商务印书馆,2012.

---

① 邓文彬.中国语言学的发展趋势与对策[J].西南民族学院学报(哲社版),2002,(9).

桂诗春.新编心理语言学[M].上海：上海外语教育出版社,2000.

刘红婴.法律语言学[M].北京：北京大学出版社,2007.

邢福义.文化语言学(修订版)[M].武汉：湖北教育出版社,2000.

易绵竹,南振兴.计算语言学[M].上海：上海外语教育出版社,2005.

贺登崧著,石汝杰,岩田礼译.汉语方言地理学[M].上海：上海教育出版社,2012.

后　记

　　本书是为上海财经大学"汉语研究方法论"研究生精品课程建设而编写的。本书是汉语言文字学、语言学及应用语言学、外国语言文学等硕士研究生教材,目的是帮助学生更好地了解语言学理论,更深入地学习不同语言学理论的研究范式,更有意识地运用语言学理论与方法开展汉语研究,从而培养学生一定的分析能力与学术探究能力。

　　2007 年 9 月,主编周红在上海财经大学首次开设了"汉语研究方法论"。经历了 8 轮的教学后,2014 年 12 月,周红申报校级研究生课程,并于 2015 年 1 月获得立项批准。2015 年 1~10 月,周红对教材编写纲目开展了五轮的修订,11 月组建了教材编写团队,并建微信群讨论教材体例。2016 年 1 月,编写团队召开了教材讨论会,确立了编写理念和内容设计,明确了编写任务。2016 年 8 月,教材完成初稿。2016 年 9~12 月,在上海财经大学 2016 级语言学及应用语言学硕士研究生班级进行了教材试用,并录制了课程教学视频。2016 年 10 月,配合课堂教学进行了课程网页建设。2017 年 3 月底,该课程通过了结项验收,评定结果为"优秀"。2016 年 9 月至 2017 年 9 月,编写团队进行了教材修订、完善与统稿。2017 年 10 月交稿。

　　本书得到了上海财经大学黄锦章教授、复旦大学刘大为教授两位专家的指导,感谢他们一直关心教材建设。本教材编写人员大多数是上海各大高校的青年骨干教师。他们各有专长,有着丰富的教学经验,以及扎实的学术功底。在教材编写过程中,大家共同努力,热烈探讨,积极合作,建立了很好的友谊。在此对他们的热情参与表示最衷心的感谢!

　　本书分理论介绍、研究方法、案例剖析和思考题等四大板块,重点在于案例剖析,探讨不同语言学理论方法、研究范式在汉语研究中的运用。第一章讨论语言学科学方法论,阐述科学方法意识在汉语研究中的运用,分析学术探究能力的培养;第二章是从具体科学方法角度描述汉语研究历程;第三章至第十二章分别介绍不同语言学理论在汉语研究中的具体运用;第十三章展望语言学研究方法及其发展趋向,并介绍社会文化视野下和自然科学驱动下的语言学与汉语研究。每一章后面还有"进一步阅读"的文献,供学生查阅。由于篇幅原因,本书不再列书后参考文献,而是在每页对所引用的文献进行了较为详细的脚注。本书由周红统稿,具体编写情况如下:

　　第一章　汉语研究方法意识与学术探究　　　　周红
　　第二章　以方法为主导的汉语研究历程　　　　周红
　　第三章　历史语言学方法与汉语研究　　　　　金耀华
　　第四章　结构语言学方法与汉语研究　　　　　刘娅琼

第五章	生成语言学方法与汉语研究	刘辉、亓海峰、周红
第六章	认知语言学方法与汉语研究	卢惠惠、刘承峰、周红
第七章	篇章语言学方法与汉语研究	黄友、刘焱、周红
第八章	互动语言学方法与汉语研究	谢心阳
第九章	对比语言学方法与汉语研究	付冬冬、周红
第十章	社会语言学方法与汉语研究	吴春相、王连盛
第十一章	语言类型学方法与汉语研究	盛益民
第十二章	语料库语言学方法与汉语研究	郭曙纶
第十三章	语言学研究方法与汉语研究展望	周红

虽然我们抱着较大的热情编写这部教材,然而,限于我们的水平和编写经验,本书一定存在许多问题。之所以敢于出版,是因为师长的不断鼓励,编写者的精诚合作,同学们的热切期待。出版只是一个起点,希望得到更多师长的批评指正,也期待更好的教材问世。

最后感谢上海财经大学的经费支持,感谢国际文化交流学院领导的关怀,感谢上海教育出版社的鼎力帮助! 上海教育出版社徐川山、周典富两位老师在编辑成书全过程中,积极沟通并给我们提出了许多有价值的建议,在此谨表示衷心的感谢。

编 者

2017 年 12 月

图书在版编目（CIP）数据

汉语研究方法导引／周红编著. —上海：上海教
育出版社，2018.6
ISBN 978-7-5444-8260-8

Ⅰ.①汉… Ⅱ.①周… Ⅲ.①汉语–研究方法 Ⅳ.
①H1－3

中国版本图书馆 CIP 数据核字（2018）第 098886 号

责任编辑　周典富
封面设计　郑　艺

汉语研究方法导引
周　红　主编

————————————————————

出版发行　上海教育出版社有限公司
官　　网　www.seph.com.cn
地　　址　上海永福路 123 号
邮　　编　200031
印　　刷　上海叶大印务发展有限公司
开　　本　787×1092　1/16　印张 26
字　　数　600 千字
版　　次　2018 年 7 月第 1 版
印　　次　2018 年 7 月第 1 次印刷
书　　号　ISBN 978-7-5444-8260-8/H·0277
定　　价　90.00 元

————————————————————

如发现质量问题，读者可向本社调换　　电话：021－64377165